中國古籍總目編纂委員會 編

中國古籍總目 經部

中華書局 上海古籍出版社

2

孝經類

正文之屬

經 20808280
孝經一卷　□□輯
　　唐開成石壁十二經本(民國刻)

經 20808281
孝經一卷　梁鼎芬補
　　清光緒十二年梁鼎芬惠州重刻唐開
　　　　成石經摹本並補缺字本　北大
　　　　上海　湖北
　　清文華堂刻本　復旦

經 20808282
孝經一卷　□□輯
　　八經本(宋刻遞修)　國圖
　　巾箱八經本(宋刻遞修、民國影印)
　　九經本(明刻)　上海　南京
　　明刻本　上海
　　十三經本(明吳勉學刻)　國圖
　　格致叢書本(萬曆刻)
　　寶顏堂祕笈本(萬曆刻、民國石印)
　　清光緒三十年江寧初等小學刻本
　　　　南京
　　日本致道館刻本　哈爾濱

經 20808283
新刊明本大字孝經一卷　□□輯
　　明刻本　揚州博

經 20808284
古文孝經一卷　明茅胤武訂
　　孝經全書本(崇禎茅胤武刻)　北大

經 20808285
今文孝經一卷　明茅胤武訂
　　孝經全書本(崇禎茅胤武刻)　北大

經 20808286
孝經一卷　明秦鑅訂正
　　九經本(崇禎刻、清逸文堂刻、心逸齋刻、
　　　　觀成堂印)

經 20808287
孝經古文宋本一卷　清溫汝能撰
　　清嘉慶十年聽松閣刻本　國圖

經 20808288
孝經古文一卷　清溫汝能撰
　　清嘉慶十年聽松閣刻本　國圖

經 20808289
古文孝經一卷　宋范祖禹書
　　宋刻石清末拓本　復旦

經 20808290
黃石齋書孝經一卷　明黃道周書
　　民國間上海有正書局影印本　湖北
　　　　大連

經 20808291
黃石齋夫人書孝經一卷　明蔡玉卿書
　　民國間有正書局影印本　湖北

經 20808292
闕里石刻孝經一卷　清錢泳書
　　清嘉慶七至十九年刻石同治十三年
　　　　補刻精拓本　復旦

經 20808293
篆文孝經一卷　明朱慎庵書

明嘉靖三十四年寫刻本　雲南大學

經20808294
篆文孝經一卷　清吳大澂書
　清光緒十一年上海同文書局石印本
　　　國圖　北大　天津　遼寧
　民國五年蘇州振新書社影印本　復旦
　民國十五年碧梧山莊石印本　復旦
　　　吉林　長春
　民國二十八年掃葉山房影印本　復旦
　民國二十八年上海中興書局石印本
　　　遼寧

經20808295
御製翻譯孝經(滿漢合璧)不分卷　清世
　宗胤禛敕譯
　清咸豐六年武英殿刻本　臺北故博

傳說之屬

經20808296
孝經傳一卷　周魏文侯撰　清王謨輯
　漢魏遺書鈔本(嘉慶刻)

經20808297
孝經傳一卷　周魏文侯撰　清馬國翰輯
　玉函山房輯佚書本(同治皇華館刻、光
　　緒李氏印、光緒嫏嬛館刻、光緒楚南
　　書局刻)

經20808298
孝經董氏義一卷　漢董仲舒撰　清王
　仁俊輯
　玉函山房輯佚書續編本(稿本)

經20808299
古文孝經一卷　題漢孔安國傳

日本抄本　北大
日本慶長四年敕版活字印本　國圖
　日本國會
日本昭和十年東京斯文會影印慶長
　四年敕版活字印本　國圖　南京
日本文政六年阿部正精影刻弘安二
　年抄本　北大　大連　日本東洋
佚存叢書本(日本刻、光緒活字印、民國
　影印)

經20808300
孝經一卷　題漢孔安國傳
　明萬曆三年文元發抄本　天津

經20808301
古文孝經一卷　題漢孔安國傳　□□
　直解
　日本昭和六年足利市足利學校遺迹
　　圖書館影印舊抄本　國圖　遼寧
　　東北師大　日本新潟大學　日本二
　　松學舍大學

經20808302
古文孝經一卷附舊鈔本古文孝經解說
　一卷　題漢孔安國傳　(解說)日本
　永山近彰撰
　日本昭和十年東京育德財團影印前
　　田家藏明應二年抄本　國圖　首
　　都　東北師大　日本蓬左

經20808303
孝經(古文孝經孔氏傳)一卷　題漢孔安
　國傳　日本太宰純音
　日本享保十六年紫芝園刻本　上海
　日本享保十七年東都紫芝園刻文政
　　二年書肆嵩山房小林新兵衛印
　　本　北大

經 20808304

古文孝經孔氏傳一卷附宋本古文孝經
　　一卷　題漢孔安國傳　日本太宰
　　純音
　　知不足齋叢書本（乾隆道光刻、民國影
　　　印）
　　四庫全書本（乾隆寫）
　　今古文孝經彙刻本（道光刻）
　　反約篇本（同治抄福建師大）
　　榕園叢書本（同治刻、民國印）
　　清光緒間沈氏授經樓傳抄乾隆間長
　　　塘鮑氏家塾本　上海

經 20808305

古文孝經一卷　題漢孔安國傳　日本
　　太宰純音　日本大橋貞裕校
　　日本明治六年慶雲堂刻本　大連　日
　　　本國會　日本東京

經 20808306

孝經今文直解一卷　漢劉向校定
　　孝經叢書本（萬曆刻）　國圖
　　孝經總函本（明內府抄，明抄）

經 20808307

孝經長孫氏說一卷　漢長孫氏撰　清
　　馬國翰輯
　　玉函山房輯佚書本（同治皇華館刻、光
　　　緒李氏印、光緒鄉嬛館刻、光緒楚南
　　　書局刻）

經 20808308

孝經后氏說一卷　漢后蒼撰　清馬國
　　翰輯
　　玉函山房輯佚書本（同治皇華館刻、光
　　　緒李氏印、光緒鄉嬛館刻、光緒楚南
　　　書局刻）

經 20808309

孝經安昌侯說一卷　漢張禹撰　清馬
　　國翰輯
　　玉函山房輯佚書本（同治皇華館刻、光
　　　緒李氏印、光緒鄉嬛館刻、光緒楚南
　　　書局刻）

經 20808310

孝經馬氏註一卷　漢馬融撰　清王仁
　　俊輯
　　玉函山房輯佚書續編本（稿本）
　　十三經漢注本（稿本）　上海

經 20808311

孝經九卷　漢鄭玄注　明葛鼐校　明
　　金蟠訂
　　十三經古注本（崇禎刻、同治重修）
　　民國十三年復禮堂刻本　國圖

經 20808312

孝經鄭氏注一卷　漢鄭玄注　清陳鱣輯
　　清乾隆四十七年陳氏裕德堂刻本
　　　國圖
　　涉聞梓舊本（咸豐刻、民國影印）

經 20808313

孝經註一卷　漢鄭玄撰　清王謨輯
　　漢魏遺書鈔本（嘉慶刻）

經 20808314

孝經註一卷　漢鄭玄撰　清袁鈞輯
　　鄭氏佚書本（光緒觀稼樓刻、浙江書局
　　　刻）

經 20808315

孝經註一卷　漢鄭玄撰　清孔廣林輯
　　通德遺書所見錄本（光緒刻）

經20808316

孝經鄭註一卷　漢鄭玄撰　日本岡田
　　挺之輯
　　反約篇本(同治抄)　福建師大
　　榕園叢書本(同治刻、民國印)

經20808317

孝經鄭氏註一卷　漢鄭玄注　清嚴可
　　均輯
　　清道光間刻本　上海
　　咫進齋叢書本(光緒刻)
　　清光緒二十九年大關唐氏刻本　國圖
　　　　南京　湖北
　　清光緒三十三年金陵江楚編譯官書
　　　　局石印本　國圖　南京
　　怡蘭堂叢書本(民國刻)
　　私立北泉圖書館叢書本(民國刻)

經20808318

孝經解一卷　漢鄭玄撰　清黃奭輯
　　漢學堂叢書本(道光刻光緒印,高密遺
　　　　書)
　　黃氏逸書考本(道光刻王鑒修補、朱長圻
　　　　補刻,通德堂經解)

經20808319

孝經鄭氏解輯一卷　漢鄭玄撰　清臧
　　庸輯
　　清抄本(清陳澧批校)　廣東
　　知不足齋叢書本(乾隆道光刻、民國影
　　　　印)
　　清光緒二十年刻本　天津

經20808320

孝經鄭註一卷補證一卷　漢鄭玄撰
　　清洪頤煊補證
　　知不足齋叢書本(乾隆道光刻、民國影
　　　　印)

經20808321

孝經鄭氏註一卷　三國魏鄭侑撰　清
　　王仁俊輯
　　玉函山房輯佚書續編本(稿本)

經20808322

孝經王氏解一卷　三國魏王肅撰　清
　　馬國翰輯
　　玉函山房輯佚書本(同治皇華館刻、光
　　　　緒李氏印、光緒娜嬛館刻、光緒楚南
　　　　書局刻)

經20808323

孝經解讚一卷　三國吳韋昭撰　清馬
　　國翰輯
　　玉函山房輯佚書本(同治皇華館刻、光
　　　　緒李氏印、光緒娜嬛館刻、光緒楚南
　　　　書局刻)

經20808324

集解孝經一卷　晉謝萬撰　清馬國翰輯
　　玉函山房輯佚書本(同治皇華館刻、光
　　　　緒李氏印、光緒娜嬛館刻、光緒楚南
　　　　書局刻)

經20808325

孝經殷氏註　晉殷仲文撰　清馬國翰輯
　　玉函山房輯佚書本(同治皇華館刻、光
　　　　緒李氏印、光緒娜嬛館刻、光緒楚南
　　　　書局刻)

經20808326

五等孝傳贊一卷　晉陶潛撰
　　孝經叢書本(萬曆刻)　國圖

經 20808327

齊永明諸王孝經講義一卷　南朝齊□
　□撰　清馬國翰輯
　　玉函山房輯佚書本(同治皇華館刻、光
　　　緒李氏印、光緒嫏嬛館刻、光緒楚南
　　　書局刻)

經 20808328

孝經劉氏說一卷　南朝齊劉瓛撰　清
　馬國翰輯
　　玉函山房輯佚書本(同治皇華館刻、光
　　　緒李氏印、光緒嫏嬛館刻、光緒楚南
　　　書局刻)

經 20808329

孝經嚴氏註一卷　南朝梁嚴植之撰
　清馬國翰輯
　　玉函山房輯佚書本(同治皇華館刻、光
　　　緒李氏印、光緒嫏嬛館刻、光緒楚南
　　　書局刻)

經 20808330

孝經義疏一卷　南朝梁武帝撰　清馬
　國翰輯
　　玉函山房輯佚書本(同治皇華館刻、光
　　　緒李氏印、光緒嫏嬛館刻、光緒楚南
　　　書局刻)

經 20808331

孝經皇氏義疏一卷　南朝梁皇侃撰
　清馬國翰輯
　　玉函山房輯佚書本(同治皇華館刻、光
　　　緒李氏印、光緒嫏嬛館刻、光緒楚南
　　　書局刻)

經 20808332

孝經述義一卷　隋劉炫撰　清王謨輯

漢魏遺書鈔本(嘉慶刻)

經 20808333

古文孝經述義一卷　隋劉炫撰　清馬
　國翰輯
　　玉函山房輯佚書本(同治皇華館刻、光
　　　緒李氏印、光緒嫏嬛館刻、光緒楚南
　　　書局刻)

經 20808334

孝經訓註一卷　隋魏真己撰　清馬國
　翰輯
　　玉函山房輯佚書本(同治皇華館刻、光
　　　緒李氏印、光緒嫏嬛館刻、光緒楚南
　　　書局刻)

經 20808335

孝經註(殘卷)
　　敦煌祕籍留真新編本(民國影印)

經 20808336

孝經治要一卷　唐魏徵撰
　　羣書治要本(日本鎌倉抄)　日本宮
　　　內省
　　羣書治要本(日本元和間活字印)　日
　　　本內閣　日本東洋
　　羣書治要本(日本天明刻)　日本內閣
　　　日本蓬左　日本尊經閣　日本高知
　　　大學
　　羣書治要本(日本寬政刻)　日本東北
　　　大學
　　羣書治要本(日本抄)　日本尊經閣
　　宛委別藏本(抄本、影印本,羣書治要)
　　連筠簃叢書本(道光刻,羣書治要)
　　粵雅堂叢書本(咸豐刻)
　　四部叢刊本(民國影印,羣書治要)

經 20808337

孝經治要一卷　唐魏徵撰　日本細井
　　德民等校
　　羣書治要本(日本江戶刻)　日本二松
　　　　學舍大學　日本一橋大學

經 20808338

御註孝經一卷　唐玄宗李隆基註
　　北宋刻本　日本
　　日本寬政十二年源弘賢刻本　國圖
　　　　南京
　　日本寬政十二年井上慶壽刻本　大連
　　日本明治二十四年刻本　大連
　　清光緒間刻本　北大
　　清刻套印本　上海

經 20808339

孝經一卷　唐玄宗李隆基註
　　明宣德九年蘇州府學刻本　臺圖
　　明隆慶二年趙孔昭校刻本　臺圖
　　明刻本　上海
　　明刻本　湖北
　　孝經叢書本(萬曆刻)　國圖
　　孝經總函本(明內府抄,明抄)
　　清初刻本　吉林
　　清嘉慶間刻本　南京
　　十三經讀本本(同治金陵書局刻)
　　惟惠堂五種本(同治刻)
　　清光緒十四年上海蜚英館石印本　北
　　　　大　上海
　　清光緒二十二年務本書局刻本　吉
　　　　林市
　　清光緒二十三年金陵書局刻本　上海
　　　　吉大　湖北
　　古逸叢書本(光緒刻)
　　清李光明莊刻本　北大
　　清上洋大魁楨記刻本　吉大

清末京師學務處官書局影印本　國圖
清抄本　浙江
古書叢刊本(民國影印本)
民國十五年天津曹錕刻本　國圖　上
　　海　遼寧　吉大　南京
民國二十年雙流黃氏濟忠堂刻本
　　南京
民國二十三年掃葉山房石印本　上海
　　復旦
民國二十五年李樹春影印本　黑龍江
民國間浭陽張氏影宋刻本　國圖　上
　　海　遼寧　吉林市
民國間北平王富書社影印宋刻本
　　上海
日本寬延元年中野宗左衛門西村源
　　六覆刻明崇禎郭氏迎紫齋本
　　北大
日本寬政四年刻本　東北師大
日本明治藤原實美刻本　北大

經 20808340

石臺孝經(石臺孝經註)一卷　唐玄宗李
　　隆基註
　　孝經全書本(崇禎茅胤武刻)　北大
　　孝經大全十集本(崇禎刻)
　　孝經大全十二集本(崇禎刻)
　　清江蘇書局刻本(石臺孝經注)　浙江

經 20808341

孝經一卷　唐玄宗李隆基註
　　袖珍十三經註本(同治刻)

經 20808342

石臺孝經一卷　唐玄宗李隆基註　清
　　陳文瑞訂
　　清刻本　湖北

經 20808343

御註孝經一卷校譌一卷　唐玄宗李隆
　　基註　日本狩谷望之校譌
　　日本文政九年湯島狩谷氏求古樓影
　　　　北宋刻本　國圖　北大　上海
　　　　大連　南京

經 20808344

御註孝經一卷附解說　唐玄宗李隆基註
　　日本昭和七年日本書志學會影印北
　　　　宋刻本　國圖　中科院

經 20808345

孝經一卷附二十四孝圖說一卷　唐玄
　　宗李隆基註　王震繪
　　民國二十四年上海文寶印刷局影印
　　　　宋刻本　上海　黑龍江　南京
　　民國二十一年影宋刻本　國圖
　　民國二十七年高氏閑閑山莊石印本
　　　　上海　南京
　　民國間上海孤兒院影印宋刻本　上海

經 20808346

孝經一卷　唐玄宗李隆基註　唐陸德
　　明音義
　　元相臺岳氏荊溪家塾刻本　國圖
　　清常熟歸子鈞影抄元相臺岳氏荊溪
　　　　家塾刻本　上海
　　清初影元抄本　國圖
　　清初影元刻本　國圖
　　清同治九年揚州書局覆刻相臺岳氏
　　　　本　國圖　北大　上海　黑龍江
　　　　浙江
　　清同治七年湖北崇文書局刻本　北大
　　　　上海　吉林市
　　清光緒十二年湖北官書處刻本　國圖
　　　　天津　遼寧　瀋陽　吉大　齊齊哈

　　爾　湖北
　　清光緒十六年桂垣書局刻本　天津
　　清光緒十七年湖南思賢書局刻本
　　　　吉大
　　清光緒二十九年瓊賢書室刻本　南京
　　清光緒三十年鴻德堂刻本　湖北
　　清末京都文成堂刻本　吉大
　　清北洋官報局鉛印本　國圖
　　清刻本　國圖　遼寧
　　民國十七年建德周氏影印相臺岳氏
　　　　本　國圖　吉大　南京
　　民國十七年德周氏影刻相臺岳氏本
　　　　天津
　　民國二十五年渭南嚴氏重刻相臺岳
　　　　氏本　國圖　吉大　東北師大
　　　　南京
　　民國三十年誠文信書局石印本　齊齊
　　　　哈爾

經 20808347

孝經一卷　唐玄宗李隆基註　唐陸德
　　明音義
　　十三經讀本附校刊記本(同治山東書局
　　　　刻)

經 20808348

孝經校刊記一卷　清丁寶楨等撰
　　十三經讀本附校刊記本(同治山東書局
　　　　刻)

經 20808349

孝經一卷附刊誤一卷　唐玄宗李隆基
　　註　唐陸德明音義
　　金華叢書本(同治光緒刻、民國補刻)
　　清光緒六年山西濬文書局刻本　浙江

經 20808350

孝經便讀　唐玄宗李隆基註　唐陸德
　　明音義
　清光緒三十二年兗州府天主堂鉛印
　　本　國圖

經20808351
御註孝經疏一卷　唐元行沖撰　清馬
　國翰輯
　玉函山房輯佚書本(同治皇華館刻、光
　　緒李氏印、光緒娜嬛館刻、光緒楚南
　　書局刻)

經20808352
孝經疏鈔一卷　唐元行沖疏　宋邢昺
　正義　明梅鼎和輯
　孝經大全十集本(崇禎刻)
　孝經大全十二集本(崇禎刻)

經20808353
孝經註疏九卷　唐玄宗李隆基註　宋
　邢昺疏
　元泰定三年刻本　國圖
　元泰定三年刻明修本　樂平
　十三經註疏本(元刻明修)　北京文
　　物局
　十三經註疏本(嘉靖福建刻、萬曆北監
　　刻、崇禎汲古閣刻、翻汲古閣刻)
　明刻本　中科院
　清初致和堂刻本　國圖
　清康熙二十五年修補明刻本　國圖
　今古文孝經彙刻本(道光刻)
　清同治十年湖南省城尊經閣校刻本
　　湖北
　清同治十三年湖南書局刻本　湖北
　清芥子園刻本　國圖　南京
　清重刻汲古閣本　國圖
　日本享和元年吉村吉左衛門刻本

北大

經20808354
孝經註疏九卷附考證　唐玄宗李隆基
　註　唐陸德明音義　宋邢昺疏
　十三經註疏附考證本(乾隆武英殿刻、
　　同治鍾謙鈞刻)
　四庫全書薈要本(乾隆寫)
　四庫全書本(乾隆寫)

經20808355
孝經註疏校勘記九卷　清阮元校勘
　清盧宣旬摘錄
　重刊宋本十三經註疏附校勘記本(嘉
　　慶刻、道光重修、同治重修、同治刻、
　　光緒刻、光緒石印、民國石印)

經20808356
孝經校勘記(孝經注疏校勘記)三卷釋文
　校勘記一卷　清阮元撰
　皇清經解本(道光刻、咸豐補刻、鴻寶齋石
　　印、點石齋石印,十三經注疏校勘記)
　十三經註疏校勘記本(光緒上海書局影
　　印)
　宋本十三經註疏併經典釋文校勘記
　　本(光緒刻,孝經注疏校勘記)

經20808357
孝經正義一卷　宋邢昺、宋杜鎬等撰
　孝經大全十集本(崇禎刻)

經20808358
孝經注解一卷　宋司馬光指解　宋范
　祖禹說
　通志堂經解本(康熙刻、同治刻、日本文
　　化刻)
　清道光二十七年李延福求是軒重刻

　　　本　上海
　　清道光二十七年南海何氏刻本　　國圖
　　清羊城拾芥園刻本　　湖北

經20808359
孝經指解一卷　　宋司馬光指解　　宋范
　　祖禹說
　　今古文孝經彙刻本（道光刻）

經20808360
古文孝經指解一卷　　宋司馬光指解
　　宋范祖禹說
　　四庫全書本（乾隆寫）
　　清抄本　　上海
　　清末評花仙館鉛印本　　南京

經20808361
孝經一卷附曾子大孝一卷　　宋司馬光
　　指解　　宋范祖禹說　　清李光地注
　　清咸豐十一年朱琦刻本　　浙江

經20808362
孝經刊誤（朱子孝經刊誤）一卷　　宋朱
　　熹撰
　　朱子遺書本（康熙刻）
　　四庫全書本（乾隆寫）
　　經苑本（道光咸豐刻、同治印、民國補刻）
　　清道光十五年抄本　　上海
　　今古文孝經彙刻本（道光刻，朱子孝經
　　　刊誤）
　　日本寬政二年京都書林川上軒刻本
　　　北大
　　反約篇本（同治抄）　福建師大
　　榕園叢書本（同治刻、民國印）
　　西京清麓叢書本（光緒刻）

經20808363

孝經刊誤淺解一卷　　宋朱熹刊誤　　明
　　史尊朱淺解
　　清道光間刻本　　南京

經20808364
孝經集註衍義一卷　　宋朱熹撰　　宋童
　　伯羽衍義
　　清乾隆四十四至六十年侯官鄭氏刻
　　　本　　北大

經20808365
文公所定古文孝經一卷　　宋朱申註
　　孝經叢書本（萬曆刻）　國圖
　　孝經總函本（明內府抄，明抄）
　　孝經大全十二集本（崇禎刻）
　　孝經大全十集本（崇禎刻）
　　通志堂經解本（康熙刻、同治刻、日本文
　　　化刻）
　　民國二十七年北京來薰閣書店影印
　　　日本林秀藏元刻本　國圖　遼寧
　　　遼大

經20808366
草廬校定古今文孝經一卷　　元吳澄撰
　　孝經叢書本（萬曆刻）　國圖
　　孝經總函本（明內府抄，明抄）
　　通志堂經解本（康熙刻、同治刻、日本文
　　　化刻）

經20808367
吳文正公較定今古文孝經一卷　　元吳
　　澄撰
　　孝經大全十集本（崇禎刻）

經20808368
孝經一卷　　元吳澄校定　　清朱軾按
　　朱文端公藏書本（康熙乾隆刻、光緒重

刻)

經 20808369
孝經定本一卷　元吳澄撰
　　四庫全書本(乾隆寫)
　　今古文孝經彙刻本(道光刻)

經 20808370
吳文正公較定今文孝經考一卷　元吳
　　澄校定
　　孝經大全十二集本(崇禎刻)

經 20808371
吳文正公刊誤一卷　元吳澄撰
　　孝經大全十集本(崇禎刻)

經 20808372
孝經大義一卷　元董鼎注
　　明刻本　國圖
　　通志堂經解本(康熙刻、同治刻、日本文
　　　化刻)
　　四庫全書本(乾隆寫)
　　今古文孝經彙刻本(道光刻)
　　清道光十六年王氏刻本　國圖
　　朝鮮青坊刻本　國圖　臺圖
　　日本寬永五年刻本　北大

經 20808373
文公刊誤古文孝經(朱文公刊誤古文孝
　　經、朱文公刊誤)一卷　元董鼎注
　　孝經叢書本(萬曆刻)　國圖
　　孝經總函本(明內府抄,明抄)
　　孝經大全本(崇禎刻,朱文公刊誤古文孝
　　　經)
　　孝經大全十集本(崇禎刻,朱文公刊誤)

經 20808374

孝經大義一卷　宋朱熹刊誤　元董鼎
　　注　明程一礎解訛
　　明抄本　國圖
　　抄本　國圖

經 20808375
孝經說一卷　明項安世撰
　　四庫全書本(乾隆寫,項氏家說)

經 20808376
孝經集註一卷　明陳選撰
　　清順治十六年刻本　國圖
　　清同治十年刻本　東北師大
　　清同治間刻本　山東博(清宋書升批校)
　　清光緒二十四年煙臺成文信刻本
　　　丹東
　　清光緒三十一年周村益友堂刻本　東
　　　北師大
　　清光緒間掃葉山房刻本　遼寧　大連
　　　丹東　遼大　吉林　吉林市
　　清抄本　國圖

經 20808377
孝經解詁一卷　明陳深撰
　　明萬曆間刻十三經解詁本　故宮
　　　浙江

經 20808378
孝經集註一卷　明余本撰　明葉廷秀參
　　葉潤山輯著全書本(崇禎刻)

經 20808379
孝經集義一卷刊誤一卷　明余時英撰
　　明天啓四年余紹祿等刻本　安徽　江
　　　西　山東大學　暨南大學
　　明刻本　國圖

經 20808380
孝經會通一卷　明沈淮撰
　孝經叢書本（萬曆刻）　國圖
　孝經總函本（明內府抄，明抄）
　孝經大全十集本（崇禎刻）
　孝經大全十二集本（崇禎刻）

經 20808381
孝經宗旨一卷　明羅汝芳撰
　孝經古註本（崇禎刻）　國圖

經 20808382
孝經宗旨一卷　明羅汝芳述　明楊起
　　元錄
　寶顏堂祕笈本（萬曆刻、民國石印）

經 20808383
孝經疑問一卷　明姚舜牧撰
　明來恩堂刻清乾隆二十七年六經堂
　　重修姚承蒼文集本　上海
　清光緒六年歸安姚氏刻本　國圖
　咫進齋叢書本（光緒刻）

經 20808384
孝經本義一卷列傳七卷　明胡時化撰
　明刻本　國圖

經 20808385
孝經一卷　明楊起元注
　清刻本　國圖
　端溪叢書本（光緒刻）

經 20808386
孝經引證一卷　明楊起元撰
　孝經古註本（崇禎刻）　國圖
　寶顏堂祕笈本（萬曆刻、民國石印）

經 20808387
孝經廣義二卷　明楊起元輯撰　清郭
　　世傑重訂
　清康熙三十九年刻本　上海

經 20808388
孝經別傳一卷　明李槃撰
　孝經總函本（明內府抄，明抄）

經 20808389
孝經邇言一卷　明虞淳熙撰
　孝經總函本（明內府抄，明抄）
　孝經大全十集本（崇禎刻）

經 20808390
孝經集靈一卷　明虞淳熙撰
　孝經全書本（崇禎茅胤武刻）　北大
　明刻本　國圖
　孝經總函本（明內府抄，明抄）
　學海類編本（道光木活字印、民國影印）
　遜敏堂叢書本（道光咸豐木活字印）

經 20808391
孝經集靈二卷附集一卷　明虞淳熙撰
　孝經大全十集本（崇禎刻）
　孝經大全十二集本（崇禎刻）

經 20808392
虞子集靈節畧一卷　明虞淳熙撰
　孝經古註本（崇禎刻）　國圖
　寶顏堂祕笈本（萬曆刻、民國石印）
　抄本　國圖

經 20808393
從今文孝經說一卷　明虞淳熙撰
　孝經總函本（明內府抄，明抄）
　孝經大全十集本（崇禎刻）

孝經大全十二集本（崇禎刻）

經 20808394
孝經集註一卷　明陳仁錫集注
　　清乾隆五十三年刻本　國圖

經 20808395
孝經集傳四卷　明黃道周撰
　　明崇禎十六年刻本　福建
　　石齋先生經傳九種本（康熙刻、道光補
　　　刻）
　　四庫全書本（乾隆寫）
　　今古文孝經彙刻本（道光刻）
　　清謝氏成都寓廬刻本　湖北

經 20808396
孝經讀本四卷附孝經大義一卷附錄一
　　卷　明黃道周集傳　唐文治撰
　　附錄
　　十三經讀本本（民國醒園刻）

經 20808397
孝經本贊一卷　明黃道周撰
　　小方壺齋叢書本（光緒鉛印）
　　抄本　南京

經 20808398
黃石齋註孝經一卷儒行一卷　明黃道
　　周撰
　　清抄本（陳詒光跋）　上海

經 20808399
黃忠端公孝經辯義一卷　明黃道周撰
　　澹勤室著述本（同治刻、光緒刻）

經 20808400
孝經大全二十八卷首一卷　明呂維祺撰

　　明崇禎間刻本　湖南
　　清康熙二年新安呂氏刻本　國圖　北
　　　大　中科院　社科院近代史所　故
　　　宮　社科院歷史所　文藝研究院
　　　天津　南開　南京　浙江　湖南
　　清刻本　國圖

經 20808401
孝經或問三卷　明呂維祺撰
　　明崇禎間刻本　湖南
　　清康熙二年新安呂氏刻本　國圖　北
　　　大　中科院　社科院近代史所　故
　　　宮　社科院歷史所　文藝研究院
　　　天津　南開　南京　浙江　湖南
　　清刻本　國圖
　　經苑本（道光咸豐刻、同治印、民國補刻）
　　清王簡校刻本　浙江

經 20808402
孝經本義二卷　明呂維祺撰
　　經苑本（道光咸豐刻、同治印、民國補刻）

經 20808403
孝經翼一卷　明呂維祐撰
　　明崇禎間刻本　湖南
　　明末刻本　天津
　　清康熙二年新安呂氏刻本　國圖　北
　　　大　中科院　社科院近代史所　故
　　　宮　社科院歷史所　文藝研究院
　　　天津　南開　南京　浙江　湖南
　　清刻本　國圖
　　經苑本（道光咸豐刻、同治印、民國補刻）

經 20808404
古文孝經說一卷　明孫本撰
　　孝經總函本（明內府抄，明抄）
　　孝經大全十集本（崇禎刻）

孝經大全十二集本（崇禎刻）

經 20808405
古文孝經解意（孝經解意）一卷　明孫
　　本撰
　　孝經總函本（明內府抄，明抄）
　　孝經大全十集本（崇禎刻，孝經解意）

經 20808406
孝經釋疑（釋疑）一卷　明孫本撰
　　孝經總函本（明內府抄，明抄）
　　孝經總類本（明抄，釋疑）　國圖
　　孝經大全十集本（崇禎刻）
　　孝經大全十二集本（崇禎刻）

經 20808407
古孝經大旨一卷　明孫本撰
　　孝經大全十集本（崇禎刻）

經 20808408
孝經考一卷　□□輯
　　孝經大全十集本（崇禎刻）
　　孝經大全十二集本（崇禎刻）

經 20808409
今文直解一卷　□□輯
　　孝經大全本（崇禎刻）

經 20808410
全經綱目一卷　□□輯
　　孝經大全十集本（崇禎刻）
　　孝經大全十二集本（崇禎刻）

經 20808411
孝經問對一卷　□□輯
　　孝經叢書本（萬曆刻）　國圖

經 20808412
孝經雜鈔一卷　□□輯
　　孝經總函本（明內府抄，明抄）

經 20808413
家塾孝經集解（家塾孝經）一卷　明朱
　　鴻撰
　　孝經叢書本（萬曆刻）　國圖
　　孝經總函本（明內府抄，明抄）
　　孝經大全十集本（崇禎刻，家塾孝經）

經 20808414
孝經臆說一卷　明朱鴻撰
　　孝經叢書本（萬曆刻）　國圖
　　孝經總函本（明內府抄，明抄）

經 20808415
孝經質疑一卷　明朱鴻輯
　　孝經叢書本（萬曆刻）　國圖
　　孝經總函本（明內府抄，明抄）
　　孝經大全十集本（崇禎刻）
　　孝經大全十二集本（崇禎刻）

經 20808416
古文孝經直解（古文直解）一卷　明朱
　　鴻撰
　　孝經總函本（明內府抄，明抄）
　　孝經大全十集本（崇禎刻，古文直解）

經 20808417
孝經目錄一卷　明朱鴻撰
　　孝經總類本（明抄）　國圖

經 20808418
朱文公刊誤孝經旨意一卷　明朱鴻撰
　　孝經大全十二集本（崇禎刻）

經 20808419
孝經貫註二十卷存餘三卷考異一卷對
　　問三卷　明瞿罕撰
　　明崇禎七年刻本　華東師大

經 20808420
今文孝經直解一卷　明江元祚訂
　　孝經大全十二集本（崇禎刻）

經 20808421
孝經彙註三卷　明江元祚删輯
　　孝經大全十集本（崇禎刻）
　　孝經大全十二集本（崇禎刻）

經 20808422
增補孝經彙註三卷聚序說一卷　明江
　　元祚删輯　明吳太沖參訂　日本
　　源後素增補
　　日本天保六年精義堂刻本　北大

經 20808423
孝經彙目一卷　明江元祚輯
　　孝經大全十集本（崇禎刻）
　　孝經大全十二集本（崇禎刻）

經 20808424
孝經集文一卷　明江元祚輯
　　孝經大全十集本（崇禎刻）
　　孝經大全十二集本（崇禎刻）

經 20808425
孝經集文一卷　明江元祚輯　清聞啓
　　祥訂
　　清刻本　國圖

經 20808426
孝經述註一卷　明項霦撰

四庫全書本（乾隆寫）
借月山房彙鈔本（嘉慶刻、博古齋影印）
澤古齋重鈔本（道光重編）
今古文孝經彙刻本（道光刻）
續台州叢書本（光緒刻）

經 20808427
孝經本則一卷　明張復撰
　　明萬曆二十九年刻本　江西

經 20808428
孝經緒彙一卷　明丁洪夏撰
　　明崇禎二年刻本　北大

經 20808429
孝經傳一卷　明樊維城撰
　　孝經全書本（崇禎茅胤武刻）　北大

經 20808430
孝經一卷　明趙南星訂注
　　明刻本　浙江
　　明末高邑趙氏刻本　國圖
　　味檗齋遺書本（光緒刻）

經 20808431
孝經大指一卷　明趙南星注
　　明末高邑趙氏刻本　國圖

經 20808432
孝經問業合參一卷　清張夏問　清傅
　　謙牧參問
　　清光緒二年聚文堂刻本　復旦

經 20808433
孝經註疏大全一卷　清葉鈝撰
　　清康熙間刻事天閣印本　國圖　上海

經 20808434
孝經論題標準一卷　清□□撰
　　清康熙二十九年事天閣刻本　上海

經 20808435
孝經類解九卷　清吳之騄撰
　　清康熙間刻本　國圖

經 20808436
孝經類解十八卷　清吳之騄撰
　　清康熙三十二年寶翰樓刻本　浙江

經 20808437
孝經正解一卷　清徐大紳撰
　　民國二十一年鉛印本　國圖　上海
　　　南京

經 20808438
孝經內外傳五卷孝經正文一卷　清李
　　之素輯
　　清康熙六十年李煥寶田山莊刻瑞露
　　　軒印本　浙江　國圖　中科院

經 20808439
孝經集解十八卷　清趙起蛟撰
　　清康熙二十三年趙氏家塾刻本　南京

經 20808440
孝經約義一卷　清汪師韓撰
　　上湖遺集本(乾隆刻)
　　清乾隆間刻本　國圖
　　叢睦汪氏遺書本(光緒刻)
　　清刻本　南京

經 20808441
孝經問一卷　清毛奇齡撰
　　西河合集本(康熙刻、乾隆印、嘉慶印)

　　四庫全書本(乾隆寫)
　　今古文孝經彙刻本(道光刻)
　　皇清經解續編本(光緒刻、光緒石印)

經 20808442
孝經詳說六卷　清冉覲祖撰
　　五經詳說本(光緒刻)

經 20808443
孝經合解二卷　清陳治安輯
　　清康熙四十年刻本　國圖

經 20808444
孝經集註一卷　清陸遇霖撰
　　清同治光緒間刻本　上海
　　清刻本　國圖

經 20808445
御定孝經一卷　清蔣赫德纂　清世祖
　　福臨定
　　四庫全書薈要本(乾隆寫)
　　四庫全書本(乾隆寫)

經 20808446
御註孝經一卷　清世祖福臨註
　　清順治十三年內府刻本　國圖　故宮
　　　天津　內蒙古　遼寧　吉大　湖北
　　清內府寫刻套印本　南京
　　今古文孝經彙刻本(道光刻)
　　清宣統二年上海久敬齋石印本　吉林
　　清末山東書局刻本　國圖
　　民國二十四年鉛印本　南京

經 20808447
孝經衍義四十七卷附古文孝經一卷文
　　孝經一卷　清張能麟撰
　　清順治間刻本　日本尊經閣

清刻本　日本東京大學

經20808448
孝經衍義二十二卷　清張能麟撰
　　清紅格抄本　臺圖
　　清抄本　國圖

經20808449
讀孝經四卷年譜一卷　清應是撰
　　清乾隆十七年刻本　中科院

經20808450
孝經精義一卷後錄一卷或問一卷原孝
　　一卷餘論一卷　清張敍撰
　　清乾隆四年潞河書院刻本　國圖　中
　　　科院　人大　天津

經20808451
孝經三本管窺一卷　清吳隆元撰
　　朱文端公藏書本(康熙乾隆刻、光緒重
　　　刻)
　　今古文孝經彙刻本(道光刻)

經20808452
孝經全註(孝經)一卷　清李光地撰
　　清李氏刻本　復旦
　　李文貞公全集本(乾隆嘉慶刻)
　　榕村全書本(道光刻)
　　今古文孝經彙刻本(道光刻)
　　清咸豐五年浦城與古齋祝氏刻本(孝
　　　經)　上海

經20808453
李氏孝經注輯本一卷附曾子大孝編註
　　一卷　清李光地注　邵懿辰輯
　　半巖廬所箸書本(清末民國初刻)

經20808454
御定孝經衍義一百卷首二卷　清聖祖
　　玄燁敕撰　清葉方藹、清張英監修
　　清韓菼編纂
　　清康熙二十九年內府刻本　北大　北
　　　師大　天津　上海　復旦　遼寧
　　　吉林
　　清康熙三十年江蘇布政使司覆內府
　　　刻本　南京
　　清康熙三十一年浙江重刻本　浙江
　　四庫全書本(乾隆寫)

經20808455
孝經本義一卷　清姜兆錫撰
　　九經補注本(雍正刻)
　　清光緒二十九年寶慶勸學書舍重刻
　　　姜氏本　湖北

經20808456
孝經註釋一卷　清姜兆錫撰
　　清刻本　天津

經20808457
孝經讀本一卷　清姜兆錫撰
　　清刻本　天津

經20808478
孝經初學讀本一卷　清萬廷蘭編
　　清乾隆間刻十一經初學讀本本　上海
　　清南昌萬廷蘭芝堂校刻十一經初學
　　　讀本本　國圖
　　清光緒二年四川學院刻十一經初學
　　　讀本本　遼寧

經20808459
孝經章句一卷　清任啓運撰
　　今古文孝經彙刻本(道光刻)

經 20808460

御纂孝經集註一卷　清世宗胤禛敕撰
　　清雍正五年内府刻本　故宫　南京
　　　遼寧
　　四庫全書薈要本(乾隆寫)
　　四庫全書本(乾隆寫)
　　今古文孝經彙刻本(道光刻)
　　清道光二十年竹溪館抄本　遼寧
　　清山東書局刻本　國圖
　　清禮部校刻本　上海
　　民國間鑄記書局石印本　南京

經 20808461

孝經易知一卷　清耿介輯注
　　清康熙三十年嵩陽書院刻本　國圖
　　清同治十一年邗江王氏重刻本　國圖
　　　上海　南京
　　清光緒二十二年陽湖張氏刻本　上海
　　民國六年夏重光抄校本　南京

經 20808462

孝經易知一卷　□□撰
　　清雍正十二年徐廷鈞刻本　清華
　　清道光十六年王氏刻本　國圖

經 20808463

孝經或問一卷　清汪紱撰
　　清嘉慶二十一年刻莘野書室印本
　　　國圖
　　汪雙池先生叢書本(光緒彙印)
　　清同治曲水書局木活字印本　中科院
　　清光緒二十一年刻本　國圖

經 20808464

孝經章句一卷　清汪紱撰
　　汪雙池先生叢書本(光緒彙印)
　　清同治曲水書局刻本　湖北

　　清光緒二十一年刻本　上海　國圖

經 20808465

孝經通釋十卷　清曹庭棟撰
　　清乾隆二十一年刻本　國圖　人大
　　　上海
　　清乾隆間刻本　中科院　南京

經 20808466

孝經集註一卷　清任兆麟撰
　　清道光元年掃葉山房刻本　上海
　　　南京
　　清光緒九年華聚玉刻本　浙江
　　清光緒十六年宛委山莊刻本　復旦
　　清光緒間杭城文光堂刻本　浙江
　　清末掃葉山房刻本　北大　復旦
　　清江陰源德堂刻本　國圖
　　抄本　上海

經 20808467

中文孝經一卷　清周春輯
　　清乾隆二十五年刻本　復旦
　　周松靄先生遺書本(乾隆嘉慶刻)
　　藝海珠塵本(嘉慶刻道光增刻)
　　清抄本　國圖

經 20808468

孝經外傳一卷　清周春撰
　　清乾隆二十五年刻本　復旦
　　周松靄先生遺書本(乾隆嘉慶刻)
　　藝海珠塵本(嘉慶刻道光增刻)

經 20808469

孝經刊誤辯說一卷　清倪上述撰
　　清乾隆間刻本　國圖
　　止園叢書本(道光至光緒刻)

經 20808470

孝經章句一卷　清倪上述撰
　　清乾隆間刻本　國圖
　　止園叢書本(道光至光緒刻)

經 20808471

孝經彙纂一卷　清孫念劬撰
　　清嘉慶四年刻本　中科院

經 20808472

孝經札記一卷　清朱亦棟撰
　　十三經札記本(光緒竹簡齋刻)

經 20808473

孝經一卷　清程際盛(程琰)注　清侯楨
　　改訂
　　民國六年套印本　國圖

經 20808474

孝經約解二卷附孝經古文宋本、孝經古
　　文、孝經刊誤本、孝經題辭、孝經古
　　今文、孝經古今文考　清溫汝能撰
　　清嘉慶十年聽松閣刻本　國圖

經 20808475

孝經刊誤本一卷　清溫汝能撰
　　清嘉慶十年聽松閣刻本　國圖

經 20808476

孝經古今文考一卷　清溫汝能撰
　　清嘉慶十年聽松閣刻本　國圖

經 20808477

孝經題辭一卷　清溫汝能撰
　　清嘉慶十年聽松閣刻本　國圖

經 20808478

孝經纂註一卷小學纂注二卷孝傳一卷
　　清彭瓏纂
　　清道光元年耕硯田齋刻本　上海

經 20808479

孝經義疏一卷　清阮元撰
　　今古文孝經彙刻本(道光刻)

經 20808480

孝經傳說圖解四卷　清金汝幹、清金汝
　　楫輯　清戴蓮洲繪圖
　　清嘉慶十六年普濟堂刻本　復旦
　　清道光元年雲豫堂刻本　國圖　北大
　　清同治十年徐葆清刻本　北大

經 20808481

孝經傳說圖解二卷　清金汝幹、清金汝
　　楫輯　清戴蓮洲繪圖
　　清嘉慶十六年雲豫堂刻本　國圖　上
　　　海　東北師大
　　清同治十年樂清梅溪書院重刻道光
　　　元年本　國圖　上海　南京　遼寧

經 20808482

孝經義疏一卷　清阮福撰
　　皇清經解本(道光刻、咸豐補刻、鴻寶齋
　　　石印、點石齋石印)

經 20808483

孝經義疏補九卷首一卷　清阮福撰
　　稿本　北大
　　清道光間春喜齋刻本　國圖　北大
　　　人大(清嚴厚民跋)　上海(清鍾文
　　　烝校)
　　文選樓叢書本(嘉慶道光刻)

經 20808484

孝經解紛一卷　清□□撰
　　今古文孝經彙刻本(道光刻)

經 20808485
孝經集義二卷　清曾世儀輯注
　　清同治十一年三省堂刻本　國圖
　　復旦

經 20808486
孝經鄭注補證一卷　清洪頤煊撰
　　知不足齋叢書本(乾隆道光刻、民國影
　　印)

經 20808487
孝經鄭氏解一卷補證一卷　漢鄭玄撰
　　日本岡田挺之錄　清洪頤煊補證
　　日本東條弘增考
　　日本文化十一年東條氏蜾蠃窟刻本
　　國圖　南京　日本宮城

經 20808488
校正今文孝經一卷附二十四孝考　清
　　瞿中溶校
　　清道光間東武李氏愛吾鼎齋刻本
　　國圖

經 20808489
孝經旁訓一卷　清孫傳澄訂
　　清末同文堂石印本　上海
　　清芸居樓刻本　國圖

經 20808490
孝經養正一卷　清呂鳴謙撰
　　清光緒間呂氏刻本　國圖　湖北

經 20808491
孝經直解一卷附辨論一卷孝經正文便

讀一卷　清劉沅撰
　　清咸豐十一年虛受齋刻本　上海　吉
　　大　湖北
　　槐軒全書本(同治刻)
　　清宣統間北京道德學社鉛印本　浙江
　　民國十九年致福樓重刻本　瀋陽　撫
　　順　哈爾濱　湖北
　　民國二十三年西充鮮于氏特園刻本
　　上海

經 20808492
孝經一卷　明黃道周定本　清賀長齡
　　輯注
　　清道光二十三年刻本　日本東京大學
　　日本關西大學
　　清貴陽刻本　湖北

經 20808493
孝經述二卷　清賀長齡輯注　清傅壽
　　彤述
　　澹勤室著述本(同治刻、光緒刻)

經 20808494
孝經述註一卷　清丁晏撰
　　清咸豐七年刻本　國圖　南京
　　頤志齋叢書本(咸豐刻)

經 20808495
孝經徵文一卷　清丁晏撰
　　稿本　北大
　　木犀軒叢書本(光緒刻)
　　皇清經解續編本(光緒刻、光緒石印)

經 20808496
孝經本義一卷　清王檢心撰
　　復性齋叢書本(咸豐刻)

經 20808497
孝經襯解一卷　清王永彬輯
　　清咸豐間刻本　湖北

經 20808498
古文孝經朱子訂定刊誤集講一卷　清
　　熊兆撰
　　清抄本(清翁同書跋)　國圖

經 20808499
李氏孝經註輯本一卷　清邵懿辰撰
　　半巖廬所箸書本(清末民國初刻)

經 20808500
孝經章義一卷　清方宗誠撰
　　柏堂遺書本(光緒刻)

經 20808501
孝經義疏補訂補一卷　清鍾文烝撰
　　王欣夫抄本　復旦

經 20808502
孝經集證十卷　清桂文燦撰
　　吳縣王氏學禮齋傳抄稿本　復旦

經 20808503
孝經集解一卷　清桂文燦撰
　　吳縣王氏學禮齋傳抄稿本　復旦
　　清咸豐四年刻本　吉林社科院　浙江
　　南海桂氏經學本(光緒刻)
　　清光緒十一年郇山書院重刻本　湖北
　　　(徐恕批校)
　　民國三十年上海道德書局鉛印本　上
　　　海　撫順　湖北

經 20808504
孝經啓蒙新解一卷　清王澤厚注

　　清光緒十八年都門積善堂刻本　國圖
　　　北大

經 20808505
孝經旁訓一卷　清李啓培選注
　　清同治四年九峯山房刻本　湖北
　　清光緒七年刻本　湖北

經 20808506
孝經古今文傳注輯論一卷　清吳大廷撰
　　清同治十二年金陵泉唐江清驤署刻
　　　本　國圖　北大　上海　南京
　　　湖北

經 20808507
孝經述一卷　清姜國伊撰
　　守中正齋叢書本(同治光緒刻)
　　清光緒十五年刻本　國圖

經 20808508
孝經本義一卷　清劉光蕡撰
　　西京清麓叢書本(光緒刻)
　　清光緒三十一年涇陽柏經正堂刻本
　　　黑大
　　煙霞草堂遺書本(民國刻)

經 20808509
讀朱就正錄一卷續編一卷　清張錫嶸撰
　　張敬堂太史遺書本(同治刻)

經 20808510
孝經章句一卷　清張錫嶸撰
　　張敬堂太史遺書本(同治刻)

經 20808511
孝經問答一卷　清張錫嶸撰
　　張敬堂太史遺書本(同治刻)

經20808512

孝經衍不分卷　清葉慶榮撰
　　清同治九年中陽草堂刻本　　湖北

經20808513

三字孝經不分卷　蘭湖漁父撰
　　清同治十年寶文書局刻本　　復旦

經20808514

孝經述言一卷　清曾錫齡撰
　　清同治十一年刻本　　南京

經20808515

孝經酌從編串說一卷　清龍炳垣撰
　　清同治十二年餘快讀之軒刻本　　浙江

經20808516

孝錄不分卷理齋忠孝錄　清王恩綬撰
　　清同治十三年鄂垣官廨刻本　　上海

經20808517

孝經纂註一卷　題漢孔安國傳　日本
　　五十川左武郎纂注
　　日本明治十六年刻本　　上海

經20808518

古文孝經薈解八卷　清洪良品撰
　　清光緒十七年鉛印本　　國圖　南京
　　　湖北
　　清光緒十七年刻本　　中科院
　　清光緒十八年總理署同文館鉛印本
　　　北大
　　清光緒十八年鉛印本　　天津

經20808519

孝經闡要一卷　清張恩霨撰
　　清光緒九年刻本（與大學闡要、中庸闡

要、論語論畧、孟子論畧合刻）　　國
圖　中科院　南京　湖北

經20808520

孝經十八章輯傳一卷　清汪宗沂撰
　　清光緒二十四年刻本　　國圖　中科院
　　民國打字印本　　國圖

經20808521

古文孝經集解一卷首一卷末一卷　清
　　曹若柟撰
　　清光緒二十一年中州明道書院刻本
　　　東北師大　湖北

經20808522

孝經古微三卷　清葉繩翥撰
　　清宣統元年木活字印本　　中科院

經20808523

孝經孝翔學一卷　清葉繩翥撰
　　清光緒三十四年葉氏把松賃棉書屋
　　　木活字印本　　國圖　上海　湖北

經20808524

孝經講義一卷　清鍾福球注
　　清光緒三十四年杭州崇實書局鉛印
　　　本　　上海　南京

經20808525

孝經釋義一卷　清宋書升撰
　　稿本　　山東博

經20808526

孝經約解一卷　清劉曾騄撰
　　祥符劉氏叢書本（清末民初石印，九經
　　　約解）

經 20808527
孝經鄭註疏二卷　清皮錫瑞撰
　　師伏堂叢書本（光緒刻）

經 20808528
孝經一卷　清李慈銘注
　　民國二十五年上海漢文正楷印書局
　　　鉛印越縵堂節註本　湖北

經 20808529
孝經鄭註附音一卷　清孫季咸撰
　　清光緒二十二年濰縣勝園刻本　國圖
　　孫氏山淵閣叢刊本（光緒刻）

經 20808530
孝經啓蒙一卷　清劉定之輯
　　稿本　國圖

經 20808531
孝䇹啓蒙一卷　清劉定之輯　清周達
　　權重訂
　　稿本　國圖

經 20808532
孝經集解一卷　清孫漢注解　清黃元
　　治校正
　　清抄本　國圖

經 20808533
孝經一卷忠經一卷　清王相箋注
　　清刻本　國圖

經 20808534
孝經體註一卷附陳選孝經集注一卷
　　清沈士衡撰
　　清友益齋刻本　南京

經 20808535
孝經一卷　清程資集注　清侯楨考訂
　　民國六年吳氏禮讓堂刻本　上海

經 20808536
孝經集註述疏一卷　簡朝亮撰
　　讀書堂叢刻本（清末民國初刻）
　　民國七年刻本　上海
　　民國八年刻本　國圖　中科院
　　民國間廣東刻本　國圖

經 20808537
讀書堂孝經答問一卷　簡朝亮撰
　　讀書堂叢刻本（清末民國初刻）
　　民國七年刻本　上海
　　民國八年刻本　國圖　中科院

經 20808538
孝經學凡例一卷　廖平撰
　　新訂六譯館叢書本（民國彙印）

經 20808539
孝經講義三卷　潘任撰
　　清光緒三十三年江南高等學堂活字
　　　印本　國圖
　　清光緒間江南高等學堂活字印經學
　　　講義本　天津
　　清光緒間刻本　復旦

經 20808540
孝經集註一卷　潘任撰
　　清光緒三十三年江南高等學堂木活
　　　字印本　國圖　中科院　上海

經 20808541
讀孝經日記一卷　潘任撰
　　學古堂日記本（光緒刻）

經 20808542
孝經鄭氏解疏十卷首一卷　潘任撰
　　清末民國初傳抄稿本　復旦

經 20808543
孝經鄭註攷證一卷　潘任撰
　　希鄭堂叢書本(光緒木活字印)
　　虞山潘氏叢書本(光緒刻)

經 20808544
孝經存解四卷首一卷　趙長庚撰
　　清光緒十年刻本　國圖　南京

經 20808545
孝經質疑一卷　徐紹楨撰
　　學壽堂叢書本(光緒刻)

經 20808546
孝經學七卷　曹元弼撰
　　清光緒三十四年江蘇存古學堂木活
　　　字朱印本　國圖　北大　天津
　　　上海　南京　浙江
　　清宣統元年吳縣曹氏刻本　國圖
　　　湖北
　　民國間刻本　中科院　復旦　上海　華
　　　東師大

經 20808547
孝經集註不分卷　曹元弼撰
　　吳縣王氏抱蜀廬傳抄稿本　復旦

經 20808548
孝經校釋一卷　曹元弼撰
　　清光緒三十一年刻本　上海
　　民國二十四年刻本　上海　遼寧

經 20808549

孝經鄭氏註箋釋三卷　曹元弼撰
　　清光緒三十一年刻本　上海
　　民國二十二年刻本　復旦
　　民國二十四年刻本　上海　遼寧

經 20808550
孝經六藝大道錄一卷　曹元弼撰
　　清光緒二十四年兩湖書院刻本　國圖
　　　北大　南京

經 20808551
孝經鄭氏解一卷　曹元弼撰
　　清光緒間曹氏刻本　湖北(徐恕批校)

經 20808552
孝經誼詁一卷　馬其昶撰
　　周氏師古堂所編書本(民國刻,三經誼
　　　詁)

經 20808553
繪圖孝經新體讀本一卷　彪蒙編譯所註
　　清宣統二年上海彪蒙書室四版石印
　　　本　上海

經 20808554
孝經正義一卷　宋育仁撰
　　問琴閣叢書本(民國刻)

經 20808555
孝子集解二卷　奚侗撰
　　民國十四年鉛印本　上海

經 20808556
孝經說三卷　陳伯陶撰
　　民國十五年鉛印本　中科院
　　民國間香港鉛印本　國圖　上海
　　　復旦

經 20808557
孝經經解一卷　王古初注　李鏡靈正訛
　　民國十七年石印本　上海

經 20808558
孝經今譯一卷　張佩嚴撰
　　民國十八年上海中華書局鉛印本
　　　上海

經 20808559
孝經之研究三卷　徐景賢撰
　　民國二十年北平公記印書局鉛印徐
　　　垂三堂叢書本　北大　上海　南
　　　京　吉林

經 20808560
孝經白話解說一卷　朱領中撰
　　民國間抄本　上海
　　民國二十一年上海明善書局石印本
　　　遼大　東北師大

經 20808561
孝經通論不分卷　羅功武撰
　　民國二十二年鉛印本　復旦

經 20808562
孝經核一卷　焦琳撰
　　民國二十四年範華製版印刷廠鉛印
　　　本　南京　遼寧

經 20808563
孝經讀本姚氏學一卷　姚明輝撰
　　淮安程良貴寫印本　南京
　　民國十三年吳興讀經會石印本　上海
　　民國二十七年上海春江書局鉛印本
　　　上海

經 20808564
孝經淺釋四卷　張栩撰
　　民國十六年天津華北印書館鉛印本
　　　國圖

經 20808565
孝經講義甲編一卷乙編二卷　□□撰
　　民國十八年西泠貿去軒刻本　上海

文字音義之屬

經 20808566
孝經釋文三卷　唐陸德明撰
　　經典釋文本(宋刻宋元遞修)　國圖
　　經典釋文本(同治刻、民國影印)
　　明崇禎十年葉林宗抄本
　　通志堂經解本(康熙刻、乾隆補修、同治刻、日本文化刻,經典釋文)
　　抱經堂叢書本(乾隆嘉慶刻、民國影印,經典釋文)
　　清同治十三年成都尊經書院刻民國二年成都存古書局補刻本　遼寧
　　清同治間廣東刻本　遼寧
　　清光緒二年成都尊經書院刻本　遼寧

經 20808567
孝經釋文校勘記一卷　清阮元撰
　　皇清經解本(道光刻、咸豐補刻、鴻寶齋石印、點石齋石印,十三經注疏校勘記)
　　十三經註疏校勘記本(光緒上海書局影印)
　　宋本十三經註疏併經典釋文校勘記本(光緒刻)

經 20808568
孝經今文音義一卷　唐陸德明撰

粵雅堂叢書本(咸豐刻)

士禮居黃氏叢書本(博古齋增輯影印)

經20808569

孝經音義一卷　唐陸德明撰

　清同治十年湖南省城尊經閣刻本
　　湖北

　清同治間湖南書局刻本　湖北

經20808570

孝經音訓不分卷　唐陸德明撰

　清同治九年成都沈氏亦園刻本　吉林

經20808571

孝經音訓一卷　清楊國楨撰

　十一經音訓本(道光刻、光緒刻)

經20808572

孝經音訓一卷　清袁俊等音訓

　清道光間刻本　復旦

叢編之屬

經20808573

說孝三書　明楊起元輯

　寶顏堂祕笈本(萬曆刻、民國石印)

　　虞子集靈節畧一卷　明虞淳熙撰

　　孝經引證一卷　明楊起元撰

　　孝經宗旨一卷　明羅汝芳述　明
　　　楊起元記

經20808574

孝經叢書十四卷　明朱鴻輯

　明萬曆間刻本　國圖

　　孝經問對一卷

　　孝經今文直解一卷　漢劉向校定

　　孝經註一卷　唐玄宗李隆基註

文公定古文孝經註一卷　元朱申註

文公刊誤古文孝經註一卷　元董
　鼎撰

草廬校定古文孝經一卷　　元吳
　澄撰

孝經會通一卷　明沈淮撰

五等孝傳贊一卷　晉陶潛撰

家塾孝經集解一卷　明朱鴻撰

孝經臆說一卷　明朱鴻撰

孝經質疑一卷　明朱鴻撰

五經孝語一卷　明朱鴻輯

四書孝語一卷　明朱鴻輯

曾子孝實一卷　明朱鴻輯

經20808575

孝經彙輯十八卷　明朱鴻編

　明萬曆間仁和朱氏刻本　臺圖

　　孝經一卷　唐玄宗李隆基註

　　孝經大義一卷　元董鼎注

　　孝經會通一卷　明沈淮撰

　　五等孝傳贊一卷　晉陶潛撰

　　家塾孝經一卷　明朱鴻集解

　　孝經質疑一卷　明朱鴻撰

　　孝經臆說一卷　明朱鴻撰

　　孝經邇言一卷附提綱一卷孝經彙
　　　目一卷　明虞淳熙撰

　　從今文孝經說一卷　明虞淳熙撰

　　孝經集靈一卷　明虞淳熙撰

　　古文孝經直解一卷附孝經大旨一
　　　卷孝經考一卷　明朱鴻撰

　　古文孝經解意一卷附古文孝經說
　　　一卷釋疑一卷　明孫本撰

經20808576

孝經彙輯十卷　明朱鴻編

　明萬曆間仁和朱氏刻本　臺圖

　　古文孝經一卷　宋朱熹刪定　元

　　　朱申句解
　　孝經一卷　元吳澄校定
　　孝經會通一卷　明沈淮撰
　　五等孝傳贊一卷　晉陶潛撰
　　孝經邇言一卷附提綱一卷孝經彙
　　　目一卷　明虞淳熙撰
　　五經孝語一卷四書孝語一卷　明
　　　朱鴻編
　　曾子孝實附錄一卷　明朱鴻編

經20808577

孝經彙刊十二種十二卷　明朱鴻編
　明抄本（存十種十卷）　上海
　　孝經今文直解一卷　漢劉向校定
　　石臺孝經一卷　唐玄宗李隆基註
　　孝經句解一卷　宋朱熹校定　元
　　　朱申、周翰注
　　孝經大義一卷　宋朱熹刊誤古文
　　　元董鼎注
　　孝經訓釋一卷　元吳澄校定古
　　　今文
　　孝經古文解意一卷附釋疑　明孫
　　　本撰
　　孝經古文直解一卷附大旨　明朱
　　　鴻撰
　　孝經會通一卷　明沈淮撰
　　經書孝語一卷　明朱鴻編
　　孝經集靈一卷　明虞淳熙撰

經20808578

孝經總函（孝經總類）十二集　明朱鴻編
　明內府抄本（清丁丙跋）　南京
　明抄本　國圖（孝經總類）　上海（存十
　　集十一卷）
　　子集
　　孝經一卷　唐玄宗李隆基註
　　丑集

　　孝經今文直解一卷
　　寅集
　　文公定古文孝經一卷　宋朱申註
　　卯集
　　文公刊誤古文孝經一卷　元董鼎註
　　辰集
　　草廬校定古今文孝經一卷　元吳
　　　澄撰
　　巳集
　　家塾孝經集解一卷　明朱鴻撰
　　孝經質疑一卷　明朱鴻撰
　　孝經臆說一卷　明朱鴻撰
　　午集
　　古文孝經說一卷　明孫本撰
　　古文孝經解意一卷　明孫本撰
　　孝經釋疑一卷　明孫本撰
　　未集
　　古文孝經直解一卷　明朱鴻撰
　　申集
　　孝經邇言一卷　明虞淳熙撰
　　從今文孝經說一卷　明虞淳熙撰
　　酉集
　　孝經會通一卷　明沈淮撰
　　孝經雜鈔一卷
　　戌集
　　五經孝語一卷　明朱鴻輯
　　四書孝語一卷　明朱鴻輯
　　曾子孝實一卷　明朱鴻輯
　　亥集
　　孝經集靈一卷　明虞淳熙撰

經20808579

家塾孝經集解三種　明朱鴻撰
　明萬曆間刻本　國圖
　　家塾孝經集解一卷
　　孝經質疑一卷
　　孝經臆說一卷

經20808580

孝經大全十集 明江元祚輯

　明崇禎間刻本 中科院 青海大學醫
　　學院 山東
　甲集
　孝經考一卷
　宗傳圖考一卷 明江元祚撰
　全孝圖說一卷
　傳經始末一卷
　全經綱目一卷
　孝字釋一卷
　全孝心法一卷
　誦經威儀一卷
　乙集
　今文孝經直解一卷 漢劉向校定
　進石臺孝經表一卷 唐齊古撰
　石臺孝經一卷 唐玄宗李隆基注
　孝經註疏一卷 唐元行沖撰
　丙集
　朱文公較定古文孝經一卷 宋朱
　　申句解
　朱文公刊誤古文孝經一卷 元董
　　鼎註
　朱文公刊誤孝經旨意一卷 明朱
　　鴻撰
　孝經正義一卷 宋邢昺、宋杜鎬
　　等撰
　丁集
　吳文正公較定今古文孝經一卷
　　元吳澄校定
　吳文正公刊誤一卷 元吳澄撰
　吳文正公較定今文孝記一卷 元
　　張恆撰
　戊集
　家塾孝經一卷 明朱鴻集解
　孝經解意一卷 明孫本撰
　古文直解一卷 明朱鴻撰

　孝經邇言一卷 明虞淳熙撰
　孝經彙註三卷 明江元祚輯
　己集
　孝經會通一卷 明沈淮敍次
　孝經疏鈔一卷 明梅鼎和鈔
　四書孝語一卷 明朱鴻輯
　庚集
　五經孝語一卷 明朱鴻彙輯
　曾子孝實一卷 明江元祚刪註
　孝經彙目一卷 明江元祚述
　辛集
　孝經集靈二卷附集一卷 明虞淳
　　熙撰
　壬集
　孝經釋疑一卷 明孫本撰
　孝經質疑一卷 明朱鴻撰
　從今文孝經說一卷 明虞淳熙撰
　古文孝經說一卷 明孫本撰
　古孝經大旨一卷 明孫本撰
　癸集
　孝經集文一卷 明江元祚彙輯

經20808581

孝經大全十集三十二卷 明江元祚輯
　明崇禎間刻擁萬堂印本 香港中大
　甲集
　孝經考一卷
　宗傳圖考一卷
　全孝圖說一卷
　傳經始末一卷
　全經綱目一卷
　孝字釋一卷
　全孝心法一卷
　誦經威儀一卷
　乙集
　今文孝經直解一卷 明江元祚訂
　石臺孝經一卷 唐玄宗李隆基註

丙集

朱文公定古文孝經一卷　宋朱申註

朱文公刊誤古文孝經一卷　元董
　　鼎註

丁集

朱文公刊誤孝經一卷　明朱鴻撰

吳文正公較定今文孝經一卷　元
　　吳澄註

戊集

孝經彙註三卷　明江元祚輯

己集

孝經會通一卷　明沈淮撰

孝經疏鈔一卷　明梅鼎和輯

四書孝語一卷　明朱鴻輯

庚集

五經孝語一卷　明朱鴻輯

曾子孝實一卷　明江元祚删註

孝經彙目一卷　明江元祚撰

辛集

孝經集靈二卷附集一卷　明虞淳
　　熙撰

壬集

孝經釋疑一卷　明孫本撰

孝經質疑一卷　明朱鴻撰

從今文孝經說一卷　明虞淳熙撰

古文孝經說一卷　明孫本撰

古孝經大旨一卷　明孫本撰

癸集

孝經集文一卷　明江元祚撰

經20808582

孝經大全十二集　明江元祚輯

　明崇禎間刻本　北大　上海　東北師
　　大　吉林社科院　中山大學

　子集

　孝經考一卷

　宗傳圖考一卷

全孝圖說一卷

傳經始末一卷

全經綱目一卷

孝字釋一卷

全孝心法一卷

誦經威儀一卷

丑集

今文孝經直解一卷　明江元祚訂

進石臺孝經表一卷　唐齊古撰

石臺孝經一卷　唐玄宗李隆基註

寅集

朱文公定古文孝經一卷　宋朱申註

朱文公刊誤古文孝經一卷　元董
　　鼎註

卯集

吳文正公較定今文孝經考一卷
　　元吳澄校定

吳文正公刊誤一卷　元吳澄校定

吳文正公較定今文孝經一卷　明
　　江元祚訂

辰集

孝經彙註三卷　明江元祚删輯

孝經會通一卷　明沈淮撰

孝經疏鈔一卷　唐元行沖疏　宋
　　邢昺正義　明梅鼎和輯

巳集

五經孝語一卷　明朱鴻輯

四書孝語一卷　明朱鴻輯

午集

曾子孝實附錄一卷　明江元祚删註

孝經彙目一卷　明江元祚撰

未集　孝經集靈卷上　明虞淳熙撰

申集

孝經集靈卷下附集一卷

酉集

孝經釋疑一卷　明孫本撰

孝經質疑一卷　明朱鴻撰

戌集

朱文公刊誤孝經旨意一卷　明朱
　　鴻撰
古文孝經說一卷　明孫本撰
從今文孝經說一卷　明虞淳熙撰
亥集
孝經集文一卷　明江元祚輯

經 20808583

孝經大全存六種　明江元祚輯
　明崇禎間刻本　國圖
　　孝經釋疑　明孫本撰
　　孝經質疑　明朱鴻撰
　　古文孝經說　明虞淳熙撰　明江
　　　元祚訂
　　古文孝經說　明孫本撰
　　孝經大旨　明□□撰
　　孝經集文　明江元祚輯

經 20808584

孝經全書二卷附忠經一卷　明茅胤武輯
　明崇禎八年歸安茅氏刻本　北大
　卷上
　　古文孝經一卷　明茅胤武訂
　　今文孝經一卷　明茅胤武訂
　　石臺孝經一卷　唐玄宗李隆基註
　卷下
　　孝傳一卷　明茅胤武訂
　　孝經集靈一卷　明虞淳熙撰
　　孝經孝傳靈感記一卷　明樊維城撰

經 20808585

孝經古註五卷　明□□輯
　明崇禎四年程一礎閑拙齋刻本　國圖
　　孝經大義刊誤一卷　宋朱熹撰
　　　元董鼎注
　　孝經集靈節畧一卷　明虞淳熙撰

孝經刊誤一卷　宋朱熹撰　元董
　鼎注
孝經引證一卷　明楊起元輯
孝經宗旨一卷　明羅汝芳撰

經 20808586

今古文孝經彙刻十六種　清王德瑛輯
　今古文孝經彙刻本(道光刻)
　　古文孝經孔氏傳一卷　題漢孔安
　　　國傳　日本太宰純音　清道
　　　光十四年刻
　　孝經註疏　唐玄宗李隆基注　宋
　　　邢昺疏
　　孝經指解一卷　宋司馬光撰　宋
　　　范祖禹說
　　朱子孝經刊誤一卷　宋朱熹撰
　　孝經大義一卷　元董鼎註
　　孝經定本一卷　元吳澄校定　清
　　　朱軾按
　　孝經述註一卷　明項霦撰
　　孝經集傳四卷　明黃道周撰
　　御註孝經一卷　清世祖福臨註
　　御纂孝經集註一卷　清世宗胤禛撰
　　孝經問一卷　清毛奇齡撰
　　孝經全註一卷　清李光地註
　　孝經三本管窺一卷　清吳隆元撰
　　孝經解紛一卷　清□□撰
　　孝經章句一卷　清任啟運撰
　　孝經義疏一卷　清阮元撰

經 20808587

孝經五種彙編十六種　清呂鳴謙輯
　清光緒二十一年呂氏刻本　吉大　東
　　北師大
　　孝經養正一卷條議一卷彙編一卷
　　　清呂鳴謙撰
　　孝經養正復著一卷　清呂鳴謙撰

孝經養正三著一卷　清呂鳴謙撰

孝經御註一卷　唐玄宗李隆基註

孝經直解一卷　宋司馬光撰　清
　呂鳴謙輯

附　錄

孝經緯之屬

經 20808588

孝經緯　□□輯

　說郛本(商務印書館鉛印)

經 20808589

孝經一卷　清黃奭輯

　漢學堂叢書本(道光刻光緒印)

　黃氏逸書考本(道光刻王鑒修補、朱長圻
　　補刻)

經 20808590

孝經援神契一卷　□□輯

　說郛本(宛委山堂刻、商務印書館鉛印)

經 20808591

孝經援神契三卷　明孫㲉輯

　古微書本(嘉慶刻、光緒刻、光緒石印)

　守山閣叢書本(道光刻、光緒影印、民國
　　影印)

經 20808592

孝經援神契一卷附補遺　清趙在翰輯

　七緯本(嘉慶刻)

經 20808593

孝經援神契　清劉學寵輯

　青照堂叢書本(道光刻)

經 20808594

孝經援神契　清喬松年輯

　喬勤恪公全集本(光緒刻)

　山右叢書初編本(民國鉛印)

經 20808595

孝經緯援神契二卷　三國魏宋均注
　清馬國翰輯

　玉函山房輯佚書本(同治皇華館刻、光
　　緒李氏印、光緒嫏嬛館刻、光緒楚南
　　書局刻)

　玲瓏山館叢書本(光緒刻)

經 20808596

孝經援神契一卷　三國魏宋均註　清
　黃奭輯

　漢學堂叢書本(道光刻光緒印)

　黃氏逸書考本(道光刻王鑒修補、朱長圻
　　補刻)

經 20808597

孝經緯援神契一卷　三國魏宋均注
　王仁俊輯

　玉函山房輯佚書續編本(稿本)

經 20808598

孝經中契　明孫㲉輯

　古微書本(嘉慶刻、光緒刻、光緒石印)

　守山閣叢書本(道光刻、光緒影印、民國
　　影印)

經 20808599

孝經中契　清喬松年輯

　喬勤恪公全集本(光緒刻)

　山右叢書初編本(民國鉛印)

經 20808600

孝經中契一卷　三國魏宋均注　清馬
　國翰輯
　玉函山房輯佚書本(同治皇華館刻、光
　　緒李氏印、光緒娜嬛館刻、光緒楚南
　　書局刻)

經 20808601
孝經中契一卷　三國魏宋均注　清黃
　奭輯
　漢學堂叢書本(道光刻光緒印)
　黃氏逸書考本(道光刻王鑒修補、朱長圻
　　補刻)

經 20808602
孝經左契一卷　□□輯
　說郛本(宛委山堂刻)

經 20808603
孝經左契　明孫穀輯
　古微書本(嘉慶刻、光緒刻、光緒石印)
　守山閣叢書本(道光刻、光緒影印、民國
　　影印)

經 20808604
孝經左契　清劉學寵輯
　青照堂叢書本(道光刻)

經 20808605
孝經左契　清喬松年輯
　喬勤恪公全集本(光緒刻)
　山右叢書初編本(民國鉛印)

經 20808606
孝經左契一卷　三國魏宋均注　清馬
　國翰輯
　玉函山房輯佚書本(同治皇華館刻、光
　　緒李氏印、光緒娜嬛館刻、光緒楚南

書局刻)
　玲瓏山館叢書本(光緒刻)

經 20808607
孝經左契　三國魏宋均注　清黃奭輯
　漢學堂叢書本(道光刻光緒印)
　黃氏逸書考本(道光刻王鑒修補、朱長圻
　　補刻)

經 20808608
孝經右契一卷　□□輯
　說郛本(宛委山堂刻)

經 20808609
孝經右契　明孫穀輯
　古微書本(嘉慶刻、光緒刻、光緒石印)
　守山閣叢書本(道光刻、光緒影印、民國
　　影印)

經 20808610
孝經右契　清劉學寵輯
　青照堂叢書本(道光刻)

經 20808611
孝經右契　清喬松年輯
　喬勤恪公全集本(光緒刻)
　山右叢書初編本(民國鉛印)

經 20808612
孝經右契一卷　三國魏宋均注　清馬
　國翰輯
　玉函山房輯佚書本(同治皇華館刻、光
　　緒李氏印、光緒娜嬛館刻、光緒楚南
　　書局刻)
　玲瓏山館叢書本(光緒刻)

經 20808613

經20808620

孝經鈎命決一卷　三國魏宋均注　清
　黃奭輯
　　漢學堂叢書本（道光刻光緒印）
　　黃氏逸書考本（道光刻王鑒修補、朱長圻
　　　補刻）

經20808621

孝經緯鈎命訣一卷　三國魏宋均注
　清王仁俊輯
　　玉函山房輯佚書續編本（稿本）

經20808622

孝經內事一卷　□□輯
　　說郛本（宛委山堂刻）

經20808623

孝經內事圖一卷　明孫瑴輯
　　古微書本（嘉慶刻、光緒刻、光緒石印）
　　守山閣叢書本（道光刻、光緒影印、民國
　　　影印）

經20808624

孝經內事　清劉學寵輯
　　青照堂叢書本（道光刻）

經20808625

孝經內事　清喬松年輯
　　喬勤恪公全集本（光緒刻）
　　山右叢書初編本（民國鉛印）

經20808626

孝經內事一卷　魏宋均註　清王謨輯
　　漢魏遺書鈔本（嘉慶刻）

經20808627

孝經內事圖一卷　三國魏宋均注　清

孝經右契　三國魏宋均注　清黃奭輯
　　漢學堂叢書本（道光刻光緒印）
　　黃氏逸書考本（道光刻王鑒修補、朱長圻
　　　補刻）

經20808614

孝經契　三國魏宋均注　清黃奭輯
　　漢學堂叢書本（道光刻光緒印）
　　黃氏逸書考本（道光刻王鑒修補、朱長圻
　　　補刻）

經20808615

孝經鈎命決一卷　□□輯
　　說郛本（宛委山堂刻）

經20808616

孝經鈎命訣　明孫瑴輯
　　古微書本（嘉慶刻、光緒刻、光緒石印）
　　守山閣叢書本（道光刻、光緒影印、民國
　　　影印）

經20808617

孝經鈎命決　清劉學寵輯
　　青照堂叢書本（道光刻）

經20808618

孝經鈎命決　清喬松年輯
　　喬勤恪公全集本（光緒刻）
　　山右叢書初編本（民國鉛印）

經20808619

孝經緯鈎命訣一卷　三國魏宋均注
　清馬國翰輯
　　玉函山房輯佚書本（同治皇華館刻、光
　　　緒李氏印、光緒嫏嬛館刻、光緒楚南
　　　書局刻）
　　玲瓏山館叢書本（光緒刻）

馬國翰輯

　　玉函山房輯佚書本(同治皇華館刻、光
　　　緒李氏印、光緒嫏嬛館刻、光緒楚南
　　　書局刻)

　　玲瓏山館叢書本(光緒刻)

經 20808628

孝經內記圖一卷　三國魏宋均注　清
　　黃奭輯

　　漢學堂叢書本(道光刻光緒印)

　　黃氏逸書考本(道光刻王鑒修補、朱長圻
　　　補刻)

經 20808629

孝經威嬉拒　明孫瑴輯

　　古微書本(嘉慶刻、光緒刻、光緒石印)

　　守山閣叢書本(道光刻、光緒影印、民國
　　　影印)

經 20808630

孝經威嬉拒　清喬松年輯

　　喬勤恪公全集本(光緒刻)

　　山右叢書初編本(民國鉛印)

經 20808631

孝經威嬉拒　三國魏宋均注　清黃奭輯

　　漢學堂叢書本(道光刻光緒印)

　　黃氏逸書考本(道光刻王鑒修補、朱長圻
　　　補刻)

經 20808632

孝經古祕一卷　清馬國翰輯

　　玉函山房輯佚書本(同治皇華館刻、光
　　　緒李氏印、光緒嫏嬛館刻、光緒楚南
　　　書局刻)

　　玲瓏山館叢書本(光緒刻)

經 20808633

孝經古祕　三國魏宋均注　清黃奭輯

　　漢學堂叢書本(道光刻光緒印)

　　黃氏逸書考本(道光刻王鑒修補、朱長圻
　　　補刻)

經 20808634

孝經雌雄圖一卷　清馬國翰輯

　　玉函山房輯佚書本(同治皇華館刻、光
　　　緒李氏印、光緒嫏嬛館刻、光緒楚南
　　　書局刻)

　　玲瓏山館叢書本(光緒刻)

經 20808635

孝經雌雄圖一卷　三國魏宋均注　清
　　黃奭輯

　　漢學堂叢書本(道光刻光緒印)

　　黃氏逸書考本(道光刻王鑒修補、朱長圻
　　　補刻)

經 20808636

孝經章句一卷　清馬國翰輯

　　玉函山房輯佚書本(同治皇華館刻、光
　　　緒李氏印、光緒嫏嬛館刻、光緒楚南
　　　書局刻)

　　玲瓏山館叢書本(光緒刻)

經 20808637

孝經章句　三國魏宋均注　清黃奭輯

　　漢學堂叢書本(道光刻光緒印)

　　黃氏逸書考本(道光刻王鑒修補、朱長圻
　　　補刻)

經 20808638

孝經鉤命決附補遺　清趙在翰輯

　　七緯本(嘉慶刻)

經20808639
孝經緯附錄附補遺　清趙在翰輯
　　七緯本(嘉慶刻)

經20808640
孝經河圖　清喬松年輯
　　喬勤恪公全集本(光緒刻)
　　山右叢書初編本(民國鉛印)

經20808641
孝經中黄　清喬松年輯
　　喬勤恪公全集本(光緒刻)
　　山右叢書初編本(民國鉛印)

經20808642
孝經中黄讖一卷　清王仁俊輯
　　玉函山房輯佚書續編本(稿本)

經20808643
泛引孝經緯　清喬松年輯
　　喬勤恪公全集本(光緒刻)
　　山右叢書初編本(民國鉛印)

經20808644
孝經玉版讖一卷　清王仁俊輯
　　玉函山房輯佚書續編本(稿本)

經20808645
孝經説命徵一卷　清王仁俊輯
　　玉函山房輯佚書續編本(稿本)

經20808646
孝經緯讖尚書中侯不分卷　清殷元正
　　輯　清陸明睿增訂
　　清尚友齋抄本　北大

經20808647

孝經緯不分卷附讖不分卷　清殷元正
　　輯　陸明睿增訂
　　清清芬書屋抄本　上海

四書類

大　學

正文之屬

經20908648

大學石經一卷　　□□輯
　　覆古介書本(天啓刻)
　　說郛本(宛委山堂刻)
　　四庫全書本(乾隆寫,說郛)

經20908649

石經大學一卷　三國魏虞松等考正
　　明張自烈校並題辭
　　四書大全辨本(順治刻)　北大　河南

經20908650

大學古本一卷　　□□輯
　　覆古介書本(天啓刻)
　　說郛本(宛委山堂刻)
　　四庫全書本(乾隆寫,說郛)
　　日本明治十五年翻刻本　南京
　　日本大正十三年博文堂影印延德本
　　　　上海
　　日本鉛印本　北大　南京

經20908651

古本大學一卷　漢戴德、漢戴聖錄　明
　　張自烈校並題辭
　　四書大全辨本(順治刻)　北大　河南

經20908652

程氏改正大學(明道大學)一卷　　宋程
　　顥定

四書大全辨本(順治刻)　北大　河南

經20908653

程氏改正大學(伊川大學)一卷　宋程
　　頤定
　　四書大全辨本(順治刻)　北大　河南

經20908654

大學一卷　清秦鐄訂正
　　九經本(崇禎刻、清逸文堂刻、心逸齋刻、
　　　觀成堂印)

經20908655

古香齋鑒賞袖珍大學一卷　清高宋弘
　　曆編
　　古香齋袖珍十種本(內府刻、南海孔氏
　　　重刻,古香齋四書)

經20908656

大學一卷　　□□輯
　　四書辨真本(宏道堂刻)　湖北
　　日本慶應三年刻官版四書本　北大

經20908657

劉石庵書古本大學真蹟一卷　清劉墉書
　　民國十七年上海文明書局影印本
　　　北大

經20908658

篆文大學一卷　清張照校
　　篆文六經四書本(雍正內府刻、光緒影
　　　印、民國影印)

經20908659

大學(滿漢對照)一卷　清□□輯
　　新刻滿漢字四書本(康熙玉樹堂刻、天
　　　繪閣刻)

經20908660

大學(滿漢合璧)一卷　清高宗弘曆敕譯
　　清鄂爾泰等譯
　　御製翻譯四書本(乾隆武英殿刻)
　　御製翻譯四書本(光緒成都刻)　南京
　　御製翻譯四書本(光緒聚珍堂刻)　北
　　　大　遼寧
　　御製翻譯四書本(光緒三槐堂刻)　北大
　　御製翻譯四書本(光緒荆州刻)　上海
　　御製翻譯四書本(清聖經堂博古堂刻)
　　　南京

經20908661

大學(滿文)一卷　清□□輯
　　抄本　北大

經20908662

大學(蒙漢對照)一卷　清噶勒桑譯　蒙
　　文書社編譯部編譯
　　蒙漢合璧四書本　北大　遼寧

經20908663

大學(滿蒙漢對照)　清高宋弘曆敕譯
　　御製翻譯四書本(乾隆刻)　北大

傳說之屬

經20908664

戴記舊本大學一卷　漢鄭玄注　唐孔穎
　　達疏
　　明萬曆四十一年刻本　湖南

經20908665

大學一卷　漢鄭玄注　宋朱熹章句
　　清咸豐二年稽古樓刻芋栗園印十三
　　　經註本　國圖　北大
　　渭南嚴氏孝義家塾叢書本(民國刻,重
　　　校稽古樓四書)

經20908666

大學一卷　宋朱熹章句
　　四書章句集註本(宋淳祐當涂郡齋刻)
　　　國圖
　　四書章句集註本(宋刻)　國圖
　　四書本(清內府重刻宋本)　天津　上海
　　　南京
　　四書集註本(元至正尚德堂刻)　山東
　　四書章句集註本(元刻)　上海(有抄配
　　　及缺葉,明魏校批,袁克文跋)
　　四書集註本(元刻)　南京(清蔣培澤、
　　　清高望曾、清丁丙跋)
　　四書集註本(延祐溫州路學刻)　日本
　　　內閣
　　四書集註本(正統司禮監刻)　國圖
　　　天津　上海　華東師大　內蒙古社
　　　科院　陝西　浙江　江西
　　四書集註本(成化吉府刻)　國圖　山
　　　東博　南京(清丁丙跋)　四川
　　四書集註本(嘉靖伊藩刻)　南京(清丁
　　　丙跋)
　　四書集註本(嘉靖益藩樂善堂刻)　中
　　　央黨校　日本內閣
　　四書集註本(嘉靖應檟刻)　國圖
　　　上海
　　四書集註本(隆慶衡府刻)　南京
　　四書集註本(萬曆自新齋刻)　日本龍
　　　谷大學
　　四書集註本(萬曆金積刻)　內蒙古巴
　　　盟　四川
　　四書集註本(萬曆忠恕堂刻)　上海
　　四書集註本(萬曆餘慶堂刻)　日本
　　　內閣
　　四書集註本(萬曆吳勉學刻)　遼寧
　　　廣東
　　四書集註本(萬曆刻)　上海
　　四書集註本(崇禎刻)　安丘
　　四書本(崇禎汲古閣刻)　國圖

四書集註本（崇禎刻）　日本尊經閣

四書集註本（明蔡日安刻）　日本廣島
　　淺野

四書集註本（明在茲堂印）　日本廣島
　　淺野

四書集註本（明書林怡慶堂刻）　日本
　　大阪

四書集註本（明種德書堂刻）　國圖

四書集註本（明豹變齋刻）　故宮

四書本（明書林鄭繼閔刻）　上海

四書集註本（明朱墨套印）　山東

四書集註本（順治刻）　上海

四書集註本（康熙內府刻）　故宮（清高
　　宗弘曆跋）

四書集註本（康熙崇道堂刻）　上海（清
　　戴有祺批）

四書集註本（雍正國子監刻）　北大

四書章句集註本（清初春秀堂刻）　上
　　海（清佚名過錄批注）

四書章句集註袖珍本（雍正明善堂刻）

四書集註本（清內府刻）　國圖　首都
　　中央黨校　復旦　北碚

四書集註本（武英殿刻）　北大

清乾隆二十年雲林周氏萬卷樓刻本
　　上海（清佚名批）

四庫全書薈要本（乾隆寫，四書集註）

四庫全書本（乾隆寫，四書集註）

監本四書本（乾隆文粹堂刻）　上海
　　河北大學（清錢泳批）

監本四書本（嘉慶刻）　北大　浙江
　　遼寧

四書本（嘉慶道光間垂裕堂刻）　上海

四書集註本（道光勉行堂刻）　西北師
　　大（清鄭國琳批校）

四書集註本（道光菜根香館刻）　上海

四書集註本（道光愷元堂刻）　上海（佚
　　名眉批）

四書集註本（道光刻大成堂印）　國圖

監本四書本（道光一經堂刻）　南京

監本四書本（道光揚州惜字局刻）　國
　　圖　南京

四書集註本（道光寶恕堂刻）　國圖
　　北大　天津　湖北

四書集註本（同治浙江撫署刻）　國圖
　　上海　浙江

十三經讀本本（同治金陵書局刻，四書集
　　註）

四書章句集註本（同治崇文書局刻）
　　北大　南京

四書章句集註本（同治山東書局刻）
　　上海　南京　浙江

監本四書本（同治江西書局刻）　南京

四書章句集註本（同治湖南書局刻）
　　湖北

四書本（同治老二酉堂刻）　北大

四書集註本（光緒京師慈幼堂刻）
　　上海

四書章句集註本（光緒崇文書局刻）
　　湖北

四書本（光緒江蘇書局刻）　國圖　天津
　　復旦

四書集註本（光緒刻）　上海（吳保箴過
　　錄清劉大櫆批校）

四書集註本（光緒聚珍堂刻）　國圖

四書集註本（光緒山西濬文書局刻）
　　國圖

四子書本（光緒刻）　北大　遼寧

四書本（光緒狀元閣刻）　天津

四書章句集註本（光緒淮南書局刻）
　　國圖　上海　湖北

四書集註本（光緒攟雲胈山館刻）　浙
　　江　南京

四書集註本（光緒湖北官書處刻）　國
　　圖　北大

四書集註本（光緒八旗官學刻）　國圖

四書集註本（光緒浙江書局刻）　北大

上海　浙江

四書集註本(光緒寶善堂刻)　上海(佚
　名點校)

四書章句集註本(光緒經綸元記刻)
　湖北

四書集註本(光緒尚志齋刻)　湖北

四書集註本(光緒直隸官書局刻)　南
　京　浙江

四書集註本(光緒湖北學務處刻)
　湖北

四書集註本(光緒李光明莊刻)　上海
　復旦

四書本(光緒祝氏刻)　上海

四書集註本(清清華書屋刻)　國圖

四書集註本(清寶書堂刻)　上海

監本四書本(古越尺木堂刻)　北大

監本四書本(清刻)　湖南(清王寶淦錄
　清王言綸批注)

四書集註本(清刻)　國圖(清俞樾批
　校)

字典四書讀本本(光緒刻)　北大

四書章句本(光緒文成堂刻)　北大

四書本(朝鮮英宗朝據明洪武正韻書體
　刻)　上海

四書章句集註本(日本天保間河內屋喜
　兵衛等刻)　日本二松學舍大學

四書章句集註本(日本文久間大坂積玉
　圃柳原喜兵衛等刻)　上海　日本
　一橋大學

四書本(日本天保竹林堂刻)　北大(米
　田淺吉批校)

日本廣德館刻本　上海

四書本(日本明治東京大阪嵩山堂鉛印,
　後藤世鈞點)　北大

日本銅活字印本　國圖

四書集註本(日本明治刻)　南京

日本明治二十四年刻本　南京

經20908667

大學一卷　宋朱熹章句

　十三經讀本附校刊記本(同治山東書局
　　刻、尚志堂印)

經20908668

大學校刊記一卷　清丁寶楨等撰

　十三經讀本附校刊記本(同治山東書局
　　刻、尚志堂印)

經20908669

大學或問一卷　宋朱熹撰

　四書集註本(元覆宋刻)　日本靜嘉堂

　四書章句集註本(元刻)　上海(明魏校
　　手批,袁克文跋)

　四書集註本(元刻)　南京(清蔣培澤、
　　清高望曾、清丁丙跋)

　四書集註本(嘉靖吉澄刻)　首都　上
　　海　吉林　日本小如舟書屋

　四書集註本(嘉靖應檟刻)　國圖

　四書集註本(崇禎刻)　安丘

　四書集註本(明朱墨套印)　山東

　四書章句集註袖珍本(雍正明善堂刻)

　四書集註本(清內府刻)　國圖　首都
　　中央黨校　復旦　北碚

　倭板四書本(日本正保刻,山崎嘉點)
　　北大

經20908670

大學或問二卷　宋朱熹撰

　四書章句集註本(宋刻)　國圖

　四書集註本(成化吉府刻)　國圖　山
　　東博　南京(清丁丙跋)　四川

　四書集註本(嘉靖益藩樂善堂刻)　中
　　央黨校　日本內閣

經20908671

大學一卷　宋錢時撰
　　融堂四書管見本(明抄)　國圖
　　四庫全書本(乾隆寫)

經 20908672
大學集編二卷　宋真德秀撰
　　通志堂經解本(康熙刻、乾隆補修、同治
　　　刻、日本文化刻,四書集編)
　　四庫全書薈要本(乾隆寫,四書集編)
　　四庫全書本(乾隆寫,四書集編)

經 20908673
大學集編二卷　宋真德秀撰　清翁錫
　　書增訂批點
　　浦城遺書本(嘉慶刻,四書集編)

經 20908674
大學纂疏一卷　宋趙順孫撰
　　元刻元印本　日本靜嘉堂
　　通志堂經解本(康熙刻、乾隆補修、同治
　　　刻、日本文化刻,四書集編)
　　四庫全書本(乾隆寫,四書纂疏)
　　復性書院叢刊本(民國刻)

經 20908675
大學疏義一卷　宋金履祥撰
　　清雍正七年金氏刻本　北大

經 20908676
大學章句箋義一卷　元趙惪撰
　　宛委別藏本(抄本、影印本,四書箋義)
　　守山閣叢書本(道光刻、光緒影印、民國
　　　影印,四書箋義)
　　清刻本　北大
　　清光緒二十七年上海六藝石印本
　　　上海

經 20908677
大學或問箋義一卷　元趙惪撰
　　宛委別藏本(抄本、影印本,四書箋義)
　　守山閣叢書本(道光刻、光緒影印、民國
　　　影印,四書箋義)
　　清刻本　北大
　　清光緒二十七年上海六藝石印本
　　　上海

經 20908678
大學注疏纂要一卷　元趙惪撰
　　宛委別藏本(抄本、影印本,四書箋義)
　　守山閣叢書本(道光刻、光緒影印、民國
　　　影印,四書箋義)
　　清刻本　北大
　　清光緒二十七年上海六藝石印本
　　　上海

經 20908679
大學通一卷　元胡炳文撰
　　通志堂經解本(康熙刻、乾隆補修、同治
　　　刻、日本文化刻,四書集編)
　　四庫全書薈要本(乾隆寫,四書通)
　　四庫全書本(乾隆寫,四書通)
　　四書通本(靖江朱勷刻)

經 20908680
讀大學叢說一卷　元許謙撰
　　讀四書叢說本(元刻)　國圖(清黃丕烈
　　　跋)　上海
　　四部叢刊續編本(民國影印,讀四書叢
　　　說)
　　讀四書叢說本(弘治刻、明抄、嘉慶刻)
　　四庫全書本(乾隆寫,讀四書叢說)
　　經苑本(道光咸豐刻、同治印、民國補刻,
　　　讀四書叢說)
　　金華叢書本(同治光緒刻、民國補刻,讀

四書叢說)

經 20908681
大學發微一卷大學本旨一卷　元黎立
　武撰
　學海類編本(道光木活字印、民國影印)

經 20908682
大學本旨一卷　元黎立武撰
　學海類編本(道光木活字印、民國影印)

經 20908683
大學集說啓蒙一卷中庸集說啓蒙一卷
　元景星撰
　通志堂經解本(康熙刻、同治刻、日本文
　　化刻)
　四庫全書本(乾隆寫)

經 20908684
大學章句或問通證一卷　元張存中撰
　四書通證本(明抄)　上海
　通志堂經解本(康熙刻、乾隆補修、同治
　　刻、日本文化刻,四書通證)
　四庫全書薈要本(乾隆寫,四書通證)
　四庫全書本(乾隆寫,四書通證)

經 20908685
大學章句纂箋一卷大學或問纂箋　元
　詹道傳撰
　通志堂經解本(康熙刻、乾隆補修、同治
　　刻、日本文化刻,四書集編)

經 20908686
大學纂箋一卷　元詹道傳撰
　四庫全書薈要本(乾隆寫,四書纂箋)
　四庫全書本(乾隆寫,四書纂箋)

經 20908687
大學一卷　宋朱熹章句　元倪士毅輯釋
　四書輯釋大成本(至正日新書堂刻、日
　　本文化翻刻)
　元刻本　日本靜嘉堂

經 20908688
大學章句重訂輯釋章圖通義大成一卷
　宋朱熹章句　元倪士毅輯釋　元
　朱公遷約說　元程復心章圖　明
　王逢訂定通義
　重訂四書輯釋本(正統刻)

經 20908689
朱子大學或問重訂輯釋通義大成一卷
　宋朱熹章句　元倪士毅輯釋　元
　朱公遷約說　明王逢訂定通義
　重訂四書輯釋本(正統刻)

經 20908690
大學輯釋一卷　元倪士毅撰　元程復
　心圖　明王元善通考
　四書輯釋本(明初刻)　國圖

經 20908691
大學朱子或問一卷　元倪士毅撰　元
　程復心圖　明王元善通考
　四書輯釋本(明初刻)　國圖

經 20908692
大學或問纂釋一卷　宋朱熹撰　元程
　復心纂釋
　四書章圖纂釋本(元德新堂刻)　日本
　內閣

經 20908693
大學章句大全一卷　明胡廣等輯

四書集註大全本（明永樂刻、内府刻、天
　順刻、弘治刻、嘉靖刻、康熙刻、朝鮮
　刻）
四庫全書本（乾隆寫，四書集註大全）

經 20908694
大學或問一卷　明胡廣等輯
　四書集註大全本（明永樂刻、内府刻、天
　　順刻、弘治刻、嘉靖刻、康熙刻、朝鮮
　　刻）
　四庫全書本（乾隆寫，四書集註大全）

經 20908695
讀大學法一卷　明胡廣等輯
　四書集註大全本（弘治慶源書堂刻）
　　南京

經 20908696
大學一卷　明胡廣等輯　明周士顯校正
　周會魁校正四書大全本（明映旭齋刻、
　　留耕堂刻）

經 20908697
大學或問一卷　明胡廣等輯　明周士
　顯校正
　周會魁校正四書大全本（明映旭齋刻、
　　留耕堂刻）

經 20908698
大學大全章句三卷　明胡廣等輯　清
　汪份增訂
　增訂四書集註大全本（康熙刻）
　四書大全本（日本嘉永六年刻）　南京

經 20908699
大學或問一卷　明胡廣等輯　清汪份
　增訂

　增訂四書集註大全本（康熙刻）
　四書大全本（日本嘉永六年刻）　南京

經 20908700
大學古本旁註一卷附錄　明王守仁撰
　（附錄）清李調元輯
　函海本（乾隆刻、道光補刻、光緒刻）

經 20908701
大學千慮一卷　明穆孔暉撰
　明嘉靖間刻本　北大

經 20908702
大學一卷　明陳琛撰
　重刊補訂四書淺說本（萬曆刻）　中科
　　院　國圖

經 20908703
大學一卷　明陳琛撰　明唐光夔重訂
　靈岳山房重訂四書淺說本（明大業堂
　　刻）　河南

經 20908704
大學一卷　明陳琛撰　明劉蚡英校
　靈源山房重訂四書淺說本（崇禎刻）
　　日本内閣　日本靜嘉堂　日本宮
　　城縣

經 20908705
大學一卷　明陳琛撰　清施世瑚等校
　陳紫峯先生四書淺說本（乾隆刻、光緒
　　印）

經 20908706
大學一卷附錄一卷　明季本撰
　四書私存本（嘉靖刻）　華東師大
　四書私存本（明刻）　國圖

經 20908707
大學管窺一卷中庸管窺一卷　明廖紀撰
　　明刻本　南昌大學

經 20908708
大學稽中傳三卷　明李經綸著
　　謝程山全書本（光緒刻）

經 20908709
四書口義大學二卷　明薛甲撰
　　四書口義本（隆慶刻）　南京（清丁丙跋）
　　清抄四書口義本（清徐時棟跋）　北大

經 20908710
大學講義一卷　明芮城撰
　　清光緒七年溧陽彭君穀刻平陵書院
　　印本　北大

經 20908711
大學摘訓一卷　明丘橓輯
　　四書摘訓本（萬曆趙慎修刻、周裔先刻）

經 20908712
四書燃犀解大學一卷　明陳祖綬撰
　　明夏允彝等參補
　　近聖居三刻參補四書燃犀解本（明末
　　刻）

經 20908713
近溪子大學答問集一卷　明羅汝芳撰
　　明楊起元輯
　　楊貞復六種本（萬曆刻，四書答問）

經 20908714
大學經筵直解一卷　宋朱熹集注　明
　　張居正直解
　　重刻張閣老經筵四書直解本（萬曆司

　　禮監刻）　故宮　山西師大　吉大

經 20908715
大學一卷　明張居正撰　明沈鯉正字
　　新訂四書直解正字全編本（崇禎刻）
　　無錫　廣東

經 20908716
大學一卷　明張居正撰　明焦竑增補
　　明湯賓尹訂正
　　重刻內府原板張閣老經筵四書直解
　　指南本（萬曆易齋刻）　浙江　華
　　東師大　浙大　日本靜嘉堂　日本
　　米澤市
　　重刻辯證內府原版張閣老經筵四書
　　直解指南本（天啟長庚館刻）　日
　　本內閣　日本龍谷大學
　　重刻張閣老經筵四書直解本（明葉顯
　　吾刻）　安徽博

經 20908717
大學一卷附四書講義合參　宋朱熹集
　　注　明張居正直解　明顧宗孟重
　　訂　（四書講義合參）明顧宗玉撰
　　四書直解本（崇禎顧宗孟刻）

經 20908718
四書集註闡微直解大學一卷附纂序四
　　書說約合參大全　宋朱熹集注
　　明張居正直解　明顧宗孟閱　（纂
　　序四書說約合參大全）清顧夢麟、清
　　楊彝輯
　　四書集註闡微直解本（光緒刻）

經 20908719
四書集註闡微直解大學一卷　宋朱熹
　　集注　明張居正直解　明顧宗

　　孟閱
　　四書集註闡微直解本（宣統石印）

經20908720
大學一卷　明張居正撰　清鄭重等訂
　　四書直解本（康熙修齊堂刻、乾隆玉樹堂
　　　刻）　湖北

經20908721
大學一卷　明李贄評
　　四書評本（影印）　北大
　　一九七四年上海師範大學圖書館油
　　　印本　北大

經20908722
大學一卷　明李贄評　明楊起元批點
　　　明張明憲等參訂
　　四書參本（明閔氏朱墨套印）

經20908723
大學一卷　明劉思誠　明王守誠撰
　　四書翼傳三義本（萬曆于天經刻）

經20908724
朱子大學或問小註一卷　明徐方廣增注
　　朱子四書或問小註本（康熙觀乎堂刻，
　　　康熙鄭任鑰刻）

經20908725
大學考大學述同支言一卷　明許孚遠撰
　　明萬曆間刻本　日本尊經閣（與中庸述
　　　同支言一卷論語述一卷合刻）

經20908726
大學訂釋一卷　明管志道撰
　　明萬曆三十四年刻本　上海

經20908727
大學辨意一卷　明管志道撰
　　明萬曆三十四年刻本　上海

經20908728
大學測意三卷　明管志道撰
　　明萬曆三十四年刻本　上海

經20908729
大學二卷　明焦竑撰
　　焦氏四書講錄本（萬曆刻）

經20908730
大學解醒編一卷　明蘇濬撰
　　解醒編本（清刻）

經20908731
大學新編五卷　明劉元卿撰
　　清咸豐二年南溪劉氏家塾重刻本
　　　北大

經20908732
大學三卷　明徐奮鵬輯
　　古今道脈本（萬曆奎壁堂刻）

經20908733
大學一卷　明楊起元撰　明李衷批評
　　　明梁知編
　　四書評眼本（萬曆刻）
　　明刻本　吉大　日本內閣

經20908734
大學續衍精義刪補要覽十八卷附奏進
　　　冏署葵輪　明劉洪謨撰
　　明崇禎間刻本　北大

經20908735

大學正說一卷　明趙南星撰

　　明萬曆四十三年李士邵刻學庸正說
　　　本　清華　浙江

　　四庫全書本(乾隆寫,學庸正說)

　　味檗齋遺書本(光緒刻,學庸正說)

經20908736

大學意一卷　明顧憲成撰

　　清抄本　復旦

經20908737

大學二卷　明唐汝諤撰

　　增補四書微言本(萬曆刻)　國圖

經20908738

大學大意一卷　明董懋策撰

　　董氏叢書本(光緒刻)

經20908739

大學一卷　明張汝霖撰

　　荷珠錄本(明刻)　蘇州

經20908740

大學一卷　明湯賓尹撰　明李元賓校

　　新鐫湯會元四書合旨本(明刻)　日本
　　　蓬左

經20908741

大學一卷　明湯賓尹撰　明鄭名世校

　　刊湯會元參詳明公新說四書解頤鰲
　　　頭本(萬曆光裕堂刻)　日本龍谷
　　　大學

經20908742

大學湖南講一卷　明葛寅亮撰

　　四書湖南講本(崇禎刻)　陝西　浙江
　　　湖北

經20908743

大學詁一卷　明葛寅亮撰

　　學庸詁本(崇禎刻)　中科院

經20908744

大學遵古編一卷　明周從龍撰

　　繹聖二編本(萬曆刻)　上海

經20908745

大學二卷　明鹿善繼撰

　　四書說約本(道光刻)　北大　天津
　　　復旦　南京　湖北

　　留餘草堂叢書本(民國刻,四書說約)

經20908746

大學一卷　明章世純撰

　　四書留書本(天啓刻、崇禎刻)

　　明末富西齋刻本　中科院　廣東

　　四庫全書本(乾隆寫,四書留書)

　　清抄本(清丁丙跋)　南京

經20908747

四書考大學二卷　明陳仁錫增定

　　四書備考本(萬曆刻、崇禎刻)

經20908748

大學考異一卷　明陳仁錫增定

　　四書備考本(萬曆刻、崇禎刻)

經20908749

大學一卷　明王夢簡撰

　　四書徵本(天啓刻)　北大　南大　四川

經20908750

鐫張蘇兩大家四書講義合參大學一卷
　　明蔣方馨輯

　　鐫張蘇兩大家四書講義合參本(崇禎

刻）　中科院

經 20908751

大學説一卷　明辛全撰

　　四書説本（天啓刻清印）　中科院

　　山右叢書初編本（民國鉛印，四書説）

經 20908752

新訂四書補注備旨大學一卷　明鄧林
　　撰　清杜定基增訂

　　新訂四書補註備旨本（宣統文成堂刻）
　　　北大

　　四書補註備旨本（光緒聚元堂刻）
　　　天津

　　增訂四書補註備旨本（光緒益元書局
　　　刻、宣統文成堂刻）

經 20908753

大學指歸二卷附考異一卷　明魏校撰
　　莊渠先生遺書本（嘉靖刻）

經 20908754

大學通義一卷　明魯論撰
　　四書通義本（乾隆刻）

經 20908755

大學一卷　明楊廷麟撰　明朱長祚補
　　新刊翰林機部楊先生家藏四書慧解
　　　本（明末張溥刻）　日本蓬左

經 20908756

大學一卷　明張溥纂
　　四書註疏大全合纂本（崇禎刻）

經 20908757

大學大全講意一卷　明張溥撰　清吳
　　偉業參補

尺木居輯諸公四書尊註大全本（崇禎
　　刻）　中科院

經 20908758

大學一卷　明張明弼撰　明夏允彝等補
　　參補鄒魯心印集註本（明刻）　日本
　　内閣

經 20908759

大學一卷　明張明弼撰
　　四書揚明本（明種德堂刻）　日本無窮會

經 20908760

大學一卷　明余應虬輯
　　近聖居四書翼經圖解本（明末刻）　華
　　東師大

經 20908761

大學一卷　明余之祥撰
　　四書宗旨要言本（順治刻）　首都師大

經 20908762

大學一卷　明周華輯
　　浙江杭州新刊重校補訂四書集説本
　　　（明刻）　重慶

經 20908763

大學一卷　明洪啓初撰
　　四書翼箋本（萬曆刻）

經 20908764

大學約説一卷　明孫肇興撰
　　四書約説本（明朱墨套印）　中科院

經 20908765

大學章句二卷　明張自烈等增删
　　四書大全辨本（順治刻）　北大　河南

經 20908766

大學或問二卷　宋朱熹撰明張自烈等
　　增刪
　　四書大全辨本(順治刻)　北大　河南

經 20908767

大學翊註五卷　清刁包輯
　　四書翊註本(雍正光裕堂刻、道光惇德堂
　　　刻)
　　用六居士所著書本(道光刻)
　　清咸豐六年祁州刁氏刻本　國圖

經 20908768

四書集說大學一卷　清徐養元輯
　　清康熙四年周殿一留耕堂刻白菊齋
　　　訂四書本義集說本　清華

經 20908769

四書集說大學二卷　清徐養元輯
　　石渠閣精訂徐趙兩先生四書集說本
　　　(康熙刻)　北大
　　四書集說本(清抄)　國圖

經 20908770

大學切己錄一卷　清謝文洊撰
　　謝程山全書本(光緒刻,學庸切己錄)

經 20908771

大學六卷首一卷　清魏裔介輯
　　朱子四書全義本(康熙刻)

經 20908772

大學問一卷　清毛奇齡撰
　　西河合集本(康熙刻、乾隆印、嘉慶印)

經 20908773

大學證文四卷　清毛奇齡撰

　　西河合集本(康熙刻、乾隆印、嘉慶印)
　　龍威祕書本(乾隆刻)
　　清世德堂重刻龍威祕書本　北大

經 20908774

大學知本圖說一卷　清毛奇齡撰
　　西河合集本(康熙刻、乾隆印、嘉慶印)

經 20908775

大學講義一卷　清朱用純撰
　　清乾隆間刻學庸講義本　上海　南京
　　清光緒二年江蘇書局刻本　國圖　北
　　　大　天津　上海　南京　浙江
　　清刻相在書屋印本　國圖
　　太崑先哲遺書本(民國鉛印)
　　朱柏廬先生大學中庸講義本(清徐椿
　　　抄,清崔以學跋)　上海

經 20908776

四書反身錄大學一卷　清李顒述　清
　　王心敬錄輯
　　四書反身錄本(康熙思硯齋刻、道光劉氏
　　　刻、浙江書局刻、同治馬存心堂刻、光
　　　緒蔣氏刻)

經 20908777

疎闇齋纂序四書繹註講意大學一卷
　　清劉梅纂
　　疎闇齋纂序四書繹註講意本(康熙文
　　　雅堂刻)　國圖　北大

經 20908778

大學疏畧一卷　清張沐撰
　　清康熙間刻本　中科院

經 20908779

大學一卷　宋朱熹章句　清范翔參訂

四書體註本(康熙刻)　上海(自坡居士
　　有常跋)

經20908780
大學翼真七卷　清胡渭輯著
　　清乾隆間德清戴上鏞刻小酉山房印
　　本　北大

經20908781
四書正誤大學一卷　清顏元撰
　　顏習齋先生四書正誤本(嘉慶張與齡
　　　抄)　南開
　　顏李叢書本(民國鉛印,四書正誤)
　　抄本　北大

經20908782
大學一卷　清蔡方炳重纂　清黃驥同纂
　　五車樓五訂正韻四書纂序說約集註
　　　定本本(光緒刻)　湖北

經20908783
大學大全章句一卷　清陸隴其輯
　　三魚堂四書大全本(康熙嘉會堂刻、陸
　　　氏刻)

經20908784
大學或問一卷　清陸隴其輯
　　三魚堂四書大全本(康熙嘉會堂刻、陸
　　　氏刻)

經20908785
大學講義困勉錄一卷　清陸隴其撰
　　清陸公鏐編
　　四書講義困勉錄本(康熙刻、乾隆刻)
　　四庫全書本(乾隆寫)

經20908786

大學講義續困勉錄一卷　清陸隴其撰
　　清陸公鏐編
　　四書講義困勉錄本(康熙刻、乾隆刻)
　　四庫全書本(乾隆寫)

經20908787
大學古本說一卷　清李光地撰
　　四書解義本(康熙刻)
　　四庫全書本(乾隆寫)
　　李文貞公全集本(乾隆嘉慶刻)
　　榕村全書本(道光刻)
　　四書古註羣義彙解本(光緒點石齋、同
　　　文書局、鴻寶齋、蜚英館、積山書局、
　　　上海書局、上海慎記石印,光緒珍藝
　　　書局鉛印)
　　四書古注羣義彙解本(光緒同文升記書
　　　局鉛印)　上海　復旦　南京
　　抄本　國圖

經20908788
大學一卷　清陳詵撰
　　四書述本(康熙信學齋刻)　故宮

經20908789
大學一卷　清王吉相撰　清賈錫智校
　　四書心解本(道光刻)

經20908790
大學朱子大全三卷　清戴名世編　清
　　程逢儀重輯
　　四書朱子大全本(康熙程逢儀刻)

經20908791
大學一卷　清湯傳榘撰
　　四書明儒大全精義本(康熙刻)　中科
　　　院　上海　湖北　南京

經 20908792
大學辦業四卷　清李塨撰
　　畿輔叢書本(光緒刻,顏李遺書)
　　顏李叢書本(民國鉛印)

經 20908793
大學傳註一卷　清李塨撰
　　恕谷後集本(清刻)
　　大學中庸傳註本(清末鉛印)　湖北
　　顏李叢書本(民國鉛印,傳註問)

經 20908794
大學傳註問一卷　清李塨撰
　　恕谷後集本(清刻)
　　顏李叢書本(民國鉛印,傳註問)

經 20908795
大學劄記一卷　清楊名時撰
　　楊氏全書本(乾隆刻)

經 20908796
大學講義一卷　清楊名時撰
　　楊氏全書本(乾隆刻)

經 20908797
四書朱子異同條辨大學三卷　清李沛
　　霖、清李禎訂
　　清康熙間近譬堂刻朱子異同條辨本
　　　　國圖　北大　中科院　清華　社科
　　　　院考古所　上海　復旦　山西文物
　　　　局　南京
　　四書朱子異同條辨本(康熙近譬堂刻、
　　　　清朱文堂翻刻、黎光樓翻刻)

經 20908798
大學約旨一卷　清任啓運撰
　　四書約旨本(乾隆刻、光緒刻)

　　任氏家塾四書約旨本(光緒刻)
　　荆溪任氏遺書本(民國刻,四書約旨)

經 20908799
大學一卷　清彭軏撰
　　四書講義持衡本(康熙刻)　山東(葉葆
　　　　跋)

經 20908800
大學章句本義彙參三卷首一卷　清王
　　步青輯
　　四書朱子本義彙參本(乾隆敦復堂刻、
　　　　承德堂翻刻、文會堂翻刻、清翻刻、光
　　　　緒石印)

經 20908801
四書自課錄大學一卷　清任時懋輯
　　四書自課錄本(乾隆刻、道光刻)

經 20908802
大學一卷　清湯豫誠撰
　　四書困學編本(稿本)　河南

經 20908803
大學札記一卷　清范爾梅撰
　　讀書小記本(雍正刻)

經 20908804
大學述朱大全三卷　清周亦魯輯
　　四書述朱大全本(康熙刻)

經 20908805
大學偶言一卷　清張文蔙撰
　　清乾隆十七年刻本　南京

經 20908806
四書或問語類集解釋註大全大學三卷

清朱良玉纂

四書或問語類集解釋註大全本（雍正
　光裕堂刻）　北大

經20908807
四書體註合講大學一卷　清翁復編
　四書合講本（雍正刻、雍正銅版印，嘉慶
　　刻、道光刻、同治刻、光緒刻，光緒石
　　印、日本銅版印）
　酌雅齋四書遵註合講本（道光刻）
　芸生堂四書體註合講本（道光刻）
　　北大
　桐石山房四書體註合講本（道光刻）
　　北大

經20908808
大學翼註論文一卷　清張甄陶撰
　四書翼註論文本（乾隆刻）

經20908809
成均課講大學一卷　清崔紀撰
　四書溫講雜集本（雍正刻）

經20908810
四書朱子大全精言大學三卷　清周大
　璋纂輯　清魏一齋鑑定
　四書朱子大全精言本（康熙寶旭齋刻）

經20908811
增刪四書朱子大全精言大學三卷　清
　周大璋纂輯　清張藥齋鑑定
　增刪四書朱子大全精言本（清光德堂
　　刻、玉蘭堂刻）

經20908812
大學一卷附審音辨體考異　宋朱熹章
　句　（審音辨體考異）清陳弘謀撰

陳榕門四書章句集註本（清刻緯文堂
　印）
裹如堂四書本（清末義和堂刻）

經20908813
大學一卷　清耿埰撰
　四書讀註提耳本（乾隆屏山堂刻）　中
　　科院　天津
　清同治九年屏山堂刻本　復旦

經20908814
大學章句凝道錄一卷　清劉紹攽撰
　四書凝道錄本（稿本、光緒仁懿堂刻）

經20908815
大學明鏡一卷中庸明鏡一卷　清鳳應
　韶輯
　清道光三十年篁墅明恕堂刻本　中科
　　院　上海

經20908816
大學味根錄一卷　清金澂撰
　四書味根錄本（道光刻、咸豐刻、光緒刻、
　　光緒石印、日本銅版印）

經20908817
加批增補四書味根錄大學一卷附疑題
　解學　清金澂撰
　批增補四書味根錄（蜚英館石印）
　　遼寧

經20908818
四書題鏡大學　清汪鯉翔撰
　四書題鏡本（乾隆刻、嘉慶刻、道光刻、同
　　治刻、光緒石印）

經20908819

四書味根錄大學一卷附四書題鏡　（味
　　根錄）清金澈撰　（四書題鏡）清汪
　　鯉翔撰　清鴻文書局重編
　　四書味根錄題鏡合編本（光緒鴻文書局
　　　石印）

經20908820
四書味根錄題鏡合編大學一卷附四書
　　宗旨　（味根錄）清金澈撰　（四書
　　題鏡）清汪鯉翔撰
　　四書味根錄題鏡合編附四書宗旨本
　　　（光緒點石齋、鴻文書局石印）

經20908821
大學一卷　清何始升撰
　　四書正韻本（乾隆亦樂堂刻）

經20908822
大學一卷　清劉所說撰
　　四書尋真本（乾隆肆業堂刻）　中科院

經20908823
大學竊補五卷　清陳孚輯
　　清乾隆十五年刻學庸竊補本　國圖
　　　南京
　　清乾隆間刻道南堂印學庸竊補本
　　　國圖

經20908824
大學講義一卷　清王元啓撰
　　惺齋先生雜著本（乾隆刻，四書講義）

經20908825
四書要言大學一卷　清林霖輯
　　四書要言本（清抄）　北大

經20908826

大學一卷　清楊玉緒撰
　　四書述要本（乾隆刻、清刻巾箱本）

經20908827
四書疏註撮言大全大學一卷　清胡斐
　　才撰
　　四書疏註撮言大全本（乾隆文光堂刻、
　　　經國堂刻）

經20908828
甌香館四書說大學一卷　清郝寧愚撰
　　甌香館四書說本（道光刻）

經20908829
大學塵言一卷　清戴宮華撰　清趙宗
　　樸錄
　　四子書塵言本（乾隆刻）

經20908830
大學講義集說一卷　清李道南撰
　　四書集說本（乾隆還是讀書堂刻）　國
　　　圖　北大　中科院　上海
　　四書集說本（乾隆刻）　湖北

經20908831
大學朱子大全二卷圖一卷讀法一卷
　　清秦宮璧撰　清張一橋等校
　　四書朱子大全本（乾隆刻）　湖北

經20908832
大學講義二卷　清韓懔輯
　　韓魯人晴窗隨筆本（四書講義）　北大

經20908833
四書摭餘說大學一卷　清曹之升撰
　　四書摭餘說本（乾隆刻）

經20908834
致用精舍大學講語記畧一卷　清王輅撰
　　致用精舍講語本(光緒刻)

經20908835
大學一卷　清吳昌宗撰
　　四書經注集證本(嘉慶汪刻、光緒重修、
　　　清翻汪刻、清文發堂刻、清槐蔭山房
　　　刻)

經20908836
大學一卷　清章守待撰　清章祖武編
　　四書聯珠本(嘉慶崇文堂刻)　國圖

經20908837
大學通八卷　清田種玉纂輯
　　清嘉慶十七年韓履寵刻咸豐二年賴
　　　容衆印刷本　北大

經20908838
大學會解一卷　清綦澧撰
　　四書會解本(嘉慶刻、道光刻、咸豐刻、同
　　　治刻)

經20908839
大學一卷　清劉式潤撰
　　正蒙四書本(嘉慶刻)

經20908840
四書勸學錄大學二卷　清謝廷龍輯
　　四書勸學錄本(道光刻、富文堂印)
　　　北大

經20908841
大學古本質言一卷　清劉沅撰
　　槐軒全書本(光緒刻)
　　四書恆解本(咸豐刻、清末鉛印、民國鉛

印、民國鮮于氏刻、致福樓刻)

經20908845
四書恆解大學一卷　清劉沅輯註
　　槐軒全書本(光緒刻、民國刻,四書恆解)
　　四書恆解本(咸豐刻、清末鉛印、民國鉛
　　　印、民國鮮于氏刻、致福樓刻)

經20908843
大學三卷　清陶起庠撰　清陶金烇等校
　　四書集說本(嘉慶謙益堂刻)　天津(佚
　　　名批校)　湖北

經20908844
四書補義大學一卷　清陶起庠撰　清
　　陶金烇等校
　　四書補義本(嘉慶謙益堂刻)　國圖
　　　北大

經20908845
大學古本旁釋一卷附大學問一卷　明
　　王守仁撰　日本佐藤坦補
　　啓新書院叢書本(日本鉛印)　上海
　　　日本東京　日本國士館大學

經20908846
大學一卷　清呂世鏞輯
　　四書正體本(康熙呂氏刻、懷永堂刻)

經20908847
四書拾疑大學一卷　清林春溥輯
　　竹柏山房十五種附刻四種本(嘉慶咸
　　　豐刻,四書拾疑)

經20908848
大學一卷　清宋翔鳳撰
　　四書古今訓釋本(嘉慶浮谿草堂刻)

北大　中科院

經20908849
大學二卷　清宋翔鳳撰
　　四書纂言本(嘉慶刻、光緒刻)

經20908850
大學新得六卷　清宗稷辰撰
　　四書體味錄本(光緒躬恥齋刻)

經20908851
大學擬序測蠡殘稿　清宗稷辰撰
　　四書體味錄本(光緒躬恥齋刻)

經20908852
鄭本大學說一卷　清包汝巽撰
　　鄭本大學說中庸說本(道光刻)　國圖
　　　(清丁晏批注並跋)
　　涇縣胡氏抄本　上海

經20908853
大學述義一卷　清單爲總撰
　　單氏全書本(同治刻,四書述義前集)

經20908854
大學指掌一卷　清汪瑞堂撰　清周際
　　華增訂
　　學庸指掌本(道光刻)　國圖　中科院
　　　浙江

經20908855
大學一卷　清楊大受輯
　　四書講義切近錄本(道光刻、以約齋印)

經20908856
大學古本說一卷　清張觀瀾撰
　　四書集解本附(道光張成幹抄)　北大

經20908857
大學今本說一卷　清張觀瀾撰
　　四書集解本附(道光張成幹抄)　北大

經20908858
大學一卷　清賴相棟撰
　　四書管窺本(道光刻)　湖北

經20908859
四書隨見錄大學一卷　清鄒鳳池輯、清
　　陳作梅輯
　　四書隨見錄本(道光刻)　北大

經20908860
提綱大學一卷　清金周熊撰
　　清抄本　北大

經20908861
大學補釋一卷　清張承華撰
　　學庸補釋新編本(同治刻)
　　清光緒十年皖桐會友堂刻本　上海

經20908862
大學諸家考辨一卷　清張承華撰
　　學庸補釋新編本(同治刻)

經20908863
還硯齋大學題解參署一卷　清趙新撰
　　還硯齋全集本(光緒刻)

經20908864
大學章句質疑一卷　清郭嵩燾撰
　　清光緒十六年思賢講舍刻學庸質疑
　　　本　國圖　中科院　湖北　天津
　　　上海　南京　湖北

經20908865

大學俟一卷　清陳世鎔撰
　　求志居全集本(同治刻)

經 20908866
大學章句一卷　宋朱熹撰　清高玲批點
　　新刻批點四書讀本本(道光愷元堂刻、
　　　同治三益堂刻、民國慎言堂刻)

經 20908867
大學節訓(古本)一卷　清呂調陽撰
　　觀象廬叢書本(光緒刻)

經 20908868
大學參證二卷　清沈輝宗撰
　　清光緒四年刻致遠堂印本(與中庸心
　　　悟、中庸參證合刻)　國圖　中科院
　　　上海

經 20908869
大學古本述註一卷　清姜國伊撰
　　守中正齋叢書本(同治光緒刻)

經 20908870
大學闓要一卷　清張恩霨撰
　　清光緒九年刻本(與中庸闓要、孝經闓
　　　要、論語論畧、孟子論畧合刻)　國
　　　圖　中科院　南京　湖北

經 20908871
大學訓蒙瑣言一卷　清乳山山人集
　　學庸訓蒙瑣言本(光緒刻)

經 20908872
大學一卷　清羅大春增訂
　　批點四書本(光緒宗德堂刻)　湖北

經 20908873

大學五卷　清查禮仁撰
　　學庸俗話本(光緒刻)　國圖

經 20908874
大學臆一卷　清陸殿邦撰
　　維心亨室四書講義本(光緒刻)

經 20908875
大學故一卷　清陸殿邦撰
　　維心亨室四書講義本(光緒刻)

經 20908876
古本大學輯解二卷　清楊宣驊撰
　　畿輔叢書本(光緒刻)

經 20908877
周易大象應大學說一卷　清高賡恩撰
　　清光緒三十三年武承曾等刻本　北大

經 20908878
大學古本參誼一卷　清馬徵麐撰
　　馬鍾山遺書本(民國鉛印)

經 20908879
大學總論一卷　清唐圻著
　　清光緒五年新安唐氏刻本　國圖

經 20908880
大學古義一卷　清劉光蕡撰
　　煙霞草堂遺書本(民國刻)

經 20908881
大學緯注一卷　清鍾穎陽撰
　　清光緒二十三年羊城刻本　中科院

經 20908882
大學章句議畧一卷　清高心伯撰

四書議畧（稿本）　江西博

經20908883
大學章句增釋一卷　清彭崧毓撰
　　大學中庸章句增釋本（光緒刻）　湖北

經20908884
大學彙解二卷　清淩陛卿輯
　　清朝四書彙解本（光緒鴻文書局石印）
　　　上海　浙江　湖北

經20908885
大學十章　□□輯
　　四書正蒙三辨本（光緒滇南書局刻）
　　　上海

經20908886
大學平天下章說一卷　廖平撰
　　新訂六譯館叢書本（民國彙印，四益館
　　雜著）

經20908887
大學私訂一卷　易順鼎撰
　　琴志樓叢書本（光緒刻，慕皐廬雜刻）
　　　北大

經20908888
靜崖先生大學集解一卷　楊晉撰
　　抄本　上海

經20908889
讀大學記二卷　董鴻勳撰
　　讀四書記本（宣統鉛印）　湖北

經20908890
大學申義三卷　左欽敏撰
　　清敬義山房刻本　中科院

經20908891
古本大學分科詳釋十卷　廖襲華撰
　　民國五年江廖氏鉛印本　北大

經20908892
大學圖說一卷　張鴻藻編
　　民國十年石印本　北大

經20908893
古本大學一卷　宋育仁注
　　問琴閣叢書本（民國刻）

經20908894
大學修身章說例一卷　宋育仁撰輯
　　問琴閣叢書本（民國刻）

經20908895
修身齊家章注一卷　蒲澠撰
　　問琴閣叢書本（民國刻）

經20908896
大學姚氏讀本一卷附經典釋文大學音
　　姚明煇撰
　　民國十四年吳興讀書會石印本　北大

經20908897
大學証釋一卷　陸宗興等錄
　　民國十六年救世新教會刻藍印本
　　　北大
　　民國十六年救世新教會鉛印本　北大

經20908898
大學新注　李慶施撰
　　民國二十一年滕縣李氏石印本　北大

經20908899
大學類編三卷　謝維嶽編

四書類編本(民國中道齋刻)　湖北

經20908900
大學一貫錄六卷　谷達純撰
　　民國間石印本　國圖

中　庸

正文之屬

經20908901
古本中庸一卷　□□輯
　　四書大全辨本(順治刻)　北大　河南
　　說郛本(宛委山堂刻)
　　四庫全書本(乾隆寫,說郛)

經20908902
中庸一卷　清秦鑨訂正
　　九經本(崇禎刻、清逸文堂刻、心逸齋刻、
　　　觀成堂印)

經20908903
古香齋鑒賞袖珍中庸一卷　清高宗弘
　　曆編
　　古香齋袖珍十種本(內府刻、南海孔氏
　　　重刻,古香齋四書)

經20908904
中庸一卷　□□輯
　　日本慶應三年刻官版四書本　北大

經20908905
中庸(篆文)一卷　清張照校
　　篆文六經四書本(雍正內府刻、光緒影
　　　印、民國影印)

經20908906

中庸(滿漢對照)一卷　清□□輯
　　新刻滿漢字四書本(康熙玉樹堂刻、天
　　　繪閣刻)

經20908907
中庸(滿漢合璧)一卷　清高宗弘曆敕譯
　　清鄂爾泰等譯
　　御製翻譯四書本(乾隆武英殿刻)
　　滿漢文四書集註本(乾隆武英殿刻)
　　　復旦
　　御製翻譯四書本(清寶名□刻)　北大
　　御製翻譯四書本(光緒成都刻)　南京
　　御製翻譯四書本(光緒聚珍堂刻)　北
　　　大　遼寧
　　御製翻譯四書本(光緒三槐堂刻)
　　　北大
　　御製翻譯四書本(光緒荊州刻)　上海
　　御製翻譯四書本(清聖經堂博古堂刻)
　　　南京　遼寧

經20908908
中庸(滿文)一卷　清□□輯
　　四書本(抄本)　北大

經20908909
中庸(蒙漢對照)一卷　清噶勒桑譯　蒙
　　文書社編譯部編譯
　　蒙漢合璧四書本　北大

經20908910
中庸(滿蒙漢對照)不分卷　清高宗弘曆
　　敕譯
　　御製翻譯四書本(乾隆刻)　北大

傳說之屬

經20908911
中庸一卷　漢鄭玄注　宋朱熹章句

清咸豐二年稽古樓刻芊栗園印十三
　　經注本　國圖　北大
　　渭南嚴氏孝義家塾叢書本(民國刻,重
　　　校稽古樓四書)

經20908912
中庸義一卷　宋游酢撰
　　游定夫先生全集本(同治刻)

經20908913
中庸傳一卷　宋晁說之撰
　　涉聞梓舊本(咸豐刻、民國影印)

經20908914
中庸說(存卷一至三)　宋張九成撰
　　宋刻本　日本京都東福寺
　　續古逸叢書本(民國影印)
　　四部叢刊三編本(民國影印)

經20908915
中庸輯畧二卷　宋石㪚編　宋朱熹删定
　　宋刻本　國圖
　　明嘉靖間刻本　浙江
　　明刻本　中科院
　　朱子遺書本(康熙刻)
　　清康熙十四年石佩玉等刻本　北大
　　四庫全書本(乾隆寫)
　　西京清麓叢書本(光緒刻,朱子遺書重
　　　刻合編)
　　清光緒三年刻沃州餘慶堂印本　湖北
　　清光緒二十九年湖南尚志齋刻本
　　　湖北
　　清墨潤齋刻本　北大

經20908916
中庸一卷　宋朱熹章句
　　四書章句集註本(宋淳祐當涂郡齋刻)
　　　國圖
四書章句集註本(宋刻)　國圖
四書本(清內府重刻宋本)　天津　上海
　　南京
四書集註本(至正尚德堂刻)　山東
四書章句集註本(元刻)　上海(有抄配
　　及缺葉,明魏校批,袁克文跋)
四書集註本(元刻)　南京(清蔣培澤、
　　清高望曾、清丁丙跋)
四書集註本(延祐溫州路學刻)　日本
　　內閣
四書集註本(正統司禮監刻)　國圖
　　天津　上海　華東師大　內蒙古社
　　科院　陝西　浙江　江西　湖北
　　廣西師大　四川　日本宮內省　日
　　本御茶之水
四書集註本(成化吉府刻)　國圖　山
　　東博　南京(清丁丙跋)　四川
四書集註本(嘉靖伊藩刻)　南京(清丁
　　丙跋)
四書集註本(嘉靖益藩樂善堂刻)　日
　　本內閣　國圖(存論語集註十卷、序
　　說一卷)　中央黨校(存大學章句、
　　或問,中庸章句、或問各一卷)
四書集註本(嘉靖應檟刻)　國圖
　　上海
四書集註本(隆慶衡府刻)　南京
四書集註本(萬曆自新齋刻)　日本龍
　　谷大學
四書集註本(萬曆金積刻)　內蒙古巴
　　盟　四川
四書集註本(萬曆忠恕堂刻)　上海
四書集註本(萬曆餘慶堂刻)　日本
　　內閣
四書集註本(萬曆吳勉學刻)　遼寧
　　廣東
四書集註本(萬曆刻)　上海
四書集註本(崇禎刻)　安丘

四書本(崇禎汲古閣刻) 國圖

四書集註本(崇禎刻) 日本尊經閣

四書集註本(明蔡日安刻) 日本廣島淺野

四書集註本(明在茲堂印) 日本廣島淺野

四書集註本(明書林怡慶堂刻) 日本大阪

四書集註本(明種德書堂刻) 國圖

四書集註本(明豹變齋刻) 故宮

四書本(明書林鄭繼閔刻) 上海

四書集註本(明朱墨套印) 山東

四書集註本(順治刻) 上海

四書集註本(康熙內府刻) 故宮(清高宗弘曆跋)

四書集註本(康熙崇道堂刻) 上海(清戴有祺批)

四書集註本(雍正國子監刻) 北大

四書章句集註本(清初春秀堂刻) 上海(清佚名過錄批注)

四書章句集註袖珍本(雍正明善堂刻)

四書集註本(清內府刻) 國圖 首都中央黨校 復旦 北碚

四書集註本(武英殿刻) 北大

清乾隆二十年雲林周氏萬卷樓刻本 上海(清佚名批)

四庫全書薈要本(乾隆寫,四書集註)

四庫全書本(乾隆寫,四書集註)

監本四書本(乾隆文粹堂刻) 上海 河北大學(清錢泳批)

監本四書本(嘉慶刻) 北大 浙江 遼寧

四書本(嘉慶道光間垂裕堂刻) 上海

四書集註本(道光勉行堂刻) 西北師大(清鄭國琳批校)

四書集註本(道光菜根香館刻) 上海

四書集註本(道光愷元堂刻) 上海(佚名眉批)

四書集註本(道光刻大成堂印) 國圖

監本四書本(道光一經堂刻) 南京

監本四書本(道光揚州惜字局刻) 國圖 南京

四書集註本(道光寶恕堂刻) 國圖 北大 天津 湖北

四書集註本(同治浙江撫署刻) 國圖 上海 浙江

十三經讀本本(同治金陵書局刻,四書集註)

四書章句集註本(同治崇文書局刻) 南京 北大

四書章句集註本(同治山東書局刻) 上海 浙江 南京

監本四書本(同治江西書局刻) 南京

四書章句集註本(同治湖南書局刻) 湖北

四書本(同治老二酉堂刻) 北大

十三經讀本附校刊記本(同治山東書局、尚志堂印)

四書集註本(光緒京師慈幼堂刻) 上海

四書章句集註本(光緒崇文書局刻) 湖北

四書本(光緒江蘇書局刻) 國圖 天津 復旦

四書集註本(光緒刻) 上海(吳保箴過錄清劉大櫆批校)

四書集註本(光緒聚珍堂刻) 國圖

四書集註本(光緒山西濬文書局刻) 國圖

四子書本(光緒刻)

四書本(光緒狀元閣刻) 天津

四書章句集註本(光緒淮南書局刻) 國圖 上海 湖北

四書集註本(光緒攝雲脥山館刻) 浙江 南京

四書集註本（光緒湖北官書處刻）　國
　　圖　北大
四書集註本（光緒八旗官學刻）　國圖
四書集註本（光緒浙江書局刻）　北大
　　上海　浙江
四書集註本（光緒寶善堂刻）　上海（佚
　　名點校）
四書章句集註本（光緒經綸元記刻）
　　湖北
四書集註本（光緒尚志齋刻）　湖北
四書集註本（光緒直隸官書局刻）　南
　　京　浙江
四書集註本（光緒湖北學務處刻）
　　湖北
四書集註本（光緒李光明莊刻）　上海
　　復旦
四書本（光緒祝氏刻）　上海
四書集註本（清清華書屋刻）　國圖
四書集註本（清寶書堂刻）　上海
監本四書本（古越尺木堂刻）　北大
監本四書本（清刻）　湖南（清王寶淦錄
　　清王言綸批注）
四書集註本（清刻）　國圖（清俞樾批校）
字典四書讀本本（光緒刻）　北大
四書章句本（光緒文成堂刻）　北大
四書本（朝鮮英宗朝據明洪武正韻書體
　　刻）　上海
四書章句集註本（日本天保間河內屋喜
　　兵衛等刻）　日本二松學舍大學
四書本（日本天保竹林堂刻）　北大（米
　　田淺吉批校）
四書章句集註本（日本文久間大坂積玉
　　圃柳原喜兵衛等刻）　日本一橋
　　大學
四書集註本（日本文久間積玉圃羣玉堂
　　刻）　上海
日本廣德館刻本　上海

日本銅活字印本　國圖
四書集註本（日本明治刻）　南京
日本明治二十四年刻本　南京
四書本（日本明治東京大阪嵩山堂鉛印，
　　後藤世鈞點）　北大

經20908917
中庸一卷　宋朱熹章句
　　十三經讀本附校刊記本（同治山東書局
　　　刻、尚志堂印）

經20908918
中庸校刊記一卷　清丁寶楨等撰
　　十三經讀本附校刊記本（同治山東書局
　　　刻、尚志堂印）

經20908919
中庸或問一卷　宋朱熹撰
　　四書章句集註本（元刻）　上海（明魏校
　　　手批，袁克文跋）
　　四書集註本（元刻）　南京（清蔣培澤、
　　　清高望曾、清丁丙跋）
　　四書集註本（嘉靖吉澄刻）　首都　上
　　　海　吉林　日本小如舟書屋
　　四書集註本（嘉靖應檟刻）　國圖
　　四書集註本（崇禎刻）　安丘
　　四書集註本（明朱墨套印）　山東
　　四書章句集註袖珍本（雍正明善堂刻）
　　四書集註本（清內府）　國圖　首都
　　　中央黨校　復旦　北碚

經20908920
中庸或問二卷　宋朱熹撰
　　元常州覆宋刻本　日本靜嘉堂
　　四書章句集註本（宋刻）　國圖
　　四書集註本（成化吉府刻）　國圖　山
　　　東博　南京（清丁丙跋）　四川

四書集註本（嘉靖益藩樂善堂刻）　中
　　央黨校　日本内閣

經 20908921
中庸或問三卷　宋朱熹撰　日本山崎
　　嘉點
　　倭板四書本（日本正保刻）　北大

經 20908922
中庸一卷　宋錢時撰
　　融堂四書管見本（明抄、抄本）　國圖
　　四庫全書本（乾隆寫）

經 20908923
中庸集編三卷　宋真德秀撰
　　通志堂經解本（康熙刻、乾隆補修、同治
　　　刻、日本文化刻，四書集編）
　　四書集編本（日本影宋刻）　國圖
　　四庫全書薈要本（乾隆寫，四書集編）
　　四庫全書本（乾隆寫，四書集編）

經 20908924
中庸集編三卷　宋真德秀撰　清翁錫
　　書增訂批點
　　浦城遺書本（嘉慶刻，四書集編）

經 20908925
蒙齋中庸講義四卷　宋袁甫撰
　　四庫全書本（乾隆寫）
　　四明叢書本（民國刻）

經 20908926
中庸纂疏一卷　宋趙順孫撰
　　元刻四書纂疏本　日本靜嘉堂
　　通志堂經解本（康熙刻、乾隆補修、同治
　　　刻、日本文化刻，四書集編）
　　四庫全書薈要本（乾隆寫）

四庫全書本（乾隆寫）
復性書院叢刊本（民國刻）

經 20908927
中庸章句箋義一卷　宋趙惪撰
　　宛委別藏本（抄本、影印本，四書箋義）
　　守山閣叢書本（道光刻、光緒影印、民國
　　　影印，四書箋義）
　　清刻本　北大
　　清光緒二十七年上海六藝石印本
　　　上海

經 20908928
中庸或問箋義一卷　元趙惪撰
　　宛委別藏本（抄本、影印本，四書箋義）
　　守山閣叢書本（道光刻、光緒影印、民國
　　　影印，四書箋義）
　　清刻本　北大
　　清光緒二十七年上海六藝石印本
　　　上海

經 20908929
中庸注疏纂要一卷　元趙惪撰
　　宛委別藏本（抄本、影印本，四書箋義）
　　守山閣叢書本（道光刻、光緒影印、民國
　　　影印，四書箋義）
　　清刻本　北大
　　清光緒二十七年上海六藝石印本
　　　上海

經 20908930
中庸通一卷　元胡炳文撰
　　四書通本（元天曆勤有堂刻）　國圖
　　四書通本（靖江朱勳刻）　國圖　中科院
　　　上海　南京
　　通志堂經解本（康熙刻、乾隆補修、同治
　　　刻、日本文化刻，四書通）

四庫全書薈要本(乾隆寫,四書通)
四庫全書本(乾隆寫,四書通)

經20908931
中庸章句纂箋一卷　　元詹道傳撰
　　通志堂經解本(康熙刻、乾隆補修、同治
　　　刻、日本文化刻,四書纂箋)
　　四庫全書薈要本(乾隆寫,四書纂箋)
　　四庫全書本(乾隆寫,四書纂箋)

經20908932
中庸或問纂箋一卷　　元詹道傳撰
　　通志堂經解本(康熙刻、乾隆補修、同治
　　　刻、日本文化刻,四書纂箋)

經20908933
中庸或問纂箋通證一卷　　元詹道傳撰
　　通志堂經解本(康熙刻、乾隆補修、同治
　　　刻、日本文化刻,四書纂箋)
　　四庫全書薈要本(乾隆寫,四書纂箋)
　　四庫全書本(乾隆寫,四書纂箋)

經20908934
中庸直解一卷　　元許衡撰
　　許文正公遺書本(乾隆刻、光緒刻)
　　西京清麓叢書本(光緒刻,許文正公遺
　　　書)
　　洪氏唐石經館叢書本(光緒印,許文正
　　　公遺書)　上海

經20908935
讀中庸叢說二卷　　元許謙撰
　　讀四書叢說本(元刻)　國圖(清黃丕烈
　　　跋)　上海
　　宛委別藏本(抄本、影印本)
　　四部叢刊續編本(民國影印,讀四書叢
　　　說)

讀四書叢說本(弘治刻、明抄、嘉慶刻)
經苑本(道光咸豐刻、同治印、民國補刻,
　　讀四書叢說)
金華叢書本(同治光緒刻、民國補刻,讀
　　四書叢說)

經20908936
讀中庸叢說一卷　　元許謙撰
　　四庫全書本(乾隆寫,讀四書叢說)

經20908937
中庸指歸一卷中庸分章一卷　　元黎立
　　武撰
　　四庫全書本(乾隆寫)

經20908938
中庸指歸一卷圖一卷中庸分章一卷
　　元黎立武撰
　　學海類編本(道光木活字印、民國影印)

經20908939
中庸指歸圖一卷　　元黎立武撰
　　學海類編本(道光木活字印、民國影印)

經20908940
中庸分章一卷　　元黎立武撰
　　四庫全書本(乾隆寫,中庸指歸附)
　　學海類編本(道光木活字印、民國影印,
　　　中庸指歸附)

經20908941
中庸集說啓蒙二卷　　元景星撰
　　通志堂經解本(康熙刻、同治刻、日本文
　　　化刻)
　　四庫全書本(乾隆寫)

經20908942

中庸章句或問通證一卷　元張存中撰
　　四書通證本（明抄）　上海
　　通志堂經解本（康熙刻、乾隆補修、同治
　　　刻、日本文化刻，四書通證）
　　四庫全書薈要本（乾隆寫，四書通證）
　　四庫全書本（乾隆寫，四書通證）

經 20908943
中庸章句輯釋一卷　元倪士毅輯釋
　　四書輯釋大成本（至正日新書堂刻、日
　　　本文化翻刻）
　　元刻本　日本靜嘉堂

經 20908944
中庸章句重訂輯釋通義大成一卷　宋
　　朱熹章句　元倪士毅輯釋　元朱
　　公遷約說　明王逢訂定通義
　　重訂四書輯釋本（正統刻）

經 20908945
中庸或問重訂輯釋通義大成一卷　宋
　　朱熹章句　元倪士毅輯釋　元朱
　　公遷約說　明王逢訂定通義
　　重訂四書輯釋本（正統刻）

經 20908946
中庸章圖概括總要一卷　元倪士毅撰
　　元程復心圖　明王元善通考
　　四書輯釋本（明初刻）　國圖

經 20908947
中庸輯畧一卷　元倪士毅撰　元程復
　　心圖　明王元善通考
　　四書輯釋本（明初刻）　國圖

經 20908948
中庸朱子或問一卷　元倪士毅撰　　元

　　程復心圖　明王元善通考
　　四書輯釋本（明初刻）　國圖

經 20908949
中庸或問纂釋一卷　宋朱熹撰　元程
　　復心纂釋
　　四書章圖纂釋本（元德新堂刻）　山東
　　　博　日本內閣

經 20908950
中庸章句圖纂釋一卷　宋朱熹撰　元
　　程復心纂釋
　　四書章圖纂釋本（元刻）　山東博

經 20908951
中庸章句大全一卷　明胡廣等輯
　　四書集註大全本（明永樂刻、內府刻、天
　　　順刻、弘治刻、嘉靖刻、康熙刻、朝鮮
　　　刻）
　　四庫全書本（乾隆寫，四書集註大全）

經 20908952
中庸章句或問一卷　明胡廣等輯
　　四書集註大全本（明永樂刻、內府刻、天
　　　順刻、弘治刻、嘉靖刻、康熙刻、朝鮮
　　　刻）
　　四庫全書本（乾隆寫，四書集註大全）

經 20908953
讀中庸法一卷　明胡廣等輯
　　四書集註大全本（明內府刻）　國圖
　　　北大　故宮　教科院　天津　保定
　　　上海　南京　重慶　吉林　山東
　　　煙臺　青島博　江西　贛州　福建
　　　暨南大學

經 20908954

中庸章句一卷　明胡廣等輯　明周士
　顯校正
　　周會魁校正四書大全本(明映旭齋刻、
　　　留耕堂刻)

經20908955
中庸大全章句三卷　明胡廣等輯　清
　汪份增訂
　　增訂四書集註大全本(康熙刻)
　　四書大全本(日本嘉永六年刻)　南京

經20908956
中庸或問一卷　明胡廣等輯　清汪份
　增訂
　　增訂四書集註大全本(康熙刻)
　　四書大全本(日本嘉永六年刻)　南京

經20908957
中庸凡一卷　明崔銑撰.
　　明嘉靖間刻本　日本尊經閣
　　崔洹野集本(明刻清修)

經20908958
中庸一卷　明王宇撰
　　四書也足園初告本(萬曆刻、明末刻)

經20908959
中庸章句詳說一卷　明劉清撰
　　明弘治十七年刻學庸章句指南本　日
　　本公文書館

經20908960
中庸一卷　明陳琛撰
　　重刊補訂四書淺說本(萬曆刻)　中科
　　院　國圖

經20908961

中庸一卷　明陳琛撰　明唐光夔重訂
　　靈岳山房重訂四書淺說本(明大業堂
　　刻)　河南

經20908962
中庸一卷　明陳琛撰　明劉蚩英校
　　靈源山房重訂四書淺說本(崇禎刻)
　　　日本內閣　日本靜嘉堂　日本宮
　　城縣

經20908963
中庸一卷　明陳琛撰　清施世瑚等校
　　陳紫峯先生四書淺說本(乾隆刻、光緒
　　印)

經20908964
中庸二卷　明季本撰
　　四書私存本(嘉靖刻)　華東師大
　　四書私存本(明刻)　國圖

經20908965
大學億二卷　明王道撰
　　明嘉靖二十三年錢梗刻本　福建　天
　　一閣

經20908966
大學釋疑一卷　明王道撰
　　明嘉靖二十三年錢梗刻本　福建　天
　　一閣

經20908967
四書口義中庸二卷　明薛甲撰
　　四書口義本(隆慶刻)　南京(清丁丙跋)
　　清抄四書口義本(清徐時棟跋)　北大

經20908968
中庸摘訓三卷　明丘橓輯

四書摘訓本（萬曆趙慎修刻、周裔先刻）

經 20908969
四書燃犀解中庸三卷　明陳祖綏撰
　　明夏允彝等參補
　　近聖居三刻參補四書燃犀解本（明末
　　　刻）

經 20908970
中庸說要一卷　明宋大勺撰
　　明嘉靖三十九年襄陵宋訓刻本　中
　　　科院

經 20908971
中庸管窺一卷　明廖紀撰
　　明刻本　南昌大學

經 20908972
近溪子中庸答問集二卷　明羅汝芳撰
　　明楊起元輯
　　楊貞復六種本（萬曆刻，四書答問）

經 20908973
中庸經筵直解一卷　宋朱熹集注　明
　　張居正直解
　　重刻張閣老經筵四書直解本（萬曆司
　　　禮監刻）　故宮　山西師大　吉大

經 20908974
中庸一卷　明張居正撰　明沈鯉正字
　　新訂四書直解正字全編本（崇禎刻）
　　　無錫　廣東

經 20908975
中庸二卷　明張居正撰　明焦竑增補
　　明湯賓尹訂正
　　重刻內府原板張閣老經筵四書直解

指南本（萬曆易齋刻）　浙江　華
　東師大　浙大　日本靜嘉堂　日本
　米澤市
重刻辯證內府原版張閣老經筵四書
　直解指南本（天啓長庚館刻）　日
　本內閣　日本龍谷大學
重刻張閣老經筵四書直解本（明葉顯
　吾刻）　安徽博

經 20908976
中庸二卷附四書講義合參　宋朱熹集
　　注　明張居正直解　明顧宗孟重
　　訂　（四書講義合參）明顧宗玉撰
　　四書直解本（崇禎顧宗孟刻）

經 20908977
四書集註闡微直解中庸二卷附纂序四
　　書說約合參大全　宋朱熹集注
　　明張居正直解　明顧宗孟閱　（纂
　　序四書說約合參大全）清顧夢麟、清
　　楊彝輯
　　四書集註闡微直解本（光緒八旗經正書
　　　院翻刻）

經 20908978
四書集註闡微直解中庸二卷　宋朱熹
　　集注　明張居正直解　明顧宗
　　孟閱
　　四書集註闡微直解本（宣統學部圖書局
　　　石印）
　　四書集註直解本（偽滿鉛印）

經 20908979
中庸一卷　明張居正撰　清鄭重等訂
　　四書直解本（康熙修齊堂刻）　湖北
　　經筵進講原本四書本（乾隆玉樹堂刻）
　　　湖北

經 20908980
中庸一卷　明李贄評
　　四書評本（影印）　北大
　　一九七四年上海師範大學圖書館油
　　　印本　北大

經 20908981
中庸一卷　明李贄評　明楊起元批點
　　明張明憲等參訂
　　四書參本（明閔氏朱墨套印）

經 20908982
中庸二卷　明劉思誠　明王守誠撰
　　四書翼傳三義本（萬曆于天經刻）

經 20908983
朱子中庸或問小註一卷　明徐方廣增注
　　朱子四書或問小註本（康熙觀乎堂刻、
　　　康熙鄭任鑰刻）

經 20908984
中庸述同支言一卷　明許孚遠撰
　　明萬曆間刻本　日本尊經閣（與大學述
　　　同支言一卷、論語述一卷合刻）

經 20908985
中庸測意一卷　明管志道撰
　　明萬曆三十四年刻本　上海

經 20908986
中庸訂釋二卷　明管志道撰
　　明萬曆三十四年刻本　上海

經 20908987
中庸一卷　明焦竑撰
　　焦氏四書講錄本（萬曆刻）

經 20908988
中庸解醒編一卷　明蘇濬撰
　　解醒編本（清刻）

經 20908989
中庸八卷　明徐奮鵬輯
　　古今道脈本（萬曆奎壁堂刻）

經 20908990
中庸一卷　明楊起元撰　明李衷批評
　　明梁知編
　　四書評眼本（萬曆刻）
　　明刻本　吉大　日本內閣

經 20908991
中庸意二卷　明顧憲成撰
　　清抄本　復旦

經 20908992
中庸正說二卷　明趙南星撰
　　明刻本　中科院
　　明末李士勳刻本　國圖　浙江
　　味檗齋遺書本（光緒刻，學庸正說）
　　清抄本　復旦

經 20908993
中庸正說詳節二卷　明趙南星撰
　　清末石印本　中科院

經 20908994
中庸大意一卷　明董燧策撰
　　董氏叢書本（光緒刻）

經 20908995
中庸二卷　明唐汝諤撰
　　增補四書微言本（萬曆刻）　國圖

經 20908996
中庸臆說今文一卷中庸古文臆說二卷
　　　明李光縉撰　　（中庸古文臆說）明李
　　　槃撰
　　　明崇禎元年刻本　日本内閣

經 20908997
中庸古文臆說二卷　明李槃撰
　　　明崇禎元年刻本　日本内閣

經 20908998
中庸外傳二卷首一卷　明顧起元撰
　　　明萬曆四十五年刻本　東北師大
　　　歸鴻館雜著本（萬曆天啓刻）　國圖

經 20908999
中庸外傳前語一卷　明顧起元撰　明
　　　張自烈校
　　　四書大全辨本（順治刻）　北大　河南

經 20909000
中庸外傳畧例一卷　明顧起元撰　明
　　　張自烈校
　　　四書大全辨本（順治刻）　北大　河南

經 20909001
中庸一卷　明張汝霖撰
　　　荷珠錄本（明刻）　蘇州

經 20909002
中庸一卷　明湯賓尹撰　明李元賓校
　　　新鐫湯會元四書合旨本（明刻）　日本
　　　蓬左

經 20909003
中庸一卷　明湯賓尹撰　明鄭名世校
　　　刊湯會元參詳明公新說四書解頤鼇

頭本（萬曆光裕堂刻）　日本龍谷
大學

經 20909004
中庸湖南講一卷　明葛寅亮撰
　　　四書湖南講本（崇禎刻）　中科院　陝
　　　　西　浙江　湖北

經 20909005
中庸詁一卷　明葛寅亮撰
　　　學庸詁本（崇禎刻）　中科院

經 20909006
中庸發覆編二卷　明周從龍撰
　　　繹聖二編本（萬曆刻）　上海

經 20909007
中庸遺語　清徐鑒撰
　　　民國間石印本　中科院　南京

經 20909008
讀中庸一卷　明曹珖撰
　　　大樹堂說經本（明抄）　國圖

經 20909009
中庸四卷　明鹿善繼撰
　　　四書說約本（道光刻）
　　　留餘草堂叢書本（民國刻,四書說約）

經 20909010
中庸一卷　明章世純撰
　　　四書留書本（天啓刻、崇禎刻）
　　　明末富西齋刻本　中科院　廣東
　　　四庫全書本（乾隆寫）
　　　清抄本（清丁丙跋）　南京

經 20909011

四書考中庸三卷　明陳仁錫增定
　　四書備考本(萬曆刻、崇禎刻)

經20909012
中庸考異一卷　明陳仁錫增定
　　四書備考本(萬曆刻、崇禎刻)

經20909013
中庸一卷　明洪啓初撰
　　四書翼箋本(萬曆刻)

經20909014
中庸二卷　明王夢簡撰
　　四書徵本(天啓刻)　北大　南大

經20909015
中庸約說一卷　明孫肇興撰
　　四書約說本(明朱墨套印)　中科院

經20909016
鐫張蘇兩大家四書講義合參中庸二卷
　　明蔣方馨輯
　　鐫張蘇兩大家四書講義合參本(崇禎
　　刻)　中科院

經20909017
中庸古本旁釋一卷古本前引一卷古本
　　後申一卷　明王文祿撰
　　百陵學山本(萬曆刻,民國影印)

經20909018
中庸古本前引一卷　明王文祿撰
　　百陵學山本(萬曆刻,民國影印)

經20909019
中庸古本後申一卷　明王文祿撰
　　百陵學山本(萬曆刻,民國影印)

經20909020
中庸說一卷　明辛全撰
　　四書說本(萬曆刻清印)　中科院
　　山右叢書初編本(民國鉛印,四書說)

經20909021
新訂四書補注備旨中庸一卷　明鄧林
　　撰　清杜定基增訂
　　新訂四書補注備旨本(乾隆刻、同治刻、
　　　光緒刻、光緒石印、宣統刻)
　　四書補註備旨本(光緒聚元堂刻)　天津
　　增訂四書補註備旨本(光緒益元書局
　　　刻、宣統文成堂刻)
　　增訂四書補註備旨本(宣統文成堂刻)
　　　北大

經20909022
中庸通義一卷　明魯論撰
　　四書通義本(乾隆刻)

經20909023
中庸一卷　明楊廷麟撰　明朱長祚補
　　新刊翰林機部楊先生家藏四書慧解
　　本(明末張溥刻)　日本蓬左

經20909024
中庸一卷　明張溥纂
　　四書註疏大全合纂本(崇禎刻)

經20909025
中庸大全講意二卷　明張溥撰　清吳
　　偉業參補
　　四書尊註大全本(崇禎刻)　中科院

經20909026
中庸二卷　明張明弼撰　明夏允彝等補
　　參補鄒魯心印集註本(明刻)　日本

內閣

經 20909027
中庸二卷　明張明弼撰
　　四書揚明本(明種德堂刻)　日本無窮會

經 20909028
新刊四書說畧十卷　明趙應元撰　明
　　錢立等編　明朱堯年等校
　　明陳大賓刻本　日本蓬左

經 20909029
中庸一卷　明余應虬輯
　　近聖居四書翼經圖解本(明末刻)　華
　　東師大

經 20909030
中庸一卷　明余之祥撰
　　四書宗旨要言本(順治刻)　首都師大

經 20909031
中庸順講一卷　明芮城撰
　　清光緒七年溧陽彭君穀尊經閣刻本
　　北大　湖北

經 20909032
中庸二卷　明周華輯
　　浙江杭州新刊重校補訂四書集說本
　　(明刻)　重慶

經 20909033
中庸章句四卷　明張自烈等增删
　　四書大全辨本(順治刻)　北大　河南

經 20909034
蕅益中庸直指一卷　清智旭撰
　　清浙江書局刻本　南京

清光緒間金陵刻經處刻本　上海

經 20909035
中庸解辨一卷　清王縉撰
　　清同治六年刻本　國圖　北大　上海

經 20909036
中庸翊註三卷　清刁包輯
　　四書翊註本(雍正光裕堂刻、道光惇德堂
　　刻)
　　用六居士所著書本(道光刻)
　　清咸豐六年祁州刁氏刻本　國圖

經 20909037
中庸解一卷　清任大任撰
　　清康熙間刻本　國圖

經 20909038
中庸二卷　清徐養元輯
　　清康熙四年周殿一留耕堂刻白菊齋
　　訂四書本義集說本　清華

經 20909039
中庸三卷　清徐養元輯
　　石渠閣精訂徐趙兩先生四書集說本
　　(康熙刻)　北大
　　四書集說本(清抄)　國圖

經 20909040
中庸切己錄一卷　清謝文洊撰
　　謝程山全書本(光緒刻,學庸切己錄)
　　留餘草堂叢書本(民國刻)

經 20909041
中庸澹言一卷　清鄗成撰
　　鄗冰壑先生全書本(光緒刻)

經 20909042
中庸學思錄一卷　清郉成撰
　　郉冰壑先生全書本(光緒刻)

經 20909043
中庸八卷首一卷　清魏裔介撰
　　朱子四書全義本(康熙刻)

經 20909044
中庸說五卷　清毛奇齡撰
　　西河合集本(康熙刻、乾隆印、嘉慶印)

經 20909045
中庸大全章句二卷　清陸隴其輯
　　三魚堂四書大全本(康熙嘉會堂刻、陸
　　氏刻)

經 20909046
中庸或問一卷　清陸隴其輯
　　三魚堂四書大全本(康熙嘉會堂刻、陸
　　氏刻)

經 20909047
中庸講義困勉錄二卷　清陸隴其撰
　　清陸公鏐編
　　四書講義困勉錄本(康熙刻、乾隆刻)
　　四庫全書本(乾隆寫)

經 20909048
中庸講義續困勉錄一卷　清陸隴其撰
　　清陸公鏐編
　　四書講義困勉錄本(康熙刻、乾隆刻)
　　四庫全書本(乾隆寫)

經 20909049
中庸講義二卷　清朱用純撰
　　清乾隆間刻學庸講義本　上海　南京

清光緒二年江蘇書局刻本　國圖　北
　　大　天津　上海　南京　浙江
清刻相在書屋印本　國圖
太崑先哲遺書本(民國鉛印)
清徐椿手抄本(清崔以學跋)　上海

經 20909050
四書反身錄中庸一卷　清李顒述　清
　　王心敬錄輯
　　四書反身錄本(康熙思硯齋刻、道光劉氏
　　刻、浙江書局刻、同治馬存心堂刻、光
　　緒蔣氏刻)

經 20909051
中庸疏畧一卷　清張沐撰
　　五經四書疏畧本(康熙敦臨堂刻、陳如
　　升刻)

經 20909052
疎闇齋纂序四書繹註講意中庸一卷
　　清劉梅纂
　　疎闇齋纂序四書繹註講意本(康熙文
　　雅堂刻)　國圖　北大

經 20909053
中庸一卷　宋朱熹章句　清范翔參訂
　　四書體註本(康熙刻)　上海(自坡居士
　　有常跋)

經 20909054
中庸一卷　清顏元撰
　　顏習齋先生四書正誤本(嘉慶張與齡
　　抄)　南開
　　抄本　北大
　　顏李叢書本(民國鉛印)

經 20909055

中庸一卷　清蔡方炳重纂　清黄驥同纂
　　五車樓五訂正韻四書纂序說約集註
　　定本本(光緒刻)　湖北

經20909056
中庸翼註論文二卷　清張甄陶撰
　　四書翼註論文本(乾隆刻)

經20909057
中庸章段一卷　清李光地撰
　　四書解義本(康熙刻)
　　四庫全書本(乾隆寫)
　　李文貞公全集本(乾隆嘉慶刻)
　　榕村全書本(道光刻)
　　四書古註羣義彙解本(光緒點石齋、同
　　　　文書局、鴻寶齋、蜚英館、積山書局、
　　　　上海書局、上海慎記石印,光緒珍藝
　　　　書局鉛印)
　　四書古注羣義彙解本(光緒同文升記書
　　　　局鉛印)　上海　復旦　南京
　　抄本　國圖

經20909058
中庸餘論一卷　清李光地撰
　　四書解義本(康熙刻)
　　四庫全書本(乾隆寫)
　　李文貞公全集本(乾隆嘉慶刻)
　　榕村全書本(道光刻)
　　四書古註羣義彙解本(光緒點石齋、同
　　　　文書局、鴻寶齋、蜚英館、積山書局、
　　　　上海書局、上海慎記石印,光緒珍藝
　　　　書局鉛印)
　　四書古注羣義彙解本(光緒同文升記書
　　　　局鉛印)　上海　復旦　南京
　　抄本　國圖

經20909059

中庸四記一卷　清李光地撰
　　四書解義本(康熙刻)
　　四庫全書本(乾隆寫)
　　李文貞公全集本(乾隆嘉慶刻)
　　榕村全書本(道光刻)
　　四書古註羣義彙解本(光緒點石齋、同
　　　　文書局、鴻寶齋、蜚英館、積山書局、
　　　　上海書局、上海慎記石印,光緒珍藝
　　　　書局鉛印)
　　四書古注羣義彙解本(光緒同文升記書
　　　　局鉛印)　上海　復旦　南京
　　抄本　國圖

經20909060
中庸一卷　清陳詵撰
　　四書述本(康熙信學齋刻)　故宮

經20909061
中庸一卷　清王吉相撰　清賈錫智校
　　四書心解本(道光刻)

經20909062
中庸朱子大全三卷　清戴名世編　清
　　程逢儀重輯
　　四書朱子大全本(康熙程逢儀刻)

經20909063
中庸一卷　清湯傳榘撰
　　四書明儒大全精義本(康熙刻)　中科
　　　　院　上海　南京　湖北

經20909064
中庸傳註一卷　清李塨撰
　　恕谷後集本(清刻)
　　大學中庸傳註本(清末鉛印)　湖北
　　顏李叢書本(民國鉛印)

經 20909065
中庸傳註問一卷　清李塨撰
　　恕谷後集本(清刻)
　　顏李叢書本(民國鉛印,傳註問)

經 20909066
恕谷中庸講語一卷　清李塨述　清李
　　魁春等錄
　　顏李叢書本(民國鉛印,傳註問)

經 20909067
中庸劄記一卷　清楊名時撰
　　楊氏全書本(乾隆刻、宣統刻)

經 20909068
中庸講義一卷　清楊名時撰
　　楊氏全書本(乾隆刻、宣統刻)

經 20909069
提綱中庸一卷　清金周熊輯
　　清抄本　北大

經 20909070
中庸三卷　清李沛霖、清李禎訂
　　四書朱子異同條辨本(康熙近譬堂刻、
　　　清朱文堂翻刻、黎光樓翻刻)　南京
　　　山西文物局

經 20909071
中庸困學錄一卷　清王澍輯
　　積書巖六種本(乾隆刻)

經 20909072
中庸約旨一卷　清任啟運撰
　　四書約旨本(乾隆刻、光緒刻)
　　任氏家塾四書約旨本(光緒刻)
　　荊溪任氏遺書本(民國刻,四書約旨)

經 20909073
中庸一卷　清彭軧撰
　　四書講義持衡本(康熙刻)　山東(葉葆
　　　跋)

經 20909074
中庸本文一卷　清王澍撰
　　清乾隆間刻本　國圖

經 20909075
中庸賸語一卷　清華希閔撰
　　清乾隆間刻本　國圖

經 20909076
中庸章句本義彙參六卷首一卷　清王
　　步青輯
　　四書朱子本義彙參本(乾隆敦復堂刻、
　　　承德堂翻刻、文會堂翻刻、清翻刻、光
　　　緒石印)

經 20909077
四書自課錄中庸二卷　清任時懋輯
　　四書自課錄本(乾隆刻、道光刻)

經 20909078
中庸三卷　清湯豫誠撰
　　四書困學編本(稿本)　河南

經 20909079
中庸札記一卷　清范爾梅撰
　　讀書小記本(雍正刻)

經 20909080
中庸讀法一卷　清王又樸撰
　　詩禮堂全集本(乾隆刻)

經 20909081

中庸總說一卷 清王又樸撰
　　詩禮堂全集本(乾隆刻)

經 20909082
中庸述朱大全三卷 清周亦魯輯
　　四書述朱大全本(康熙刻)

經 20909083
四書體註合講中庸一卷 清翁復編
　　四書合講本(雍正刻、雍正銅版印,嘉慶
　　　刻、道光刻、同治刻、光緒刻,光緒石
　　　印、日本銅版印)
　　酌雅齋四書遵註合講本(道光刻)
　　芸生堂四書體註合講本(道光刻)
　　　北大
　　桐石山房四書體註合講本(道光刻)
　　　北大

經 20909084
成均課講中庸一卷 清崔紀撰
　　四書溫講雜集本(雍正刻)

經 20909085
四書朱子大全精言中庸四卷 清周大
　　璋纂輯 清魏一齋鑑定
　　四書朱子大全精言本(康熙寶旭齋刻)

經 20909086
增刪四書朱子大全精言中庸四卷 清
　　周大璋纂輯 清張藥齋鑑定
　　增刪四書朱子大全精言本(清光德堂
　　　刻、玉蘭堂刻)

經 20909087
中庸一卷附審音辨體考異 宋朱熹章
　　句 (審音辨體考異)清陳弘謀撰
　　陳榕門四書章句集註本(清刻緯文堂

印)
　　裏如堂四書本(清末義和堂刻)

經 20909088
中庸脈絡二卷 清吳蔭華撰
　　清乾隆間刻本 國圖

經 20909089
中庸章句修補二卷 清王善櫚撰
　　清乾隆間刻本 國圖

經 20909090
中庸二卷 清耿埰撰
　　四書讀註提耳本(乾隆屏山堂、同治屏
　　　山堂刻)

經 20909091
中庸章句凝道錄一卷 清劉紹攽撰
　　四書凝道錄本(稿本、光緒仁懿堂刻)

經 20909092
中庸一卷 清何始升撰
　　四書正韻本(乾隆亦樂堂刻)

經 20909093
中庸三卷 清劉所說撰
　　四書尋真本(乾隆肄業堂刻) 中科院

經 20909094
中庸竊補九卷 清陳孚輯
　　清乾隆十五年刻學庸竊補本 國圖
　　　南京
　　清乾隆間刻道南堂印學庸竊補本
　　　國圖

經 20909095
中庸講義四卷 清王元啓撰

惺齋先生雜著本（乾隆刻，四書講義）

經20909096
中庸一卷　清楊玉緒撰
　　四書述要本（乾隆刻、清刻巾箱本）

經20909097
四書要言中庸一卷　清林霖輯
　　四書要言本（清抄）　北大

經20909098
中庸補註一卷　清戴震撰
　　清戴氏長留閣抄本（清戴望校,鄧實跋）
　　　　國圖
　　清抄本　北大
　　王氏學禮齋抄本　復旦
　　抄本　上海
　　安徽叢書本（民國影印）

經20909099
四書疏註撮言大全中庸二卷　清胡斐
　　才撰
　　四書疏註撮言大全本（乾隆文光堂刻、
　　　　經國堂刻）

經20909100
甌香館四書說中庸一卷　清郝寧愚撰
　　甌香館四書說本（道光刻）

經20909101
中庸塵言一卷　清戴宮華撰　清趙宗
　　樸錄
　　四子書塵言本（乾隆刻）

經20909102
中庸講義集說一卷　清李道南撰
　　四書集說本（乾隆還是讀書堂刻）　國

　　圖　北大　中科院　上海
　清乾隆四十二年刻本　湖北

經20909103
中庸朱子大全三卷圖一卷讀法一卷
　　清秦宮璧撰　清張一橋等校
　　四書朱子大全本（乾隆刻）　湖北

經20909104
中庸講義五卷　清韓懌輯
　　韓魯人晴窗隨筆本（四書講義）　北大

經20909105
中庸明鏡一卷　清鳳應詔輯
　　清道光三十年篁墅明恕堂刻本　中科
　　　　院　上海

經20909106
中庸輯要一卷　清關涵撰
　　清乾隆五十三年刻本　南京

經20909107
四書摭餘說中庸一卷　清曹之升撰
　　四書摭餘說本（乾隆刻、嘉慶刻、道光
　　　　刻）
　　四書摭餘說本（嘉慶曹氏家塾刻）　北
　　　　大（胡玉縉校）

經20909108
中庸講語一卷　清楊履基撰
　　清乾隆四十年刻本　上海
　　書三味樓叢書本（嘉慶刻）

經20909109
致用精舍中庸講語記畧一卷　清王輅撰
　　致用精舍講語本（光緒刻）

經 20909110
中庸一卷　清章守待撰　清章祖武編
　　四書聯珠本(嘉慶崇文堂刻)　國圖

經 20909111
中庸一卷　清吳昌宗撰
　　四書經注集證本(嘉慶汪刻、光緒重修、
　　　清翻汪刻、清文發堂刻、清槐蔭山房
　　　刻)

經 20909112
中庸會解二卷　清綦澧撰
　　四書會解本(嘉慶刻、道光刻、咸豐刻、同
　　　治刻)

經 20909113
中庸一卷　清劉式潤撰
　　正蒙四書本(嘉慶刻)

經 20909114
中庸味根錄二卷　清金澂撰
　　四書味根錄本(道光刻、咸豐刻、光緒刻、
　　　光緒石印、日本銅版印)

經 20909115
加批增補四書味根錄中庸二卷附疑題
　　解　清金澂撰
　　批增補四書味根錄(蜚英館石印)　遼寧

經 20909116
四書題鏡中庸　清汪鯉翔撰
　　四書題鏡本(乾隆刻、嘉慶刻、道光刻、同
　　　治刻、光緒石印)

經 20909117
四書味根錄中庸二卷附四書題鏡　清
　　金澂撰　(四書題鏡)清汪鯉翔撰

清鴻文書局重編
　　四書味根錄題鏡合編本(光緒鴻文書局
　　　石印)

經 20909118
四書味根錄題鏡合編中庸一卷附四書
　　宗旨　清金澂撰　(四書題鏡)清汪
　　鯉翔撰
　　四書味根錄題鏡合編附四書宗旨本
　　　(光緒點石齋、鴻文書局石印)

經 20909119
四書勸學錄中庸六卷　清謝廷龍輯
　　四書勸學錄本(道光刻、富文堂印)
　　北大

經 20909120
中庸私解一卷　清徐潤第撰
　　敦艮齋遺書本(道光刻)

經 20909121
四書恆解中庸二卷　清劉沅輯注
　　槐軒全書本(光緒刻、民國刻,四書恆解)
　　四書恆解本(咸豐刻、清末鉛印、民國鉛
　　　印、民國鮮于氏刻、致福樓刻)

經 20909122
中庸四卷　清陶起庠撰　清陶金焌等校
　　四書集說本(嘉慶謙益堂刻)　天津(佚
　　　名批校)　湖北

經 20909123
四書補義中庸一卷　清陶起庠撰　清
　　陶金焌等校
　　四書補義本(嘉慶謙益堂刻)　國圖
　　北大　中科院　天津　湖北

經 20909124
中庸一卷　清呂世鏞輯
　　四書正體本（康熙呂氏刻、懷永堂刻）

經 20909125
四書拾疑中庸一卷　清林春溥輯
　　竹柏山房十五種附刻四種本（嘉慶咸
　　　豐刻,四書拾疑）

經 20909126
中庸一卷　清宋翔鳳撰
　　四書古今訓釋本（嘉慶浮谿草堂刻）
　　　北大　中科院

經 20909127
中庸四卷　清宋翔鳳撰
　　四書纂言本（嘉慶刻、光緒刻）

經 20909128
中庸古本說二卷　清郭階平撰
　　清嘉慶二十四年續香齋刻本　南京

經 20909129
中庸臆測二卷　清王定柱撰
　　清嘉慶二十四年刻本　南京
　　清嘉慶二十四年刻滇南文錦齋印本
　　　國圖

經 20909130
中庸說一卷　清包汝巽撰
　　鄭本大學說中庸說本（道光刻）　國圖
　　　（清丁晏批注並跋）
　　鄭本大學說中庸說本（涇縣胡氏抄）
　　　上海

經 20909131
中庸宗朱直解四卷　清王履中撰

清道光九年彊恕堂刻本　上海

經 20909132
中庸繹蘊三卷　清胡筠撰
　　清道光二十二年胡裕後堂刻本　中科
　　　院　南京

經 20909133
中庸述義一卷　清單爲鏓撰
　　單氏全書本（同治刻,四書述義前集）

經 20909134
中庸述義續一卷　清單爲鏓撰
　　單氏全書本（同治刻,四書述義後集）

經 20909135
中庸指掌一卷　清汪瑞堂撰　清周際
　　華增訂
　　學庸指掌本（道光刻）　國圖　中科院

經 20909136
中庸三卷　清楊大受輯
　　四書講義切近錄本（道光刻、以約齋印）

經 20909137
中庸一卷　清馬國翰輯
　　玉函山房輯佚書本（章邱李氏印,目耕
　　　貼續編）

經 20909138
中庸一卷　清賴相棟撰
　　四書管窺本（道光刻）　湖北

經 20909139
中庸俟二卷　清陳世鎔撰
　　求志居全集本（同治刻）

經 20909140
四書隨見錄中庸一卷　清鄒鳳池、清陳
　　作梅輯
　　四書隨見錄本（道光刻）　北大

經 20909141
中庸補釋一卷　清張承華撰
　　學庸補釋新編本（同治刻）
　　清光緒十年皖桐會友堂刻本　上海

經 20909142
還硯齋中庸題解參署二卷　清趙新撰
　　還硯齋全集本（光緒刻）

經 20909143
中庸章句質疑二卷　清郭嵩燾撰
　　清光緒十六年思賢講舍刻學庸質疑
　　　　本　國圖　中科院　湖北　天津
　　　　上海　南京　湖北
　　清抄本　國圖

經 20909144
中庸章句一卷　宋朱熹撰　清高玲批點
　　新刻批點四書讀本本（道光愷元堂刻、
　　　　同治三益堂刻、民國慎言堂刻）

經 20909145
中庸參證一卷　清沈輝宗撰
　　清光緒四年刻致遠堂印本（與大學參
　　　　證、中庸心悟合刻）　國圖　中科院
　　　　上海

經 20909146
中庸心悟一卷　清沈輝宗撰
　　清光緒四年刻致遠堂印本（與大學參
　　　　證、中庸參證合刻）　國圖　中科院
　　　　上海

經 20909147
中庸古本述註一卷　清姜國伊撰
　　守中正齋叢書本（同治光緒刻）

經 20909148
中庸闈要一卷　清張恩霨撰
　　清光緒九年刻本（與大學闈要、孝經闈
　　　　要、論語論署、孟子論署合刻）　國
　　　　圖　中科院　南京　湖北

經 20909149
中庸訓蒙瑣言一卷　清乳山山人集
　　學庸訓蒙瑣言本（光緒刻）

經 20909150
中庸節訓一卷　清呂調陽撰
　　觀象廬叢書本（光緒刻，志學編）

經 20909151
中庸一卷　清羅大春增訂
　　批點四書本（光緒宗德堂刻）　湖北

經 20909152
中庸八卷　清查禮仁撰
　　學庸俗話本（光緒刻）　國圖

經 20909153
中庸故一卷　清陸殿邦撰
　　維心亨室四書講義本（光緒刻）

經 20909154
讀中庸記一卷　清范泰衡撰
　　清道光三十年刻本　國圖　湖北

經 20909155
中庸本解二卷中庸提要一卷　清楊亶
　　驊撰

畿輔叢書本（光緒刻）

經20909156
中庸提要一卷　清楊宣驊撰
　　畿輔叢書本（光緒刻）

經20909157
中庸釋一卷　清郭階撰
　　清光緒十五年刻　國圖　北大　中科院

經20909158
中庸瞽談一卷　清張士保撰
　　稿本　山東
　　清同治十二年華南書屋抄本　國圖

經20909159
中庸解辯　清王□撰
　　清同治六年刻本　上海

經20909160
中庸總論一卷　清唐圻著
　　清光緒五年新安唐氏刻本　國圖

經20909161
中庸旨說一卷　清程智撰
　　清抄本　南京

經20909162
中庸章句議畧一卷　清高心伯撰
　　四書議畧（稿本）　江西博

經20909163
中庸明解一卷　清高錫麒撰
　　清刻本　南京

經20909164
中庸述義二卷　清黄錫慶撰

清刻本　國圖

經20909165
中庸彙解二卷　清凌陞卿輯
　　清朝四書彙解本（光緒鴻文書局石印）
　　　　上海　浙江　湖北

經20909166
中庸時習錄二卷　清馬鑾宇撰
　　清光緒二十年刻本　國圖

經20909167
中庸思辯錄□卷　清朱鼎謙撰
　　清玉山講堂刻本　南京

經20909168
中庸章句增釋一卷　清彭崧毓撰
　　大學中庸章句增釋本（光緒刻）　湖北

經20909169
中庸三十三章　□□輯
　　四書正蒙三辨本（光緒滇南書局刻）
　　　　上海

經20909170
中庸一卷　□□輯
　　四書辨真本（宏道堂刻）　湖北

經20909171
中庸合註定本一卷　□□輯
　　清臥月樓抄本（清翁同書、清莫友芝跋）
　　　　國圖

經20909172
中庸集註一卷附四論解　□□輯
　　清刻本　北大

經 20909173
中庸鄭朱異同說一卷　王樹枏撰
　　清光緒間刻本　中科院

經 20909174
中庸君子之道章解一卷　廖平撰
　　六譯館雜著本　北大

經 20909175
中庸篇義一卷　馬其昶撰
　　集虛草堂叢書甲集本（光緒刻）

經 20909176
中庸誼詁一卷　馬其昶撰
　　周氏師古堂所編書本（民國刻，三經誼
　　詁）

經 20909177
中庸註一卷　康有爲撰
　　清光緒二十七年康有爲鉛印本　北大
　　民國五年廣智書局鉛印本　上海

經 20909178
靜崖先生中庸集解一卷　楊晉撰
　　抄本　上海

經 20909179
讀中庸記四卷　董鴻勳撰
　　讀四書記本（宣統鉛印）　湖北

經 20909180
中庸通義二卷　曹元弼撰
　　清宣統間刻本　南京
　　民國二十三年刻本　上海　復旦

經 20909181
中庸講義一卷　袁金鎧撰

　　民國十三年奉天道德研究會鉛印本
　　中科院　遼寧（袁金鎧題識）

經 20909182
中庸誼證一卷　陳文撰
　　民國十一年鉛印本　上海

經 20909183
中庸類編八卷　謝維嶽編
　　四書類編本（民國中道齋刻）　湖北

經 20909184
中庸二卷　許伏民註解
　　清末石印本　國圖

經 20909185
繪圖中庸便蒙課本一卷　黃世基撰
　　四書釋本（民國鉛印）

經 20909186
中庸一卷　李佩精編纂
　　四書串釋本（民國鉛印）

經 20909187
孫起山先生中庸俗解　孫起山撰
　　抄本　上海

經 20909188
中庸本義　吳錫龍撰
　　民國間稿本　復旦

經 20909189
中庸新義一卷　張新吾撰
　　民國二十五年日本東京鉛印學庸新
　　　義本　北大　上海

經 20909190

中庸精義一貫真傳　□□撰
　　民國十九年成都藝林堂石印本　北大

經 20909191
中庸說一卷　□□撰
　　抄本　上海

論　語

正文之屬

經 20909192
論語十卷　唐□□輯
　　唐開成二年刻石清麇氏半畝園娜嬛
　　　妙境拓印本　北大
　　唐開成石壁十二經本(民國刻)

經 20909193
論語一卷　宋□□輯
　　巾箱八經本(宋刻遞修、民國影印)

經 20909194
論語二卷　□□輯
　　元刻本　上海
　　明刻本　吉林
　　明抄本　國圖
　　清乾隆嘉慶間刻本　北大

經 20909195
論語二卷　清秦鐄訂正
　　九經本(崇禎刻、清逸文堂刻、心逸齋刻、
　　　觀成堂印)

經 20909196
古香齋鑒賞袖珍論語十卷　清高宗弘
　　曆編
　　古香齋袖珍十種本(内府刻、南海孔氏

重刻,古香齋四書)

經 20909197
論語古今文　□□輯
　　清抄本　湖北

經 20909198
論語正文二卷　□□輯
　　日本天明元年東都滕清卿刻本　國圖
　　北大

經 20909199
篆文論語　□□輯
　　篆文六經四書本(雍正内府刻、光緒影
　　　印、民國影印)
　　篆文四書本(民國碧梧山莊石印)

經 20909200
篆文論語十卷　清丁艮善撰
　　清咸豐七年日照丁氏木活字印本　中
　　　科院

經 20909201
校刻篆文論語考證二卷附錄一卷　清
　　丁枾五撰　(附錄)清許瀚、清丁艮
　　善撰
　　稿本(存卷上)　中科院
　　清日照丁氏抄本(存卷上附錄)　中
　　　科院

經 20909202
大篆論語二卷附錄許氏說文引論語三
　　十六條　清吳大澂書
　　清光緒十一年同文書局石印本　國圖
　　　北大　上海　復旦　南京　湖北
　　　遼寧
　　民國三年蘇州振新書社石印本　復旦

遼寧

經 20909203

論語(滿漢對照)二卷　清□□輯

　新刻滿漢字四書本(康熙玉樹堂刻、天
　　繪閣刻)

經 20909204

論語(滿漢合璧)二卷　清高宗弘曆敕譯
　清鄂爾泰等譯

　御製翻譯四書本(乾隆武英殿刻)

　御製翻譯四書本(光緒成都刻)　南京

　御製翻譯四書本(光緒聚珍堂刻)　北
　　大　遼寧

　御製翻譯四書本(光緒三槐堂刻)
　　北大

　御製翻譯四書本(光緒荆州刻)　上海

　御製翻譯四書本(清聖經堂博古堂刻)
　　南京

經 20909205

論語(蒙漢對照)五卷　清噶勒桑譯　蒙
　文書社編譯部編譯

　蒙漢合璧四書本　北大　遼寧

經 20909206

論語(滿蒙漢對照)　□□輯

　御製翻譯四書本(乾隆刻)　北大

傳說之屬

經 20909207

論語(顏淵篇第十二哀公問於有若曰至子路
　篇第十三)　漢鄭玄注

　唐寫卷子本　日本書道博物館

經 20909208

論語(子路篇第十三至憲問篇第十四)　漢

鄭玄注

　唐寫卷子本　日本龍谷大學

經 20909209

論語孔氏訓解十一卷　漢孔安國撰
　清馬國翰輯

　玉函山房輯佚書本(同治皇華館刻、光
　　緒李氏印、光緒娜嬛館刻、光緒楚南
　　書局刻)

經 20909210

論語孔氏註一卷　漢孔安國撰　清王
　仁俊輯

　十三經漢注本(稿本)　上海

　玉函山房輯佚書續編本(稿本)

經 20909211

論語馬氏訓說二卷　漢馬融撰　清馬
　國翰輯

　玉函山房輯佚書本(同治皇華館刻、光
　　緒李氏印、光緒娜嬛館刻、光緒楚南
　　書局刻)

經 20909212

馬融註論語一卷　漢馬融撰　龍璋輯

　小學蒐佚本(民國鉛印)

經 20909213

論語殘卷(存爲政篇第二、八佾篇第三、里
　仁篇第四、公冶長篇第五)　漢鄭玄注

　唐景龍四年卜天壽寫本　新疆博

經 20909214

論語殘卷(存卷二)　漢鄭玄注

　鳴沙石室佚書本(民國影印)

經 20909215

論語殘卷（子路篇）　漢鄭玄注
　　鳴沙石室古籍叢殘本（民國影印）

經20909216
古文論語鄭注二卷　漢鄭玄注　宋王
　　應麟撰集
　　清嘉慶十六年醉經堂刻本　北大
　　清抄本　國圖　中科院　河南
　　芋園叢書本（民國彙印）

經20909217
古文論語二卷附錄一卷　漢鄭玄注
　　宋王應麟撰集
　　清乾隆間鮑氏知不足齋刻本　國圖
　　　　（清陳鱣、清吳騫校補並跋，清陳鱣
　　　　錄清丁傑校補題識，清莫棠跋）
　　碧琳琅館叢書本（光緒刻）
　　清抄本（孫壯題記）　中科院

經20909218
論語註十卷　漢鄭玄撰　清孔廣林輯
　　通德遺書所見錄本（光緒刻）

經20909219
論語註一卷　漢鄭玄撰　清王謨輯
　　漢魏遺書鈔本（嘉慶刻）

經20909220
論語註十卷　漢鄭玄撰　清袁鈞輯
　　鄭氏佚書本（光緒觀稼樓刻、浙江書局
　　　刻）

經20909221
論語註一卷　漢鄭玄撰　清黃奭輯
　　漢學堂叢書本（道光刻光緒印，高密遺
　　　書）
　　黃氏逸書考本（道光刻王鑒修補、朱長圻

　　補刻）

經20909222
論語鄭氏註十卷　漢鄭玄撰　清馬國
　　翰輯
　　玉函山房輯佚書本（同治皇華館刻、光
　　　緒李氏印、光緒娜嬛館刻、光緒楚南
　　　書局刻）

經20909223
論語鄭氏註　漢鄭玄撰
　　鄭學彙函本（咸豐刻、光緒刻）

經20909224
論語鄭氏註二卷　漢鄭玄撰　清宋翔
　　鳳輯
　　清嘉慶四年浮谿精舍刻本　復旦（王
　　　欣夫校）
　　清嘉慶七年樸學齋刻本　浙江

經20909225
論語鄭氏註一卷　漢鄭玄撰　清王仁
　　俊輯
　　十三經漢注本（稿本）　上海
　　玉函山房輯佚書續編本（稿本）

經20909226
鄭註論語一卷　漢鄭玄撰　龍璋輯
　　小學蒐佚本（民國鉛印）

經20909227
論語包氏章句二卷　漢包咸撰　清馬
　　國翰輯
　　玉函山房輯佚書本（同治皇華館刻、光
　　　緒李氏印、光緒娜嬛館刻、光緒楚南
　　　書局刻）

經 20909228

論語包氏註一卷　漢包咸撰　清王仁
　俊輯
　　十三經漢注本(稿本)　上海
　　玉函山房輯佚書續編本(稿本)

經 20909229

包咸註論語一卷　漢包咸撰　龍璋輯
　　小學蒐佚本(民國鉛印)

經 20909230

論語周氏章句一卷　漢周□撰　清馬
　國翰輯
　　玉函山房輯佚書本(同治皇華館刻、光
　　　緒李氏印、光緒鄉嬛館刻、光緒楚南
　　　書局刻)

經 20909231

論語何氏註一卷　漢何休撰　清王仁
　俊輯
　　十三經漢注本(稿本)　上海
　　玉函山房輯佚書續編本(稿本)

經 20909232

何註論語一卷　漢何休撰　龍璋輯
　　小學蒐佚本(民國鉛印)

經 20909233

論語王氏義說一卷　三國魏王肅撰
　清馬國翰輯
　　玉函山房輯佚書本(同治皇華館刻、光
　　　緒李氏印、光緒鄉嬛館刻、光緒楚南
　　　書局刻)

經 20909234

王肅註論語一卷　三國魏王肅撰　龍
　璋輯

小學蒐佚本(民國鉛印)

經 20909235

論語陳氏義說一卷　三國魏陳羣撰
　清馬國翰輯
　　玉函山房輯佚書本(同治皇華館刻、光
　　　緒李氏印、光緒鄉嬛館刻、光緒楚南
　　　書局刻)

經 20909236

論語王氏說一卷　三國魏王朗撰　清
　馬國翰輯
　　玉函山房輯佚書本(同治皇華館刻、光
　　　緒李氏印、光緒鄉嬛館刻、光緒楚南
　　　書局刻)

經 20909237

論語周生氏義說一卷　三國魏周生烈
　撰　清馬國翰輯
　　玉函山房輯佚書本(同治皇華館刻、光
　　　緒李氏印、光緒鄉嬛館刻、光緒楚南
　　　書局刻)

經 20909238

論語釋疑一卷　三國魏王弼撰　清馬
　國翰輯
　　玉函山房輯佚書本(同治皇華館刻、光
　　　緒李氏印、光緒鄉嬛館刻、光緒楚南
　　　書局刻)

經 20909239

論語王氏註一卷　三國魏王弼撰　清
　王仁俊輯
　　十三經漢注本(稿本)　上海
　　玉函山房輯佚書續編本(稿本)

經 20909240

論語(存卷二、卷十二)　三國魏何晏集解
　　貞松堂藏西陲祕籍叢殘本(民國影印)

經 20909241
論語(存卷十八至二十)　三國魏何晏集解
　　敦煌祕籍留真新編本(民國影印)

經 20909242
論語十卷附錄一卷　三國魏何晏集解
　　(附錄)清黎庶昌撰
　　簀喜廬叢書本(光緒刻)

經 20909243
論語(存第一第三章)　三國魏何晏集解
　　日本影刻貞和二年抄本　北大

經 20909244
論語十卷　三國魏何晏集解
　　日本正平十九年堺浦道祐居士刻本
　　　日本大阪
　　古逸叢書本(光緒刻)
　　四部叢刊本(民國影印)

經 20909245
論語十卷附論語劄記　三國魏何晏集
　　解　(論語劄記)日本市野光彥撰
　　日本文化十三年市野光彥刻青歸書
　　　屋印本　北大　上海　湖北

經 20909246
論語十卷附論語集解考　三國魏何晏
　　集解　(論語集解考)日本武內義雄
　　等撰
　　日本昭和八年大阪正平版論語刊行
　　　會影印本　國圖　北大　中科院
　　　南京

經 20909247
天文本單經論語校勘記　葉德輝撰
　　觀古堂所著書本(光緒刻)
　　觀古堂彙刻書本(光緒刻)
　　郎園先生全書本(民國彙印)

經 20909248
天文板論語十卷南宗論語考異一卷
　　三國魏何晏集解　(考異)日本仙石
　　政固撰
　　日本天文二年阿佐井野刻大正五年
　　　堺南宗寺增刻印本　國圖　上海
　　　南京

經 20909249
論語二十卷附古註論語姓氏考　三國
　　魏何晏集解　明金蟠校訂並錄姓
　　氏考
　　十三經古注本(崇禎刻、同治重修)

經 20909250
論語十卷附論語集解考異十卷　三國
　　魏何晏集解　(論語集解考異)日本
　　吉漢宦撰
　　日本寬政三年箕林山房活字印本　國
　　　圖　北大

經 20909251
論語二卷　三國魏何晏集解　清尹桐
　　陽校
　　清光緒三十四年木活字印本　國圖

經 20909252
論語譙氏註一卷　三國蜀譙周撰　清
　　馬國翰輯
　　玉函山房輯佚書本(同治皇華館刻、光
　　　緒李氏印、光緒郎嬛館刻、光緒楚南

書局刻)

經 20909253
論語衛氏集註一卷　晉衛瓘撰　清馬
　國翰輯
　　玉函山房輯佚書本(同治皇華館刻、光
　　　緒李氏印、光緒娜嬛館刻、光緒楚南
　　　書局刻)

經 20909254
論語旨序一卷　晉繆播撰　清馬國翰輯
　　玉函山房輯佚書本(同治皇華館刻、光
　　　緒李氏印、光緒娜嬛館刻、光緒楚南
　　　書局刻)

經 20909255
論語繆氏說一卷　晉繆協撰　清馬國
　翰輯
　　玉函山房輯佚書本(同治皇華館刻、光
　　　緒李氏印、光緒娜嬛館刻、光緒楚南
　　　書局刻)

經 20909256
論語體畧一卷　晉郭象撰　清馬國翰輯
　　玉函山房輯佚書本(同治皇華館刻、光
　　　緒李氏印、光緒娜嬛館刻、光緒楚南
　　　書局刻)

經 20909257
論語欒氏釋疑一卷　晉欒肇撰　清馬
　國翰輯
　　玉函山房輯佚書本(同治皇華館刻、光
　　　緒李氏印、光緒娜嬛館刻、光緒楚南
　　　書局刻)

經 20909258
論語虞氏讚註一卷　晉虞喜撰　清馬

國翰輯
　　玉函山房輯佚書本(同治皇華館刻、光
　　　緒李氏印、光緒娜嬛館刻、光緒楚南
　　　書局刻)
　　四明叢書本(民國刻)

經 20909259
論語庾氏釋一卷　晉庾翼撰　清馬國
　翰輯
　　玉函山房輯佚書本(同治皇華館刻、光
　　　緒李氏印、光緒娜嬛館刻、光緒楚南
　　　書局刻)
　　四明叢書本(民國刻)

經 20909260
論語李氏集註二卷　晉李充撰　清馬
　國翰輯
　　玉函山房輯佚書本(同治皇華館刻、光
　　　緒李氏印、光緒娜嬛館刻、光緒楚南
　　　書局刻)

經 20909261
論語范氏註一卷　晉范甯撰　清馬國
　翰輯
　　玉函山房輯佚書本(同治皇華館刻、光
　　　緒李氏印、光緒娜嬛館刻、光緒楚南
　　　書局刻)

經 20909262
論語孫氏集解一卷　晉孫綽撰　清馬
　國翰輯
　　玉函山房輯佚書本(同治皇華館刻、光
　　　緒李氏印、光緒娜嬛館刻、光緒楚南
　　　書局刻)

經 20909263
論語梁氏註釋一卷　晉梁覬撰　清馬

國翰輯
　玉函山房輯佚書本（同治皇華館刻、光
　　緒李氏印、光緒嫏嬛館刻、光緒楚南
　　書局刻）

經20909264
論語袁氏註一卷　晉袁喬撰　清馬國
　翰輯
　玉函山房輯佚書本（同治皇華館刻、光
　　緒李氏印、光緒嫏嬛館刻、光緒楚南
　　書局刻）

經20909265
論語江氏集解二卷　晉江熙撰　清馬
　國翰輯
　玉函山房輯佚書本（同治皇華館刻、光
　　緒李氏印、光緒嫏嬛館刻、光緒楚南
　　書局刻）

經20909266
論語殷氏解一卷　晉殷仲堪撰　清馬
　國翰輯
　玉函山房輯佚書本（同治皇華館刻、光
　　緒李氏印、光緒嫏嬛館刻、光緒楚南
　　書局刻）

經20909267
論語張氏註一卷　晉張憑撰　清馬國
　翰輯
　玉函山房輯佚書本（同治皇華館刻、光
　　緒李氏印、光緒嫏嬛館刻、光緒楚南
　　書局刻）

經20909269
論語蔡氏註一卷　晉蔡謨撰　清馬國
　翰輯
　玉函山房輯佚書本（同治皇華館刻、光

緒李氏印、光緒嫏嬛館刻、光緒楚南
　書局刻）

經20909269
論語顏氏說一卷　南朝宋顏延之撰
　清馬國翰輯
　玉函山房輯佚書本（同治皇華館刻、光
　　緒李氏印、光緒嫏嬛館刻、光緒楚南
　　書局刻）

經20909270
論語琳公說一卷　南朝宋釋慧琳撰
　清馬國翰輯
　玉函山房輯佚書本（同治皇華館刻、光
　　緒李氏印、光緒嫏嬛館刻、光緒楚南
　　書局刻）

經20909271
論語沈氏訓註一卷　南朝齊沈驎士撰
　清馬國翰輯
　玉函山房輯佚書本（同治皇華館刻、光
　　緒李氏印、光緒嫏嬛館刻、光緒楚南
　　書局刻）

經20909272
論語顧氏註一卷　南朝齊顧歡撰　清
　馬國翰輯
　玉函山房輯佚書本（同治皇華館刻、光
　　緒李氏印、光緒嫏嬛館刻、光緒楚南
　　書局刻）

經20909273
論語梁武帝註一卷　南朝梁武帝撰
　清馬國翰輯
　玉函山房輯佚書本（同治皇華館刻、光
　　緒李氏印、光緒嫏嬛館刻、光緒楚南
　　書局刻）

經 20909274

論語太史氏集解一卷　南朝梁太史叔
　　明撰　清馬國翰輯
　　玉函山房輯佚書本（同治皇華館刻、光
　　　　緒李氏印、光緒嫏嬛館刻、光緒楚南
　　　　書局刻）

經 20909275

論語褚氏義疏一卷　南朝梁褚仲都撰
　　清馬國翰輯
　　玉函山房輯佚書本（同治皇華館刻、光
　　　　緒李氏印、光緒嫏嬛館刻、光緒楚南
　　　　書局刻）

經 20909276

論語沈氏說一卷　題沈峭撰　清馬國
　　翰輯
　　玉函山房輯佚書本（同治皇華館刻、光
　　　　緒李氏印、光緒嫏嬛館刻、光緒楚南
　　　　書局刻）

經 20909277

論語熊氏說一卷　題熊埋撰　清馬國
　　翰輯
　　玉函山房輯佚書本（同治皇華館刻、光
　　　　緒李氏印、光緒嫏嬛館刻、光緒楚南
　　　　書局刻）

經 20909278

論語義疏一卷　三國魏何晏集解　南
　　朝梁皇侃義疏
　　漢魏遺書鈔本（嘉慶刻）

經 20909279

論語義疏（存卷一至三）　三國魏何晏集
　　解　南朝梁皇侃義疏
　　敦煌祕籍留真新編本（民國影印）

經 20909280

論語義疏十卷　三國魏何晏集解　三
　　國梁皇侃義疏
　　日本抄本　北大

經 20909281

論語集解義疏十卷　三國魏何晏集解
　　南朝梁皇侃義疏
　　清乾隆五十二年武英殿刻本　北大
　　　　南京　遼寧
　　清乾隆間臨汾王宣望刻本　國圖　中
　　　　山大學
　　四庫全書本（乾隆寫）
　　知不足齋叢書本（乾隆道光刻、民國影
　　　　印）
　　古經解彙函本（同治刻、光緒石印、光緒
　　　　刻）
　　四書古註羣義彙解本（光緒點石齋、同
　　　　文書局、鴻寶齋、蜚英館、積山書局、
　　　　上海書局、上海慎記石印,光緒珍藝
　　　　書局鉛印）
　　四書古注羣義彙解本（光緒同文升記書
　　　　局鉛印）　上海　復旦　南京

經 20909282

皇氏論語義疏參訂十卷　三國魏何晏
　　集解　南朝梁皇侃義疏　清吳騫
　　參訂
　　日本油印京都大學藏本　國圖　北大

經 20909283

論語集解義疏十卷　三國魏何晏集解
　　南朝梁皇侃義疏　日本根遜志
　　校正
　　日本寬政七年萬蘊堂刻本　國圖
　　　　湖北
　　日本寬政七年萬蘊堂刻元治元年浪

華萬蘊堂補刻本　　北大
日本寬政七年萬蘊堂刻元治元年浪
　　華萬蘊堂補刻東京文淵堂印本
　　北大　　上海　　南京

經 20909284
論語註疏解經十卷附論劄一卷　　三國
　　魏何晏集解　　宋邢昺疏　　（論劄）劉
　　世珩撰
　　玉海堂景宋元本叢書本（光緒刻）

經 20909285
論劄一卷　　劉世珩撰
　　玉海堂景宋元本叢書本（光緒刻）

經 20909286
論語義疏一卷附校勘記一卷　　三國魏
　　何晏註　　南朝梁皇侃撰　　日本武
　　內義雄校勘
　　日本大正十二年大阪懷德堂紀念會
　　　鉛印本　　國圖　　北大　　中科院

經 20909287
論語治要一卷　　唐魏徵撰
　　羣書治要本（日本鎌倉抄）　　日本宮
　　　內省
　　羣書治要本（日本元和間活字印）　　日
　　　本內閣　　日本東洋
　　羣書治要本（日本天明刻）　　日本內閣
　　　日本蓬左　　日本尊經閣　　日本高知
　　　大學
　　羣書治要本（日本寬政刻）　　日本東北
　　　大學
　　羣書治要本（日本抄）　　日本尊經閣
　　宛委別藏本（抄本、影印本，羣書治要）
　　連筠簃叢書本（道光刻，羣書治要）
　　粵雅堂叢書本（咸豐刻）

四部叢刊本（民國影印，羣書治要）

經 20909288
論語治要一卷　　唐魏徵撰　　日本細井
　　德民等校
　　羣書治要本（日本江戶刻）　　日本二松
　　　學舍大學　　日本一橋大學

經 20909289
論語筆解一卷　　唐韓愈、唐李翶撰
　　百陵學山本（萬曆刻，民國影印）
　　唐宋叢書本（明刻）
　　說郛本（宛委山堂刻）
　　清芬堂叢書本（光緒刻）
　　清抄本　　北大

經 20909290
論語筆解二卷　　唐韓愈、唐李翶撰
　　范氏奇書本（嘉靖刻）
　　清乾隆四十二年吳翌鳳抄本（清吳翌
　　　鳳跋）　　國圖
　　四庫全書本（乾隆寫）
　　墨海金壺本（嘉慶刻、博古齋影印）
　　古經解彙函本（同治刻、光緒石印、光緒
　　　刻）

經 20909291
論語筆解十卷　　唐韓愈、唐李翶撰
　　抄本　　國圖

經 20909292
論語筆解二卷　　唐韓愈、唐李翶撰　　明
　　鄭鄤評
　　唐宋論語解本（天啓刻）　　國圖
　　藝海珠塵本（嘉慶刻道光增刻）

經 20909293

監本纂圖重言重意互注論語二卷　　宋
　　□□編
　　宋劉氏天香書院刻本　北大（楊守敬、
　　　袁克文跋）
　　清袁氏三琴趣齋影抄宋劉氏天香書
　　　院刻本　上海

經 20909294
論語十卷　三國魏何晏集解　唐陸德
　　明音義
　　元岳氏荊溪家塾刻本　國圖
　　清初毛氏汲古閣影抄元盱郡重刻宋
　　　廖氏本　上海
　　天祿琳琅叢書第一集本（影印元盱郡覆
　　　宋本）

經 20909295
論語註疏解經二十卷　三國魏何晏集
　　解　宋邢昺疏
　　宋刻元明遞修本　國圖　上海（存二
　　　卷）　重慶（存十卷）
　　元刻明修本　國圖
　　十三經註疏本（嘉靖福建刻、萬曆北監
　　　刻、崇禎汲古閣刻、翻汲古閣刻）
　　明萬曆二十六年刻本　國圖

經 20909296
論語註疏解經二十卷附論語音義一卷
　　　三國魏何晏集解　宋邢昺疏　唐
　　陸德明音義
　　清同治十三年湖南書局刻本　北大
　　　湖北

經 20909297
論語註疏十卷　三國魏何晏集解　宋
　　邢昺疏　唐陸德明音義
　　宋蜀刻大字本　日本宮内省

日本昭和五年澀澤榮一影印宋刻本
　　國圖　上海　南京

經 20909298
論語註疏二十卷附考證　三國魏何晏
　　集解　唐陸德明音義　宋邢昺疏
　　清陸宗楷等考證
　　十三經註疏附考證本（乾隆武英殿刻、
　　　同治鍾謙鈞刻）
　　四庫全書薈要本（乾隆寫）
　　四庫全書本（乾隆寫）

經 20909299
論語註疏考證　清陸宗楷等撰
　　十三經註疏附考證本（乾隆武英殿刻、
　　　同治鍾謙鈞刻）
　　四庫全書薈要本（乾隆寫）
　　四庫全書本（乾隆寫）

經 20909300
論語校勘記（論語注疏校勘記）十卷釋文
　　校勘記一卷　清阮元撰
　　皇清經解本（道光刻、咸豐補刻、鴻寶齋
　　　石印、點石齋石印，十三經注疏校勘
　　　記）
　　宋本十三經註疏併經典釋文校勘記
　　　本（光緒刻）

經 20909301
論語註疏解經二十卷附校勘記二十卷
　　　三國魏何晏集解　唐陸德明音義
　　宋邢昺疏　清阮元校勘
　　重刊宋本十三經註疏附校勘記本（嘉
　　　慶刻、道光重修、同治重修、同治刻、
　　　光緒刻、光緒石印、民國石印）

經 20909302

論語註疏解經四卷附校勘記一卷　三
　　國魏何晏集解　唐陸德明音義
　　宋邢昺疏　清阮元校勘
　　重刊宋本十三經註疏附校勘記本(光
　　　緒點石齋石印)

經20909303
論語註校勘記二十卷　清阮元撰　清
　　盧宣旬摘錄
　　重刊宋本十三經註疏附校勘記本(嘉
　　　慶刻、道光重修、同治重修、同治刻、
　　　光緒刻、光緒石印、民國石印)

經20909304
論語拾遺一卷附孟子解一卷　宋蘇轍撰
　　兩蘇經解(萬曆畢氏刻、萬曆顧氏刻)
　　清光緒十六年湘鄉謝氏犖經榭重刻
　　　本　國圖　湖北

經20909305
論語拾遺一卷　宋蘇轍撰
　　說郛本(宛委山堂刻)
　　四庫全書本(乾隆寫)
　　指海本(道光刻、民國影印)
　　清芬堂叢書本(光緒刻)

經20909306
重廣陳用之真本入經論語全解義十卷
　　宋陳祥道撰
　　明抄本　上海
　　清乾隆間抄本(清朱筠批校)　山東
　　清抄本　國圖　南京(清丁丙跋)　南開
　　　西安文管

經20909307
論語全解十卷　宋陳祥道撰
　　四庫全書本(乾隆寫)

經20909308
論語雜解一卷　宋游酢撰
　　游定夫先生全集本(同治刻)
　　游定夫先生全集本(清抄)　國圖
　　　首都

經20909309
論語頌一卷　宋張九成撰
　　趙氏三書本(天啓刻)　首都

經20909310
論語絕句一卷　宋張九成撰
　　唐宋論語解本(天啓刻)　國圖
　　明刻本　國圖
　　藝海珠塵本(嘉慶刻道光增刻)

經20909311
論語意原四卷　宋鄭汝諧撰
　　武英殿聚珍版書本(木活字印、福建重
　　　刻、廣東重刻)
　　四庫全書本(乾隆寫)
　　墨海金壺本(嘉慶刻、博古齋影印)
　　經苑本(道光咸豐刻、同治印、民國補刻)
　　清抄本　北大

經20909312
朱文公論語集註草稿真蹟一卷　宋朱
　　熹書
　　稿本　日本京都博
　　民國八年上海商務印書館珂羅板影
　　　印本　北大　上海

經20909313
論語十卷　宋朱熹集註
　　四書章句集註本(宋嘉定當涂郡齋刻嘉
　　　熙淳祐遞修)　國圖
　　四書集註本(宋刻)　國圖

四書本(清內府重刻宋本)　天津　上海
　　南京
四書集註本(延祐溫州路學刻)　日本
　　內閣
四書集註本(至正尚德堂刻)　山東
四書章句集註本(元刻)　上海(有抄配
　　及缺葉,明魏校批,袁克文跋)
四書集註本(元刻)　南京(清蔣培澤、
　　清高望曾、清丁丙跋)
四書集註本(正統司禮監刻)
四書集註本(成化吉府刻)
四書集註本(嘉靖伊藩刻)　南京(清丁
　　丙跋)
四書集註本(嘉靖益藩樂善堂刻)　國
　　圖　日本內閣
四書集註本(嘉靖吉澄刻)　首都　上
　　海　吉林　日本小如舟書屋
四書集註本(隆慶衡府刻)　南京
四書集註本(萬曆自新齋刻)　日本龍
　　谷大學
四書集註本(萬曆金積刻)　內蒙古巴
　　盟　四川
四書集註本(萬曆忠恕堂刻)　上海
四書集註本(萬曆餘慶堂刻)　日本
　　內閣
四書集註本(萬曆吳勉學刻)　遼寧
　　廣東
四書集註本(萬曆刻)　上海
四書集註本(崇禎刻)　安丘
四書本(崇禎汲古閣刻)　國圖
四書集註本(崇禎刻)　日本尊經閣
四書集註本(明蔡日安刻)　日本廣島
　　淺野
四書集註本(明在茲堂印)　日本廣島
　　淺野
四書集註本(明書林怡慶堂刻)　日本
　　大阪
四書集註本(明種德書堂刻)　國圖

四書集註本(明豹變齋刻)　故宮
四書本(明書林鄭繼閱刻)　上海
四書集註本(明刻)　湖北
四書集註本(明刻)　北大　國博　羣
　　眾出版社　錦州　浙江　廣東
四書集註本(明刻)　上海
四書集註本(明刻)　清華　上海
四書集註本(明朱墨套印)　山東
四書集註本(順治刻)　上海
四書集註本(康熙內府刻)　故宮(清高
　　宗弘曆跋)
四書集註本(康熙崇道堂刻)　上海(清
　　戴有祺批)
四書章句集註本(清初春秀堂刻)　上
　　海(清佚名過錄批注)
四書集註本(雍正國子監刻)　北大
四書章句集註袖珍本(雍正明善堂刻)
四書集註本(清內府刻)　國圖　首都
　　中央黨校　復旦　北碚
清乾隆二十年雲林周氏萬卷樓刻本
　　上海(清佚名批)
四庫全書薈要本(乾隆寫,四書集註)
四庫全書本(乾隆寫,四書集註)
監本四書本(乾隆文粹堂刻)　上海
　　河北大學(清錢泳批)
監本四書本(嘉慶刻)　北大　浙江
　　遼寧
四書本(嘉慶道光間垂裕堂刻)　上海
四書集註本(道光勉行堂刻)　西北師
　　大(清鄭國琳批校)
四書集註本(道光菜根香館刻)
四書集註本(道光愷元堂刻)　上海(佚
　　名眉批)
四書集註本(道光刻大成堂印)　國圖
監本四書本(道光一經堂刻)　南京
監本四書本(道光揚州惜字局刻)　國
　　圖　南京

四書集註本(道光寶恕堂刻)

四書集註本(同治浙江撫署刻)　國圖
　　上海　浙江

十三經讀本本(同治金陵書局刻,四書集
　　註)

四書章句集註本(同治崇文書局刻)

四書章句集註本(同治山東書局刻)

監本四書本(同治江西書局刻)　南京

四書章句集註本(同治湖南書局刻)

四書本(同治老二酉堂刻)　北大

四書集註本(光緒京師慈幼堂刻)　上海

四書章句集註本(光緒崇文書局刻)

四書本(光緒江蘇書局刻)　國圖　天津
　　復旦

四書集註本(光緒刻)　上海(吳保篍過
　　錄清劉大櫆批校)

四書集註本(光緒聚珍堂刻)　國圖

四書集註本(光緒山西濬文書局刻)

四子書本(光緒刻)

四書本(光緒狀元閣刻)　天津

四書章句集註本(光緒淮南書局刻)

四書集註本(光緒攟雲腴山館刻)

四書集註本(光緒湖北官書處刻)

四書集註本(光緒八旗官學刻)　國圖

四書集註本(光緒浙江書局刻)

四書集註本(光緒寶善堂刻)　上海(佚
　　名點校)

四書章句集註本(光緒經綸元記刻)

四書集註本(光緒尚志齋刻)

四書集註本(光緒直隸官書局刻)

四書集註本(光緒湖北學務處刻)
　　湖北

四書集註本(光緒李光明莊刻)

四書本(光緒祝氏刻)　上海

四書集註本(清清華書屋刻)　國圖

四書集註本(清寶書堂刻)　上海

監本四書本(古越尺木堂刻)　北大

監本四書本(清刻)　湖南(清王寶淦錄
　　清王言綸批注)

四書集註本(清刻)　國圖(清俞樾批
　　校)

四書本(朝鮮英宗朝據明洪武正韻書體
　　刻)　上海

四書章句集註本(日本天保間河內屋喜
　　兵衛等刻)　日本二松學舍大學

四書章句集註本(日本文久間大坂積玉
　　圃柳原喜兵衛等刻)　日本一橋
　　大學

四書集註本(日本文久間積玉圃羣玉堂
　　刻)　上海

日本廣德館刻本　上海

日本銅活字印本　國圖

四書集註本(日本明治刻)　南京

日本明治二十四年刻本　南京

日本大正九年金港堂書籍株式會社
　　鉛印本　南京

經20909314

論語二十卷　宋朱熹集註

　　四書集註本(嘉靖應檟刻)

　　四書集註本(明刻)　北大　國博　羣
　　　　衆出版社　錦州　浙江　雲南　清
　　　　華　上海

　　四書本(明刻)　北大

經20909315

論語十卷　宋朱熹集註

　　十三經讀本附校刊記本(同治山東書局
　　　　刻、尚志堂印)

經20909316

論語校刊記一卷　清丁寶楨等撰

　　十三經讀本附校刊記本(同治山東書局
　　　　刻、尚志堂印)

經 20909317
論語讀本十卷　宋朱熹集註
　　十三經讀本本(民國醒園刻)

經 20909318
論語讀本校語一卷　清王祖畬撰
　　十三經讀本本(民國醒園刻)

經 20909319
論語一卷　宋朱熹集注
　　字典四書讀本本(光緒刻)　北大
　　四書章句本(光緒文成堂刻)　北大
　　四書本(日本天保竹林堂刻)　北大(米
　　　田淺吉批校)
　　四書本(日本明治東京大阪嵩山堂鉛印,
　　　後藤世鈞點)　北大

經 20909320
論語十卷　三國魏何晏集解　宋朱熹
　　集注
　　清咸豐二年稽古樓刻芋栗園印十三
　　　經註本　國圖　北大
　　渭南嚴氏孝義家塾叢書本(民國刻,重
　　　校稽古樓四書)

經 20909321
論語序說一卷　宋朱熹編
　　四書章句集註本(宋嘉定當涂郡齋刻嘉
　　　熙淳祐遞修)　國圖
　　四書本(清內府重刻宋本)　天津　上海
　　　南京
　　四書集註本(宋刻)　國圖
　　四書集註本(延祐溫州路學刻)　日本
　　　內閣
　　四書集註本(正統司禮監刻)
　　四書集註本(嘉靖伊藩刻)　南京(清丁
　　　丙跋)

　　四書集註本(嘉靖應檟刻)
　　四書集註本(明刻)　北大　國博　羣
　　　衆出版社　錦州　浙江　雲南　國
　　　圖　常州
　　四書集註本(明刻)　湖北
　　四書集註本(明刻)　故宮　浙大
　　四書集註本(明刻)　上海　吉大
　　　江西
　　四書集註本(明刻)　清華　上海
　　四書本(明刻)　北大
　　四書集註本(明朱墨套印)　山東
　　四書集註本(清內府刻)　國圖　首都
　　　中央黨校　復旦　北碚

經 20909322
論語或問二十卷　宋朱熹撰
　　四書或問本(弘治刻、正德刻、康熙刻、清
　　　墨潤齋刻、抄本)
　　朱子遺書本(康熙刻)
　　四庫全書本(乾隆寫)
　　四書或問并考異本(同治五忠堂刻)
　　洪氏唐石經館叢書本(光緒印)
　　西京清麓叢書本(光緒刻,朱子遺書重
　　　刻合編)
　　日本正保四年刻本　北大
　　倭板四書本(日本正保刻)　北大

經 20909323
論語或問纂要　宋朱熹撰
　　宋刻本　上海

經 20909324
國朝諸老先生論語精義十卷　宋朱
　　熹輯
　　明抄論孟精義本(清丁丙跋)　南京
　　朱子遺書本(康熙刻)
　　洪氏唐石經館叢書本(光緒印,論孟精

義)

四庫全書本(乾隆寫,論孟精義)

西京清麓叢書本(光緒刻,朱子遺書重
　刻合編)

經20909325

南軒先生論語解十卷　宋張栻撰

通志堂經解本(康熙刻、同治刻、日本文
　化刻)

清康熙三十六年張氏笏峙樓刻本
　遼寧

清道光二十五年綿邑洗墨池刻本　國
　　圖　北大　上海　南京

張宣公全集本(道光刻、咸豐刻,南軒文
　集)

經20909326

癸巳論語解十卷　宋張栻撰

四庫全書薈要本(乾隆寫)

四庫全書本(乾隆寫)

學津討原本(嘉慶刻、民國影印)

經20909327

石鼓論語答問三卷　宋戴溪撰

四庫全書本(乾隆寫)

清抄本　國圖

抄本　上海

敬鄉樓叢書本(民國鉛印)

經20909328

論語十卷　宋錢時撰

融堂四書管見本(明抄、清末民國初抄)
　國圖

四庫全書本(乾隆寫)

經20909329

論語集編十卷　宋真德秀撰

通志堂經解本(康熙刻、乾隆補修、同治
　刻、日本文化刻,四書集編)

四庫全書薈要本(乾隆寫,四書集編)

四庫全書本(乾隆寫,四書集編)

經20909330

論語集編十卷　宋真德秀撰　清翁錫
　書增訂批點

浦城遺書本(嘉慶刻,四書集編)

經20909331

論語集說十卷　宋蔡節撰

宋淳祐六年湖類刻本　國圖

通志堂經解本(康熙刻、同治刻、日本文
　化刻)

四庫全書薈要本(乾隆寫)

四庫全書本(乾隆寫)

經20909332

論語解　宋尹焞撰

明末祁氏澹生堂抄本(清韓應陛跋)
　國圖

經20909333

論語纂疏十卷　宋趙順孫撰

元覆宋刻本　日本東洋

四書纂疏本(元刻)　日本靜嘉堂

通志堂經解本(康熙刻、同治刻、日本文
　化刻)

四庫全書薈要本(乾隆寫)

四庫全書本(乾隆寫)

復性書院叢刊本(民國刻)

經20909334

論語考異一卷　宋王應麟撰

明崇禎九年詩瘦閣刻本　日本京都大學

三魚堂四書大全本(康熙嘉會堂刻、陸

氏刻)
　四書大全本(清德馨堂刻)　清華　上
　　海　武大

經 20909335
論語集註箋義三卷　宋趙悳撰
　宛委別藏本(抄本、影印本,四書箋義)
　守山閣叢書本(道光刻、光緒影印、民國
　　影印,四書箋義)
　清刻本　北大
　清光緒二十七年上海六藝石印本
　　上海

經 20909336
論語別傳五卷　宋王宗道撰
　趙氏三書本(天啓刻)　首都

經 20909337
論語集註考證十卷孟子集註考證七卷
　　宋金履祥撰
　清雍正七年金氏刻本　國圖
　四庫全書本(乾隆寫)
　率祖堂叢書本(光緒補刻)
　清金律刻本　北大(元許謙校正)
　　湖北
　金華叢書本(同治光緒刻、民國補刻)

經 20909338
金仁山論孟考證輯要二卷　宋金履祥
　　撰　清趙紹祖輯
　古墨齋集本(嘉慶道光刻)

經 20909339
論語集成二十卷　元吳真子撰
　四書集成本(元刻)　國圖　日本尊經閣

經 20909340

論語通十卷　元胡炳文撰
　四書通本(元天曆勤有堂刻)　國圖
　四書通本(元建安南澗書堂刻)　日本
　　內閣
　四書通本(靖江朱勳刻)
　通志堂經解本(康熙刻、乾隆補修、同治
　　刻、日本文化刻,四書通)
　四庫全書薈要本(乾隆寫,四書通)
　四庫全書本(乾隆寫,四書通)

經 20909341
讀論語叢說三卷　元許謙撰
　讀四書叢說本(元刻)　國圖(清黃丕烈
　　跋)　上海
　宛委別藏本(抄本、影印本)
　四部叢刊續編本(民國影印,讀四書叢
　　說)
　讀四書叢說本(弘治刻、明抄、嘉慶刻)
　經苑本(道光咸豐刻、同治印、民國補刻,
　　讀四書叢說)
　金華叢書本(同治光緒刻、民國補刻,讀
　　四書叢說)

經 20909342
讀論語叢說一卷　元許謙撰
　四庫全書本(乾隆寫,讀四書叢說)

經 20909343
論語集註通證二卷　元張存中撰
　元刻本　國圖
　明抄本　上海
　通志堂經解本(康熙刻、乾隆補修、同治
　　刻、日本文化刻,四書通證)
　四庫全書薈要本(乾隆寫,四書通證)
　四庫全書本(乾隆寫,四書通證)

經 20909344

論語集註纂箋十卷　元詹道傳撰
　　通志堂經解本(康熙刻、乾隆補修、同治
　　刻、日本文化刻,四書集編)
　　四庫全書薈要本(乾隆寫,四書纂箋)
　　四庫全書本(乾隆寫,四書纂箋)

經20909345
論語輯釋二十卷　元倪士毅輯釋
　　四書輯釋大成本(至正日新書堂刻、日
　　本文化翻刻)

經20909346
論語集註序說重訂輯釋通義大成一卷
　　宋朱熹章句　元倪士毅輯釋　明
　　朱公遷約說　明王逢訂定通義
　　重訂四書輯釋本(正統刻)

經20909347
論語集註重訂輯通義大成二十卷　宋
　　朱熹章句　元倪士毅輯釋　明朱
　　公遷約說　明王逢訂定通義
　　重訂四書輯釋本(正統刻)

經20909348
論語輯釋通考四卷首一卷　元倪士毅
　　撰　明王元善通考
　　明永樂四年博雅堂刻本　日本內閣

經20909349
論語集註序說一卷　元倪士毅撰　元
　　程復心圖　明王元善通考
　　四書輯釋本(明初刻)　國圖

經20909350
論語章圖概括總要一卷　元倪士毅撰
　　元程復心圖　明王元善通考
　　四書輯釋本(明初刻)　國圖

經20909351
論語輯釋二十卷　元倪士毅撰　元程
　　復心圖　明王元善通考
　　四書輯釋本(明初刻)　國圖

經20909352
論語注問纂釋十卷　宋朱熹撰　元程
　　復心纂釋
　　四書章圖纂釋本(元德新堂刻)　日本
　　內閣

經20909353
附音傍訓晦庵論語句解二卷　元李公
　　凱撰
　　宋建安刻本　日本宮內省

經20909354
附音傍訓句解論語二卷　元李公凱撰
　　宋末建安刻本　日本慶應大學

經20909355
論語集註大全二十卷　明胡廣等輯
　　四書集註大全本(明永樂刻、內府刻、天
　　順刻、弘治刻、嘉靖刻、康熙刻、朝鮮
　　刻)
　　四庫全書本(乾隆寫,四書集註大全)

經20909356
論語七卷　明胡廣等輯　明周士顯校正
　　周會魁校正四書大全本(明映旭齋刻、
　　留耕堂刻)

經20909357
論語集註大全二十卷　明胡廣等輯
　　清汪份增訂
　　增訂四書集註大全本(康熙刻)
　　四書大全本(日本嘉永六年刻)　南京

經 20909358

論語二卷　明王宇撰

　　四書也足園初告本(萬曆刻、明末刻)

經 20909359

論語四卷　明陳琛撰

　　重刊補訂四書淺說本(萬曆刻)　中科
　　院　國圖(存卷一至二)

經 20909360

論語四卷　明陳琛撰　明唐光虁重訂

　　靈岳山房重訂四書淺說本(明大業堂
　　刻)　河南

經 20909361

論語四卷　明陳琛撰　明劉蚩英校

　　靈源山房重訂四書淺說本(崇禎刻)
　　　日本內閣　日本靜嘉堂　日本宮
　　城縣

經 20909362

論語四卷　明陳琛撰　清施世瑚等校

　　陳紫峯先生四書淺說本(乾隆刻、光緒
　　印)

經 20909363

論語二十卷　明季本撰

　　四書私存本(嘉靖刻)　華東師大
　　四書私存本(明刻)　國圖

經 20909364

四書口義論語五卷　明薛甲撰

　　四書口義本(隆慶刻)　南京(清丁丙跋)
　　清抄四書口義本(清徐時棟跋)　北大

經 20909365

論語摘訓八卷　明丘橓輯

　　四書摘訓本(萬曆趙慎修刻、周裔先刻)

經 20909366

四書燃犀解論語十卷　明陳祖綬撰
　　明夏允彝等參補

　　近聖居三刻參補四書燃犀解本(明末
　　刻)

經 20909367

近溪子論語答問集二卷　明羅汝芳撰
　　明楊起元輯

　　楊貞復六種本(萬曆刻,四書答問)

經 20909368

論語類考二十卷　明陳士元撰

　　明嘉靖三十九年刻本　西安文管
　　歸雲別集本(萬曆刻、道光刻)
　　四庫全書本(乾隆寫)
　　湖海樓叢書本(嘉慶刻)
　　湖北叢書本(光緒刻)
　　清抄本　國圖

經 20909369

論語經筵直解十卷　宋朱熹集注　明
　　張居正直解

　　重刻張閣老經筵四書直解本(萬曆司
　　禮監刻)　故宮　山西師大　吉大

經 20909370

四書直解正字論語十卷　明張居正撰
　　明沈鯉正字

　　新訂四書直解正字全編本(崇禎刻)
　　　無錫　廣東

經 20909371

四書直解指南論語十卷　明張居正撰
　　明焦竑增補　明湯賓尹訂正

重刻内府原板張閣老經筵四書直解
　　指南本(萬曆易齋刻)　　浙江　華
　　東師大　浙大　日本靜嘉堂　日本
　　米澤市
重刻辯證内府原版張閣老經筵四書
　　直解指南本(天啓長庚館刻)　　日
　　本内閣　日本龍谷大學
重刻張閣老經筵四書直解本(明葉顯
　　吾刻)　　安徽博

經20909372
論語十卷附四書講義合參　宋朱熹集
　　注　明張居正直解　明顧宗孟重
　　訂　(四書講義合參)明顧宗玉撰
　　四書直解本(崇禎顧宗孟刻)

經20909373
四書集註闡微直解論語十卷附纂序四
　　書說約合參大全　宋朱熹集注
　　明張居正直解　明顧宗孟閱　(說
　　約合參)清顧夢麟　清楊彝輯
　　四書集註闡微直解本(光緒刻)

經20909374
四書集註闡微直解論語十卷　宋朱熹
　　集注　明張居正直解　明顧宗
　　孟閱
　　四書集註闡微直解本(宣統石印)
　　四書集註直解本(僞滿鉛印)

經20909375
論語二卷　明張居正撰　清鄭重等訂
　　四書直解本(康熙修齊堂刻)　湖北
　　清乾隆三十一年金閶玉樹堂刻本
　　　湖北

經20909376

論語直解二十卷　明張居正撰　姚永
　　樸節錄
　　民國間鉛印本　國圖　復旦

經20909377
論語十卷　明李贄評
　　四書評本(影印、油印)　北大

經20909378
論語十卷　明李贄評　明楊起元批點
　　明張明憲等參訂
　　四書參本(明閔氏朱墨套印)

經20909379
論語二卷　明劉思誠、明王守誠撰
　　四書翼傳三義本(萬曆于天經刻)

經20909380
朱子論語或問小註二十卷　明徐方廣
　　增注
　　朱子四書或問小註本(康熙觀乎堂刻、
　　　康熙鄭任鑰刻)

經20909381
論語外篇十八卷　明李梴撰
　　明萬曆十二年刻本　湖北　日本尊經閣

經20909382
論語述一卷　明許孚遠撰
　　明萬曆間刻本　日本尊經閣(與大學
　　　考、大學述同支言一卷、中庸述同支
　　　言一卷合刻)

經20909383
論語訂釋十卷　明管志道撰
　　明萬曆三十四年刻本　上海　華東師大

經 20909384
論語四卷　明焦竑撰
　　焦氏四書講錄本（萬曆刻）

經 20909385
論語解醒編二卷　明蘇濬撰
　　解醒編本（清刻）

經 20909386
論語二十卷　明徐奮鵬輯
　　古今道脈本（萬曆奎壁堂刻）

經 20909387
論語十卷　明楊起元撰　明李衷批評
　　明梁知編
　　四書評眼本（萬曆刻）
　　明刻本　吉大　日本內閣

經 20909388
論語義府二十卷　明王肯堂撰
　　明刻本　中央黨校　華東師大　日本
　　　內閣
　　清康熙三年刻本　中科院

經 20909389
論語講義一卷　明周如砥撰
　　明抄本（清周志清跋）　即墨

經 20909390
論語解一卷　明董懋策撰
　　董氏叢書本（光緒刻）

經 20909391
論語八卷　明唐汝諤撰
　　增補四書微言本（萬曆刻）　國圖

經 20909392

經 20909392
論語詳解二十卷　明郝敬撰
　　郝氏九經解本（萬曆刻、抄本）

經 20909393
讀論語二卷　明曹珖撰
　　大樹堂說經本（明抄）　國圖

經 20909394
論語會心詩一卷　明胡文煥撰
　　覆古介書本（天啓刻）

經 20909395
論語二卷　明張汝霖撰
　　荷珠錄本（明刻）　蘇州

經 20909396
論語二卷　明湯賓尹撰　明李元賓校
　　新鐫湯會元四書合旨本（明刻）　日本
　　　蓬左

經 20909397
論語十卷　明湯賓尹撰　明鄭名世校
　　刊湯會元參詳明公新說四書解頤鰲
　　　頭本（萬曆光裕堂刻）　日本龍谷
　　　大學

經 20909398
論語湖南講四卷　明葛寅亮撰
　　四書湖南講本（崇禎刻）　中科院　陝
　　　西　浙江　湖北

經 20909399
論語駁異二十卷　明王衡撰　明婁堅校
　　明刻本　日本內閣

經 20909400
論語六卷　明馮夢龍撰

四書指月本（明末刻）　國圖

經 20909401
論語二十卷　明鹿善繼撰
　　四書說約本（道光刻）
　　留餘草堂叢書本（民國刻，四書說約）
　　　南京　南大　浙江

經 20909402
論語學案十卷　明劉宗周撰
　　四庫全書本（乾隆寫）

經 20909403
論語學案一卷　明劉宗周撰
　　抄本　中科院

經 20909404
論語二卷　明章世純撰
　　四書留書本（天啓刻、崇禎刻）
　　明末富酉齋刻本　中科院
　　四庫全書本（乾隆寫）
　　清抄本　南京

經 20909405
四書考論語十三卷　明陳仁錫增定
　　四書備考本（萬曆刻、崇禎刻）

經 20909406
論語考異一卷　明陳仁錫增定
　　四書備考本（萬曆刻、崇禎刻）

經 20909407
論語考異補一卷　明陳仁錫述　明張
　　自烈校
　　四書大全辨本（順治刻）　北大　河南

經 20909408

論語商二卷　明周宗建撰
　　明萬曆四十五年刻本　北師大　浙江
　　四庫全書本（乾隆寫）

經 20909409
論語四卷　明洪啓初撰
　　四書翼箋本（萬曆刻）

經 20909410
論語五卷　明王夢簡撰
　　四書徵本（天啓刻）　北大　南大　四川

經 20909411
論語約說二卷　明孫肇興撰
　　四書約說本（明朱墨套印）　中科院

經 20909412
鐫張蘇兩大家四書講義合參論語十卷
　　明蔣方馨輯
　　鐫張蘇兩大家四書講義合參本（崇禎
　　　刻）　中科院

經 20909413
新訂四書補注備旨論語四卷　　明鄧林
　　撰　清杜定基增訂
　　新訂四書補註備旨本（乾隆刻、同治刻、
　　　光緒刻、光緒石印、宣統刻）
　　四書補註備旨本（光緒聚元堂刻）
　　　天津
　　增訂四書補註備旨本（光緒益元書局
　　　刻，宣統文成堂刻）
　　增訂四書補註備旨本（宣統文成堂刻）
　　　北大

經 20909414
論語通義二十卷　明魯論撰
　　四書通義本（乾隆刻）

經20909415
論語十卷　明楊廷麟撰　明朱長祚補
　　新刊翰林機部楊先生家藏四書慧解
　　　本（明末張溥刻）　日本蓬左

經20909416
論語二十卷　明張溥纂
　　四書註疏大全合纂本（崇禎刻）

經20909417
論語大全講意十卷　明張溥撰　清吳
　　偉業參補
　　四書尊註大全本（崇禎刻）　中科院

經20909418
論語十卷　明張明弼撰　明夏允彝等補
　　參補鄒魯心印集註本（明刻）　日本
　　　內閣

經20909419
論語十卷　明張明弼撰
　　四書揚明本（明種德堂刻）　日本無窮會

經20909420
古註論語姓氏考一卷　明金蟠錄
　　十三經古注本（崇禎刻、同治重修）

經20909421
論語說二卷　明辛全撰
　　四書說本（崇禎刻清印）　中科院
　　山右叢書初編本（民國鉛印，四書說）

經20909422
論語十卷　明余應虯輯
　　近聖居四書翼經圖解本（明末刻）　華
　　　東師大

經20909423
論語二卷　明余之祥撰
　　四書宗旨要言本（順治刻）　首都師大

經20909424
論語十卷　明周華輯
　　浙江杭州新刊重校補訂四書集說本
　　　（明刻）　重慶

經20909425
陳學士先生論語貫義二卷　明陳懿典撰
　　清抄本　北師大

經20909426
論語逸編十二卷　明鍾韶撰
　　清抄本　上海

經20909427
論語酌言一卷　明□□撰
　　明箕裘堂刻本　國圖

經20909428
論語或問錄要十四卷　清孫承澤撰
　　清康熙六年刻本　天津

經20909429
論語考異一卷　宋王應麟論次　明張
　　自烈批註
　　四書大全辨本（順治刻）　北大　河南

經20909430
論語考異補一卷　明張自烈等增刪
　　四書大全辨本（順治刻）　北大　河南

經20909431
論語翊註二十卷　清刁包輯
　　四書翊註本（雍正光裕堂刻、道光惇德堂

刻)
　　用六居士所著書本(道光刻)
　　清咸豐六年祈州刁氏刻本　　國圖

經 20909432
論語二卷　　清傅以漸撰
　　清初抄貞固齋書義本　　國圖(劉鳳誥跋)

經 20909433
四書集說論語九卷　　清徐養元輯
　　清康熙四年周殿一留耕堂刻白菊齋
　　　訂四書本義集說本　　清華

經 20909434
四書集說論語十卷　　清徐養元輯
　　石渠閣精訂徐趙兩先生四書集說本
　　　(康熙刻)　　北大
　　四書集說本(清抄)　　國圖

經 20909435
論語三十卷首一卷　　清魏裔介輯
　　朱子四書全義本(康熙刻)

經 20909436
論語詩　　清尤侗撰
　　拜梅山房几上書本(道光刻)

經 20909437
論語稽求篇七卷　　清毛奇齡撰
　　西河合集本(康熙刻、乾隆印、嘉慶印)
　　四庫全書本(乾隆寫)
　　龍威祕書本(乾隆刻)
　　皇清經解本(道光刻、咸豐補刻、鴻寶齋
　　　石印、點石齋石印)

經 20909438
論語集註大全二十卷　　清陸隴其輯

　　三魚堂四書大全本(康熙嘉會堂刻、陸
　　　氏刻)

經 20909439
論語講義困勉錄二十卷　　清陸隴其撰
　　　清陸公鏐編
　　四書講義困勉錄本(康熙刻、康熙嘉會
　　　堂刻、乾隆刻)
　　四庫全書本(乾隆寫)

經 20909440
論語講義續困勉錄二卷　　清陸隴其撰
　　　清陸公鏐編
　　四書講義困勉錄本(康熙刻、乾隆刻)
　　四庫全書本(乾隆寫)

經 20909441
四書反身錄論語四卷　　清李顒述　　清
　　　王心敬錄輯
　　四書反身錄本(康熙思硯齋刻、道光劉氏
　　　刻、浙江書局刻、同治馬存心堂刻、光
　　　緒蔣氏刻)

經 20909442
論語疏畧二十卷　　清張沐撰
　　五經四書疏畧本(康熙敦臨堂刻、陳如
　　　升刻)

經 20909443
疎闇齋纂序四書繹註講意論語二十卷
　　　清劉梅撰
　　疎闇齋纂序四書繹註講意本(康熙文
　　　雅堂刻)　　國圖　　北大

經 20909444
論語十卷　　宋朱熹撰　　清范翔參訂
　　四書體註本(康熙刻)　　上海(自坡居士

有常跋）

經 20909445
四書正誤論語二卷　清顏元撰
　顏習齋先生四書正誤本（嘉慶張與齡
　　　抄）　南開
　抄本　北大
　顏李叢書本（民國鉛印,四書正誤）

經 20909446
論語評八卷　清吳莊撰
　清抄本　國圖

經 20909447
論語十卷　清蔡方炳重纂　清黃驥同纂
　五車樓五訂正韻四書纂序說約集註
　　定本本（光緒刻）　湖北

經 20909448
讀論語劄記二卷　清李光地撰
　四書解義本（康熙刻）
　四庫全書本（乾隆寫）
　李文貞公全集本（乾隆嘉慶刻）
　榕村全書本（道光刻）
　四書古註羣義彙解本（光緒點石齋、同
　　文書局、鴻寶齋、蜚英館、積山書局、
　　上海書局、上海慎記石印,光緒珍藝
　　書局鉛印）
　四書古注羣義彙解本（光緒同文升記書
　　局鉛印）　上海　復旦　南京
　抄本　國圖

經 20909449
論語劄記一卷　清楊名時撰
　楊氏全書本（乾隆刻、宣統刻）

經 20909450

論語十卷　清陳詵撰
　四書述本（康熙信學齋刻）　故宮

經 20909451
論語二卷　清王吉相撰　清賈錫智校
　四書心解本（道光刻）

經 20909452
論語朱子大全二十卷　清戴名世編
　　清程逢儀重輯
　四書朱子大全本（康熙程逢儀刻）

經 20909453
論語二十卷　清湯傳榘撰
　四書明儒大全精義本（康熙刻）　中科
　　院　上海　南京　湖北

經 20909454
論語傳註二卷　清李塨撰
　恕谷後集本（清刻）
　顏李叢書本（民國鉛印,傳註問）

經 20909455
論語傳註問二卷　清李塨撰
　恕谷後集本（清刻）
　顏李叢書本（民國鉛印,傳註問）

經 20909456
四書朱子異同條辨論語二十卷　清李
　沛霖、清李禎訂
　四書朱子異同條辨本（康熙近譬堂刻、
　　清朱文堂翻刻、黎光樓翻刻）

經 20909457
論語徵集覽二十卷　三國魏何晏集解
　宋朱熹集注　日本藤維楨古義
　日本物茂卿徵　日本源賴寬輯

日本寶曆十年刻本　北大

經 20909458

論語十卷　日本山井鼎輯　日本物觀
　　補遺
　　清嘉慶二年儀徵阮氏小琅嬛僊館刻
　　　　七經孟子考文本　北大　南京
　　清嘉慶間趙魏家抄本（徐鯤跋並錄周廣
　　　　業校跋,嚴元照題識）　南京

經 20909459

論語八卷首一卷　清彭軺撰
　　四書講義持衡本（康熙刻）　山東（葉葆
　　　　跋）

經 20909460

論語章句本義彙參二十卷首一卷　清
　　　　王步青輯
　　四書朱子本義彙參本（乾隆敦復堂刻、
　　　　承德堂翻刻、文會堂翻刻、清翻刻、光
　　　　緒石印）

經 20909461

論語考典不分卷　清方棨如撰
　　清抄本（顧廷龍跋）　上海

經 20909462

四書自課錄論語二十卷　清任時懋輯
　　四書自課錄本（乾隆刻、道光刻）

經 20909463

論語二十卷　清湯豫誠撰
　　四書困學編本（稿本）　河南

經 20909464

論語札記一卷　清范爾梅撰
　　讀書小記本（雍正刻）

經 20909465

論語廣義不分卷　清王又樸撰
　　詩禮堂全集本（乾隆刻）

經 20909466

論語述朱大全二十卷　清周亦魯輯
　　四書述朱大全本（康熙刻）

經 20909467

四書體註合講論語十卷　清翁復編
　　四書合講本（雍正刻、雍正銅版印,嘉慶
　　　　刻、道光刻、同治刻、光緒刻,光緒石
　　　　印、日本銅版印）
　　酌雅齋四書遵註合講本（道光刻）
　　芸生堂四書體註合講本（道光刻）
　　　　北大
　　桐石山房四書體註合講本（道光刻）
　　　　北大

經 20909468

論語說四卷　清程廷祚撰
　　清道光十七年東山草堂刻本　國圖
　　　　南京
　　清光緒間抄本　天津
　　清抄本　國圖
　　金陵叢書本（民國鉛印）

經 20909469

論語翼註論文二十卷　清張甄陶撰
　　四書翼註論文本（乾隆刻）

經 20909470

論語溫知錄一卷　清崔紀撰
　　清乾隆五年刻本　上海　浙江

經 20909471

四書朱子大全精言論語二十卷　清周

大璋纂輯　清魏一齋鑑定
四書朱子大全精言本(康熙寶旭齋刻)

經20909472
增刪四書朱子大全精言論語二十卷
　　清周大璋纂輯　清張藥齋鑑定
　　增刪四書朱子大全精言本(清光德堂
　　　刻、玉蘭堂刻)

經20909473
論語贅言二卷　清宋在詩撰
　　垫柏先生類稿(乾隆刻、道光刻)
　　山右叢書初編本(民國鉛印)

經20909474
論語九卷　清耿埰撰
　　四書讀註提耳本(乾隆屏山堂、同治屏
　　　山堂刻)

經20909475
論語十卷附審音辨體考異　宋朱熹集
　　註　(審音辨體考異)清陳弘謀撰
　　陳榕門四書章句集註本(清刻緯文堂
　　　版)
　　裹如堂四書本(清末義和堂刻)

經20909476
論語古義一卷　清惠棟撰
　　昭代叢書本(道光刻)

經20909477
論語集註凝道錄十卷　清劉紹攽撰
　　四書凝道錄(稿本,光緒仁懿堂刻)

經20909478
論語味根錄二十卷　清金澂撰
　　四書味根錄本(道光刻、咸豐刻、光緒刻、

光緒石印、日本銅版印)

經20909479
加批增補四書味根錄論語二十卷附疑
　　題解　清金澂撰
　　批增補四書味根錄(蜚英館石印)　遼寧

經20909480
四書題鏡論語　清汪鯉翔撰
　　四書題鏡本(乾隆刻、嘉慶刻、道光刻、同
　　　治刻、光緒石印)

經20909481
四書味根錄論語二十卷附四書題鏡
　　清金澂撰　(四書題鏡)清汪鯉翔撰
　　清鴻文書局重編
　　四書味根錄題鏡合編本(光緒鴻文書局
　　　石印)

經20909482
四書味根錄題鏡合編論語二十卷附四
　　書宗旨　清金澂撰　(四書題鏡)清
　　汪鯉翔撰
　　四書味根錄題鏡合編附四書宗旨本
　　　(光緒點石齋、鴻文書局石印)

經20909483
論語十卷　清何始升撰
　　四書正韻本(乾隆亦樂堂刻)

經20909484
論語隨筆二十卷　清牛運震撰
　　空山堂全集本(嘉慶刻)

經20909485
論語十卷　清劉所說撰
　　四書尋真本(乾隆肄業堂刻)　中科院

經 20909486
論語緒言二卷　清張秉直撰
　　清光緒二十年文在堂刻四書集疏附
　　　正本　北大　北師大　上海
　　西京清麓叢書本(光緒刻,四書集疏附)

經 20909487
論語講義三卷補遺一卷　清王元啓撰
　　惺齋先生雜著本(乾隆刻,四書講義)

經 20909488
論語講義補遺一卷　清王元啓撰
　　惺齋先生雜著本(乾隆刻,四書講義)

經 20909489
論語十卷　清楊玉緒撰
　　四書述要本(乾隆刻)　中科院

經 20909490
論語竢質三卷　清江聲撰
　　清嘉慶四年元和江氏刻本　北大
　　清道光二十七年管慶祺抄本(清管慶
　　　祺、清莫堂、潘永彌跋,清戴望題款)
　　　上海
　　清抄本(徐立方校)　國圖

經 20909491
論語竢質三卷　清江聲撰
　　琳琅祕室叢書本(咸豐木活字印、光緒
　　　木活字印)

經 20909492
論語竢質校譌一卷　清胡珽撰
　　琳琅祕室叢書本(咸豐木活字印、光緒
　　　木活字印)

經 20909493

經 20909493（續）
論語竢質續校一卷　清董金鑑撰
　　琳琅祕室叢書本(咸豐木活字印、光緒
　　　木活字印)

經 20909494
四書要言論語十卷　清林霖輯
　　四書要言本(清抄)　北大

經 20909495
四書疏註撮言大全論語二十卷　清胡
　　斐才撰
　　四書疏註撮言大全本(乾隆文光堂刻、
　　　經國堂刻)

經 20909496
論語新目二卷　清裴希純撰
　　清抄本　新鄉

經 20909497
甌香館四書說論語四卷　清郝寧愚撰
　　甌香館四書說本(道光刻)

經 20909498
論語塵言二卷　清戴宮華撰　清趙宗
　　樸錄
　　四子書塵言本(乾隆刻)

經 20909499
論語講義集說四卷　清李道南撰
　　四書集說本(乾隆還是讀書堂刻)　國
　　　圖　北大　中科院　上海
　　清乾隆四十二年刻本　湖北

經 20909500
論語五卷　清趙佑撰
　　四書溫故錄本(乾隆趙氏刻、謝氏刻)

經 20909501

論語讀朱求是編二十卷　清林愈蕃輯
　　清乾隆三十五年斑竹園書屋刻本
　　湖北

經 20909502

論語註參二卷　清趙良猷撰
　　清嘉慶間刻巾箱本　湖北
　　涇川叢書本（道光刻、民國影印）

經 20909503

論語附記二卷　清翁方綱撰
　　清抄本　北大
　　畿輔叢書本（光緒刻）

經 20909504

論語朱子大全二十卷圖一卷　清秦宮
　　璧撰　清張一橋等校
　　四書朱子大全本（乾隆刻）　湖北

經 20909505

論語札記三卷　清朱亦棟撰
　　十三經札記本（光緒竹簡齋刻）
　　四書古註羣義彙解本（光緒點石齋、同
　　　文書局、鴻寶齋、蜚英館、積山書局、
　　　上海書局、上海慎記石印，光緒珍藝
　　　書局鉛印）
　　四書古注羣義彙解本（光緒同文升記書
　　　局鉛印）　上海　復旦　南京

經 20909506

論語漢註十卷　清孫馮翼撰
　　清乾隆嘉慶間江寧刻本　北大

經 20909507

論語古註集箋十卷　清潘維城撰
　　稿本（清潘錫爵校並跋）　浙江

經 20909508

論語古註集箋十卷附論語考一卷　清
　　潘維城撰
　　清同治十一年刻本　國圖
　　清光緒七年江蘇書局刻本　國圖　北
　　　大　中科院　天津　上海　南京
　　　湖北

經 20909509

論語古註集箋二十卷　清潘維城撰
　　清光緒七年江蘇書局刻本　上海
　　　湖北
　　皇清經解續編本（光緒刻、光緒石印）

經 20909510

論語考一卷　清潘維城撰
　　清同治十一年刻本　國圖
　　清光緒七年江蘇書局刻本　國圖　北
　　　大　中科院　天津　上海　南京

經 20909511

論語輯解　清溫常綬撰
　　清抄本　天津

經 20909512

論語集解標記十卷　三國魏何晏集解
　　日本三善彥明標記
　　日本安永七年刻本　南京
　　日本天明三年刻千鍾堂印本　國圖
　　　北大

經 20909513

論語餘說一卷　清崔述撰
　　崔東壁遺書本（道光刻、民國影印、民國
　　　鉛印）

經 20909514

論語後錄五卷　清錢坫撰
　　清乾隆三十四年漢陰官舍刻本　　國圖
　　錢氏四種本(嘉慶刻、中國書店影印)

經20909515
論語辨義二卷　清梁鴻翥撰
　　抄本　上海

經20909516
論語隱義一卷　清王謨輯
　　漢魏遺書鈔本(嘉慶刻)

經20909517
論語大學偶記一卷　清汪德鉞撰
　　七經偶記本(道光木活字印)

經20909518
論語駢枝一卷　清劉台拱撰
　　劉端臨先生遺書本(嘉慶刻、道光刻)
　　廣雅書局叢書本(光緒刻)

經20909519
古三疾齋論語直旨四卷　清何綸錦撰
　　清嘉慶間刻古三疾齋三種本　　國圖
　　　　天津　南京

經20909520
論語義疏二十卷　清馬時芳撰
　　平泉遺書本(民國石印)

經20909521
四書摭餘說論語三卷　清曹之升撰
　　四書摭餘說本(乾隆刻、嘉慶刻、道光
　　　刻)
　　四書摭餘說本(嘉慶曹氏家塾刻)　北
　　　大(胡玉縉校)

經20909522
論語古訓十卷附一卷　清陳鱣撰
　　清乾隆六十年海寧陳氏簡莊刻本　　國
　　　圖(清李慈銘注)　北大　上海　復
　　　旦　浙江
　　清光緒九年浙江書局刻本　　國圖　北
　　　大　天津　上海　南京　浙江　遼
　　　寧　湖北

經20909523
論語講義偶錄一卷　清張洲撰
　　清乾隆五十八年刻本　國圖

經20909524
論語廣註二卷　清畢憲曾撰
　　清嘉慶八年培遠堂刻本　　國圖　中科
　　　院　上海　浙江

經20909525
致用精舍論語類解二卷　清王輅撰
　　致用精舍講語本(光緒刻)

經20909526
論語異文集覽四卷　清張漪撰
　　小窗遺稿本(嘉慶刻)

經20909527
讀論質疑一卷　清石韞玉撰
　　清刻本　國圖

經20909528
論語十卷　清吳昌宗撰
　　四書經注集證本(嘉慶汪刻、光緒重修、
　　　清翻汪刻、清文發堂刻、清槐陰山房
　　　刻)

經20909529

論語十卷　清章守待撰　清章祖武編
　　四書聯珠本（嘉慶崇文堂刻）　國圖

經 20909530
論語十卷　清劉式潤撰
　　正蒙四書本（嘉慶刻）

經 20909531
論語會解十卷　清綦澧撰
　　四書會解本（嘉慶刻、道光刻、咸豐刻、同
　　　治刻）
　　四書會解本（光緒還醇堂刻）　上海（佚
　　　名批）

經 20909532
論語補疏三卷　清焦循撰
　　焦氏叢書本（嘉慶道光刻、光緒刻）

經 20909533
論語補疏二卷　清焦循撰
　　皇清經解本（道光刻、咸豐補刻、鴻寶齋
　　　石印、點石齋石印）

經 20909534
論語通釋一卷　清焦循撰
　　稿本（清汪萊跋）　上海
　　清道光二年木犀軒刻本　天津
　　木犀軒叢書本（光緒刻）
　　清代學術叢書本（民國影印）

經 20909535
論語論仁論一卷　清阮元撰
　　清刻本　國圖　南京

經 20909536
四書勸學錄論語二十卷　清謝廷龍撰
　　四書勸學錄本（道光刻、富文堂印）

　　　　　　北大

經 20909537
何劭公論語義剩義一卷　清黄朝槐撰
　　西園讀書記本（抄本）

經 20909538
四書恆解論語四卷　清劉沅輯注
　　槐軒全書本（光緒刻、民國刻，四書恆解）
　　四書恆解本（咸豐刻、清末鉛印、民國鉛
　　　印、民國鮮于氏刻、致福樓刻）

經 20909539
論語二十卷　清陶起庠撰　清陶金烓
　　等校
　　四書集說本（嘉慶謙益堂刻）　天津（佚
　　　名批校）　湖北

經 20909540
四書補義論語二卷　清陶起庠撰　清
　　陶金烓等校
　　四書補義本（嘉慶謙益堂刻）　國圖
　　　北大　中科院　天津（佚名批校）
　　　湖北

經 20909541
論語經解二卷　清朱爲弼撰
　　朱茮堂家藏稿本（稿本）

經 20909542
論語比（話山草堂雜著）一卷　清沈道
　　寬撰
　　話山草堂遺集本（光緒刻）

經 20909543
論語集解二十卷　清淩鳴喈撰　清淩
　　江增注

清嘉慶十七年刻本　遼寧

淩氏傳經堂叢書本（道光刻）

經20909544

論語敍說一卷　清淩鳴喈撰　清淩江
　　增注

清嘉慶十七年刻本　遼寧

淩氏傳經堂叢書本（道光刻）

經20909545

論語補解十卷　三國魏何晏集解　日
　　本山本惟孝補解

日本天保十年南紀學習館印本　國圖

經20909546

論語十卷　清呂世鏞輯

四書正體本（康熙呂氏刻、懷永堂刻）

經20909547

四書拾疑論語二卷　清林春溥輯

竹柏山房十五種附刻四種本（嘉慶咸
　　豐刻，四書拾疑）

經20909548

論語述何一卷　清劉逢祿撰

清咸豐十年補刻本　復旦

經20909549

論語述何二卷　清劉逢祿撰

皇清經解本（道光刻、咸豐補刻、鴻寶齋
　　石印、點石齋石印）

蟄雲雷齋叢書本（光緒刻）

經20909550

論語孔註辨僞二卷　清沈濤撰

清道光元年刻本　國圖　天津　上海
　　南京

清道光二十八年刻本　上海　南京

槐廬叢書本（光緒刻）

孫谿朱氏經學叢書初編本（光緒刻）

皇清經解續編本（光緒刻、光緒石印）

仰視千七百二十九鶴齋叢書本（光緒
　　刻、民國影印）

功順堂叢書本（光緒刻）

經20909551

論語集註旁證二十卷　清梁章鉅撰

清同治十二年刻本　中科院　天津
　　上海

清光緒十二年荊溪許時庚鉛印本　國
　　圖　天津　上海

清光緒十七年上海廣百宋齋鉛印本
　　天津　湖北

經20909552

論語十卷　清宋翔鳳撰

四書古今訓釋本（嘉慶浮谿草堂刻）
　　北大　中科院

皇清經解續編本（光緒刻、光緒石印）

經20909553

論語二十卷　清宋翔鳳撰

四書纂言本（嘉慶刻、光緒刻）

經20909554

論語師法表一卷　清宋翔鳳撰

浮谿精舍叢書本（嘉慶刻）

食舊堂叢書本（民國刻）

經20909555

論語集解偶識一卷　清焦廷琥撰

稿本　北大

清抄本　北大

經 20909556
四書體味錄殘稿論語一卷　清宗稷辰撰
　　清咸豐元年越峴山館刻本　國圖
　　　北大
　　清光緒十四年宗氏躬恥齋刻本　上海

經 20909557
論語偶記一卷　清方觀旭撰
　　清光緒七年成都瀹雅齋刻本　國圖
　　　浙江
　　皇清經解本(道光刻、咸豐補刻、鴻寶齋
　　　石印、點石齋石印)
　　民國三年成都書局刻本　復旦　遼寧

經 20909558
論語古解十卷　清梁廷枏撰
　　藤花亭十七種本(道光刻)

經 20909559
論語異文集證二卷　清馮登府撰
　　手稿本　上海

經 20909560
論語異文集證十卷　清馮登府撰
　　清道光十四年粵東學海堂刻本　國圖
　　　天津　上海
　　藏修堂叢書本(光緒刻)
　　芋園叢書本(民國彙印)

經 20909561
論語補註三卷　清劉開撰
　　清同治七年桐城劉氏重刻本　國圖
　　　北大　上海　南京　湖北

經 20909562
論語權疑一卷　清潘德輿撰
　　手稿本　上海

經 20909563
論語後案二十卷　清黃式三撰
　　清道光二十三年木活字印本　國圖
　　　北大　天津　復旦　南京　浙江
　　　湖北
　　儆居遺書本(同治光緒刻)

經 20909564
論語集註序說二卷　清楊京元撰
　　清道光十年刻本　國圖　中科院

經 20909565
論語註疏長編　清劉寶楠撰
　　手稿本　上海

經 20909566
論語註　清劉寶楠撰
　　手稿本　上海

經 20909567
論語正義二十四卷　清劉寶楠撰　清
　　劉恭冕述
　　清同治五年金陵存古書社刻本　國圖
　　　北大　中科院　天津　上海　復旦
　　　南京　湖北
　　清同治八年刻本　浙大(清孫詒讓校)
　　　上海
　　四書古註羣義彙解本(光緒點石齋、同
　　　文書局、鴻寶齋、蜚英館、積山書局、
　　　上海書局、上海慎記石印,光緒珍藝
　　　書局鉛印)
　　皇清經解續編本(光緒刻、光緒石印)
　　四書古注羣義彙解本(光緒同文升記書
　　　局鉛印)　上海　復旦　南京
　　清光緒間黃岡嘯園范氏覆刻本　湖北
　　民國間掃葉山房影印清同治五年刻
　　　本　上海

日本東京文求堂影印清同治五年刻
　　本　　國圖　復旦

經 20909568
論語正義校記一卷　清孫詒讓、清汪宗
　　沂撰
　　清劉氏食舊德齋抄本　南京

經 20909569
論語述義一卷　清單爲鏓撰
　　單氏全書本(同治刻,四書述義前集)

經 20909570
論語述義續一卷　清單爲鏓撰
　　單氏全書本(同治刻,四書述義後集)

經 20909571
論語經說釋疑四卷首一卷總解一卷附
　　錄一卷　清周國玠輯釋
　　清道光十三年松筠堂刻本　南京
　　　湖北

經 20909572
論語經說總解一卷　清周國玠輯釋
　　清道光十三年松筠堂刻本　南京
　　　湖北

經 20909573
論語孔註證僞二卷　清丁晏撰
　　稿本(清劉文淇、清劉寶楠、清盛大士等
　　　箋注)　上海
　　稿本　國圖
　　合衆圖書館叢書本(民國石印)

經 20909574
論語隱義註一卷　清馬國翰輯
　　玉函山房輯佚書本(同治皇華館刻、光

緒李氏印、光緒娜嬛館刻、光緒楚南
書局刻)

經 20909575
論語二十卷　清楊大受輯
　　四書講義切近錄本(道光刻、以約齋印)

經 20909576
論語述註十六卷　清王景賢撰
　　羲停山館集本(同治刻)

經 20909577
論語二卷　清賴相棟撰
　　四書管窺本(道光刻)　湖北

經 20909578
論語聞一卷　清盛大謨撰　清李其滋
　　重校
　　盛于埜遺著本(同治刻)

經 20909579
論語俟三卷　清陳世鎔撰
　　求志居全集本(道光刻、同治刻)

經 20909580
論語考異訂不分卷　清吴敏樹撰
　　清抄本　國圖

經 20909581
四書隨見錄論語二十卷　清鄒鳳池、清
　　陳作梅輯
　　四書隨見錄本(道光刻)　北大

經 20909582
論語贅解二卷　清秦東來撰
　　清同治六年刻本　國圖　中科院

經 20909583

論語論仁釋一卷　清成蓉鏡撰

　　成氏遺書本(光緒刻)

經 20909584

論語參註二十卷　清崔暕參注

　　清光緒二十年刻本　上海

經 20909585

論語淺解四卷　清喬松年注

　　喬勤恪公全集本(光緒刻)

經 20909586

來復堂論語講義二卷　清丁大椿撰

　　清道光二十年刻來復堂全書本　國圖
　　　　清華　上海

經 20909587

論語話解十卷　清陳澧撰

　　求在我齋全集本(同治刻)
　　清光緒五年廣仁堂刻本　國圖　北大
　　　　中科院　天津　上海
　　清光緒五年木活字印本　上海
　　清光緒二十九年湖南洋務局刻本　上
　　　　海　湖北
　　清光緒三十二年上海六藝書局石印
　　　　本　湖北
　　民國間上海錦章圖書局石印本　復旦

經 20909588

論語經正錄不分卷　清王肇晉撰

　　稿本　國圖

經 20909589

論語經正錄二十卷附王篠泉先生年譜

　　　一卷　清王肇晉撰　清王用誥輯

　　(王篠泉先生年譜)清王孝箴　清王

用誥編述

　　清光緒二十年刻本　國圖　北大　中
　　　　科院　上海　南京　湖北　遼寧

經 20909590

何休註訓論語述一卷　清劉恭冕撰

　　清同治十二年刻本　中科院　上海
　　皇清經解續編本(光緒刻、光緒石印)
　　鄦齋叢書本(光緒刻)
　　清劉氏食舊德齋刻本　國圖
　　民國二十年金祖同傳抄本　復旦

經 20909591

論語正義補一卷　清劉恭冕撰

　　吳縣王氏蛾術軒傳抄稿本　復旦
　　民國二十二年油印本　國圖
　　抄本　湖北
　　抄本　南京
　　抄本　北大

經 20909592

論語鄭義一卷　清俞樾撰

　　皇清經解續編本(光緒刻、光緒石印)
　　春在堂全書本(同治至光緒刻,俞樓雜
　　　　纂)

經 20909593

論語平議二卷　清俞樾撰

　　皇清經解續編本(光緒刻、光緒石印)
　　春在堂全書本(同治至光緒刻,羣經平
　　　　議)

經 20909594

論語小言一卷　清俞樾撰

　　第一樓叢書本(光緒刻)

經 20909595

論語古註擇從一卷　清俞樾撰
　春在堂全書本(同治至光緒刻,俞樓雜
　　纂)

經20909596
何劭公論語義一卷　清俞樾撰
　春在堂全書本(同治至光緒刻,曲園雜
　　纂)

經20909597
續論語駢枝一卷　清俞樾撰
　皇清經解續編本(光緒刻、光緒石印)
　春在堂全書本(同治至光緒刻,俞樓雜
　　纂)

經20909598
論語集註十卷　宋朱熹撰　清高玲批點
　新刻批點四書讀本本(道光愷元堂刻、
　　同治三益堂刻、民國慎言堂刻)

經20909599
論語翼註駢枝二卷　清史夢蘭撰
　稿本　國圖
　清抄本(清史夢蘭訂補)　國圖

經20909600
明明子論語集解義疏二十卷　清胡贇撰
　四明叢書本(民國刻)

經20909601
論語皇疏考證十卷　清桂文燦撰
　清南海桂氏稿本　復旦
　吳縣王氏學禮齋傳抄稿本　復旦
　庚辰叢編本(民國鉛印)

經20909602
論語二卷　清黃鶴撰

四書異同商本(咸豐寧鄉學署東齋刻,光
　緒澹雅書局刻)

經20909603
論語補訂二卷　清黃鶴撰
　四書異同商本(光緒澹雅書局刻)

經20909604
論語繹旨二卷　清莫元伯撰
　清同治五年刻本　湖北

經20909605
春暉樓論語說遺二卷　清張鼎撰
　春暉樓叢書上集本(民國鉛印)

經20909606
論語集解校補一卷　清蔣曰豫撰
　蔣侑石遺書本(滂喜齋學錄)　北大

經20909607
論語論畧一卷　清張恩霨撰
　清光緒九年刻論孟論畧本　國圖　中
　　科院　南京　湖北
　清光緒二十八年金陵刻論孟論畧本
　　湖北

經20909608
論語衍義十卷　清姚紹崇撰
　清同治十一年刻姚氏墨君軒印本　國
　　圖　上海

經20909609
論語訓二卷　清王闓運撰
　稿本　重慶
　清光緒二十七年刻本　湖北
　湘綺樓全書本(光緒宣統刻)

經 20909610
許氏說文引論語三十六條　清吳大澂輯
　　清光緒十一年同文書局石印本　國圖
　　　　北大　上海　復旦　湖北　遼寧
　　民國三年蘇州振新書社石印本　復旦
　　　　遼寧

經 20909611
論語說二卷　清畢梅撰　清史夢蘭箋
　　清光緒二年一笑山房刻本　國圖　中
　　　　科院　上海　南京

經 20909612
論語戴氏註二十卷　清戴望撰
　　清咸豐間大梁書院刻本　國圖
　　清同治十年刻本　國圖　北大　上海
　　　　復旦
　　清光緒間浙江書局刻本　浙江
　　南菁書院叢書本(光緒刻)
　　吳興叢書本(民國刻)

經 20909613
論語述二卷　清陸殿邦撰
　　維心亨室四書講義本(光緒刻)

經 20909614
論語故二卷　清陸殿邦撰
　　維心亨室四書講義本(光緒刻)

經 20909615
朱子論語集註訓詁考二卷　清潘衍桐輯
　　清光緒十七年浙江書局刻本　國圖
　　　　北大　中科院　天津　上海　南京
　　　　復旦　浙江　遼寧　湖北　南京

經 20909616
論語分編十卷　清劉曾騄撰

祥符劉氏叢書本(清末民初石刻)

經 20909617
論語約註二十卷　清劉曾騄撰
　　祥符劉氏叢書本(清末民初石刻)

經 20909618
論語人考一卷　清劉曾騄撰
　　祥符劉氏叢書本(清末民初石刻)

經 20909619
論語地考一卷　清劉曾騄撰
　　祥符劉氏叢書本(清末民初石刻)

經 20909620
讀論語日記一卷　清陳宗誼撰
　　清刻本　國圖　湖北

經 20909621
論語事實錄一卷三亳考一卷　清楊守
　　敬撰
　　清光緒間刻本　國圖　中科院　上海
　　　　湖北

經 20909622
論語古註集箋補正一卷　清許克勤撰
　　清吳縣孫氏長沙刻本　湖北

經 20909623
論語古註集箋十卷考一卷　清吳潘撰
　　清光緒七年江蘇書局刻本　天津

經 20909624
論語古註考一卷　清吳潘撰
　　清光緒七年江蘇書局刻本　天津

經 20909625

論語稽二十卷附孔子世家稽一卷　清
　　宦懋庸撰
　　民國二年維新印書館鉛印本　國圖
　　　中科院　復旦　湖北

經20909626
論語時習錄五卷　清劉光蕡撰
　　煙霞草堂遺書本(民國刻)

經20909627
論語要畧一卷　清許玨輯
　　民國十一年許氏刻本　上海

經20909628
論語書法一卷　清張瑛撰
　　清光緒十年江蘇臬署刻本　國圖

經20909629
論語十卷　清羅大春增訂
　　批點四書本(光緒宗德堂刻)　湖北

經20909630
論語章數位數表二卷　清謝崧岱、清謝
　　崧岷撰
　　清光緒十四年湘鄉謝氏犖經榭刻本
　　　國圖　北大　天津　中科院

經20909631
論語發隱一卷　清楊文會撰
　　清光緒間金陵刻經處刻本　國圖　上
　　　海　復旦
　　楊居士遺書本(民國刻)

經20909632
論語彙解四十二卷　清凌陛卿輯
　　清朝四書彙解本(光緒鴻文書局石印)
　　　上海　浙江　湖北

經20909633
論語雅言十卷　清董增齡撰
　　清抄本　國圖
　　清江仁葆等抄本(二十卷)　中科院

經20909634
論語續校一卷　清董金鑑撰
　　琳琅祕室叢書本(咸豐木活字印、光緒
　　　木活字印)

經20909635
論語彙讀十卷　清李嵩崙撰
　　清四謙堂刻本　南京

經20909636
論語章句議畧一卷　清高心伯撰
　　四書議畧(稿本)　江西博

經20909637
論語鄭註一卷　清陶思曹輯
　　清抄本(佚名批)　浙江

經20909638
論語摘講一卷　清徐庶推演
　　民國邁生虛道學社刻本　國圖　上海

經20909639
論語密解大全十卷　清姚循德纂
　　稿本(存卷一至四、七至十)　天一閣

經20909640
論語校異三卷　清姚凱元撰
　　抄本　國圖

經20909641
論語隱義註一卷　清王仁俊輯
　　玉函山房輯佚書續編本(稿本)

十三經漢注本(稿本)　上海

經 20909642
修身科論語課程不分卷　清江夏高等小
　　學堂輯
　　清光緒間木活字印本　國圖

經 20909643
論語二十章　□□輯
　　四書正蒙三辨本(光緒滇南書局刻)
　　　上海

經 20909644
讀論語日記不分卷　清陳宗誼撰
　　清光緒刻鍾山別業叢書本　國圖

經 20909645
論語二卷　□□撰
　　四書辨真本(宏道堂刻)　湖北

經 20909646
論語集義不分卷　清□□輯
　　清抄本　國圖

經 20909647
論語序一卷　廖平撰
　　六譯館雜著本　國圖　北大　清華
　　　北師大

經 20909648
論語彙解凡例一卷　廖平撰
　　新訂六譯館叢書本(民國彙印)

經 20909649
論語微言述二卷　廖平撰
　　民國二十三年抄本　北大

經 20909650
論語足徵記二卷　崔適撰
　　民國五年北京大學出版部鉛印本　北
　　　大　中科院　上海

經 20909651
論語集註補正述疏十卷首一卷　簡朝
　　亮撰
　　清光緒三十一年讀書堂刻簡氏四種
　　　本　北大
　　民國十八年廣東刻本　國圖

經 20909652
論語發疑四卷　顧成章撰
　　清光緒十八年木活字印本　國圖　北
　　　大　中科院　上海

經 20909653
論語傳四卷讀論語一卷　方鑄撰
　　民國六年刻本　湖北
　　華胥赤子遺集本(民國木活字印)

經 20909654
讀論語一卷　方鑄撰
　　民國六年刻本　湖北
　　華胥赤子遺集本(民國木活字印)

經 20909655
論語課程不分卷　張錫恭撰
　　清刻兩湖書院課程本　湖北(徐恕跋)

經 20909656
論語註稿二卷　康有爲撰
　　稿本　天津

經 20909657
論語註二十卷　康有爲撰

清光緒二十八年刻本　復旦　南京
萬木草堂叢書本(民國北京刻)　國圖
　　上海
民國六年京師美使館美森院刻本
　　北大

經 20909658
論語發明彙編不分卷　曾廣俊編纂
　　清宣統元年鉛印本　國圖

經 20909659
讀論語記二十卷　董鴻勳撰
　　讀四書記本(宣統鉛印)　湖北

經 20909660
論語學而里仁說例一卷　宋育仁撰
　　問琴閣叢書本(民國刻)

經 20909661
論語補註一卷　石企嵋撰
　　清光緒二十九年鉛印本　中科院

經 20909662
論語補注二卷　石企嵋撰
　　民國間近義軒鉛印本　湖北

經 20909663
論語新註一卷　盧懋撰
　　問琴閣叢書本(民國刻,論語學而里仁說
　　例)

經 20909664
論語鄭註集釋十卷附論語鄭註原始一
　　卷論語鄭註闕疑一卷　孫同康撰
　　稿本　北大

經 20909665

論語鄭註原始一卷　孫同康撰
　　稿本　北大

經 20909666
論語鄭註闕疑一卷　孫同康撰
　　稿本　北大

經 20909667
繪圖論語便蒙課本不分卷　張延芝
　　編譯
　　清光緒三十三年南洋官書局石印本
　　國圖

經 20909668
論語最豁集四卷　劉珍撰
　　清光緒二十六年北京會文堂重刻本
　　天津
　　清光緒三十四年上海章福記石印本
　　天津
　　民國元年天津文武堂刻本　國圖
　　民國間廣益書局石印本　湖北
　　清末文成堂刻本(二卷)　北大

經 20909669
廣論語駢枝一卷　章炳麟撰
　　章氏叢書續編本(民國刻)

經 20909670
論語類纂七卷論語類纂提要九卷　曹
　　廷傑撰
　　民國二年吉林印書館鉛印本　國圖
　　湖北

經 20909671
論語類纂提要九卷　曹廷傑述
　　民國二年吉林印書館鉛印本　國圖
　　湖北

經 20909672
論語案四卷　楊瓊撰
　　民國四年雲南開智公司鉛印本　國圖

經 20909673
論語實測二十卷　徐天璋注
　　民國八年鉛印本　上海
　　民國十三年鉛印本　國圖　上海　南京

經 20909674
讀論說畧二卷　朱士煥撰
　　民國五年鉛印本　上海

經 20909675
論語註解辨訂二十一卷首一卷　劉名
　　譽撰
　　民國七年桂林劉氏恕園鉛印本　北大
　　　中科院　湖北

經 20909676
論語平議二十卷　辜天祐撰
　　民國十四年鉛印本　復旦

經 20909677
金州講習會論語講義一卷　羅振玉撰
　　遼居雜著本(民國影印)

經 20909678
論語二卷　李佩精編纂
　　四書串釋本(民國鉛印)　湖北

經 20909679
論語集註述要十卷首一卷　鄭浩撰
　　民國二十二年鉛印本　國圖　湖北

經 20909680
論語類編二十八卷　謝維嶽編
四書類編本(民國中道齋刻)　湖北

經 20909681
論語鐸聲不分卷　潘守廉撰
　　民國二十六年鉛印本　上海

經 20909682
論語註辨歧不分卷　阮桓撰
　　稿本　湖北

經 20909683
論語二卷　徐大煜纂輯
　　四書義述本(民國鉛印)

經 20909684
論語闡微二卷　題塒上野人撰
　　清末民國初石印本　上海　復旦

經 20909685
論語類考不分卷　□□輯
　　清抄本　北大

經 20909686
論語述說不分卷　□□輯
　　抄本　南京

經 20909687
論語集說一卷　□□輯
　　日本抄本　國圖

分篇之屬

經 20909688
鄉黨圖考十卷　清江永撰
　　清乾隆二十一年吳功率刻本　浙江
　　清乾隆二十八年金閶書業堂重刻本
　　　南京
　　清乾隆五十二年致和堂刻本　北大

上海

四庫全書本(乾隆刻)

清嘉慶二十一年吳郡山淵閣刻本　國

　　圖　北大

清咸豐十一年青雲樓刻本　北大

清集秀堂刻本　國圖　遼寧

清尚德堂刻本　天津

清謙受堂刻巾箱本　遼寧

經20909689

鄉黨圖考十卷訂訛一卷　清江永撰

　　(訂訛)清王煥雲等撰

　　清乾隆三十八年潛德堂刻本　國圖

　　　　中科院　上海　湖北　浙江(清鄭

　　　　文焯校並跋)

經20909690

鄉黨圖考訂訛一卷　清王煥雲等撰

　　清乾隆三十八年潛德堂刻本　國圖

　　　　中科院　上海　湖北　浙江(清鄭

　　　　文焯校並跋)

經20909691

鄉黨圖考十卷鄉黨補註一卷　清江永

　　撰　清吳伯常撰補注

　　清乾隆五十二年刻本　國圖

經20909692

鄉黨補註一卷　清吳伯常撰

　　清乾隆五十二年刻本　國圖

經20909693

鄉黨文擇雅正編不分卷　清江永撰

　　抄本　上海

經20909694

鄉黨義考七卷　清胡薰輯　清胡願編

清乾隆六十年中林書屋刻本　北大

　　湖北

經20909695

鄉黨考一卷　清黃守儛撰

　　清乾隆四十三年潄經堂刻本　中科院

經20909696

鄉黨正義一卷　清金鶚撰

　　皇清經解續編本(光緒刻、光緒石印)

　　清抄本　北大

經20909697

鄉黨經傳通解二卷　清程光國撰

　　清嘉慶十年刻本　中科院

經20909698

鄉黨禮說一卷　清李林松撰

　　清光緒五年通州劉恕刻本　復旦(王

　　　欣夫跋)　湖北

經20909699

鄉黨私塾課本一卷　清李林松撰

　　清光緒八年刻本　湖北

經20909700

鄉黨備考二卷　清成僎撰

　　清道光間王氏信芳閣木活字印本

　　國圖

經20909701

鄉黨典義不分卷　清魏晉撰

　　清道光元年刻觀德堂印本　國圖

經20909702

鄉黨正義十四卷　三國魏何晏集解

　　清王鎏刪補

清道光二十一年藝海堂刻本　北大
　　中科院　復旦

經 20909703
鄉黨俟正一卷　清陳榘撰
　　清道光六年刻本　上海

經 20909704
論語鄉黨篇訂疑四卷　清霍禮運撰
　　清道光二十一年刻本　中科院
　　清咸豐六年刻本　國圖　遼寧

經 20909705
鄉黨約說一卷遵經一卷補遺一卷　清
　　楊廷芝撰
　　清道光二十三年清遠堂刻本　中科院

經 20909706
鄉黨補遺一卷　清楊廷芝撰
　　清道光二十三年清遠堂刻本　中科院

經 20909707
鄉黨考便讀一卷　清董惠芝輯
　　清光緒二年新安董氏一席居刻本　北
　　大　湖北

經 20909708
鄉黨增輯一卷　清黃楚湘、清周兆桂、
　　清周士釗增輯
　　清道光二十八年崇雅堂家塾刻本　北
　　大　上海
　　清同治九年世楷堂重刻本　上海

經 20909709
鄉黨圖考便讀一卷　清陳琢輯
　　清咸豐元年垂棠館刻本　湖北

經 20909710
鄉黨類纂三卷　清譚孝達撰
　　清咸豐元年刻本　中科院

經 20909711
鄉黨便蒙二卷　清劉傳一撰
　　清道光五年錫類堂刻本　中科院　天
　　津　上海　湖北

經 20909712
鄉黨萃珍二卷　清許兆培撰
　　清同治十二年溧陽許氏家塾刻袖珍
　　本　中科院

經 20909713
鄉黨圖考補證六卷劄記一卷　清王漸
　　鴻撰
　　清光緒三十四年黃縣丁氏海隅山館
　　刻本　國圖　北大　中科院　遼寧

經 20909714
鄉黨圖考劄記一卷　清王漸鴻撰
　　清光緒三十四年黃縣丁氏海隅山館
　　刻本　國圖　北大　中科院　遼寧

經 20909715
鄉黨補義一卷　清于鬯撰
　　于香草遺著叢輯本(稿本)　上海
　　抄本　上海

附　錄

論語緯之屬

經 20909716
論語讖一卷　三國魏宋均注　清黃奭輯
　　漢學堂叢書本(道光刻光緒印,通緯附
　　讖)

經 20909717

論語讖一卷　三國魏宋均注　清王仁
　　俊輯
　　玉函山房輯佚書續編本(稿本)

經 20909718

論語比考讖一卷　明孫瑴輯
　　古微書本(嘉慶刻、光緒刻、光緒石印)
　　墨海金壺本(嘉慶刻、博古齋影印)
　　守山閣叢書本(道光刻、光緒影印、民國
　　　影印)

經 20909719

論語比考一卷　清喬松年輯
　　喬勤恪公全集本(光緒刻)
　　山右叢書初編本(民國鉛印)

經 20909720

論語比考讖一卷　三國魏宋均注　清
　　馬國翰輯
　　玉函山房輯佚書本(同治皇華館刻、光
　　　緒李氏印、光緒嫏嬛館刻、光緒楚南
　　　書局刻)
　　玲瓏山館叢書本(光緒刻)

經 20909721

論語比考讖一卷　三國魏宋均注　清
　　黃奭輯
　　漢學堂叢書本(道光刻光緒印,高密遺
　　　書)
　　黃氏逸書考本(道光刻王鑒修補、朱長圻
　　　補刻)

經 20909722

論語讖考一卷　明孫瑴輯
　　古微書本(嘉慶刻、光緒刻、光緒石印)

經 20909723

論語讖考讖一卷　明孫瑴輯
　　墨海金壺本(嘉慶刻、博古齋影印)
　　守山閣叢書本(道光刻、光緒影印、民國
　　　影印)

經 20909724

論語讖考一卷　清喬松年輯
　　喬勤恪公全集本(光緒刻)
　　山右叢書初編本(民國鉛印)

經 20909725

論語撰考讖一卷　三國魏宋均注　清
　　馬國翰輯
　　玉函山房輯佚書本(同治皇華館刻、光
　　　緒李氏印、光緒嫏嬛館刻、光緒楚南
　　　書局刻)
　　玲瓏山館叢書本(光緒刻)

經 20909726

論語撰考讖一卷　三國魏宋均注　清
　　黃奭輯
　　漢學堂叢書本(道光刻光緒印,高密遺
　　　書)
　　黃氏逸書考本(道光刻王鑒修補、朱長圻
　　　補刻)

經 20909727

論語摘輔象　明孫瑴輯
　　古微書本(嘉慶刻、光緒刻、光緒石印)
　　墨海金壺本(嘉慶刻、博古齋影印)
　　守山閣叢書本(道光刻、光緒影印、民國
　　　影印)

經 20909728

論語摘輔象一卷　清喬松年輯
　　喬勤恪公全集本(光緒刻)

山右叢書初編本(民國鉛印)

經 20909729
論語摘輔象一卷　三國魏宋均注　清
　　馬國翰輯
　　玉函山房輯佚書本(同治皇華館刻、光
　　　緒李氏印、光緒鄉嬛館刻、光緒楚南
　　　書局刻)
　　玲瓏山館叢書本(光緒刻)

經 20909730
論語摘輔象一卷　三國魏宋均注　清
　　黃奭輯
　　漢學堂叢書本(道光刻光緒印,高密遺書)
　　黃氏逸書考本(道光刻王鑒修補、朱長圻
　　　補刻)

經 20909731
論語摘衰聖一卷　明孫瑴輯
　　古微書本(嘉慶刻、光緒刻、光緒石印)
　　墨海金壺本(嘉慶刻、博古齋影印)
　　守山閣叢書本(道光刻、光緒影印、民國
　　　影印)

經 20909732
論語摘衰聖一卷　清喬松年輯
　　喬勤恪公全集本(光緒刻)
　　山右叢書初編本(民國鉛印)

經 20909733
論語摘衰聖承進讖一卷　三國魏宋均
　　注　清馬國翰輯
　　玉函山房輯佚書本(同治皇華館刻、光
　　　緒李氏印、光緒鄉嬛館刻、光緒楚南
　　　書局刻)
　　玲瓏山館叢書本(光緒刻)

經 20909734
論語摘衰聖一卷　三國魏宋均注　清
　　黃奭輯
　　漢學堂叢書本(道光刻光緒印,高密遺
　　　書)
　　黃氏逸書考本(道光刻王鑒修補、朱長圻
　　　補刻)

經 20909735
論語素王受命讖一卷　清喬松年輯
　　喬勤恪公全集本(光緒刻)
　　山右叢書初編本(民國鉛印)

經 20909736
論語素王受命讖一卷　清黃奭輯
　　漢學堂叢書本(道光刻光緒印,高密遺
　　　書)

經 20909737
論語素王受命讖一卷　三國魏宋均注
　　清馬國翰輯
　　玉函山房輯佚書本(同治皇華館刻、光
　　　緒李氏印、光緒鄉嬛館刻、光緒楚南
　　　書局刻)
　　玲瓏山館叢書本(光緒刻)

經 20909738
論語崇爵讖一卷　清喬松年輯
　　喬勤恪公全集本(光緒刻)
　　山右叢書初編本(民國鉛印)

經 20909739
論語崇爵讖一卷　清黃奭輯
　　漢學堂叢書本(道光刻光緒印,高密遺
　　　書)

經 20909740

論語崇爵讖一卷　三國魏宋均注　清
　馬國翰輯
　　玉函山房輯佚書本(同治皇華館刻、光
　　　緒李氏印、光緒娜嬛館刻、光緒楚南
　　　書局刻)
　　玲瓏山館叢書本(光緒刻)

經20909741
論語糾滑讖一卷　清喬松年輯
　　喬勤恪公全集本(光緒刻)
　　山右叢書初編本(民國鉛印)

經20909742
論語紀滑讖一卷　清黃奭輯
　　漢學堂叢書本(道光刻光緒印,高密遺書)

經20909743
論語糾滑讖一卷　三國魏宋均注　清
　馬國翰輯
　　玉函山房輯佚書本(同治皇華館刻、光
　　　緒李氏印、光緒娜嬛館刻、光緒楚南
　　　書局刻)
　　玲瓏山館叢書本(光緒刻)

經20909744
論語陰嬉讖一卷　明孫瑴輯
　　古微書本(嘉慶刻、光緒刻、光緒石印)
　　墨海金壺本(嘉慶刻、博古齋影印)
　　守山閣叢書本(道光刻、光緒影印、民國
　　　影印)

經20909745
論語陰嬉讖一卷　清喬松年輯
　　喬勤恪公全集本(光緒刻)
　　山右叢書初編本(民國鉛印)

經20909746

論語陰嬉讖一卷　三國魏宋均注　清
　馬國翰輯
　　玉函山房輯佚書本(同治皇華館刻、光
　　　緒李氏印、光緒娜嬛館刻、光緒楚南
　　　書局刻)
　　玲瓏山館叢書本(光緒刻)

經20909747
論語陰嬉讖一卷　三國魏宋均注　清
　黃奭輯
　　漢學堂叢書本(道光刻光緒印,高密遺書)

經20909748
泛引論語讖一卷　清喬松年輯
　　喬勤恪公全集本(光緒刻)
　　山右叢書初編本(民國鉛印)

經20909749
論語緯附雜錄不分卷　清湯斌輯
　　手稿本　上海

古論語之屬

經20909750
論語魯讀考一卷　清徐養元撰
　　湖州叢書本(光緒刻)
　　皇清經解續編本(光緒刻、光緒石印)

經20909751
論語魯讀考一卷附儀禮古今異同五卷
　清徐養元撰
　　清刻本　復旦

經20909752
魯論說四卷　清程廷祚撰
　　清抄本　上海

經20909753

逸論語一卷　清王謨輯
　漢魏遺書鈔本(嘉慶刻)

經 20909754
齊論語問王知道逸文補一卷　清王紹
　　蘭輯
　蕭山王氏十萬卷樓輯佚七種本(清抄)

經 20909755
逸論語不分卷逸周書一卷竹書紀年一
　　卷　清姚椿輯
　稿本　復旦

經 20909756
古論語六卷　清馬國翰輯
　玉函山房輯佚書本(同治皇華館刻、光緒
　　李氏印、光緒郋嬛館刻、光緒楚南書局
　　刻)

經 20909757
齊論語一卷　清馬國翰輯
　玉函山房輯佚書本(同治皇華館刻、光緒
　　李氏印、光緒郋嬛館刻、光緒楚南書局
　　刻)

經 20909758
魯論語一卷　清鍾文烝撰
　豫恕堂叢書本(寫樣本)　上海

經 20909759
新定魯論語述二十卷　清于鬯撰
　于香草遺著叢輯本(稿本)　上海

經 20909760
孔註論語一卷　龍璋輯
　小學蒐佚本(民國鉛印)

孟　子

正文之屬

經 20909761
孟子七卷　唐□□輯
　唐開成二年刻石清麋氏半畝園郋嬛
　　妙境拓印本　北大
　唐開成石壁十二經本(民國刻)

經 20909762
孟子一卷　宋□□輯
　巾箱八經本(宋刻遞修、民國影印)

經 20909763
孟子二卷　□□輯
　元刻本　上海
　明刻本　吉林

經 20909764
魁本大字詳音句讀孟子二卷　元□□
　　音讀
　元廣陽羅氏刻本　國圖

經 20909765
孟子七卷　清秦鐄訂正
　九經本(崇禎刻、清逸文堂刻、心逸齋刻、
　　觀成堂印)

經 20909766
古香齋鑒賞袖珍孟子七卷　清高宗弘
　　曆編
　古香齋袖珍十種本(內府刻、南海孔氏
　　重刻,古香齋四書)

經 20909767

篆文孟子不分卷　清張照校
　　篆文六經四書本(雍正内府刻、光緒影
　　　印、民國影印)
　　篆文四書本(民國石印)

經20909768
孟子(滿漢對照)二卷　清□□輯
　　新刻滿漢字四書本(康熙玉樹堂刻、天
　　　繪閣刻)

經20909769
孟子(滿漢合璧)二卷　清高宗弘曆敕譯
　　清鄂爾泰等譯
　　御製翻譯四書本(乾隆武英殿刻)
　　滿漢文四書集註本(乾隆武英殿刻)
　　　復旦
　　御製翻譯四書本(清寶名□刻)　北大
　　御製翻譯四書本(光緒成都刻)　南京
　　御製翻譯四書本(光緒聚珍堂刻)　北
　　　大　遼寧
　　御製翻譯四書本(光緒三槐堂刻)
　　　北大
　　御製翻譯四書本(光緒荆州刻)　上海
　　御製翻譯四書本(清聖經堂博古堂刻)
　　　南京

經20909770
孟子(蒙漢對照)五卷　清噶勒桑譯　蒙
　　文書社編譯部編譯
　　蒙漢合璧四書本　北大　遼寧

經20909771
孟子(滿蒙漢對照)不分卷　清高宗弘曆
　　敕譯
　　御製翻譯四書本(乾隆刻)　北大

傳說之屬

經20909772

孟子劉中壘註一卷　漢劉向撰　清王
　　仁俊輯
　　玉函山房輯佚書續編本(稿本)

經20909773
孟子程氏章句一卷　漢程曾撰　清馬
　　國翰輯
　　玉函山房輯佚書本(同治皇華館刻、光緒
　　　李氏印、光緒娜嬛館刻、光緒楚南書局
　　　刻)

經20909774
孟子十四卷　漢趙岐注
　　十三經古注本(崇禎刻、同治重修)
　　清光緒三十四年問經精舍刻本　上海
　　續古逸叢書本(民國影印)
　　天祿琳琅叢書第一集本(影印元盱郡覆
　　　宋本)
　　關中叢書本(民國鉛印)
　　日本慶元間活字印本　北大
　　日本延亨四年刻本　國圖　北大　中
　　　科院
　　日本文政元年刻本　南京

經20909775
孟子十四卷　漢趙岐注　明葛鼐校
　　明金蟠訂
　　清初影宋抄本(存卷一至四、七至十四)
　　　國圖
　　清初毛氏汲古閣影抄元盱郡重刻廖
　　　氏本　上海

經20909776
孟子章指二卷　漢趙岐撰　清王謨輯
　　漢魏遺書鈔本(嘉慶刻)

經20909777

孟子章指二卷篇敍一卷　漢趙岐撰
　　清馬國翰輯
　　玉函山房輯佚書本（同治皇華館刻、光
　　　緒李氏印、光緒鄘嬛館刻、光緒楚南
　　　書局刻）

經20909778
孟子註一卷　漢劉熙撰　清陳鱣輯
　　清抄本（清盧文弨校）　上海

經20909779
孟子註一卷　漢劉熙撰　清王謨輯
　　漢魏遺書鈔本（嘉慶刻）

經20909780
孟子劉熙註一卷　漢劉熙撰　清宋翔
　　鳳輯
　　清嘉慶七年樸學齋刻本　國圖
　　問經堂叢書本（嘉慶刻）
　　浮谿精舍叢書本（嘉慶刻）
　　廣雅書局叢書本（光緒刻）

經20909781
孟子劉氏註一卷　漢劉熙撰　清馬國
　　翰輯
　　玉函山房輯佚書本（同治皇華館刻、光
　　　緒李氏印、光緒鄘嬛館刻、光緒楚南
　　　書局刻）

經20909782
孟子註一卷　漢劉熙撰　清黃奭輯
　　黃氏逸書考本（道光刻王鑒修補、朱長圻
　　　補刻）

經20909783
孟子劉氏註一卷　漢劉熙撰　清王仁
　　俊輯

玉函山房輯佚書續編本（稿本）
十三經漢注本（稿本）　上海

經20909784
孟子章句一卷附劉熙事蹟考一卷　漢
　　劉熙撰　葉德輝輯
　　觀古堂所著書本（光緒刻）
　　觀古堂彙刻書本（光緒刻）
　　郋園先生全書本（民國彙印）

經20909785
孟子鄭氏註一卷　漢鄭玄撰　清馬國
　　翰輯
　　玉函山房輯佚書本（同治皇華館刻、光
　　　緒李氏印、光緒鄘嬛館刻、光緒楚南
　　　書局刻）

經20909786
孟子鄭氏註一卷　漢鄭玄撰　清王仁
　　俊輯
　　玉函山房輯佚書續編本（稿本）
　　十三經漢注本（稿本）　上海

經20909787
孟子高氏章句一卷　漢高誘撰　清馬
　　國翰輯
　　玉函山房輯佚書本（同治皇華館刻、光
　　　緒李氏印、光緒鄘嬛館刻、光緒楚南
　　　書局刻）

經20909788
孟子綦毋氏註一卷　晉綦毋邃撰　清
　　馬國翰輯
　　玉函山房輯佚書本（同治皇華館刻、光
　　　緒李氏印、光緒鄘嬛館刻、光緒楚南
　　　書局刻）

經 20909789

孟子陸氏註一卷　唐陸善經撰　清馬
　　國翰輯
　　玉函山房輯佚書本（同治皇華館刻、光
　　　緒李氏印、光緒娜嬛館刻、光緒楚南
　　　書局刻）

經 20909790

孟子註疏解經十四卷　漢趙岐注　宋
　　孫奭疏
　　宋刻元修本　國圖（繆荃孫跋）
　　宋刻元明遞修本　北大（存卷三至四、
　　　十三至十四）　南京博（存卷一至
　　　六、十一至十四）
　　元岳氏荊溪家塾刻本　國圖
　　元刻明修本　國圖　上海
　　天祿琳琅叢書第一集本（影印元盱郡翻
　　　宋廖氏本）
　　十三經註疏本（嘉靖福建刻、萬曆北監
　　　刻、崇禎汲古閣刻、翻汲古閣刻）
　　明萬曆二十六年刻本　國圖
　　明刻本　國圖
　　明刻本　浙大
　　明長洲吳氏叢書堂抄本（清黃丕烈跋）
　　　國圖
　　清乾隆間武英殿刻本　國圖
　　清乾隆四十六年周嘉猷、韓岱雲等刻
　　　本　國圖（葉景葵錄周廣業校）　湖
　　　北　上海　南京
　　清章氏式訓堂抄本（徐恕校）　上海

經 20909791

孟子註疏解經十四卷　漢趙岐注　宋
　　孫奭疏　清陸宗楷等考證
　　四庫全書薈要本（乾隆寫）
　　四庫全書本（乾隆寫）

經 20909792

孟子註疏解經六卷　漢趙岐注　宋孫
　　奭疏　清樊廷簡校補
　　清嘉慶十五年海涵堂刻本　湖北

經 20909793

孟子校勘記十四卷音義校勘記二卷
　　清阮元撰
　　皇清經解本（道光刻、咸豐補刻、鴻寶齋
　　　石印、點石齋石印、十三經注疏校勘
　　　記）

經 20909794

孟子註疏解經十四卷附孟子註疏校勘
　　記十四卷　漢趙岐注　唐陸德明
　　音義　宋孫奭疏　清阮元校勘
　　重刊宋本十三經註疏附校勘記本（嘉
　　　慶刻、道光重修、同治重修、同治刻、
　　　光緒刻、光緒石印、民國石印）

經 20909795

孟子註疏解經四卷附校勘記一卷　漢
　　趙岐注　唐陸德明音義　宋孫奭
　　疏　清阮元校勘
　　重刊宋本十三經註疏附校勘記本（光
　　　緒石印、民國石印）

經 20909796

蘇批孟子一卷　宋蘇洵撰　清趙大浣
　　增補
　　清嘉慶十七年刻套印本　浙江
　　清張士珩抄本　南京

經 20909797

孟子註校勘記十四卷釋文校勘記三卷
　　清阮元撰　清盧宣旬摘錄
　　重刊宋本十三經註疏附校勘記本（嘉

慶刻、道光重修、同治重修、同治刻、
光緒刻、光緒石印、民國石印)

經20909798

孟子丁氏手音一卷　唐丁公著撰　清
　　馬國翰輯
　　玉函山房輯佚書本(同治皇華館刻、光
　　　緒李氏印、光緒嫏嬛館刻、光緒楚南
　　　書局刻)

經20909799

蘇老泉批點孟子二卷　宋蘇洵批點
　　明萬曆四十一年程開祐刻本　天津師
　　　大　上海　平湖　廈大　貴州　日
　　　本内閣
　　三經評註本(閔氏三色套印)　國圖
　　　北大　中科院　上海　南京　浙江
　　明紀五常刻本　國圖　北大　山東
　　合刻周秦經書十種本(明溪香書屋刻)
　　明刻本　湖南
　　明崇禎間刻本　中科院
　　清康熙二十三年刻朱墨套印本　國圖
　　　湖北　南京
　　清康熙三十三年刻本　上海
　　清乾隆十五年刻三樂齋朱墨套印本
　　　國圖
　　清嘉慶元年慎詒堂刻本　國圖　北大
　　　上海
　　清嘉慶八年三友益齋刻本　北大

經20909800

增補蘇批孟子二卷孟子年譜一卷　宋
　　蘇洵撰　清趙大浣增補
　　清咸豐六年刻朱墨套印本　國圖
　　　上海
　　清同治四年刻芸居樓印本　國圖
　　　上海
　　清同治八年福省靈蘭堂刻朱墨套印

　　本　北大
　　清同治十二年刻味經堂套印本
　　　國圖
　　清同治十二年刻敦仁堂套印本
　　　國圖
　　民國三年上海會文堂書局石印本　北
　　　大　上海
　　民國間上海著易堂書局石印本　上海
　　　南京
　　民國間上海掃葉山房石印本　國圖
　　　北大　復旦
　　民國間上海啓新圖書局石印本　北大

經20909801

增補蘇批孟子二卷　宋蘇洵撰　清趙
　　士浣增補　日本藤澤恆疏
　　日本明治十三年刻本　天津　南京

經20909802

疑孟一卷　宋司馬光撰
　　說郛本(宛委山堂刻)

經20909803

孟子外書四篇四卷　宋劉攽注
　　函海本(乾隆刻、道光補刻、光緒刻)
　　拜經樓叢書本(乾隆刻)　國圖(清吳騫
　　　校並跋)
　　拜經樓叢書本(乾隆刻、民國影印)
　　重刊拜經樓叢書本(光緒章氏刻)
　　重校拜經樓叢書本(光緒校經堂刻)
　　藝海珠塵本(嘉慶刻道光增刻)
　　清嘉慶二十三年星帶草堂刻本　國圖
　　　北大　上海
　　清經苑刻本　國圖　湖北
　　清味無味齋抄本(清汪浤跋)　上海

經20909804

孟子解一卷　宋蘇轍撰
　　兩蘇經解(萬曆畢氏刻、萬曆顧氏刻)
　　四庫全書本(乾隆寫)
　　指海本(道光刻、民國影印)
　　清光緒十年湘鄉謝菘岱抄本　國圖
　　　　中科院　湖北

經20909805
尊孟辨三卷續辨二卷別錄一卷　宋余
　　允文撰
　　清乾隆間翰林院抄本(四庫全書底本)
　　　　北大
　　四庫全書本(乾隆寫)
　　守山閣叢書本(道光刻、光緒影印、民國
　　　　影印)

經20909806
尊孟辨續辨二卷　宋余允文撰
　　四庫全書本(乾隆寫)
　　守山閣叢書本(道光刻、光緒影印、民國
　　　　影印)

經20909807
尊孟辨別錄一卷　宋余允文撰
　　四庫全書本(乾隆寫)
　　守山閣叢書本(道光刻、光緒影印、民國
　　　　影印)

經20909808
孟子發題一卷　宋施德操撰
　　明方士騏刻本　國圖
　　民國間影印萬曆本　上海

經20909809
孟子雜解一卷　宋游酢撰
　　游定夫先生全集本(同治刻)

經20909810
張狀元孟子傳(孟子傳)二十九卷　宋張
　　九成撰
　　清乾隆間翰林院抄本(清丁丙跋)
　　　　南京
　　四庫全書薈要本(乾隆寫,孟子傳)
　　四庫全書本(乾隆寫,孟子傳)

經20909811
張狀元孟子傳存二十九卷附校勘記一
　　卷中庸說三卷　宋張九成撰　張
　　元濟校勘
　　四部叢刊三編本(民國影印)

經20909812
孟子七卷　宋朱熹集注
　　元延祐間麻沙萬卷堂刻四書集註本
　　　　日本宮內省
　　四書集註本(至正尚德堂刻)　山東
　　四書章句集註本(元刻)　上海(有抄配
　　　　及缺葉,明魏校批,袁克文跋)
　　四書集註本(元刻)　南京(清蔣培澤、
　　　　清高望曾、清丁丙跋)
　　四書集註本(嘉靖吉澄刻)　首都　上
　　　　海　吉林　日本小如舟書屋
　　四書集註本(隆慶衡府刻)　南京
　　四書集註本(萬曆自新齋刻)　日本龍
　　　　谷大學
　　四書集註本(萬曆金積刻)　內蒙古巴
　　　　盟　四川
　　四書集註本(萬曆忠恕堂刻)　上海
　　四書集註本(萬曆餘慶堂刻)　日本
　　　　內閣
　　四書集註本(萬曆吳勉學刻)　遼寧
　　　　廣東
　　四書集註本(萬曆刻)　上海
　　四書集註本(崇禎刻)　安丘

四書本(崇禎汲古閣刻)　國圖

四書集註本(崇禎刻)　日本尊經閣

四書集註本(明蔡日安刻)　日本廣島淺野

四書集註本(明在茲堂印)　日本廣島淺野

四書集註本(明書林怡慶堂刻)　日本大阪

四書集註本(明種德書堂刻)　國圖

四書集註本(明豹變齋刻)　故宮

四書本(明書林鄭繼閔刻)　上海

四書集註本(明朱墨套印)　山東

四書集註本(順治刻)　上海

四書集註本(康熙內府刻)　故宮(清高宗弘曆跋)

四書集註本(康熙崇道堂刻)　上海(清戴有祺批)

四書集註本(雍正國子監刻)　北大

四書章句集註袖珍本(雍正明善堂刻)

四書集註本(清內府刻)　國圖　首都中央黨校　復旦　北碚

清乾隆二十年雲林周氏萬卷樓刻本　上海(清佚名批)

四庫全書薈要本(乾隆寫,四書集註)

四庫全書本(乾隆寫,四書集註)

監本四書本(乾隆文粹堂刻)　上海河北大學(清錢泳批)

監本四書本(嘉慶刻)　北大　浙江遼寧

四書本(嘉慶道光間垂裕堂刻)　上海

四書集註本(道光勉行堂刻)　西北師大(清鄭國琳批校)

四書集註本(道光菜根香館刻)

四書集註本(道光愷元堂刻)　上海(佚名眉批)

四書集註本(道光刻大成堂印)　國圖

監本四書本(道光一經堂刻)　南京

監本四書本(道光揚州惜字局刻)　國圖　南京

四書集註本(道光寶恕堂刻)

四書集註本(同治浙江撫署刻)　國圖　上海　浙江

十三經讀本本(同治金陵書局刻,四書集註)

四書章句集註本(同治崇文書局刻)

四書章句集註本(同治山東書局刻)

監本四書本(同治江西書局刻)　南京

四書章句集註本(同治湖南書局刻)

四書本(同治老二酉堂刻)　北大

四書集註本(光緒京師慈幼堂刻)　上海

四書章句集註本(光緒崇文書局刻)

四書本(光緒江蘇書局刻)　國圖　天津復旦

四書集註本(光緒刻)　上海(吳保箴過錄清劉大櫆批校)

四書集註本(光緒聚珍堂刻)　國圖

四書集註本(光緒山西濬文書局刻)

四子書本(光緒刻)

四書本(光緒狀元閣刻)　天津

四書章句集註本(光緒淮南書局刻)

四書集註本(光緒攝雲脁山館刻)

四書集註本(光緒湖北官書處刻)

四書集註本(光緒八旗官學刻)　國圖

四書集註本(光緒浙江書局刻)

四書集註本(光緒寶善堂刻)　上海(佚名點校)

四書章句集註本(光緒經綸元記刻)

四書集註本(光緒尚志齋刻)

四書集註本(光緒直隸官書局刻)

四書集註本(光緒湖北學務處刻)　湖北

四書集註本(光緒李光明莊刻)

四書本(光緒祝氏刻)　上海

四書集註本(清清華書屋刻)　國圖

四書集註本(清寶書堂刻)　上海

監本四書本(古越尺木堂刻)　北大

監本四書本(清刻)　湖南(清王寶淦錄
　　清王言綸批注)

四書集註本(清刻)　國圖(清俞樾批
　　校)

四書本(朝鮮英宗朝據明洪武正韻書體
　　刻)　上海

四書章句集註本(日本天保間河內屋喜
　　兵衛等刻)　日本二松學舍大學

四書章句集註本(日本文久間大坂積玉
　　圃柳原喜兵衛等刻)　日本一橋大學

四書集註本(日本文久間積玉圃羣玉堂
　　刻)　上海

日本廣德館刻本　上海

日本銅活字印本　國圖

四書集註本(日本明治刻)　南京

經20909813

孟子十四卷　宋朱熹集註

四書章句集註本(宋嘉定當涂郡齋刻嘉
　　熙淳祐遞修)　國圖

四書本(清內府重刻宋本)　天津　上海
　　南京

四書集註本(宋刻)　國圖

四書集註本(延祐溫州路學刻)　日本
　　內閣

四書章句集註本(元刻)　上海(明魏校
　　手批,袁克文跋)

四書集註本(正統司禮監刻)

四書集註本(成化吉府刻)

四書集註本(嘉靖伊藩刻)　南京(清丁
　　丙跋)

四書集註本(嘉靖益藩樂善堂刻)
　　國圖　日本內閣

四書集註本(嘉靖應檟刻)

四書章句集註本(清初春秀堂刻)　上

海(清佚名過錄批注)

經20909814

孟子七卷　宋朱熹集注

十三經讀本附校刊記本(同治山東書局
　　刻、尚志堂印)

經20909815

孟子校刊記一卷　清丁寶楨等撰

十三經讀本附校刊記本(同治山東書局
　　刻)

經20909816

孟子讀本十四卷附校語一卷　宋朱熹
　　集註　(校語)清王祖畬撰

十三經讀本本(民國醒園刻)

經20909817

孟子讀本校語一卷　清王祖畬撰

十三經讀本本(民國醒園刻)

經20909818

孟子一卷　宋朱熹集注

字典四書讀本本(光緒刻)　北大

四書章句本(光緒文成堂刻)　北大

四書本(日本天保竹林堂刻)　北大(米
　　田淺吉批校)

四書本(日本明治東京大阪嵩山堂鉛印,
　　後藤世鈞點)　北大

經20909819

纂標孟子集註七卷　宋朱熹集注

日本大正十一年金港堂書籍株式會
　　社鉛印本　南京

經20909820

孟子七卷　漢趙岐注　宋朱熹集注

清咸豐二年稽古樓刻芋栗園印十三
　　經注本　國圖　北大
渭南嚴氏孝義家塾叢書本(民國刻,重
　　校稽古樓四書)

經20909821
孟子序說一卷　宋朱熹編
　　四書章句集註本(宋嘉定當涂郡齋刻嘉
　　　　熙淳祐遞修)　國圖
　　四書本(清內府重刻宋本)　天津　上海
　　　　南京
　　四書集註本(宋刻)　國圖
　　四書集註本(延祐溫州路學刻)　日本
　　　　內閣
　　四書集註本(正統司禮監刻)
　　四書集註本(嘉靖伊藩刻)　南京(清丁
　　　　丙跋)
　　四書集註本(嘉靖應檟刻)
　　四書集註本(明刻)　北大　國博　羣
　　　　衆出版社　錦州　浙江　雲南
　　四書集註本(明刻)　國圖　湖北
　　　　常州
　　四書集註本(明刻)　故宮　浙大
　　四書集註本(明刻)　上海　江西
　　　　吉大
　　四書集註本(明刻)　清華　上海
　　四書本(明刻)　北大
　　四書集註本(明朱墨套印)　山東
　　四書集註本(清內府刻)　國圖　首都
　　　　中央黨校　復旦　北碚

經20909822
孟子或問十四卷　宋朱熹撰
　　四書或問本(弘治刻、正德刻、康熙刻、清
　　　　墨潤齋刻、抄本)
　　四庫全書本(乾隆寫)
　　四書或問并考異本(同治五忠堂刻)

洪氏唐石經館叢書本(光緒印)
西京清麓叢書本(光緒刻,朱子遺書重
　　刻合編)
倭板四書本(日本正保刻)　北大

經20909823
孟子或問纂要一卷　宋朱熹撰
　　宋刻本　上海

經20909824
國朝諸老先生孟子精義十四卷　宋朱
　　熹撰
　　明抄論孟精義本(清丁丙跋)　南京
　　朱子遺書本(康熙刻)
　　四庫全書本(乾隆寫,論孟精義)
　　洪氏唐石經館叢書本(光緒印,論孟精
　　　　義)
　　清同治十三年金陵公善堂倣石門呂
　　　　氏刻論孟精義本　國圖　天津
　　　　復旦　南京　湖北
　　西京清麓叢書本(光緒刻,朱子遺書重
　　　　刻合編)

經20909825
南軒先生孟子說(孟子說)七卷　宋張
　　栻撰
　　通志堂經解本(康熙刻、同治刻、日本文
　　　　化刻)
　　清康熙三十六年張可元笏峙樓刻本
　　　　遼寧
　　四庫全書薈要本(乾隆寫,孟子說)
　　四庫全書本(乾隆寫,孟子說)
　　張宣公全集本(道光刻、咸豐刻)

經20909826
孟子十卷　宋錢時撰
　　融堂四書管見本(明抄)　國圖

四庫全書本(乾隆寫)

經 20909827

孟子集編十四卷　宋真德秀撰

　通志堂經解本(康熙刻、同治刻、日本文
　　化刻)
　四庫全書薈要本(乾隆寫,四書集編)
　四庫全書本(乾隆寫,四書集編)

經 20909828

孟子集編十四卷　宋真德秀撰　清翁
　　錫書增訂批點

　浦城遺書本(嘉慶刻,四書集編)
　真西山全集本(康熙刻、同治修)
　四書集編本(光緒清芬館刻、巴陵鍾謙鈞
　　刻)

經 20909829

孟子集疏十四卷　宋蔡模撰

　宋刻本　國圖(存卷五、十二)
　通志堂經解本(康熙刻、同治刻、日本文
　　化刻)

經 20909830

孟子解二卷　題宋尹焞撰

　清乾隆間抄本　西安文管

經 20909831

孟子纂疏十四卷　宋趙順孫撰

　元刻元印本　日本靜嘉堂
　通志堂經解本(康熙刻、乾隆補修、同治
　　刻、日本文化刻,四書纂疏)
　四庫全書薈要本(乾隆寫)
　四庫全書本(乾隆寫)
　復性書院叢刊本(民國刻)

經 20909832

孟子考異不分卷　宋王應麟撰

　明崇禎九年詩瘦閣刻本　日本京都
　　大學
　三魚堂四書大全本(康熙嘉會堂刻、陸
　　氏刻)
　四書大全本(清德馨堂刻)　清華　上
　　海　武大

經 20909833

孟子集註箋義三卷　宋趙悳撰

　宛委別藏本(抄本、影印本,四書箋義)
　守山閣叢書本(道光刻、光緒影印、民國
　　影印,四書箋義)
　清刻本　北大
　清光緒二十七年上海六藝石印本　上海

經 20909834

音註孟子十四卷　漢趙岐注　宋孫奭
　　音義

　吉石盦叢書本(民國影印)

經 20909835

孟子集註考證七卷首一卷　宋金履祥撰

　清雍正七年金氏刻本　國圖
　率祖堂叢書本(光緒補刻)
　四庫全書本(乾隆寫)
　金華叢書本(同治光緒刻、民國補刻)
　抄本　上海

經 20909836

孟子集成十四卷　元吳真子撰

　元刻本　日本內閣

經 20909837

孟子通十四卷　元胡炳文撰

　元天曆間勤有堂刻四書通本　國圖
　通志堂經解本(康熙刻、乾隆補修、同治

刻、日本文化刻，四書通）
　四庫全書薈要本（乾隆寫，四書通）
　四庫全書本（乾隆寫，四書通）
　四書通本（靖江朱勳刻）

經20909838
孟子集註通證二卷　元張存中撰
　元天曆二年崇化余志安勤有堂刻四
　　書通證本　國圖
　明抄本　上海
　通志堂經解本（康熙刻、乾隆補修、同治
　　刻、日本文化刻，四書通證）
　四庫全書薈要本（乾隆寫，四書通證）
　四庫全書本（乾隆寫，四書通證）

經20909839
孟子集註纂箋十四卷　元詹道傳撰
　通志堂經解本（康熙刻、乾隆補修、同治
　　刻、日本文化刻，四書纂箋）
　四庫全書薈要本（乾隆寫，四書纂箋）
　四庫全書本（乾隆寫，四書纂箋）

經20909840
讀孟子叢說二卷　元許謙撰
　讀四書叢說本（元刻）　國圖（清黃丕烈
　　跋）　上海
　讀四書叢說本（弘治刻、明抄、嘉慶刻）
　經苑本（道光咸豐刻、同治印、民國補刻，
　　讀四書叢說）
　金華叢書本（同治光緒刻、民國補刻，讀
　　四書叢說）

經20909841
讀孟子叢說一卷　元許謙撰
　四庫全書本（乾隆寫，讀四書叢說）

經20909842

孟子章句輯釋十四卷　元倪士毅輯釋
　四書輯釋大成本（至正日新書堂刻、日
　　本文化翻刻）

經20909843
孟子集註序說輯釋通義大成一卷　宋
　朱熹章句　元倪士毅輯釋　明朱
　公遷約說　明王逢訂定通義
　重訂四書輯釋本（正統刻）

經20909844
孟子集註重訂輯釋通義大成十四卷
　　宋朱熹章句　元倪士毅輯釋　明
　　朱公遷約說　明王逢訂定通義
　重訂四書輯釋本（正統刻）

經20909845
孟子章圖概括總要一卷　元倪士毅撰
　　元程復心圖　明王元善通考
　四書輯釋本（明初刻）　國圖

經20909846
孟子輯釋十四卷　元倪士毅撰　元程
　　復心圖　明王元善通考
　四書輯釋本（明初刻）　國圖

經20909847
孟子注問纂釋七卷　宋朱熹撰　元程
　　復心纂釋
　四書章圖纂釋本（元德新堂刻）　日本
　　內閣

經20909848
附音傍訓句解孟子七卷　元李公凱撰
　元刻本　國圖　南京
　明初刻本　國圖

經 20909849
讀晦庵孟子集解衍義十四卷　元□
　　□撰
　　元刻本　國圖
　　元刻本　北平(存卷七至十四)

經 20909850
孟子節文七卷　明劉三吾輯
　　明初刻本　國圖(又一部)　山東博

經 20909851
孟子集註大全十四卷　明胡廣等輯
　　四書集註大全本(明永樂刻、内府刻、天順
　　　刻、弘治刻、嘉靖刻、康熙刻、朝鮮刻)
　　四庫全書本(乾隆寫,四書集註大全)

經 20909852
孟子七卷　明胡廣等輯　明周士顯校正
　　周會魁校正四書大全本(明映旭齋刻、
　　　留耕堂刻)

經 20909853
孟子集註大全十四卷　明胡廣等輯
　　清汪份增訂
　　增訂四書集註大全本(康熙刻)
　　四書大全本(日本嘉永六年刻)　南京

經 20909854
孟子二卷　明王宇撰
　　四書也足園初告本(萬曆刻、明末刻)

經 20909855
孟子七卷　明陳琛撰
　　重刊補訂四書淺說本(萬曆刻)　中科
　　　院　國圖(存卷一至三)

經 20909856

孟子七卷　明陳琛撰　明唐光夔重訂
　　靈岳山房重訂四書淺說本(明大業堂
　　　刻)　河南

經 20909857
孟子七卷　明陳琛撰　明劉蚩英校
　　靈源山房重訂四書淺說本(崇禎刻)
　　　日本内閣　日本靜嘉堂　日本宮
　　　城縣

經 20909858
孟子七卷　明陳琛撰　清施世瑚等校
　　陳紫峯先生四書淺說本(乾隆刻、光緒
　　　印)

經 20909859
孟子十四卷　明季本撰
　　四書私存本(嘉靖刻)　華東師大
　　四書私存本(明刻)　國圖

經 20909860
孟子私存二卷　明季本撰
　　清末民國初刻本　國圖

經 20909861
四書口義孟子三卷　明薛甲撰
　　四書口義本(隆慶刻)　南京(清丁丙跋)
　　清抄四書口義本(清徐時棟跋)　北大

經 20909862
孟子摘訓八卷　明丘橓輯
　　四書摘訓本(萬曆趙慎修刻、周裔先刻)

經 20909863
四書燃犀解孟子七卷　明陳祖綬撰
　　明夏允彝等參補
　　近聖居三刻參補四書燃犀解本(明末刻)

經 20909864

近溪子孟子答問集一卷　明羅汝芳撰
　　明楊起元輯
　　楊貞復六種本（萬曆刻，四書答問）

經 20909865

孟子雜記四卷　明陳士元撰
　　明隆慶五年陳氏浩然堂刻本　浙江
　　　陝西文史館
　　歸雲別集本（萬曆刻、道光刻）
　　四庫全書本（乾隆寫）
　　湖海樓叢書本（嘉慶刻）
　　湖北叢書本（光緒刻）

經 20909866

孟子經筵直解十四卷　宋朱熹集注
　　明張居正直解
　　重刻張閣老經筵四書直解本（萬曆司
　　　禮監刻）　故宮　山西師大　吉大

經 20909867

四書直解正字孟子十四卷　明張居正
　　撰　明沈鯉正字
　　新訂四書直解正字全編本（崇禎刻）
　　　無錫　廣東

經 20909868

四書直解指南孟子十四卷　明張居正
　　撰　明焦竑增補　明湯賓尹訂正
　　重刻內府原板張閣老經筵四書直解
　　　指南本（萬曆易齋刻）　浙江　華
　　　東師大　浙大　日本靜嘉堂　日本
　　　米澤市
　　重刻辯證內府原版張閣老經筵四書
　　　直解指南本（天啓長庚館刻）　日
　　　本內閣　日本龍谷大學
　　重刻張閣老經筵四書直解本（明葉顯

吾刻）　安徽博

經 20909869

孟子十四卷附四書講義合參　宋朱熹
　　集注　明張居正直解　明顧宗孟
　　重訂　（四書講義合參）明顧宗玉撰
　　四書直解本（崇禎顧宗孟刻）

經 20909870

四書集註闡微直解孟子十四卷附纂序
　　四書說約合參大全　宋朱熹集注
　　明張居正直解　明顧宗孟閱　（說
　　約合參）清顧夢麟、清楊彝輯
　　四書集註闡微直解本（光緒刻）

經 20909871

四書集註闡微直解孟子十四卷　宋朱
　　熹集注　明張居正直解　明顧宗
　　孟閱
　　四書集註闡微直解本（宣統石印）
　　四書集註直解本（偽滿鉛印）

經 20909872

孟子二卷　明張居正撰　清鄭重等訂
　　四書直解本（康熙修齊堂刻）　湖北
　　清乾隆三十一年金閶玉樹堂刻本
　　　湖北

經 20909873

孟子七卷　明李贄評
　　四書評本（影印、油印）　北大

經 20909874

孟子七卷　明李贄評　明楊起元批點
　　明張明憲等參訂
　　四書參本（明閔氏朱墨套印）

經 20909875
孟子二卷　明劉思誠　明王守誠撰
　　四書翼傳三義本(萬曆于天經刻)

經 20909876
朱子孟子或問小註十四卷　明徐方廣
　　增注
　　朱子四書或問小註本(康熙觀乎堂刻,
　　康熙鄭任鑰刻)

經 20909877
朱子孟子或問小註十四卷　明徐方廣
　　增注　清鄭任鑰校訂
　　朱子四書或問小註本(康熙鄭任鑰刻)

經 20909878
纂訂名公四書覺路講意孟子七卷　明
　　張采撰　明黃襄訂正
　　纂訂名公四書覺路講意本(明雨花齋
　　刻)　日本蓬左

經 20909879
孟子訂釋七卷　明管志道撰
　　明萬曆三十四年刻本　上海　華東師大

經 20909880
孟子七卷　明焦竑撰
　　焦氏四書講錄本(萬曆刻)

經 20909881
孟子解醒編二卷　明蘇濬撰
　　解醒編本(清刻)

經 20909882
孟子十四卷　明徐奮鵬輯
　　古今道脈本(萬曆奎壁堂刻)

經 20909883
孟子七卷　明楊起元撰　明李衷批評
　　明梁知編
　　四書評眼本(萬曆刻)
　　明刻本　吉大　日本內閣

經 20909884
孟子解一卷　明董懋策撰
　　董氏叢書本(光緒刻)

經 20909885
孟子七卷　明唐汝諤撰
　　增補四書微言本(萬曆刻)　國圖

經 20909886
孟子說解十四卷遺事一卷讀孟子一卷
　　明郝敬撰
　　郝氏九經解本(萬曆刻、抄本)

經 20909887
讀孟子二卷　明曹珖撰
　　郝氏九經解本(萬曆刻、抄本)
　　大樹堂說經本(明抄)　國圖

經 20909888
孟子二卷　明張汝霖撰
　　荷珠錄本(明刻)　蘇州

經 20909889
孟子二卷　明湯賓尹撰　明李元賓校
　　新鐫湯會元四書合旨本(明刻)　日本
　　蓬左

經 20909890
孟子七卷　明湯賓尹撰　明鄭名世校
　　刊湯會元參詳明公新說四書解頤鰲
　　頭本(萬曆光裕堂刻)　日本龍谷

大學

經 20909891
孟子湖南講三卷　明葛寅亮撰
　　四書湖南講本（崇禎刻）　陝西　浙江
　　　　湖北

經 20909892
孟子七卷　明馮夢龍撰
　　四書指月本（明末刻）　國圖

經 20909893
孟子七卷　明鹿善繼撰
　　四書說約本（道光刻）　北大　復旦
　　　　天津　南京　湖北
　　留餘草堂叢書本（民國刻，四書說約）
　　　　南京　南大　浙江

經 20909894
孟子二卷　明章世純撰
　　四書留書本（天啓刻、崇禎刻）
　　明末富酉齋刻本　中科院　廣東
　　四庫全書本（乾隆寫）
　　清抄本（清丁丙跋）　南京

經 20909895
四書考孟子十卷　明陳仁錫增定
　　四書備考本（萬曆刻、崇禎刻）

經 20909896
孟子考異一卷　明陳仁錫增定
　　四書備考本（萬曆刻、崇禎刻）

經 20909897
孟子三卷　明洪啓初撰
　　四書翼箋本（萬曆刻）

經 20909898
繪孟七卷　明戴君恩撰
　　明天啓四年閔齊伋刻套印本　故宮
　　　　天津　遼寧　中山大學
　　明天啓六年刻本　天津　中山大學
　　抄本　國圖

經 20909899
孟子四卷　明王夢簡撰
　　四書徵本（天啓刻）　北大　南大　四川

經 20909900
孟子約說二卷　明孫肇興撰
　　四書約說本（明朱墨套印）　中科院
　　清刻本　國圖

經 20909901
鐫張蘇兩大家四書講義合參孟子七卷
　　　明蔣方馨輯
　　鐫張蘇兩大家四書講義合參本（崇禎
　　　刻）　中科院

經 20909902
新訂四書補注備旨孟子四卷　明鄧林
　　撰　清杜定基增訂
　　新訂四書補註備旨本（乾隆刻、同治刻、
　　　光緒刻、光緒石印、宣統刻）
　　四書補註備旨本（光緒聚元堂刻）
　　　天津
　　增訂四書補註備旨本（光緒益元書局
　　　刻、宣統文成堂刻）
　　增訂四書補註備旨本（宣統文成堂刻）
　　　北大

經 20909903
孟子通義七卷　明魯論撰
　　四書通義本（乾隆刻）

四書摭餘説本（乾隆刻、嘉慶刻、道光
　　刻）
四書摭餘説本（嘉慶曹氏家塾刻）　北
　　大（胡玉縉校）

經20909904
孟子七卷　明楊廷麟撰　明朱長祚補
　新刊翰林機部楊先生家藏四書慧解
　　本（明末張溥刻）　日本蓬左

經20909905
孟子十四卷　明張溥纂
　四書註疏大全合纂本（崇禎刻）

經20909906
孟子大全講意七卷　明張溥撰　清吳
　偉業參補
　四書尊註大全本（崇禎刻）　中科院

經20909907
孟子七卷　明張明弼撰　明夏允彝等補
　參補鄒魯心印集註本（明刻）　日本
　　内閣

經20909908
孟子七卷　明張明弼撰
　四書揚明本（明種德堂刻）　日本無
　　窮會

經20909909
孟子説一卷　明辛全撰
　彙印四書説本（康熙李萬函刻）　中科院
　山右叢書初編本（民國鉛印，四書説）

經20909910
孟子七卷　明余應虬輯
　近聖居四書翼經圖解本（明末刻）　華

東師大

經20909911
孟子二卷　明余之祥撰
　四書宗旨要言本（順治刻）　首都師大

經20909912
孟子七卷　明周華輯
　浙江杭州新刊重校補訂四書集説本
　　（明刻）　重慶

經20909913
孟子酌言一卷　明□□撰
　明箕裘堂刻本　國圖

經20909914
孟子考異　宋王應麟論次　明張自烈
　批注
　四書大全辨本（順治刻）　北大　河南

經20909915
孟子考異補一卷　明張自烈等增删
　四書大全辨本（順治刻）　北大　河南

經20909916
孟子翊註十四卷　清刁包輯
　四書翊註本（雍正光裕堂刻、道光悖德堂
　　刻）
　用六居士所著書本（道光刻）
　清咸豐六年祈州刁氏刻本　國圖

經20909917
釋孟子四章一卷　清金人瑞撰
　唱經堂才子書本（清刻，聖歎外書）　國
　　圖　清華　北師大
　風雨樓叢書本（宣統鉛印，聖歎外書）
　中國文學珍本叢書本（民國鉛印，唱經

堂才子書彙稿）

經 20909918
孟子一卷　清傅以漸撰
　清初抄貞固齋書義本　國圖(劉鳳誥
　　跋)

經 20909919
孟子師說二卷　清黄宗羲撰
　四庫全書本(乾隆寫)

經 20909920
孟子師說七卷　清黄宗羲撰
　清道光間刻本　國圖
　清光緒八年慈溪醉經閣馮氏重校刻
　　本　國圖　北大　中科院　遼寧
　　湖北　南京
　適園叢書本(民國刻)

經 20909921
四書集說孟子十四卷　清徐養元輯
　清康熙四年周殿一留耕堂刻白菊齋
　　訂四書本義集說本　清華

經 20909922
四書集說孟子十三卷　清徐養元輯
　石渠閣精訂徐趙兩先生四書集說本
　　(康熙刻)　北大
　四書集說本(清抄)　國圖

經 20909923
七篇指畧七卷　清王訓輯
　清康熙十二年刻本　山東

經 20909924
孟子十六卷　清魏裔介輯
　朱子四書全義本(康熙刻)

經 20909925
標孟七卷　清汪有光撰
　清康熙十六年刻本　中科院
　清康熙二十五年汪能承刻本　湖北
　　大學
　清光緒十三年黟縣李宗煝刻本　國圖
　　上海

經 20909926
孟子二卷　清李顒述　清王心敬錄輯
　四書反身錄本(康熙思硯齋刻、道光劉氏
　　刻、浙江書局刻、同治馬存心堂刻、光
　　緒蔣氏刻)

經 20909927
孟子疏畧七卷　清張沐撰
　五經四書疏畧本(康熙敦臨堂刻、陳如
　　升刻)

經 20909928
竦閣齋纂序四書繹註講意孟子十四卷
　　清劉梅纂
　竦閣齋纂序四書繹註講意本(康熙文
　　雅堂刻)　國圖　北大

經 20909929
孟子集註大全十四卷　清陸隴其輯
　三魚堂四書大全本(康熙嘉會堂刻、陸
　　氏刻)

經 20909930
孟子講義困勉錄二卷　清陸隴其撰
　　清陸公鏐編
　四書講義困勉錄本(康熙刻、乾隆刻)
　四庫全書本(乾隆寫)

經 20909931

孟子講義續困勉錄二卷　清陸隴其撰
　　清陸公鏐編
　　四書講義困勉錄本(康熙刻、乾隆刻)
　　四庫全書本(乾隆寫)

經20909932
國朝諸先生孟子精義十四卷　清李日
　　煜撰
　　清刻本　中科院

經20909933
孟子七卷　宋朱熹撰　清范翔參訂
　　四書體註本(康熙刻)　上海(自坡居士
　　　有常跋)

經20909934
孟子二卷　清顏元撰
　　顏習齋先生四書正誤本(嘉慶張與齡
　　　抄)　南開
　　抄本　北大
　　顏李叢書本(民國鉛印)

經20909935
孟子考一卷　清閻若璩撰
　　檀几叢書本(清康熙霞舉堂刻)

經20909936
孟子七卷　清蔡方炳重纂　清黃驥同纂
　　五車樓五訂正韻四書纂序說約集註
　　　定本本(光緒刻)　湖北

經20909937
孟子翼註論文二卷　清張甄陶撰
　　四書翼註論文本(乾隆刻)

經20909938
讀孟子劄記二卷　清李光地撰

四書解義本(康熙刻)
四庫全書本(乾隆寫)
李文貞公全集本(乾隆嘉慶刻)
榕村全書本(道光刻)
四書古註羣義彙解本(光緒點石齋、同
　文書局、鴻寶齋、蜚英館、積山書局、
　上海書局、上海慎記石印,光緒珍藝
　書局鉛印)
四書古注羣義彙解本(光緒同文升記書
　局鉛印)　上海　復旦　南京
抄本　國圖

經20909939
孟子辨似不分卷　清關涵撰
　　清乾隆五十四年濯秀堂刻本　清華

經20909940
孟子七卷　清陳詵撰
　　四書述本(康熙信學齋刻)　故宮

經20909941
孟子一卷　清王吉相撰　清賈錫智校
　　四書心解本(道光刻,附偶思錄)

經20909942
孟子評四卷　清王源評訂
　　清咸豐二年小嬛嬛山館刻本　湖北
　　民國十九年四存學校鉛印文章練要
　　　本　北大

經20909943
孟子朱子大全三卷　清戴名世編　清
　　程逢儀重輯
　　四書朱子大全本(康熙程逢儀刻)

經20909944
孟子十四卷　清湯傳榘撰

四書明儒大全精義本(康熙刻)　中科
　　院　上海　南京　湖北

經 20909945
孟子劄記一卷　清楊名時撰
　　楊氏全書本(乾隆刻、宣統刻)

經 20909946
四書朱子異同條辨孟子十四卷　清李
　　沛霖、清李禎訂
　　四書朱子異同條辨本(康熙近譬堂刻、
　　　清朱文堂翻刻、清黎光樓翻刻)

經 20909947
孟子約旨七卷　清任啓運撰
　　四書約旨本(乾隆刻、光緒刻)
　　任氏家塾四書約旨本(光緒刻)
　　荆溪任氏遺書本(民國刻,四書約旨)

經 20909948
孟子四卷　清彭□軏撰
　　四書講義持衡本(康熙刻)　山東(葉葆
　　　跋)

經 20909949
孟子章句本義彙參十四卷首一卷　清
　　王步青輯
　　四書朱子本義彙參本(乾隆敦復堂刻、
　　　承德堂翻刻、文會堂翻刻、清翻刻、光
　　　緒石印)

經 20909950
孟子四種四卷　清蔣汾功撰
　　民國二十二年燕京大學圖書館傳抄
　　　本　北大

經 20909951

孟子說文一卷　清蔣汾功撰
　　民國二十二年燕京大學圖書館傳抄
　　　本　北大

經 20909952
孟子講義一卷　清蔣汾功撰
　　民國二十二年燕京大學圖書館傳抄
　　　本　北大

經 20909953
孟子繹文一卷　清蔣汾功撰
　　民國二十二年燕京大學圖書館傳抄
　　　本　北大

經 20909954
孟子雜著一卷　清蔣汾功撰
　　民國二十二年燕京大學圖書館傳抄
　　　本　北大

經 20909955
讀孟子筆記一卷　清蔣汾功撰
　　清雍正間抄本　北大

經 20909956
四書自課錄孟子七卷　清任時懋輯
　　四書自課錄本(乾隆刻、道光刻)

經 20909957
孟子十四卷　清湯豫誠撰
　　四書困學編本(稿本)　河南

經 20909958
孟子札記一卷　清范爾梅撰
　　讀書小記本(雍正刻)

經 20909959
孟子讀法十五卷　清王又樸撰

詩禮堂全集本(乾隆刻)

經20909960

孟子十四卷　日本山井鼎輯　日本物
　　觀補遺
　　清嘉慶二年儀徵阮氏小琅嬛僊館刻
　　　　七經孟子考文本　北大　南京
　　清嘉慶間趙魏家抄本　南京

經20909961

孟子述朱大全十四卷　清周亦魯輯
　　四書述朱大全本(康熙刻)

經20909962

四書體註合講孟子七卷　清翁復編
　　四書合講本(雍正刻、雍正銅版印,嘉慶
　　　　刻、道光刻、同治刻、光緒刻,光緒石
　　　　印、日本銅版印)
　　酌雅齋四書遵註合講本(道光刻)
　　芸生堂四書體註合講本(道光刻)
　　　　北大
　　桐石山房四書體註合講本(道光刻)
　　　　北大

經20909963

讀孟子劄記一卷　清崔紀撰
　　四書温講雜集本(雍正刻)
　　清乾隆五年刻本　國圖
　　山右叢書初編本(民國鉛印)

經20909964

四書朱子大全精言孟子十四卷　清周
　　大璋纂輯　清魏一齋鑑定
　　四書朱子大全精言本(康熙寶旭齋刻)

經20909965

增删四書朱子大全精言孟子十四卷

清周大璋纂輯　清張藥齋鑑定
　　增删四書朱子大全精言本(清光德堂
　　　　刻、玉蘭堂刻)

經20909966

說孟一卷　清宋在詩撰
　　埜柏先生類稿(乾隆刻、道光刻)

經20909967

孟子學一卷　清沈夢蘭撰
　　所願學齋書鈔本(光緒刻)
　　菱湖沈氏叢書本(光緒刻)

經20909968

孟子七卷附審音辨體考異　宋朱熹集
　　註　（審音辨體考異)清陳弘謀撰
　　陳榕門四書章句集註本(清刻緯文堂
　　　　印)
　　裹如堂四書本(清末義和堂刻)

經20909969

孟子七卷　清耿采撰
　　四書讀註提耳本(乾隆屏山堂、同治屏
　　　　山堂刻)

經20909970

孟子集註凝道錄七卷　清劉紹攽撰
　　四書凝道錄本(稿本、光緒仁懿堂刻)

經20909971

孟子論文七卷　清牛運震撰
　　清乾隆間牛氏刻本　國圖
　　空山堂全集本(嘉慶刻)
　　民國十五年上海尋源學校鉛印本　北
　　　　大　上海

經20909972

孟子讀法附記十四卷　清周人麒撰
　　清乾隆四十九年保積堂刻本　國圖
　　　　北大　中科院　天津　湖北
　　清道光四年啓心堂刻本　北大　天津

經 20909973
孟子十四卷　清劉所說撰
　　四書尋真本(乾隆肆業堂刻)　中科院

經 20909974
孟子疏證十六卷　清迮鶴壽撰
　　稿本　上海
　　清鹽城孫氏抄本　中科院

經 20909975
孟子疏證正經界六卷班爵錄十六卷
　　清迮鶴壽撰
　　民國間北平人文科學研究所抄本　中
　　　科院

經 20909976
孟子疏證班爵錄十六卷　清迮鶴壽撰
　　清抄本(陳其榮校)　天津
　　民國間北平人文科學研究所抄本　中
　　　科院

經 20909977
孟子講義二卷　清王元啓撰
　　惺齋先生雜著本(乾隆刻,四書講義)

經 20909978
孟子七卷　清楊玉緒撰
　　四書述要本(乾隆刻、清刻巾箱本)

經 20909979
四書要言孟子七卷　清林霖輯
　　四書要言本(清抄)　北大

經 20909980
孟子字義疏證三卷　清戴震撰
　　微波榭叢書本(乾隆刻)
　　安徽叢書本(民國影印,戴東原先生全
　　　集)
　　指海本(道光刻、民國影印)
　　端溪叢書本(光緒刻)
　　國粹叢書本(光緒宣統鉛印)
　　民國十三年雙流劉氏刻本　國圖　復
　　　旦　遼寧
　　戴氏三種本　北師大　上海　上海師大

經 20909981
四書疏註撮言大全孟子十四卷　清胡
　　斐才撰
　　四書疏註撮言大全本(乾隆文光堂刻、
　　　經國堂刻)

經 20909982
甌香館四書說孟子四卷　清郝寧愚撰
　　甌香館四書說本(道光刻)

經 20909983
孟子塵言二卷　清戴宮華撰　清趙宗
　　樸錄
　　四子書塵言本(乾隆刻)

經 20909984
孟子講義集說四卷　清李道南撰
　　四書集說本(乾隆還是讀書堂刻)　國
　　　圖　北大　中科院　上海
　　清乾隆四十二年刻本　湖北

經 20909985
閑道集四卷　清孟經國輯
　　清道光十二年孟氏木活字印本　北大
　　　中科院

經 20909986
孟子四卷　清趙佑撰
　四書温故録本(乾隆趙氏刻、謝氏刻)

經 20909987
孟子章指一卷　清趙佑撰
　四書温故録本(乾隆趙氏刻、謝氏刻)

經 20909988
孟子集註指要二卷　清董錫嘏輯
　清刻本　國圖　北大　上海

經 20909989
孟子四考四卷　清周廣業撰
　稿本(清翁方綱校)　國圖
　稿本　上海
　稿本　天一閣
　清乾隆六十年海寧周氏省吾廬刻本
　　　國圖　北大　清華　中科院　天津
　　　上海　復旦　南京　浙江　南昌
　　　大學
　皇清經解續編本(光緒刻、光緒石印)

經 20909990
孟子古註考一卷　清周廣業撰
　稿本(清翁方綱校)　國圖
　稿本　上海
　稿本　天一閣
　孟子四考本(乾隆刻)
　皇清經解續編本(光緒刻、光緒石印,孟
　　　子四考)

經 20909991
孟子文法　清李文藻評
　清末武昌文藻齋鉛印本　湖北

經 20909992

孟子附記二卷　清翁方綱撰
　畿輔叢書本(光緒刻)
　清抄本　北大

經 20909993
孟子札記二卷　清朱亦棟撰
　十三經札記本(光緒竹簡齋刻)
　四書古註羣義彙解本(光緒點石齋、同
　　　文書局、鴻寶齋、蜚英館、積山書局、
　　　上海書局、上海慎記石印,光緒珍藝
　　　書局鉛印)
　四書古注羣義彙解本(光緒同文升記書
　　　局鉛印)　上海　復旦　南京

經 20909994
孟子朱子大全七卷　清秦宮璧撰　清
　　　張一橋等校
　四書朱子大全本(乾隆刻)　湖北

經 20909995
孟子篇敘七卷年表一卷　清姜兆翀撰
　清嘉慶五年漱芳書塾刻本　國圖　中
　　　科院　上海　湖北

經 20909996
孟子辯義一卷　清梁鴻翥撰
　抄本　上海

經 20909997
孟子七篇諸國年表一卷說一卷　清張
　　　宗泰撰
　積學齋叢書本(光緒刻)
　抄本　中科院

經 20909998
孟子七篇說一卷　清張宗泰撰
　積學齋叢書本(光緒刻)

抄本　中科院

經20909999
四書摭餘說孟子二卷　清曹之升撰
　四書摭餘說本（乾隆刻、嘉慶刻、道光
　　刻）

經20910000
致用精舍孟子類解十二卷　清王輅撰
　致用精舍講語本（光緒刻）

經20910001
孟子七卷　清吳昌宗撰
　四書經注集證本（嘉慶汪刻、光緒重修、
　　清翻汪刻、清文發堂刻、清槐陰山房
　　刻）

經20910002
孟子七卷　清章守待撰　清章祖武編
　四書聯珠本（嘉慶崇文堂刻）　國圖

經20910003
孟子文說七卷附學庸文說二卷　清康
　濬撰
　清嘉慶間刻巾箱本　國圖　湖北

經20910004
孟子會解十四卷　清綦澧撰
　四書會解本（嘉慶刻、道光刻、咸豐刻、同
　　治刻）

經20910005
孟子七卷　清劉式潤撰
　正蒙四書本（嘉慶刻）

經20910006
孟子論文七卷　清陳履中撰

清抄本　大連

經20910007
讀孟子劄記一卷　清李炳寰撰
　清光緒二十九年刻本　上海

經20910008
孟子正義三十卷　清焦循撰
　稿本　南京
　焦氏叢書本（嘉慶道光刻、光緒刻）
　清光緒間刻江都翁氏印本　國圖　上
　　海　南京
　皇清經解本（道光刻、咸豐補刻、鴻寶齋
　　石印、點石齋石印）
　四書古註羣義彙解本（光緒點石齋、同
　　文書局、鴻寶齋、蜚英館、積山書局、
　　上海書局、上海慎記石印,光緒珍藝
　　書局鉛印）
　四書古注羣義彙解本（光緒同文升記書
　　局鉛印）　上海　復旦　南京

經20910009
撰孟子正義日課記一卷　清焦循撰
　稿本　國圖

經20910010
孟子補疏二卷　清焦循撰
　稿本　北大

經20910011
孟子味根錄十四卷　清金澂撰
　四書味根錄本（道光刻、咸豐刻、光緒刻、
　　光緒石印、日本銅版印）

經20910012
加批增補四書味根錄孟子十四卷附疑
　題解　清金澂撰

批增補四書味根錄(蜚英館石印)
　　遼寧

經20910013
四書題鏡孟子　清汪鯉翔撰
　　四書題鏡本(乾隆刻、嘉慶刻、道光刻、同
　　　治刻、光緒石印)

經20910014
四書味根錄孟子十四卷附四書題鏡
　　清金澂撰　(四書題鏡)清汪鯉翔撰
　　清鴻文書局重編
　　四書味根錄題鏡合編本(光緒鴻文書局
　　　石印)

經20910015
四書味根錄題鏡合編孟子十四卷附四
　　書宗旨　清金澂撰　(四書題鏡)清
　　汪鯉翔撰
　　四書味根錄題鏡合編附四書宗旨本
　　　(光緒點石齋、鴻文書局石印)
　　　湖北

經20910016
孟子七卷　清何始升撰
　　四書正韻本(乾隆亦樂堂刻)

經20910017
孟子補義十四卷　清淩江撰
　　淩氏傳經堂叢書本(道光刻)

經20910018
孟子論仁論一卷　清阮元撰
　　清刻本　國圖　南京

經20910019
四書勸學錄孟子十四卷　清謝廷龍撰

四書勸學錄本(道光刻、富文堂印)
　　北大

經20910020
四書恆解孟子七卷　清劉沅輯注
　　槐軒全書本(光緒刻、民國刻,四書恆解)
　　清末亞東製版印刷局鉛印本　北大

經20910021
孟子十四卷　清陶起庠撰　清陶金烓
　　等校
　　四書集說本(嘉慶謙益堂刻)　天津(佚
　　　名批校)　湖北

經20910022
四書補義孟子三卷　清陶起庠撰　清
　　陶金烓等校
　　四書補義本(嘉慶謙益堂刻)　國圖
　　　北大　中科院　天津　湖北

經20910023
孟子章指一卷　清薩玉衡編
　　清宣統三年薩嘉曦蒔花吟館刻本
　　　北大
　　民國間福州薩氏敦孝堂刻蒔花吟館
　　　印本　國圖

經20910024
孟子七卷　清呂世鏞輯
　　四書正體本(康熙呂氏刻、懷永堂刻)

經20910025
孟子外書補證一卷　宋劉攽注　清林
　　春溥補證
　　竹柏山房十五種附刻四種本(嘉慶咸
　　　豐刻)

經 20910026
讀孟質疑三卷　清施彥士撰
　　求己堂八種本（道光刻）

經 20910027
讀孟質疑二卷　清施彥士撰
　　槐廬叢書本（光緒刻）

經 20910028
孟子外書集證五卷　宋劉攽注　清施
　　彥士集證
　　求己堂八種本（道光刻）

經 20910029
孟子集註旁證十四卷　清梁章鉅撰
　　清刻本　南京

經 20910030
四書拾疑孟子二卷　清林春溥輯
　　竹柏山房十五種附刻四種本（嘉慶咸
　　　豐刻，四書拾疑）

經 20910031
孟子七卷　清宋翔鳳撰
　　四書古今訓釋本（嘉慶浮谿草堂刻）
　　　北大　中科院
　　皇清經解續編本（光緒刻、光緒石印）

經 20910032
孟子十四卷　清宋翔鳳撰
　　四書纂言本（嘉慶刻、光緒刻）

經 20910033
孟子趙註補正六卷孟子劉註一卷　清
　　宋翔鳳輯
　　皇清經解續編本（光緒刻、光緒石印）
　　清光緒十七年廣雅書局刻本　國圖

　　　上海　湖北
　　廣雅書局叢書本（光緒刻）

經 20910034
孟子讀本二卷　清王汝謙輯評
　　清同治十三年刻本　國圖　天津

經 20910035
孟子述義二卷　清單爲鏓撰
　　單氏全書本（同治刻，四書述義前集）

經 20910036
孟子述義續一卷　清單爲鏓撰
　　單氏全書本（同治刻，四書述義後集）

經 20910037
讀孟隨筆二卷　清王祖畲撰
　　稿本　南京
　　十三經讀本本（民國醒園刻）

經 20910038
孟子文評一卷　清趙承謨撰
　　清乾隆三十五年刻貽燕堂印本　國圖
　　民國五年上海晉益書局石印本　南京
　　民國間交通書館石印本　上海

經 20910039
孟子釋一卷　清課虛齋主人撰
　　清嘉慶間刻本　國圖

經 20910040
孟子篇敍一卷　清馬國翰輯
　　玉函山房輯佚書本（同治皇華館刻、光
　　　緒李氏印、光緒娜嬛館刻、光緒楚南
　　　書局刻）

經 20910041

孟子十四卷　清楊大受輯
　　四書講義切近錄本(道光刻、以約齋印)

經20910042
答疑孟　清陳鍾英撰
　　欖香小品本　清華　上海
　　清道光六年歸禮堂刻本　上海

經20910043
孟子三卷　清賴相棟撰
　　四書管窺本(道光刻)　湖北

經20910044
孟子義要信好錄五卷　清鄭機纂輯
　　民國間石印本　湖北

經20910045
孟子俟一卷　清陳世鎔撰
　　求志居全集本(道光刻、同治刻)

經20910046
孟子考義發十三卷　清吳敏樹撰
　　清抄本　湖南

經20910047
吳南屏先生評點孟子七篇　清吳敏樹
　　評點
　　清抄本　天津師大

經20910048
讀孟子劄記二卷　清羅澤南撰
　　羅忠節公遺集本(咸豐同治刻)

經20910049
讀孟子劄記一卷　清羅澤南撰　清侯
　　中輅校訂
　　民國間上海國學昌明社鉛印本　湖北

經20910050
四書隨見錄孟子十四卷　清鄒鳳池輯
　　清陳作梅輯
　　四書隨見錄本(道光刻)　北大

經20910051
孟子外書四卷　宋劉放注　清高驤雲
　　補注
　　漱琴室存稿本(清刻)

經20910052
來復堂孟子講義四卷　清丁大椿撰
　　清道光二十年刻來復堂全書本　國圖
　　清華　上海

經20910053
孟子要畧五卷附錄一卷　宋朱熹撰
　　清劉傳瑩輯　清曾國藩按
　　清道光二十九年漢陽劉氏刻本　國圖
　　北大　天津　上海　湖北
　　清同治六年蔣氏衍芬草堂重刻本　南
　　京　浙江
　　曾文正公全集本(同治刻)
　　清光緒十四年山東書局刻本　國圖
　　南京
　　湖北叢書本(光緒刻)
　　清光緒二十八年廣雅書局刻本　國圖
　　湖北
　　清光緒三十二年山西師範學堂鉛印
　　本　國圖　南京

經20910054
朱子原編孟子要畧五卷首一卷　宋朱
　　熹撰　清劉傳瑩輯　清曾國藩按
　　清孫光庭輯注
　　清光緒二十九年雲南官書局刻本　國
　　圖　北大　中科院　上海　復旦

南京

經 20910055
孟子順義解七卷　清劉琴撰
　四書順義解本(清刻)　湖北

經 20910056
孟子古註擇從一卷　清俞樾撰
　春在堂全書本(同治至光緒刻,俞樓雜
　纂)

經 20910057
孟子高氏學一卷　清俞樾撰
　春在堂全書本(同治至光緒刻,俞樓雜
　纂)

經 20910058
孟子纘義內外篇一卷　清俞樾撰
　春在堂全書本(同治至光緒刻,俞樓雜
　纂)

經 20910059
孟子平議二卷　清俞樾撰
　皇清經解續編本(光緒刻、光緒石印)
　春在堂全書本(同治至光緒刻,羣經平
　議)

經 20910060
孟子辨證二卷　清譚澐撰
　味義根齋全書本(光緒刻)

經 20910061
孟子集註七卷　宋朱熹撰　清高玲批點
　新刻批點四書讀本本(道光愷元堂刻、
　同治三益堂刻、民國慎言堂刻)

經 20910062

孟子三卷　清黃鶴撰
　四書異同商本(咸豐寧鄉學署東齋刻,光
　緒澹雅書局刻)

經 20910063
孟子補訂三卷　清黃鶴撰
　四書異同商本(光緒澹雅書局刻)

經 20910064
孟子說七卷　清姜郁嵩撰
　清光緒三十三年刻本　中科院　湖北

經 20910065
孟子趙註考證一卷　清桂文燦撰
　南海桂氏經學本(光緒刻)
　丙子叢編本(民國鉛印)

經 20910066
孟子外書一卷　宋劉攽注　清姜國伊
　補注
　守中正齋叢書本(同治光緒刻)

經 20910067
孟子論畧一卷　清張恩霨撰
　清光緒九年刻論孟論畧本　國圖　中
　　科院　南京　湖北
　清光緒二十八年金陵刻論孟論畧本
　　湖北

經 20910068
孟子釋疑一卷　清汪宗沂撰
　清光緒二十三年刻本　南京　湖北

經 20910069
孟子述二卷　清陸殿邦撰
　維心亨室四書講義本(光緒刻)

經 20910070
孟子故二卷　清陸殿邦撰
　　維心亨室四書講義本(光緒刻)

經 20910071
孟子可讀八卷　清劉曾騄撰
　　祥符劉氏叢書本(清末民初石刻,五經
　　　　讀本)

經 20910072
孟子約解七卷　清劉曾騄撰
　　祥符劉氏叢書本(清末民初石刻,九經
　　　　讀本)

經 20910073
孟子人考一卷　清劉曾騄撰
　　祥符劉氏叢書本(清末民初石刻,九經
　　　　約解)

經 20910074
孟子編畧六卷　清孫葆田編
　　清光緒十六年京師刻本　天津

經 20910075
孟子外書補註四卷　宋劉攽注　清陳
　　　　矩補注
　　清光緒十七年雲南府署刻本　北大
　　　　湖北
　　靈峯草堂叢書本(光緒刻)

經 20910076
孟子評林三卷敬梓小錄一卷　清王廷
　　　　建撰
　　清光緒八年省龕手抄本　湖北

經 20910077
孟子性善備萬物圖說一卷　清劉光蕡撰

　　煙霞草堂遺書本(民國刻)

經 20910078
孟子書法一卷　清張瑛撰
　　清光緒十年江蘇臬署刻本　國圖

經 20910079
孟子七卷　清羅大春增訂
　　批點四書本(光緒宗德堂刻)　湖北

經 20910080
孟子章句考年五卷年表一卷　清蔣一
　　　　鑒輯
　　清道光十七年謙吉堂刻本　上海
　　　　湖北

經 20910081
讀孟集說二卷　清沈保靖撰
　　怡雲堂全集本(宣統刻)

經 20910082
孟子集語一卷　清孫國仁撰
　　砭愚堂叢書本(稿本)　上海

經 20910083
孟子文評　清趙襄周撰
　　民國五年晉益書局石印本　復旦

經 20910084
孟子說春秋兩章口義　清陳學受撰
　　清末民國初石印本　南京

經 20910085
孟子章句議畧一卷　清高心伯撰
　　四書議畧(稿本)　江西博

經 20910086

孟子講義二卷　清夏靈峯撰
　　清刻本　南京

經20910087
孟子校異四卷　清姚凱元撰
　　抄本　國圖

經20910088
孟子分章考一卷　清于鬯撰
　　于香草遺著叢輯本(稿本)　上海

經20910089
孟子古註一卷　清王仁俊輯
　　玉函山房輯佚書續編本(稿本)
　　十三經漢注本(稿本)　上海

經20910090
孟子發隱一卷　清楊文會撰
　　清光緒間金陵刻經處刻本　國圖　上
　　　海　復旦
　　楊居士遺書本(民國刻)

經20910091
孟子繹文不分卷　□□撰
　　清抄本　北大

經20910092
孟子四卷　□□撰
　　四書辨真本(宏道堂刻)　湖北

經20910093
讀孟趙註隨筆一卷　王元穉撰
　　無暇逸齋叢書本(民國鉛印)

經20910094
孟子類纂三卷　曹廷傑撰
　　民國二年吉林印書館鉛印本　南京

　　　　　　湖北

經20910095
繼述堂讀孟芻言一卷　王毓英撰
　　民國十一年溫州石印繼述堂全集本
　　　上海

經20910096
孟子講義二卷　夏震武撰
　　民國八年刻本　上海
　　民國十年開封新民社石印本　上海

經20910097
孟子說例一卷　宋育仁撰
　　問琴閣叢書本(民國刻)

經20910098
孟子微八卷　康有爲撰
　　稿本　天津

經20910099
孟子微八卷　康有爲撰
　　清光緒二十七年鉛印本　國圖　北大
　　　中科院　上海
　　清末掃葉山房鉛印本　復旦
　　民國五年上海廣智書局鉛印本　國圖
　　　北大　上海　復旦

經20910100
孟子註本義匯參十四卷首一卷　王步
　　清輯
　　清敦復堂刻本　上海

經20910101
讀孟子記二十八卷　董鴻勳撰
　　讀四書記本(宣統鉛印)　湖北

經 20910102
孟子彙解二十八卷　淩陛卿輯
　　清朝四書彙解本（光緒鴻文書局石印）
　　　上海　浙江　湖北

經 20910103
孟子劄記一卷　翟師彝撰
　　清宣統二年遊擊日報館鉛印本　上海

經 20910104
孟子劄記四卷　翟師彝撰
　　民國七年木活字印本　中科院

經 20910105
孟子發微二卷　易順豫撰
　　民國十四年山西宗學社鉛印本　國圖
　　中科院　上海　南京　湖北

經 20910106
孟子文法讀本七卷　高步瀛集解　吳
　　闓生評點
　　民國二年石印本　上海
　　民國十一年北京直隸書局鉛印本　上
　　　海　遼寧

經 20910107
孟子集註箋正十四卷　徐天璋箋正
　　清宣統二年蕭聲館鉛印本　國圖

經 20910108
孟子類編二十九卷　謝維嶽編
　　四書類編本（民國中道齋刻）　湖北

經 20910109
孟子今義四卷　彭廙良撰
　　民國二年鉛印九經今義本　國圖

經 20910110
孟子大義一卷　唐迪風撰
　　民國二十年成都敬業學院北平鉛印
　　　本　國圖

經 20910111
新註孟子白話解說十四卷　江希張注
　　民國十七年上海書業公所石印本
　　　上海

經 20910112
孟子三卷　李佩精編纂
　　四書串釋本（民國鉛印）

經 20910113
孟子經緯一卷　董其慧撰
　　民國二十四年張家口中華印刷局鉛
　　　印本　上海

經 20910114
孟子疏義七卷　王恩澤撰
　　民國二十七年上海佛學書局鉛印龜
　　　山叢書本　上海

經 20910115
讀孟隨筆七卷　鈕敦仁撰
　　民國三十二年鉛印本　復旦

經 20910116
孟子二卷　徐大煜纂輯
　　四書義述本（民國鉛印）

經 20910117
諧文孟子疏要一卷　蓮舌居士撰
　　民國間西安鉛印本　上海

經 20910118

孟子古義一卷　□□撰
　稿本　國圖

經 20910119
孟子述說七卷　□□撰
　抄本　南京

經 20910120
言文對照廣註孟子讀本七卷　□□撰
　民國間上海世界書局石印本　上海

經 20910121
孟子考二卷　□□輯
　日本抄本　北大

經 20910122
孟子知言不分卷　□□輯
　日本抄本　國圖

附　錄

逸文之屬

經 20910123
逸孟子一卷　清李調元輯
　函海本(乾隆刻、道光補刻、光緒刻)

經 20910124
孟子逸文考一卷　清周廣業撰
　稿本(清翁方綱校)　國圖
　稿本　上海
　稿本　天一閣
　稿本(存卷二至四)　國圖
　孟子四考本(乾隆刻)
　皇清經解續編本(光緒刻、光緒石印,孟
　　子四考)

四書總義

正文之屬

經 20910125
四書六卷　元□□輯
　元刻本　上海
　明刻本　吉林

經 20910126
四書十九卷　清□□輯
　清光緒三十三至三十四年學部圖書
　　局石印本　國圖

經 20910127
古香齋四書十九卷　清高宗弘曆編
　古香齋袖珍十種本(内府刻、南海孔氏
　　重刻)

經 20910128
顏字四書二十八卷　明□□輯
　明書林熊沖宇種德堂刻本　山東(清
　　王雲錦批校)

經 20910129
四子書真讀　清鄭燮書
　民國三年石印印本　國圖　南京

經 20910130
闕里石刻四書　清錢泳書
　清嘉慶間刻同治十三年補鐫拓本
　　湖北

經 20910131
四書字帖七十八卷　清高諤撰
　清道光五年刻本　南京

經 20910132

欽定篆文四書　清張照校

　　清雍正間内府刻本　國圖　北大　上
　　　　海　復旦　南京

　　民國五年上海古今圖書局影印本
　　　　遼寧

　　民國間碧梧山莊影印清武英殿本　國
　　　　圖　北大

經 20910133

新刻滿漢字四書六卷　清□□輯

　　清康熙間玉樹堂刻本　北大

　　清康熙間天繪閣刻本　北大

經 20910134

御製翻譯四書(滿漢合璧)六卷　清高宗
　　弘曆敕譯　清鄂爾泰等譯

　　清乾隆二十年武英殿刻本　國圖
　　　　天津

　　清寶名□刻本　北大

　　清光緒四年成都八旗官學刻本　南京

　　清光緒十四年京都聚珍堂刻本　北大
　　　　遼寧

　　清光緒間京都三槐堂刻本　北大

　　清光緒十六年荆州駐防翻譯總學重
　　　　刻本　上海

　　清京都聖經堂博古堂刻本　南京
　　　　遼寧

經 20910135

蒙漢合璧四書十四卷　清噶勒桑譯
　　蒙文書社編譯部編譯

　　民國十三年蒙文書社鉛印本　北大
　　　　遼寧

經 20910136

御製翻譯四書(滿蒙漢對照)　清高宗弘

曆敕譯

　　清乾隆間刻本　北大

傳說之屬

經 20910137

大學說中庸說一卷　明顧憲成撰

　　清抄本　復旦

經 20910138

學庸正說詳節三卷　明趙南星撰　□
　　□增删　李溶之編

　　民國二十一年石印本　國圖

經 20910139

董槐仲學庸解不分卷　明董懋策撰

　　明千古堂刻本　清華

經 20910140

學庸切己錄二卷　清謝文洊撰

　　謝程山全書本(光緒刻)

　　留餘草堂叢書本(民國刻)

經 20910141

學庸順文九卷當湖陸稼書先生師弟子
　　答問一卷　清李實輯

　　清康熙四十二年李氏刻本　清華

經 20910142

顧涇陽先生學庸意三卷　清張純修編校

　　清康熙間淑躬堂刻本　湖北

經 20910143

大學中庸本義一卷　清王澍輯

　　積書巖六種本(乾隆刻)

經 20910144

學庸示掌二卷　清湯自銘撰

清嘉慶二十年重刻本　國圖　中科院
　　南京
清道光二十六年刻雙桂齋印本　國圖
清抄本　國圖

經 20910145
學庸一得三卷　清潘士權撰
　潘龍菴全書本(乾隆刻)

經 20910146
學庸囈語二卷　清耿埰口授　清陳善輯
　清同治九年刻屏山堂印本　國圖

經 20910147
學庸說文十二卷　清李凱撰
　清乾隆十八年寒香亭刻本　北大　上
　　海　浙江　華南師大
　清乾隆四十三年友益齋刻本　南京
　清嘉慶十五年刻本　中科院
　清嘉慶間寒香亭刻本　上海

經 20910148
學庸一卷　清趙佑撰
　清乾隆六十年安溪謝氏刻本　南京
　清獻堂全編本(乾隆刻)

經 20910149
學庸會通三卷　清吳楚椿撰
　清乾隆四十六年刻本　國圖

經 20910150
學庸講義二卷　清胡珊撰
　清嘉慶八年刻本　南京

經 20910151
學庸集要不分卷　清蕭開運纂
　清嘉慶八年景賢齋刻本　湖北

清光緒間善成堂刻本　湖北

經 20910152
學庸集要四卷　清蕭開運纂
　清道光元年刻本　南京

經 20910153
大學中庸意讀二卷　清蕭光浩輯
　清嘉慶九年刻本　中科院

經 20910154
學庸圖說一卷　清侯連城撰
　清嘉慶十八年重刻本　中科院

經 20910155
學庸合一二卷　清孫觀光撰
　清光緒二年孫氏刻本　國圖

經 20910156
大學中庸章圖　清杜炳撰
　清道光七年刻本　國圖

經 20910157
學庸順講二卷　清叢秉肅撰
　清道光九年文登于氏刻本　國圖

經 20910158
學庸困知錄四卷　清莊詠撰
　清道光二十三年刻本　中科院

經 20910159
學庸臆解一卷　清張承華撰
　清光緒十年皖桐會友堂刻本　上海

經 20910160
學庸補釋新編二卷附大學諸家考辨一
　卷中庸諸家考辨一卷　清張承

　　華撰
　　清同治三年刻本　國圖　北大　南京

經 20910161
學庸一卷補訂一卷　清黃鶴撰
　　四書異同商本(光緒濬雅書局刻)

經 20910162
學庸補訂一卷　清黃鶴撰
　　四書異同商本(光緒濬雅書局刻)

經 20910163
學庸家訓一卷　清金光旭撰　清金崇
　　城輯
　　清道光間聚文堂刻本　國圖

經 20910164
讀學庸筆記二卷　清方宗誠撰
　　柏堂遺書本(光緒刻,柏堂經說)

經 20910165
讀學庸雜記一卷　清雷以誠撰
　　清同治七年雨香書屋刻本　上海

經 20910166
學庸便覽一卷　清周小鸞撰
　　清同治十二年書業德刻袖珍本　國圖

經 20910167
學庸識小一卷　清郭階撰
　　清光緒十五年刻　國圖　北大　中科院

經 20910168
學庸理鏡二卷　清梁有成輯
　　清光緒十一年上海同文書局石印本
　　　　上海

經 20910169
學庸註釋不分卷附樂記　清曹耀湘撰
　　稿本　國圖

經 20910170
學庸便閱不分卷　清方汝霖訂
　　清抄本　上海

經 20910171
學庸要旨不分卷　清李寅撰
　　清抄本　國圖

經 20910172
大學中庸圖說不分卷　清李標撰
　　清抄本　上海

經 20910173
學庸註釋二卷　清李翰撰
　　自得廬集本(光緒刻)

經 20910174
祕解學庸全旨一卷　清蕭輝錄
　　抄本　上海

經 20910175
學庸私存二卷　清徐來復撰
　　清抄本　復旦

經 20910176
學庸總義不分卷　清許致和撰
　　清刻本　國圖

經 20910177
大學中庸演義一卷　廖平撰
　　新訂六譯館叢書本(民國彙印)

經 20910178

大學中庸一卷　徐大煜纂輯
　　民國間武昌察院坡黃粹文鉛印本　湖北

經20910179
學庸析解不分卷　□□輯
　　清光緒間鉛印本　國圖

經20910180
評點大學中庸不分卷　□□評點
　　清抄本　天津

經20910181
學庸論語講義不分卷　□□撰
　　清漢陽葉氏抄本　上海

經20910182
語孟說畧二卷　明顧憲成撰
　　清抄本　復旦

經20910183
論孟集註附考二卷　清劉寶楠撰
　　清抄本　國圖
　　抄本　南京

經20910184
語孟左海八卷附錄一卷　清林筠英輯
　　清道光十三年刻鶴陰山房印本　湖北

經20910185
論孟集註附考二卷　清丁晏撰
　　清潘祖蔭抄本　國圖

經20910186
論孟筆記三卷補記二卷　清方宗誠撰
　　柏堂遺書本(光緒刻,柏堂經說)

經20910187

論孟補記二卷　清方宗誠撰
　　柏堂遺書本(光緒刻,柏堂經說)

經20910188
論孟疑義一卷　清呂調陽撰
　　觀象廬叢書本(光緒刻)

經20910189
論孟書法二卷附讀四書一卷　清張瑛撰
　　稿本　上海
　　清光緒十年江蘇臬署刻本　國圖　中
　　　科院　天津　上海　復旦　南京
　　　湖北

經20910190
論語孟子類編八十卷論語孟子集註類
　　編八十卷附異文箋一卷　清左欽
　　敏編
　　民國四年刻本　國圖　湖北

經20910191
論語孟子集註類編八十卷　清左欽敏
　　纂述
　　民國四年刻本　國圖　湖北

經20910192
論語孟子異文箋編一卷　清左欽敏編
　　民國四年刻本　國圖

經20910193
論孟一臠一卷　□□撰
　　清刻本　國圖

經20910194
論孟厄言一卷　江瀚撰
　　清光緒二十八年鉛印本　國圖　南京
　　木活字印本　南京

經 20910195

論孟要義二卷　江瀚編
　　民國間石印本　上海

經 20910196

四書解一卷　宋曾日文撰
　　羅卷彙編本（道光刻）

經 20910197

四書集註（四書章句集註、四書）十九卷
　　宋朱熹撰
　　元至正二十二年武林沈氏尚德堂刻
　　　　本　山東
　　元刻本（有抄配）　上海（明魏校批，袁克
　　　　文跋）
　　明隆慶四年衡府刻本　南京
　　明萬曆元年自新齋余幼山刻本　日本
　　　　龍谷大學
　　明萬曆十年金積刻本　内蒙古巴盟
　　　　四川
　　明萬曆二十七年休陽黄氏忠恕堂刻
　　　　本　上海
　　明萬曆三十四年陳氏餘慶堂刻本　日
　　　　本内閣
　　明萬曆間吴勉學刻本　遼寧　中山
　　　　大學
　　明萬曆間刻本　上海
　　明崇禎七年刻本　上海　安丘
　　明崇禎十四年汲古閣刻本　國圖
　　明崇禎間刻本　日本尊經閣
　　明蔡日安刻本　日本廣島淺野
　　明刻西陵在兹堂印本　日本廣島淺野
　　明書林怡慶堂刻本　日本大阪
　　明種德書堂刻本　國圖
　　明豹變齋刻本　故宫
　　明書林鄭繼閔刻本　上海
　　明刻朱墨套印本　山東

清順治間刻本　上海
清康熙間内府刻本　故宫（清高宗弘曆
　　跋）
清康熙間崇道堂刻本　上海（清戴有祺
　　批）　中科院　浙江
清雍正間國子監刻本　北大
清武英殿刻本　北大
清乾隆二十年雲林周氏萬卷樓刻本
　　上海（清佚名批）
四庫全書薈要本（乾隆寫，四書集註）
四庫全書本（乾隆寫，四書集註）
清乾隆間文粹堂刻本（監本四書）　上
　　海　河北大學（清錢泳批）
清嘉慶間刻本（監本四書）　北大　浙
　　江　遼寧
清嘉慶道光間垂裕堂刻本（四書）
　　上海
清道光間勉行堂刻本　浙江　西北師
　　大（清鄭國琳批校）
清道光間菜根香館刻本　上海
清道光間愷元堂刻本　國圖　上海（佚
　　名眉批）
清道光間刻大成堂印本　國圖
清道光間一經堂刻本（監本四書）
　　南京
清道光間揚州惜字局刻（監本四書）
　　國圖　南京
清道光間寶恕堂刻本　國圖　北大
　　天津　湖北
清同治間浙江撫署刻本　國圖　上海
　　浙江
十三經讀本本（同治金陵書局刻，四書集
　　註）
清同治間崇文書局刻本　南京　北大
清同治間山東書局刻本　上海　浙江
　　南京
清同治間江西書局刻本（監本四書）
　　南京

清同治湖南書局刻本　湖北

清同治間老二酉堂刻本(四書)　北大

清光緒間京師慈幼堂刻本　上海

清光緒間崇文書局刻本　湖北

清光緒間江蘇書局刻本(四書)　國圖
天津　復旦

清光緒間刻本　上海(吳保箴過錄清劉
大櫆批校)

清光緒間聚珍堂刻本　國圖

清光緒間山西濬文書局刻本　國圖

四子書本(光緒刻)

清光緒間狀元閣刻本(四書)　天津

清光緒間淮南書局刻本　國圖　上海
湖北

清光緒間擷雲腴山館刻本　浙江
南京

清光緒間湖北官書處刻本　國圖
北大

清光緒間八旗官學刻本　國圖

清光緒間浙江書局刻本　北大　上海
浙江

清光緒間寶善堂刻本　上海(佚名點
校)　湖北

清光緒間湖南經綸元記刻本　湖北

清光緒間尚志齋刻本　湖北

清光緒間直隸官書局刻本　南京
浙江

清光緒間湖北學務處刻本　湖北

清光緒間南京李光明莊刻本　上海
復旦

清光緒間祝氏刻本(四書)　上海

清清華書屋刻本　國圖

清寶書堂刻本　上海

清古越尺木堂刻本(監本四書)　北大

清刻本(監本四書)　湖南(清王寶溎錄
清王言綸批注)

清刻本　國圖(清俞樾批校)

四書本(朝鮮英宗朝據明洪武正韻書體
刻)　上海

日本天保間河內屋喜兵衛等刻本　日
本二松學舍大學

日本文久間積玉圃、羣玉堂刻本　上
海　日本一橋大學

日本廣德館刻本　上海

日本銅活字印本　國圖

日本明治間刻本　南京

經 20910198
四書集註二十一卷　宋朱熹撰
　元刻本　南京(孟子集註卷三、四配清咸
　　豐九年抄本,清蔣培澤、清高望曾、清
　　丁丙跋)
　明嘉靖間吉澄刻本　首都　上海　吉
　　林　日本小如舟書屋
　明崇禎間刻本　安丘
　四書章句集註袖珍本(雍正明善堂刻)
　明刻朱墨套印本　山東
　清內府刻本　國圖　首都　中央黨校
　　復旦　北碚

經 20910199
四書集註二十六卷　宋朱熹撰
　清初春秀堂刻本　上海(清佚名過錄批
　　注)
　清末掃葉山房刻本　北大

經 20910200
四書章句集註二十八卷(大學章句一卷中
　　庸章句一卷論語集註十卷序說一卷孟
　　子集註十四卷序說一卷)　宋朱熹撰
　宋淳祐十二年當涂郡齋刻本(大學章
　　句、中庸章句)
　宋嘉定十年當涂郡齋刻嘉熙四年淳
　　祐八年十二年遞修本(論語集註、

孟子集註）　國圖

清内府重刻宋淳祐六年泳澤書院本
（四書）　天津　上海　南京

宋刻本　國圖（存論語集註十卷、序說一
卷、孟子集註十四卷、序說一卷）

元延祐五年溫州路學稽古閣趙鳳儀
刻本　日本内閣

明嘉靖二十七年伊藩刻本　南京（清
丁丙跋）

經 20910201
四書章句集註三十卷　宋朱熹撰
宋刻本　國圖
元刻本　上海（明魏校手批，袁克文跋）
明成化十六年吉府刻本　國圖　山東
博　南京（清丁丙跋）　四川
明嘉靖四十三年益藩樂善堂刻本　日
本内閣　中央黨校（存大學章句一
卷、或問一卷、中庸章句一卷、或問一
卷）　國圖（存論語集註十卷、序說
一卷）

經 20910202
四書章句集註三十一卷　宋朱熹撰
明正統十二年司禮監刻本　國圖　上
海　華東師大　天津　内蒙古社科
院　陝西　浙江　江西　湖北　廣
西師大　四川　日本宮内省　日本
御茶之水
明刻本　上海　吉大　江西

經 20910203
四書集註三十八卷　宋朱熹撰
明刻本　清華　上海
明刻本（四書）　北大

經 20910204

四書集註四十一卷　宋朱熹撰
明嘉靖間應檟刻本　國圖
明刻本　北大　國博　羣衆出版社　錦
州　浙江　雲南

經 20910205
四書章句集註二十六卷附四書家塾讀
本句讀一卷四書章句集註定本辨
一卷四書章句附考四卷　宋朱熹
撰　（句讀及定本辨）清吳英撰　（附
考）清吳志忠輯
璜川吳氏四書學本　國圖　北大　中
央黨校（清焦循批）　天津　上海
遼寧
大學章句一卷
中庸章句一卷
論語集註十卷
孟子集註十四卷
四書家塾讀本句讀一卷　清吳英撰
四書章句集註定本辨一卷　清吳
英撰
四書章句附考四卷　清吳志忠輯

經 20910206
四書章句附考四卷　清吳志忠輯
清嘉慶十六年璜川吳氏真意堂刻本
國圖　北大　中央黨校（清焦循批）
天津　上海　遼寧

經 20910207
吳氏校本四書章句集註二十六卷　宋
朱熹撰　清吳志忠校　日本佐藤
坦訓點
日本安政二年江戶千鍾房須原屋茂
兵衛等刻本　日本東京大學

經 20910208

四書章句集註二十六卷(大學一卷中庸一
　　卷論語十卷孟子十四卷)附考異一卷
　　宋朱熹集注　胡宗楙考異
　　民國十五年壽春孫氏小墨妙亭翻刻
　　　　清內府覆刻宋淳祐本　國圖　北
　　　　大　上海　南京　湖北

經 20910209
四書考異一卷　胡宗楙撰
　　民國十五年壽春孫氏小墨妙亭翻刻
　　　　清內府覆刻宋淳祐本　國圖　北
　　　　大　上海　南京　湖北

經 20910210
新鐫音釋圈點提章提節大魁四書正文
　　六卷(大學一卷中庸一卷論語二卷孟
　　子二卷)　宋朱熹集注　明丘兆麟
　　圈點
　　明崇禎四年熊秉宸刻本　北大

經 20910211
四書集註十九卷(大學章句一卷中庸章句
　　一卷論語集註十卷孟子集註七卷)
　　宋朱熹撰　清李日煜輯
　　清康熙間安溪李氏刻本　北大
　　清嘉慶十六年寶章堂刻本　遼寧

經 20910212
新刻批點四書讀本十九卷(大學章句一卷
　　中庸章句一卷論語集註十卷孟子集註
　　七卷)　宋朱熹撰　清高玲批點
　　清道光七年高玲愷元堂刻朱墨套印
　　　　本　國圖　中科院　天津　上海
　　　　(佚名眉批)　南京　浙江　湖北
　　清同治十三年三益堂刻本　上海
　　民國十年玉山慎言堂刻本　復旦

經 20910213
增訂批點四書集註十九卷(大學一卷中庸
　　一卷論語十卷孟子七卷)首一卷　宋
　　朱熹集注
　　清光緒十三年羅宗德堂刻本　天津

經 20910214
四書經註詳讀十九卷(大學一卷中庸一卷
　　論語十卷孟子七卷)　宋朱熹章句
　　清光緒二年刻本　上海　南京

經 20910215
四書便讀十九卷(大學一卷中庸一卷論語
　　十卷孟子七卷)　宋朱熹注
　　清刻本　國圖

經 20910216
四書便蒙十九卷(大學一卷中庸一卷論語
　　十卷孟子七卷)　宋朱熹撰
　　清道光五年刻立本齋印本　國圖
　　清道光二十二年寶恕堂刻本　南京
　　清李光明莊刻本　國圖
　　清文和堂刻本　國圖

經 20910217
四書集註正蒙十九卷(大學一卷中庸一卷
　　論語十卷孟子七卷)　宋朱熹撰
　　清光緒十四年八旗官學刻本　國圖
　　　　北大　遼寧

經 20910218
四書章句集註蒙求十九卷(大學一卷中庸
　　一卷論語十卷孟子七卷)　宋朱熹撰
　　清咸豐元年雲笈山房刻本　上海
　　清同治四年掃葉山房刻本　上海

經 20910219

翼經堂四書章句集註十九卷（大學一卷
　　中庸一卷論語十卷孟子七卷）　宋朱
　　熹集注
　　清咸豐十年耕餘堂刻朱墨套印本
　　　湖北

經 20910220
四書章句集註二十六卷（大學一卷中庸一
　　卷論語十卷孟子十四卷）　宋朱熹撰
　　　日本後藤世鈞點
　　日本明治東京青木恆三郎大阪嵩山
　　　堂鉛印本　北大

經 20910221
四書或問三十九卷（大學或問二卷中庸或
　　問三卷論語或問二十卷孟子或問十四
　　卷）　宋朱熹撰
　　明弘治間刻本　北大
　　明正德十二年閩閫刻本　辭書出版社
　　　河北大學
　　朱子遺書本（康熙刻）
　　清康熙間天蓋樓刻本　國圖
　　四庫全書本（乾隆寫）
　　西京清麓叢書本（光緒刻，朱子遺書重
　　　刻合編）
　　抄本　上海
　　日本正保四年京都書肆風月莊左衛
　　　門刻本　北大

經 20910222
四書或問三十九卷附中庸輯畧二卷
　　　宋朱熹撰　（中庸輯畧）宋石𡍼編
　　　宋朱熹刪定
　　清墨潤齋刻本　北大

經 20910223
四書或問三十九卷四書或問考異一卷

　　　宋朱熹撰　（考異）清劉啓發等撰
　　清同治十二年霍山劉啓發五忠堂倣
　　　白鹿洞刻本　國圖　北大　中科
　　　院　上海　復旦　南京　遼寧
　　　湖北
　　洪氏唐石經館叢書本（光緒印）

經 20910224
四書或問考異一卷　清劉啓發等撰
　　清同治十二年霍山劉啓發五忠堂倣白
　　　鹿洞刻本　國圖　北大　中科院
　　　上海　復旦　南京　遼寧　湖北
　　洪氏唐石經館叢書本（光緒印）

經 20910225
四書序考一卷　宋朱熹撰
　　日本寬文七年刻本　國圖

經 20910226
朱子四書語類五十二卷　宋朱熹講述
　　　宋黎靖德編
　　清康熙十七年金陵周氏四留堂刻本
　　　國圖
　　清康熙間石門呂氏天蓋樓刻本　北大

經 20910227
四書義彙編一卷　宋陸九淵編
　　清光緒二十四年石印本　天津

經 20910228
四書集編二十六卷（大學集編一卷中庸集
　　編一卷論語集編十卷孟子集編十四卷）
　　　宋真德秀撰
　　通志堂經解本（康熙刻、乾隆補修、同治
　　　刻、日本文化刻）
　　四庫全書薈要本（乾隆寫）
　　四庫全書本（乾隆寫）

經 20910229

四書集編二十九卷(大學集編二卷中庸集
　　編三卷論語集編十卷孟子集編十四卷)
　　宋真德秀撰　清翁錫書增訂批點
　　浦城遺書本(嘉慶刻)　國圖　北大
　　　上海
　　清同治七年浦城刻本　上海　湖北
　　清光緒八年清芬館刻本　遼寧
　　清巴陵鍾謙鈞刻本　北大

經 20910230

融堂四書管見十三卷(大學一卷中庸一卷
　　論語十卷孟子一卷)　宋錢時撰
　　明抄本　國圖
　　四庫全書本(乾隆寫)

經 20910231

四書纂疏二十六卷(大學纂疏一卷中庸纂
　　疏一卷論語纂疏十卷孟子纂疏十四卷)
　　宋趙順孫撰
　　元刻元印本　日本靜嘉堂
　　通志堂經解本(康熙刻、乾隆補修、同治
　　　刻、日本文化刻)
　　復性書院叢刊本(民國刻)

經 20910232

黃四如先生六經四書講稿六卷　宋黃
　　仲元撰
　　明嘉靖二十七年黃文炳刻本　北大
　　明嘉靖二十七年黃文炳刻清康熙二
　　　十二年黃雯重修本　浙江
　　四庫全書本(乾隆寫)

經 20910233

黃四如先生六經四書講稿六卷　宋黃
　　仲元撰　清詹清子編　清塗應
　　鍾校

清抄本(羅振常跋，徐行可校點)　湖北
清抄本(清丁丙跋)　南京

經 20910234

四書箋義十二卷紀遺一卷　元趙悳撰
　　宛委別藏本(抄本、影印本)
　　守山閣叢書本(道光刻、光緒影印、民國
　　　影印)
　　清光緒二十七年上海六藝石印本
　　　上海

經 20910235

四書箋義十二卷補遺一卷續遺一卷
　　元趙悳撰
　　清刻本　北大

經 20910236

大學論語孟子箋義紀遺一卷　元趙悳撰
　　宛委別藏本(抄本、影印本)
　　守山閣叢書本(道光刻、光緒影印、民國
　　　影印)
　　清光緒二十七年上海六藝石印本
　　　上海
　　清刻本　北大

經 20910237

四書箋義續遺一卷　元趙悳撰
　　清刻本　北大

經 20910238

四書集義精要三十六卷　元劉因撰
　　元至順元年江浙行省刻本　臺北故博
　　　臺圖(缺卷三、四、九、十、二十、二十
　　　一、二十九至三十六)
　　一九七五年臺灣故宮博物院影印元
　　　至順元年江浙行省刻本　南京

經 20910239
四書集義精要二十八卷（大學四卷論語二
　　十一卷孟子三卷）　元劉因撰
　　四庫全書本（乾隆寫,存二十八卷）

經 20910240
四書通二十六卷（大學通一卷中庸通一卷
　　論語通十卷孟子通十四卷）　元胡炳
　　文撰
　　元天曆二年崇化余志安勤有堂刻本
　　　　國圖
　　通志堂經解本（康熙刻、乾隆補修、同治
　　　　刻、日本文化刻）
　　四庫全書薈要本（乾隆寫）
　　四庫全書本（乾隆寫）
　　清道光十四年靖江朱勳刻本　中科院
　　　　上海　南京　浙江

經 20910241
四書辨疑十五卷　元陳天祥撰
　　通志堂經解本（康熙刻、同治刻、日本文
　　　　化刻）
　　四庫全書薈要本（乾隆寫）
　　四庫全書本（乾隆寫）

經 20910242
四書章句集註標題三十卷　宋熊禾撰
　　元刻本　國圖
　　民國間瞿氏鐵琴銅劍樓影抄元刻本
　　　　國圖
　　明天順間刻本　日本尊經閣

經 20910243
讀四書叢說八卷（讀大學叢說一卷讀中庸
　　叢說二卷讀論語叢說三卷讀孟子叢說
　　二卷）　元許謙撰
　　元刻本　國圖（清黃丕烈跋）　上海

四部叢刊三編本（民國影印）
讀四書叢說本（弘治刻、明抄、嘉慶刻）
明抄本　浙江（佚名校註）
清嘉慶間錢塘何元錫刻本　國圖
經苑本（道光咸豐刻、同治印、民國補刻）
金華叢書本（同治光緒刻、民國補刻）

經 20910244
讀四書叢說四卷　元許謙撰
　　四庫全書本（乾隆寫）

經 20910245
四書通證六卷（大學一卷中庸一卷論語二
　　卷孟子二卷）　元張存中撰
　　元刻本　國圖
　　元天曆二年崇化余志安勤有堂刻本
　　　　國圖
　　明抄本　上海
　　通志堂經解本（康熙刻、乾隆補修、同治
　　　　刻、日本文化刻）
　　四庫全書薈要本（乾隆寫）
　　四庫全書本（乾隆寫）

經 20910246
四書疑節十二卷　元袁俊翁撰
　　四庫全書本（乾隆寫）
　　清吟雪山房抄本（清丁丙跋）　南京
　　清抄本　北大
　　清抄本　中山大學

經 20910247
四書疑節十二卷附校勘記一卷校勘續
　　記一卷　元袁俊翁撰　魏元曠校
　　勘　胡思敬續校勘
　　豫章叢書本（民國刻,胡思敬輯）

經 20910248

四書疑節校勘記一卷　魏元曠撰
　　豫章叢書本(民國刻,胡思敬輯)

經 20910249
四書疑節校勘續記一卷　胡思敬撰
　　豫章叢書本(民國刻,胡思敬輯)

經 20910250
四書經疑貫通八卷　元王充耘撰
　　明抄本(四庫全書底本,清丁丙跋)
　　　南京
　　四庫全書本(乾隆寫)

經 20910251
四書經疑貫通八卷附校勘記一卷校勘
　　續記一卷　元王充耘撰　魏元曠
　　校勘　胡思敬續校勘
　　豫章叢書本(民國刻,胡思敬輯)

經 20910252
四書經疑貫通校勘記一卷　魏元曠撰
　　豫章叢書本(民國刻,胡思敬輯)

經 20910253
四書經疑貫通校勘續記一卷　胡思敬撰
　　豫章叢書本(民國刻,胡思敬輯)

經 20910254
四書管窺八卷　元史伯璿撰
　　四庫全書本(乾隆寫)

經 20910255
四書管窺不分卷　元史伯璿撰
　　清抄本　湖南
　　清初抄本　瑞安玉海樓

經 20910256

四書管窺十卷　元史伯璿撰
　　敬鄉樓叢書本(民國鉛印)

經 20910257
四書纂箋二十八卷　元詹道傳撰
　　通志堂經解本(康熙刻、乾隆補修、同治
　　　刻、日本文化刻)
　　四庫全書薈要本(乾隆寫)
　　四庫全書本(乾隆寫)
　　　大學章句纂箋一卷
　　　大學或問纂箋通證一卷
　　　中庸章句纂箋一卷
　　　中庸或問纂箋通證一卷
　　　論語集註纂箋十卷
　　　孟子集註纂箋十四卷

經 20910258
四書輯釋大成三十六卷　宋朱熹章句
　　元倪士毅輯釋
　　元至正二年日新書堂刻本　日本尊經
　　　閣　北大(存論語卷十一至十四)
　　元刻本　上海(存論語卷十一至二十)
　　日本文化九年翻刻元至正二年日新
　　　書堂本　北大
　　　大學章句一卷
　　　論語集註二十卷
　　　孟子集註十四卷
　　　中庸章句一卷

經 20910259
重訂四書輯釋四十四卷　宋朱熹章句
　　元倪士毅輯釋　明朱公遷約說
　　明王逢訂定通義
　　明正統五年詹氏進德書堂刻本　北大
　　　中科院　上海　南京　南大　浙江
　　　新刊重訂輯釋通義源流本末一卷
　　　　劉用章輯

四書章圖隱括總要發義二卷　元
　程復心撰
大學朱子章句序重訂輯釋通義大
　成一卷
大學章句重訂輯釋章圖通義大成
　一卷
朱子大學或問重訂輯釋通義大成
　一卷
中庸章句重訂輯釋通義大成一卷
中庸或問重訂輯釋通義大成一卷
論語集註序說重訂輯釋通義大成
　一卷
論語集註重訂輯通義大成二十卷
孟子集註序說輯釋通義大成一卷
孟子集註重訂輯釋通義大成十四卷

經 20910260
四書輯釋四十三卷　元倪士毅撰　元
　程復心圖　明王元善通考
　明初刻本　國圖
　　大學輯釋一卷大學朱子或問一卷
　　中庸章圖概括總要一卷中庸輯畧
　　　一卷中庸朱子或問一卷
　　論語集註序說一卷論語章圖概括
　　　總要一卷論語輯釋二十卷
　　孟子集註序說一卷孟子章圖概括
　　　總要一卷孟子輯釋十四卷

經 20910261
四書章圖纂釋十九卷　宋朱熹撰　元
　程復心纂釋
　元後至元三年富沙碧灣吳氏德新堂
　　刻本　日本宮内省　日本内閣
　　大學或問纂釋一卷
　　中庸或問纂釋一卷
　　論語注問纂釋十卷
　　孟子注問纂釋七卷

經 20910262
四書章圖隱括總要三卷一百二十條
　宋朱熹撰　元程復心纂釋
　元後至元三年富沙碧灣吳氏德新堂
　　刻本　日本宮内省　日本内閣

經 20910263
章圖四書通考不分卷　元劉剡撰
　元刻本　日本尊經閣

經 20910264
四書通旨六卷　元朱公遷撰
　通志堂經解本（康熙刻、同治刻、日本文
　　化刻）
　四庫全書薈要本（乾隆寫）
　四庫全書本（乾隆寫）
　清同治七年刻敏樹堂印本　國圖

經 20910265
四書經疑問對八卷　元董彝撰
　元至正十一年建安同文堂刻本　國圖
　　（清吳騫跋）　中科院

經 20910266
新編四書待問二十二卷　元蕭鎰撰
　宛委別藏本（抄本、影印本）
　清抄本（張宗祥跋）　浙江
　清抄本　國圖　上海　常熟

經 20910267
四書集註大全三十八卷（大學章句大全一
　卷大學或問一卷中庸章句大全一卷中
　庸或問一卷論語集註大全二十卷孟子
　集註大全十四卷）　明胡廣等輯
　明永樂十三年刻本　國圖　内蒙古大
　　學　日本東洋
　明天順二年黃氏仁和堂刻本　浙江

明天順間游明刻本　浙江　上海

明嘉靖十一年魏氏仁實堂刻本　廣西

明德壽堂刻本　河南

清康熙四十九年倣明內府刻本　南京

四庫全書本(乾隆寫)

經 20910268

四書集註大全四十三卷(讀大學法一卷大
　　學章句大全一卷或問一卷讀中庸法一
　　卷中庸章句大全一卷或問一卷讀論語
　　孟子法一卷論語集註大全二十卷序說
　　一卷孟子集註大全十四卷序說一卷)
　　明胡廣等輯

明內府刻大字本　國圖　北大　故宮
　　教科院　天津　保定　上海　南京
　　重慶　吉林　山東　煙臺　青島博
　　江西　贛州　福建　暨南大學

明弘治十四年劉氏慶源書堂刻本　南
　　京(缺讀中庸法一卷)

經 20910269

四書集註大全三十六卷(大學章句大全一
　　卷中庸章句大全一卷論語集註大全二
　　十卷孟子集註大全十四卷)　明胡廣
　　等輯

明嘉靖八年余氏雙桂堂重刻本　金華
　　侍王府

明趙敬山刻本　清華

朝鮮純祖二十年刻本　國圖　北大
　　天津　上海

經 20910270

讀論語孟子法一卷　明胡廣等輯
　　四書集註大全本(明內府刻、弘治慶源
　　書堂刻)

經 20910271

四書集註大全四十卷附論語考異孟子

考異　明胡廣等輯　(論語孟子考
異)宋王應麟撰　明徐汧纂輯

明末清初吳門德馨堂刻本　清華
　　上海　武大　日本東京大學

大學章句大全一卷或問一卷

中庸章句大全一卷或問一卷

論語集註大全二十卷附考異一卷

孟子集註大全十四卷附考異一卷

經 20910272

周會魁校正四書大全十八卷(大學二卷
　　論語七卷孟子七卷中庸二卷)　明胡
　　廣等輯　明李廷機、明周士顯校正

明萬曆三十三年書林余氏刻本　臺北
　　故博　日本京都大學

經 20910273

周會魁校正四書大全十七卷(大學二卷
　　論語七卷孟子七卷中庸一卷)　明胡
　　廣等輯　明李廷機、明周士顯校正

明映旭齋刻本　北大　荏平　南京博

經 20910274

周會魁校正四書大全十八卷(大學二卷
　　論語八卷孟子七卷中庸一卷)讀法三
　　卷論語集註序說一卷孟子集註序
　　說一卷　明胡廣等輯　明李廷機、
　　明周士顯校正

明周譽吾留耕堂刻本　故宮　復旦
　　南京　湖南社科院　柳州

經 20910275

增訂四書集註大全四十二卷(大學章句
　　大全三卷中庸章句大全三卷論語集註
　　大全二十卷孟子集註大全十四卷大學
　　或問一卷中庸或問一卷)　明胡廣等
　　輯　清汪份增訂

清康熙間長洲汪氏遄喜齋刻本　國圖
　　上海　復旦　南京

經20910276
四書中說二十四卷　明盧翰撰
　明萬曆十七年刻本　清華

經20910277
四書詳說不分卷　明曹端撰
　明刻本　國圖

經20910278
四書通義四十五卷　明劉同章撰
　明正統二至十年詹宗睿進德書堂刻
　　補修本　中科院　上海

經20910279
四書也足園初告六卷(大學、中庸、上論、
　下論、上孟、下孟各一卷)　明王宇撰
　明萬曆四十三年聚星館葉均宇刻本
　　中科院
　明末刻本　國圖

經20910280
學庸章句指南二卷　明胡謐編
　明弘治十七年刻本　日本內閣
　朝鮮嘉靖四十一年刻本　日本內閣
　　大學通旨一卷　明蔣文質撰
　　中庸章句詳說一卷　明劉清撰

經20910281
虛齋蔡先生四書蒙引初稿十五卷　明
　　蔡清撰
　明正德十五年李塈刻本　天一閣(存
　　卷一至六、八至十四)
　明刻本　日本靜嘉堂

經20910282
蔡虛齋先生四書蒙引十五卷　明蔡清撰
　明嘉靖六年刻本　北大　復旦　河南
　明萬曆十五年吳同春刻本　國圖　清
　　華　上海　南京(清丁丙跋)　東北
　　師大　浙江
　明萬曆間刻本　山東
　明崇禎二年刻本　日本大谷大學
　明崇禎八年刻本　日本內閣　日本靜
　　嘉堂　日本千葉縣　日本龍谷大學
　清光緒十八年蔡羣英刻本　北大
　　上海

經20910283
蔡虛齋先生四書蒙引十五卷　明蔡清
　　撰　明宋兆禴重訂
　明刻本　北大　首都　遼寧　湖南
　明大業堂刻本　復旦

經20910284
新刊舉業精義四書蒙引(四書蒙引)十五
　　卷(大學二卷中庸二卷論語四卷孟子
　　七卷)別錄一卷　明蔡清撰　(別
　　錄)明莊煦、明王升編
　明萬曆十五年刻本　山東　日本米澤市
　四庫全書本(乾隆寫,四書蒙引)

經20910285
四書蒙引別錄一卷　明莊煦、明王升編
　明萬曆十五年刻本　日本米澤市
　明萬曆間刻本　山東
　四庫全書本(乾隆寫,四書蒙引附)

經20910286
四書蒙引便覽不分卷　明莊煦撰
　明萬曆十五年刻本　日本龍谷大學

經 20910287

四書圖史合考二十四卷　明蔡清輯
　　明天啓間刻本　北大
　　明崇禎間刻本　上海
　　明金閶擁萬堂刻本　中科院　上海
　　　　浙江　浙大　安徽　福建師大

經 20910288

重刊補訂四書淺說十三卷(大學一卷中庸
　　一卷論語四卷孟子七卷)　明陳琛撰
　　明萬曆三十七年李三才刻本　國圖
　　　　中科院

經 20910289

靈岳山房重訂四書淺說十三卷　明陳
　　琛撰　明唐光虁重訂
　　明大業堂刻本　河南

經 20910290

靈源山房重訂四書淺說十三卷(大學一
　　卷中庸一卷論語十卷孟子七卷)　明
　　陳琛撰　明劉蚩英校
　　明崇禎十年刻本　日本内閣　日本靜
　　　　嘉堂　日本宮城縣

經 20910291

陳紫峯先生四書淺說十二卷　明陳琛
　　撰　清施世瑚等校
　　清乾隆五十四年刻本　日本東京
　　清乾隆五十四年刻光緒十九年印本
　　　　國圖　湖北

經 20910292

四書因問六卷　明呂柟撰
　　明嘉靖四年刻本　上海　湖北
　　四庫全書本(乾隆寫)

經 20910293

新刊啓蒙分章句解四書寶鑒十六卷
　　明陳文琪撰
　　明嘉靖間刻本　國圖

經 20910294

四書私存三十八卷(大學一卷附錄一卷中
　　庸二卷論語二十卷孟子十四卷)　明
　　季本撰
　　明嘉靖二十二年刻本　華東師大
　　明刻本　國圖

經 20910295

新刊增訂稿四書存疑十卷又一卷　明
　　林希元撰
　　明嘉靖二十八年余氏怡慶堂刻萬曆
　　　　七年修補本　日本大阪天滿宮

經 20910296

新刊全補四書存疑十二卷　明林希元撰
　　明書林王氏善敬堂刻本　浙江(存大
　　　　學一卷、中庸三卷、論語卷六至七)

經 20910297

重刊次崖林先生四書存疑十二卷　明
　　林希元撰
　　明刻本　日本内閣

經 20910298

連理堂重訂四書存疑十四卷　明林希
　　元撰　明陶望齡閱
　　明崇禎八年方文刻本　湖北
　　明刻本　日本内閣

經 20910299

新刊心學淵源科塲訣要私塾利達三十
　　卷　明萬廷相輯注

明嘉靖四十年書林詹氏就正齋刻本
　　日本龍谷大學

經 20910300
新刊四書章圖詳節講學綱目二十九卷
　　附錄鹿野郝先生式蒙要法　　明涂
　　山撰　　明彭烨、明曾元忠校
　　明萬曆間書林詹就正刻本　　日本龍谷
　　　　大學

經 20910301
四書正義三十六卷　　明林兆思撰
　　民國七年鉛印本　　國圖

經 20910302
四書口義十二卷(大學二卷中庸二卷論語
　　五卷孟子三卷)　　明薛甲撰
　　明隆慶二年刻本　　南京(清丁丙跋)
　　清抄本(清徐時棟跋)　　北大

經 20910303
四書人物考四十卷　　明薛應旂撰
　　明嘉靖三十七年刻本　　國圖　上海
　　　　上海師大　吉林　南大　天一閣
　　　　日本東京

經 20910304
新刻七十二朝四書人物考註釋四十卷
　　明薛應旂撰　　明朱焯注釋
　　明萬曆間書林葉近山刻本　　蘇州　揚
　　　　州大學　日本內閣

經 20910305
校正註釋四書人物考四十卷　　明薛應
　　旂輯　明朱焯注　明張吾瑾訂
　　明萬曆間刻本　　清華

經 20910306
四書人物考訂補四十卷　　明薛應旂撰
　　明朱焯註釋　明許胥臣訂補
　　明天啓七年刻本　　上海　大連　吉林
　　　　市　吉林社科院　蘇州　南師大
　　　　浙江　安徽博　河南　湖南社科院
　　　　重慶　日本內閣
　　明萬曆間刻本　　國圖　日本御茶之水

經 20910307
新鋟評林旁訓薛湯二先生家藏酉陽口
　　古人物奇編十八卷首一卷　　明薛
　　應旂輯　　明朱焯注釋　　明湯賓
　　尹評
　　明天啓元年南京刻本　　清華

經 20910308
陳明卿先生訂正四書人物備考四十卷
　　附考八卷　　明薛應旂輯　　明朱焯
　　注　　明陳仁錫訂正　　(附考)明薛
　　寀輯
　　明末刻本　　安徽　湖南
　　清康熙五十四年吳郡綠蔭堂刻本　　國
　　　　圖　中山大學　廣西

經 20910309
陳明卿先生訂正四書人物附考八卷
　　明薛寀輯
　　明末刻本　　安徽　湖南
　　清康熙五十四年吳郡綠蔭堂刻本　　國
　　　　圖　中山大學　廣西

經 20910310
增補四書精繡圖像人物備考十二卷圖
　　一卷　　明薛應旂撰　　明陳仁錫
　　增訂
　　明古吳越盛堂刻本　　日本東京大學

經 20910311
增訂龍門四書圖像人物備考十二卷圖
　　一卷　明薛應旂撰　明陳仁錫
　　增訂
　清康熙五十六年古吳三樂齋刻本　天
　　津　日本東京大學(存卷一至四)
　清康熙五十八年四美堂刻乾隆五十
　　八年文盛堂印本　中科院
　清乾隆六年刻本　日本東京
　清乾隆二十一年雲林四美堂刻本
　　上海
　清乾隆二十一年文錦堂刻本　遼寧
　清乾隆三十五年積秀堂刻本　日本
　　國會
　清乾隆五十一年刻本　南京
　清乾隆五十九年刻本　北大
　清豫章致和堂刻本　南京
　清大文堂刻本　湖北

經 20910312
增補四書精繡圖像人物備考十二卷
　　明薛應旂撰　明陳仁錫增定　清
　　唐義錫重校　清陳鋭、清何焯訂
　清乾隆四十一年刻本　日本東京
　清世榮堂刻本　日本東洋

經 20910313
新鐫四書七十二朝人物經籍備考二十
　　四卷　明薛應旂撰　明鍾惺合訂
　明吳門舒氏六經閣刻本　北師大　湖
　　北　日本内閣　日本尊經閣　日本
　　蓬左　日本廣島淺野

經 20910314
四書人物考十二卷　明張星撰
　明崇禎十四年刻本　日本東京大學

經 20910315
四書經筵直解二十卷　明瞿景淳撰
　日本瀛洲館刻本　北大

經 20910316
四書摘訓二十卷(大學摘訓一卷中庸摘訓
　　三卷論語摘訓八卷孟子摘訓八卷)
　　明丘橓輯
　明萬曆五年趙慎修刻本　重慶　日本
　　尊經閣
　明萬曆十年周裔先刻本　山東(存卷
　　一至八、十一至二十)

經 20910317
近聖居三刻參補四書燃犀解二十一卷
　　(大學一卷中庸三卷論語十卷孟子七
　　卷)　明陳祖綬撰　明夏允彝等
　　參補
　明末近聖居刻本　日本國會　日本龍
　　谷大學　日本新發田　美國哈佛
　　燕京

經 20910318
四書紹文編八卷　明王樵撰
　明萬曆二十四年刻本　日本内閣

經 20910319
問辨錄十卷　明高拱撰
　明萬曆三年刻本　國圖　北大　北師
　　大　上海　社科院歷史所　西安
　　文管
　四庫全書本(乾隆寫)

經 20910320
日進直講五卷　明高拱撰
　高文襄公集本(康熙刻)

經20910321

四書答問六卷　明羅汝芳撰　明楊起
　　元輯
　　楊貞復六種本（萬曆刻）
　　　近溪子大學答問集一卷
　　　近溪子中庸答問集二卷
　　　近溪子論語答問集二卷
　　　近溪子孟子答問集一卷

經20910322

四書初問八卷　明徐燉撰
　　明嘉靖四十二年維揚書院刻本　國圖
　　　北大　上海　日本尊經閣

經20910323

李翰林批點四書初問講義八卷補一卷
　　明徐燉撰
　　明書林夏慶徐憲成刻本　南京

經20910324

重刻張閣老經筵四書直解二十六卷（大
　　學一卷中庸一卷論語十卷孟子十四卷）
　　宋朱熹集注　明張居正直解
　　明萬曆元年司禮監刻本　故宮　山西
　　　師大　吉大

經20910325

新訂四書直解正字全編二十六卷（大學
　　一卷中庸一卷論語十卷孟子十四卷）
　　明張居正撰　明沈鯉正字
　　明崇禎七年方奇岣刻本　無錫　廣東
　　　日本尊經閣

經20910326

重刻內府原板張閣老經筵四書直解指
　　南二十七卷（大學二卷中庸二卷論語
　　四卷孟子七卷）　明張居正撰　明焦

竑增補　明湯賓尹訂正
　　明萬曆三十九年閩建書林易齋詹亮
　　　刻本　浙江　華東師大　浙大　日
　　　本靜嘉堂　日本米澤市
　　明天啓元年長庚館刻本（重刻辯證內府
　　　原版張閣老經筵四書直解指南）
　　　日本內閣　日本龍谷大學
　　明書林葉顯吾刻本（重刻張閣老經筵四
　　　書直解）　安徽博

經20910327

四書直解二十七卷四書指南纂序合參
　　二十七卷　明張居正撰　明焦竑
　　　增補　明顧宗孟訂正　明李光縉
　　　纂　明劉日珩訂　明陳恆吉合纂
　　明崇禎間刻本　日本東京大學

經20910328

四書指南纂序合參二十七卷　明張居
　　正撰　明焦竑增補　明顧宗孟訂
　　　正　明李光縉纂　明劉日珩訂
　　　明陳恆吉合纂
　　四書直解本（崇禎刻）　日本東京大學

經20910329

四書直解二十七卷四書講義合參二十
　　七卷（大學一卷中庸二卷論語十卷孟
　　子十四卷）　宋朱熹集注　明張居
　　正直解　明顧宗孟重訂　（四書講
　　義合參）明顧宗玉撰
　　明崇禎九年顧宗孟刻本　上海　蘇州

經20910330

四書講義合參二十七卷　明顧宗玉撰
　　四書直解本（崇禎顧宗孟刻）

經20910331

四書集註闡微直解二十七卷（大學中庸
　　三卷論語十卷孟子十四卷）附纂序四
　　書說約合參大全　宋朱熹集注
　　明張居正直解　明顧宗孟閱　（說
　　約合參）清顧夢麟、清楊彝輯
　　清光緒間八旗經正書院翻刻康熙十
　　　　六年徐乾學本　國圖　北大　天
　　　　津　南京　湖北　遼寧
　　清宣統元年學部圖書局石印本　國圖
　　　　北大　中科院　上海
　　一九三七年滿日文化協會鉛印四書
　　　　集註直解本　北大　上海

經 20910332
四書直解六卷（大學一卷中庸一卷論語二
　　卷孟子二卷）　明張居正撰　　清鄭
　　重等訂
　　清康熙四十年修齊堂刻本　湖北
　　清乾隆三十一年金閶玉樹堂刻本
　　　　湖北

經 20910333
新刻比雍二大司成先生課大學多士四
　　書諸說品節十卷　明陸可教、明葉
　　向高輯　明焦竑校
　　明潭城書林余彰德刻本　日本蓬左

經 20910334
新鋟葉李兩閣老同纂十八魁四書甲第
　　先鋒大講三十卷　明葉向高、明李
　　廷機輯
　　明萬曆間刻本　日本尊經閣

經 20910335
新鐫翰林九我李先生家傳四書文林貫
　　旨六卷訓蒙題式一卷　明李廷
　　機撰

明萬曆二十八年建邑書林余彰德萃
　　慶堂重刻翰林官板本　日本宮內
　　省　日本內閣　日本尊經閣　日本
　　大阪　日本龍谷大學

經 20910336
新編四書三說三十卷　明管大勳輯
　　明萬曆二十一年福建刻本　中科院

經 20910337
四書近語六卷　明孫應鰲撰
　　孫文恭公遺書本（光緒刻、宣統鉛印）

經 20910338
四書評十九卷（大學一卷中庸一卷論語十
　　卷孟子七卷）　明李贄評
　　一九七五年北京中華書局影印明萬
　　　　曆間刻本　北大
　　一九七四年上海師範大學圖書館油
　　　　印本　北大

經 20910339
四書參十九卷（大學一卷中庸一卷論語十
　　卷孟子七卷）　明李贄評　明楊起
　　元批點　明張明憲等參訂
　　明閔氏刻朱墨套印本　國圖　北大
　　　　人大　中科院　故宮　國博　天津
　　　　祁縣　遼寧　福建師大　湖北
　　　　廣西

經 20910340
李氏說書六卷　明李贄撰
　　明刻本　國圖　中科院　山西文史館
　　　　安徽博

經 20910341
李氏說書九卷　明李贄撰

明李如真序刻本　日本龍谷大學

經 20910342
四書翼傳三義七卷(大學一卷中庸二卷論
　　語二卷孟子二卷)　明劉思誠、明王
　　守誠撰
　　明萬曆十六年太原于天經刻本　浙江
　　江西

經 20910343
四書古今四體全書集註二十九卷　明
　　楊時喬編
　　明萬曆四十一年史世揆刻史志仁等重
　　修本　故宮　上海(存卷一至十)

經 20910344
朱子四書或問小註三十六卷(大學或問
　　小註一卷中庸或問小註一卷論語或問
　　小註二十卷孟子或問小註十四卷)
　　明徐方廣增注
　　清康熙四十一年陳彝則觀乎堂刻本
　　北大
　　清康熙六十一年鄭任鑰刻本　國圖
　　北大　中科院　遼寧　湖北

經 20910345
學庸義府補三卷　明徐方廣撰
　　明刻本　日本尊經閣

經 20910346
質言三卷　明牛應元輯　明李嘉言等校
　　明萬曆間刻本　天津

經 20910347
新鍥侍御先生心授四書質言三卷　明
　　牛應元撰
　　明刻本　大連(存卷上、下)

經 20910348
書義會真錄十九卷　明牛應元撰
　　明天啓間萬卷樓周如泉刻本　陝西

經 20910349
新刻了凡袁先生四書訓兒俗說十卷
　　明袁黃撰
　　明萬曆三十五年余氏三台館刻本　日
　　本内閣

經 20910350
四書删正六卷　明袁黃撰
　　明刻本　日本内閣

經 20910351
四書删正一卷　明袁黃撰
　　明末袁衙藏刻朱墨套印本　日本龍谷
　　大學

經 20910352
焦氏四書講錄十四卷(大學二卷中庸一卷
　　論語四卷孟子七卷)　明焦竑撰
　　明萬曆二十一年書林鄭望雲刻本
　　大連

經 20910353
皇明百家四書理解集六卷首一卷　明
　　焦竑撰
　　明萬曆間刻本　日本蓬左

經 20910354
新鐫皇明百家四書理解集十四卷　明
　　焦竑撰
　　明萬曆間刻本　日本尊經閣

經 20910355
新刻晉江紫溪蘇先生四書兒說八卷

明蘇濬撰

明萬曆八年何倫刻本　　北大

經 20910356

解醒編六卷（大學一卷中庸一卷論語二卷
　　孟子二卷）　明蘇濬撰

清書林鄭閩熊刻本　　國圖

經 20910357

新鐫四書七進士講意折衷六卷　　明鄒
　　泉撰

明萬曆十年書林翁見川刻本　　安徽

經 20910358

四書疑問六卷　　明姚舜牧撰

明萬曆間刻本　　日本內閣　　日本尊經閣

經 20910359

四書疑問十卷　　明姚舜牧撰

明萬曆間刻本　　日本龍谷大學

經 20910360

重訂四書疑問十一卷　　明姚舜牧撰

明萬曆四十五年六經堂刻本　　北大
　　　故宮　　河南

明萬曆間刻本　　日本內閣

明萬曆間刻清乾隆二十七年重修本
　　　北大　故宮　辭書出版社　河南

清康熙間刻本　　上海

經 20910361

四書說剩六卷　明林散撰　明張鼎訂
　　明朱廷旦評　明沈九標等校

明萬曆四十三年武水林氏觀止齋刻
　　　本　　日本蓬左

明萬曆間刻本　　福建

經 20910362

鐫陳顧二翰林纂訂四書理撢十二卷
　　　明陳萬言、明顧錫疇撰　　明徐在
中評

明積善堂陳奇泉刻本　　日本龍谷大學

經 20910363

四書就正十六卷　　明王榆撰　　明程大
　　化評選

明萬曆間刻本　　日本蓬左

經 20910364

黄進士槐芝堂四書解六卷　明黃景星撰

明刻本　　日本內閣

經 20910365

四書體義十卷　明沈幾撰　明王道焜校

明刻本　　日本內閣　　日本尊經閣

經 20910366

項會魁四書聽月十九卷　明項聲國撰
　　　明劉肇慶校

明刻本　　日本內閣　　日本尊經閣

經 20910367

木天署八翰林發刊四書聖學中天講意
　　　十一卷　明張鼎等親裁　明馬世
奇閱　明馬世明訂

明天啓間六有山房刻本　　日本龍谷大學

經 20910368

四書水月不分卷　明周士謨輯　明周
　　升元、明周鼎元校

明崇禎間刻本　　日本龍谷大學

經 20910369

四書傳習心譚不分卷　明劉必紹撰

明劉濡恩輯
明萬曆間崔承祀刻清修本　文登

經 20910370
四書便蒙講述十一卷　明盧一誠撰
明萬曆二十一年三山盧氏刻本　安徽　日本内閣　日本尊經閣　日本愛知大學　日本龍谷大學

經 20910371
四書便蒙講述二十卷　明盧一誠撰
日本慶安四年書林道伴刻本　國圖

經 20910372
四書最勝藏二十卷　明馬來遠輯
明刻本　陜西　日本内閣

經 20910373
四書醒言六卷　明徐文熠撰
明崇禎間刻本　日本尊經閣

經 20910374
新刻四書圖要二卷　明胡文焕輯
清道光十七年刻本　上海

經 20910375
古今道脈四十五卷(大學三卷中庸八卷論語二十卷孟子十四卷)　明徐奮鵬輯
明萬曆四十六年金陵書林鄭大經奎壁堂刻本　首都　運城　新絳文化館　南京　安徽　日本尊經閣　日本東京大學

經 20910376
筆洞山房新著知新錄十卷　明徐奮鵬輯　明徐春茂　明徐春盛編
明刻本　日本内閣

經 20910377
四書知新十卷　明徐奮鵬輯
明刻本　日本無窮會

經 20910378
纂定古今大全四十卷　明徐奮鵬輯　明郭大經校
明崇禎間金陵李潮聚奎樓刻本　中科院　日本内閣　日本尊經閣　日本東京大學　日本廣島淺野

經 20910379
重刻四書續補便蒙解注六卷　明徐奮鵬撰
明萬曆十七年楊欽齋刻本　日本内閣

經 20910380
筆洞生後悟六卷　明徐奮鵬輯　明朱領等編
明萬曆間潭陽余氏三台館刻本　日本内閣　日本蓬左

經 20910381
四書貫解十卷　明許國撰
明萬曆二年余象斗刻本　日本廣島淺野

經 20910382
四書疑問五卷　明史記事撰
明萬曆四十五年刻本　陜西

經 20910383
四書庭訓　明柴寅賓述
明萬曆四十五年柴寅賓刻本　河南(存大學一卷、中庸一卷)

經 20910384
四書眼十九卷　明楊起元撰

明刻本　日本靜嘉堂

經 20910385
四書評眼十三卷（大學一卷中庸一卷論語
　　十卷孟子七卷）　明楊起元撰　明李
　　衷批評　明梁知編
明萬曆三十九年大來山房刻本　湖北
　　日本蓬左
明刻本　吉大　日本内閣

經 20910386
四書漢詁纂十九卷　明陳禹謨撰
　　經言枝指本（萬曆刻）

經 20910387
談經菀四十卷　明陳禹謨輯
　　經言枝指本（萬曆刻）

經 20910388
四書人物概十五卷　明陳禹謨撰
　　經言枝指本（萬曆刻）

經 20910389
四書名物考二十卷　明陳禹謨撰
　　經言枝指本（萬曆刻）

經 20910390
四書名物考二十四卷　明陳禹謨撰
　　明錢受益補　明牛斗星補
明崇禎間牛斗星刻本　北大　清華
　　北師大　故宮　上海　復旦　東北
　　師大　山東博　南京　南大　南京
　　博　浙江　安徽　安徽博
明杭州書肆讀書坊刻本　遼寧　日
　　本内閣　日本蓬左　日本尊經閣　日
　　本東京大學　日本龍谷大學

經 20910391
重訂四書名物備考二十四卷　明陳禹
　　謨撰　明錢受益補　明王道焜補
明刻本　日本内閣

經 20910392
經言枝指纂四十卷　明陳禹謨撰　明
　　林永平輯
明萬曆間聚星館葉均宇刻本　首都

經 20910393
新刻四書圖要二卷　明黃耳鼎、明金壽
　　祖撰
明萬曆二十六年游一川刻本　國圖

經 20910394
四書講義一卷　明顧憲成撰
　　小石山房叢書本（同治刻）

經 20910395
增補四書微言二十卷（大學二卷中庸二卷
　　論語八卷孟子七卷）　明唐汝諤撰
明萬曆間刻本　國圖

經 20910396
新刻四書十方家考訂新說評實十卷
　　明郭偉輯
明萬曆二十二年楊閩齋刻本　日本龍
　　谷大學

經 20910397
增補郭洙源先生彙輯十太史四書主義
　　寶藏十卷　明郭偉輯　明宋鳳翔
　　評　明翁鴻業增補
明天啓間刻本　中央黨校　日本内閣
　　日本蓬左　日本尊經閣　日本龍谷
　　大學

經 20910398
皇明百方家問答四書意十五卷　　明郭
　　偉編撰　　明柯仲炯等校
　　明萬曆四十五年金陵李潮聚奎樓刻本
　　　　東北師大　重慶　日本内閣　日本蓬
　　　　左　日本尊經閣　日本龍谷大學

經 20910399
新鍥皇明百大家總意四書正新錄六卷
　　皇明大家姓氏並書目一卷　　明郭
　　偉撰
　　明萬曆二十四年建陽書林守仁齋楊
　　　　發吾刻本　　浙江

經 20910400
新刻郭洙源先生四書四轉金丹不分卷
　　明郭偉編撰　　明郭中吉參校　　明
　　傅夢龍督梓
　　明末刻版筑居朱墨套印本　　日本龍谷
　　　　大學

經 20910401
新鍥四書新說國朝名公答問十五卷
　　明黃洪憲編撰　　明郭偉校
　　明刻本　　日本内閣

經 20910402
四書攝提十卷附錄一卷　　明郝敬撰
　　山草堂集本 (萬曆崇禎刻)

經 20910403
三太史彙纂四書人物類考十六卷　　明
　　項煜撰
　　明崇禎六年刻本　　安徽博　中山大學

經 20910404
新鐫項仲昭先生四書娜娜嬡集註十九

卷　　明項煜撰
　　明天繪閣刻本　　日本内閣　日本蓬左

經 20910405
新刻張侗初先生永思齋四書演二十卷
　　明張鼐撰
　　明崇禎五年曾楚卿刻本　　日本内閣
　　　　日本蓬左　日本龍谷大學

經 20910406
新鐫侗初張先生訂選四書述十三卷
　　明張鼐撰
　　明刻本　　日本陽明

經 20910407
新擬科塲急出題旨元脈八卷　　明張鼐撰
　　明陳仁錫批評　　明余應虬訂正
　　明潭陽世慶堂刻本　　日本蓬左

經 20910408
四書吾學望洋編二十卷　　明姚光祚撰
　　明錢策等校
　　明萬曆間刻本　　日本尊經閣　日本龍
　　　　谷大學

經 20910409
四書闢旦二十卷　　明黃獻臣撰
　　明刻本　　日本内閣

經 20910410
石鏡山房四書說統三十七卷　　明張振
　　淵輯
　　明天啓間仁和張氏石鏡山房刻本　　日
　　　　本内閣　日本蓬左　日本尊經閣
　　　　日本龍谷大學

經 20910411

四書副墨不分卷　明陳組綬撰
　　明末伊廬刻本　北大

經 20910412
四書考一卷　明戴文仲輯
　　明萬曆二十七年約里程氏培桂館刻
　　　本　中科院　上海

經 20910413
袁氏家傳四書旨便六卷附錄新刻估鰲
　　分印四書正文　明袁宗道撰　明
　　袁宏道、明袁中道參訂　（四書正
　　文）明湯賓尹精校
　　明萬曆間書林余象斗刻本　日本龍谷
　　　大學

經 20910414
新刻袁小修先生四書繁十卷　明袁中
　　道撰　明袁宏道訂
　　明刻本　日本蓬左

經 20910415
新鐫李少文先生家言四書偘說評十卷
　　明李春芳授　明李長華受撰
　　明尚友齋刻本　日本蓬左

經 20910416
四書弓冶八卷　明莊起蒙撰
　　明刻本　日本內閣

經 20910417
四書代言二十卷　明方應祥撰
　　明刻本　華東師大

經 20910418
方孟旋先生四書藝一卷　明方應祥撰
　　清李瀷等選評

清周壬福校刻本　湖北

經 20910419
四書講義一卷　明高攀龍撰
　　高子全書本（崇禎刻清修）

經 20910420
新鐫繆當時先生四書九鼎十三卷　明
　　繆昌期纂　（刪補徵言）明唐士雅輯
　　（刪補徵言）明潘文煥補
　　明末坊刻本　國圖　日本蓬左

經 20910421
四書要達二十七卷首一卷　明陶望齡
　　撰　清徐燦、清袁終彩輯
　　清續薪堂刻本　國圖

經 20910422
四書窮鈔六補定本十六卷　明王國瑚撰
　　清順治八年刻本　華東師大

經 20910423
四書屑考二十八卷　明王述古撰
　　明刻本　北大

經 20910424
玄晏齋困思抄三卷詩三卷　明孫慎行撰
　　明萬曆四十二年刻本　湖北

經 20910425
玄晏齋困思抄二卷　明孫慎行撰
　　常州先哲遺書本（光緒刻）

經 20910426
四書擇識編五卷　明曲遷梧纂
　　明萬曆三十二年刻本　北大

經 20910427

新刻顧鄰初先生批點四書文五卷　明
　　顧起元批點
　　明天啓間王鳳翔光啓堂刻朱墨套印
　　　本　石家莊　遼寧

經 20910428

新鍥南雍會選古今名儒四書說苑十四
　　卷首一卷　明張汝霖等輯　明敖
　　文禎訂正
　　明閩建書林余仙源永慶堂刻本　清華

經 20910429

荷珠錄六卷(大學一卷中庸一卷論語二卷
　　孟子二卷)　明張汝霖撰
　　明刻本　蘇州

經 20910430

四書讀　明陳際泰撰
　　清乾隆三年古歡齋重刻本(六卷)
　　　南京
　　清乾隆二十年陳奇刻求志堂家塾印
　　　本(八卷)　國圖(缺卷四至六)
　　清乾隆二十八年太乙山房重刻本(十
　　　卷)　上海　湖北

經 20910431

新鐫湯霍林先生祕笥四書金繩不分卷
　　明湯賓尹撰
　　明刻本　柳州

經 20910432

鼎鐫睡庵四書脈六卷　明湯賓尹撰
　　明萬曆四十三年刻本　日本無窮會

經 20910433

鼎鐫徐筆洞增補睡庵四書脈講義六卷

明湯賓尹撰　明徐奮鵬增補
　　明萬曆四十七年書林余應虬刻本
　　浙江

經 20910434

新鐫湯會元四書合旨六卷(大學一卷中庸
　　一卷論語二卷孟子二卷)　明湯賓尹
　　撰　明李元賓校
　　明坊刻本　日本蓬左

經 20910435

刊湯會元參詳明公新說四書解頤鰲頭
　　十九卷(大學一卷中庸一卷論語十卷
　　孟子七卷)　明湯賓尹撰　明鄭名
　　世校
　　明萬曆二十三年光裕堂刻本　日本龍
　　　谷大學

經 20910436

新刻湯太史擬授科場題旨天香閣說六
　　卷首一卷　明湯賓尹撰
　　明萬曆四十二年刻本　日本内閣

經 20910437

四書考一卷　明張位撰
　　明萬曆三十年金陵周氏大業堂刻本
　　　東北師大　甘肅

經 20910438

四書湖南講九卷(大學湖南講一卷中庸湖
　　南講一卷論語湖南講四卷孟子湖南講
　　三卷)　明葛寅亮撰
　　明崇禎間刻本　陝西　浙江　湖北

經 20910439

四書湖南講十一卷(大學詁一卷中庸詁一
　　卷大學湖南講一卷中庸湖南講一卷論

語湖南講四卷孟子湖南講三卷）　明
　　葛寅亮撰
　　明崇禎間刻本　中科院

經 20910440
四書論三卷　明葉秉敬撰
　　明刻本　常山文化館

經 20910441
讀書三十八解五卷　明葉秉敬撰
　　明刻本　常山

經 20910442
繹聖二編三卷(大學遵古編一卷中庸發覆
　　編二卷)　明周從龍撰
　　明萬曆三十九年刻本　上海

經 20910443
四書說叢十七卷　明沈守正撰
　　明萬曆七年刻本　湖北
　　明萬曆四十三年刻本　上海　浙江
　　　安徽博　日本尊經閣
　　明天啓七年章炫然刻本　山西大學
　　　陝西　湖北　南京(清丁丙跋)

經 20910444
删補四書剖十三卷　明丘兆麟撰
　　明萬曆間刻本　南京

經 20910445
新鐫湯太史評點丘毛伯四書剖十三卷
　　明丘兆麟撰　明湯賓尹評
　　明萬曆間閩建詹聖澤刻本　日本蓬左

經 20910446
新刻徐九一先生四書剖訣十三卷　明
　　徐洴纂輯　明黄襄訂正

明三台館刻本　日本龍谷大學

經 20910447
新刻太史徐先生家藏引蒙四書的解十
　　三卷　明徐洴纂輯
　　明崇禎元年書林魏永儀仁寶堂刻本
　　　日本龍谷大學

經 20910448
徐先生家傳四書入學第一明解八卷
　　明徐洴纂輯　明劉永懋等重訂
　　明崇禎間蘇州聚賢堂趙敬山刻本　日
　　　本龍谷大學

經 20910449
新鍥六進士參訂劉先生四書博約說鈔
　　十六卷　明劉前輯撰　明盧一誠
　　等訂　明林瑚評校
　　明萬曆十六年書林鄭豪竹雲刻本　日
　　　本龍谷大學

經 20910450
四書證義筆記合編十七卷　明錢大復
　　撰　明錢龍錫校
　　明萬曆四十一年刻本　上海　日本東
　　　京日比谷

經 20910451
四書指月十三卷(論語六卷孟子七卷)
　　明馮夢龍撰
　　明末刻本　國圖

經 20910452
詮次四書翼考十卷　明鍾惺編輯　明
　　譚元春删訂
　　明玉樹堂刻本　北大
　　明刻本　日本内閣　日本蓬左　日本龍

谷大學

經 20910453
增補四書人物聚考十二卷總圖一卷
　　明鍾惺增訂　明黄澍參訂
　　明刻本　惠安文化館
　　清會文堂刻本　湖北

經 20910454
增補四書人物總圖一卷　明鍾惺增定
　　清黄澍參定
　　明刻本　惠安文化館
　　清會文堂刻本　湖北

經 20910455
四書說約三十三卷(大學二卷中庸四卷上
　　論九卷下論十一卷上孟三卷下孟四卷)
　　明鹿善繼撰
　　明末刻本　山東師大
　　清道光二十四年刻本　中科院　湖北
　　清道光二十八年刻本　北大　天津
　　　　復旦　南京　湖北
　　留餘草堂叢書本(民國刻)

經 20910456
四書引經節解圖考十七卷　明吳繼仕撰
　　明崇禎九年刻本　南開　安徽　天津
　　　　師大　日本内閣　日本尊經閣　日
　　　　本東京大學
　　明刻本(十八卷)　日本陽明

經 20910457
四書崇熹註解十九卷　明許獬撰　明
　　李廷機校
　　明萬曆三十年聯輝堂刻本　日本内閣

經 20910458

鍥許先生輯注四書闡旨合喙主意十卷
　　明許獬撰
　　明刻本　日本尊經閣

經 20910459
新刻七翰林纂定四書主意定本十二卷
　　明張以誠等撰　明周文翀編
　　明萬曆三十九年金陵書林岑光啓堂
　　　　刻本　開封

經 20910460
四書大全纂十三卷　明陳一經撰
　　明萬曆四十四年陳於廷刻本　山東

經 20910461
新鐫王觀濤先生四書翼註講意四卷
　　明王納諫撰　明王鼎鎮校
　　明崇禎間刻本　日本内閣

經 20910462
刻迎暉堂彙附人物事文概批點四書翼
　　註講意六卷　明王納諫撰
　　明書林朱桃源朱明吾紫陽館刻本
　　　　國圖
　　明萬曆間刻本　日本宮内省　日本尊
　　　　經閣
　　日本嘉永元年羣玉堂墨香居刻本　北大

經 20910463
三台館鐫王觀濤先生四書翼註解十一
　　卷　明王納諫手授　明吳明典校
　　正　明張鼐重訂
　　明余氏三台館刻躍劍山房印本　日本
　　　　蓬左

經 20910464
四書留書六卷(大學一卷中庸一卷論語二

卷孟子二卷）　明章世純撰
　明天啟七年刻本　上海　湖北　重慶
　明崇禎刻本　上海　鎮江博
　明末富西齋刻本　中科院　廣東
　四庫全書本（乾隆寫）
　清抄本（清丁丙跋）　南京

經20910465
增補四書集註通考十九卷　明李鵬元
　　等考
　明萬曆間刻大字本　國圖

經20910466
新鐫顧九疇四書詳說十卷　明顧錫
　　疇撰
　明天啟二年刻本　　山東

經20910467
四書人物圖全考十六卷　明顧錫疇撰
　　明馬世奇參訂　明劉肇慶校閱
　明貽燕堂刻本　日本宮内省　日本廣
　　島大學　日本龍谷大學

經20910468
公餘存見六卷　明胡夗聘撰
　明天啟間刻本　　河南

經20910469
四書會解新意十卷　明王德純撰
　明天啟間刻本　　南京

經20910470
四書大全三十七卷（大學章句大全一卷中
　　庸章句大全二卷論語集註大全二十卷
　　孟子集註大全十四卷）附四書備考
　明胡廣等撰　明李廷機、明徐洴、
　　明陳仁錫、明張溥同會纂

清聖湖鼎刻本　日本宮城縣

經20910471
四書備考二十八卷（大學二卷中庸三卷論
　　語十三卷孟子十卷）考異四卷（大學一
　　卷中庸一卷論語一卷孟子一卷）　明
　　陳仁錫撰
　明萬曆間南城翁少麓刻本　國圖
　明萬曆間刻本　日本宮内省
　明崇禎七年刻本　北大　清華　人大
　　民族大學　教科院　上海　華東師
　　大　辭書出版社　内蒙古　吉大
　　陝西　臨清　蘇州　無錫　鎮江
　　南京　浙江　天一閣　湖北　廣東
　　重慶　川大　雲南民族　雲南大學
　　日本東京　日本東京大學　日本愛
　　知大學

經20910472
新刻徐闇公先生四書備考定本六卷
　　明徐浮遠撰
　明刻本　日本内閣

經20910473
四書典十卷　明陳仁錫撰
　明刻本　日本内閣

經20910474
四書彙徵三十七卷　明陳智錫等編撰
　明刻本　日本内閣

經20910475
鐫趙伯雝先生湖心亭四書丹白十三卷
　　明趙鳴陽撰
　明余思敬躍劍山房刻本　日本蓬左

經20910476

新鐫四書理印六卷　明朱之翰撰
　　明天啓間刻本　日本蓬左　日本尊經閣

經20910477
四書語錄五卷　清艾南英撰
　　清嘉慶十八年夢筠山房刻本　國圖
　　　南京　浙江

經20910478
艾千子先生手著四書發慧捷解十三卷
　　清艾南英撰
　　明友花居刻本　日本內閣

經20910479
夢雲閣精纂四書聞答主意金聲十五卷
　　明徐必登等撰　明楊鳳起等校
　　明金陵李氏聚奎樓刻本　日本蓬左

經20910480
四書翼箋九卷（大學一卷中庸一卷論語四
　　卷孟子三卷）　明洪啓初撰
　　明萬曆四十五年刻本　東北師大　日
　　　本內閣

經20910481
晚照山居參定四書酌言八卷　明寇慎撰
　　清道光二十三年濟峯木活字印本　東
　　　北師大

經20910482
四書近指二十卷　清孫奇逢撰
　　清康熙元年刻本　國圖　中科院　天
　　　津　上海　湖北　新鄉
　　孫夏峯全集本（康熙刻遞修）
　　四庫全書本（乾隆寫）

經20910483

晚年批定四書近指十七卷　清孫奇逢撰
　　孫夏峯全集本（康熙刻遞修）

經20910484
羣龍館手授四書主意龍文鞭影二十卷
　　明劉鳳翱撰
　　明天啓四年金陵瑞雲館張少吾刻朱
　　　墨套印本　國圖
　　清康熙間金陵張氏瑞雲館刻套印本
　　　國圖

經20910485
四書鞭影二十卷　明劉鳳翱撰
　　惜陰軒叢書本（道光刻、光緒刻）

經20910486
四書定本辨正不分卷　明胡正言撰
　　明崇禎十三年新安胡氏十竹齋刻本
　　　日本東京大學

經20910487
新刻朱太復玄樓山中授兒四書主意心
　　得解十卷　明朱長春、明周延儒撰
　　明刻本　日本內閣

經20910488
太史周玉繩評斷四奇新輯國朝名公主
　　意綱目諸說辨斷十一卷　明周延
　　儒撰
　　明刻本　日本內閣

經20910489
四書會解新意十卷　明錢肇陽撰
　　明萬曆四十一年刻本　日本內閣（缺卷
　　　一）

經20910490

四書要解十七卷　明黃士俊撰
　　明萬曆四十七年刻本　日本内閣

經 20910491
新刊四書八進士釋疑講意八卷　明張
　　大本撰
　　明萬曆間刻本　日本尊經閣

經 20910492
新刻黃太史纂輯四書綱要十九卷　明
　　黃起有撰
　　明刻本　日本尊經閣

經 20910493
刻黃太穉先生四書宜照解十九卷　明
　　黃景昉撰　明劉孔敬、明楊九經
　　校定
　　明天啓七年刻本　日本龍谷大學

經 20910494
四書聞六卷　明姚文蔚撰
　　明刻本　日本内閣

經 20910495
求古齋說書四卷　明李紘撰
　　明天啓二年刻本　日本内閣　日本尊
　　　經閣

經 20910496
諸太史評三先生家藏四書講意明珠庫
　　十卷首一卷　明黃文煥、明項煜、
　　明宋玫輯
　　明天啓六年刻本　高郵　天一閣

經 20910497
慧眼山房說書二十卷　明陳天定撰
　　明林儒等校

明刻本　日本内閣　日本龍谷大學
明末刻本　漳州(存卷七至八、十九至二
　　十)

經 20910498
四書徵十二卷(大學一卷中庸二卷論語五
　　卷孟子四卷)　明王夢簡撰　明馮
　　昌年校　明湯睡虎鑑定
　　明天啓七年刻本　北大　南大　四川
　　　日本内閣　日本陽明　日本龍谷
　　　大學
　　明崇禎五年刻本　日本龍谷大學　日
　　　本無窮會

經 20910499
合參四書蒙引存疑定解二十卷　　
　　當撰
　　明崇禎間刻本　日

經 20910500
四書經學考十卷補遺一卷　　
　　明徐邦佐撰
　　明崇禎元年徐氏刻本　國圖
　　　故宮　復旦　南京　南通　浙江
　　清乾隆十八年刻本　浙江

經 20910501
四書經學考補遺一卷　明徐邦佐撰
　　明崇禎元年徐氏刻本　國圖　北大
　　　故宮　復旦　南京　南通　浙江
　　清乾隆十八年刻本　浙江

經 20910502
四書經學考續考六卷　明徐邦佐撰
　　明崇禎元年徐氏刻本　國圖　北大
　　　故宮　復旦　南京　南通　浙江
　　清乾隆十八年刻本　浙江

經 20910503
新刻四書圖要二卷　明徐邦佐撰
　　明崇禎間刻本　日本尊經閣

經 20910504
四書主意鄒魯真源四十卷　明陶原良
　　撰　明項煜定
　　明崇禎間白門王克卿書坊刻本　北大

經 20910505
四書廣炬訂十五卷　明楊松齡撰
　　明崇禎間刻本　中科院

經 20910506
三經見聖編輯存二卷　明譚貞默撰
　　民國二十六年嘉興譚氏綠格抄行篋
　　　叢書本　國圖

經 20910507
區子四書翼六卷　明區大倫撰
　　明崇禎四年刻本　東北師大
　　清光緒十三年刻本(附疏草一卷)
　　　上海

經 20910508
四書疏草一卷　明區大倫撰
　　清光緒十三年刻本　上海

經 20910509
四朋居刪補四書講意聖賢心決十九卷
　　字畫辨疑一卷句辨一卷　明周文
　　德撰
　　明萬卷樓刻朱墨藍三色套印本　國圖
　　　日本尊經閣

經 20910510
四朋居朱訂四書字畫辨疑一卷　明周

　文德撰
　　明萬卷樓刻朱墨藍三色套印本　國圖

經 20910511
四朋居朱訂四書句辨一卷　明周文德撰
　　明萬卷樓刻朱墨藍三色套印本　國圖

經 20910512
四朋居新訂四書講意存是　明周文德撰
　　明崇禎四年刻本(不分卷)　吉大
　　明刻本(六卷)　日本內閣　日本龍谷
　　　大學

經 20910513
麻沙新刊會通古今四書說筌二十卷
　　明游遜輯
　　明刻本　西北大學

經 20910514
鐫錢曹兩先生四書千百年眼二十卷
　　明余應科輯稿　明錢繼登、明曹勳
　　裁定
　　明崇禎六年唐振吾登龍館刻本　北大

經 20910515
四書千百年眼十九卷首一卷　明余應
　　科編撰　明張溥校
　　明五雲閣刻本　日本國會　日本內閣
　　　日本蓬左　日本無窮會　日本廣島
　　　大學

經 20910516
鐫張蘇兩大家四書講義合參二十卷(大
　　學一卷中庸二卷論語十卷孟子七卷)
　　明蔣方馨輯
　　明崇禎六年刻本　中科院

經20910517

四書約說六卷(大學一卷中庸一卷論語二
　　卷孟子二卷)四書題說二卷　明孫
　　肇興撰
　　明崇禎六年刻朱墨套印本　中科院

經20910518

四書題說二卷　明孫肇興撰
　　明崇禎六年刻朱墨套印本　中科院

經20910519

四書經學續考六卷　明陳鵬霄撰
　　明崇禎間刻本　國圖　北大

經20910520

四書十一經通考二十卷　明蔣夢麟撰
　　明崇禎十七年刻本　教科院　吉林社
　　科院

經20910521

新鐫溫陵鄭孩如觀靜窩四書知新日錄
　　六卷　明鄭維岳撰　明鄭東里校
　　明萬曆間潭城余氏活字印本　北大
　　　　日本國會　日本內閣　日本蓬左
　　　　日本尊經閣　日本東京大學　日本
　　　　龍谷大學　日本廣島淺野

經20910522

四書知新日錄三十二卷　明鄭維岳撰
　　明刻本　日本大谷大學

經20910523

四書經正錄三十二卷　明張雲鸞撰
　　明崇禎四年刻本　清華　安徽　新鄉

經20910524

四書經正錄十九卷　明張雲鸞撰

清嘉慶間刻本　上海

經20910525

四書解縛編十六卷　明鍾天元撰
　　明萬曆四十三年刻本　日本內閣

經20910526

四書則六卷　明桑拱陽纂
　　明崇禎十四年松風書院刻本　北大
　　清華

經20910527

新訂四書補注備旨十卷(大學一卷中庸一
　　卷上論二卷下論二卷上孟二卷下孟二
　　卷)　明鄧林撰　清杜定基增訂
　　清乾隆四十四年刻本　復旦(存九卷)
　　清同治十年文益堂刻本　遼寧
　　清光緒三年光華堂刻本　遼寧
　　清光緒七年刻壽春棣萼堂印本　國圖
　　　　北師大　上海　復旦
　　清光緒九年掃葉山房重刻本　遼寧
　　清光緒九年善成堂刻清末恆新書社
　　　　印本　遼寧
　　清光緒間三義堂刻本　北大
　　清光緒十年聚元堂刻本　天津
　　清光緒十二年上海點石齋刻本　上海
　　　　遼寧
　　清光緒十四年經義山房刻本　南京
　　清光緒十四年文興堂刻本　北師大
　　清光緒十六年老二酉堂刻本　北師大
　　清光緒二十年刻書業德記印本　國圖
　　清光緒二十一年刻文英堂印本　國圖
　　　　北大
　　清光緒二十二年刻本　遼寧
　　清光緒二十四年上海文瑞樓刻本
　　　　遼寧
　　清光緒二十四年天津華文石印書局

石印本　天津

清光緒二十六年新化三味堂刻本
　　遼寧

清光緒三十年益元書局刻本　浙江

清光緒三十年天津萃文魁刻本　北大
　　天津

清光緒間泰山堂刻本　北大

清光緒間李光明莊刻本　復旦　南京
　　遼寧

清宣統元年京都文成堂刻本　北大

清宣統六年京都文成堂刻本　南京

經20910528

四書通義二十九卷（大學通義一卷中庸通
　　義一卷論語通義二十卷孟子通義七卷）
　　明魯論撰

　　清乾隆二十八年刻本　江西

經20910529

新刊翰林機部楊先生家藏四書慧解十
　　九卷（大學一卷中庸一卷論語十卷孟
　　子七卷）　明楊廷麟撰　明朱長
　　祚補

　　明太倉張溥刻本　日本蓬左

經20910530

四書註疏大全合纂三十六卷（大學注疏
　　大全合纂一卷中庸注疏大全合纂一卷
　　論語注疏大全合纂二十卷孟子注疏大
　　全合纂十四卷）首一卷　明張溥纂

　　明崇禎間吳門寶翰樓刻本　華東師大
　　南京　餘姚　湖北　湖南

　　明崇禎九年刻本　日本宮內省　日本
　　內閣　日本靜嘉堂

經20910531

四書尊註大全二十卷（大學大全一卷中庸

大全二卷論語大全十卷孟子大全七卷）
　　明張溥撰　清吳偉業參補

　　明崇禎間刻本　中科院

經20910532

尺木居輯諸名公四書尊註講意二十卷
　　（大學講意一卷中庸講意二卷論語講意
　　十卷孟子講意七卷）　明張明弼輯

　　明崇禎間刻本　中科院

經20910533

四書考備十二卷　明張溥撰

　　明崇禎間刻本　日本尊經閣

經20910534

張太史家傳四書印十三卷四書字句辨
　　疑一卷初學文式一卷　明張溥撰

　　明刻本　日本內閣

經20910535

張天如先生彙訂四書人物名物經文合
　　考十二卷　明張溥撰

　　明崇禎五年刻本　教科院　浙江　日
　　本內閣

經20910536

參補鄒魯心印集註二十卷（大學一卷中庸
　　二卷論語十卷孟子七卷）　明張明弼
　　撰　明夏允彝等補

　　明刻本　日本內閣

經20910537

四書揚明十三卷（大學一卷中庸二卷論語
　　十卷孟子七卷）　明張明弼撰

　　明種德堂刻本　日本無窮會

經20910538

新鍥四書心缽　明方應龍撰
　　明末刻本　杭州

經20910539
四書考編修飾二十三卷　明歸學周撰
　　明末刻本　北大　浙江

經20910540
經言廣翼十卷圖考畧一卷　明黃焜撰
　　　明莊以臨訂
　　明天啓間刻本　日本蓬左

經20910541
四書叩心說錄七卷　明王逢元撰
　　清康熙十七年王坤刻本　清華　北
　　師大

經20910542
四書若解篇六卷　明王應乾撰
　　明刻本　重慶

經20910543
四書說五卷　明辛全撰
　　明天啓崇禎間韓坦等刻清彙印本　中
　　科院
　　　大學說一卷　明天啓間杜國棟等刻
　　　中庸說一卷　明萬曆四十七年刻
　　　論語說二卷　明崇禎間韓坦等刻
　　　孟子說一卷　清康熙十二年李萬
　　　函刻

經20910544
四書說六卷(大學說一卷中庸說一卷論語
　　說二卷孟子說一卷)　明辛全撰
　　清康熙間刻本　上海
　　山右叢書初編本(民國鉛印)

經20910545
近聖居四書翼經圖解十九卷(大學一卷
　　中庸一卷論語十卷孟子七卷)　明余
　　應虯輯
　　明末近聖居刻本　華東師大
　　明刻本(十四卷)　日本廣島淺野

經20910546
鼎鐫三十名家彙纂四書紀十卷　明馬
　　世奇編撰
　　明萬曆間刻本　日本尊經閣

經20910547
四書鼎臠六卷　明馬世奇編撰
　　明刻本　日本內閣

經20910548
澹寧居家傳幼學四書篇璧連城解　明
　　馬世奇撰
　　明崇禎十二年復古齋楊茂卿刻本　日
　　本龍谷大學

經20910549
新鐫陳先生家評選定四書人鑑十卷
　　明陳琯撰
　　明刻本　日本尊經閣

經20910550
二刻錢希聲先生手著四書從信二十卷
　　首一卷　明錢肅樂撰　明楊廷樞
　　等校
　　明友花居刻本　日本內閣

經20910551
新刻錢希聲先生四書課兒捷解八卷
　　明錢肅樂撰
　　明刻本　日本內閣

經 20910552

四書宗旨要言六卷（大學一卷中庸一卷論
　　語二卷孟子二卷）　明余之祥撰
　　清順治十七年刻本　首都師大

經 20910553

金華四先生四書正學淵源十卷　明章
　　一陽輯
　　清康熙三十五年趙泰牲重刻本　南京

經 20910554

四書小參一卷四書問答一卷　明朱斯
　　行撰
　　清光緒三年姑蘇刻經處刻本　國圖
　　　　中科院　北大　天津　上海　復旦
　　　　南京　湖北

經 20910555

四書問答一卷　明朱斯行撰
　　清光緒三年姑蘇刻經處刻本　國圖
　　　　中科院　北大　天津　上海　復旦
　　　　南京　湖北

經 20910556

新鐫六經句解四書正印十卷　明黃道
　　周、明黃東厓編
　　明刻本　日本内閣

經 20910557

新鐫六經句解四書理印十卷　明黃道
　　周編
　　明刻本　日本尊經閣

經 20910558

四書瑯玕　明黃道周編　明鄭尚亥校
　　明崇禎十七年刻本　日本東京

經 20910559

新增會講分節四書活套刊誤　□□輯
　　明刻本　國圖（存論語卷八至十）

經 20910560

四書歸一集十九卷　□□輯
　　明執中堂抄本（存大學、中庸、孟子）
　　　　上海

經 20910561

新刻申會魁家傳課兒四書順文捷解六
　　卷　明申紹芳撰
　　明崇禎七年余文杰刻本　日本内閣

經 20910562

四書趨庭講義會編十七卷　明申紹芳撰
　　明萬曆四十五年金陵書林清白堂楊
　　日際刻本　日本蓬左

經 20910563

華亭臥子說書文箋四卷　明陳子龍撰
　　明崇禎十五年橫雲山房刻本　上海
　　　　日本内閣　日本龍谷大學

經 20910564

求己齋說書了案一卷　明李竑撰
　　明天啓間刻本　日本龍谷大學

經 20910565

說書佐案不分卷　明李竑撰　明李韶
　　明、李揚武參訂
　　明崇禎間刻本　日本龍谷大學

經 20910566

四書詳解十卷　明吳韓起撰
　　明弘光元年刻本　日本宮内省

經 20910567

新增會講分節四書活套刊誤□卷　　明
　　□□撰
　　明刻本　國圖(存論語卷八至十)

經 20910568

四書大全辨三十四卷附錄六卷　明張
　　自烈等增删
　　清順治間刻本　北大　河南
　　　　大學章句二卷
　　　　大學或問五卷
　　　　中庸章句四卷
　　　　中庸外傳前語一卷
　　　　中庸外傳畧例一卷
　　　　學庸考異補一卷
　　　　論語考異一卷
　　　　論語考異補一卷
　　　　孟子考異一卷
　　　　孟子考異補一卷
　　　　小註釋義六卷
　　　　小註辯畧十卷
　　　　附錄
　　　　石經大學一卷
　　　　古本大學一卷
　　　　程氏改正大學一卷　宋程顥定
　　　　程氏改正大學一卷　宋程頤定
　　　　古本中庸一卷
　　　　四書古詁總目一卷

經 20910569

四書遇不分卷　清張岱撰
　　稿本(馬浮跋)　浙江

經 20910570

四書平語十卷　清袁之升撰
　　抄本　山東

經 20910571

浙江杭州新刊重校補訂四書集說二十
　　卷(大學一卷中庸二卷論語十卷孟子
　　七卷)　清顧夢麟輯
　　明雲高儒刻本　重慶

經 20910572

四書十一卷通考二十卷　清顧夢麟撰
　　明崇禎間刻本　教科院　吉林社科院

經 20910573

四書說約二十卷　清顧夢麟、清楊彝輯
　　明崇禎十三年張叔籟刻本　中科院
　　　　上海　湖北　日本內閣　日本京都
　　　　大學　日本靜嘉堂
　　清抄本(存中庸說約、論語說約、孟子說
　　　　約)　浙江

經 20910574

纂序四書說約合參大全(四書集註闡微直
　　解大學中庸三卷四書集註闡微直解論
　　語十卷四書集註闡微直解孟子十四卷)
　　清顧夢麟、清楊彝輯
　　清光緒間八旗經正書院翻刻康熙十
　　　　六年徐乾學本　國圖　北大　天
　　　　津　南京　湖北　遼寧

經 20910575

四書體要十九卷　清張厥修撰
　　清順治間刻本　南京

經 20910576

日講四書解義二十六卷　清喇沙里、清
　　陳廷敬等撰
　　清康熙十六年內府刻本　國圖　北大
　　　　清華　故宮　北京市委　復旦　天
　　　　津　遼寧　吉林　南京　無爲　華

中師大
　清康熙十六年尊經閣刻本　復旦
　清江南布政使署覆刻內府本　南京
　民國間鉛印本　遼寧

經 20910577
四書翊註四十二卷(大學五卷中庸三卷論
　　語二十卷孟子十四卷)首一卷　清刁
　　包輯
　清雍正間光裕堂刻本　國圖
　清道光二十七年刁繼祖惇德堂刻本
　　北大　上海　浙江　遼寧
　清道光二十七年刁繼祖惇德堂刻咸
　　豐四年印本　北大　南京
　清道光至同治間刁懷謹順積樓刻用
　　六居士所著書本　清華　北師大
　　復旦
　清咸豐六年祈州刁氏刻本　國圖

經 20910578
佘潛滄四書解一卷　清佘一元撰
　止園叢書本(光緒刻,永平三子遺書)

經 20910579
貞固齋書義四卷(大學中庸一卷論語二卷
　　孟子一卷)　清傅以漸撰
　清初抄本　國圖(劉鳳誥跋)

經 20910580
四書朱子語類三十八卷　宋朱熹撰
　　清張履祥、清呂留良摘抄
　清康熙四十年南陽講習堂刻本　國圖
　　北大　中科院　上海　南京　浙江
　　湖北

經 20910581
四書集說二十六卷(大學一卷中庸二卷論

語九卷孟子十四卷)　清徐養元輯
　清康熙四年周殿一留耕堂刻本　清華

經 20910582
四書集說二十八卷(大學二卷中庸三卷論
　　語十卷孟子十三卷)　清徐養元輯
　清康熙三十年刻本　北大
　清抄本(存卷六至十七)　國圖

經 20910583
四書想六卷　清毛念恃撰
　清順治九年刻本　浙江

經 20910584
朱子四書全義六十三卷(大學六卷首一卷
　　中庸八卷首一卷論語三十卷首一卷孟
　　子十六卷)首一卷　清魏裔介輯
　清康熙五十一年魏荔彤刻本　清華

經 20910585
四書經史摘證七卷　清宋繼穜輯　清
　　宋廷英校注
　清道光二十四年梅花書屋刻本　浙江
　清道光二十四年雕龍書屋刻本　天津
　清同治十年紫文館重刻本　上海
　清光緒元年拜經精舍刻本　上海　南京
　清光緒十八年拜經堂精舍刻本　湖北
　清光緒元年芝隱室刻本　北大　南京
　清光緒元年廣州將軍署刻本　北大
　清光緒十四年同文書局石印本　南京
　清光緒二十九年上海廣益書局石印
　　本　浙江

經 20910586
增補四書經史摘證四卷　清宋繼穜輯
　四書古注羣義彙解本(光緒同文升記書
　　局鉛印)　上海　復旦　南京

經 20910587
四書彙解四十卷　清史以徵撰
　　清康熙間美延堂刻本　南京

經 20910588
讀四書大全說十卷　清王夫之撰
　　船山遺書本（同治刻、民國鉛印）

經 20910589
四書箋解十一卷　清王夫之撰
　　清光緒二十年衡陽王之春鄂藩官廨
　　　刻本　國圖　中科院　上海　復旦
　　　南京　浙江　湖北
　　清光緒二十年刻一九八一年湖南衡
　　　陽市博物館校補印本　國圖
　　　湖北

經 20910590
四書訓義三十八卷　宋朱熹撰　清王
　　夫之訓義
　　清道光二十二年湘潭王氏守遺經書
　　　屋刻本　天津　上海
　　船山遺書本（道光刻、民國鉛印）
　　清光緒十九年湖南小倉書局刻本　湖北

經 20910591
四書訓義三十六卷四書稗疏二卷附四
　　書考異一卷　宋朱熹撰　清王夫
　　之訓義
　　清光緒十三年潞河啖柘山房重刻船
　　　山遺書本　國圖　北大　上海
　　　南京　浙江　遼寧
　　清光緒十三年潞河王氏啖拓山房刻
　　　民國三年船山學社補版印本　上
　　　海　湖北

經 20910592

四書稗疏一卷　清王夫之撰
　　船山遺書本（道光刻、同治刻、民國鉛印）

經 20910593
四書稗疏二卷　清王夫之撰
　　清光緒十三年潞河啖柘山房重刻船
　　　山遺書本　國圖　北大　上海
　　　南京　浙江　遼寧
　　清光緒十三年潞河王氏啖拓山房刻
　　　民國三年船山學社補版印本　上
　　　海　湖北
　　皇清經解續編本（光緒刻、光緒石印）

經 20910594
四書考異一卷　清王夫之撰
　　清道光二十二年湘潭王氏守遺經屋
　　　刻本　天津　上海
　　船山遺書本（道光刻、同治刻、民國鉛印）
　　清光緒十三年潞河啖柘山房重刻本
　　　國圖　北大　上海　浙江　遼寧
　　清光緒十三年潞河王氏啖拓山房刻
　　　民國三年船山學社補版印本　上
　　　海　湖北

經 20910595
毛西河四書朱註辨正二卷　清毛奇齡撰
　　清潘道根手抄本　上海

經 20910596
四書索解四卷　清毛奇齡撰　清王錫輯
　　西河合集本（康熙刻、乾隆印、嘉慶印）
　　藝海珠塵本（嘉慶刻道光增刻）

經 20910597
四書改錯二十二卷　清毛奇齡撰
　　清乾隆十年書留草堂刻本　南京
　　清嘉慶十六年學圃重刻西河合集本

國圖　北大　天津　上海　南京
遼寧　安徽　湖北

清嘉慶十六年甌山金氏刻本　國圖
北大　中科院

清末民國初石印西河合集本　國圖

四書古註羣義彙解本(光緒點石齋、同
文書局、鴻寶齋、蜚英館、積山書局、
上海書局、上海慎記石印,光緒珍藝
書局鉛印)

四書古注羣義彙解本(光緒同文升記書
局鉛印)　上海　復旦　南京

抄本　南京

經 20910598

四書改錯二十二卷補遺一卷　清毛奇
齡撰

抄本(新舊抄配)　南京

經 20910599

四書改錯補遺一卷　清毛奇齡撰

抄本(新舊抄配)　南京

經 20910600

四書正事括畧七卷附錄一卷　清毛奇
齡撰

清道光十九年蕭山沈豫刻西河合集
本　上海　湖北

經 20910601

四書賸言四卷補二卷　清毛奇齡撰
清章大來補輯

西河合集本(康熙刻、乾隆印、嘉慶印,聖
門釋非錄)

四庫全書本(乾隆寫)

皇清經解本(道光刻、咸豐補刻、鴻寶齋
石印、點石齋石印)

經 20910602

四書賸言卷補二卷　清毛奇齡撰

西河合集本(康熙刻、乾隆印、嘉慶印,聖
門釋非錄)

四庫全書本(乾隆寫)

皇清經解本(道光刻、咸豐補刻、鴻寶齋
石印、點石齋石印)

經 20910603

四書講義輯存一卷　清陸世儀撰

陸桴亭先生遺書本(光緒刻)

經 20910604

四書反身錄六卷(大學一卷中庸一卷論語
二卷孟子二卷)二孟續補二卷　清李
顒述　清王心敬錄輯

清康熙三十一年李彥珬刻本　北大
天津　南京

清同治十二年西安馬存心堂重刻本
天津

清光緒十一年西安馬存心堂刻本
湖北

經 20910605

四書反身錄八卷(大學一卷中庸一卷論語
四卷孟子一卷二孟續補一卷)首一卷
清李顒撰

清嘉慶二十二年蕭山湯氏刻本　上海

清道光十一年三韓劉銘德刻本　國圖
北大

清道光十一年浙江書局刻本　國圖
北大　天津　上海　復旦　南京
浙江　湖北

清咸豐元年湘陰奎樓蔣氏小嬾嬛山
館刻本　國圖　北大　上海　復旦
南京

李二曲先生全集本(同治刻、光緒刻)

清光緒元年求寡過齋刻本　上海
清光緒二十五年京都官書局石印本
　　國圖
清光緒二十九年刻本　國圖
清光緒間杭州書局刻本　上海
清末抄本　遼寧

經 20910606
四書反身錄十四卷(大學一卷中庸一卷論
　　語十卷孟子二卷)二孟續補二卷　清
　　李顒撰
清光緒八年周署刻本　湖北

經 20910607
四書反身錄續補二卷　清李顒述　清
　　王心敬錄輯
清康熙三十一年李彥珺刻本　北大
　　天津　南京
清同治十二年西安馬存心堂重刻本
　　天津
清光緒十一年西安馬存心堂刻本
　　湖北
清光緒八年周署刻本　湖北

經 20910608
竦闇齋纂序四書繹註講意三十八卷(大
　　學一卷中庸三卷論語二十卷孟子十四
　　卷)　清劉梅撰
清康熙間金閶文雅堂刻本　國圖
　　北大

經 20910609
呂晚村先生四書講義四十三卷　清呂
　　留良撰　清陳錝編次
清康熙二十五年天蓋樓刻本　國圖
　　北大　天津　浙江　湖北　上海
　　南京　遼寧

清初刻本　北大
清刻本　北大

經 20910610
天蓋樓四書語錄四十六卷　清呂留良
　　評選　清周在延編次
清康熙二十三年刻本　國圖　北大
　　上海　浙江
清康熙間金陵延中堂刻本　南京
清刻本　北大

經 20910611
呂子評語餘編八卷　清呂留良撰　清
　　車鼎豐輯
清康熙五十五年刻本　湖北

經 20910612
三魚堂四書大全三十九卷附論語考異
　　孟子考異　清陸隴其輯　(論語孟
　　子考異)宋王應麟撰
清康熙三十七年嘉會堂刻本　國圖
　　遼寧　湖北
清康熙四十一年當湖陸氏刻本　國圖
　　上海　復旦
　　大學大全章句一卷大學或問一卷
　　中庸大全章句二卷中庸或問一卷
　　論語集註大全二十卷
　　孟子集註大全十四卷

經 20910613
四書講義困勉錄三十七卷(大學一卷中庸
　　二卷論語二十卷孟子十四卷)　清陸
　　隴其撰　清陸公鏐編
清康熙十四年刻本　國圖
清康熙三十八年嘉會堂刻本　北大
　　上海　南京　湖北
清乾隆四年嘉會堂刻本　國圖　北大

　　　　上海　浙江　南京(存三三卷)
　　四庫全書本(乾隆寫)

經 20910614
四書講義續困勉錄六卷　清陸隴其撰
　　清陸公鏐編
　　清康熙十四年刻本　國圖
　　清康熙三十八年嘉會堂刻本　北大
　　　　上海　南京　湖北
　　清乾隆四年嘉會堂刻本　國圖　北大
　　　　上海　浙江　南京(存三三卷)

經 20910615
陸稼書先生四書講義遺編六卷　清陸
　　隴其述　清趙鳳翔編
　　清康熙四十四年三魚堂刻本　上海
　　清乾隆二年當湖陸氏三魚堂刻本　國
　　　　圖　復旦　遼寧　湖北

經 20910616
松陽講義十二卷　清陸隴其撰
　　清康熙二十九年貴文堂刻本　北大
　　　　(清姚椿批校)　復旦　天津　上海
　　清康熙間刻郁文堂印本　國圖
　　四庫全書本(乾隆寫)
　　清道光六年重刻本　中科院
　　清咸豐間敬義齋刻本　湖北
　　清同治十年公善堂刻本　國圖　北大
　　　　上海　南京　湖北
　　清同治十三年湖南書局印本　國圖
　　　　北大　上海　復旦　南京　遼寧
　　　　湖北
　　清光緒十三年固始張氏刻本　國圖
　　　　天津　上海
　　西京清麓叢書本(光緒刻)
　　洪氏唐石經館叢書本(光緒印)
　　清天德堂刻本　天津

　　清文選樓刻本　上海
　　日本文政十一年三都書肆刻本　北大
　　　　遼寧

經 20910617
四書集註十九卷　清儲欣撰
　　清謝氏毓蘭書屋刻本　湖北　南京

經 20910618
四書體註十九卷(大學一卷中庸一卷論語
　　十卷孟子七卷)　宋朱熹撰　清范翔
　　參訂
　　清康熙三十一年刻本　上海(自坡居士
　　　　有常跋)
　　清雍正八年江寧啓盛堂銅版印本
　　　　廣東

經 20910619
顏習齋先生四書正誤六卷(大學一卷中庸
　　一卷上論一卷下論一卷上孟一卷下孟
　　一卷)　清顏元撰
　　清嘉慶元年張與齡抄本　南開(缺大
　　　　學、孟子上)
　　清乾隆十四年鍾鈴抄本　北大
　　顏李叢書本(民國鉛印)

經 20910620
闕里顏太史真稿不分卷　清顏光猷撰
　　清康熙十二年水明樓刻本　曲阜師大

經 20910621
四書鈔十八卷　清祕丕芨輯
　　清康熙三十七年刻楚禽堂本　國圖

經 20910622
四書釋地一卷續一卷孟子生卒年月考
　　一卷　清閻若璩撰

清康熙三十七年眷西堂刻本　國圖
　　北大

經 20910623

四書釋地一卷續一卷又續二卷三續二
　　卷附孟子生卒年月考一卷　清閻
　　若璩撰
四庫全書本(乾隆寫)
清乾隆五十二年丁氏刻本　上海
　　南京
清乾隆五十二年東浯王氏刻本　復旦
清乾隆五十二年大興朱珪刻本　國圖
　　天津　上海　南京　浙江　湖北
清乾隆五十三年南城吳氏照聽雨齋
　　刻本　國圖　北大　天津　上海
　　南京
皇清經解本(道光刻、咸豐補刻、鴻寶齋
　　石印、點石齋石印)
清木活字印本　上海
清抄本(清吳騫批校並錄清周春批校)
　　上海
抄本　浙江

經 20910624

四書釋地又續二卷　清閻若璩撰
　　四庫全書本(乾隆寫)
清乾隆五十二年丁氏刻本　上海
　　南京
清乾隆五十二年東浯王氏刻本　復旦
清乾隆五十二年大興朱珪刻本　國圖
　　天津　上海　南京　浙江　湖北
清乾隆五十三年南城吳氏照聽雨齋
　　刻本　國圖　北大　天津　上海
　　南京
皇清經解本(道光刻、咸豐補刻、鴻寶齋
　　石印、點石齋石印)
清木活字印本　上海

清抄本(清吳騫批校並錄清周春批校)
　　上海
抄本　浙江

經 20910625

四書釋地三續二卷　清閻若璩撰
　　四庫全書本(乾隆寫)
清乾隆五十二年丁氏刻本　上海
　　南京
清乾隆五十二年東浯王氏刻本　復旦
清乾隆五十二年大興朱珪刻本　國圖
　　天津　上海　南京　浙江　湖北
清乾隆五十三年南城吳氏照聽雨齋
　　刻本　國圖　北大　天津　上海
　　南京
皇清經解本(道光刻、咸豐補刻、鴻寶齋
　　石印、點石齋石印)
清木活字印本　上海
清抄本(清吳騫批校並錄清周春批校)
　　上海
抄本　浙江

經 20910626

四書釋地補一卷續補一卷又續補一卷
　　三續補一卷　清閻若璩撰　清樊
　　廷枚校補
清嘉慶二十一年梅陽海涵堂刻本　國
　　圖　北大　中科院　天津　上海
　　南京　浙江　遼寧　湖北

經 20910627

四書釋地續補一卷　清閻若璩撰　清
　　樊廷枚校補
清嘉慶二十一年梅陽海涵堂刻本　國
　　圖　北大　中科院　天津　上海
　　南京　遼寧　湖北

經20910628
四書釋地又續補一卷　清閻若璩撰
　　清樊廷枚校補
　　清嘉慶二十一年梅陽海涵堂刻本　國
　　　圖　北大　中科院　天津　上海
　　　南京　遼寧　湖北

經20910629
四書釋地三續補一卷　清閻若璩撰
　　清樊廷枚校補
　　清嘉慶二十一年梅陽海涵堂刻本　國
　　　圖　北大　中科院　天津　上海
　　　南京　遼寧　湖北

經20910630
四書釋地重校編次附孟子生卒年月考
　　一卷　清閻若璩撰　清吳母音
　　校編
　　清嘉慶二十一年涵碧齋刻本　上海
　　　湖北

經20910631
校正四書釋地八卷孟子生卒年月考一
　　卷　清閻若璩撰　清顧問重編
　　清嘉慶八年桐陰書屋刻本　北大　天
　　　津　上海　浙江　湖北

經20910632
日講四書解義二十六卷　清庫勒納等編
　　清康熙十六年刻本　天津　湖北
　　四庫全書薈要本(乾隆寫)
　　四庫全書本(乾隆寫)

經20910633
增刪四書精言不分卷　清張英撰
　　清乾隆間刻本　國圖

經20910634
四書玩註詳說一百六十卷首一卷　清
　　冉覲祖撰
　　五經詳說本(光緒刻)

經20910635
四書玩註詳說四十卷　清冉覲祖撰
　　清孟公鼎訂
　　清康熙二十八年寄願堂刻本　中科院
　　　上海　南京

經20910636
四書繹義七卷　清蔡方炳撰
　　清康熙十七年寶翰樓刻本　湖北

經20910637
五車樓五訂正韻四書纂序說約集註定
　　本十九卷(大學一卷中庸一卷論語十
　　　卷孟子七卷)　清蔡方炳重纂　清
　　　黃驥同纂
　　清光緒十三年務時敏齋刻本　湖北

經20910638
四書補註四卷補註續編一卷考正古本
　　大學一卷　清劉道明撰
　　清康熙四十四年德榮堂刻本　上海

經20910639
四書大全說約合參證解十七卷　清吳
　　荃撰
　　清康熙十八年深柳堂刻本　南京

經20910640
朱子文集纂四書三十二卷　清陳鏦編
　　清康熙二十八年行恕堂刻本　北大
　　　湖北

經 20910641

四書考彙刪六卷　清臧振榮撰
　　清康熙十九年刻本　內蒙古師大

經 20910642

四書解義六卷　清李光地撰
　　清康熙五十九年居業堂刻本　湖北
　　南京

經 20910643

四書解義(榕村四書說)七卷(大學古本說
　　一卷中庸章段一卷中庸餘論一卷讀論
　　語劄記二卷讀孟子劄記二卷)　清李
　　光地撰
　　清康熙五十九年居業堂刻六十一年
　　增修本　國圖　清華　中科院
　　福建
　　四庫全書本(乾隆寫,榕村四書說)

經 20910644

四書解義八卷(大學古本說一卷中庸章段
　　一卷中庸餘論一卷中庸四記一卷讀論
　　語劄記二卷讀孟子劄記二卷)　清李
　　光地撰
　　李文貞公全集本(乾隆嘉慶刻)
　　榕村全書本(道光刻)

經 20910645

四書述十九卷(大學一卷中庸一卷論語十
　　卷孟子七卷)　清陳詵撰
　　清康熙間信學齋刻本　故宮

經 20910646

四書遺義二卷管氏弟子職一卷朱子童
　　蒙須知一卷崇道編一卷　清陳廷
　　策撰
　　清乾隆十一年刻本　中科院

經 20910647

四書原旨五卷　清王履昌撰
　　清順治間刻本　上海

經 20910648

四書集成二十九卷　清趙燦英撰
　　清康熙二十三年經正堂刻本　中科院
　　湖北

經 20910649

四書說乘六卷　清張嵩撰
　　清康熙二十四年張麟刻本　南京

經 20910650

四書心解五卷(大學一卷中庸一卷論語二
　　卷孟子一卷)附偶思錄一卷　清王
　　吉相撰　清賈錫智校
　　清道光二十四年刻本　國圖　中科院
　　南京　湖北

經 20910651

四書緒言十四卷　清孫瑯撰
　　清康熙二十五年樹德堂刻本　中科院

經 20910652

四書彙通二十七卷　清李戴禮撰
　　清康熙二十八年紹啟堂刻本　國圖

經 20910653

四書講四十卷　清金松撰
　　清康熙三十一年刻本　上海　復旦
　　南京
　　清康熙三十一年刻乾隆五年朱氏修
　　補本　國圖　南京

經 20910654

四書朱子大全四十卷　清戴名世編

　　清程逢儀重輯
清康熙四十七年吳郡寶翰樓刻本
　　上海
清康熙四十七年程逢儀刻本　國圖
　　中科院　北大　中科院　湖北
　　大學朱子大全三卷
　　中庸朱子大全三卷
　　論語朱子大全二十卷
　　孟子朱子大全十四卷

經 20910655
四書大成三十六卷　清沈磊、清陸堦纂
　　清康熙三十三年浙撫張鵬翮刻本
　　南京
　　清木活字印本　上海

經 20910656
四書辯訛六卷　清汪陞撰
　　清康熙三十四年學誨堂刻本　中科院
　　廈大

經 20910657
四書真解二十七卷　清黃之弟撰
　　清康熙三十四年刻本　東北師大

經 20910658
四書繹註　清王錟撰
　　清康熙三十五年刻本　國圖

經 20910659
四書朱註發明十九卷　清王錟撰
　　清康熙間潮濟堂刻本　南京

經 20910660
四書明儒大全精義三十八卷(大學一卷
　　中庸一卷論語二十卷孟子十四卷)
　　清湯傳榘撰

　　清康熙四十四年刻本　上海　湖北
　　南京

經 20910661
張九達先生四書尊註會意解三十六卷
　　清張庸德增補
　　清康熙三十六年詒清堂刻本　中科院

經 20910662
四書襯十九卷　清駱培撰
　　清乾隆七年坦吉堂刻本　北大　中科
　　院　上海
　　清泰和堂刻本　湖北

經 20910663
此木軒讀四書註疏(存卷六)　清焦袁
　　熹撰
　　此木軒全集本(稿本)

經 20910664
此木軒四書說九卷　清焦袁熹撰
　　清乾隆五年刻本　北大　中科院
　　南京
　　四庫全書本(乾隆寫)
　　清道光二十四年守山閣重刻本　上海
　　遼寧

經 20910665
周右序先生四書節解十四卷　清周振
　　業撰
　　清乾隆十二年周以持刻本　清華
　　上海

經 20910666
四書釋文十九卷(大學一卷中庸一卷論語
　　十卷孟子七卷)　宋朱熹撰　清何
　　焯訂

清光緒十四年天津文美齋刻本　北大
　天津

經 20910667
四書經註詳讀十九卷（大學一卷中庸一卷
　論語十卷孟子七卷）　清何焯訂
　清光緒二年刻本　南京

經 20910668
四書朱子異同條辨四十卷（大學三卷中庸
　三卷論語二十卷孟子十四卷）　清李
　沛霖、清李禎訂
　清康熙四十一年刻本　浙江
　清康熙間近譬堂刻本　國圖　北大
　　清華　中科院　社科院考古所　天
　　津　上海　復旦　山西文物局
　　南京
　清朱文堂翻刻近譬堂本　浙江　湖北
　清黎光樓翻刻近譬堂本　國圖　北大
　　天津　浙江

經 20910669
四書諸儒輯要四十卷　清李沛霖參訂
　清康熙五十七年古吳三樂齋刻本　南
　　京　湖北

經 20910670
四書考彙刪六卷　清臧廷鑒輯
　清康熙間刻本　南京　內蒙古師大

經 20910671
四書述統十九卷　清程日弘撰
　清康熙三十三年集聞堂刻本　南京

經 20910672
四書全解不分卷　清鄧丙參訂
　清康熙四十三年映旭齋刻本　北大

經 20910673
駁呂留良四書講義不分卷　清朱軾、清吳
　襄撰
　清雍正九年刻本　國圖　北大　上海
　　復旦　南京　浙江　遼寧
　清光緒二十四年雄州秦氏石印袖珍
　　本　湖北

經 20910674
四書集註補十四卷首一卷　清王復禮
　擬定
　清嘉慶二十四年揚州聽雨軒書坊刻
　　本　湖北
　清嘉慶二十四年棠蔭館刻本　北大

經 20910675
四書辨疑二十二卷　清張江撰
　清咸豐三年高忠厚堂刻本　國圖　中
　　科院　遼寧
　清抄本（存二十卷）　國圖
　清抄本　天津

經 20910676
三訂四書辨疑二十二卷補一卷　清張
　江撰
　清光緒十三年上海大文書局鉛印本
　　國圖　北大　南京　福建師大
　　江西

經 20910677
四書緒餘錄二十卷補一卷　清張江輯
　清光緒十三年上海大文書局鉛印本
　　國圖　北大　南京　福建師大
　　江西

經 20910678
四書識小錄十卷　清張江輯

清光緒十三年上海大文書局鉛印本
　　國圖　北大　南京　福建師大
　　江西

經 20910679
四書武備編四卷　清張江輯
　清光緒十三年上海大文書局鉛印本
　　國圖　北大　南京　福建師大
　　江西

經 20910680
四書樂器編五卷　清張江輯
　清光緒十三年上海大文書局鉛印本
　　國圖　北大　南京　福建師大
　　江西
　清末民國初抄本　國圖

經 20910681
四書拾遺五卷　清張江輯
　清光緒十三年上海大文書局鉛印本
　　國圖　北大　南京　福建師大
　　江西

經 20910682
四書辨疑圖不分卷　清張江撰
　清抄本　國圖

經 20910683
四書約旨十九卷（四書約旨大學一卷四書
　約旨中庸一卷四書約旨論語十卷四書
　約旨孟子七卷）　清任啓運撰
　清乾隆五年刻本　上海　南京
　清乾隆三十六年清芬堂刻本　國圖
　　北大　浙江
　清光緒九年筱里任氏一本堂家塾刻
　　本　國圖　北大　復旦　南京
　清光緒二十年浙江官書局覆刻任氏

　　家塾本　國圖　北大　天津　上海
　　南京　浙江　湖北
　清光緒間刻民國十九年印本　國圖
　荊溪任氏遺書本（民國刻）

經 20910684
增刪四書大全正解定本二十二卷　清
　　吳荃彙輯
　清康熙間坊刻本　北大

經 20910685
四書講義持衡十五卷（大學一卷中庸一卷
　論語八卷首一卷孟子四卷）　清彭
　軏撰
　清康熙五十年彭氏刻本　山東（葉葆
　　跋）

經 20910686
四書或問語類大全合訂四十一卷　清
　　黄越撰
　清康熙間光裕堂刻本　天津

經 20910687
四書朱子本義匯參四十三卷（大學三卷
　中庸六卷論語二十卷孟子十四卷）首
　四卷　清王步青輯
　清乾隆十年敦復堂刻本　國圖　北大
　　上海　南京　浙江
　清承德堂翻刻乾隆十年敦復堂本
　　北大
　清文會堂翻刻乾隆十年敦復堂本
　　北大
　清翻刻乾隆十年敦復堂本　北大
　　遼寧
　清三槐堂刻本　國圖
　清光緒三十一年上海宏文閣書局石
　　印本　北大

清光緒五年上海江左書林刻本　遼寧

清光緒十二年鉛印本　上海（缺論語卷
　　十三至十六、孟子公孫丑上下）

清光緒十五年上海積山書局石印本
　　上海

清光緒十七年上海廣百宋齋鉛印本
　　上海

清光緒二十八年上海寶華書局影印
　　本　國圖

清光緒二十八年上海書局石印本
　　國圖

清光緒三十一年上海廣益書局石印
　　本　北大　上海

經 20910688

筤墅説書十九卷　清陳震撰

　　清同治三年霸州孝友堂刻本　國圖
　　天津

經 20910689

集虚齋四書口義十卷　清方婺如撰
　　清于光華編

　　清乾隆五十三年姚一桂務本堂刻本
　　北大　中科院

　　清乾隆五十三年刻大文堂印本　國圖
　　浙江　湖北

　　清乾隆五十八年刻本　上海

　　清乾隆五十九年文盛堂刻本　國圖
　　北大

　　清務本堂刻本　遼寧

經 20910690

四書考典四十二卷　清方楘如撰
　　清抄本（文素松跋）　上海

經 20910691

四書考典不分卷　清方吾子撰

清抄本　南京

經 20910692

四書餘説二十卷（大學一卷中庸二卷論語
　　二十卷孟子七卷）　清孫燬撰
　　清康熙五十六年惇裕堂刻本　中科院
　　遼寧

經 20910693

四書自課録三十卷　清任時懋輯
　　清乾隆四年璜川吳贊皇、吳企晉等刻
　　本　北大　中科院　天津　復旦
　　南京　湖北
　　清道光九年璜川書屋刻本　上海
　　湖北

經 20910694

四書困學編三十八卷（大學一卷中庸三卷
　　論語二十卷孟子十四卷）　清湯豫
　　誠撰
　　稿本　河南

經 20910695

朱註發明十九卷　清王掞撰
　　清康熙五十八年潮濟堂刻本　中科院

經 20910696

四書會要録三十卷　清黃瑞撰
　　清康熙五十九年述善堂刻本　北大
　　中科院　平度
　　清雍正五年古吳三樂齋刻本　國圖
　　清同治九年刻本　復旦
　　清同治十一年漁古軒刻本　北大
　　天津

經 20910697

菜根堂劄記十二卷　清夏力恕撰

清乾隆三十年鳳臺書院刻本　湖北

經20910698
四書典林三十卷　清江永輯
　清雍正間金閶寶仁堂刻本　上海
　清雍正十三年崇德書院刻本　南京
　清乾隆元年鋤經齋刻本　上海
　清乾隆五十四年鋤經齋刻本　國圖
　　湖北
　清嘉慶四年錫山三槐堂刻本　南京
　清嘉慶九年鋤經齋刻本　中科院
　　天津
　清同治元年慈水鋤經閣銅版印本
　　上海
　日本明治十五年東都樂善堂銅版印
　　本　上海　復旦(存五卷)
　清光緒十五年鴻寶齋石印本　南京

經20910699
四書典林三十卷四書古人典林十二卷
　　清江永輯
　清乾隆三十九年和安堂刻本　上海
　清同治元年慈溪鋤經閣刻本　南京
　清同治十二年古董一經室刻本　天津
　清光緒二年海陵書屋刻本　上海
　清光緒十三年刻本　南京
　清光緒十二年積山書局石印本　上海
　清光緒十五年上海石印巾箱本　湖北
　清光緒十八年鴻寶齋石印本　復旦
　日本明治十五年東京樂業堂刻本
　　國圖

經20910700
四書古人典林十二卷　清江永撰
　清乾隆三十九年汪澎刻本　北大
　清乾隆三十九年集道堂刻本　國圖
　　中科院　湖北

清乾隆三十九年和安堂刻本　上海
清乾隆三十九年光霽堂刻本　國圖
清嘉慶七年博古堂刻本　上海
清同治四年英德堂刻巾箱本　湖北
清同治十二年刻本　天津
清光緒二年海陵書屋刻本　上海
清光緒十二年積山書局石印本　上海
清光緒十五年上海石印巾箱本　湖北
清光緒十八年鴻寶齋石印本　復旦
清崇德書院刻本　南京
日本明治十五年東京樂業堂刻本
　國圖

經20910701
四書按稿三十卷　清江永撰
　清乾隆十五年抄本　復旦

經20910702
四書經學考十卷首一卷補遺一卷　清
　謝濟世撰　清王罕皆增輯
　清嘉慶九年三槐堂刻本　國圖　中
　科院

經20910703
四書經學考補遺一卷　清謝濟世撰
　清王罕皆增輯
　清嘉慶九年三槐堂刻本　國圖　中
　科院

經20910704
四書廣註三十六卷　清張謙宜輯
　清康熙間刻本　中科院
　清康熙雍正間刻本　湖北
　清乾隆間刻本　國圖

經20910705
四書述朱大全四十卷(大學三卷中庸三卷

論語二十卷孟子十四卷)首一卷　清
　　周亦魯輯
　　清康熙六十一年雲中居刻本　上海

經20910706
四書典制彙編八卷　清胡掄撰
　　清雍正十年藜照軒刻本　中科院
　　　湖北

經20910707
四書質疑五卷　清陳梓撰
　　清乾隆間刻本　中科院
　　陳一齋全集本(嘉慶刻)

經20910708
四書質疑六卷　清陳梓撰
　　清嘉慶間刻本　湖北(清程組批校)

經20910709
四書益智錄二十卷　清桂含章輯
　　清光緒八年金陵石埭桂氏務本堂金
　　　陵刻本　國圖　北大　中科院　上
　　　海　南京　湖北

經20910710
四書闡註十九卷　清浦泰輯
　　清雍正六年婁東尚論堂刻本　上海
　　　(清華希閔批)
　　清雍正十六年修文堂刻本　上海(清
　　　華希閔批)
　　清嘉慶十六年刻本　廣東(清黃培芳批
　　　校)

經20910711
四書講義尊聞錄二十卷　清戴鈜撰
　　清雍正六至七年懷新堂刻本　清華
　　　中科院　南京

經20910712
四書朱子大全經傳蘊萃二十九卷　清
　　朱良玉輯
　　清同治八年凝香閣刻本　北大　上海

經20910713
四書或問語類集解釋註大全四十一卷
　　清朱良玉輯
　　清雍正六年古吳光裕堂刻本　北大
　　　上海
　　清雍正六年古吳致和堂刻本　國圖

經20910714
四書體註合講七卷(大學一卷中庸一卷論
　　語十卷孟子七卷)　清翁復編
　　清雍正八年文奎堂刻本　浙江
　　清雍正八年英德堂銅版印本　上海
　　清嘉慶十三年五柳居刻本　南京
　　清道光元年酌雅齋刻本　國圖　上海
　　　復旦　湖北
　　清道光八年文瑞堂刻本　復旦
　　清道光十六年芸生堂刻本　北大
　　清道光二十七年桐石山房刻本　北大
　　清同治七年刻本　南京
　　清同治九年海陵軒刻本　上海
　　金華叢書本(同治光緒刻、民國補刻)
　　清光緒五年掃葉山房刻本　國圖
　　清光緒五年味蘭軒刻本　上海
　　清光緒十一年點石齋石印本　上海
　　清光緒十六年上海鑄記書局石印本
　　　上海
　　清文光堂刻本　南京
　　日本明治四年樂善堂銅版縮印本　上
　　　海　南京

經20910715
四書圖考　清翁復撰

清雍正八年英德堂銅版印本　上海
清嘉慶十三年五柳居刻本　南京
清道光元年酌雅齋刻本　湖北
清道光十六年芸生堂刻本　北大
清道光二十七年桐石山房刻本　北大
清光緒十一年點石齋石印本　上海

經 20910716
增訂圖考四書合講　清翁復撰
　　清同治九年森寶堂刻本　國圖

經 20910717
四書人物考不分卷　清翁復撰
　　清道光二十七年桐石山房刻本　北大
　　民國間石印本　國圖

經 20910718
健餘先生讀書筆記六卷　清尹會一撰
　　　清苑管輯錄
　　畿輔叢書本(光緒刻,尹健餘先生全集)

經 20910719
四書大全摘要二十卷　清李武輯
　　清雍正九年煥文堂刻本　遼寧　上海

經 20910720
增訂四書析疑二十二卷　清張權時輯
　　清雍正九年聚秀堂刻本　天津
　　清乾隆三十二年刻本　國圖

經 20910721
四書詮義三十八卷　清汪紱撰
　　清道光六年一經堂刻本　國圖　上海
　　　南京　湖北　浙江
　　汪雙池先生叢書本(光緒彙印)

經 20910722

四書翼註論文三十八卷　清張甄陶撰
　　清乾隆四十一年南海淩氏刻本　南京
　　清乾隆五十二年浙湖州竹下書堂刻
　　　本　國圖　上海　南京

經 20910723
四書翼註論文三十卷(大學一卷中庸二卷
　　上論十卷下論十卷上孟三卷下孟四卷)
　　清張甄陶撰
　　清乾隆五十三年福清張氏刻本　北大
　　清文秀堂刻本　國圖

經 20910724
四書朱子大全精言四十一卷(大學三卷
　　中庸四卷論語二十卷孟子十四卷)
　　清周大璋纂輯　清魏一齋鑑定
　　清康熙四十七年寶旭齋刻本　北大

經 20910725
增刪四書朱子大全精言四十一卷　清
　　周大璋纂輯　清張藥齋鑑定
　　清乾隆三年光德堂刻本　北大　南京
　　清玉蘭堂刻本　北大　上海

經 20910726
四書大全學知錄三十一卷　清許泰交撰
　　清雍正十三年三槐堂刻本　國圖

經 20910727
四書讀註提耳十九卷(大學一卷中庸二卷
　　上論五卷下論四卷上孟三卷下孟四卷)
　　清耿埰撰
　　清乾隆元年屏山堂刻本　中科院
　　　天津
　　清同治九年屏山堂刻本　復旦

經 20910728

四書考輯要二十卷地圖一卷 清陳弘
　謀輯 清陳蘭森編校
　　清乾隆三十五年培遠堂姑蘇刻本 國
　　　圖 北大 清華 上海 南京 福
　　　建師大
　　清光緒四年寶興局刻本 浙江

經 20910729
四書地圖一卷 清陳弘謀輯 清陳蘭
　森編校
　　清乾隆三十五年培遠堂姑蘇刻本 國
　　　圖 北大 清華 上海 南京 福
　　　建師大
　　清光緒四年寶興局刻本 浙江

經 20910730
陳榕門四書章句集註十九卷（大學章句
　一卷中庸章句一卷論語集註十卷孟子
　集註七卷）附審音辨體考異 宋朱
　熹章句 （審音辨體考異）清陳弘
　謀撰
　　清刻緯文堂印本 北大

經 20910731
裏如堂四書十九卷（大學章句一卷中庸章
　句一卷論語集註十卷孟子集註七卷）
　　附審音辨體考異 宋朱熹集注
　（審音辨體考異）清陳弘謀撰
　　清末義和堂刻本 北大

經 20910732
虹舟四書講義二十卷 清李祖蕙撰
　　清乾隆四年潢川書院刻本 南京
　　清乾隆二十年水西書屋刻本 上海

經 20910733
四書就正錄十九卷 清陳鉉撰

清乾隆五十一年友竹堂刻本 湖北

經 20910734
四書晰疑四卷 清陳鉉撰
　　清乾隆六年尚志堂刻本 上海 南京

經 20910735
四書凝道錄十九卷 清劉紹攽撰
　稿本 陝西
　西京清麓叢書續編本（光緒刻）
　　大學章句凝道錄一卷
　　中庸章句凝道錄一卷
　　論語集註凝道錄十卷
　　孟子集註凝道錄七卷

經 20910736
四書類典賦二十四卷 清甘紱撰
　　清乾隆十一年刻本 上海
　　清乾隆四十一年廣益堂刻本 南京
　　　浙江
　　清敦仁堂刻本 湖北

經 20910737
四書類典賦六十六卷 清甘紱撰
　　清乾隆七年周揚熙、謝逢泰刻本
　　　北大

經 20910738
畏齋四書客難四卷 清龔元玠撰
　　清乾隆三十八年刻本 上海
　　十三經客難本（道光刻）

經 20910739
翼藝典畧十卷 清蕭正發撰
　　清乾隆四年廬陵蕭氏刻本 國圖 中
　　　科院 南京
　　清乾隆十年刻本 南京

清刻本　遼寧

經20910740
四書句讀釋義十九卷　清范凝鼎撰
　　清乾隆間述善堂刻本　人大（存卷十二
　　　至十九）

經20910741
四書集疏附正二十二卷論語緒言二卷
　　清張秉直撰
　　西京清麓叢書本（光緒刻）

經20910742
四書鏡典故附考十九卷（大學一卷中庸一
　　卷論語十卷孟子七卷）　清程天霖撰
　　清乾隆十年刻本　中科院（缺孟子卷四
　　　至五）

經20910743
福禮堂四書文課本一卷　清周震榮輯
　　清乾隆四十八年刻本　北大

經20910744
四書圖說六卷　清王道然撰
　　清乾隆六十年王氏清輝堂刻本　北大
　　　中科院

經20910745
說四書四卷　清郭善鄰撰
　　清乾隆四十二年刻本　北大　湖北
　　清道光十年友鶴山房刻本　浙江

經20910746
五華纂訂四書大全十四卷附大學古本
　　說一卷　清孫見龍撰
　　清乾隆十三年五華書院刻本　上海
　　　南京

經20910747
四書尋真二十八卷（大學一卷中庸三卷論
　　語十卷孟子十四卷）　清劉所說撰
　　清乾隆十四年劉起翰肆業堂刻本　中
　　　科院

經20910748
四書標題一得解三卷　清張希韓撰
　　清乾隆十九年稿本　北大

經20910749
四書講義十卷（大學講義一卷中庸講義四
　　卷論語講義三卷補遺一卷孟子講義二
　　卷）　清王元啓撰
　　惺齋先生雜著本（乾隆刻）

經20910750
天賞樓四書繹義十九卷　清王鑄撰
　　清乾隆十九年天賞樓刻本　湖北
　　　南京

經20910751
四書引解二十六卷　清鄧柱瀾纂輯
　　清陳士元等訂
　　清桂華樓刻□成堂印本　湖北

經20910752
四書左國輯要四卷　清周龍官輯
　　清乾隆二十三年山陽周氏刻本　國圖
　　　北大　上海　南京
　　清乾隆三十九年兩衡堂刻本　浙江

經20910753
四書說一卷　清莊存與撰
　　味經齋遺書本（道光刻、光緒刻）

經20910754

四書審問錄二十九卷　清胡承福撰
　　清胡恆齡訂
　　清雍正八年刻本　南京

經 20910755
四書撮一卷　清胡承福撰
　　清乾隆二十四年刻本　上海

經 20910756
四書述要十九卷（大學一卷中庸一卷論語
　　十卷孟子七卷）　清楊玉緒撰
　　清乾隆二十五年刻本　中科院
　　清刻巾箱本　湖北

經 20910757
四書講議自得錄十卷　清何如濼輯
　　清乾隆二十五年刻本　浙江

經 20910758
四書易簡錄不分卷　清劉寶采撰
　　清雍正元年玉田齋刻本　北大

經 20910759
四書要言十九卷（大學一卷中庸二卷論語
　　九卷孟子七卷）　清林霖輯
　　清抄本　北大

經 20910760
四書疏註撮言大全三十七卷（大學一卷
　　中庸二卷論語二十卷孟子十四卷）
　　清胡斐才撰
　　清乾隆二十八年文光堂刻本　北大
　　　　浙江
　　清乾隆二十八年經國堂刻本　中科院
　　清尚德堂木活字印本　上海

經 20910761

四書劄記一卷　清王巡泰撰
　　清光緒九年刻本　國圖　中科院

經 20910762
四書集註指要不分卷　清董錫嘏輯
　　清乾隆三十年戲鴻堂刻本　上海

經 20910763
四書順義解十九卷　清劉琴撰
　　清乾隆三十一年刻本　國圖　上海

經 20910764
甌香館四書說（郝氏四書說）十卷（大學一
　　卷中庸一卷論語四卷孟子四卷）　清
　　郝寧愚撰
　　清道光二十九年郝氏刻本　北大　中
　　　　科院

經 20910765
四子書塵言六卷（大學塵言一卷中庸塵言
　　一卷論語塵言二卷孟子塵言二卷）
　　清戴宮華撰　清趙宗樸錄
　　清乾隆六十年趙佑刻本　湖北

經 20910766
四書講義集說七卷（大學集說一卷中庸集
　　說一卷論語集說一卷孟子集說一卷）
　　清李道南撰
　　清乾隆三十年還是讀書堂刻本　國圖
　　　　北大　中科院　上海
　　清乾隆四十二年刻本　湖北

經 20910767
四書溫故錄十一卷（學庸一卷論語五卷孟
　　子四卷孟子章指一卷）　清趙佑撰
　　清獻堂全編本（乾隆刻）
　　清乾隆六十年安溪謝氏刻本　南京

經 20910768

四書左國彙纂四卷　清高其名、清鄭師
　成輯
　　清乾隆三十五年刻三多齋、聚錦堂印
　　　本　國圖
　　清乾隆五十七年三樂堂刻本　湖北
　　清乾隆間百尺樓刻本　中科院　上海
　　　南京
　　清抄本　上海

經 20910769

四書引左彙解十卷　清蕭榕年輯
　　清乾隆三十六年刻本　上海
　　清乾隆三十九年謙牧堂刻本　中科院
　　　南京
　　清乾隆四十六年輝莘堂刻本　國圖
　　清乾隆間古牟蕭氏刻思寱堂印本
　　　國圖

經 20910770

四書圖考集要六卷　清張雲會輯
　　清乾隆三十七年刻本　國圖

經 20910771

獨秀山房四書文一卷續編一卷　清江
　潚源撰
　　清同治十三年江潮刻本　北大

經 20910772

獨秀山房四書文續編一卷　清江潚源撰
　　清同治十三年江潮刻本　北大

經 20910773

四書考正訛二十六卷　清吳鼎科撰
　　清乾隆三十九年邃經書塾刻本　上海

經 20910774

四書鄉黨考不分卷　清吳鼎科撰
　　清乾隆三十九年邃經書塾刻本　上海
　　　湖北　南京

經 20910775

四書琳琅冰鑒五十四卷　清董餘峯輯
　清高其閎注釋
　　清乾隆三十九年刻本　北大
　　清嘉慶九年正誼堂刻本　北大

經 20910776

四書辨證十卷　清張椿撰
　　清刻本　湖北

經 20910777

四書朱子大全三十二卷圖三卷　清秦
　宮璧撰　清張一橋等校
　　清乾隆間刻本　湖北
　　　大學朱子大全二卷圖一卷讀法一卷
　　　中庸朱子大全三卷圖一卷讀法一卷
　　　論語朱子大全二十卷圖一卷
　　　孟子朱子大全七卷

經 20910778

四書考異七十二卷(總考三十六卷條考三
　十六卷)　清翟灝撰
　　清乾隆三十四年無不宜齋刻竹簡齋
　　　印本　國圖(清盧文弨校,清謝家禾
　　　跋)　北大　天津　上海　復旦
　　　湖北　南京
　　清精專閣翻刻乾隆無不宜齋本　國圖
　　　南京

經 20910779

四書條考三十六卷　清翟灝撰
　　皇清經解本(道光刻、咸豐補刻、鴻寶齋
　　　石印、點石齋石印)

經20910780
翟晴江四書考異內句讀（四書考異）一卷
　　清翟灝撰　清武億錄
　　授堂遺書本（乾隆嘉慶刻、道光刻）
　　文學山房叢書本（民國木活字印，四書
　　　考異）

經20910781
四書考異訂八卷　清翟灝撰　清吳敏
　　樹訂
　　清抄本　湖南師大

經20910782
四書人鈔三十卷　清邱仁山撰
　　清乾隆間刻本　北大

經20910783
四書逸箋六卷　清程大中撰
　　四庫全書本（乾隆寫）
　　墨海金壺本（嘉慶刻、博古齋影印）
　　清道光十三年曾釗木活字印本　中山
　　　大學
　　粵雅堂叢書本（咸豐刻）
　　海山仙館叢書本（道光刻）
　　湖北叢書本（光緒刻）

經20910784
韓魯人晴窗隨筆四書講義（大學講義二卷
　　中庸講義五卷）　清韓懌輯
　　清道光十一年許殿臣等約堂刻本
　　　北大

經20910785
四書講義大全二十六卷　清史廷輝輯
　　清乾隆四十六年富春堂家刻本　南京

經20910786

四書解細論四卷　清李榮陛撰
　　李厚岡集本（嘉慶刻、道光刻）

經20910787
四書述二十卷　清范震薇撰
　　雙雲堂傳集本（光緒刻）

經20910788
四書補考二卷　清鳳韶撰
　　清嘉慶十三年刻一得齋印本　國圖
　　　北大

經20910789
四書偶談內編二卷外編二卷　清戚學
　　標撰
　　清乾隆五十四年刻本　北大　中科院
　　　南京
　　清嘉慶二十四年四明青照樓刻本　國
　　　圖　北大　南京　浙江
　　戚鶴泉所著書本（嘉慶刻）

經20910790
四書續談二卷　清戚學標撰
　　清乾隆五十四年刻本　北大　中科院
　　　南京
　　清嘉慶二十四年四明青照樓刻本　國
　　　圖　北大　南京　浙江
　　戚鶴泉所著書本（嘉慶刻）

經20910791
寸璧四書人類考八卷　清帥燧輯
　　清乾隆四十七年帥燧時術書屋刻本
　　　北大

經20910792
四書一貫講十九卷　清顧天健撰
　　清乾隆二十八年刻本　上海

經 20910793
四書講義日攷錄十二卷　清李求齡撰
　　清乾隆四十九年豫順堂刻本　上海
　　　南京　浙江

經 20910794
四書醒義七卷　清孫淰撰　清孫用楨補
　　清康熙四十九年刻本　國圖

經 20910795
四書博徵不分卷　清陶及申撰
　　清陶介亭賢弈書樓抄本　國圖

經 20910796
四書集益六卷　清于光華編
　　清乾隆五十二年刻凝翠閣印本　國圖
　　清乾隆五十二年吳名晉刻本　南京
　　清乾隆間刻文盛堂印本　湖北
　　清嘉慶四年英德堂刻本　上海

經 20910797
四書類考三十卷　清陳詩纂
　　清嘉慶六年薊州陳氏家塾刻本　國圖
　　　（存二十八卷）　北大　中科院　南
　　　京　湖北

經 20910798
心園四書知新十二卷　清郭兆奎撰
　　清乾隆十八年刻本　上海

經 20910799
四書典故辨正二十卷附錄一卷　清周
　　炳中撰
　　清道光間刻本　南京
　　清同治五年賞奇閣刻本　國圖　南京
　　清光緒十二年善化許氏刻本　國圖
　　　北大　上海　南京　浙江　湖北

清光緒十六年習靜齋刻本　北大　中
　　科院　天津　遼寧　湖北　南京
　　日本京都大學
清漂陽周氏敬儀堂刻本　北大　天津
　　上海　南京
清森寶堂刻本　北大

經 20910800
四書典故辨正續編五卷　清周炳周撰
　　清嘉慶間刻本　國圖

經 20910801
四書圖表就正一卷　清趙敬襄撰
　　竹岡齋九種本（嘉慶道光刻）

經 20910802
四書集註引用姓名考一卷論語詩一卷
　　清趙敬襄撰　清張恕校　（論語詩）
　　清尤侗撰
　　拜梅山房几上書本（道光刻）

經 20910803
四書摭餘說七卷（大學一卷中庸一卷論語
　　三卷孟子二卷）　清曹之升撰
　　清乾隆六十年刻本　上海
　　清嘉慶三年蕭山曹氏家塾刻本　北大
　　　（胡玉縉校）　上海　南京　湖北
　　清道光十二年來鹿堂刻本　湖北

經 20910804
恩詒堂四書說不分卷　清鄧肇丙撰
　　清乾隆五十七年刻本　國圖

經 20910805
四書集註管窺二卷　清趙紹祖撰
　　古墨齋集本（嘉慶道光刻）

經 20910806
四書人名考二十卷　清胡之煜等輯撰
　　清嘉慶八年薊州陳氏刻本　　天津
　　　上海

經 20910807
四書疏記四卷　清陳鱣撰
　　稿本　浙江

經 20910808
致用精舍講語十六卷(大學講語記畧一卷
　　中庸講語記畧一卷論語類解二卷孟子
　　類解十二卷)　清王輅撰
　　清光緒間致用精舍刻本　國圖　湖北

經 20910809
四書古人紀年四卷　清徐杏林編
　　清嘉慶十年惜陰堂刻本　北大

經 20910810
四書卮言五卷　清金學詩輯
　　清乾隆六十年播琴堂刻本　上海

經 20910811
四書解疑不分卷　清吳梅峯撰
　　清嘉慶間刻本　南京

經 20910812
補餘堂四書答問二十四卷附錄一卷
　　清戴大昌撰
　　補餘堂集本(嘉慶道光刻)

經 20910813
駁毛西河四書改錯二十一卷　清戴大
　　昌撰
　　補餘堂集本(嘉慶道光刻)
　　清道光二十八年刻本　北大　南京

　　湖北

經 20910814
四書考輯要二十卷　清陳蘭森撰
　　清乾隆間培遠堂刻本　中科院

經 20910815
四書瑣語一卷　清姚文田撰
　　邃雅堂全書本(道光刻,邃雅堂學古錄)

經 20910816
四書聯珠十九卷(大學一卷中庸一卷論語
　　十卷孟子七卷)　清章守待撰　清章
　　祖武編
　　清嘉慶三年崇文堂刻本　國圖

經 20910817
四書經註集證十九卷(大學一卷中庸一卷
　　論語十卷孟子七卷)　清吳昌宗撰
　　清嘉慶三年江都汪廷機刻本　國圖
　　　　北大　中科院　天津　上海　南京
　　　　復旦　浙江
　　清嘉慶三年江都汪廷機刻光緒四年
　　　望三益齋重修本　北大　上海
　　清翻刻嘉慶三年江都汪廷機本　北大
　　清槐蔭山房刻本　北大
　　清文發堂刻本　北大

經 20910818
四書詳說續編七卷　清曹懳撰
　　清道光五年刻本　南京

經 20910819
四書人物類典串珠四十卷　清臧志仁輯
　　清嘉慶四年上元臧氏刻本　國圖
　　　南京
　　清嘉慶六年刻本　上海

清嘉慶十八年刻本　南京
清嘉慶二十五年刻本　中科院
清同治十二年刻本　北大　上海
清光緒五年寶興堂刻本　北大
清光緒十二年曉星里刻本　國圖
清經綸堂書坊刻本　上海
清光緒三十一年文新書局石印本
　　遼寧
清光緒十八年上海鴻寶齋石印本

經20910820
四書會解二十七卷（大學會解一卷中庸會
　　解二卷論語彙解十卷孟子會解十四卷）
　　清綦澧撰
　　清嘉慶五年還醇堂刻本　北大　中科
　　　院　上海
　　清道光九年琴川閣刻本　南京
　　清咸豐元年三益堂刻本　南京
　　清同治八年重刻本　南京

經20910821
誦芬草堂手錄正蒙四書十九卷（大學一
　　卷中庸一卷論語十卷孟子七卷）　清
　　劉式潤撰
　　清嘉慶五年寫刻本　天津

經20910822
四書集註正篆釋文合刻十九卷　清萬
　　青銓輯　清王簀山訂
　　清道光二十八年萬氏朱墨套印本
　　　南京

經20910823
四書典故考辨一卷　清戴清撰
　　清道光間刻本　國圖
　　清咸豐元年儀徵劉文淇等刻戴靜齋
　　　先生遺書本　國圖　北師大　中

科院　上海　南京

經20910824
四書味根錄三十七卷（大學味根錄一卷中
　　庸味根錄二卷論語味根錄二十卷孟子
　　味根錄十四卷）　清金澄撰
　　清道光十七年刻本　浙江
　　清道光二十六年刻粲花吟館印本
　　　國圖
　　清咸豐十年萬萃樓刻本　上海
　　清咸豐十年綠雲書舍刻本　國圖
　　清光緒三年京都寶善堂刻本　北大
　　　南京
　　清光緒八年緯文堂刻本　上海
　　清光緒八年上海拜石山房石印本
　　　天津
　　清光緒八年玉尺山房刻本　南京
　　清光緒十年韞玉山房刻本　南京
　　清光緒十一年上海同文書局石印本
　　　國圖
　　清光緒十二年上海積山書局石印本
　　　國圖　天津
　　清光緒十二年同文書局石印本　復旦
　　清光緒十三年善成堂刻本　天津
　　清光緒十七年上海萬選書局石印本
　　　天津
　　日本明治間樂善堂銅版印本　上海

經20910825
加批增補四書味根錄三十七卷首二卷
　　附疑題解　清金澄撰
　　清光緒十五年上海蜚英館石印巾箱
　　　本　遼寧

經20910826
四書題鏡不分卷　清汪鯉翔撰
　　清乾隆九年刻本　國圖　上海　南京

日本東京

清乾隆九年英德堂刻本　北大

清乾隆九年大業堂刻本　中科院

清乾隆十七年刻本　遼寧

清乾隆五十一年刻書業堂印本　國圖
天津　遼寧

清乾隆五十二年聚錦堂刻本　日本京
都大學

清嘉慶五年崇義書院刻本　日本京都
大學

清道光十三年刻姑蘇會文堂印本　日
本國會

清同治六年緯文堂刻本　上海

清光緒十年上海同文書局石印本
上海

清末重刻乾隆九年刻本　日本東京
大學

清英秀堂刻巾箱本　湖北

經20910827

四書題鏡味根合編三十七卷　清金澂
撰　（四書題鏡）清汪鯉翔撰　清鴻
文書局重編

清光緒十四年上海鴻文書局石印本
北大

經20910828

四書味根錄題鏡合編三十六卷(大學一
卷中庸一卷論語二十卷孟子十四卷)
首一卷附四書宗旨　清金澂撰
（四書題鏡)清汪鯉翔撰

清光緒十年上海點石齋石印本　湖北

清光緒十六年上海鴻文書局石印本
上海

經20910829

四書勸學錄四十二卷(大學二卷中庸六
卷

上論十卷下論十卷上孟六卷下孟八卷)
清謝廷龍撰

清道光元年至四年刻富文堂印本
北大

經20910830

四書經典通考不分卷　清陸文籀輯
清嘉慶十二年木活字印本(鑄吾軒印)
國圖　北大　中科院　南京

經20910831

四書經正錄四十三卷　清沈濟燾撰
清嘉慶九年三槐堂刻本　南京

經20910832

見荄四書百辨錄二卷　清李錫書撰
見荄錦官錄本(嘉慶刻)

經20910833

四書臆說十二卷　清李錫書撰
見荄錦官錄本(嘉慶刻)

經20910834

四書解疑二十卷　清黃梅峯撰
清嘉慶間刻本　南京　湖北

經20910835

四書補典二十卷　清黃梅峯撰
清嘉慶間刻本　南京　湖北

經20910836

四書恆解十四卷(大學一卷中庸二卷上論
二卷下論二卷孟子七卷)　清劉沅
輯注

清光緒十年豫誠堂刻槐軒全書本
北大

清末亞東製版印刷局鉛印本　北大

民國元年三多寨凝善堂刻槐軒全書
　　本　北大
民國九年北京道德學校鉛印本　國圖
　　南京　湖北
民國二十年西充鮮于氏特園刻本
　　上海
民國二十三年致福樓重刻本　上海

經20910837
朱子四書纂要四十卷　清楊否復撰
　　楊愚齋先生全集本(光緒刻)

經20910838
四書求是五卷　清蘇秉國撰
　　清道光二年刻本　中科院　湖北

經20910839
四書集說四十一卷(大學三卷中庸四卷論
　　語二十卷孟子十四卷)　清陶起庠撰
　　清陶金烇等校
　　清嘉慶十八年謙益堂刻本　天津(佚
　　名批校)

經20910840
四書補義七卷(大學一卷中庸一卷論語二
　　卷孟子三卷)　清陶起庠撰　清陶
　　金瑩、清陶金璧編
　　清嘉慶十八年謙益堂刻本　國圖　北
　　大　中科院　天津(佚名批校)

經20910841
四書續考四卷　清陶起庠撰　清陶金
　　瑩、清陶金璧編
　　清嘉慶十八年謙益堂刻本　國圖　北
　　大　中科院　天津(佚名批校)
　　湖北

經20910842
四書貫珠講義十九卷　清林文竹輯
　　清同治十一年鍾謙鈞同德堂刻本　國
　　圖　北大　上海　浙江
　　清光緒三年西腴仙館鉛印本　上海
　　遼寧

經20910843
四書答問十二卷　清秦士顯撰
　　清嘉慶十八年英德堂刻本　上海　湖
　　北　南京

經20910844
四書權解錄二十六卷　清吳懋清撰
　　稿本　上海

經20910845
四書彙辨十八卷續二卷續補一卷　清
　　侯廷銓輯
　　清嘉慶九年刻本　上海
　　清嘉慶二十二年瑞寶堂刻本　南京

經20910846
四書彙辨續二卷　清侯廷銓輯
　　清嘉慶九年刻本　上海
　　清嘉慶二十二年瑞寶堂刻本　南京

經20910847
四書彙辨續補一卷　清侯廷銓輯
　　清嘉慶九年刻本　上海
　　清嘉慶二十二年瑞寶堂刻本　南京

經20910848
四書正體十九卷(大學一卷中庸一卷論語
　　十卷孟子七卷)附四書正體校定　清
　　呂世鏞輯
　　清康熙五十八年呂世鏞刻本　國圖

（清呂世鏞校定）　北大

經 20910849
四書正體二十卷校定字音一卷　清呂
　　世鏞輯
　　清懷永堂刻本　天津

經 20910850
四書解二十卷　清蘇珥撰
　　清嘉慶十九年種德堂刻本　浙江

經 20910851
四書正疑十二卷　清劉黻撰
　　清嘉慶二十一年刻叢柱堂印本　湖北

經 20910852
四書集說一卷　清淩曙撰
　　清抄本　北大

經 20910853
四書典故覈八卷　清淩曙撰
　　蜚雲閣淩氏叢書本（嘉慶刻）

經 20910854
四書拾疑六卷（大學一卷中庸一卷論語二
　　卷孟子二卷）　清林春溥輯
　　竹柏山房十五種附刻四種本（嘉慶咸
　　豐刻）

經 20910855
四書是訓十五卷　清劉逢祿撰
　　清嘉慶八年江蘇提督學政平恕刻本
　　　國圖　上海
　　聚學軒叢書本（光緒刻）

經 20910856
四書古今訓釋十九卷（大學一卷中庸一卷

論語十卷孟子七卷）　清宋翔鳳撰
　　清嘉慶十八年長洲宋氏浮谿草堂刻
　　　本　北大　中科院
　　皇清經解續編本（光緒刻、光緒石印）

經 20910857
四書纂言四十卷（大學二卷中庸四卷論語
　　二十卷孟子十四卷））　清宋翔鳳撰
　　清嘉慶間刻本　南京
　　清光緒八年古吳李祖榮岸崿山房刻
　　　本　國圖　中科院　北大　南京
　　　遼寧　湖北　浙江

經 20910858
四書釋地辨證二卷　清宋翔鳳撰
　　浮谿精舍叢書本（嘉慶刻）
　　皇清經解本（道光刻、咸豐補刻、鴻寶齋
　　　石印、點石齋石印）

經 20910859
四書經義聯珠二十卷　清郭楷撰
　　清嘉慶二十一年刻本　南京

經 20910860
四書典論二十八卷　清黃希轍撰
　　清咸豐二年敬和堂刻本　國圖
　　清咸豐二年木活字印本　北大

經 20910861
四書記悟十四卷　清王汝謙撰　清李
　　棠階評
　　清同治十年刻槐蔭書屋印本　國圖
　　　中科院　北大

經 20910862
四書因論二卷　清許桂林撰
　　清道光十五年石室刻本　南京

抄本　國圖

經20910863
四書古今異義備覽二十二卷　清陳元
　　吉撰
　　寫樣待刻稿本　上海
　　清光緒八年鄆縣學署抄本　北大

經20910864
四書考異疏證一卷　清周勳懋輯
　　稿本　上海

經20910865
四書求是十六卷　清王餘英編
　　清嘉慶十八年古香書屋刻本　國圖
　　　　湖北
　　清嘉慶十八年新康官署刻本　上海

經20910866
鄧批四書七卷　清鄧倫撰
　　清道光五年成都龍氏刻敷文閣彙鈔
　　　　本　北大　湖北

經20910867
四書記聞二卷　清管同撰
　　清道光二十一年李宗沂刻本　南京
　　清光緒十七年江寧翁氏心清平軒刻
　　　　本　國圖　南京
　　清光緒十七年江寧翁氏心清平軒刻
　　　　民國三十七年印本　南京

經20910868
四書講義　清何文綺撰
　　清刻本　上海

經20910869
四書體味錄五卷附大學新得六卷大學

擬序測蠡殘稿　清宗稷辰撰
　　清光緒十四年宗氏躬恥齋刻本　上海

經20910870
四書章句金鎞十六卷　清姚鼎宋撰
　　清抄本　國圖

經20910871
四書解瑣言四卷補編一卷　清方祖範撰
　　清道光元年陳經堂刻本　湖北

經20910872
四書解瑣言補編一卷　清方祖範撰
　　清道光元年陳經堂刻本　湖北

經20910873
四書說署　清王筠撰
　　稿本　南京博

經20910874
四書說署四卷教童子法一卷　清王筠撰
　　王菉友四種本（道光咸豐刻）

經20910875
四書備考十七卷首一卷　清潘克溥撰
　　清道光二十一年刻本　國圖　復旦

經20910876
四書證疑八卷　清李允升訂
　　清道光四年易簡堂刻本　國圖　中科
　　　　院　北大　上海　遼寧

經20910877
四書便蒙十九卷　清俞寧世等定本
　　清道光五年立本齋刻本　湖北

經20910878

四書集註管窺二卷　清趙大鏞撰
　　古墨齋集本(道光五年刻,西湖草堂印)
　　　國圖　中科院　湖北

經 20910879
四書集註管窺續增一卷　清趙大鏞撰
　　古墨齋集本(道光五年刻,西湖草堂印)
　　　國圖　中科院　湖北

經 20910880
四書地理考　清王鎣撰
　　清道光十五年鼇舟園刻本　北大　上
　　　海　復旦　南京　浙江　湖北
　　清光緒十七年習靜齋重刻本　國圖
　　　中科院　南京　湖北
　　清光緒十九年鍾衡抄本並跋　遼寧
　　抄本　中科院

經 20910881
去傲齋四書存十六卷　清呂崇謐撰
　　清乾隆四十一年刻永思樓印本　國圖
　　清道光七年刻本　國圖　天津

經 20910882
四書一得錄二卷　清胡澤順撰　清胡
　　文觀校訂
　　清道光十七年清華胡氏刻本　上海
　　清同治二年胡氏愛日樓刻本　中科院
　　　上海　湖北

經 20910883
四書圖考十三卷　清杜炳撰
　　清道光七年刻本　北大　天津　復旦
　　　南京　浙江　湖北
　　清光緒十三年鴻文書局影印本　國圖
　　　北大　天津　上海　南京　浙江
　　　湖北

經 20910884
四書宮室圖考一卷　清杜炳輯
　　清刻本　國圖

經 20910885
讀四書偶筆一卷　清潘道根撰
　　吳縣王氏學禮齋傳抄稿本　復旦

經 20910886
四書訓解參證十二卷　清張定鋆撰
　　清咸豐二年刻本　國圖　北大　中科
　　　院　上海　南京　浙江　湖北
　　　遼寧

經 20910887
四書訓解參證補遺四卷　清張定鋆撰
　　清同治四年刻本　國圖　北大　上海
　　　浙江　湖北　遼寧

經 20910888
四書訓解參證續補編四卷　清張定鋆撰
　　清同治九年刻本　國圖　上海　浙江
　　　湖北

經 20910889
四書拾義五卷續一卷　清胡紹勳撰
　　清道光十四年續溪胡氏吟經樓刻本
　　　國圖　北大　天津　上海　南京
　　　浙江　湖北
　　聚學軒叢書本(光緒刻)

經 20910890
四書貫解一卷　清孫錫疇撰
　　抄本　國圖

經 20910891
四書述義前集五卷(大學述義一卷中庸述

義一卷論語述義一卷孟子述義二卷）
　　清單爲鏓撰
　　單氏全書本（同治刻）

經20910892
四書述義後集四卷（大學述義續一卷中庸
　　述義續一卷論語述義續一卷孟子述義
　　續一卷）　清單爲鏓撰
　　單氏全書本（同治刻）

經20910893
詳註四書要典歌訣四卷　清李克涵纂
　　清李炳翹輯注
　　清道光二十三年紗籠軒刻本　湖北

經20910894
古微堂四書□卷四書後編□卷　清魏
　　源輯
　　清何紹基抄本　國圖

經20910895
古微堂四書後編□卷　清魏源輯
　　清何紹基抄本　國圖

經20910896
四書遵朱求是錄八卷　清周鏞等撰
　　清道光十四年刻本　中科院

經20910897
四書集註正蒙十九卷　清萬青銓輯
　　清道光十四年刻本　上海

經20910898
四書集註正蒙釋文合刻十九卷　清萬
　　青銓輯　清王簀山訂
　　清道光二十八年芊栗園刻朱墨套印
　　　本　上海　南京

經20910899
四書集解三十九卷大學古本說大學今
　　本說　清張觀瀾撰
　　清道光四年張成幹抄本　北大

經20910900
四書蠡簡　清李詒經撰
　　清道光十年單偉志刻本　北大　中科
　　　院　遼寧

經20910901
四書讀本辨義十七卷附經註詳讀　清
　　劉慶觀纂輯
　　清刻大文堂印本　國圖
　　清青藜閣刻本　北大

經20910902
四書殊十四卷　清李壘撰
　　抄本　中科院

經20910903
四書講義切近錄三十八卷（大學一卷中庸
　　三卷論語二十卷孟子十四卷）　清楊
　　大受輯
　　清道光十六年刻以約齋印本　國圖

經20910904
四書管窺七卷（大學一卷中庸一卷論語二
　　卷孟子三卷）　清賴相棟撰
　　清道光二十年刻本　湖北

經20910905
四書題說二卷　清梁迏撰
　　月山遺書本（道光刻）

經20910906
四書私談一卷　清徐春撰

　　遜敏堂叢書本(道光咸豐木活字印)

經 20910907
四書紀疑錄六卷　清淩揚藻撰
　　海雅堂全集本(道光刻)

經 20910907
四書彙解四十卷　清司天開纂輯
　　清道光二十四年柳波館刻本　南京
　　　湖北

經 20910909
四書遵朱會通一卷　清楊廷芝撰
　　清道光二十六年刻本　中科院

經 20910910
四書講義參真十九卷　清黨瀛撰
　　清道光十九年武功黨氏刻本　國圖

經 20910911
四書文性理精詣　清黄錫祚撰
　　清道光十七年韻軒刻本　湖北

經 20910912
四書註說輯要八卷　清秦敦原撰
　　清道光十九年樹百山房刻本　湖北

經 20910913
朱註引用文獻考畧四卷　清李中培撰
　　清道光二十三年四謙堂刻本　北大
　　　湖北

經 20910914
四書居閑箋不分卷　清江田七撰
　　清道光二十一年何兆華抄本　浙江

經 20910915

求自得之室讀書記六卷　清吳嘉賓撰
　　清咸豐二年維揚府東大街近文齋刻
　　　本　國圖
　　清同治元年南豐吳氏家刻本　國圖

經 20910916
求自得之室四書說六卷　清吳嘉賓撰
　　清同治元年南豐吳氏家刻本　國圖
　　　大學舊本章句說一卷
　　　中庸章句說一卷
　　　論語說二卷
　　　孟子說二卷

經 20910917
四書翼註論文十二卷　清鄭獻甫撰
　　清光緒五年黔南節署刻鄭小谷先生
　　　全集本　北大　上海　復旦　南京
　　　遼寧　湖北

經 20910918
讀四書偶筆不分卷　清郭斌撰
　　清道光二十五年尚志堂刻本　復旦

經 20910919
四書經義考辨沈存十六卷首一卷　清
　　姚道輝撰
　　清道光二十六年刻本　中科院　南京

經 20910920
羅山四書義一卷附羅忠節公事畧一卷
　　清羅澤南撰　(羅忠節公事畧)清李
　　元慶撰
　　清光緒二十一年木活字印本　天津

經 20910921
四書繹註覽要不分卷　清洪垣星撰
　　清道光二十七年文華閣刻本　上海

經 20910922
四書隨見錄三十六卷（大學一卷中庸一卷
　　論語二十卷孟子十四卷）　清鄒鳳
　　池、清陳作梅輯
　清道光二十七年鄒氏陳氏刻本　北大

經 20910923
四書萃精錄不分卷　清王樹撰
　清抄本　上海

經 20910924
四書集註繹義雪疑四卷　清朱鍾撰
　清道光二十二年朱宗澤、孔昭顯刻本
　　北大

經 20910925
四書疑言十卷　清王廷植撰
　清光緒八年退思齋長沙刻本　國圖
　　北大　中科院　上海　湖北

經 20910926
四書典腋十七卷　清修竹主人輯
　清咸豐九年刻巾箱本　遼寧

經 20910927
四書辨說考一卷　清修竹主人輯
　清光緒二十七年刻本　上海

經 20910928
四書論議統編四卷附辨說考一卷　清
　　修竹主人輯
　清光緒二十七年刻本　上海

經 20910929
四書異同商六卷（學庸一卷論語二卷孟子
　　三卷）　清黃鶴撰
　清咸豐十年寧鄉學署東齋刻本　國圖

　　北大　南京　湖北

經 20910930
四書異同商六卷補訂六卷（學庸一卷補訂
　　一卷論語二卷補訂二卷孟子三卷補訂
　　三卷）　清黃鶴撰
　清光緒二十年澹雅書局刻本　中科院
　　上海　湖北

經 20910931
四書文翼不分卷　清羅荊璧輯
　清咸豐元年桂園草堂刻本　南京
　抄本　南京

經 20910932
增訂批點四書讀本十九卷（大學一卷中庸
　　一卷論語十卷孟子七卷）　宋朱熹章
　　句　清裘紹箕增訂
　清咸豐十一年光澤來鶴軒刻本　天津
　　湖北
　清同治四年廣東豐北鄉至誠堂刻本
　　國圖　上海

經 20910933
四書蠡言七卷　清譚光烈撰
　清咸豐二年嘉禾寄生齋刻本　中科院
　　上海

經 20910934
四書易簡錄十八卷　清劉葆采撰　清
　　黃日高重訂
　清咸豐二年探源堂張氏刻本　南京

經 20910935
四書繹三十卷　清陳景惇撰
　清道光三十年進陵寶仁堂刻本　浙江

經 20910936
四書辨疑辨一卷　清俞樾撰
　　春在堂全書本(同治至光緒刻,俞樓雜
　　纂)

經 20910937
春在堂四書文存一卷　清俞樾撰
　　清同治六年刻本　上海

經 20910938
曲園四書文二卷　清俞樾撰
　　清光緒十九年粵東試院校經廬刻本
　　南京

經 20910939
曲園四書文一卷　清俞樾撰
　　春在堂全書本(同治至光緒刻,俞樓雜
　　纂)

經 20910940
四書約解一卷　清李棠階撰
　　李文清公遺書本(光緒刻)

經 20910941
春暉樓四書說畧七卷　清張鼎撰
　　春暉樓叢書上集本(民國鉛印)

經 20910942
四書說摘畧二卷補編二卷　清張鼎撰
　　清抄本　南京

經 20910943
四書說補編二卷　清張鼎撰
　　清抄本　南京

經 20910944
四書註一卷　清張鼎撰

　　抄本　國圖

經 20910945
維心亨室四書講義十二卷　清陸殿邦撰
　　清光緒十三年陸氏維心亨室刻本
　　北大

經 20910946
四書正本一卷　清童棫校輯
　　清同治四年忠恕堂童氏校刻本　國圖

經 20910947
四書講義萃精十八卷　清黎翔鳳撰
　　清同治六年壽經堂刻本　南京

經 20910948
四書理話四卷補遺一卷　清張楚鍾撰
　　務實勝窩彙稿本(光緒刻)

經 20910949
四書理話補遺一卷　清張楚鍾撰
　　務實勝窩彙稿本(光緒刻)

經 20910950
四書理畫三卷　清張楚鍾撰
　　務實勝窩彙稿本(光緒刻)

經 20910951
四書條辨六卷　清袁秉亮撰
　　清同治八年刻本　中科院

經 20910952
四書述言不分卷　清李福臧撰
　　稿本　浙江

經 20910953
鐵禪四書說剩一卷　清黄之晉撰

　　清同治元年刻本　中科院

經20910954
四書評本十九卷　清俞廷鑣撰
　　清同治十一年吳下刻本　國圖　復旦

經20910955
廣增四書典腋二十卷　清松軒主人撰
　　清同治十二年綺雲書屋刻本　上海

經20910956
四書改錯平十四卷　清楊希閔撰
　　清光緒元年福州刻本　國圖　中科院
　　　　天津　南京

經20910957
劉氏家塾四書解　清劉豫師撰
　　清光緒二年劉氏家塾刻本　國圖　中
　　　　科院　上海　南京

經20910958
四書徵引錄一卷　清葉秉純撰
　　清光緒七年刻本　中科院

經20910959
四書合講十九卷　清東壁山房王氏編校
　　清光緒八年刻本　南京

經20910960
四書指韻　清楊得春撰
　　清光緒八年彭邑迂拙齋刻本　上海

經20910961
四書合喙鳴十卷首一卷　清許獬撰
　　清光緒九年刻本　中科院

經20910962

四書義史證六卷　清譚義撰
　　清光緒九年上海文衡社石印本　上海

經20910963
陸批四書十九卷　清陸思誠撰
　　清光緒十一年上海同文書局石印本
　　　　天津　上海　南京

經20910964
讀四書一卷　清張瑛撰
　　清光緒十年江蘇臬署刻本　國圖　中
　　　　科院　天津　上海　復旦　南京
　　　　湖北

經20910965
武氏評輯熊次候先生四書文二卷　清
　　　　黃元吉重校
　　清光緒十年漢陽黃氏試館刻本　湖北

經20910966
四書質疑八卷　清吳國濂撰
　　清光緒十一年可軒舊館木活字印本
　　　　國圖　湖北

經20910967
皇朝四書彙解二十二卷　清沈□□（字
　　誦清）編
　　清光緒二十一年珍藝書局石印本　天
　　　　津　上海

經20910968
四書通疑似一卷　清胡垣撰
　　清光緒二十年刻本　上海　南京
　　　　湖北

經20910969
四書通敍次一卷　清胡垣撰

清光緒間刻本　上海
清壽梨齋刻本　國圖　中科院

經 20910970
四書說苑十一卷首一卷補遺一卷續遺
　　一卷　清孫應科撰
　　清道光四年高郵孫氏刻二十八年補
　　　　刻本　北大　天津　上海　浙江
　　　　遼寧

經 20910971
四書說苑補遺一卷　清孫應科撰
　　清道光四年高郵孫氏刻二十八年補
　　　　刻本　北大　天津　上海　浙江
　　　　遼寧

經 20910972
四書說苑續遺一卷　清孫應科撰
　　清道光四年高郵孫氏刻二十八年補
　　　　刻本　北大　天津　上海　浙江
　　　　遼寧

經 20910973
批點四書十九卷句辨一卷字辨一卷音
　　義一卷　清羅大春增訂
　　清光緒十三年宗德堂刻本　湖北

經 20910974
四書句辨一卷　清羅大春增訂
　　清光緒十三年宗德堂刻本　湖北

經 20910975
四書閑筆講義四卷　清厚庵鄧夫子撰
　　清道光二十七年刻本　國圖

經 20910976
四書考四卷　清馬否瑤撰

四書讀本附（光緒桂垣書局刻）　天津

經 20910977
四書答問五卷　朝鮮李□□撰
　　朝鮮光武五年活字印本　國圖

經 20910978
四書便蒙添註十九卷　清王珠樵撰
　　清光緒十三年會稽王氏刻本　上海
　　　　湖北

經 20910979
四書子史集證六卷（大學一卷中庸一卷論
　　語二卷孟子二卷）　清陳子驤撰
　　清光緒十四年同文書局石印本　湖北
　　清光緒二十年上海煥文書局石印本
　　　　湖北

經 20910980
四書質疑四卷　清龍禹甸撰
　　民國十四年祁陽陂橋龍氏石印本
　　　　國圖

經 20910981
四書議畧四卷（大學章句議畧、中庸章句議
　　畧、論語章句議畧、孟子章句議畧各一
　　卷）　清高心伯撰
　　稿本　江西博

經 20910982
四書憶二卷　清李仲昭撰
　　民國二十二年仙居李鏡渠鉛印蘭雪
　　　　堂叢書本　國圖　天津　上海
　　　　南京　湖北

經 20910983
四書精義補十九卷　清彭天埰撰　清

汪之棠補
　　清光緒十四年遵義堂刻本　　復旦

經 20910984
四書典類淵海五十二卷　　清點鐵齋主
　　人輯
　　清光緒十四年石印本　　湖北

經 20910985
四書地記六卷　　清汪在中撰
　　清光緒十五年旌陽汪氏刻本　　國圖

經 20910986
四書註解撮要二卷　　清林慶炳輯
　　清光緒十一年刻小石渠閣印本　　國圖
　　　　上海　　南京

經 20910987
四書古語錄證一卷　　清孫國仁撰
　　砭愚堂叢書本(稿本)　　上海

經 20910988
大中遵註集解四卷　　清韓潗撰
　　清光緒二十二年刻本　　中科院

經 20910989
清朝四書彙解七十五卷(大學彙解二卷中
　　庸彙解二卷論語彙解四十二卷孟子彙
　　解二十八卷)　　清凌陛卿輯
　　清光緒二十九年上海鴻文書局石印
　　　　本　　上海　　湖北

經 20910990
新增四書備旨靈捷解八卷　　清張素存
　　撰　　清鄒蒼崖補
　　清光緒二十年裕德局刻本　　南京

經 20910991
宋四書文正義一卷　　清劉可毅輯
　　清光緒二十四年刻本　　上海

經 20910992
四書論一卷　　清王伊撰
　　清光緒二十四年常熟俞氏刻本　　中科
　　　　院　　上海

經 20910993
四書論二卷　　清王伊撰
　　清光緒二十七年上海文瑞樓石印袖
　　　　珍本　　湖北
　　清光緒二十七年上海求是齋石印巾
　　　　箱本　　南京　　湖北

經 20910994
四書經義策論啓蒙四卷　　清温振翔撰
　　清光緒二十四年上海點石齋石印本
　　　　上海

經 20910995
四書質疑十九卷　　清徐紹楨撰
　　學壽堂叢書本(光緒刻)

經 20910996
四書瑣言一卷　　清虞景璜撰
　　澹園雜著本(民國鉛印)

經 20910997
四書敎子尊經求通錄六卷　　清楊一昆撰
　　清津門楊氏刻本　　國圖

經 20910998
四書過庭編十九卷　　清白樹敏述
　　稿本　　復旦
　　清抄本　　南京

經 20910999
續四書遺訓後集四卷　清鄧逢光撰
　　清刻本　南京

經 20911000
四書貫不分卷　清張以鼎輯
　　清抄本(存大學)　上海

經 20911001
四書正學淵源十卷首一卷　清趙鹿友撰
　　清抄本　天津
　　清刻本　天津

經 20911002
四書句辨詳一卷　宋朱熹集注　清顧
　　登校訂
　　清玉峯山顧氏桂雲堂刻本　復旦

經 20911003
四子書一得考五卷半知錄一卷續一卷
　　鴛湖侍者恪三氏撰
　　清抄本　東北師大

經 20911004
曲台四書輯註十七卷　清顧德咸撰
　　稿本　上海

經 20911005
四書註說參證七卷　清胡清熙撰
　　清刻本　湖北
　　民國間北京人文科學研究所抄本　中
　　　科院

經 20911006
四書一貫錄三卷　清劉克柔撰
　　稿本　遼寧

經 20911007
四書存參五卷　清劉曾海撰
　　祥符劉氏叢書本(光緒刻,有深致軒集)

經 20911008
我疑錄一卷　清程德調
　　義烏先哲遺書本(民國鉛印)

經 20911009
四書日記續九卷　清龍澄波撰
　　刻本　南京

經 20911010
四書疑句輯解二卷　清倪偉人撰
　　清刻本　上海　湖北

經 20911011
四書彙講薪傳不分卷　清潘繼高訂
　　抄本　南京

經 20911012
四書統宗會元不分卷　清沈杕撰
　　清樂志堂抄本　浙江

經 20911013
四書集註考證九卷　清王士濂撰
　　鶴壽堂叢書本(光緒刻)

經 20911014
四書集釋就正稿一卷　清王士濂撰
　　鶴壽堂叢書本(光緒刻)

經 20911015
王苣孫窗課稿不分卷　清王苣孫撰
　　稿本　故宮

經 20911016

四書所見錄　清王錫命撰
　　稿本　浙江

經 20911017
吳會員增補備考四書微十二卷　清吳
　　貞啓增補
　　清刻本　國圖

經 20911018
四書參註一卷　清王植撰
　　清崇德堂刻本　國圖

經 20911019
咫學讀四書記畧一卷　清楊澄鑒撰
　　清刻本　國圖

經 20911020
四書辨釋備考一卷　清葉廷琯撰
　　稿本　蘇州

經 20911021
四書典故聚覽不分卷附四書別解聚覽
　　清俞時戀輯
　　稿本　北大

經 20911022
四書別解聚覽不分卷　清俞時戀輯
　　稿本　北大

經 20911023
四書考摘要二卷　清袁蘭撰
　　抄本　上海

經 20911024
四書考畧二卷　清鄭兆元撰
　　清抄本　重慶

經 20911025
四書發註十九卷　清朱奇生撰
　　清刻本　南京

經 20911026
四書學旨一卷　清朱澤□撰
　　抄本(佚名朱筆圈點)　上海

經 20911027
四書地理畧一卷　清呂元錦撰
　　清刻本　南京

經 20911028
繪圖四書便蒙課本不分卷　清南洋官
　　書局編
　　清光緒三十二年石印本　上海　南京
　　清宣統二年南洋官書局石印本　南京

經 20911029
四書義經正篇二卷首一卷　清三魚書
　　屋輯
　　清光緒二十七年掃葉山房石印本　上
　　　海　香港中大

經 20911030
四書論經正篇二卷首一卷　□□撰
　　清光緒三十四年石印本　上海

經 20911031
增補四書義經義式　□□撰
　　清光緒二十四年學翼齋石印本　國圖

經 20911032
四書全註不分卷附詩韻音義辨異一卷
　　□□撰
　　清光緒間鉛印本　上海

經 20911033
四書五經新義不分卷　□□撰
　　清光緒二十七年石印本　上海

經 20911034
四書義精騎集四卷附五經義精騎集二
　　卷　□□撰
　　清光緒二十八年江左書林石印本
　　　　上海

經 20911035
增補四書遵註詳解不分卷　□□撰
　　清光緒三十年鑄記石印本　上海

經 20911036
四書不二字一卷　□□撰
　　清宣統元年國圖救世堂鉛印本　國圖

經 20911037
四書文海不分卷　□□撰
　　清刻本　上海

經 20911038
四書文彙不分卷　□□撰
　　清刻本　上海

經 20911039
四書題解撮要不分卷　□□撰
　　抄本　上海

經 20911040
四書句辨詳訂一卷　□□撰
　　清知止閣刻本　湖北
　　清光緒十八年淮南書局刻本　北大

經 20911041
四書正蒙三辨(大學十章中庸三十三章論

語二十章)　□□輯
　　清光緒十七年滇南書局刻本　上海

經 20911042
四書大註彙參合講題鏡合纂七卷四書
　　串珠五卷四書音註三十三卷　□
　　□撰
　　清刻本　湖北

經 20911043
四書串珠五卷　□□撰
　　清刻本　湖北

經 20911044
四書全章聯正文備不分卷　□□撰
　　清光緒十四年石印本　上海

經 20911045
增廣四書備旨遵註詳解不分卷　□
　　□撰
　　清光緒十六年上海書局石印本　遼寧

經 20911046
四書辨真八卷(大學一卷中庸一卷論語二
　　卷孟子四卷)　□□撰
　　清宏道堂刻本　湖北

經 20911047
四書策論一卷　□□撰
　　清抄本　天津

經 20911048
四書典要一卷典制便覽一卷　□□撰
　　稿本　南京

經 20911049
四書識小錄不分卷　楊守敬撰

稿本　重慶

經 20911050
四書劄記二卷　姚惟寅撰
　　清末民國初石印本　中科院

經 20911051
批選四書義六卷續編六卷　張謇選
　　清光緒三十年上海書店石印本　上海
　　清光緒三十一年上海同文升記書局
　　　鉛印本　上海
　　清末民國初石印本　南京

經 20911052
批選四書新義續編六卷　張謇選
　　清光緒三十一年上海同文升記書局
　　　鉛印本　上海（存卷一、四至六）
　　清末民國初石印本　南京

經 20911053
讀四書記五十四卷　董鴻勳撰
　　清宣統二年鉛印本　湖北
　　　讀大學記二卷
　　　讀中庸記四卷
　　　讀論語記二十卷
　　　讀孟子記二十八卷

經 20911054
四書講義一卷　安維峻撰
　　清宣統三年刻本　中科院
　　油印本　國圖

經 20911055
四書義正鵠初編不分卷　朱鈞撰
　　清光緒二十七年煥文書局石印本
　　　上海

經 20911056
輯宋四書五經義式不分卷　蘇兆奎輯
　　清光緒二十七年華陽蘇氏刻本　上海

經 20911057
四書五經義策論初編不分卷　韓韋編
　　清光緒二十七年鉛印本　南京

經 20911058
四書義述五卷（大學中庸一卷論語二卷孟
子二卷）　徐大煜纂輯
　　民國間武昌察院坡黃粹文鉛印本
　　湖北

經 20911059
四書達二十九卷　楊祖漣輯注
　　清光緒三十一年刻本　上海

經 20911060
繪圖四書速成新體讀本不分卷　王有
宗、施崇恩合演校訂
　　清光緒三十一年彪蒙書室石印本　國
　　圖　上海

經 20911061
圖畫四書白話解不分卷　王有宗、施崇
恩校
　　民國三年彪蒙書室石印本（二十版）
　　　上海
　　民國十二年民強書局石印本　北大

經 20911062
四書白話解說始末記一卷　張知睿撰
　　民國十年鉛印本　上海

經 20911063
四書朱子集註古義箋六卷　李滋然撰

清宣統三年鉛印本　國圖
民國間鉛印本　國圖

經 20911064
四書箋疑疏證八卷　徐天璋箋　清徐
　　浚仁疏
　　清光緒二十一年刻中一堂印本　國圖
　　清光緒二十四年刻本　國圖

經 20911065
四書評點不分卷　徐樹錚等編
　　民國七年都門印書局鉛印本　國圖

經 20911066
四書評點一卷　吳闓生輯
　　民國七年都門印書局彙印經傳評點
　　　本　湖北

經 20911067
纂敘朱子大全精言十九卷　呂瑤撰
　　民國十六年鉛印本　上海（存中庸二
　　　卷、上論四卷、下論三卷、上孟四卷、
　　　下孟六卷）

經 20911068
四書劄記六卷　張學寬撰
　　民國二十二年鉛印本　南京

經 20911069
四書類編六十八卷（大學類編三卷中庸類
　　編八卷論語類編二十八卷孟子類編二
　　十九卷）　謝維嶽編
　　民國十五年中道齋刻本　湖北

經 20911070
四書新編不分卷　江希張編注
　　民國間北平四書新編發行所鉛印本

　　　　　北大

經 20911071
新註四書白話解說十六卷　江希張撰
　　民國間鉛印本　上海

經 20911072
山公四書集註補四卷　曹林撰
　　民國九年鉛印本　國圖

經 20911073
四書說約一卷　赤水明撰
　　民國十一年上海宏大善書局石印本
　　　國圖

經 20911074
四書白話註解三十五卷　董堅志輯
　　民國十三年上海錦章圖書局石印本
　　　遼寧

經 20911075
四書串釋七卷（大學一卷中庸一卷論語二
　　卷孟子三卷）　李佩精編纂
　　民國二十年上海文明書局鉛印本
　　　湖北

經 20911076
四書講稿不分卷　王維庭撰
　　稿本　天津

經 20911077
四書白話句解十九卷　周觀光等譯
　　民國間上海百川書局石印本　遼寧

經 20911078
四書聖賢心訣不分卷　周穆然撰
　　朱墨套印本　北大（存大學、中庸）

經 20911079

四書異解彙解一卷　□□撰

　　抄本　國圖

經 20911080

四書典故輯要四卷　□□撰

　　抄本　上海

經 20911081

四書地理通釋十六卷　□□撰

　　抄本　北大

文字音義之屬

經 20911082

論語音義一卷　唐陸德明撰

　　清初毛氏汲古閣影宋抄本（清毛扆跋）
　　　蘇州

　　清同治十三年湖南湖南書局刻本　北
　　　大　湖北

　　士禮居黃氏叢書本（嘉慶道光刻，光緒
　　　影印、民國影印，三經音義）

經 20911083

論語釋文校勘記一卷　清阮元撰

　　皇清經解本（道光刻、咸豐補刻、鴻寶齋
　　　石印、點石齋石印，十三經注疏校勘
　　　記）

　　宋本十三經註疏併經典釋文校勘記
　　　本（光緒刻）

經 20911084

孟子釋文校勘記一卷　清阮元撰

　　皇清經解本（道光刻、咸豐補刻、鴻寶齋
　　　石印、點石齋石印，十三經注疏校勘
　　　記）

　　宋本十三經註疏併經典釋文校勘記
　　　本（光緒刻）

經 20911085

孟子張氏音義一卷　唐張鎰撰　清馬
　　國翰輯

　　玉函山房輯佚書本（同治皇華館刻、光
　　　緒李氏印、光緒嫏嬛館刻、光緒楚南
　　　書局刻）

經 20911086

孟子音義一卷　宋孫奭撰

　　清道光二十三年日照許翰影宋刻本
　　　國圖（王國維校並跋）　湖北

　　清抄本（清朱邦衡校）　復旦

經 20911087

孟子音義二卷　宋孫奭撰

　　清初影宋抄本　國圖

　　清初毛氏汲古閣影宋抄本（清毛扆跋）
　　　蘇州

　　通志堂經解本（康熙刻、乾隆補修、同治
　　　刻、日本文化刻）

　　通志堂經解本（康熙刻）　上海（清丁士
　　　函校）

　　四庫全書本（乾隆寫）

　　微波榭叢書本（乾隆刻）　上海（清焦循
　　　評點清李璋煜、清陳奐跋，陳乃乾據
　　　宋本校並跋；葉景葵錄清周廣業校）
　　　南京（清盧文弨校並跋，清丁丙跋）

　　清乾隆四十六年韓岱雲刻本　湖南
　　　（葉德輝題識）

　　士禮居黃氏叢書本（嘉慶道光刻，光緒
　　　影印、民國影印，三經音義）

　　清道光二十二年孟氏三遷書院刻本
　　　天津

　　粵雅堂叢書本（咸豐刻）

　　清同治十三年成都尊經書院刻本
　　　湖北

　　孫氏山淵閣叢刊本（光緒刻）

　　清盧氏抱經堂刻本　湖北

清抄本　天津　上海
養素軒叢錄本(清抄)
吉石盦叢書本(民國影印)
日本文化十年影印本(三卷)　北大

經20911088
孟子音義二卷附孟子音義劄記一卷
　　宋孫奭撰　(劄記)清繆荃孫撰
　　清光緒間刻本　國圖　南京　湖南師大

經20911089
孟子音義劄記一卷　清繆荃孫撰
　　清光緒間刻本　國圖　南京　湖南師大

經20911090
南軒先生孟子音義二卷　宋張栻撰
　　通志堂經解本(康熙刻、乾隆補修、同治
　　刻、日本文化刻)

經20911091
四書字義二卷附錄一卷　宋陳淳撰
　　清光緒二十七年湖南求賢講舍刻巾
　　箱本　湖北

經20911092
大學中庸論語明音一卷　明王覺撰
　　四書五經明音本(嘉靖刻)

經20911093
孟子明音一卷　明王覺撰
　　四書五經明音本(嘉靖刻)

經20911094
四書正字彙十九卷　清沈渭撰
　　清康熙二十五年沈氏崇正堂刻本　安
　　徽(清方易村批校)

經20911095
四書字類釋義六卷　清李毓秀撰
　　西京清麓叢書本(光緒刻,養正叢編)

經20911096
四書字母一卷　清徐士璠集
　　清康熙二十七年源遠堂孫氏重刻本
　　　上海

經20911097
四書正體校定字音一卷　清呂世鏞校定
　　四書正體本(康熙呂氏刻)
　　清道光二年榕蔭堂刻本　國圖　北大
　　　中科院
　　清懷永堂刻本　天津

經20911098
四書補音四卷　清袁棟輯
　　清乾隆二十一年刻本　上海

經20911099
孟子異本考一卷　清周廣業撰
　　稿本(清翁方綱校)　國圖
　　稿本　上海
　　稿本　天一閣
　　孟子四考本(乾隆刻)
　　皇清經解續編本(光緒刻、光緒石印,孟
　　　子四考)

經20911100
四書正韻十九卷(大學一卷中庸一卷論語
　　十卷孟子七卷)　清何始升撰
　　清乾隆九年亦樂堂刻本　中科院

經20911101
四書字義說畧二卷　清朱曾武撰
　　清嘉慶十二年刻本　國圖　中科院

經 20911102
四書鄉音辨譌一卷　清單爲總撰
　　單氏全書本(同治刻)

經 20911103
四書字詁七十八卷檢字一卷　清段諤
　　廷撰　清黃本驥編訂
　　清道光五年刻本　國圖　中科院
　　　湖北
　　清道光二十九年道南山莊刻本　上海
　　清道光二十九年楊積煦等刻咸豐七
　　　年楊基善補刻本　國圖　北大
　　　上海

經 20911104
四書檢字一卷　清段諤廷撰　清黃本
　　驥編訂
　　清道光五年刻本　國圖　中科院
　　　湖北
　　清道光二十九年道南山莊刻本　上海
　　清道光二十九年楊積煦等刻咸豐七
　　　年楊基善補刻本　國圖　北大
　　　上海

經 20911105
四書虛字講義一卷　清丁守存撰
　　金華叢書本(同治光緒刻、民國補刻)

經 20911106
音韻合註四書一卷五經一卷　清鄒嶽
　　輯撰
　　清同治七年刻本　上海

經 20911107
四書音證三卷　清費士璣輯　清朱燾
　　同訂
　　清嘉慶四年刻本　上海

　　清咸豐九年吳江朱燾刻本　北大

經 20911108
四書總字同聲集　清王士崧撰
　　清同治間刻本　上海

經 20911109
論語釋文二卷　清戴望撰
　　論語戴氏註本附　天津

經 20911110
四書駢字集解八卷首一卷　清張行簡撰
　　清刻本　湖北

經 20911111
四書釋文十九卷　清王賡言撰
　　清光緒十四年天津文美齋重刻本　天
　　　津　湖北

經 20911112
四書五經字考二卷　清郭衷恆撰
　　清光緒十年上海王氏刻本　天津

經 20911113
四書成語對聯彙編一卷　清王廷學輯
　　清光緒八年上海王氏刻本　南京

經 20911114
四書不二字音釋一卷　清楊昕撰
　　清光緒十年蘇州綠慎堂刻本　國圖

經 20911115
批點四書音義一卷　清羅大春增訂
　　清光緒十三年宗德堂刻本　湖北

經 20911116
批點四書字辨一卷　清羅大春增訂

清光緒十三年宗德堂刻本　　湖北

經 20911117
孟子音義考證二卷　清蔣仁榮撰
　稿本（清朱禮榮跋）　上海
　皇清經解續編本（光緒刻、光緒石印）

經 20911118
孟子音義補考證二卷　清蔣學堅撰
　清末抄本　浙江

經 20911119
孟子音義校記初稿一卷　清王振聲撰
　王文村遺著本（稿本）

經 20911120
四書音補一卷　清張大仕撰
　清光緒十九年刻本　中科院　天津

經 20911121
四書音補一卷附土音正誤一卷　清張
　　大仕撰
　清光緒間刻小鄒魯叢書本　湖北

經 20911122
四子考音正字便讀十九卷　清史燦輯
　抄本　上海

經 20911123
四書逐字辨聲十七卷　清徐純熙撰
　清抄本　南京

經 20911124
四書集字一卷　清劉書年撰
　清芬叢鈔本（稿本）　國圖

經 20911125

四書字辨一卷　　□□輯
　清知止閣刻本　湖北

經 20911126
四書疑字辨一卷　　□□輯
　清同治四年童氏忠恕堂校刻四書集
　　　註正本本　浙江
　金華叢書本（同治光緒刻、民國補刻）
　清知止閣刻本　湖北

經 20911127
四書字辨疑字辨一卷　　□□輯
　清玉峯山顧氏桂雲堂刻本　復旦

經 20911128
四書字解六卷　　□□輯
　清雍正十年墨華堂刻本　北大　遼寧

經 20911129
四書集字音義辨　　□□輯
　四書集註本（光緒八旗官學刻）　北大

經 20911130
四書音註三十三卷　　□□輯
　清刻四書大註彙參合講題鏡合纂四
　　　書串珠四書音註本　湖北

經 20911131
善成堂四書旁音正文　　□□輯
　清善成堂刻本　國圖

經 20911132
四書旁音六卷　　□□輯
　清鋼梁文淵閣刻本　南京

經 20911133
四書集字音義辨十九卷（大學一卷中庸一

卷論語十卷孟子七卷）　□□輯
　清光緒十四年八旗官學刻四書集註
　　正蒙本附　國圖　北大*　遼寧

叢編之屬

經 20911134
四書古註羣義彙解九種九十四卷　□
　□輯
　清光緒十四年上海點石齋石印本　上
　　海　湖北
　清光緒十六年珍藝書局鉛印本　國圖
　　北大　上海
　清光緒十九年同文書局石印本　國圖
　　復旦
　清光緒十九年上海鴻寶齋石印本　上
　　海　遼寧
　清光緒十九年上海蜚英館石印本
　　北大
　清光緒十九年積山書局石印本　南京
　清光緒二十八年上海書局石印本　湖北
　清光緒三十一年上海慎記石印本
　　上海
　清光緒三十九年同文升記書局鉛印
　　本　上海　復旦　南京
　　論語集解義疏十卷　魏何晏集解
　　　梁皇侃義疏
　　四書改錯二十二卷　清毛奇齡撰
　　論語正義二十四卷　清劉寶楠撰
　　　清劉恭冕述
　　孟子正義三十卷　清焦循撰
　　大學古本說一卷　清李光地撰
　　中庸章段一卷　清李光地撰
　　中庸餘論一卷　清李光地撰
　　論語札記三卷　清朱亦棟撰
　　孟子札記二卷　清朱亦棟撰

經 20911135

校正四書古註羣義十種　□□輯
　民國間文盛書局石印本　國圖

經 20911136
明朝四書文十二卷　清崇文書局輯
　清光緒二年崇文書局刻本　天津
　　化治四書文六卷
　　正嘉四書文三卷
　　啓禎四書文三卷

經 20911137
化治四書文六卷　清崇文書局輯
　清光緒二年崇文書局刻本　天津

經 20911138
正嘉四書文三卷　清崇文書局輯
　清光緒二年崇文書局刻本　天津

經 20911139
啓禎四書文三卷　清崇文書局輯
　清光緒二年崇文書局刻本　天津

附錄

四書緯之屬

經 20911140
四書緯四卷　清常增撰
　清道光十六年沈氏刻本　北大　天津
　　上海
　清道光十六年沈氏刻光緒十二年印
　　本　北大　南京　湖北

爾 雅 類

正文之屬

經 21011141

爾雅三卷　唐□□輯

　唐開成二年刻石清麈氏半畝園嬛嬛
　　妙境拓印本　北大　復旦　南京
　唐開成石壁十二經本(民國刻)
　清項朝藁抄末　南京
　日本天保十五年肥後新田成章館刻
　　小島知足等縮臨唐開成石經拓
　　本　日本東京大學

經 21011142

爾雅二卷　□□輯

　十三經本(明吳勉學刻)　國圖
　清光緒二年傅玉森抄本　南京
　清光緒六年成都書局刻本　國圖

經 21011143

爾雅不分卷　□□輯

　覆古介書本(天啓刻)
　清光緒間張世準鄂城刻本　湖北
　　武漢
　清徐崇立抄本　湖南
　清抄白文本　湖北
　民國間抄本(白文)　湖北

經 21011144

爾雅三卷附小爾雅一卷　明□□輯

　明刻本　臺圖

經 21011145

爾雅佚文一卷　清王仁俊輯

　經籍佚文本(稿本)

經 21011146

爾雅一卷　清湯金釗書

　清咸豐九年崇讓堂刻本　國圖　中科
　　院　上海　浙江　湖北　武漢

經 21011147

篆文爾雅　□□篆

　民國間影抄篆字本　湖北

注解之屬

經 21011148

爾雅犍爲文學註三卷　題漢郭舍人撰
　　清馬國翰輯

　玉函山房輯佚書本(同治皇華館刻、光
　　緒李氏印、光緒嬛嬛館刻、光緒楚南
　　書局刻)
　清光緒十一年潞河白孟榮傳抄玉函
　　山房輯佚書本　國圖

經 21011149

爾雅犍爲文學註一卷　漢□□撰　清
　　黃奭輯

　漢學堂叢書本(道光刻光緒印)
　黃氏逸書考本(道光刻王鑒修補、朱長圻
　　補刻)
　榕園叢書本(同治刻、民國印)

經 21011150

爾雅舍人註一卷　漢□□撰　清王仁
　　俊輯

　十三經漢注本(稿本)　上海

經 21011151

爾雅劉氏註一卷　漢劉歆撰　清馬國

翰輯

　玉函山房輯佚書本(同治皇華館刻、光
　　緒李氏印、光緒娜嬛館刻、光緒楚南
　　書局刻)

經21011152

爾雅註一卷　漢劉歆撰　清黃奭輯
　漢學堂叢書本(道光刻光緒印)
　黃氏逸書考本(道光刻王鑒修補、朱長圻
　　補刻)
　榕園叢書本(同治刻、民國印)

經21011153

爾雅許君義(爾雅許氏義)一卷　漢許慎
　　撰　清王仁俊輯
　玉函山房輯佚書續編本(稿本)
　十三經漢注本(稿本,爾雅許氏義)
　　上海

經21011154

爾雅樊氏註一卷　漢樊光撰　清馬國
　　翰輯
　玉函山房輯佚書本(同治皇華館刻、光
　　緒李氏印、光緒娜嬛館刻、光緒楚南
　　書局刻)

經21011155

爾雅註一卷　漢樊光撰　清黃奭輯
　漢學堂叢書本(道光刻光緒印)
　黃氏逸書考本(道光刻王鑒修補、朱長圻
　　補刻)
　榕園叢書本(同治刻、民國印)

經21011156

爾雅李氏註三卷　漢李巡撰　清馬國
　　翰輯
　玉函山房輯佚書本(同治皇華館刻、光

緒李氏印、光緒娜嬛館刻、光緒楚南
書局刻)

經21011157

爾雅註一卷　漢李巡撰　清黃奭輯
　漢學堂叢書本(道光刻光緒印)
　黃氏逸書考本(道光刻王鑒修補、朱長圻
　　補刻)
　榕園叢書本(同治刻、民國印)

經21011158

爾雅李氏註一卷　漢李巡撰　清王仁
　　俊輯
　十三經漢注本(稿本)　上海

經21011159

爾雅鄭君註(爾雅鄭氏註)一卷　漢鄭玄
　　撰　清王仁俊輯
　玉函山房輯佚書續編本(稿本)
　十三經漢注本(稿本,爾雅鄭氏註)
　　上海

經21011160

爾雅鄭玄註稽存不分卷　漢鄭玄撰
　　許森輯
　民國二十一年石印本　國圖　北師大

經21011161

爾雅註一卷　漢□□撰　清王謨輯
　漢魏遺書鈔本(嘉慶刻)

經21011162

孫氏爾雅正義鈔一卷　三國魏孫炎撰
　　清吳騫輯
　稿本　上海

經21011163

孫氏爾雅正義拾遺一卷　三國魏孫炎
　　撰　清吳騫輯
　拜經樓叢書本(乾隆嘉慶刻、民國影印)

經21011164

爾雅孫氏註三卷　三國魏孫炎撰　清
　　馬國翰輯
　玉函山房輯佚書本(同治皇華館刻、光
　　緒李氏印、光緒郎嬛館刻、光緒楚南
　　書局刻)

經21011165

爾雅孫氏音一卷　三國魏孫炎撰　清
　　馬國翰輯
　玉函山房輯佚書本(同治皇華館刻、光
　　緒李氏印、光緒郎嬛館刻、光緒楚南
　　書局刻)

經21011166

爾雅音註一卷　三國魏孫炎撰　清黃
　　奭輯
　漢學堂叢書本(道光刻光緒印)
　黃氏逸書考本(道光刻王鑒修補、朱長圻
　　補刻)
　榕園叢書本(同治刻、民國印)

經21011167

爾雅孫氏註一卷　三國魏孫炎撰　清
　　王仁俊輯
　玉函山房輯佚書續編本(稿本)

經21011168

爾雅(存卷中)　晉郭璞注
　敦煌祕籍留真新編本(民國影印)

經21011169

爾雅三卷　晉郭璞注

南宋國子監刻本　臺北故博
天祿琳琅叢書第一集本(影印南宋國子
　　監本)
日本明治影抄南宋監本(楊守敬題識)
　　臺北故博
古逸叢書本(光緒刻)
明嘉靖十七年吳元恭刻本　國圖　北
　　大　人大　北師大　上海　復旦
　　上海師大　南京
清嘉慶十一年顧廣圻思適齋覆刻明
　　嘉靖間吳元恭本　國圖　北大
　　中科院　天津　南開　上海(清翁
　　方綱校並跋)　南京　浙江(清徐渭
　　仁批校並跋)　遼寧　江西　湖北
　　武漢
清嘉慶二十五年刻本　國圖　北大

經21011170

爾雅十一卷　晉郭璞注　明葛鼒校
　　明金蟠訂
　十三經古注本(崇禎刻、同治重修)
　覆古介書本(天啓刻)

經21011171

爾雅十一卷　晉郭璞注
　袖珍十三經註本(同治刻)

經21011172

爾雅三卷音釋三卷　晉郭璞注　□□
　　音釋
　宋刻本　國圖(清顧廣圻跋)
　元刻本　國圖(音釋卷下配清影元抄本)
　元刻本　臺圖
　元大德三年平水曹氏進德齋刻本
　　北大
　明嘉靖四年許宗魯宜靜書堂刻本　國
　　圖　上海　南京

明刻本　國圖
古書叢刊本(民國影印)
四部叢刊本(民國影印)
清影宋抄本(徐乃昌跋)　國圖

經21011173
爾雅三卷音釋三卷　晉郭璞注　□□
　　音釋　明馬諒校
　　明景泰七年應天府尹馬諒刻本　北師
　　　　大　天津(周叔弢校並跋)　臺圖
　　　　(查慎行批校)　日本內閣
　　清道光四年金陵陳氏刊謬齋翻刻明
　　　　景泰馬諒本(石經精舍印)　北大
　　　　上海　南京　湖北
　　明嘉靖四年太原知府黃時庸刻本　臺圖

經21011174
新刊爾雅三卷音釋三卷　晉郭璞注
　　□□音釋　明畢效欽校
　　五雅本(嘉靖隆慶刻)

經21011175
爾雅二卷附釋音　晉郭璞注　□□釋
　　音　明朗奎金糾譌
　　五雅本(天啓刻)

經21011176
爾雅三卷音釋三卷　晉郭璞注　□□
　　音釋　清王朝宸校
　　清康熙五十二年刻懷德堂印本　北大

經21011177
爾雅三卷音釋三卷附校譌一卷　晉郭
　　璞注　□□音釋　日本松崎復
　　校譌
　　日本天保十五年肥後松崎氏羽澤石
　　　　經山房景刻江戶狩谷氏景宋抄

本　國圖　上海　辭書出版社　大
連　南京　湖北(徐行可題識)　四
川　日本東洋　日本東京大學　日
本京都大學

經21011178
爾雅三卷　晉郭璞注
　　元雪牕書院刻本　國圖(清臧庸校,清
　　　　陳焯、清翁同龢書跋)
　　拜經堂叢書本(乾隆嘉慶刻、日本影印)
　　清光緒八年巴陵方功惠碧琳琅館翻
　　　　刻嘉慶臧庸同述觀覆元雪牕書
　　　　院本　臺圖　日本東京大學　日本
　　　　京都大學
　　清末揚州書局刻本　北大
　　明刻本　北大

經21011179
新刊註釋爾雅三卷　晉郭璞注　明畢
　　效欽校
　　五雅本(隆慶刻)

經21011180
爾雅三卷音釋三卷　晉郭璞注　唐陸
　　德明音釋
　　清乾隆二十九年曲阜孔繼汾刻本　國
　　　　圖　北大　北師大　中科院　上海
　　　　(清吳孝顯錄清惠棟校,清韓應陛題
　　　　識)　南京　湖北(徐恕過錄清嚴元
　　　　照校)
　　清嘉慶二十二年順德張青選清芬閣
　　　　刻本　國圖　北大　北師大　天津
　　　　上海　南京　浙江　湖北
　　十三經讀本本(同治崇文書局刻、金陵書
　　　　局刻)
　　清同治十三年湖南尊經閣刻本　國圖
　　　　北大　上海　南京　江西　湖北

湖南

清光緒十二年湖北官書處刻本　國圖
　　北大　人大　天津　遼寧　南京
　　浙江　江西　湖北　武漢
清光緒二十一年金陵書局刻本　國圖
　　北大　天津　上海　甘肅　南京
　　浙江　湖南

經 21011181
爾雅十一卷　晉郭璞注
　　十三經古注本（崇禎刻、同治重修）

經 21011182
爾雅註　晉郭璞注　唐陸德明音義
　　清抄本（清□□批校）　上海

經 21011183
爾雅三卷　晉郭璞注　唐陸德明音義
　　十三經讀本附校刊記本（同治山東書局
　　　刻）
　　清光緒五年山西濬文書局刻本　國圖
　　　湖北　武漢
　　清光緒八年錦江書局刻本　南京

經 21011184
爾雅校刊記一卷　清丁寶楨等撰
　　十三經讀本附校刊記本（同治山東書局
　　　刻）
　　清光緒五年山西濬文書局刻本　國圖
　　　湖北　武漢
　　清光緒八年錦江書局刻本　南京

經 21011185
爾雅經註三卷音釋一卷附句讀便讀一
　　卷　晉郭璞注
　　清刻本　湖北

經 21011186
爾雅音義一卷　晉郭璞撰　清馬國翰輯
　　玉函山房輯佚書本（同治皇華館刻、光
　　　緒李氏印、光緒嫏嬛館刻、光緒楚南
　　　書局刻）

經 21011187
爾雅音義一卷　晉郭璞撰　清黃奭輯
　　漢學堂叢書本（道光刻光緒印）
　　黃氏逸書考本（道光刻王鑒修補、朱長圻
　　　補刻）
　　榕園叢書本（同治刻、民國印）

經 21011188
爾雅劉氏註一卷　晉劉兆撰　清王仁
　　俊輯
　　玉函山房輯佚書續編本（稿本）

經 21011189
集註爾雅一卷　南朝梁沈旋撰　清馬
　　國翰輯
　　玉函山房輯佚書本（同治皇華館刻、光
　　　緒李氏印、光緒嫏嬛館刻、光緒楚南
　　　書局刻）

經 21011190
爾雅集註一卷　南朝梁沈旋撰　清黃
　　奭輯
　　遜敏堂叢書本（道光咸豐木活字印）
　　漢學堂叢書本（道光刻光緒印）
　　黃氏逸書考本（道光刻王鑒修補、朱長圻
　　　補刻）
　　榕園叢書本（同治刻、民國印）

經 21011191
爾雅麻氏注一卷　題麻杲撰　清王仁
　　俊輯

玉函山房輯佚書續編本（稿本）

經 21011192

爾雅裴氏注一卷　唐裴瑜撰　清馬國
　　翰輯

　　玉函山房輯佚書本（同治皇華館刻、光
　　　　緒李氏印、光緒嫏嬛館刻、光緒楚南
　　　　書局刻）

經 21011193

爾雅疏十卷　宋邢昺撰

　　宋刻宋元明初遞修公文紙印本　國圖

　　清光緒四年吳興陸氏十萬卷樓刻本
　　　　國圖（王國維校並跋）　北大　中
　　　　科院

　　續古逸叢書本（民國影印）

經 21011194

爾雅註疏十一卷　晉郭璞注　宋邢
　　昺疏

　　元刻明修本　國圖　北大（清周星詒
　　　　跋）　上海　大連　南京（清丁丙
　　　　跋）　甘肅　樂平　臺圖

　　十三經註疏本（嘉靖福建刻）　國圖（清
　　　　唐翰題校並跋）

　　十三經註疏本（嘉靖福建刻、萬曆北監
　　　　刻、崇禎汲古閣刻、翻汲古閣刻）

　　十三經註疏本（崇禎汲古閣刻）　國圖
　　　　（清許瀚跋，王筠題識）　上海（清劉
　　　　玉麔校並跋，趙撝叔題識，汪德鉞校
　　　　並題識）　廈大（清王振聲批校）

　　明末熊九岳刻本　臺北故博

　　明刻本　國圖　上海

　　清乾隆十年三樂齋刻本　北師大（清
　　　　余允圻批校）　上海（清刁戴高批並
　　　　跋）　南京　江西　雲南

　　清乾隆四十三年三樂齋刻本　國圖

南京

清乾隆五十一年金閶書業堂刻本　國
　　圖　清華　上海　南京（清華世芳
　　跋）　四川民族

清嘉慶七年英德堂刻本　國圖　南京
　　江西　武漢

清嘉慶八年青雲樓刻本　天津　上海

清嘉慶八年青雲樓刻經綸堂印本　北
　　大　武漢　湖南

清嘉慶十六年書業堂刻本　北大

清同治十年刻本　北師大

清同治十二年江西書局刻本　江西

清同治間覆刻汲古閣本　復旦

清光緒六年雲南書局刻本　雲南

清光緒十七年善成堂刻本　天津
　　遼寧

清光緒二十二年書業德刻本　北大

清大文堂覆汲古閣刻本　上海　浙江

清崇德書院刻本　遼寧（清王仁俊批
　　校）

清綠蔭堂刻本　北師大

清寶翰樓刻本　復旦

清寶旭齋刻本　南京

清寶華信刻本　湖南

清三讓堂刻本　湖南

清經國堂刻本　湖南

清刻巾箱本　南京

日本文久二年積玉圃刻本　天津

日本翻刻明萬曆二十一年本　上海
　　南京

經 21011195

爾雅註疏十一卷附考證　晉郭璞注
　　宋邢昺疏　清張照考證

　　十三經註疏附考證本（乾隆武英殿刻、
　　　　同治鍾謙鈞刻）

　　四庫全書薈要本（乾隆寫）

四庫全書本（乾隆寫）

清乾隆六十年敦化堂刻本　浙江
　湖南

經 21011196

爾雅校勘記（爾雅注疏校勘記）六卷釋文
　校勘記二卷　清阮元撰
　　皇清經解本（道光刻、咸豐補刻、鴻寶齋
　　　石印、點石齋石印，十三經注疏校勘
　　　記）
　　宋本十三經註疏併經典釋文校勘記
　　　本（光緒刻，爾雅注疏校勘記）

經 21011197

爾雅註疏二卷附校勘記二卷　晉郭璞
　注　宋邢昺疏　清阮元校勘
　　重刊宋本十三經註疏附校勘記本（嘉
　　　慶南昌府學刻）　國圖（王國維校並
　　　跋）
　　重刊宋本十三經註疏附校勘記本（光
　　　緒石印、民國石印）

經 21011198

爾雅註疏校勘記十卷　清阮元撰　清
　盧宣旬摘錄
　　重刊宋本十三經註疏附校勘記本（嘉
　　　慶南昌府學刻）　國圖（王國維校並
　　　跋）
　　重刊宋本十三經註疏附校勘記本（嘉
　　　慶南昌府學刻）　國圖（清徐時棟
　　　跋）
　　重刊宋本十三經註疏附校勘記本（嘉
　　　慶刻、道光修、同治重修、光緒刻、光
　　　緒石印、民國石印）
　　清光緒十三年點石齋遵阮本重校印
　　　本（二卷）　湖北
　　宋本十三經註疏併經典釋文校勘記

本（光緒刻）

經 21011199

爾雅校勘記（爾雅注疏校勘記）六卷　清
　阮元撰
　　皇清經解本（道光刻、咸豐補刻、鴻寶齋
　　　石印、點石齋石印，爾雅注疏校勘
　　　記）
　　宋本十三經註疏併經典釋文校勘記
　　　本（光緒刻，爾雅注疏校勘記）

經 21011200

爾雅讀本十一卷　晉郭璞注　唐陸德
　明音義　宋邢昺疏
　　十三經讀本本（民國醒園刻）

經 21011201

爾雅便蒙一卷　晉郭璞注　宋邢昺疏
　清華文梗節錄
　　清道光八年知樂堂刻本　南京

經 21011202

爾雅新義二十卷　宋陸佃撰
　　明萬曆三十七年任氏刻本　即墨
　　宛委別藏本（抄本、影印本）
　　清影宋抄本　臺北故博
　　清乾隆間抄本（羅振玉題識）　遼寧
　　清伊蒿學廬抄本　雲南
　　清抄本　國圖　北大　清華　上海（佚
　　　名校）　北碚　東北師大

經 21011203

爾雅新義二十卷敍錄一卷　宋陸佃撰
　清宋大樽校並輯敍錄
　　清嘉慶十三年陸芝榮三間草堂刻本
　　　國圖　北大　中科院　清華　北師
　　　大　人大　上海

粵雅堂叢書本(咸豐刻)
清咸豐五年龍威館抄本　南京
抄本　上海

經 21011204
爾雅新義斂錄一卷　清宋大樽撰
　清嘉慶十三年陸芝榮三間草堂刻本
　　　　　國圖　北大　中科院　清華　北師
　　　　　大　人大　上海
　粵雅堂叢書本(咸豐刻)
　清咸豐五年龍威館抄本　南京
　抄本　上海

經 21011205
爾雅三卷　宋鄭樵注
　元刻本　國圖
　津逮祕書本(崇禎刻、民國影印)
　清初抄本　國圖
　清康熙四十年鄭定遠刻本　國圖　上
　　　　　海　湖北
　四庫全書本(乾隆寫)
　鄭氏注韓居七種本(乾隆刻)
　學津討原本(嘉慶刻、民國影印)
　清應世堂刻本　北師大
　清李氏慎餘堂抄本　湖北

經 21011206
爾雅註疏參義六卷　清姜兆錫撰
　九經補注本(雍正刻)
　清刻本　北大

經 21011207
畏齋爾雅客難一卷　清龔元玠撰
　十三經客難本(道光刻)

經 21011208
爾雅初學讀本一卷　清萬廷蘭撰

清乾隆間刻十一經初學讀本本　上海
清光緒二年四川學院刻十一經初學
　　讀本本　遼寧

經 21011209
爾雅補註四卷　清周春撰
　松靄初刻本(乾隆嘉慶刻)
　觀古堂彙刻書本(光緒刻)
　清抄本　國圖　南京(清盧文弨批注)
　郎園先生全書本(民國彙印)

經 21011210
孫氏爾雅正義抄一卷　清吳騫輯
　稿本　上海

經 21011211
爾雅補郭二卷　清翟灝撰
　清仁和翟氏刻本　上海　南京
　清光緒八年傅世洵卷施谿刻本　國圖
　　　中科院　天津　上海　南開　南京
　　　遼寧
　咫進齋叢書本(光緒刻)
　益雅堂叢書本(光緒刻)
　清光緒十一年刻本　國圖　南京
　皇清經解續編本(光緒刻、光緒石印)
　玲瓏山館叢書本(光緒刻)
　木犀軒叢書本(光緒刻)

經 21011212
爾雅札記一卷　清朱亦棟撰
　清嘉慶二十二年刻十三經札記本
　　　國圖
　十三經札記本(光緒竹簡齋刻)

經 21011213
爾雅補註(殘本)一卷　清劉玉麐撰
　功順堂叢書本(光緒刻)

清光緒十二年刻本　國圖
廣雅書局叢書本(光緒刻)
清光緒十六年刻本　國圖
清末抄本　北大

經21011214
爾雅校議二卷　清劉玉麐撰
　　民國十四年錢塘汪氏刻本　國圖　辭
　　　書出版社
　　食舊堂叢書本(民國刻)

經21011215
爾雅古義二卷　清錢坫撰
　　清抄本　湖北(清謝章鋌跋)　福建(清
　　　楊浚跋)
　　清鄭氏注韓居抄本　重慶
　　皇清經解續編本(光緒刻、光緒石印)

經21011216
爾雅釋地四篇註一卷　清錢坫撰
　　錢氏四種本(嘉慶刻、中國書店影印)
　　皇清經解續編本(光緒刻、光緒石印)

經21011217
爾雅歲陽攷一卷　清楊浚(觀頤道人)輯
　　閩竹居叢書本(清刻)

經21011218
爾雅正義二十卷　清邵晉涵撰
　　皇清經解本(道光刻、咸豐補刻、鴻寶齋
　　　石印、點石齋石印)

經21011219
爾雅正義二十卷釋文三卷　清邵晉涵
　　撰　唐陸德明音義
　　清乾隆五十三年餘姚邵氏面水層軒
　　　刻本　國圖　中科院　清華　北師

大　人大　上海(清宋保批校)　寶
應(清戈襄校並跋)　復旦　天津
南京　浙江　江西　福建(清謝章
鋌校並跋)　湖北(清甘元煥跋)
武漢　四川(清錢侗校並跋)　川大
川師大　雲南大學
清翻刻餘姚邵氏家塾本　湖北
清文炳齋刻本　遼寧
清刻本　國圖(清李慈銘題識)
清刻本　北大

經21011220
爾雅提要三卷　清項朝蕖撰
　　抄本　南京

經21011221
爾雅郭註補正九卷　清戴鎣撰
　　清乾隆五十二年刻本　國圖　北大
　　　上海　浙江
　　清光緒間海陽韓光鼐刻本　國圖　北
　　　大　中科院　國博　天津　上海
　　　南京　遼寧

經21011222
爾雅註疏箋補三卷　清任基振撰
　　稿本　上海
　　清乾隆間抄本　北大

經21011223
爾雅郝註刊誤一卷　清王念孫撰
　　殷禮在斯堂叢書本(民國鉛印)

經21011224
爾雅雜纂不分卷　清王念孫撰
　　高郵王石臞先生手稿四種本　北大

經21011225

爾雅註疏旁訓四卷　清周樽輯
　　清嘉慶元年刻本　浙江（清駱士奎校補
　　　　並跋）
　　清嘉慶五年刻本　雲南

經21011226
讀雅筆記三卷　清李雱撰
　　清嘉慶九年賜錦堂刻本　上海　湖北
　　　　國圖　中科院　南京　北大
　　清抄本　國圖

經21011227
爾雅會編不分卷　清顧澍撰
　　清嘉慶間刻本　中科院

經21011228
爾雅註疏本正誤五卷　清張宗泰撰
　　廣雅書局叢書本（光緒刻）
　　積學齋叢書本（光緒刻）

經21011229
爾雅舊注三卷　清陳鱣輯
　　清朱元呂抄本（清許瀚校補並跋）
　　　　復旦

經21011230
爾雅南昌本校勘記訂補一卷　清許光
　　清撰
　　涉聞梓舊本（咸豐刻、民國影印）

經21011231
爾雅郭註義疏二十卷　清郝懿行撰
　　清道光三十年陸建瀛木樨香館刻本
　　　　國圖（清李慈銘校並跋）　北大　上
　　　　海　復旦（清張步瀛校並跋）　復旦
　　　　（清陳倬校並跋，王大隆跋）　南京
　　　　江西　湖北　武漢

　　清咸豐六年楊以增胡珽刻本　國圖
　　　　北大　上海　復旦（清沈寶謙、丁士
　　　　涵跋，王大隆跋）　天津　南京　浙
　　　　江　江西　湖北　武漢
　　郝氏遺書本（同治刻）
　　清同治十年湖北崇文書局刻本　武漢
　　清光緒十年榮縣黃氏蜀南閣覆刻本
　　　　國圖　上海　復旦　南京　遼寧
　　　　江西
　　經策通纂（經學輯要）本（光緒石印）
　　清光緒十四年上海鴻文書局石印本
　　　　國圖
　　清光緒十四年湖北官書處刻本　國圖
　　　　北大　北師大　中科院　上海
　　　　復旦
　　清末上海文瑞樓影印清咸豐六年刻
　　　　本　南開　南京　遼寧　江西
　　清抄本　故宮
　　民國間上海鴻章書局影印清咸豐六
　　　　年楊以增胡珽刻本　復旦　武漢

經21011232
爾雅義疏十九卷　清郝懿行撰
　　皇清經解本（道光刻、咸豐補刻、鴻寶齋
　　　　石印、點石齋石印）

經21011233
爾雅小箋二卷　清江藩撰
　　清抄本（清汪惠孫跋，清周鱣詒、清費念
　　　　慈題識）　上海

經21011234
爾雅小箋三卷　清江藩撰
　　鄦齋叢書本（光緒刻）

經21011235
爾雅十九卷附音釋十九卷　清干朝梧輯

清嘉慶六年星子干氏刻白文本　江西
　湖北

經 21011236
爾雅漢註三卷　清臧庸輯
　清乾隆五十四年刻本　湖南
　問經堂叢書本(嘉慶刻)
　槐廬叢書本(光緒刻)

經 21011237
爾雅漢註校輯三卷　清臧庸撰
　清乾隆嘉慶間抄本　北大
　清抄本(徐鯤、陳善、趙春沂批校,嚴傑
　　跋)　北大

經 21011238
爾雅正訛二卷　清吳琨輯
　清嘉慶十三年刻本　上海
　清嘉慶間南溪樓刻本　湖北

經 21011239
爾雅古註合存十九卷總考首一卷　清
　　董桂新撰
　清抄本　上海

經 21011240
爾雅匡名二十卷　清嚴元照撰
　清嘉慶二十五年唐棲勞氏震無咎齋
　　刻本　國圖　中科院　上海　浙江
　　江西
　皇清經解續編本(光緒刻、光緒石印)
　廣雅書局叢書本(光緒刻)
　湖州叢書本(光緒刻)

經 21011241
爾雅宗經彙說不分卷　清匯菴撰
　清道光十三年丁香書屋刻本　北大

經 21011242
爾雅古義二卷　清胡承珙撰
　求是堂全集本(道光刻)
　清抄本　國圖
　抄本　上海

經 21011243
爾雅古義補一卷　清馮登府撰
　清抄本　上海

經 21011244
爾雅蒙求二卷　清李拔式撰
　清嘉慶三年稿本　重慶
　清嘉慶間蟠根書屋刻本　國圖　北大
　　天津　南開　浙江　南京　湖北
　　湖南
　清嘉慶間姑蘇七映堂刻本　上海　遼
　　寧　江西
　清道光五年刻本　中科院　南京
　清同治八年樂城王喆刻本　遼寧
　清光緒十五年深柳書屋刻本　國圖
　　人大　湖北　武漢
　清光緒間南京李光明莊刻本　國圖
　　上海　湖北　江西

經 21011245
爾雅漢註不分卷　清朱孔彰撰
　抄本　中科院

經 21011246
爾雅衆家註二卷　清黃奭輯
　漢學堂叢書本(道光刻光緒印)
　黃氏逸書考本(道光刻王鑒修補、朱長圻
　　補刻)
　榕園叢書本(同治刻、民國印)

經 21011247

爾雅啓蒙十二卷　清姚承輿撰
　　清咸豐二年刻姚正父所著書本　國圖
　　　　中科院　南京　湖北　浙江

經21011248
爾雅舊注考證二卷　清李曾白撰　清
　　李兹然補考
　　清光緒三十四年刻本　國圖

經21011249
爾雅經註集證三卷　清龍啓瑞撰
　　清咸豐四年刻本　中科院
　　清光緒七年臨桂龍氏北京刻本　國圖
　　　　北大　北師大　中科院　天津　上
　　　　海　南京
　　皇清經解續編本(光緒刻、光緒石印)

經21011250
爾雅古註斠三卷　清葉蕙心撰
　　小學類編本(清咸豐光緒刻)　國圖(清
　　　　李慈銘校)

經21011251
爾雅平議一卷　清俞樾撰
　　皇清經解續編本(光緒刻、光緒石印)
　　春在堂全書本(同治至光緒刻,羣經平
　　　　議)

經21011252
爾雅河水源流畧一卷　清丁艮善撰
　　清光緒十年刻本　天津

經21011253
爾雅文鈔不分卷　清譚獻輯
　　清仁和譚氏抄本　上海

經21011254

爾雅約解九卷　清劉曾騄撰
　　祥符劉氏叢書本(清末民初石印,九經
　　　　約解)

經21011255
雅學考一卷　清胡元玉撰
　　清光緒十七年益智書局鉛印本　華東
　　　　師大
　　清末長沙梁益智書局刻本　湖北
　　民國二十五年長沙鉛印本　中科院
　　　　南開
　　民國二十五年北京大學鉛印本　北師
　　　　大　上海　遼寧　湖北　武漢

經21011256
爾雅蒙求二卷　清李鴻逵撰
　　清光緒十三年寶華堂刻本　北大

經21011257
爾雅正郭三卷　清潘衍桐撰
　　清光緒十七年潘氏刻本　北大　中科
　　　　院　遼寧
　　清光緒十七年浙江書局刻本　國圖
　　　　北大　北師大　上海　復旦　南京
　　　　浙江

經21011258
爾雅正郭二卷　清潘衍桐撰
　　清光緒間章郭刻本　南京

經21011259
爾雅漢學證義二卷　清陶方琦撰　清
　　陶濬宣校　孫同康籤校
　　稿本　上海

經21011260
爾雅古註斠補一卷　清陶方琦撰

漢孳室遺著本(光緒抄)

經 21011261
爾雅集解十九卷　　清王闓運撰
　　湘綺樓全書本(光緒宣統刻)

經 21011262
爾雅異文考四卷　　清史詮撰
　　手稿本(高燮跋)　　上海

經 21011263
爾雅釋例五卷附一卷　　清陳玉澍撰
　　清抄本　　中科院
　　民國十年南京高等師範學校鉛印本
　　　　國圖　　中科院　　上海　　復旦　　南京

經 21011264
爾雅詁一卷附注蟲魚齋讀疋集釋一卷
　　　清徐孚吉撰
　　稿本　　南京

經 21011265
爾雅詁二卷　　清徐孚吉撰
　　南菁書院叢書本(光緒刻)

經 21011266
讀爾雅日記一卷　　清包錫咸撰
　　學古堂日記本(光緒刻)

經 21011267
爾雅易讀一卷　　清路德訂
　　清光緒間南京李光明莊刻本　　湖北

經 21011268
爾雅訓纂一卷　　清周繪藻撰
　　清光緒間百柱山房石印本　　國圖
　　　湖北

經 21011269
爾雅註疏劄記十卷　　清劉光蕡撰
　　清光緒二十年陝甘味經刊經處刻本
　　　國圖

經 21011270
爾雅釋言集解後案一卷　　清黃世榮撰
　　文惠全書本(民國鉛印)

經 21011271
爾雅正名一卷　　清汪瑩撰
　　清末函雲齋抄本　　北大

經 21011272
爾雅正名十九卷　　清汪瑩撰　　黃侃評
　　清抄本(黃侃跋、章炳麟題識)　　湖北

經 21011273
爾雅正名評一卷　　清汪瑩撰　　黃侃評
　　民國二十五年章氏國學講習會鉛印
　　　本　　國圖　　上海　　甘肅　　南京　　湖
　　　北　　武漢

經 21011274
爾雅字句蒙求三卷　　清王貞撰
　　稿本(王大隆跋)　　復旦

經 21011275
緘齋爾雅註三卷　　清陳與冏撰
　　稿本(存卷中、下)　　天津

經 21011276
爾雅箋釋六卷　　清沈潮撰
　　稿本　　上海

經 21011277
祓心堂讀雅孔見三卷外篇一卷　　清王

　　時亨撰
　　　民國十八年國立北平圖書館抄本
　　　　國圖
　　　民國間抄本　國圖

經 21011278
爾雅學講義續編一卷　易順豫撰
　　民國間石印本　湖北

經 21011279
爾雅郭注佚存補訂二十卷　王樹枏撰
　　陶廬叢刻本(清末民國初刻)

經 21011280
爾雅郭讀證異不分卷　王樹枏撰
　　民國間綠格抄本　國圖

經 21011281
郭景純爾雅訂經二十五卷　王樹枏撰
　　稿本(存十七卷)　國圖
　　民國二十年陶廬王氏刻本　國圖
　　　　遼寧

經 21011282
爾雅說詩二十二卷　王樹枏撰
　　稿本　中科院
　　民國二十四年新城王氏刻本　國圖
　　　　北大　中科院　南京　遼寧

經 21011283
爾雅郭注拾補一卷　沙元炳輯
　　如皋任銘善傳抄稿本　復旦

經 21011284
爾雅稗疏四卷　繆楷撰
　　南菁札記本(光緒刻)　國圖　北大
　　　　北師大　中科院　上海　華東師大

經 21011285
爾雅易讀不分卷　□□撰
　　清光緒八年關中義興堂刻本　天津

經 21011286
讀爾雅日記一卷　蔣元慶撰
　　學古堂日記本(光緒刻)

經 21011287
讀爾雅日記一卷　陸錦燧撰
　　學古堂日記本(光緒刻)

經 21011288
讀爾雅日記一卷讀爾雅補記一卷　董
　　瑞椿撰
　　學古堂日記本(光緒刻)

經 21011289
讀爾雅日記一卷　王頌清撰
　　學古堂日記本(光緒刻)

經 21011290
讀爾雅日記一卷　楊賡元撰
　　學古堂日記本(光緒刻)

經 21011291
爾雅諍郭二卷　朱學聃撰
　　民國二十五年鉛印本　國圖　上海
　　　　復旦　南京

經 21011292
爾雅義證三卷　尹桐陽撰
　　民國三年衡陽湖南第五聯合縣立中
　　　　學校石印本　上海

經 21011293
爾雅草木蟲魚鳥獸釋例一卷　王國維撰

海寧王忠愨公遺書本(民國鉛印石印)
海寧王靜安先生遺書本(民國石印)

經 21011294
爾雅蟲是今釋一卷　劉師培撰
　劉申叔先生遺書本(民國鉛印)

經 21011295
爾雅比類便讀不分卷　周家璧撰
　清抄本　湖北

經 21011296
爾雅穀名考六卷首一卷末一卷　高潤
　　生撰
　民國六年笠園鉛印笠園古農學叢書
　　　本　國圖　北大　中科院　上海
　　　南京
　民國間鉛印本　復旦

經 21011297
爾雅確詁錄四卷　羅時憲撰
　民國七年成都刻本　中科院　上海

經 21011298
爾雅今釋七卷　宋育仁撰
　問琴閣叢書本(民國刻)

經 21011299
爾雅通釋二卷　汪柏年撰
　民國二十五年蘇州文新印書館鉛印
　　　本　國圖　南開

經 21011300
爾雅補釋二卷　汪柏年撰
　民國二十五年蘇州文新印書館鉛印
　　　本　國圖　上海　復旦　南京

經 21011301
爾雅學小記三章　□□撰
　民國間抄本　湖北

圖贊之屬

經 21011302
爾雅圖讚一卷　晉郭璞撰　清馬國翰輯
　玉函山房輯佚書本(同治皇華館刻、光
　　緒李氏印、光緒娜嬛館刻、光緒楚南
　　書局刻)

經 21011303
爾雅圖贊一卷　晉郭璞撰　清嚴可均輯
　觀古堂所刊書本(光緒刻)
　觀古堂彙刻書本(光緒刻)
　郋園先生全書本(民國彙印)
　明彩繪本　上海

經 21011304
爾雅圖贊一卷　晉郭璞撰　清錢熙祚輯
　指海本(道光刻、民國影印)

經 21011305
爾雅圖贊一卷　晉郭璞撰　清黃奭輯
　漢學堂叢書本(道光刻光緒印)
　黃氏逸書考本(道光刻王鑒修補、朱長圻
　　補刻)
　榕園叢書本(同治刻、民國印)

經 21011306
爾雅圖贊一卷　晉郭璞撰　清王謨輯
　漢魏遺書鈔本(嘉慶刻)

文字音義之屬

經 21011307

爾雅音釋三卷　□□撰
　宋刻本　國圖(清顧廣圻跋)
　四部叢刊本(民國影印)
　清影宋抄本(徐乃昌跋)　國圖
　元大德三年平水曹氏進德齋刻本
　　　北大
　元刻本　國圖(音釋卷下配清影元抄本)
　元刻本　臺圖
　明景泰七年應天府尹馬諒刻本　北師
　　　大　天津(周叔弢校並跋)　臺圖
　　　(查慎行批校)　日本内閣
　清道光四年金陵陳氏刊謬齋翻刻明
　　　景泰馬諒本(石經精舍印)　北大
　　　上海　南京　湖北
　明嘉靖四年太原知府黃時庸刻本
　　　臺圖
　五雅本(嘉靖隆慶刻)
　清康熙五十二年刻懷德堂印本　北大
　古書叢刊本(民國影印本)

經 21011308
爾雅二卷音釋二卷　晉郭璞注　□□
　音釋
　明嘉靖四年許宗魯宜靜書堂刻本　國
　　　圖　上海　南京
　明刻本　國圖　廣東

經 21011309
爾雅音圖三卷　晉郭璞注　清姚之麟
　摹圖
　清嘉慶六年南城曾燠藝學軒影宋刻
　　　本　國圖　國博　北大　北師大
　　　人大　上海　復旦
　清嘉慶六年刻道光二十九年燕山德
　　　林二十四琴書屋印本　國圖
　清嘉慶六年刻光緒三年歙縣宋琪印
　　　本　國圖

清嘉慶六年刻光緒間藝學軒印本
　　　上海
清光緒十年上海同文書局石印本　國
　　　圖　北大　天津　上海　南京　遼
　　　寧　湖北
清光緒十年上海點石齋石印本　上海
　　　浙江
清光緒十二年上海石印本　國圖　中
　　　科院　遼寧
清光緒二十一年上海積山書局石印
　　　本　北大　上海
清光緒二十四年上海古午閣石印本
　　　上海
清光緒三十四年上海古香閣石印本
　　　北師大
民國四年同文圖書館石印本　國圖
　　　上海　復旦　江西　雲南
民國十年上海千頃堂影印清嘉慶六
　　　年南城曾燠藝學軒影宋刻本　人
　　　大　上海　甘肅

經 21011310
爾雅音一卷　南朝梁顧野王撰　清黃
　奭輯
　漢學堂叢書本(道光刻光緒印)
　黃氏逸書考本(道光刻王鑒修補、朱長圻
　　　補刻)
　榕園叢書本(同治刻、民國印)

經 21011311
爾雅顧氏音一卷　南朝梁顧野王撰
　清馬國翰輯
　玉函山房輯佚書本(同治皇華館刻、光
　　　緒李氏印、光緒娜嬛館刻、光緒楚南
　　　書局刻)

經 21011312
爾雅施氏音一卷　南朝陳施乾撰　清

馬國翰輯

　玉函山房輯佚書本（同治皇華館刻、光
　　緒李氏印、光緒嫏嬛館刻、光緒楚南
　　書局刻）

經 21011313

爾雅音註一卷　南朝陳施乾撰　清黃
　奭輯

　遜敏堂叢書本（道光咸豐木活字印）
　榕園叢書本（同治刻、民國印）
　漢學堂叢書本（道光刻光緒印）
　黃氏逸書考本（道光刻王鑒修補、朱長圻
　　補刻）

經 21011314

爾雅謝氏音一卷　南朝陳謝嶠撰　清
　馬國翰輯

　玉函山房輯佚書本（同治皇華館刻、光
　　緒李氏印、光緒嫏嬛館刻、光緒楚南
　　書局刻）

經 21011315

爾雅音一卷　南朝陳謝嶠撰　清黃奭輯
　漢學堂叢書本（道光刻光緒印）
　黃氏逸書考本（道光刻王鑒修補、朱長圻
　　補刻）
　榕園叢書本（同治刻、民國印）

經 21011316

爾雅釋文三卷　唐陸德明撰
　經典釋文本（宋刻宋元遞修）　國圖
　通志堂經解本（康熙刻、同治刻、日本文
　　化刻，經典釋文）
　抱經堂叢書本（乾隆嘉慶刻、民國影印，
　　經典釋文）
　經典釋文本（同治刻）
　清同治十三年成都尊經書院刻民國

二年成都存古書局補刻本　遼寧
清光緒二十年陝甘味經刊書處刻經
　典釋文本　湖北

經 21011317

爾雅奇字音義三卷　宋王應麟撰
　明抄本　北師大

經 21011318

爾雅音義考證三卷　清盧文弨撰
　抱經堂叢書本（乾隆嘉慶刻、民國影印）

經 21011319

爾雅音畧　清周春撰
　清嘉慶三年刻十三經音畧本　上海

經 21011320

爾雅文義就簡篇不分卷　清邵晉涵撰
　清末抄本　上海

經 21011321

爾雅釋文補三卷　清錢大昭撰
　清抄本　國圖
　民國間吳縣王氏學禮齋抄本　復旦

經 21011322

爾雅直音二卷　清孫侶撰
　清乾隆六十年刻本　上海　復旦
　清嘉慶四年天心閣刻本　天津（金致
　　祺批）
　清嘉慶五年刻本　雲南
　清嘉慶間刻本　湖北
　清同治九年京江文成堂刻本　國圖
　　上海
　清同治十一年維揚聚錦堂刻本　南京
　清光緒六年常熟抱芳閣刻本　上海
　　南京

清光緒九年成都膺詁經塾刻本　南京
清光緒十三年三涇書屋刻本　國圖
清光緒十三年長沙經濟書局刻本　國
　圖　湖南
清光緒十三年溧陽蔣鼎元南昌文德
　堂刻本　武漢
清光緒二十一年崇德書院刻本　國圖
清光緒二十一年錫山日昇山房刻本
　上海
清山淵堂刻本　南京

經 21011323
爾雅直音二卷　清孫侃撰　清王祖源
　校正
　天壤閣叢書本(光緒刻、民國印)

經 21011324
爾雅聲類釋詁一卷　清李銘漢撰
　稿本(章炳麟批注)　甘肅博

經 21011325
爾雅分韻不分卷　清王念孫撰
　高郵王石臞先生手稿四種本　北大

經 21011326
爾雅一切註音十卷　清嚴可均輯
　稿本　上海
　清孫氏平津館抄本　北大
　木犀軒叢書本(光緒刻)

經 21011327
爾雅音訓不分卷　清袁俊等編纂
　清道光間刻本　復旦

經 21011328
爾雅音訓二十六卷　清袁俊輯
　十一經音訓本(道光刻、光緒刻)

經 21011329
爾雅音訓不分卷　清楊國楨撰
　十一經音訓本(道光刻、光緒刻)

經 21011330
譙孫爾疋檢字敘一卷　翁炯孫撰
　民國間抄本　國圖

叢編之屬

經 21011331
爾雅古義十二卷　清黃奭輯
　漢學堂叢書本(道光刻光緒印)
　黃氏逸書考本(道光刻王鑒修補、朱長圻
　補刻)
　榕園叢書本(同治刻、民國印)
　　爾雅犍爲文學註一卷　漢□□撰
　　清黃奭輯
　　爾雅註一卷　漢樊光撰　清黃
　　奭輯
　　爾雅註　漢李巡撰　清黃奭輯
　　爾雅註　漢劉歆撰　清黃奭輯
　　爾雅音註一卷　三國魏孫炎撰
　　清黃奭輯
　　爾雅音義一卷　晉郭璞撰　清黃
　　奭輯
　　爾雅圖贊一卷　晉郭璞撰　清黃
　　奭輯
　　爾雅集註一卷　南朝梁沈旋撰
　　清黃奭輯
　　爾雅音註一卷　陳施乾撰　清黃
　　奭輯
　　爾雅音一卷　陳謝嶠撰　清黃奭輯
　　爾雅音一卷　南朝梁顧野王撰
　　清黃奭輯
　　爾雅衆家注二卷　清黃奭輯

羣經總義類

石經經義之屬

經 21111332
石經考一卷　清顧炎武
　亭林遺書本(潘氏遂初堂刻)
　顧亭林先生遺書本(光緒增刻彙印)
　四庫全書本(乾隆寫)
　借月山房彙鈔本(嘉慶刻、博古齋影印)
　指海本(道光刻、民國影印)
　澤古齋重鈔本(道光重編)
　式古居彙鈔本(道光重編)
　石經彙函本(光緒刻)
　清抄本　國圖
　清抄本(與九經誤字一卷合抄)　國圖
　健之抄本　國圖

經 21111333
石經考一卷　清萬斯同撰
　省吾堂四種本(乾隆刻)
　四庫全書本(乾隆寫)
　懺花盦叢書本(光緒刻)
　清光緒間常熟蔣氏省吾堂刻本　北大
　　上海　復旦　湖北
　四明叢書本(民國刻)

經 21111334
漢魏石經考一卷　清萬斯同撰
　賜硯堂叢書新編本(道光刻)
　昭代叢書本(道光刻)

經 21111335
唐宋石經考一卷　清萬斯同撰
　賜硯堂叢書新編本(道光刻)

　昭代叢書本(道光刻)

經 21111336
石經考異二卷　清杭世駿撰
　清乾隆元年刻本　湖北
　四庫全書本(乾隆寫)
　杭大宗七種叢書本(乾隆刻、咸豐刻)
　道古堂外集本(乾隆刻、光緒刻)
　道古堂外集本(光緒刻)　南京(清吳翌
　　鳳校並跋)
　明辨齋叢書本(咸豐同治刻)
　石經彙函本(光緒刻)
　食舊堂叢書本(民國刻,道古堂外集)

經 21111337
唐石經考異十三卷　清錢大昕撰
　清袁廷檮抄本　國圖
　清次歐山館藍格抄本　國圖

經 21111338
唐石經考異不分卷　清錢大昕撰
　咫進齋叢書本(光緒刻)

經 21111339
唐石經攷異不分卷附補不分卷　清錢
　　大昕撰　清臧庸補　孫毓修輯
　涵芬樓祕笈本(民國鉛印)

經 21111340
唐石經攷異附補不分卷·清臧庸撰
　　孫毓修輯
　涵芬樓祕笈本(民國鉛印)

經 21111341
乾隆御定石經考文提要十三卷　清彭
　　元瑞撰
　清乾隆五十九年彭元瑞寫本　山西文

物局
　清抄本　國圖
　清嘉慶四年刻本　國圖　北大　中科
　　院　上海
　清咸豐元年吳振域刻本　中科院
　清同治十二年蔣琦齡刻本　北大
　石經彙函本(光緒刻)
　豫章叢書本(民國刻,胡思敬輯)

經 21111342
欽定石經考文提要舉正四卷目錄一卷
　　首一卷　清和珅撰
　清乾隆五十九年武英殿抄本　故宮

經 21111343
欽定石經改正字樣不分卷　清和珅撰
　清乾隆六十年抄本　故宮

經 21111344
石經一卷　清王謨輯校
　漢魏遺書鈔本(嘉慶刻)

經 21111345
石經殘字考一卷　清翁方綱撰
　蘇齋叢書本(乾隆嘉慶刻、民國影印)
　後知不足齋叢書本(光緒刻)
　石經彙函本(光緒刻)
　遞盦金石叢書本(民國木活字印)

經 21111346
唐開成石經考異二卷　清吳騫撰
　稿本　國圖
　丁丑叢編本(民國鉛印)

經 21111347
歷代石經畧二卷　清桂馥撰
　清光緒九年海豐吳氏陳州郡齋刻本

國圖　北大　天津　上海
　清抄本　大連

經 21111348
唐石經攷正一卷　清王朝□撰
　王氏遺書本(定稿)　上海
　清嘉慶五年尋孔顏樂處刻本　北大
　　中科院
　豫章叢書本(光緒刻,陶福履輯)

經 21111349
魏三體石經遺字考一卷　清孫星衍撰
　平津館叢書本(嘉慶刻、光緒刻)
　石經彙函本(光緒刻)

經 21111350
唐石經校文十卷　清嚴可均撰
　四錄堂類集本(嘉慶刻)
　清嘉慶九年香山書院刻歸安吳雲二
　　百蘭亭齋印本　國圖　北大　中
　　科院
　石經彙函本(光緒刻)
　唐開成石壁十二經本附(民國刻)

經 21111351
漢石經攷異補正二卷　清瞿中溶撰
　清咸豐間刻本　國圖
　適園叢書本(民國刻)
　抄本　國圖

經 21111352
石經考一卷　清李兆洛撰
　清光緒十年趙氏能靜居抄本　南京

經 21111353
石經補攷二卷　清馮登府纂
　清同治十三年長興丁氏蟄吟館刻本

上海

經 21111354
石經補攷十一卷　清馮登府纂
　　石經彙函本（光緒刻）

經 21111355
續石經考三卷　清馮登府撰
　　稿本　國圖

經 21111356
漢石經異文釋一卷　清馮登府撰
　　稿本　南京

經 21111357
漢石經攷異一卷　清馮登府撰
　　石經補攷本（道光刻）
　　皇清經解本（道光刻、咸豐補刻、鴻寶齋
　　　石印、點石齋石印）

經 21111358
魏石經攷異一卷拾遺一卷　清馮登府撰
　　石經補攷本（道光刻）

經 21111359
魏石經攷異一卷　清馮登府撰
　　皇清經解本（道光刻、咸豐補刻、鴻寶齋
　　　石印、點石齋石印）

經 21111360
魏石經攷異拾遺一卷　清馮登府撰
　　石經補攷本（道光刻）

經 21111361
唐石經攷異一卷　清馮登府撰
　　皇清經解本（道光刻、咸豐補刻、鴻寶齋
　　　石印、點石齋石印）

經 21111362
唐石經誤字辨一卷　清馮登府撰
　　石經補攷本（道光刻）

經 21111363
蜀石經攷異一卷　清馮登府撰
　　石經補攷本（道光刻）
　　皇清經解本（道光刻、咸豐補刻、鴻寶齋
　　　石印、點石齋石印）

經 21111364
北宋石經攷異一卷　清馮登府撰
　　石經補攷本（道光刻）
　　皇清經解本（道光刻、咸豐補刻、鴻寶齋
　　　石印、點石齋石印）

經 21111365
北宋石經考異一卷附續考異一卷　清
　　馮登府撰　清丁養元續
　　清同治十三年長興丁氏刻本　上海

經 21111366
北宋石經續考異一卷　清丁養元續
　　清同治十三年長興丁氏刻本　上海

經 21111367
南宋石經攷異一卷遺字一卷　清馮登
　　府撰
　　石經補攷本（道光刻）

經 21111368
國朝石經考異一卷　清馮登府撰
　　石經補攷本（道光刻）
　　皇清經解本（道光刻、咸豐補刻、鴻寶齋
　　　石印、點石齋石印）

經 21111369

北宋汴學二體石經記一卷　清丁晏撰
　　頤志齋叢書本(咸豐刻)
　　石經彙函本(光緒刻)

經 21111370
漢石經殘字證異二卷　清孔廣牧撰
　　吳縣王氏學禮齋傳抄稿本　復旦
　　抄本　中科院

經 21111371
唐石經箋異十一卷　清李祖望撰
　　稿本　中科院

經 21111372
石經攷三卷　清劉傳瑩撰
　　清光緒十二年沌城黄元吉試館寫刻
　　　本　國圖　北大　湖北

經 21111373
石經考辨二卷　清馮世瀛撰
　　清同治六年刻本　國圖　湖北

經 21111374
漢碑經義輯畧二卷　清淳于鴻恩輯
　　清光緒二十八年淳于氏濟南刻本　北
　　　大　中科院

經 21111375
漢碑引經攷六卷　清皮錫瑞撰
　　清光緒三十年刻本　國圖

經 21111376
奏修石經字像冊四卷　清蔡賡年纂
　　清光緒十一年寫本　國圖

經 21111377
孟蜀石經校語一卷　清劉體乾撰

　　民國十五年廬江劉氏上海影印本　國
　　　圖(附孟蜀石經)　中科院

經 21111378
開成石經圖攷一卷　清魏錫曾撰
　　藉香拾零本(光緒刻)

經 21111379
宋太學石經考一卷　清羅以智撰
　　稿本　浙大

經 21111380
北宋汴學篆隸二體石經跋一卷　清王
　　秉恩撰
　　強學文宧抄本　國圖

經 21111381
蜀石經校記一卷　繆荃孫撰
　　稿本(存左傳卷十五)　中科院
　　古學彙刻本(民國鉛印)
　　民國間積學齋抄本　國圖

經 21111382
石經傳本彙攷一卷　楊寶鏞撰
　　龍淵爐齋金石叢書本(稿本)　上海

經 21111383
新出三體石經考一卷　章炳麟撰
　　章氏叢書續編本(民國刻)

經 21111384
魏石經考二卷　王國維撰
　　廣倉學宭叢書甲類本(民國鉛印)

經 21111385
魏正始石經殘石考一卷附隸釋所錄魏
　　石經碑圖一卷　王國維撰

海寧王忠慤公遺書本(民國鉛印石印)
海寧王靜安先生遺書本(民國石印)

經 21111386
隸釋所錄魏石經碑圖一卷　王國維撰
　海寧王忠慤公遺書本(民國鉛印石印,
　　魏正始石經殘石考附)
　海寧王靜安先生遺書本(魏正始石經殘
　　石考附)

經 21111387
增訂三體石經時代辨誤二卷　王照撰
　水東集初編本(民國刻本)

傳說之屬

經 21111388
五經通義一卷　漢劉向撰
　說郛本(宛委山堂刻)

經 21111389
五經通義一卷　漢劉向撰　清王謨輯
　漢魏遺書鈔本(嘉慶刻)

經 21111390
五經通義一卷　漢劉向撰　清洪頤煊輯
　問經堂叢書本(嘉慶刻,經典集林)
　經典集林本(民國影印)

經 21111391
五經通義一卷　漢劉向撰　清宋翔鳳輯
　浮谿精舍叢書本(嘉慶刻)

經 21111392
五經通義　漢劉向撰　清劉學寵輯
　青照堂叢書本(道光刻)

經 21111393
五經通義一卷　漢劉向撰　清馬國翰輯
　玉函山房輯佚書本(同治皇華館刻、光
　　緒李氏印、光緒嫏嬛館刻、光緒楚南
　　書局刻)

經 21111394
五經通義一卷　漢劉向撰　清黃奭輯
　漢學堂叢書本(道光刻光緒印)
　黃氏逸書考本(道光刻王鑒修補、朱長圻
　　補刻)

經 21111395
五經通義一卷　漢劉向撰　清王仁俊輯
　玉函山房輯佚書續編本(稿本)

經 21111396
五經要義一卷　漢劉向撰　清洪頤煊輯
　問經堂叢書本(嘉慶刻,經典集林)
　經典集林本(民國影印)

經 21111397
五經要義一卷　漢劉向撰　清宋翔鳳輯
　浮谿精舍叢書本(嘉慶本)

經 21111398
五經要義一卷　漢劉向撰　清王仁俊輯
　玉函山房輯佚書續編本(稿本)

經 21111399
五經通義一卷　漢許慎撰　清王仁俊輯
　玉函山房輯佚書續編本(稿本)

經 21111400
五經異義二卷　漢許慎撰　漢鄭氏駁
　清金子山抄本　北大

經 21111401

五經異義二卷　漢許慎撰　漢鄭玄駁
　　清王謨輯
　　漢魏遺書鈔本（嘉慶刻）

經 21111402

駁五經異義一卷補遺一卷　漢鄭玄撰
　　清王復補遺
　　四庫全書本（乾隆寫）
　　反約篇本（同治抄）　福建師大
　　榕園叢書本（同治刻、民國印）

經 21111403

駁五經異義一卷補遺一卷　漢鄭玄撰
　　清王復補遺　清武億校
　　問經堂叢書本（嘉慶刻）
　　藝海珠塵本（嘉慶刻道光增刻）
　　後知不足齋叢書本（光緒刻）
　　清芬堂叢書本（光緒刻）
　　食舊堂叢書本（民國刻）

經 21111404

駁五經異義十卷　漢鄭玄撰　清袁鈞
　　輯　清袁堯年補輯
　　鄭氏佚書本（光緒觀稼樓刻、浙江書局
　　　刻）

經 21111405

駁五經異義十卷　漢鄭玄撰　清孔廣
　　林輯並補證
　　通德遺書所見錄本（光緒刻）
　　鄭學本（清抄）　北大

經 21111406

駁五經異義一卷　漢鄭玄撰　清黃奭輯
　　漢學堂叢書本（道光刻光緒印）
　　黃氏逸書考本（道光刻王鑒修補、朱長圻

　　　補刻）

經 21111407

五經異義疏證三卷　清陳壽祺撰
　　左海全集本（嘉慶道光刻）
　　皇清經解本（道光刻、咸豐補刻、鴻寶齋
　　　石印、點石齋石印）

經 21111408

駁五經異義疏證十卷　清皮錫瑞撰
　　清光緒二十五年刻本　國圖
　　民國二十三年河間李氏古鑑齋刻本
　　　北大　中科院　湖北

經 21111409

六藝論一卷　漢鄭玄撰　清王謨輯
　　漢魏遺書鈔本（嘉慶刻）

經 21111410

六藝論一卷　漢鄭玄撰　清袁鈞輯
　　鄭氏佚書本（光緒觀稼樓刻、浙江書局
　　　刻）

經 21111411

六藝論一卷　漢鄭玄撰　清孔廣林輯
　　通德遺書所見錄本（光緒刻）
　　鄭學本（清抄）　北大

經 21111412

六藝論一卷　漢鄭玄撰　清陳鱣輯
　　清乾隆四十九年陳氏裕德堂刻本
　　　國圖
　　涉聞梓舊本（咸豐刻、民國影印，附孝經
　　　鄭氏注）
　　後知不足齋叢書本（光緒刻）

經 21111413

六藝論一卷　漢鄭玄撰　清臧琳輯
　　清臧庸補輯
　　清臧氏拜經堂抄本(與三禮目錄一卷合
　　　抄)　上海
　　拜經堂叢書本(乾隆嘉慶刻、日本影印)
　　鄦齋叢書本(光緒刻)

經21111414
六藝論一卷　漢鄭玄撰　清洪頤煊輯
　　問經堂叢書本(嘉慶刻,經典集林)
　　經典集林本(民國影印)

經21111415
六藝論一卷　漢鄭玄撰　清馬國翰輯
　　玉函山房輯佚書本(同治皇華館刻、光
　　　緒李氏印、光緒嫏嬛館刻、光緒楚南
　　　書局刻)

經21111416
六藝論一卷　漢鄭玄撰　清黃奭輯
　　黃氏逸書考本(道光刻王鑒修補、朱長圻
　　　補刻)

經21111417
六藝論疏證一卷　清皮錫瑞撰
　　清光緒元年刻本　國圖
　　師伏堂叢書本(光緒刻)
　　皮氏經學叢書本(光緒刻)

經21111418
鄭志三卷拾遺一卷　三國魏鄭小同編
　　　清王復拾遺
　　武英殿聚珍版書本(木活字印、江西重
　　　刻)
　　四庫全書本(乾隆寫)
　　清抄本　南京　浙江

經21111419
鄭志三卷拾遺一卷校勘記　三國魏鄭
　　　小同編　清王復拾遺　清孫星華
　　　校勘
　　武英殿聚珍版書本(福建重刻、廣東重
　　　刻)
　　四庫全書本(乾隆寫)
　　清抄本　南京　浙江

經21111420
鄭志校勘記一卷　清孫星華撰
　　武英殿聚珍版書本(福建重刻、廣東重
　　　刻)

經21111421
鄭志三卷補遺一卷　三國魏鄭小同編
　　　清王復輯　清武億校
　　問經堂叢書本(嘉慶刻,鄭氏遺書)
　　古經解彙函本(同治刻、光緒石印、光緒
　　　刻)
　　清芬堂叢書本(光緒刻)
　　食舊堂叢書本(民國刻,道古堂外集)

經21111422
鄭志八卷　三國魏鄭小同編　清袁鈞輯
　　鄭氏佚書本(光緒觀稼樓刻、浙江書局
　　　刻)

經21111423
鄭志八卷　三國魏鄭小同編　清孔廣
　　　林輯
　　清乾隆三十九年古俊樓刻本　上海
　　通德遺書所見錄本(光緒刻)
　　鄭學本(清抄)　北大

經21111424
鄭志三卷附錄一卷　三國魏鄭小同編

清錢東垣、清錢繹、清錢侗按
汗筠齋叢書本(嘉慶刻)
粵雅堂叢書本(咸豐刻)
後知不足齋叢書本(光緒補修,鄭氏遺
書)
日本文政三年刻本(無附錄)　國圖

經 21111425
鄭志一卷　三國魏鄭小同編　清黃
奭輯
知足齋叢書本(道光刻)
黃氏逸書考本(道光刻王鑒修補、朱長圻
補刻)

經 21111426
鄭志攷證一卷　清成蓉鏡撰
南菁書院叢書本(光緒刻)

經 21111427
鄭志疏證八卷　清皮錫瑞撰
師伏堂叢書本(光緒刻)
皮氏經學叢書本(光緒刻)

經 21111428
鄭志疏證三卷補遺一卷　清雷雨人撰
稿本　湖南

經 21111429
鄭記一卷　清袁鈞輯
鄭氏佚書本(光緒觀稼樓刻、浙江書局
刻)

經 21111430
鄭記攷證一卷　清皮錫瑞撰
師伏堂叢書本(光緒刻)
皮氏經學叢書本(光緒刻)

經 21111431
五經章句後定一卷　漢劉表撰　清王
仁俊輯
玉函山房輯佚書續編本(稿本)

經 21111432
聖證論一卷　三國魏王肅撰　晉馬昭
駁　晉孔晁答　南朝齊張融評
清王謨輯
漢魏遺書鈔本(嘉慶刻)

經 21111433
聖證論一卷　三國魏王肅撰　晉馬昭
駁　晉孔晁答　南朝齊張融評
清馬國翰輯
玉函山房輯佚書本(同治皇華館刻、光
緒李氏印、光緒嫏嬛館刻、光緒楚南
書局刻)

經 21111434
聖證論補評二卷　清皮錫瑞撰
師伏堂叢書本(光緒刻)
皮氏經學叢書本(光緒刻)

經 21111435
五經析疑一卷　三國魏邯鄲綽撰
說郛本(宛委山堂刻)

經 21111436
五經析疑一卷　三國魏邯鄲綽撰　清
王謨輯
漢魏遺書鈔本(嘉慶刻)

經 21111437
五經析疑　三國魏邯鄲綽撰　清劉學
寵輯
青照堂叢書本(道光刻)

經 21111438

五經然否論一卷　三國蜀譙周撰　清
　王謨輯
　漢魏遺書鈔本（嘉慶刻）

經 21111439

五經然否論一卷　三國蜀譙周撰　清
　馬國翰輯
　玉函山房輯佚書本（同治皇華館刻、光
　緒李氏印、光緒郋嬛館刻、光緒楚南
　書局刻）

經 21111440

五經然否論一卷　三國蜀譙周撰　清
　黃奭輯
　黃氏逸書考本（道光刻王鑒修補、朱長圻
　補刻）

經 21111441

五經通論一卷　晉束皙撰　清王謨輯
　漢魏遺書鈔本（嘉慶刻）

經 21111442

五經通論一卷　晉束皙撰　清馬國翰輯
　玉函山房輯佚書本（同治皇華館刻、光緒
　李氏印、光緒郋嬛館刻、光緒楚南書局
　刻）

經 21111443

五經鉤沈一卷　晉楊方撰　清王謨輯
　漢魏遺書鈔本（嘉慶刻）

經 21111444

五經鉤沈一卷　晉楊方撰　清馬國翰輯
　玉函山房輯佚書本（同治皇華館刻、光
　緒李氏印、光緒郋嬛館刻、光緒楚南
　書局刻）

經 21111445

五經大義一卷　晉戴逵撰　清馬國翰輯
　玉函山房輯佚書本（同治皇華館刻、光
　緒李氏印、光緒郋嬛館刻、光緒楚南
　書局刻）

經 21111446

七經詩一卷　晉傅咸撰　清王謨輯
　漢魏遺書鈔本（嘉慶刻）

經 21111447

五經要義一卷　南朝宋雷次宗撰　清
　王謨輯
　漢魏遺書鈔本（嘉慶刻）

經 21111448

五經要義一卷　南朝宋雷次宗（題漢雷
　□）撰　清馬國翰輯
　玉函山房輯佚書本（同治皇華館刻、光
　緒李氏印、光緒郋嬛館刻、光緒楚南
　書局刻）

經 21111449

五經要義一卷　南朝宋雷次宗撰　清
　黃奭輯
　黃氏逸書考本（道光刻王鑒修補、朱長圻
　補刻）

經 21111450

六經略注序一卷　北魏常爽撰　清馬
　國翰輯
　玉函山房輯佚書本（同治皇華館刻、光
　緒李氏印、光緒郋嬛館刻、光緒楚南
　書局刻）

經 21111451

五經疑問一卷　北魏房景先撰　清王

誤輯

漢魏遺書鈔本(嘉慶刻)

經21111452

五經疑問一卷　北魏房景先撰　清黄
　　奭輯

　黄氏逸書考本(道光刻王鑒修補、朱長圻
　　補刻)

經21111453

七經義綱一卷　北周樊深撰　清王謨輯
　漢魏遺書鈔本(嘉慶刻)

經21111454

七經義綱一卷　北周樊深撰　清馬國
　　翰輯

　玉函山房輯佚書本(同治皇華館刻、光緒
　　李氏印、光緒郎嬛館刻、光緒楚南書局
　　刻)

經21111455

公是先生七經小傳三卷　宋劉敞撰
　通志堂經解本(康熙刻、同治刻、日本文
　　化刻)
　四庫全書本(乾隆寫)
　經學五種本(乾隆刻)
　正誼齋叢書本(道光刻)
　清王靖廷黑格抄本　天津
　清授經堂抄本　北大
　續古逸叢書本(民國影印)
　四部叢刊續編本(民國影印)

經21111456

河南程氏經說八卷　宋程頤撰
　河南程氏全書本(成化刻、萬曆刻、康熙
　　刻、同治刻、光緒刻)
　洪氏唐石經館叢書本(光緒印,河南程

氏全書)
　西京清麓叢書本(光緒刻,二程全書)

經21111457

程氏經說七卷　宋程頤撰
　明刻黑口本　内蒙古
　四庫全書本(乾隆寫)

經21111458

新刊宋學士夾漈先生六經奧論六卷總
　　論一卷　題宋鄭樵撰
　明成化四年書林劉氏日新堂刻本　北
　　師大
　清抄本　浙江

經21111459

新刊宋學士夾漈先生六經奧論六卷總
　　文一卷　題宋鄭樵撰
　清抄本　北大

經21111460

六經奧論六卷首一卷　宋鄭樵撰
　通志堂經解本(康熙刻、同治刻、日本文
　　化刻)
　清乾隆十八年董潮抄本　中山大學
　經學五種本(乾隆刻)
　清嘉慶十二年金溪蔡熙曾魯齋校刻
　　本　上海　湖北

經21111461

鄭夾漈先生六經奧論六卷　宋鄭樵撰
　清影抄明成化間黎温刻本　上海
　四庫全書薈要本(乾隆寫)
　四庫全書本(乾隆寫)
　清抄本(存卷三至六,清蔡熙曾校)
　　北大

經 21111462
六經奧論鈔一卷　宋鄭樵撰
　　清杜甲補堂抄杜藕山房叢書本　北
　　　師大

經 21111463
方舟經說六卷　宋李石撰
　　涉聞梓舊本(咸豐刻、民國影印)

經 21111464
朱子五經語類八十卷　宋朱熹撰　清
　　程川編
　　四庫全書本(乾隆寫)

經 21111465
五經論一卷　宋車似慶撰
　　續台州叢書本(光緒刻)

經 21111466
檀孟批點二卷　宋謝枋得批點　明楊
　　慎附注
　　三代遺書本(萬曆刻)

經 21111467
九經疑難十卷(存卷一至四)　宋張文
　　伯撰
　　明末祁氏澹生堂藍格抄本　國圖
　　宛委別藏本(抄本、影印本)
　　選印宛委別藏本(民國影印)

經 21111468
五經說七卷　元熊朋來撰
　　明刻黑口本　國圖
　　明抄本　上海
　　通志堂經解本(康熙刻、同治刻、日本文
　　　化刻)
　　四庫全書薈要本(乾隆寫)

　　四庫全書本(乾隆寫)
　　清授經堂抄本　北大

經 21111469
十一經問對五卷　元何異孫撰
　　元刻黑口本　北大
　　通志堂經解本(康熙刻、同治刻、日本文
　　　化刻)
　　四庫全書薈要本(乾隆寫)
　　四庫全書本(乾隆寫)

經 21111470
皇元大科三場文選四書疑一卷周易疑
　　一卷易義二卷書疑一卷書義一卷
　　元周勇輯
　　元至正四年刻本　國圖

經 21111471
五經蠡測六卷　明蔣悌生撰
　　明嘉靖十七年蔣宗雨刻本　國圖　浙
　　　江　福建
　　通志堂經解本(康熙刻、同治刻、日本文
　　　化刻)
　　四庫全書薈要本(乾隆寫)
　　四庫全書本(乾隆寫)

經 21111472
羣經講貫不分卷　明丁孚潛撰
　　明初抄本(存書經、春秋、論語、孟子)
　　　國圖

經 21111473
經書補注一卷　明黃潤玉撰
　　明天順間刻本　國圖
　　明抄本　國圖

經 21111474

石渠意見四卷拾遺二卷補闕二卷玩易
　　意見二卷　明王恕撰
　　明正德間刻本（無玩易意見）　吉林
　　　　天水
　　惜陰軒叢書本（道光刻、光緒刻）
　　清抄本　南京

經 21111475
石渠意見拾遺二卷　明王恕撰
　　明正德間刻本　吉林　天水
　　惜陰軒叢書本（道光刻、光緒刻）
　　清抄本　南京

經 21111476
石渠意見補闕二卷　明王恕撰
　　明正德間刻本　吉林　天水
　　惜陰軒叢書本（道光刻、光緒刻）
　　清抄本　南京

經 21111477
疑辨錄三卷　明周洪謨撰
　　明嘉靖十三年刻本　國圖　上海　南
　　　　通　廣東社科院
　　璜川吳氏經學叢書本（道光刻）
　　清吳氏繡谷亭抄本　北京宣武區

經 21111478
五經類語八卷　明梁宇喬撰
　　明末刻本　天津

經 21111479
簡端錄十二卷　明邵寶撰
　　明正德十年華雲刻本　上海
　　明秦榛刻本　南京　浙江　遼寧
　　明崇禎四年邵澄刻本　東北師大
　　清抄本　國圖
　　四庫全書本（乾隆寫）

經 21111480
王陽明先生經說弟子記四卷　清胡泉輯
　　胡白水著書本（咸豐刻）　國圖　湖北

經 21111481
王陽明先生經說拾餘一卷　清胡泉輯
　　胡白水著書本（咸豐刻）　國圖　湖北

經 21111482
升菴經說八卷　明楊慎撰
　　明藍格抄本（存卷一至五）　國圖

經 21111483
升菴經說十四卷　明楊慎撰
　　函海本（乾隆刻、道光補刻、光緒刻）
　　清抄本（存卷二至四）　南京

經 21111484
說經劄記十卷　明蔡汝楠撰
　　明天啓三年蔡武刻本　東北師大
　　　　浙江

經 21111485
說經劄記八卷　明蔡汝楠撰
　　明抄本　平陰
　　明藍格抄本（缺卷一）　國圖

經 21111486
經書後語三卷　明任瀛編
　　明嘉靖二十九年刻本　天津
　　明萬曆三十七年任氏刻本　即墨（存
　　　　卷上）

經 21111487
經學要義四卷補四卷　明卜大有輯
　　明萬曆間刻本　南京

經21111488
經傳正訛一卷　明王應電撰
　　明萬曆間刻本(與非周禮辨合刻)　天津

經21111489
毅齋經說一卷　明查鐸撰
　　涇川叢書本(道光刻、民國影印)

經21111490
經典稽疑二卷　明陳耀文撰
　　清抄本(四庫全書底本)　陝西文史館
　　四庫全書本(乾隆寫)

經21111491
五經疑義二卷　明嚴天麟撰
　　明刻白口本　國圖

經21111492
五經註選五卷　明俞指南輯
　　明萬曆元年俞氏刻本　國圖

經21111493
五經摘註五卷　明俞指南輯
　　明萬曆十九年刻本　天津　文藝研究
　　　院　上海

經21111494
明儒經翼七卷　明杜質輯
　　明萬曆十六年刻本　南通　武陟

經21111495
九經考異十二卷九經逸語一卷　明周
　　應賓撰
　　明萬曆間刻本　國圖　北大

經21111496
九經逸語一卷　明周應賓撰

　　明萬曆間刻本(附九經考異)　國圖
　　　北大

經21111497
引經釋五卷　明陳禹謨撰
　　經言枝指本(萬曆刻)

經21111498
經籍異同三卷　明陳禹謨撰
　　明萬曆間刻本　上海(四庫全書底本,
　　　清姚鼐跋)
　　明刻本　上海

經21111499
五經稽疑八卷　明朱睦㮮撰
　　四庫全書本(乾隆寫)

經21111500
談經九卷　明郝敬撰
　　山草堂集本(萬曆崇禎刻)
　　日本明和五年刻本(平安龜龍院藏板)
　　　國圖
　　崇雅堂叢書初編本(民國刻,附錄一卷)

經21111501
五經選註五卷　明朱光世撰
　　明天啓元年刻本　上海

經21111502
五經疏義統宗十二卷附周禮統宗二卷
　　明陳仁錫輯
　　明吳門大觀堂刻本　復旦

經21111503
新鐫六經纂要不分卷　明顏茂猷撰
　　明末刻本　浙江　西北大學

經 21111504
五經讀五卷　明陳際泰撰
　　明崇禎六年刻本　湖北
　　文藻四種本(乾隆黄氏刻)

經 21111505
研硃集五經總類二十二卷　明張瑄撰
　　明崇禎間虹化堂刻本　天津

經 21111506
一畝宮手訂五經必讀類約二卷　明陳
　　開先撰
　　明崇禎間刻本　吉大

經 21111507
五經評署不分卷　明王國臣輯
　　明崇禎間刻本　四川

經 21111508
十三經類語十四卷附十三經序論選一
　　卷　明羅萬藻輯　明魯重民纂注
　　清何兆聖輯
　　清康熙五十五年弘遠堂刻本　北大
　　湖北

經 21111509
敬修堂講錄不分卷　清查繼佐撰
　　清抄本　國圖

經 21111510
五經翼二十卷　清孫承澤撰
　　清康熙二年家塾刻本　中科院　故宮
　　復旦

經 21111511
霧堂經訓一卷　清李楷撰
　　河濱遺書抄本(清刻)

　　關中叢書本(民國鉛印,河濱遺書)

經 21111512
匏瓜錄十卷　清芮長恤撰
　　清光緒十年毘陵懷永堂惲氏刻本　北
　　　大　中科院　天津　上海　南京
　　　湖北

經 21111513
匏瓜錄十卷附校勘記一卷　清芮長恤撰
　　清光緒十三年刻本　上海　南京

經 21111514
經問十八卷補三卷　清毛奇齡撰
　　西河合集本(康熙刻、乾隆印、嘉慶印)
　　四庫全書本(乾隆寫)

經 21111515
經問十四卷補一卷　清毛奇齡撰
　　皇清經解本(道光刻、咸豐補刻、鴻寶齋
　　　石印、點石齋石印)
　　日本寬政十一年刻本　國圖(九卷)

經 21111516
逸經補正三卷　清朱彝尊輯　清馮登
　　府補
　　適園叢書本(民國刻)

經 21111517
五經座右錄不分卷　清高兆輯
　　稿本　故宮

經 21111518
五經隨筆十卷附了生集四卷　清管熙撰
　　稿本　上海

經 21111519

經義考異七卷雜考一卷　清方邁撰
　　稿本　國圖
　　清抄本　國圖

經21111520
韋庵經說一卷　清周象明撰
　　小石山房叢書本(同治刻)

經21111521
萬季野講經口授　清萬斯同授　馮貞
　　羣記
　　四明叢書稿本　國圖

經21111522
有竹石軒經句說前七卷　清吳英撰
　　清嘉慶間吳氏有竹石軒刻本　北大

經21111523
有竹石軒經句說二十四卷　清吳英撰
　　清嘉慶二十年吳氏有竹石軒刻本
　　北大

經21111524
注疏辯正三卷　清徐發撰
　　清清引亭抄本　上海

經21111525
十三經序論選一卷　清何兆聖輯
　　清康熙五十五年弘遠堂刻本　北大
　　　(附十三經類語)　湖北

經21111526
經學臆參二卷　清楊陸榮撰
　　楊潭西先生遺書本(乾隆刻)

經21111527
經義雜記三十卷附敍錄一卷　清臧琳

撰　(敍錄)清臧庸輯
　　拜經堂叢書本(乾隆嘉慶刻、日本影印)

經21111528
經義雜記二十六卷敍錄一卷　清臧琳
　　撰　(敍錄)清臧庸輯
　　清刻本　復旦

經21111529
經義雜記十卷　清臧琳撰
　　皇清經解本(道光刻、咸豐補刻、鴻寶齋
　　石印、點石齋石印)

經21111530
經義雜記敍錄一卷　清臧庸輯
　　拜經堂叢書本(乾隆嘉慶刻、日本影印,
　　經義雜記附)

經21111531
方百川先生經義不分卷(或題四卷)　清
　　方舟撰　清方觀承錄次
　　清乾隆間桐城方氏刻本　北大　華東
　　師大

經21111532
經言拾遺十四卷　清徐文靖撰
　　徐位山六種本(乾隆刻、光緒刻)

經21111533
讀經一卷　清方苞撰
　　方望溪先生經說四種本(乾隆刻)　北
　　大　天津

經21111534
經學要義不分卷　清□□撰
　　清抄本　國圖

經 21111535
經咫一卷　清陳祖范撰
　　清乾隆二十一年刻本　上海
　　　陳司業集本(乾隆刻)
　　　四庫全書本(乾隆寫)
　　　昭代叢書本(道光刻)
　　　廣雅書局叢書本(光緒刻)

經 21111536
經咫摘錄一卷　清陳祖范撰
　　讀禮叢鈔本(光緒刻)

經 21111537
稽古日鈔八卷　清張方湛、清王逸虬
　　等輯
　　清乾隆二十九年秋曉山房刻本　北大
　　　中科院　北師大

經 21111538
羣經補義五卷　清江永撰
　　清乾隆三十八年江鴻緒刻本　北大
　　　南京　湖北
　　四庫全書本(乾隆寫)
　　清乾隆五十七年江起泰等刻讀書隨
　　　筆本　人大　北京文物局　上海
　　　復旦　南京　浙江
　　清乾隆間書業堂刻讀書隨筆本　國圖
　　　北大　復旦
　　清道光五年成都龍氏刻敷文閣彙鈔
　　　本(讀書隨筆)　北大　湖北
　　讀書隨筆本(清抄)　上海　中山大學
　　皇清經解本(道光刻、咸豐補刻、鴻寶齋
　　　石印、點石齋石印)
　　璜川吳氏經學叢書本(道光刻)
　　清咸豐八年尚友堂刻本　湖北

經 21111539

說學齋經說一卷　清葉鳳毛撰
　　藝海珠塵本(嘉慶刻道光增刻)

經 21111540
經義質疑八卷　清陳梓撰
　　陳一齋全集本(嘉慶刻)

經 21111541
十三經義疑十二卷　清吳浩撰
　　四庫全書本(乾隆寫)

經 21111542
二李經說四卷附易通說一卷楚辭說一
　　卷　清李光墺、清李光型撰
　　清康熙間刻本　北大

經 21111543
二李經說一卷　清李光墺、清李光型撰
　　昭代叢書本(道光刻)

經 21111544
松源經說四卷　清孫之騄撰
　　清雍正間刻本　天津　華中師大　中
　　　山大學
　　清乾隆三十一年春草園刻本　北大
　　　中科院　南京　浙江　湖北
　　清抄本　國圖

經 21111545
經稗六卷　清鄭方坤撰
　　四庫全書本(乾隆寫)

經 21111546
經進講義一卷　清杭世駿撰
　　道古堂外集本(乾隆刻、光緒刻)
　　道古堂外集本(乾隆刻)　南京(清吳翌
　　　鳳校並跋)

清乾隆間杭福烺道古堂鈔補史亭賸稿六種本

經 21111547
九經古義九卷　清惠棟撰
　手稿本　上海

經 21111548
九經古義十六卷　清惠棟撰
　清乾隆間潮陽縣署刻本　國圖　上海　南京
　貸園叢書初集本(乾隆刻)
　四庫全書本(乾隆寫)
　省吾堂四種本(乾隆刻)
　皇清經解本(道光刻、咸豐補刻、鴻寶齋石印、點石齋石印)
　槐廬叢書本(光緒刻)
　孫谿朱氏經學叢書初編本(光緒刻)
　清抄本　國圖

經 21111549
惠氏經說五卷　清惠棟撰
　清抄本　國圖

經 21111550
禮耕堂五經撮要不分卷(或題五卷)　清李夑火撰　清詹淇補釋
　清乾隆九年刻本　中科院　南京

經 21111551
五經讀法一卷　清徐與喬撰
　昭代叢書本(道光刻)

經 21111552
淡和堂經說一卷　清曹逢庚撰
　洛陽曹氏叢書本(同治光緒刻)

經 21111553
五經贊一卷　清陸榮秬撰　清徐堂注
　藝海珠塵本(嘉慶刻道光增刻)
　清同治四年半畝園刻本　國圖
　清光緒四年味墨齋刻本　湖北

經 21111554
七經讀法一卷　清孫喬年撰
　清道光五年天心閣刻本　中科院

經 21111555
御製說經文不分卷　清高宗弘曆撰
　清乾隆六十年彭元瑞抄本　故宮

經 21111556
惜陰日記九卷(原闕卷一至四)　清宋咸熙撰
　民國二十五年上虞羅氏蟫隱廬石印本　北大　復旦

經 21111557
經考四卷　清戴震撰
　清李文藻抄本　北大

經 21111558
經考六卷　清戴震撰
　清光緒九年柯劭閔寫樣待刻本　上海(存卷四至六)

經 21111559
經考五卷　清戴震撰
　清李文藻家抄本　國圖
　鄦齋叢書本(光緒刻)
　清末抄本　北大
　安徽叢書本(民國影印,戴東原先生全集)

經 21111560
經考附錄不分卷　清戴震撰
　　清抄本　屯溪

經 21111561
經考附錄七卷附校記一卷　清戴震撰
　　（校記）羅更撰
　　安徽叢書本(民國影印,戴東原先生全
　　集)

經 21111562
經考校記一卷　羅更撰
　　安徽叢書本(民國影印,戴東原先生全集)

經 21111563
惜抱軒九經說十七卷　清姚鼐撰
　　清嘉慶二年亦愛廬刻本　中科院　上
　　　海　南京　湖北
　　清嘉慶十五年陶定申江寧刻本　北大
　　惜抱軒全集本(同治刻、光緒刻、民國石
　　　印)

經 21111564
古經解鉤沈三十卷　清余蕭客撰
　　清乾隆二十七年刻本　中科院
　　四庫全書本(乾隆寫)
　　清乾隆六十年刻本　國圖　北大
　　　湖北
　　清乾隆六十年刻道光二十年京江魯
　　　氏重修本　北大　南京
　　清光緒二十一年杭州竹簡齋石印本
　　　復旦　天津　湖北
　　民國二十五年陶風樓影印京江魯氏
　　　刻本　復旦

經 21111565
易堂問目四卷　清吳鼎撰

清乾隆三十七年鄒容成刻本　北大
　　中科院　上海　遼寧
清咸豐二年潘道根抄本　上海
清光緒十六年靜齋刻本　復旦　南京

經 21111566
七經掌訣一卷　清孟超然纂
　　清道光十四年文筠堂刻本　國圖

經 21111567
十四經通考□□卷　清式楹日撰
　　清乾隆間刻本　中科院(存尚書類、禮
　　　記類、春秋類、四書類)
　　清嘉慶道光間刻本　復旦(存十一卷)

經 21111568
上湖經解一卷　清汪師韓撰
　　清乾隆間刻本　北大

經 21111569
羣經識小八卷　清李惇撰
　　清道光六年高郵李氏安愚堂刻本　國
　　　圖　北大　上海　南京　湖北
　　皇清經解本(道光刻、咸豐補刻、鴻寶齋
　　　石印、點石齋石印)

經 21111570
瓞園經說三卷　清宋綿初撰
　　鶴壽堂叢書本(光緒刻)

經 21111571
讀書瑣記一卷　清鳳應韶撰
　　藝海珠塵本(嘉慶刻道光增刻)
　　粟香室叢書本(光緒至民國刻)
　　江陰叢書本(光緒刻)
　　清抄本　復旦

經 21111572

經書算學天文攷一卷　清陳懋齡撰
　清嘉慶二年刻本　上海
　　皇清經解本(道光刻、咸豐補刻、鴻寶齋
　　　石印、點石齋石印)
　　清光緒間江右養雲書屋刻本　國圖

經 21111573

經書算學天文攷二卷　清陳懋齡撰
　花雨樓叢鈔本(光緒刻)
　清光緒八年文選樓刻本　南京

經 21111574

書堂雜著七卷　清劉工詢撰
　清嘉慶間刻本　南京

經 21111575

經學質疑四卷　清朱霈撰
　清嘉慶六年望岳樓木活字印本　上海
　　湖北
　清嘉慶十二年刻本　中科院

經 21111576

十三經斷句考十三卷　清錢繹撰
　稿本(缺卷三至十一)　嘉定博
　清抄本　國圖

經 21111577

鳳氏經說三卷　清鳳應韶撰
　清嘉慶二十五年武進李氏刻本　國圖
　　北大　南京　浙江　湖北
　清道光元年刻本　中科院
　粵雅堂叢書本(咸豐刻)

經 21111578

經義知新記一卷　清汪中撰
　清道光九年古墨熊光之室抄本　上海

皇清經解本(道光刻、咸豐補刻、鴻寶齋
　石印、點石齋石印)
藝海珠塵本(嘉慶刻道光增刻)
江都汪氏叢書本(中國書店影印)

經 21111579

羣經義證八卷(書一卷詩一卷春秋左氏傳
　三卷春秋公羊穀梁傳一卷論語一卷孟
　子一卷)　國圖(清朱錫庚題款,清李
　慈銘跋)　清武億撰
　授堂遺書本(嘉慶刻、道光刻)
　皇清經解續編本(光緒刻、光緒石印)
　江氏聚珍版叢書本(民國木活字印)

經 21111580

羣經互解一卷　清馮經撰
　嶺南遺書本(道光刻)

經 21111581

九經學□□卷(存周禮二卷儀禮一卷)
　　清王聘珍撰
　仰視千七百二十九鶴齋叢書本(光緒
　　刻、民國影印)

經 21111582

北海經學七錄八卷　清孔廣林撰
　清乾隆三十九年古俊樓刻本　國圖
　　　北大　中科院　湖北
　清乾隆三十九年古俊樓刻光緒十二
　　年修補本　湖北

經 21111583

十三經策案二十二卷　清王謨輯
　清乾隆四十二年刻巾箱本　國圖
　清光緒十一年上海同文書局石印本
　　國圖　湖北
　清光緒十三年上海積山書局石印袖

珍本　浙江

清光緒二十五年慎記書莊石印本
　　天津

日本明治十八年東都樂善堂銅版印
　　本　北大（與二十四史策案十二卷
　　合印）

經 21111584

十三經心畬二十二卷　清陶起庠撰
　　清嘉慶間聚秀堂刻本　湖北

經 21111585

經傳小記一卷　清劉台拱撰
　　劉端臨先生遺書本（嘉慶刻、道光刻）
　　皇清經解續編本（光緒刻、光緒石印）
　　廣雅書局叢書本（光緒刻）

經 21111586

經學巵言六卷　清孔廣森撰
　　顨軒孔氏所著書本（嘉慶刻）
　　指海本（道光刻、民國影印）
　　皇清經解本（道光刻、咸豐補刻、鴻寶齋
　　　石印、點石齋石印）

經 21111587

十三經讀書劄記不分卷　清孔廣森撰
　　稿本　曲阜文管

經 21111588

顨軒經說十卷　清孔廣森撰
　　稿本（缺卷六至七）　曲阜文管

經 21111589

經傳繹義五十卷　清陳煒纂
　　清嘉慶九年校字齋刻本　國圖　北大
　　　天津　上海　浙江　湖北

經 21111590

曾氏遺書續錄三卷　清曾興仁輯
　　羅卷彙編本（道光刻）

經 21111591

經說三卷　清吳夌雲撰
　　廣雅書局叢書本（光緒刻）

經 21111592

簡莊疏記不分卷　清陳鱣撰
　　稿本　國圖

經 21111593

簡莊疏記十七卷　清陳鱣撰
　　適園叢書本（民國刻）

經 21111594

經傳攷證八卷　清朱彬撰
　　稿本　浙江
　　清道光二年朱氏游道堂刻本　北大
　　　中科院　天津　上海　復旦
　　皇清經解本（道光刻、咸豐補刻、鴻寶齋
　　　石印、點石齋石印）
　　清道光十六年寶應宜祿堂重刻本　國
　　　圖　上海　復旦　天津　南京
　　清道光十六年宜祿堂刻民國十五年
　　　重修本　上海　南京　湖北

經 21111595

經解斠十二卷　清唐仲冕鑒定　清楊
　　述臣等輯
　　清道光元年刻巾箱本　中科院
　　清道光十一年刻巾箱本　湖北

經 21111596

經學質疑錄二十卷　清秦篤輝撰
　　清道光六年秦氏墨緣館刻本　北大

中科院　南京　湖北

經 21111597
說經二十卷附說騷一卷說文一卷　清
　　韓秦青撰
　　清乾隆三十五年刻本　浙江

經 21111598
說經二十六卷附說莊三卷說騷一卷
　　清韓秦青撰
　　清乾隆四十四年刻本　浙江

經 21111599
十三經遺文不分卷　清王朝□撰
　　王氏遺書本(定稿)　上海

經 21111600
十三經拾遺十六卷　清王朝□撰
　　清嘉慶五年尋孔顏樂處刻本　北大
　　　中科院
　　豫章叢書本(光緒刻,陶福履輯)

經 21111601
頑石廬經說十卷　清徐養原撰
　　皇清經解續編本(光緒刻、光緒石印)

經 21111602
邃雅堂學古錄七卷　清姚文田撰
　　邃雅堂全書本(道光刻)

經 21111603
經鋤堂經說一卷　清倪模撰
　　清刻本　中科院

經 21111604
隸經文四卷續隸經文一卷　清江藩撰
　　清道光元年曲阜東野隆吉刻本　天津

上海
　　節甫老人雜著本(道光刻)
　　江氏叢書本(光緒刻)

經 21111605
隸經文四卷　清江藩撰
　　粵雅堂叢書本(咸豐刻)
　　皇清經解續編本(光緒刻、光緒石印)

經 21111606
經解入門八卷　題清江藩撰
　　清光緒十四年鴻寶齋石印本　中科院
　　　北大　天津　南京
　　清光緒十六年槐蔭書屋刻本　北大
　　　上海
　　清光緒十六年上海淩雲閣石印本　浙
　　　江　湖北
　　清光緒十九年桂垣書局刻本　國圖
　　　北大
　　清光緒十九年上海書局石印本　北大
　　清光緒二十年上海文林書局石印袖
　　　珍本　國圖　南京　浙江

經 21111607
羣經釋地十卷　清戴清撰
　　稿本　國圖

經 21111608
羣經釋地一卷　清戴清撰
　　清嘉慶二十五年刻本　上海
　　清咸豐元年儀徵劉文淇等刻戴靜齋
　　　先生遺書本　國圖　湖北

經 21111609
經義叢鈔三十卷　清嚴杰輯
　　皇清經解本(道光刻、咸豐補刻、鴻寶齋
　　　石印、點石齋石印)

經 21111610
周人經說八卷(原缺卷五至八)　清王紹
　　蘭撰
　　功順堂叢書本(光緒刻)

經 21111611
王氏經說六卷音畧一卷音畧攷證一卷
　　清王紹蘭撰
　　功順堂叢書本(光緒刻)

經 21111612
西朋經解不分卷　清西朋老人撰
　　清抄本　湖北

經 21111613
經義稿不分卷　清陶鈞撰
　　手稿本　上海

經 21111614
九經古義參證一卷　清鈕樹玉撰
　　吳縣王氏蛾術軒傳抄稿本　復旦
　　清劉履芬抄本　國圖

經 21111615
浙士解經錄四卷　清阮元編
　　清嘉慶間再到亭刻本　南京　浙江

經 21111616
阮學台浙士解經錄不分卷　清阮元編
　　清抄本　復旦

經 21111617
詩書古訓六卷　清阮元撰
　　清道光間刻本　北大　中科院
　　粵雅堂叢書本(咸豐刻)

經 21111618

詩書古訓十卷　清阮元撰
　　皇清經解續編本(光緒刻、光緒石印)

經 21111619
蜚英閣經解一卷　清淩曙撰
　　稿本　北大

經 21111620
抱一堂經疑一卷　清錢彝撰
　　清刻本　國圖

經 21111621
詩書古訓補遺十卷　清黄朝桂撰
　　西園讀書記本(抄本)

經 21111622
經義述聞三十二卷　清王引之撰
　　稿本(缺卷十二至二十四、二十九至三
　　　十)　國圖
　　清嘉慶二十二年刻本　天津　上海
　　清道光七年京師壽藤書屋刻本　國圖
　　　北大　復旦　天津　浙江　湖北
　　清道光十二年高郵王氏刻王氏四種
　　　本　北大
　　清道光十七年京師西江米巷壽藤書
　　　屋刻本　湖北
　　清光緒七年上海文瑞樓鉛印本　北大
　　　天津　浙江
　　清光緒十三年上海鴻寶齋石印本　北
　　　大　天津
　　民國十三年上海鴻章書局石印本　北
　　　大　南京
　　上海文瑞樓石印本　北大　南京

經 21111623
經義述聞不分卷　清王引之撰
　　稿本　上海

清嘉慶二年刻本　北大　上海　復旦

經21111624
經義述聞十五卷　清王引之撰
　清嘉慶間刻本(綠柳山房藏版)　北大

經21111625
經義述聞十七卷　清王引之撰
　清嘉慶間刻本　北大

經21111626
經義述聞二十八卷　清王引之撰
　皇清經解本(道光刻、咸豐補刻、鴻寶齋
　　石印、點石齋石印)

經21111627
皇朝經解不分卷　清臧庸撰
　清嘉慶九年養心齋刻本　上海

經21111628
經傳摭餘五卷　清李元春撰
　青照堂叢書本(道光刻)

經21111629
諸經緒說八卷　清李元春撰
　桐閣全書本(道光咸豐刻)

經21111630
穆齋經詁四卷　清任均撰
　清施世錫刻本　湖北

經21111631
經詁五卷　清任均撰
　清道光十九年刻任氏印本　國圖

經21111632
左海經辨二卷　清陳壽祺撰

清道光三年三山陳氏刻本　國圖　南
　京　湖北
左海全集本(嘉慶道光刻)
皇清經解本(道光刻、咸豐補刻、鴻寶齋
　石印、點石齋石印)

經21111633
強恕齋雜著一卷　清章謙存撰
　強恕齋四賸稿本(經賸,道光刻)　國圖
　南京　湖北

經21111634
筆彄偶述一卷　清李遇孫撰
　抄本　上海
　邀園叢書本(民國賸印)

經21111635
七經異文釋六卷　清李富孫撰
　清刻本　國圖

經21111636
七經異文釋三十卷　清李富孫撰
　清嘉慶十六年海昌蔣光煦刻本　北大
　清校經局刻本　天津

經21111637
讀經析疑二卷　清聶鎬敏撰
　清嘉慶間刻本　國圖

經21111638
五經劄記五卷　清姚伯驥撰
　清嘉慶十八年刻本　國圖

經21111639
經義類考二十卷　清郭楷撰
　清嘉慶十八年修文堂刻本　北大　上
　海　南京

經 21111640

然後知齋四書五經答問二十卷　清梅
　　沖撰
　　清嘉慶二十一年承學堂刻本　中科院
　　　上海

經 21111641

鄂拊堂經解十二卷　清呂培等撰　清
　　趙遶儀選輯
　　清道光四年聽松書舍刻巾箱本　上海
　　　湖北
　　清道光十九年刻本（與稽古軒經解存稿
　　　合刻）　中科院

經 21111642

稽古軒經解存稿八卷　清趙遶儀撰
　　清道光四年皆山書屋刻巾箱本　湖北
　　清道光十九年刻本（與鄂拊堂經解合
　　　刻）　中科院

經 21111643

十三經證異七十九卷首一卷　清萬希
　　槐輯
　　民國十二年蕭耀南鉛印本　北大
　　　湖北

經 21111644

七經紀聞四卷　清管同撰
　　清道光十九年刻本　湖北
　　民國間影印清道光刻本　國圖　中
　　　科院

經 21111645

讀經心解四卷　清沈楳撰
　　沈氏三代家言本（光緒刻）

經 21111646

介菴經說十卷補二卷　清雷學淇撰
　　清道光三年雷氏刻本　北大
　　畿輔叢書本（光緒刻）

經 21111647

十三經詁答問六卷補遺一卷　清馮登
　　府撰
　　清馮登府自訂稿本　上海

經 21111648

十三經詁答問六卷　清馮登府撰
　　槐廬叢書本（光緒刻）
　　孫谿朱氏經學叢書初編本（光緒刻）
　　皇清經解續編本（光緒刻、光緒石印）

經 21111649

十三經詁答問補遺一卷　清馮登府撰
　　清馮登府自訂稿本　上海

經 21111650

石經閣日抄一卷　清馮登府撰
　　石經閣叢書本（抄本）　浙江

經 21111651

惕齋經說四卷　清孫經世撰
　　清道光至咸豐間刻本　上海　湖北

經 21111652

讀經校語二卷　清孫經世撰
　　清道光二十三年蘇廷玉刻本　湖北
　　清光緒間抄本　南京

經 21111653

安甫遺學三卷　清江承之撰
　　清嘉慶間刻本　南京
　　受經堂彙稿本（道光刻）
　　南菁書院叢書本（光緒刻）

經 21111654
讀經如面一卷　清沈豫撰
　蛾術堂集本(道光刻、民國影印)

經 21111655
袁浦剳記一卷　清沈豫撰
　蛾術堂集本(道光刻、民國影印)

經 21111656
皇清經解萃菁不分卷　清沈豫撰
　皇清經解輯說本(稿本)　清華

經 21111657
經義叢鈔不分卷　清沈豫撰
　皇清經解輯說本(稿本)　清華

經 21111658
敬齋經說六卷　清蔡德晉撰
　吳縣王氏學禮齋傳抄稿本　復旦

經 21111659
十三經異同條辯十卷　清魯學孟撰
　清傳抄稿本　復旦

經 21111660
羣經咫聞錄一卷　清陳鍾英撰
　歸禮堂三種本(稿本)　福建師大

經 21111661
十七史經說十二卷　清張金吾輯
　清照曠閣抄本　國圖
　清述鄭齋抄本　南京

經 21111662
羣經質二卷　清陳僅撰
　清光緒十一年四明文則樓陳氏木活
　　字印本　國圖　中科院　南京　浙

　　　江　湖北
　四明叢書本(民國刻)

經 21111663
十三經蒙拾不分卷　清陳僅撰
　清抄本　南京

經 21111664
經義旁通不分卷　清劉寶楠撰
　稿本(存禮記)　上海

經 21111665
經說五卷　清黃式三撰
　儆居遺書本(同治光緒刻,儆居集)

經 21111666
遠春樓讀經筆存二卷　清汪科爵撰
　叢睦汪氏遺書本(光緒刻)

經 21111667
讀經說一卷　清丁晏撰
　頤志齋叢書本(咸豐刻)
　清光緒二十七年刻本　湖北

經 21111668
讀經剳記二卷　清單爲鏓撰
　稿本　山東博
　單氏全書本(同治刻)

經 21111669
遲悔齋經說一卷　清曹肅孫撰
　洛陽曹氏叢書本(同治光緒刻)

經 21111670
開有益齋經說五卷　清朱緒曾撰
　皇清經解續編本(光緒刻、光緒石印)

經 21111671

經說八卷經遺說一卷　清陳宗起撰
　　養志居僅存藁本(光緒刻)

經 21111672

經遺說一卷　清陳宗起撰
　　養志居僅存藁本(光緒刻)

經 21111673

愚一錄十二卷　清鄭獻甫撰
　　嘯園叢書本(光緒刻)

經 21111674

紙園筆記經餘三卷　清易本烺撰
　　紙園叢書本(清抄)　中科院

經 21111675

戍廬隨筆一卷　清程庭桂撰
　　清咸豐十一年刻本　上海

經 21111676

實事求是之齋經義二卷　清朱大韶撰
　　清光緒九年刻本　國圖　中科院　北
　　　　師大　南京　浙江
　　清光緒九年刻二十二年封氏修補印
　　　　本　湖北
　　皇清經解續編本(光緒刻、光緒石印)

經 21111677

經學提要十五卷　清蔡孔炘撰
　　清道光五年江洲蔡氏刻本　北大　南
　　　　京　浙江　湖北
　　清道光七年刻本　中科院　上海　南京
　　清道光十一年刻本　國圖

經 21111678

六九齋饌述稿四卷　清陳璪撰

　　清同治十年查燕緒抄本　復旦
　　清刻本　中科院　湖北

經 21111679

六九齋饌述稿三卷　清陳璪撰
　　心矩齋叢書本(光緒刻)

經 21111680

經學質疑四十卷首一卷附孔子編年四
　　卷孟子編年四卷　清狄子奇撰
　　清道光十七年安雅齋刻本　國圖　上
　　　　海　南京

經 21111681

目耕帖三十一卷　清馬國翰撰
　　玉函山房輯佚書本(同治皇華館刻、光
　　　　緒李氏印、光緒嫏嬛館刻、光緒楚南
　　　　書局刻)

經 21111682

五經地名今考十六卷　清鮑世卿輯
　　清道光十七年耕心山房刻巾箱本
　　　　湖北

經 21111683

羣經蠡管二卷　清劉椿撰
　　清道光八年敬信齋刻本　湖北

經 21111684

鶴巢經箋二十卷附鱣序瑣聞四卷續四
　　卷　清宋清壽撰
　　清道光二十四年刻本　上海　浙江

經 21111685

經笥質疑十三卷　清張瓚昭撰
　　清道光七年張氏刻本　國圖

經 21111686
巢經巢集經說(巢經巢經說)一卷　清鄭
　　珍撰
　　鄭子尹遺書本(咸豐刻)
　　巢經巢全集本(民國彙印)
　　皇清經解續編本(光緒刻、光緒石印)

經 21111687
禮堂經說二卷　清陳喬樅撰
　　左海續集本(道光刻、光緒印)
　　皇清經解續編本(光緒刻、光緒石印)

經 21111688
溫經日記六卷　清林昌彝撰
　　稿本　國圖
　　清光緒十六年侯官林氏小石渠閣刻
　　　　本　國圖　北大　復旦　南京　浙
　　　　江　湖北

經 21111689
經餕不分卷　清黃釗撰
　　清道光二十九年刻本　中科院

經 21111690
質疑一卷　清任泰撰
　　清道光間木活字印本　國圖
　　仰視千七百二十九鶴齋叢書本(光緒
　　　　刻、民國影印)

經 21111691
劉貴陽說經殘稿(劉貴陽經說)一卷　清
　　劉書年撰
　　滂喜齋叢書本(同治刻)
　　皇清經解續編本(光緒刻、光緒石印)

經 21111692
滌濫軒說經殘稿一卷　清劉書年撰

清芬叢鈔本(稿本)　國圖

經 21111693
說經囈語一卷　清左寶森撰
　　邃園叢書本(民國謄印)

經 21111694
養性齋經訓二卷　清陳澧撰
　　求在我齋全集本(同治刻)

經 21111695
解經緒論二卷　清方鼎銳撰
　　稿本　南京

經 21111696
羣經釋地六卷　清呂調陽撰
　　觀象廬叢書本(光緒刻,釋地三種)

經 21111697
逸經釋一卷　清呂調陽撰
　　觀象廬叢書本(光緒刻)

經 21111698
羣經理話三卷　清張楚鍾撰
　　務實勝窩彙稿本(光緒刻)

經 21111699
羣經理畫一卷　清張楚鍾撰
　　務實勝窩彙稿本(光緒刻)

經 21111700
會稽山齋經義一卷　清謝應芝撰
　　會稽山齋全集本(光緒刻)

經 21111701
勿自棄軒遺稿一卷　清華嶸撰
　　清光緒十五年粵西奉議州官廨刻昆

明華氏叢刻本　雲南
　雲南叢書本(民國刻)

經21111702
求益齋讀書記六卷　清強汝詢撰
　求益齋全集本(光緒刻)

經21111703
殼經筆記一卷　清陳倬撰
　稿本　上海
　紅格稿本　國圖
　槐廬叢書本(光緒刻)
　孫谿朱氏經學叢書初編本(光緒刻)

經21111704
鋤經堂經說一卷　清陳澧撰
　清刻本　湖北

經21111705
通介堂經說十二卷　清徐灝撰
　清咸豐四年廣東省城藝芳齋刻本　國
　　圖　北大　湖北

經21111706
通介堂經說三十七卷　清徐灝撰
　學壽堂叢書本(光緒刻)

經21111707
讀經劄記四卷　清魏本唐撰
　清同治九年抄本　北大

經21111708
詩書講義不分卷　清丁壽祺撰
　清同治四年丁壽炳鈔同治十年光緒
　　九年續抄本　復旦

經21111709

經義釋一卷　清沈日富撰
　稿本　上海

經21111710
經解　清甘曾源輯　甘藩訂
　稿本　南京

經21111711
雪樵經解三十卷附錄三卷　清馮世瀛輯
　清光緒八年秋樹根齋刻本　北大
　　浙江
　清光緒十一年馮氏辨齋錫活字印本
　　中科院　天津　南京

經21111712
經義尋中十二卷　清楊琪光撰
　清光緒十二年刻本　北大　北師大

經21111713
羣經大義錄一卷　清劉傳瑩撰
　綠格稿本　湖北

經21111714
讀經隨筆(損齋遺書)三十卷　清楊樹椿
　撰　清楊玉清編
　清光緒二十一年李氏家塾刻本　北大
　　中科院　湖北

經21111715
經學博採錄六卷　清桂文燦撰
　辛巳叢編本(民國鉛印)

經21111716
經學博採錄十二卷　清桂文燦撰
　敬躋堂叢書本(民國刻)

經21111717

羣經補證六卷　清桂文燦撰
　　清抄本(缺卷二)　廣東社科院

經 21111718
讀十三經管見草一卷　清王尚礜撰
　　清宣統二年鉛印義川遺書本　湖北
　　　　吉林
　　民國間天水王氏鉛印本　國圖

經 21111719
羣經賸義一卷　清俞樾撰
　　南菁書院叢書本(光緒刻)
　　春在堂全書本(同治至光緒刻,俞樓雜
　　　　纂)

經 21111720
達齋叢說一卷　清俞樾撰
　　皇清經解續編本(光緒刻、光緒石印)
　　春在堂全書本(同治至光緒刻,俞樓雜
　　　　纂)

經 21111721
茶香室經說十六卷　清俞樾撰
　　春在堂全書本(同治至光緒刻)

經 21111722
讀王氏稗疏一卷　清俞樾撰
　　春在堂全書本(同治至光緒刻,俞樓雜
　　　　纂)

經 21111723
鄭氏經學考不分卷　清杜貴墀撰
　　吳縣王氏學禮齋傳抄稿本　復旦

經 21111724
羣經說四卷　清黄以周撰
　　儆季雜著本(光緒刻)

經 21111725
經說畧二卷　清黄以周撰
　　皇清經解續編本(光緒刻、光緒石印)

經 21111726
經訓比義三卷　清黄以周撰
　　清光緒二十二年江陰南菁講舍刻本
　　　　國圖　北大　天津　南京　湖北
　　清光緒二十二南菁講舍刻光緒二十
　　　　四年重校修本　北大

經 21111727
十三經舊學加商二卷　清吳修祐撰
　　蘦蒔山莊遺著本(光緒木活字印)

經 21111728
易書詩禮四經正字考四卷　清鍾麿撰
　　吳興叢書本(民國刻)

經 21111729
讀經拾瀋一卷　清平步青撰
　　香雪崦叢書本(民國鉛印)

經 21111730
讀經札記二卷　清張之洞撰
　　張文襄公全集本(民國文華齋刻)

經 21111731
讀皇清經解札記二卷　清張之洞撰
　　廣雅堂四種本(民國刻,廣雅堂雜著)

經 21111732
經解籌世九卷　清李揚華撰
　　瀞紅山館四種本(同治刻)

經 21111733
經說二卷　清丁午撰

田園雜著本（光緒刻，試帖存稿）

經21111734
退學述存一卷　清王廷鼎撰
　紫薇花館集本（光緒刻，經說）

經21111735
經義存參一卷　清劉遵海撰
　祥符劉氏叢書本（光緒刻，有深致軒集）

經21111736
夢園經解十二卷　清劉曾騄撰
　祥符劉氏叢書本（光緒刻）

經21111737
復堂經說輯不分卷　清譚獻輯
　稿本（存詩經、春秋）　上海

經21111738
經闡要不分卷　清張恩霨撰
　清光緒九年刻本　國圖

經21111739
經迻節本不分卷　清孫詒讓撰
　稿本　浙大

經21111740
經述四卷　清林頤山撰
　稿本　復旦

經21111741
經述三卷　清林頤山撰
　皇清經解續編本（光緒刻、光緒石印）

經21111742
隸經賸義一卷　清林兆豐撰
　皇清經解續編本（光緒刻、光緒石印）

經21111743
經義聞斯錄不分卷　清胡秉虔撰
　清抄本　北大

經21111744
西崖經說不分卷（或分四卷）　清顧成
　章撰
　清光緒十八年木活字印本　國圖　北
　　大　天津　復旦　湖北

經21111745
經訓書院自課文三卷　清皮錫瑞撰
　清光緒十九年師伏堂刻本　上海
　師伏堂叢書本（光緒刻）

經21111746
師伏堂經說四卷　清皮錫瑞撰
　稿本　湖南師大

經21111747
師伏堂經說雜記不分卷　清皮錫瑞撰
　稿本　湖南師大

經21111748
鄭東甫說經稿一卷　清鄭杲撰
　稿本　上海

經21111749
介堂經解一卷　清胡元直撰
　清光緒二十年刻端敏遺書本

經21111750
經說管窺一卷　清王士濂撰
　鶴壽堂叢書本（光緒刻）

經21111751
香草校書六十卷續二十二卷　清于鬯撰

于香草遺著叢輯本（稿本）　上海（卷
　一至四十二清光緒宣統間刻）

經 21111752
香草校書二十八卷　清于鬯撰
　清光緒間刻本　北大

經 21111753
香草校書四十二卷　清于鬯撰
　清光緒間刻本　復旦

經 21111754
香草校書六十卷　清于鬯撰
　清光緒間刻本　北大　湖北

經 21111755
經學講義上篇不分卷　清王家鳳編
　清刻本　湖北

經 21111756
經義正衡敘錄二卷　清雷廷珍撰
　雷氏遺書本（光緒刻）

經 21111757
經義懸解五卷　清徐壽基撰
　志學齋集本（光緒刻）

經 21111758
幕巢館札記一卷　清顏札定（悔生）撰
　晨風閣叢書第一集本（宣統鉛印）

經 21111759
皇清經解依經十六卷　清船山主人編
　清光緒二十一年上海鴻寶齋石印本
　　北師大　天津　南京

經 21111760

皇清經解分經合纂十六卷　清□□編
　清光緒十九年上海袖海山房石印本
　　（分一千七十卷）　北大　湖北
　　山東

經 21111761
古經疑言八卷　清王廷植撰
　清光緒八年長沙退思齋刻本　北大
　　中科院

經 21111762
詁經叢話四卷　清葉大莊撰
　稿本　福建

經 21111763
讀書拾遺六卷象數蠡測四卷　清傅玉
　書撰
　·清光緒二十四年戎州刻本　國圖
　　湖北

經 21111764
經義初編不分卷　清劉可毅撰
　清光緒二十七年常州刻本　上海

經 21111765
經義肊說四卷　清姚有彬撰
　稿本（存卷一至三）　上海

經 21111766
校經述微四卷　清張紫琳撰
　清抄本（存卷一至三）　復旦

經 21111767
經義集解不分卷　清張玉麟撰
　稿本　上海

經 21111768

常華館經說一卷　清劉鑫耀撰
　　清光緒三十二年長沙刻本　　天津
　　　湖北

經21111769
五經解五卷　清何澂撰
　　稿本　上海

經21111770
愛經居經說不分卷附詩賦不分卷　清
　　黃家橋撰
　　稿本　上海

經21111771
羣經釋疑六卷　清黃維清撰
　　抄本　國圖

經21111772
山淵閣經說不分卷　清江璜撰
　　抄本　國圖

經21111773
經義聚辨不分卷　清閔鏜撰
　　清抄本　浙江

經21111774
經義管窺十卷　清時蘭撰
　　稿本　上海

經21111775
五經人物考一卷　清沈繼倫輯
　　稿本　北大

經21111776
瑞伯經解改稿不分卷　清□瑞伯撰
　　清許克勤重訂
　　清許克勤墨筆重訂本　復旦

清抄本　復旦

經21111777
十三經地名韻編今釋五卷　清龍繼棟撰
　　張宗祥抄本　浙江

經21111778
山公經說辨疑七卷　清曹林撰
　　民國十一年鉛印本　中科院

經21111779
師鄖齋經說二卷附知悔齋詩文鈔一卷
　　清蔣方駿撰
　　民國十七年北平鉛印本　國圖　北大
　　　復旦

經21111780
經言明喻編十三卷　清呂佩芬撰
　　傳抄稿本　國圖
　　民國二十七年鉛印本　國圖　湖北

經21111781
述古堂經說六卷　清馮一梅撰　王欣
　　夫輯
　　吳縣王氏學禮齋稿本　復旦

經21111782
經學講義二編　清京師大學堂編　清
　　學務大臣鑑定
　　清光緒三十年官書局鉛印本　北大

經21111783
大學堂經學講義不分卷　清京師大學
　　堂編
　　油印本　國圖

經21111784

兩湖文高等學堂經學課程三卷　清馮
　　貞榆撰
　　清光緒間刻朱墨套印本　南京

經 21111785
受經日記　□□撰
　　清光緒三十年高等學堂鉛印本　國圖

經 21111786
節讀分課經書教案四編　清徐適撰
　　清光緒二十三年上海樂羣圖書館鉛
　　　印本　南京

經 21111787
易書詩經學課程不分卷　清王仁俊撰
　　清末鉛印湖北存古學堂課程本　湖北

經 21111788
經學通義開宗不分卷　□□撰
　　清刻本　國圖

經 21111789
經義雜著一卷　□□撰
　　清抄本　天津

經 21111790
岫雲經說一卷雜著一卷　□□撰
　　清刻本　國圖

經 21111791
經說雜錄不分卷　□□撰
　　稿本　北大

經 21111792
經學論說不分卷　□□撰
　　抄本　湖北

經 21111793
畫錦堂經學偶錄一卷　□□撰
　　清末刻本　湖北

經 21111794
寶拙齋讀經隨筆不分卷　□□撰
　　稿本　北大

經 21111795
博約齋經說三卷　潘任撰
　　希鄭堂叢書本(光緒木活字印)

經 21111796
希鄭堂經義一卷　潘任撰
　　希鄭堂叢書本(光緒木活字印)

經 21111797
雙桂軒答問一卷　潘任撰
　　希鄭堂叢書本(光緒木活字印)

經 21111798
經義積微記四卷　姚晉圻撰
　　姚氏遺書本(民國石印)

經 21111799
皇朝五經彙解二百七十卷　朱鏡清輯
　　清光緒十四年鴻文書局石印本　北大
　　　復旦　天津　南京　湖北

經 21111800
皇朝五經彙解二百七十卷附五經正文
　　一卷　朱鏡清輯
　　清光緒十九年同文書局石印本　復旦
　　　南京　湖北
　　清光緒十九年寶文書局影印本　國圖
　　清光緒十九年積山書局石印本　南京

經 21111801
皇朝五經彙解二百七十卷附經解入門
　　一卷　朱鏡清輯
　　清光緒十九年上海蜚英館石印本
　　　國圖

經 21111802
經解入門一卷　朱鏡清輯
　　清光緒十九年上海蜚英館石印本　國
　　　圖（附皇朝五經彙解）

經 21111803
經窺十六卷　蔡啓盛撰
　　清光緒十七年諸暨蔡氏刻本　國圖
　　　北大　中科院　復旦　天津　南京

經 21111804
經窺續八卷　蔡啓盛撰
　　清光緒二十八年刻本　國圖　中科院

經 21111805
素行室經說二卷　楊譽龍撰
　　清光緒二十三年刻本　北大　中科院
　　　天津　復旦湖北

經 21111806
經學文鈔十五卷首三卷　梁鼎芬撰
　　曹元弼校補
　　清光緒三十四年江蘇存古堂木活字
　　　印本　國圖　北大　中科院　南京

經 21111807
隸經雜著甲編二卷乙編二卷　顧震福撰
　　清光緒十八年刻本　北大　浙江　湖北

經 21111808
九經今義二十八卷　成本璞著

清光緒三十一年鉛印本　南大
清光緒三十四年長沙刻本　中科院

經 21111809
羣經凡例一卷　廖平撰
　　清光緒二十三年尊經書局刻本　國圖
　　　北大

經 21111810
羣經凡例十八卷　廖平撰
　　清刻本　南京

經 21111811
經話甲編二卷乙編一卷　廖平撰
　　新訂六譯館叢書本（民國彙印）

經 21111812
羣經大義一卷補題一卷　廖平撰　洪
　　陳光編
　　民國六年成都存古書局刻本　國圖
　　　遼寧　湖北

經 21111813
經學初程一卷　廖平、吳之英撰
　　新訂六譯館叢書本（民國彙印）

經 21111814
四益館經學四變記一卷　廖平撰　黃
　　鎔箋述
　　新訂六譯館叢書本（民國彙印）

經 21111815
四益館經學五變記二卷　廖平撰　黃
　　鎔箋述
　　新訂六譯館叢書本（民國彙印）

經 21111816

經傳九州通解一卷　黄鎔撰
　　新訂六譯館叢書本(民國彙印)

經 21111817
經義莛撞四卷　易順鼎撰
　　琴志樓叢書本(光緒刻)

經 21111818
讀經瑣記一卷　易順鼎撰
　　琴志樓叢書本(光緒刻)

經 21111819
新學偽經考十四卷　康有爲撰
　　清光緒十七年南海康氏萬木草堂刻
　　　　本　中科院　北大　南京
　　清光緒十七年武林望雲樓石印本　國
　　　　圖　北大　南京　瀋陽　大連　遼
　　　　大　吉林　東北師大　吉林師院
　　　　吉林社科院　黑龍江　哈爾濱師大
　　蟄雲雷齋叢書本(光緒刻)
　　萬木草堂叢書本(民國北京刻)　國圖
　　　　遼寧

經 21111820
偽經考答問一卷　譚濟騫輯
　　清光緒二十四年上海大同譯書局石
　　　　印本　北大

經 21111821
闕里講經編不分卷　徐天璋撰
　　民國間刻本　國圖

經 21111822
朋壽室經說六卷附策問一卷　鄒壽祺撰
　　清光緒二十七年鄒氏刻本　中科院
　　　　上海　浙江
　　清光緒二十七年鄒氏刻宣統元年重

　　　　修本　北大　上海　南京

經 21111823
六藝通誼初稿一卷　葉瀚撰
　　晚學廬叢稿本(稿本)

經 21111824
六藝通誼一卷　葉瀚撰
　　晚學廬叢稿本(稿本)

經 21111825
六藝偶見一卷　葉瀚撰
　　晚學廬叢稿本(稿本)

經 21111826
三經合說一卷　方鑄撰
　　華胥赤子遺集本(民國木活字印)

經 21111827
磨盦雜存一卷　桑宣撰
　　鐵研齋叢書本(光緒刻、民國鉛印)

經 21111828
讀經志疑一卷　韓晉昌撰
　　清宣統元年刻本　中科院

經 21111829
三經誼詁三卷　馬其昶撰
　　民國十二年秋浦周氏敬慈善堂周氏
　　　　刻本　國圖

經 21111830
殷周制度論一卷　王國維撰
　　廣倉學宭叢書甲類本(民國鉛印)

經 21111831
羣經大義相通論一卷　劉師培撰

劉申叔先生遺書本（民國鉛印）

經 21111832
經學教科書　劉師培撰
　　清光緒三十二年上海國學保存會鉛
　　　　印本　北大
　　清光緒宣統間寧武南氏鉛印本　北大
　　劉申叔先生遺書本（民國鉛印）

經 21111833
經學通論一卷易論一卷　□□撰
　　民國綠格抄本　湖北

圖說之屬

經 21111834
六經圖六卷　宋楊甲撰　宋毛邦翰補
　　明萬曆四十三年吳繼仕熙春樓刻本
　　　　山西大學　東北師大　青島博
　　明萬曆四十四年郭若維刻本　復旦
　　明萬曆間衛承芳刻本　北大　上海
　　　　大連　東北師大
　　明崇禎五年王與胤刻本　中科院
　　明刻本　故宮　華東師大
　　清康熙六十一年潘氏禮耕堂刻本　北
　　　　大　中科院
　　四庫全書本（乾隆寫）

經 21111835
六經圖六卷　宋楊甲撰　宋毛邦翰補
　　明仇維禎重訂
　　明崇禎十二年刻本　湖北

經 21111836
六經圖六卷　宋楊甲撰　宋毛邦翰補
　　清王皓輯錄
　　清乾隆五年六安王氏向山堂刻本　國

　　圖　北大　中科院　天津　上海
　　南京　浙江　湖北

經 21111837
七經圖七卷　明吳繼仕輯
　　明萬曆四十三年吳繼仕熙春樓刻本
　　　　北大　南京

經 21111838
五經圖六卷　明□□輯
　　明萬曆四十二年章達刻本　吉大　陝
　　　　西師大　浙江
　　明天啓四年章達刻本　中科院
　　明梁承祖刻本　北大（與周禮圖一卷合
　　　　刻）
　　清抄本（存易經、禮記、詩經）　國圖
　　清雍正元年致用堂刻本　河南　中山
　　　　大學

經 21111839
五經圖十二卷　明盧謙編　清盧雲英、
　　清王皓重編
　　清雍正二年盧氏家刻本　國圖　民族
　　　　大學　中科院　上海　山西文物局
　　　　湖北　遼寧　安徽大學

經 21111840
朱子六經圖增定四書圖十六卷　清江
　　爲龍手定
　　清康熙間刻本　南開

經 21111841
九經圖不分卷　清楊魁植撰　清楊文
　　源增訂
　　清康熙間信芳書房刻本　上海
　　清乾隆間信芳書房刻本　南京　福建
　　　　廈大

經21111842
六經圖二十四卷　清鄭之僑編
　清乾隆九年潮陽鄭氏述堂刻本　北大

經21111843
經義圖說八卷　清吳寶謨輯
　清嘉慶四年吳氏墨花軒刻本　上海
　清嘉慶二十四年陳氏刻巾箱本　國圖
　　北大　南京　湖北

經21111844
經義圖說十六卷　清吳寶謨輯
　清嘉慶間刻本　復旦

經21111845
六經全圖不分卷　清牟欽元輯
　清道光間慕古堂刻本　天津

別編之屬

經21111846
困學蒙正六卷　宋王應麟撰　清宋炳
　垣疏證
　清道光間刻本　國圖　北大　中科院
　　湖北

經21111847
朱子經說十四卷　明陳龍正輯
　明崇禎十七年稿本　上海
　明崇禎十七年刻本　清華

經21111848
日知錄二卷　清顧炎武撰
　皇清經解本(道光刻、咸豐補刻、鴻寶齋
　　石印、點石齋石印)

經21111849

湛園札記一卷　清姜宸英撰
　皇清經解本(道光刻、咸豐補刻、鴻寶齋
　　石印、點石齋石印)

經21111850
潛邱劄記二卷　清閻若璩撰
　皇清經解本(道光刻、咸豐補刻、鴻寶齋
　　石印、點石齋石印)

經21111851
解春集二卷　清馮景撰
　皇清經解本(道光刻、咸豐補刻、鴻寶齋
　　石印、點石齋石印)

經21111852
經腴類纂二卷　清孫顏輯
　小嫏嬛山館彙刊類書十二種(咸豐刻)
　琅嬛獺祭十二種本(光緒石印)

經21111853
白田草堂存稿一卷　清王懋竑撰
　皇清經解本(道光刻、咸豐補刻、鴻寶齋
　　石印、點石齋石印)

經21111854
果堂集一卷　清沈彤撰
　皇清經解本(道光刻、咸豐補刻、鴻寶齋
　　石印、點石齋石印)

經21111855
質疑一卷　清杭世駿撰
　皇清經解本(道光刻、咸豐補刻、鴻寶齋
　　石印、點石齋石印)

經21111856
觀象授時十四卷　清秦蕙田撰
　皇清經解本(道光刻、咸豐補刻、鴻寶齋

石印、點石齋石印）

經 21111857
經史問答七卷　清全祖望撰
　　皇清經解本（道光刻、咸豐補刻、鴻寶齋
　　　石印、點石齋石印）

經 21111858
鍾山札記一卷　清盧文弨撰
　　皇清經解本（道光刻、咸豐補刻、鴻寶齋
　　　石印、點石齋石印）

經 21111859
龍城札記一卷　清盧文弨撰
　　皇清經解本（道光刻、咸豐補刻、鴻寶齋
　　　石印、點石齋石印）

經 21111860
戴東原集二卷　清戴震撰
　　皇清經解本（道光刻、咸豐補刻、鴻寶齋
　　　石印、點石齋石印）

經 21111861
瞥記一卷　清梁玉繩撰
　　皇清經解本（道光刻、咸豐補刻、鴻寶齋
　　　石印、點石齋石印）

經 21111862
十駕齋養新錄三卷餘錄一卷　清錢大
　昕撰
　　皇清經解本（道光刻、咸豐補刻、鴻寶齋
　　　石印、點石齋石印）

經 21111863
潛研堂文集六卷　清錢大昕撰
　　皇清經解本（道光刻、咸豐補刻、鴻寶齋
　　　石印、點石齋石印）

經 21111864
溉亭述古錄二卷　清錢塘撰
　　小琅嬛僊館敠錄書（嘉慶刻）
　　文選樓叢書本（嘉慶道光刻）　遼寧
　　　大連　黑龍江　南京
　　皇清經解本（道光刻、咸豐補刻、鴻寶齋
　　　石印、點石齋石印）

經 21111865
溉亭述古錄一卷　清錢塘撰
　　清刻本　國圖　北大
　　校經山房叢書本（光緒刻）
　　式訓堂叢書本（光緒刻）
　　清刻本（光緒刻）　遼寧　大連　黑龍江
　　　南京

經 21111866
讀書脞錄二卷續編二卷　清孫志祖撰
　　皇清經解本（道光刻、咸豐補刻、鴻寶齋
　　　石印、點石齋石印）

經 21111867
甓齋遺稿一卷　清劉玉麐撰
　　皇清經解本（道光刻、咸豐補刻、鴻寶齋
　　　石印、點石齋石印）

經 21111868
秋槎雜記一卷　清劉履恂撰
　　清道光元年興讓堂刻本　國圖
　　皇清經解本（道光刻、咸豐補刻、鴻寶齋
　　　石印、點石齋石印）

經 21111869
經韻樓集六卷　清段玉裁撰
　　皇清經解本（道光刻、咸豐補刻、鴻寶齋
　　　石印、點石齋石印）

經 21111870
述學二卷　清汪中撰
　　皇清經解本（道光刻、咸豐補刻、鴻寶齋
　　　石印、點石齋石印）

經 21111871
讀書雜志二卷　清王念孫撰
　　皇清經解本（道光刻、咸豐補刻、鴻寶齋
　　　石印、點石齋石印）

經 21111872
吾亦廬稿四卷　清崔應榴撰
　　皇清經解本（道光刻、咸豐補刻、鴻寶齋
　　　石印、點石齋石印）

經 21111873
劉氏遺書一卷　清劉台拱撰
　　皇清經解本（道光刻、咸豐補刻、鴻寶齋
　　　石印、點石齋石印）

經 21111874
校禮堂文集一卷　清凌廷堪撰
　　皇清經解本（道光刻、咸豐補刻、鴻寶齋
　　　石印、點石齋石印）

經 21111875
寶甓齋札記一卷　清趙坦撰
　　皇清經解本（道光刻、咸豐補刻、鴻寶齋
　　　石印、點石齋石印）

經 21111876
寶甓齋文集一卷　清趙坦撰
　　皇清經解本（道光刻、咸豐補刻、鴻寶齋
　　　石印、點石齋石印）

經 21111877
問字堂集一卷　清孫星衍撰

　　皇清經解本（道光刻、咸豐補刻、鴻寶齋
　　　石印、點石齋石印）

經 21111878
揅經室集七卷　清阮元撰
　　皇清經解本（道光刻、咸豐補刻、鴻寶齋
　　　石印、點石齋石印）

經 21111879
讀書叢錄一卷　清洪頤煊撰
　　皇清經解續編本（光緒刻、光緒石印）

經 21111880
拜經日記八卷　清臧庸撰
　　皇清經解本（道光刻、咸豐補刻、鴻寶齋
　　　石印、點石齋石印）

經 21111881
拜經日記四卷　清臧庸撰
　　清袁氏貞節堂抄本　　上海

經 21111882
拜經文集一卷　清臧庸撰
　　皇清經解本（道光刻、咸豐補刻、鴻寶齋
　　　石印、點石齋石印）

經 21111883
鑑止水齋集二卷　清許宗彥撰
　　皇清經解本（道光刻、咸豐補刻、鴻寶齋
　　　石印、點石齋石印）

經 21111884
左海文集二卷　清陳壽祺撰
　　皇清經解本（道光刻、咸豐補刻、鴻寶齋
　　　石印、點石齋石印）

經 21111885

癸巳類稿六卷　清俞正燮撰
　　皇清經解續編本(光緒刻、光緒石印)

經 21111886
癸巳存稿四卷　清俞正燮撰
　　皇清經解續編本(光緒刻、光緒石印)

經 21111887
過庭錄五卷　清宋翔鳳撰
　　皇清經解續編本(光緒刻、光緒石印)

經 21111888
研六室雜著一卷　清胡培翬撰
　　皇清經解本(道光刻、咸豐補刻、鴻寶齋
　　　石印、點石齋石印)

經 21111889
東塾讀書記十卷　清陳澧撰
　　皇清經解續編本(光緒刻、光緒石印)

經 21111890
漢孳室文鈔二卷　清陶方琦撰
　　皇清經解續編本(光緒刻、光緒石印)

類編之屬

經 21111891
儒經撮要一卷　清中菴子撰
　　息齋藏書本(康熙刻)

經 21111892
注疏瑣語四卷　清沈淑撰
　　經玩本(雍正刻)
　　後知不足齋叢書本(光緒刻,沈氏經學
　　　六種)

經 21111893

注疏瑣語一卷　清沈淑撰
　　昭代叢書本(道光刻)

經 21111894
五經類纂十六卷　清秦伯龍、清秦躍
　　龍輯
　　清雍正六年清尋閣刻本　北大　上海

經 21111895
經訓約編十四卷附詩賦約編七卷風騷
　　補編三卷蘭山課業松崖詩錄二卷
　　清盛元珍輯
　　清乾隆四十二年刻本　國圖　南京

經 21111896
十三經注疏錦字四卷　清李調元輯
　　函海本(乾隆刻、道光補刻、光緒刻)

經 21111897
敦樸堂簡明評點三禮春秋三傳鈔不分
　　卷　清武億評點
　　清朱墨抄本　國圖

經 21111898
十三經類記十六卷　清王燮元編
　　清咸豐元年誦芬舊廬刻巾箱本　湖北

經 21111899
經義類纂八卷　清□□輯
　　清光緒二十年刻本　湖北

經 21111900
欽定七經綱領不分卷附奏定學堂章程
　　摘錄不分卷　清學部圖書館編
　　清宣統元年學部圖書館鉛印本　北大
　　　中科院　天津
　　清末江楚書局刻本　南京

經 21111901
四書五經類典集成三十四卷　清戴兆
　　春輯
　　清光緒十四年同文書局石印本　北大
　　清光緒二十二年慎記書莊石印巾箱
　　　本　北大　湖北

經 21111902
四書五經義彙鈔十八卷首一卷　清李
　　遵義編集
　　清光緒二十七年上海慎記書局石印
　　巾箱本　湖北

經 21111903
五經經解萃精不分卷二集十三卷　清
　　□□輯
　　清光緒二十五年上海點石齋石印巾
　　　箱本　湖北

經 21111904
四書五經義彙海不分卷　清□□輯
　　清光緒二十八年上海印書館石印巾
　　　箱本　湖北

經 21111905
讀經類鈔五卷　清□□輯
　　清抄本　南京

沿革之屬

經 21111906
經書源流歌訣一卷　清李鍾倫撰
　　李文貞公全集本(乾隆嘉慶刻)
　　榕村全書本(道光刻)

經 21111907
漢儒傳經記二卷　清趙繼序撰

　　傳抄清嘉慶間刻本　南京
　　安徽叢書本(民國影印)

經 21111908
歷朝崇經記一卷　清趙繼序撰
　　安徽叢書本(民國影印)

經 21111909
十三經注疏姓氏一卷　清翁方綱撰
　　蘇齋叢書本(乾隆嘉慶刻、民國影印)

經 21111910
傳經表二卷　清畢沅撰
　　清乾隆四十八年畢氏靈巖山館刻本
　　　國圖　浙江　湖北
　　花雨樓叢鈔本(光緒刻)
　　清紅格抄本　國圖

經 21111911
傳經表一卷　清畢沅撰
　　式訓堂叢書本(光緒刻)
　　清光緒五年華陽宏達堂刻本　北大
　　　上海　南京
　　校經山房叢書本(光緒刻)
　　花雨樓叢鈔本(光緒刻,各經承師立學考
　　　四編)
　　清光緒間松筠書屋刻本　上海
　　清抄本　南京

經 21111912
傳經表補正九卷附建立博士表一卷
　　清汪大鈞撰
　　清光緒十九年刻本　天津

經 21111913
傳經表補正十三卷附經傳建立博士表
　　一卷　清汪大鈞撰

清光緒十九年錢唐汪氏刻愈妄闕齋
　　所著書本　北大　上海　復旦
　　浙江

經 21111914
通經表二卷　清畢沅撰
　　清乾隆四十八年畢氏靈巖山館刻本
　　　　國圖　浙江　湖北
　　花雨樓叢鈔本（光緒刻）
　　清紅格抄本　國圖

經 21111915
通經表一卷　清畢沅撰
　　式訓堂叢書本（光緒刻）
　　清光緒五年華陽宏達堂刻本　北大
　　　　上海　南京
　　校經山房叢書本（光緒刻）
　　花雨樓叢鈔本（光緒刻，各經承師立學考
　　　　四編）
　　清光緒間松筠書屋刻本　上海
　　清抄本　南京

經 21111916
傳經表二卷　清洪亮吉撰
　　洪北江全集本（光緒刻）

經 21111917
通經表不分卷　清洪亮吉撰
　　洪北江全集本（光緒刻）
　　清光緒五年華陽宏達堂刻本（不分卷）
　　　　北大　南京

經 21111918
經傳建立博士表一卷　清汪大鈞撰
　　清光緒十九年錢唐汪氏刻愈妄闕齋
　　　　所著書本　北大　上海　復旦
　　　　浙江

經 21111919
十三經源流口訣一卷　清鮑東里撰
　　釀齋訓蒙雜編本（光緒刻）　湖北

經 21111920
兩漢傳經表二卷　清蔣曰豫撰
　　蔣侑石遺書本（光緒刻，滂喜齋學錄）

經 21111921
兩漢經學彙考五卷　清侯登岸撰
　　掖海叢書本（稿本）

經 21111922
漢儒傳經記一卷　清孫葆田撰
　　清光緒間木活字印歲餘偶錄本　國圖
　　　　上海

經 21111923
羣經傳授源流考不分卷　清林頤山撰
　　稿本　復旦

經 21111924
經學歷史二卷　清皮錫瑞撰
　　稿本　湖南師大

經 21111925
經學歷史一卷　清皮錫瑞撰
　　師伏堂叢書本（光緒刻）
　　皮氏經學叢書本（光緒刻）
　　民國十二年上海涵芬樓影印本　國圖
　　　　北師大
　　民國十六年上海商務印書館影印本
　　　　北大
　　民國十八年上海商務印書館影印本
　　　　北師大
　　民國二十二年上海商務印書館影印
　　　　本　復旦

經 21111926

經義韻言一卷　清喻祥麟撰
　　慎始基齋叢書本（光緒刻）

經 21111927

今古學考二卷　廖平撰
　　四益館經學叢書本（光緒刻）
　　蟄雲雷齋叢書本（光緒刻）
　　新訂六譯館叢書本（民國彙印）
　　張氏適園叢書初集本（宣統鉛印）
　　民國十七年北京資研社鉛印本　國圖

經 21111928

古學攷一卷　廖平撰
　　新訂六譯館叢書本（民國彙印）

經 21111929

漢師傳經表一卷　吳之英撰
　　壽櫟廬叢書本（民國刻）

經 21111930

經學傳授考不分卷　劉師培撰
　　民國間資研社鉛印本　國圖

目錄之屬

經 21111931

皇清經解檢目八卷　清蔡啓盛編
　　清光緒十二年武林刻本　北大　天津

經 21111932

十三經序錄（十三經序）一卷　唐孔穎達
　　等撰
　　經史百家序錄本（光緒石印）
　　清抄本（十三經序）　南京

經 21111933

宋校勘五經正義奏請雕版表一卷　宋
　　孔維等撰　繆荃孫錄
　　藝風堂讀書志本（民國刻）

經 21111934

經序錄三卷　明周大禮輯
　　清初抄本　北大

經 21111935

總集十三經注疏目錄序署十三卷　清
　　吳雯輯
　　稿本　天津

經 21111936

十三經注疏序二卷　清劉世瀋輯
　　玲瓏山館叢書本（光緒刻）

經 21111937

五經正義表　清盧文弨錄
　　抱經堂叢書本（乾隆嘉慶刻、民國影印，
　　　羣書拾補初編）
　　紹興先正遺書本（光緒刻，羣書拾遺初
　　　稿）

經 21111938

五經提要十卷四書提要二卷　清樓秉
　　謅輯
　　清抄本　天津

經 21111939

御纂七經序錄七卷　清何天衢編
　　清道光四年何天衢刻本　北大

文字音義之屬

音　義

經 21111940

經典釋文卷十四　　唐陸德明撰
　　京都帝國大學文學部景印唐鈔本本
　　（日本影印）

經21111941
唐寫本經典釋文校語二卷　　吳士鑑撰
　　民國六年鉛印本　　北大

經21111942
經典釋文三十卷　　唐陸德明撰
　　宋刻宋元遞修本　　國圖
　　明崇禎十年葉林宗抄本　　山東博
　　通志堂經解本（康熙刻、同治刻、日本文
　　　化刻）
　　四庫全書薈要本（乾隆寫）
　　四庫全書本（乾隆寫）
　　清光緒八年成都尊經書院刻本　　江西

經21111943
經典釋文三十卷　　唐陸德明撰
　　抱經堂叢書本（乾隆嘉慶刻、民國影印）
　　清乾隆五十六年常州龍城書院刻本
　　　北師大　　江西
　　清同治八年湖北崇文書局刻本　　北大
　　　復旦
　　清同治十年粵秀山文瀾閣重刻抱經
　　　堂本　　湖北　　遼寧
　　清光緒十五年湘南書局刻本　　復旦
　　　南京
　　四部叢刊本（民國影印）

經21111944
經典釋文考證三十卷（經典釋文附）　　清
　　盧文弨撰
　　抱經堂叢書本（乾隆嘉慶刻、民國影印）
　　清乾隆五十六年常州龍城書院刻本
　　　湖北

清同治八年湖北崇文書局刻本　　北大
　　復旦
清同治十年粵秀山文瀾閣重刻抱經
　　堂本　　湖北　　遼寧
清同治十三年成都尊經書院刻光緒
　　二年增刻本　　北大
日本文化六年翻刻常州龍城書院本
　　中科院　　南京

經21111945
經典釋文三十卷附校勘記三卷　　孫毓
　　修校勘
　　四部叢刊本（民國影印）

經21111946
經典釋文校勘記三卷　　孫毓修輯
　　四部叢刊本（民國鉛印）

經21111947
經典釋文序錄一卷　　唐陸德明撰
　　清末江楚書局刻本　　北大　　天津　　上
　　　海　　南京
　　清末刻本　　北大
　　民國間湖北存古學堂鉛印本　　湖北

經21111948
經典釋文敍錄一卷　　唐陸德明撰　　清
　　盧文弨校正
　　花雨樓叢鈔本（光緒刻，各經承師立學考
　　　四編）

經21111949
經典釋文序錄疏證一卷　　吳承仕疏
　　民國二十二年北平中國學院鉛印本
　　　國圖　　北大

經21111950

陸氏經典異文輯六卷　清沈淑輯
　　經玩本(雍正刻)
　　後知不足齋叢書本(光緒刻,沈氏經學
　　　六種)

經21111951
經典異文補六卷　清沈淑輯
　　經玩本(雍正刻)
　　後知不足齋叢書本(光緒刻,沈氏經學
　　　六種)

經21111952
經典釋文附錄一卷　清陳昌齊撰
　　賜書堂全集本(清刻)

經21111953
經典釋文補條例一卷　清汪遠孫撰
　　振綺堂叢書本(宣統鉛印)

經21111954
五經音義一卷　龍璋輯
　　小學蒐佚本(民國鉛印)

經21111955
九經發題一卷　宋唐仲友撰
　　金華唐氏遺書本(道光刻)
　　續金華叢書本(民國刻,金華唐氏遺書)

經21111956
六經正誤六卷　宋毛居正撰
　　元刻細黑口本　國圖(卷三至五鈔配)
　　明嘉靖二年郝梁刻本　國圖　北大
　　通志堂經解本(康熙刻、同治刻、日本文
　　　化刻)
　　四庫全書薈要本(乾隆寫)
　　四庫全書本(乾隆寫)
　　日本文政二年内府學問所刻本　山東

經21111957
正毛一卷　清俞樾撰
　　春在堂全書本(同治至光緒刻,曲園雜
　　　纂)

經21111958
饒雙峯講義十六卷　宋饒魯撰
　　清乾隆五十六年石洞書院刻本　中科
　　　院　上海　江西
　　清乾隆五十六年刻道光二十九年饒
　　　士坤等重修本　北大

經21111959
九經補韻一卷　宋楊伯嵒撰
　　百川學海本(宋刻、弘治華氏刻、嘉靖宗
　　　文堂刻、明抄、陶氏影宋刻)
　　古今逸史本(明刻)
　　說郛本(宛委山堂刻)
　　四庫全書本(乾隆寫)
　　學津討原本(嘉慶刻、民國影印)
　　景印元明善本叢書十種本(古今逸史)

經21111960
九經補韻一卷附二十四詩品　□□撰
　　清至民國抄本　國圖

經21111961
九經補韻一卷附錄一卷　宋楊伯嵒撰
　　　清錢侗考證
　　汗筠齋叢書本(嘉慶刻)
　　後知不是齋叢書本　天津
　　粵雅堂叢書本(咸豐刻)
　　清王仁俊抄本　上海

經21111962
九經直音十五卷　宋孫奕撰
　　元刻細黑口本　國圖

清同治九年劉履芬抄本　國圖

經21111963
影抄宋刻本九經直音校補十五卷　宋
　　孫奕撰　清□□校補
　　清同治十二年烏程周學濬校古廬寫
　　　　本　北大

經21111964
明本排字九經直音二卷　宋□□撰
　　四庫全書本(乾隆寫)
　　清抄本　南京

經21111965
明本排字九經直音二卷補遺一卷　宋
　　□□撰
　　十萬卷樓叢書本(光緒刻)

經21111966
相臺書塾刊正九經三傳沿革例一卷
　　宋岳珂撰
　　清嘉慶十九年志州汪氏藤花榭摹宋
　　　　刻本　湖北
　　影印嘉慶十九年汪氏影宋刻本　中
　　　　科院
　　清初錢氏也是園影元鈔本　國圖
　　清常熟歸子鈞影抄錢曾也是園影元
　　　　抄本　上海
　　清影元抄本　北大　上海
　　清乾隆二十一年鮑氏困學齋抄本(知
　　　　不足齋叢書底本,清鮑廷博校並題
　　　　識)　上海
　　清乾隆四十年抄本(清孔繼涵批校)
　　　　廣東
　　清乾隆五十一年周廣業傳抄秀水陳
　　　　氏刻本　上海
　　清乾隆五十二年興化任大椿刻本　國

圖　上海
　　養和堂叢書本(乾隆刻)
　　經學五種本(乾隆刻)
　　知不足齋叢書本(乾隆道光刻、民國影
　　　　印)
　　四庫全書本(乾隆寫)
　　璜川吳氏經學叢書本(道光刻)
　　正誼齋叢書本(道光刻)
　　粵雅堂叢書本(咸豐刻)
　　崇文書局彙刻書本(光緒刻)
　　清抄本　北大
　　清桐華館刻本　湖北
　　擇是居叢書初集本(民國鉛印)

經21111967
五經四書明音八卷　明王覺撰
　　明嘉靖三十二年黃氏刻本　國圖　上
　　　　海　南京

經21111968
明音四卷　明王覺、明胡一愚撰
　　明萬曆四十六年呂純如刻本　國圖
　　　　河南

經21111969
經書音釋二卷　明馮保撰
　　明隆慶五年刻本　清華　故宮

經21111970
五經異文十一卷　明陳士元撰
　　歸雲別集本(萬曆刻、道光刻)

經21111971
十三經輯訓不分卷　明鄭圭輯
　　明崇禎十二年錢塘鄭氏刻本　清華
　　　　重慶

經 21111972
五經同異三卷　清顧炎武撰
　清初抄本　北大
　顧亭林先生遺書本(光緒增刻彙印)
　省吾堂四種本(乾隆刻)
　清抄本　國圖

經 21111973
九經誤字一卷　清顧炎武撰
　亭林遺書本(潘氏遂初堂刻)
　四庫全書本(乾隆寫)
　借月山房彙鈔本(嘉慶刻、博古齋影印)
　指海本(道光刻、民國影印)
　澤古齋重鈔本(道光重編)
　式古居彙鈔本(道光重編)
　晉石厂叢書本(光緒刻民國印)
　皇清經解續編本(光緒刻、光緒石印)
　顧亭林先生遺書本(光緒增刻彙印)
　清抄本(與石經考一卷合抄)　國圖

經 21111974
四書五經字考十一卷　清毛錫繢輯
　清康熙二十五年刻本　中科院　上海

經 21111975
羣籍引經徵異六卷　清劉奉璋撰
　稿本　北大

經 21111976
九經辨字瀆蒙十二卷　清沈炳震撰
　稿本　上海
　四庫全書本(乾隆寫)

經 21111977
四書五經字辨五卷　清陳鶴齡撰
　清雍正十二年崇川存誠堂刻本　復旦

經 21111978
十三經字辨八卷　清陳鶴齡撰
　清乾隆三十年古吳三多齋刻本　國圖
　　北大
　清道光十年刻本　中科院

經 21111979
五經今文古文考一卷　清吳陳琰撰
　賜硯堂叢書新編本(道光刻)
　昭代叢書本(道光刻)
　後知不足齋叢書本(光緒刻)

經 21111980
十三經註疏正字八十一卷　清沈廷芳撰
　四庫全書本(乾隆寫)

經 21111981
十三經音畧十二卷附書五通　清周春撰
　周松靄先生遺書本(乾隆嘉慶刻)
　粵雅堂叢書本(咸豐刻)

經 21111982
跋十三經音畧一卷　趙世忠撰
　民國間國立四川大學石印本　湖北

經 21111983
十三經紀字一卷附字典紀字一卷韻府
　　紀字一卷　清汪汲撰
　古愚老人消夏錄本(乾隆嘉慶刻)

經 21111984
七經孟子考文補遺一百九十九卷　日
　　本山井鼎撰　日本物觀補遺
　四庫全書本(乾隆寫)

經 21111985
七經孟子考文併補遺二百卷　日本山

井鼎撰　日本物觀補遺
文選樓叢書本(嘉慶道光刻)

經 21111986
十經文字通正書十四卷　清錢坫撰
　　清乾隆四十二年刻錢氏四種本附
　　　湖北
　　清抄本　上海
　　清嘉慶二年文章大吉樓刻本　中科院
　　　南京
　　清嘉慶五年安陽縣署刻本　北大
　　　上海
　　民國間中國書店影印清嘉慶二年刻
　　　本　復旦　遼寧

經 21111987
九經通借字考七卷　清錢坫撰
　　抄本　國圖

經 21111988
九經通借字考十四卷　清錢坫撰
　　清抄本　浙江　南京

經 21111989
羣經字類二卷　清王念孫撰
　　稿本　遼寧
　　嘉草軒叢書本(民國影印稿本)

經 21111990
經讀考異八卷補一卷句讀敍述二卷補
　　一卷附翟晴江四書考異內句讀一
　　卷　清武億撰並錄
　　授堂遺書本(乾隆刻、道光刻)

經 21111991
經讀考異八卷　清武億撰
　　皇清經解本(道光刻、咸豐補刻、鴻寶齋

石印、點石齋石印)

經 21111992
經讀攷異八卷補一卷　清武億撰
　　江氏聚珍版叢書本(民國木活字印)

經 21111993
經讀考異補一卷　清武億撰
　　授堂遺書本(乾隆刻、道光刻,附經讀考
　　　異)
　　江氏聚珍版叢書本(民國木活字印,經
　　　讀考異附)

經 21111994
羣經字考十卷　清吳東發撰
　　清嘉慶十一年刻本　國圖　天津

經 21111995
五經小學述二卷　清莊述祖撰
　　珍執宦遺書本(道光刻)
　　清光緒八年重刻珍藝宧本　國圖　北
　　　大　天津
　　皇清經解續編本(光緒刻、光緒石印)
　　清光緒十六年四川尊經書局刻本
　　　湖北

經 21111996
經典通用考十四卷五音類聚十卷　清
　　嚴章福撰
　　清抄本　國圖

經 21111997
經典通用考十四卷　清嚴章福撰
　　清抄本　南京
　　吳興叢書本(民國刻)

經 21111998

音義辨同七卷　清曾廷枚撰
　　清嘉慶五年盱江曾氏抄本　北大
　　薇嶼裒書本(嘉慶刻)

經 21111999
羣經字考四卷　清曾廷枚撰
　　清刻本　浙江

經 21112000
經籍籑詁不分卷　清阮元撰
　　稿本　天一閣

經 21112001
經籍籑詁一百六卷首一卷　清阮元撰
　　清嘉慶十七年揚州阮元琅嬛仙館刻
　　　　本　國圖　北師大　上海
　　清嘉慶十七年揚州阮元琅嬛仙館刻
　　　　同治淮南書局補刻本　天津
　　　　南京
　　清嘉慶十七年揚州阮元琅嬛仙館刻
　　　　光緒六年淮南書局補刻本　國圖
　　　　北大　北師大
　　清光緒九年上海點石齋石印本　國圖
　　　　北師大　甘肅
　　清光緒十四年上海鴻文書局石印本
　　　　國圖　南京
　　清光緒十四年上海鴻寶齋石印本
　　　　國圖　北大　北師大
　　民國二十五年國學整理社影印清嘉
　　　　慶間刻本　北師大　甘肅　湖北
　　清抄本　復旦

經 21112002
經籍籑詁一百六卷首一卷附新輯經籍
　　　　籑詁檢韻一卷　清阮元撰　(檢韻)
　　　　□□輯
　　清光緒二十年上海點石齋石印本　北

師大　湖北　武漢
　　清光緒間上海漱六山莊石印本　國圖
　　　　湖北
　　民國間上海文瑞樓石印本　國圖　遼
　　　　寧　江西

經 21112003
新輯經籍籑詁檢韻一卷　清□□輯
　　清光緒二十年上海點石齋石印本　北
　　　　師大　湖北　武漢
　　清光緒間上海漱六山莊石印本　國圖
　　　　湖北
　　民國間上海文瑞樓石印本　國圖　遼
　　　　寧　江西

經 21112004
經典衍文脫文倒誤考不分卷　清朱大
　　　　韶撰
　　稿本　復旦

經 21112005
經字攷二卷　清朱大韶撰
　　吳縣王氏學禮齋抄本　復旦

經 21112006
歐陽外翰點勘記二卷　清歐陽泉撰
　　清同治九年皖城刻本　南京

經 21112007
[歐陽外翰]點勘記二卷附省堂筆記一
　　　　卷　清歐陽泉撰
　　清光緒九年寶硯齋刻本　復旦

經 21112008
經書字音辨要九卷　清楊名颺輯
　　清道光六年刻本　湖北
　　清道光十年式好堂刻本　上海

清道光二十七年崇綸令德堂刻本　北
　　大　中科院　復旦　浙江　遼寧

經21112009
羣經韵讀一卷　清江有誥撰
　江氏音學十書本(嘉慶道光刻、咸豐刻、
　　中國書店影印、抄本)
　音韻學叢書本(民國刻)
　廣倉學宭叢書甲類本(民國鉛印)

經21112010
十三經諸家引書異字同聲考十三卷補
　　遺十三卷　清丁顯撰
　稿本　復旦

經21112011
十三經諸家引書異字同聲考十三卷
　　清丁顯撰
　丁酉圍叢書本(光緒刻)

經21112012
羣經異字同聲考四卷　清丁顯撰
　清光緒間刻本　南京

經21112013
十三經注疏校勘記識語四卷　清汪文
　　臺撰
　重刊宋本十三經註疏附校勘記本(嘉
　　慶刻、道光重修、同治重修、同治刻、
　　光緒刻、光緒石印、民國石印)

經21112014
鄭許字義異同評二卷　清胡元玉撰
　鏡珠齋彙刻本(光緒刻)

經21112015
羣經字詁七十二卷　清段諤廷撰　清

黄本驥編訂
　清道光二十九年黔陽楊氏刻本　北大
　　天津

經21112016
經書音韻合註二卷　清鄒岳編
　清同治七年刻本　中科院　復旦

經21112017
十三經音義故總例一卷凡例一卷　清
　　孫葆璜撰
　清道光間歸安孫氏已學齋刻本　復旦

經21112018
經傳字音考正四卷　清馮肩撰
　清咸豐九年右文堂刻本　上海

經21112019
十三經異文考義三十卷　清潘觀保撰
　稿本　上海

經21112020
十三經音辨二卷　清劉昌禎輯
　清刻本　湖北

經21112021
十三經字約審音辨同十二卷末一卷
　　清華振撰
　清光緒二年錫山寶滋堂刻本　南京

經21112022
十三經字考十二卷　清王廣業撰
　稿本　山東大學

經21112023
十三經字釋十三卷　清胡文暉撰
　稿本　牡丹江師院

經 21112024

六經蒙求一卷　清黃本驥輯
　　小嫏嬛山館彙刊類書十二種本（咸豐刻）
　　琅嬛獺祭十二種本（光緒石印）

經 21112025

羣經讀爲讀若音義不分卷　清□□輯
　　清抄本　國圖

經 21112026

許鄭經文異同詁九卷　桑宣撰
　　鐵研齋叢書本（光緒刻、民國鉛印）

集　字

經 21112027

十三經集字摹本不分卷分畫便查一卷
　　　韻有經無各字摘錄一卷　清彭玉雯撰
　　清道光二十九年江右彭氏刻本　北大
　　　　浙江　湖北
　　清光緒十八年桂垣書局重刻本　天津
　　清上海掃葉山房刻　遼寧
　　清末刻本　北大　天津

經 21112028

十三經集字摹本四卷　清彭玉雯撰
　　清同治光緒間刻本　天津

經 21112029

十三經集字不分卷　清彭玉雯撰
　　清刻本　國圖
　　清南京李光明莊刻本　國圖

經 21112030

重校十三經集字不分卷　清彭玉雯撰
　　清光緒十六年刻本　國圖（封面題重校

十三經不貳字）

經 21112031

十三經集字不分卷　清不敏主人輯
　　清咸豐五年忠貞堂刻本　北大
　　清末存古堂刻本　南京
　　李光明莊刻套印本　天津

經 21112032

十三經不二字不分卷　清不敏主人輯
　　清同治六年藻文堂刻本　北大
　　清光緒八年善成堂刻本　北大
　　清光緒八年京都槐蔭山房刻本　北大
　　清末刻本　北大

經 21112033

十三經集字一卷　清李鴻藻輯
　　清光緒六年李氏刻本　天津　上海
　　　　南京
　　清光緒八年京都寶珍堂刻本　北大
　　清光緒十三年刻本　北師大

經 21112034

十三經不貳字一卷　清李鴻藻輯
　　清光緒三年京都硫璃廠敬業堂刻本
　　　　天津
　　清光緒八年掃葉山房刻本　遼寧
　　清光緒十年文益堂刻本　國圖
　　清光緒十二年刻本　上海
　　清光緒十二年石印本　湖北
　　天津萃文魁重刻本　天津

經 21112035

十三經不二字便蒙橅本不分卷　清李
　　鴻藻輯
　　清同治三年醉經山房刻本　湖北

經 21112036
十三經集字分畫便查一卷　清李文沂撰
　　清光緒十二年鐵硯山房刻本　遼寧
　　　（附刻經字正蒙）

經 21112037
十三經集字音釋四卷　清黃蕙田撰
　　清同治九年蔣存誠刻本　復旦　南京

經 21112038
註釋十三經集字音續四卷　清王德暉撰
　　清抄本　天津

經 21112039
重校十三經輯字不分卷　清羅增撰
　　清光緒間書業德記刻本　天津

附　錄

羣經緯之屬

經 21112040
緯讖侯圖校輯不分卷　清殷元正、清陸
　　明睿增訂
　　清抄本　國圖

經 21112041
集緯十二卷　清殷元正輯　清陸明睿
　　增訂
　　清乾隆間抄本　上海
　　清清芬書屋抄本（存卷一至七）　上海

經 21112042
說緯一卷　清王崧撰
　　清嘉慶間刻本　北大

經 21112043

說緯六卷　清王崧撰
　　清道光八年吉祐堂刻本　中科院
　　雲南

經 21112044
緯學源流興廢考三卷　清蔣清翊撰
　　清光緒二十三年吳縣蔣氏雙唐碑館
　　刻本　國圖　中科院　南京　湖北

經 21112045
緯侯佚文不分卷　清畢裕曾輯
　　清畢裕曾紅格抄本　國圖

經 21112046
漢碑引緯攷一卷　清皮錫瑞撰
　　清光緒三十年刻本（附漢碑引經攷）
　　國圖　北大

經 21112047
七經緯不分卷　清□□輯
　　清抄本　南京

小學類

說文之屬

二徐本

經 21212048

說文解字十五卷標目一卷　漢許慎撰
　　宋徐鉉等校定

　宋刻元修補本　國圖　北大　湖南

　清初虞山毛氏汲古閣刻本　北大

　清初毛氏汲古閣刻二次校改本　復旦

　清初毛氏汲古閣刻三次校改本　北大

　清初翻刻汲古閣本　北大

　清康熙三年刻本　江西

　清乾隆三十八年朱筠椒華吟舫刻本
　　北大　天津　遼寧

　四庫全書薈要本(乾隆寫)

　四庫全書本(乾隆寫)

　平津館叢書本(嘉慶刻、光緒刻、光緒影
　　印)

　清嘉慶十二年額勒布藤花榭倣宋刻
　　本　北大　北師大

　清嘉慶十三年孫氏平津館影宋抄本
　　上海

　清同治十年四川合州影刻椒華吟舫
　　本　國圖　甘肅　湖北　雲南

　清同治十年四川合州刻光緒二年川
　　東官舍重修本　國圖　北大

　清同治十一年刻本　南京　江西

　古經解彙函本(小學彙函,同治刻、光緒
　　石印、光緒刻)

　清同治十三年東吳浦氏翻刻孫氏平
　　津館倣宋小字本　南京　浙江
　　甘肅

　清同治十三年東吳浦氏刻光緒五年
　　印本　復旦　湖南

　清光緒元年平江洪氏刻本　國圖

　清光緒七年高行篤刻本　復旦

　清光緒八年刻本　南京

　清光緒十一年平江洪氏刻本　南京

　清光緒十一年蕉心室刻本　國圖
　　北大

　清光緒間掃葉山房刻本　復旦

　清刻本　浙江(佚名錄清惠棟、段玉裁批
　　校)

　清重刻平津館本　國圖

　清抄本　南京　湖南

　民國三年上海商務印書館影印藤花
　　榭刻本　國圖　北師大　復旦

　四部叢刊本(民國影印)

　民國十二年上海馬新書局石印本　國
　　圖　湖南

　民國十八年上海掃葉山房影印本　復
　　旦　江西

　民國二十五年上海中華書局影印椒
　　華吟舫本　國圖

　續古逸叢書本(民國影印)

　民國間鑄記書局石印本　甘肅　江西

　抄本　南京

經 21212049

說文解字(說文)不分卷　漢許慎撰　宋
　　徐鉉等校定

　李俶抄本　南京

　抄本　重慶　南京

　清同治四年松禧抄本(說文)　桂林

　清抄本(說文)　南京

經 21212050

說文解字十五卷說文檢字二卷　漢許
　　慎撰　(說文檢字)清毛謨輯

清同治十年刻本　　遼寧

經21212051

說文檢字二卷　　清毛謨輯
　　清嘉慶二十一年四川督學使署刻本
　　　　國圖　上海
　　清同治十年刻說文解字本附　　遼寧
　　清移愚齋抄本　　湖南

經21212052

說文解字十五卷附說文通檢十四卷首
　　一卷末一卷說文校字記一卷　　漢
　　許慎撰　　（通檢）清黎永椿編　（說
　　文校字記）清陳昌治撰
　　清同治十二年番禺陳昌治刻本　　國圖
　　　　北大
　　清同治十二年番禺陳昌治刻光緒五
　　　　年常桂潤增修本　　國圖　北大
　　清同治十二年番禺陳昌治刻光緒十
　　　　四年席氏掃葉山房印本　　遼寧
　　　　湖北
　　清光緒九年山西書局刻本　　國圖
　　　　浙江
　　清刻容城儒林堂印本　　國圖

經21212053

說文通檢十四卷首一卷末一卷　　清黎
　　永椿撰
　　清同治十二年番禺陳昌治刻本　　國圖
　　　　北大
　　清同治十二年番禺陳昌治刻光緒五
　　　　年常桂潤增修本　　國圖　北大
　　清同治十二年番禺陳昌治刻光緒十
　　　　四年席氏掃葉山房印本　　遼寧
　　　　湖北　南京
　　清光緒元年湖北崇文書局刻本　　國圖
　　　　南京

清光緒二年文昌書局刻本　　武漢
宏達堂叢書本(光緒刻)
　　清光緒五年祥符常桂潤刻本　　國圖
　　清光緒九年山西書局刻本　　國圖
　　　　浙江
　　清光緒九年宏道書坊刻本　　北大
　　清光緒九年羣玉山房刻本　　上海
　　清光緒十四年上海蜚英館石印本　　國
　　　　圖　北大
　　清光緒十五年上海點石齋石印本　　國
　　　　圖　甘肅
　　清光緒三十四年上海江左書林石印
　　　　本　北大　天津
　　清光緒三十四年上海文書書局石印本
　　清宣統二年上海蜚英館石印本　　國圖
　　清宣統二年上海江左書林石印本　　國
　　　　圖　天津
　　清刻容城儒林堂印本　　國圖
　　清末兩宜軒石印本　　遼寧
　　清刻本　湖北
　　民國元年鄂官書處刻本　　國圖
　　民國三年上海蜚英館石印本　　遼寧
　　民國三年上海文盛書局石印本　　北師
　　　　大　復旦
　　民國六年上海掃葉書房刻本　　國圖
　　　　湖北
　　民國二十五年上海世界書局影印本
　　　　北大
　　民國間上海文寶公司石印本　　國圖
　　民國間上海錦章書局石印本　　湖南

經21212054

說文校字記一卷　　清陳昌治撰
　　清同治十二年番禺陳昌治刻本　　國圖
　　　　北大
　　清同治十二年番禺陳昌治刻光緒五
　　　　年常桂潤增修本　　國圖　北大

清同治十二年番禺陳昌治刻光緒十
　　四年席氏掃葉山房印本　遼寧
　　湖北
　清光緒九年山西書局刻本　　國圖
　　浙江
　清刻容城儒林堂印本　　國圖

經 21212055
說文解字十五卷　漢許慎撰
　清光緒七年淮南書局翻刻汲古閣第
　　四次校本　國圖　北師大　上海

經 21212056
汲古閣說文解字校記一卷　清張行孚撰
　清光緒七年淮南書局翻刻汲古閣第
　　四次校本附　國圖　北師大
　　上海

經 21212057
何義門校說文一卷　清何焯撰
　說文校勘集本(葉名澧摘抄)　上海

經 21212058
惠定宇校說文一卷　清惠棟撰
　說文校勘集本(葉名澧摘抄)　上海

經 21212059
汲古閣說文訂一卷　清段玉裁撰
　清嘉慶二年吳縣袁氏五硯樓刻本　國
　　圖　北大
　清同治十一年湖北崇文書局刻本　湖
　　北　南京
　清光緒元年湖北崇文書局刻本　國圖
　咫進齋叢書本(光緒刻)
　清光緒十一年刻本　北師大　南開
　清光緒十六年石印本　國圖
　清抄本　湖南

民國元年鄂官書處刻本　國圖　復旦
民國十三年長沙古書流通處刻本
　　湖南

經 21212060
說文解字校勘記一卷　清王念孫撰
　清種松書屋抄本　遼寧

經 21212061
說文解字校勘記殘稿一卷　清王念孫
　　撰　清桂馥錄
　晨風閣叢書本(宣統刻)

經 21212062
王懷祖校說文一卷　清王念孫撰
　說文校勘集本(葉名澧摘抄)　上海

經 21212063
說文訂訂一卷　清丁授經撰
　清抄本(清陳鱣批注)　國圖

經 21212064
說文訂訂一卷　清嚴可均撰
　許學叢刻本(光緒刻)

經 21212065
說文解字攷異十五卷　清姚文田、清嚴
　　可均撰
　稿本　國圖(又一部)
　稿本　浙江(存卷一至四)　旅順博(存
　　卷四上)
　清道光十三年許槤抄本　上海
　清葉名澧寶芸齋抄本(缺卷七至八)
　　南京
　清抄本(存卷七至八)　國圖
　民國間抄本(二卷)　湖北

經 21212066

說文解字考異訂敍例不分卷　清王仁
　　俊撰
　　民國間鉛印本　國圖

經 21212067

說文考異補不分卷　清姚文田輯　清
　　鄭知同商義　清王仁俊補
　　稿本　北大

經 21212068

說文解字考異三編十四卷　清王仁俊撰
　　稿本　上海

經 21212069

說文攷異三編十四卷附說文解字引漢
　　律考四卷　清王仁俊撰
　　清光緒二十二年王仁俊稿本　上海

經 21212070

說文校議十五卷　清姚文田、清嚴可
　　均撰
　　稿本(存卷一至四,清姚觀元批校)
　　　　浙江
　　四錄堂類集本(嘉慶刻)
　　清道光十九年王筠抄本　山東
　　小學類編本(咸豐光緒刻)
　　遂雅堂全書本(同治刻)
　　咫進齋叢書本(光緒刻)
　　清抄本(清張穆校)　國圖
　　清抄本　遼寧

經 21212071

說文校議議三十卷　清嚴章福撰
　　清抄本　浙江
　　清豫恕堂抄本(清譚獻校,羅振玉題款)
　　　　復旦

吳興叢書本(民國刻)

經 21212072

說文解字攷異十五卷　清鈕樹玉撰
　　稿本　國圖

經 21212073

說文解字校錄十五卷　清鈕樹玉撰
　　稿本(李銳跋)　國圖
　　清嘉慶十年刻本　北師大　江西
　　清光緒四年鈕惟善抄本　南師大
　　清光緒四年潘祖蔭刻本　南京

經 21212074

說文解字校錄十五卷說文刊誤一卷說
　　文玉篇校錄一卷　清鈕樹玉撰
　　清光緒十一年江蘇書局刻本　國圖
　　　　北大

經 21212075

說文刊誤一卷　清鈕樹玉撰
　　清光緒十一年江蘇書局刻本　國圖
　　　　北大

經 21212076

說文考異五卷附錄一卷　清顧廣圻撰
　　清劉履芬抄本　國圖
　　清潘錫爵抄本(存卷一至四,清伯淵校並
　　　　錄孫星衍批注)　浙江

經 21212077

古均閣說文校戡記不分卷　清許槤撰
　　藍格稿本　國圖

經 21212078

說文校補一卷　清壽昌撰
　　稿本　南京

經 21212079
一切經音義引說文異同一卷 清張澍撰
　　稿本 陝西博

經 21212080
說文考異（存卷一至二） 清張行孚撰
　　稿本 國圖

經 21212081
說文校勘記不分卷 清吳芳鎮撰
　　清綠格抄本 國圖

經 21212082
希麟音義引說文攷一卷 清王仁俊撰
　　籀鄦誃雜著（稿本） 國圖

經 21212083
慧琳一切經音義引說文箋（一切經音義引
　　說文箋）十四卷 田潛撰
　　稿本 武漢
　　民國十三年江陵田氏鼎楚室北京刻
　　　本 國圖 北大 南開 遼寧

經 21212084
說文校疑不分卷 清姚觀元撰
　　稿本 上海

經 21212085
校說文稿不分卷 清姚觀元撰
　　稿本 上海

經 21212086
說文校本錄存一卷附五音韻譜校本錄
　　存一卷 清□□撰
　　清道光十四年許瀚抄本（清許瀚、清王
　　　筠校注並跋） 國圖

經 21212087
說文大小徐本錄異一卷 清謝章鋌撰
　　稿本 國圖
　　稽香館叢書本（民國影印）

經 21212088
說文二徐箋異二十八卷 田潛撰
　　清宣統二年影印手稿本 國圖 北大

經 21212089
宋本說文校勘表一卷 田潛撰
　　民國間抄本 國圖

經 21212090
韻會引說文箋不分卷 □□輯
　　民國間稿本 國圖

經 21212091
說文一卷 漢許慎撰 清任兆麟選輯
　　述記本（乾隆刻、嘉慶刻）

經 21212092
說文一卷 漢許慎撰 龍璋輯
　　小學蒐佚本（民國鉛印）

經 21212093
說文摘錄不分卷 清姚文田輯
　　稿本 北大

經 21212094
說文類鈔不分卷 嚴修、陶仲明輯
　　嚴修、陶仲明稿本 天津

經 21212095
繫傳（說文繫傳）四十卷（說文解字通釋三
　　十卷部敘二卷通論三卷祛妄一卷類聚
　　一卷錯綜一卷疑義一卷系述一卷）

　　南唐徐鍇撰　南唐朱翱反切

宋刻本　國圖

清康熙間抄本(存卷一至二,清焦循、清
　　李銳批校)　北大(存卷一至二十
　　八)

四庫全書本(乾隆寫,說文繫傳)

清嘉慶二年石門馬氏大酉山房刻本
　　浙江

清光緒九年江蘇書局刻本　國圖
　　上海

清南海孔氏嶽雪樓影抄本　上海

清抄本　國圖　北大　上海

清抄本　國圖(存卷三十至四十)　北大
　　(存卷一至二十八,清洪瑩校)

民國初上海掃葉山房石印本　國圖
　　復旦　遼寧

四部叢刊本(民國影印)

經 21212096

繫傳四十卷附校勘記三卷　南唐徐鍇
　　撰　南唐朱翱反切　清苗夔等
　　校勘

清道光十九年祁寯藻影刻影宋抄本

古經解彙函本(小學彙函,同治刻、光緒
　　石印、光緒刻)

清光緒元年歸安姚氏翻刻祁氏本　國
　　圖　北師大　上海

清光緒二年平江吳韶生刻本　國圖
　　北師大　上海　江西

經 21212097

說文解字繫傳校勘記三卷　清苗夔等撰

清道光十九年祁寯藻刻本

古經解彙函本(小學彙函,同治刻、光緒
　　石印、光緒刻)

清光緒元年歸安姚氏翻刻祁氏本　國
　　圖　北師大　上海

清光緒二年平江吳韶生刻本　國圖
　　北師大　上海　江西

經 21212098

說文繫傳考異四卷　清汪憲撰

清抄本　湖南

經 21212099

說文繫傳考異四卷附錄一卷　清汪憲撰

四庫全書本(乾隆寫)

清道光十七年瞿氏清吟閣刻本　浙江
　　復旦

會稽徐氏鑄學齋叢書本(光緒刻)

清光緒八年於越徐氏八杉齋刻本　北
　　大　天津

清傳抄四庫全書本　國圖　天津

清抄本　湖南　山東博

清瞿氏清吟閣抄本　南京

經 21212100

說文繫傳考異二十八卷附錄一卷　清
　　朱文藻撰

清抄本(無附錄)　湖南

清抄本　上海

經 21212101

說文繫傳校錄(繫傳校錄)三十卷　清王
　　筠撰

稿本(繫傳校錄)　北大

稿本(存卷十一至三十,繫傳校錄)
　　上海

稿本　山東

清道光十五年刻本　天津　南開

清咸豐七年王彥侗刻本　福建

王菉友九種本(道光刻、咸豐彙印)

王氏說文三種本(道光刻、同治彙印)

經 21212102

繫傳四十卷附錄一卷　南唐徐鍇撰
　　南唐朱翱反切　（附錄）清朱文藻編
　　清乾隆四十七年新安汪啓淑刻本　國
　　　　圖　北師大　上海
　　龍威祕書本（乾隆刻）

經 21212103

汪刻繫傳攷正三十卷　清王筠撰
　　稿本（存卷一至四）　上海

經 21212104

韻會舉要引說文繫傳鈔不分卷　清嚴
　　可均輯
　　稿本　國圖

注　解

經 21212105

倣唐寫本說文解字木部一卷唐寫本說
　　文解字木部箋異一卷　唐人書篆
　　（箋異）清莫友芝撰
　　清同治二年莫氏金陵刻本　北大
　　　　浙江
　　影山草堂六種本（同治刻）
　　清同治三年湘鄉曾國藩安慶刻本　國
　　　　圖　武漢
　　許學叢書本（光緒刻）
　　清末石印本　湖北
　　黔南叢書本（民國鉛印）
　　民國間影印清同治三年曾氏安慶刻
　　　　本　武漢

經 21212106

說文解字木部唐寫本校異（倣唐寫本說文
　　解字木部箋異）一卷　清莫友芝撰
　　稿本　國圖

經 21212107

唐寫本說文解字木部箋異（倣唐寫本說文
　　解字木部箋異）一卷　清莫友芝撰
　　清同治二年莫氏金陵刻本　北大
　　　　浙江
　　影山草堂六種本（同治刻）
　　清同治三年湘鄉曾國藩安慶刻本　國
　　　　圖　武漢
　　民國間影印清同治三年曾氏安慶刻
　　　　本　武漢
　　許學叢書本（光緒刻）
　　黔南叢書本（民國鉛印）
　　清抄本（倣唐寫本說文解字木部箋異）
　　　　四川

經 21212108

唐本說文木部箋異質疑一卷　柯劭忞撰
　　民國間抄本　遼寧

經 21212109

說文解字補義十二卷　元包希魯撰
　　明刻本　國圖　山西文物局
　　清抄本（存卷四卷五卷十二）　上海

經 21212110

說文長箋一百卷首二卷解題一卷六書
　　長箋漢義七卷凡例一卷　明趙宧
　　光撰
　　明崇禎四年趙均小宛堂刻本　國圖
　　　　北大
　　明崇禎四年小宛堂刻清康熙四十三
　　　　年新安程稸廣陵玉禾堂補修本
　　　　國圖　中科院

經 21212111

說文引詩辨證一卷　明王育撰
　　嫠東雜著本（道光刻）

經 21212112
說文廣義二卷　清王夫之撰
　　清抄本　南京

經 21212113
說文廣義三卷　清王夫之撰
　　船山遺書本(同治刻、民國鉛印)

經 21212114
說文廣義校訂三卷末一卷　清吳善述撰
　　清同治十三年刻本　中科院　湖北

經 21212115
說文廣義十二卷　清程德洽纂輯
　　清康熙五十一年程德洽成裕堂刻本
　　　北大　復旦

經 21212116
惠氏讀說文記十五卷　清惠棟撰　清
　　江聲參補
　　借月山房彙鈔本(嘉慶刻、博古齋影印)
　　澤古齋重鈔本(道光重編)
　　指海本(道光刻、民國影印)
　　式古居彙鈔本(道光重編)
　　小學類編本(咸豐光緒刻)
　　清羅文彬抄本　貴州博
　　清抄本　國圖
　　民國間吳興劉氏嘉業堂抄本　國圖

經 21212117
惠氏讀說文記不分卷　清惠棟撰
　　清吳縣朱邦衡抄本(任銘善、王欣夫跋)
　　　復旦

經 21212118
說文引經攷二卷補遺一卷　清吳玉搢撰
　　清道光元年儀徵程贊詠刻本　中科院

天津
　　清光緒二年雙峯書局刻本　復旦
　　　南開
　　清光緒八年橦玉山房刻本　湖北
　　　雲南
　　咫進齋叢書本(光緒刻)
　　清抄本(不分卷)　南京

經 21212119
說文古本考十四卷　清沈濤撰
　　稿本　重慶
　　清光緒十年吳縣潘氏滂喜齋刻本　國
　　　圖　北大
　　清潘氏滂喜齋刻民國十八年蘇州潘
　　　承弼補刻本　人大　甘肅
　　清方佺抄校沈氏稿本　重慶
　　民國十五年上海醫學書局影印本
　　　北大
　　曹元忠節抄本(不分卷)　復旦

經 21212120
說文古本攷所補篆文不分卷　清沈濤撰
　　稿本　國圖

經 21212121
說文古本攷補證二卷　清孫傳鳳撰
　　吳縣王氏學禮齋傳抄稿本　復旦

經 21212122
說文解字理董十二卷　清吳穎芳撰
　　清抄本　南京

經 21212123
說文解字理董十五卷　清吳穎芳撰
　　江陰繆氏藝風堂抄本(存卷七至十五)
　　　上海

經 21212124
說文理董後編六卷　清吳穎芳撰
　　清抄本　南京
　　　民國十八年中社影印江蘇第一圖書
　　　　館藏稿本　國圖　湖北

經 21212125
說文理董外傳三十卷　清呂覲文撰
　　清抄本　武漢

經 21212126
說文徐氏新附考義不分卷　清毛際盛撰
　　稿本　國圖

經 21212127
說文新附通誼二卷　清毛際盛撰
　　清道光二十四年王宗涑刻本　國圖
　　　北大　上海

經 21212128
檢說文難字法不分卷　清□□撰
　　清乾隆四十六年桂馥家抄本(清桂馥
　　　跋,清王筠校訂並跋)　國圖

經 21212129
說文答問一卷　清錢大昕撰
　　小學類編本(咸豐光緒刻)

經 21212130
說文答問疏證六卷　清錢大昕撰　清
　　薛傳均疏證
　　清道光八年刻本　復旦(清薛壽校,王
　　　大隆跋)
　　清道光十七年史吉雲等刻本　國圖
　　　(清王筠批校並跋)
　　清道光十七年京都琉璃廠會經堂刻
　　　本　天津

清道光十八年刻本　北大
清道光間信都程永江刻本　中科院
清光緒八年紫薇山館刻巾箱本　國圖
　　浙江
清光緒八年東來軒刻本　中科院
咫進齋叢書本(光緒刻)
金峨山館叢書本(光緒刻)
許學叢書本(光緒刻)
清光緒十三年鴻寶齋石印本　浙江
玲瓏山館叢書本(光緒刻)
清光緒間成都御風樓刻本　甘肅
　　湖南
民國二十二年無錫丁氏石印說文鑰
　　本　北大
稽香館叢書本(民國影印)

經 21212131
潛孚堂說文答問疏證六卷　清薛傳均撰
　　清光緒間廣雅書局刻本　國圖　人大
　　廣雅書局叢書本(光緒刻)

經 21212132
廣潛研堂說文答問疏證八卷　清承培
　　元撰
　　清光緒間廣雅書局刻本　國圖　南京

經 21212133
說文解字讀十五卷　清段玉裁撰
　　清抄本(存卷一至六、八)　國圖

經 21212134
說文解字注十五卷附六書音韻表五卷
　　汲古閣說文訂一卷　清段玉裁撰
　　清光緒十一年刻本　北師大　南開
　　清光緒十九年上海同文書局石印本
　　　天津
　　民國十三年長沙古書流通處刻本

湖南

經21212135
說文解字注十五卷附六書音均表五卷
　　說文部目分韻一卷　清段玉裁撰
　　（部目分韻）清陳煥編
　　清乾隆嘉慶間段氏經韻樓刻本　　北大
　　清乾隆嘉慶間段氏經韻樓刻同治六
　　　　至十一年蘇州保息局修補本
　　　　國圖
　　清乾隆嘉慶間段氏經韻樓刻同治六
　　　　至十一年蘇州保息局補刻民國
　　　　十七年江蘇大學蘇州圖書館印
　　　　本　北師大
　　皇清經解本（道光刻、咸豐補刻、鴻寶齋
　　　　石印、點石齋石印）
　　清同治十一年湖北崇文書局刻本　國
　　　　圖　北大
　　清光緒元年湖北崇文書局刻本　國圖
　　　　復旦
　　清光緒三年成都尊經書院刻本　國圖
　　　　北師大
　　清光緒七年查燕緒木漸齋刻本　國圖
　　　　北大
　　清抄本（存卷一至六、八，龔麗正、王萱齡
　　　　跋）　國圖
　　民國元年鄂官書處刻本　國圖　復旦

經21212136
說文解字注十五卷附六書音韻表五卷
　　說文解字通檢十四卷首一卷末一
　　卷說文解字注匡謬八卷　清段玉
　　裁撰　（通檢）清黎永椿編　（匡謬）
　　清徐承慶撰
　　清光緒十四年上海蜚英館石印本　國
　　　　圖　北大
　　清光緒十五年上海點石齋石印本　國

　　　　圖　甘肅
　　民國三年上海文盛書局石印本　北師
　　　　大　復旦
　　民國間上海錦章書局石印本　湖南
　　民國二十五年上海世界書局影印本
　　　　北大

經21212137
說文解字注十五卷附六書音韻表五卷
　　說文部目分韻一卷說文通檢十四
　　卷首一卷末一卷說文解字注匡謬
　　八卷　清段玉裁撰　（說文部目分
　　韻）清陳煥編　（通檢）清黎永椿編
　　（匡謬）清徐承慶撰
　　清光緒三十四年上海江左書林石印
　　　　本　北大　天津
　　清宣統二年上海江左書林石印本　國
　　　　圖　天津
　　清宣統二年上海蜚英館石印本　國圖
　　民國三年上海蜚英館石印本　遼寧
　　民國十八年上海掃葉山房石印本　國
　　　　圖　江西
　　民國二十二年上海掃葉山房石印本
　　　　北大

經21212138
說文解字注十五卷附六書音韻表五卷
　　汲古閣說文訂一卷說文部目分韻
　　一卷說文通檢十四卷首一卷末一
　　卷說文解字注撰要九卷　清段玉
　　裁撰　（部目分韻）清陳煥編　（通
　　檢）清黎永椿編　（撰要）清馬壽
　　齡撰
　　清光緒十六年石印本　國圖　復旦

經21212139
說文解字注十五卷附六書音韻表五卷

說文部目分韻一卷說文通檢十四
卷首一卷末一卷說文提要一卷
　清段玉裁撰　（部目分韻）清陳煥編
（通檢）清黎永椿編　（提要）清陳建
侯撰
　清末兩宜軒石印本　遼寧
　民國間上海文寶公司石印本　國圖

經 21212140
說文解字注十五卷附六書音韻表五卷
　說文部目分韻一卷說文通檢十四
　卷首一卷末一卷說文提要一卷徐
　星伯說文段注札記一卷龔定菴說
　文段注札記一卷桂未谷說文段注
　鈔一卷補鈔一卷　清段玉裁撰
　（部目分韻）清陳煥編　（通檢）清黎
　永椿編　（提要）清陳建侯撰　（徐
　星伯說文段注札記）清徐松撰　清劉
　肇隅編　（龔定菴說文段注札記）清
　龔自珍撰　清劉肇隅編　（桂未谷
　說文段注鈔）清桂馥撰　清劉肇
　隅編
　民國初上海掃葉山房石印本　國圖
　　北大　遼寧　上海　復旦　湖南
　　雲南

經 21212141
說文解字敘一卷　漢許慎撰　清段玉
　裁注
　清光緒間刻本　國圖（卷首題兩湖文學
　　讀本）

經 21212142
說文注鈔不分卷附說文注鈔補不分卷
　清段玉裁注　清桂馥抄補
　稿本　北大
　稷香館叢書本（民國影印）

經 21212143
桂未谷說文段注鈔一卷補鈔一卷　清
　桂馥鈔　清劉肇隅編
　觀古堂所刊書本（光緒刻）
　觀古堂彙刻書本（光緒刻）
　郋園先生全書本（民國彙印）
　民國間石印本　國圖

經 21212144
說文段注簽記一卷　清王念孫撰
　稷香館叢書本（民國影印）

經 21212145
說文段注訂補不分卷　清王紹蘭撰
　清王氏知足知不足館抄本　重慶

經 21212146
說文段注訂補十四卷　清王紹蘭撰
　清光緒十四年胡燏棻刻本　國圖
　　天津
　民國三年吳興劉氏嘉業堂刻本　國圖
　　復旦

經 21212147
段氏說文注訂八卷　清鈕樹玉撰
　稿本　上海
　清道光三年鈕氏非石居刻本　國圖
　清道光三年鈕氏非石居刻同治五年
　　碧螺山館重修本　國圖　北大
　清道光四年吳郡青霞齋刻本　湖北
　許學叢書本（光緒刻）

經 21212148
段氏說文注訂八卷附札記一卷　清鈕
　樹玉撰　（札記）張炳翔撰
　清同治十三年崇文書局刻本　復旦
　　南京　浙江

經 21212149

段氏說文注訂札記一卷　張炳翔撰

　　許學叢書本(光緒刻)

經 21212150

訂鈕篇一卷　王元穉撰

　　無暇逸齋叢書本(民國鉛印,無暇逸齋
　　　說文學四種)

經 21212151

說文解字注匡謬不分卷　清徐承慶撰

　　稿本(清江沅校,附清何紹基、清姚覲元、
　　　清施紀雲手劄)　上海

　　清抄本　北大(又一部)　南京　湖南

經 21212152

說文解字注匡謬八卷　清徐承慶撰

　　愍進齋叢書本(光緒刻)

　　清光緒十四年上海蜚英館石印本　國
　　　圖　北大

　　清光緒十五年上海點石齋石印本　國
　　　圖　甘肅

　　清光緒宣統間上海江左書林石印本
　　　國圖　北大　天津

　　清光緒三十四年上海文書書局石
　　　印本

　　清宣統二年上海蜚英館石印本　國圖

　　民國三年上海蜚英館石印本　遼寧

　　民國三年上海文盛書局石印本　北師
　　　大　復旦

　　民國十八年上海掃葉山房石印本　國
　　　圖　江西

　　民國間上海錦章書局石印本　湖南

經 21212153

說文解字注匡謬(說文段注匡謬)十五卷
　　清徐承慶撰

清抄本(清許槤校並跋)　吉大

清張氏寒松閣抄本(說文段注匡謬)
　　復旦

經 21212154

說文注補鈔不分卷　清嚴可均撰

　　稿本　浙大

經 21212155

徐星伯說文段注札記一卷　清徐松撰
　　清劉肇隅編

　　觀古堂所刊書本(光緒刻)

　　觀古堂彙刻書本(光緒刻)

　　郋園先生全書本(民國彙印)

經 21212156

說文段注拈誤一卷　清朱駿聲撰

　　稷香館叢書本(民國影印)

經 21212157

龔定菴說文段注札記一卷　清龔自珍
　　撰　清劉肇隅編

　　觀古堂所刊書本(光緒刻)

　　觀古堂彙刻書本(光緒刻)

　　郋園先生全書本(民國彙印)

　　民國九年上海掃葉山房石印本　復旦
　　　湖南

經 21212158

說文解字段注攷正一卷　清馮桂芬撰

　　初稿本　復旦

經 21212159

說文解字段注攷正十五卷　清馮桂芬撰

　　稿本　蘇州

　　民國十六年影印稿本　國圖　中科院

經 21212160

說文段注部首鈔十四篇　清馮桂芬撰
　　民國間石印本　湖南

經 21212161

說文段注集解不分卷　清雷浚撰
　　稿本　上海

經 21212162

段本刊誤一卷　清錢世馥撰
　　清抄本　國圖

經 21212163

段義刊補一卷　清錢世馥撰
　　清抄本　國圖

經 21212164

說文注辨段一卷　清林昌彝撰
　　清同治十年廣州刻本　國圖

經 21212165

說文段注撰要九卷　清馬壽齡撰
　　清同治間刻本　遼寧
　　清光緒八年儀徵劉氏刻本　甘肅
　　清光緒九年金陵胡氏愚園刻本　國圖
　　　　上海
　　許學叢書本(光緒刻)
　　清光緒十六年石印本　國圖　天津

經 21212166

說文解字十五卷　清段玉裁注　清徐
　　灝箋
　　稿本　北大

經 21212167

說文解字注箋十四卷附說文檢字三卷
　　清段玉裁注　清徐灝箋　（說文檢

字）清徐樾編
　　清光緒二十年刻本　北大　南開

經 21212168

說文解字注箋十四卷附說文檢字篇三
　　卷說文重文檢字篇一卷說文疑難
　　檢字篇一卷今文檢字篇一卷　清
　　段玉裁注　清徐灝箋　（說文檢字
　　篇）清徐樾編
　　清光緒二十年桂林刻民國三年京師
　　　　補刻本　國圖　北大
　　民國十七年上海中原書局影印民國
　　　　三年京師補刻本　國圖　湖北
　　民國十七年徐氏學壽堂上海石印本
　　　　遼寧

經 21212169

說文平段一卷　清于鬯撰
　　于香草遺著叢輯本(稿本)　上海

經 21212170

讀段注說文解字日記一卷　清馮世澂撰
　　學古堂日記本(光緒刻)

經 21212171

段注說文正字二卷　胡宗楙撰
　　清光緒十八年永康胡氏夢選樓刻本
　　　　南開
　　民國二十一年永康胡氏夢選樓刻本
　　　　國圖　北大

經 21212172

段注說文部首不分卷附說文部首韻檢
　　段注說文解字敘　傅熊湘輯
　　民國十三年長沙鉛印本　國圖　北大

經 21212173

讀段氏說文雜抄一卷　□□撰
　民國間抄本　湖南

經 21212174
說文疏畧一卷　清馮李驊撰
　民國二十五年抄本　中科院

經 21212175
說文解字義證五十卷附一卷　清桂
　馥撰
　清嘉慶間稿本　臺北故博
　清抄本　國圖（清王筠、清許瀚校注並
　　跋,清許楗、清陳柬之、清陳宗彝、□
　　鐸校注;缺卷十四,清馮志沂校;清陳
　　介祺校訂）
　清同治九年湖北崇文書局刻本　國圖
　　北大　北師大
　連筠簃叢書本（道光刻）

經 21212176
說文解字籤註一卷　清桂馥撰
　清歸安姚氏咫進齋抄本（清孟廣均跋）
　　浙江

經 21212177
讀說文解字小箋不分卷　清梁運昌撰
　稿本　復旦

經 21212178
席氏讀說文記十五卷　清席世昌撰
　清嘉慶二十年常熟張若雲刻本　國圖
　借月山房彙鈔本（嘉慶刻、博古齋影印）
　澤古齋重鈔本（道光重編）
　指海本（道光刻、民國影印）
　式古居彙鈔本（道光重編）
　民國間吳興劉氏嘉業堂抄本　國圖

經 21212179
說文經訓偶箋□卷　清邵瑛撰
　稿本（存卷六至九）　上海

經 21212180
說文解字鏡十二卷　清顧瞻輯注
　清雲間顧氏稿本　國圖

經 21212181
說文蟸箋十四卷　清潘奕雋撰
　稿本　上海
　清嘉慶七年潘氏三松堂刻本　浙江
　清道光二十年潘氏三松堂刻本　國圖
　　（清陳壽祺跋,清李慈銘校並跋）
　清同治十三年吳縣潘氏三松堂重刻
　　本　上海　湖北

經 21212182
說文蟸箋一卷　清潘奕雋撰
　許學叢刻本（光緒刻）

經 21212183
說文解字通正十四卷　清潘奕雋撰
　聚學軒叢書本（光緒刻）

經 21212184
說文解字斠詮十四卷　清錢坫撰
　清嘉慶十二年錢氏吉金樂石齋刻本
　　國圖　上海
　清嘉慶十六年琳琅仙館刻本　上海
　清光緒九年淮南書局刻本　上海
　　湖北
　清光緒二十九年刻本　上海

經 21212185
錢十蘭說文斠詮不分卷　清錢坫撰
　抄本　南京

經 21212186

說文統釋六十卷爾雅釋文補一卷　清
　　錢大昭撰
　　清抄本(說文解字第一之一、二、三,第十
　　　五之一、三)　國圖

經 21212187

說文統釋不分卷　清錢大昭撰
　　清道光十三年抄本(清苗夔題識)　遼寧

經 21212188

說文統釋自序一卷　清錢大昭撰　清
　　王宗涑音釋
　　清光緒七年刻本　浙江(清陶方琦校)
　　金峨山館叢書本(光緒刻)
　　清何天衢校刻本　北大　中科院
　　清抄本　國圖

經 21212189

說文統釋自敍節錄一卷　清錢大昭撰
　　清王亮生刪訂
　　清乾隆間藝海堂刻本　國圖　北大

經 21212190

說文統釋自敍注一卷　清錢大昭撰
　　清乾隆間藝海堂刻本　國圖　北大

經 21212191

說文統釋自序一卷附說文解字舊音一
　　卷音同異義辨一卷說文部首歌一
　　卷　清錢大昭撰　(舊音及音同異義
　　辨)清畢沅撰　(說文部首歌)清馮
　　桂芬撰
　　清宣統二年周魯齋紅格抄本　國圖

經 21212192

說文敍義考釋一卷　清錢大昭撰

清抄本　國圖

經 21212193

說文分類榷失六卷　清錢大昭撰
　　稿本　華東師大
　　清抄本　國圖

經 21212194

說文徐氏新補新附考證一卷　清錢大
　　昭撰
　　積學齋叢書本(光緒刻)

經 21212195

說文疑十二卷附漢書古字一卷　清□
　　□撰　(漢書古字)清王念孫撰
　　清抄本　中科院

經 21212196

說文疑十二卷附漢書古字一卷音義異
　　同一卷　清□□撰　(漢書古字及音
　　義異同)清王念孫撰
　　清末抄本　國圖
　　穆香館叢書本(民國影印)

經 21212197

說文疑疑二卷附一卷　清孔廣居撰
　　(附)清孔昭孔撰
　　清嘉慶七年詩禮堂刻本　國圖
　　許學叢書本(光緒刻)

經 21212198

說文又考一卷　清戚學標撰
　　漢學諧聲本附(嘉慶刻)
　　戚鶴泉所著書本(嘉慶刻)
　　許學四書本(影印嘉慶本)

經 21212199

說文補考一卷　清戚學標撰
　　漢學諧聲本附(嘉慶刻)
　　戚鶴泉所著書本(嘉慶刻)
　　許學四書本(影印嘉慶本)

經21212200
說文古語考一卷續方言補二卷古韻異
　　同摘要一卷　清程際盛(程琰)撰
　　稻香樓雜著本(清木活字印)
　　清抄本　北大　遼寧

經21212201
說文古語考補正二卷　清程際盛(程琰)
　　撰　清傅雲龍補正
　　清光緒十一年烏程李端臨紅餘籀室
　　　刻簪喜廬所著書本　國圖　北大
　　　中科院　復旦

經21212202
說文引經考十九卷　清程際盛(程琰)撰
　　清嘉慶十年程世勳等刻本　國圖

經21212203
說文引經考不分卷　清程際盛(程琰)撰
　　清歸安姚氏咫進齋抄本　北師大
　　清抄本　上海(清楊守敬跋)
　　清抄本　上海　西北大學
　　民國間吳縣王氏學禮齋抄本　復旦

經21212204
說文古籀疏證六卷原目一卷　清莊述
　　祖撰
　　功順堂叢書本(光緒刻)
　　清光緒二十年武進莊殿華津郡明文
　　　堂刻本　復旦
　　清光緒二十年武進莊殿華津郡明文
　　　堂刻民國十五年修補印本　復旦

民國十二年蘇州振新書社石印本(三
　　版)　遼寧　江西
民國十七年上海中一書局石印本
　　國圖
民國十七年上海受古書店影印清道
　　光刻本　雲南

經21212205
說文古籀疏證目一卷　清莊述祖撰
　　珍埶宧遺書本(道光刻)
　　清光緒八年刻本　上海　南京

經21212206
說文廣詁十二卷　清郝懿行撰
　　清抄本　國圖

經21212207
說文字句異同錄不分卷　清姚文田撰
　　稿本　國圖

經21212208
說文解字翼十五卷　清嚴可均撰
　　稿本　上海(存卷一至七)　國圖(存卷
　　　八至十五)

經21212209
舊說文錄三十六卷　清嚴可均輯　清
　　王仁俊校
　　清王仁俊抄本　上海

經21212210
說文新附攷不分卷　清鈕樹玉撰
　　稿本　蘇州文管

經21212211
說文新附攷六卷續攷一卷　清鈕樹玉撰
　　清嘉慶六年鈕氏非石居刻本　國圖

浙江

清嘉慶六年非石居刻同治七年碧螺
　　山館修補本　北大

清同治十三年湖北崇文書局刻本　國
　　圖　浙江

清歸安姚氏咫進齋抄本（葉德輝、文素
　　松跋）　上海

說文續字彙本（光緒石印）

經 21212212

說文新附攷六卷續考一卷附札記一卷
　　清鈕樹玉撰
　　許學叢書本（光緒刻）

經 21212213

說文新附攷札記一卷　張炳翔撰
　　許學叢書本（光緒刻）

經 21212214

說文正字二卷　清王瑜、清孫馮翼撰
　　問經堂叢書本（嘉慶刻）
　　清道光間抄本（存卷下）　桂林

經 21212215

說文辨字正俗八卷　清李富孫撰
　　清嘉慶二十一年校經廎刻本　北大
　　　　天津
　　清同治九年校經廎刻本　國圖　復旦

經 21212216

說文辨疑一卷　清顧廣圻撰
　　清光緒元年刻說文外編本附　上海
　　清光緒三年湖北崇文書局刻本　北大
　　清光緒九年刻說文外編本附　北師大
　　雷刻四種本（光緒刻）
　　雷刻八種本（光緒刻）
　　許學叢書本（光緒刻）

許學叢刻本（光緒刻）

清光緒間江西書局刻本　天津

清光緒間學文書局刻本　南京

清光緒間蘇州謝文翰刻本　國圖

芋園叢書本（民國彙印）

經 21212217

說文辨疑一卷條記一卷　清顧廣圻撰
　　清劉履芬抄本　國圖
　　聚學軒叢書本（光緒刻）
　　翠琅玕館叢書本（光緒刻）

經 21212218

說文釋例二卷　清江沅撰
　　小學類編本（咸豐光緒刻）
　　翠琅玕館叢書本（光緒刻）
　　清抄本　淮安
　　清吳棣生抄本（存卷二）　北大
　　芋園叢書本（民國彙印）

經 21212219

說文經字考一卷　清陳壽祺撰
　　小學類編本（咸豐光緒刻）
　　清光緒七年刻本　國圖　遼寧
　　金峨山館叢書本（光緒刻）

經 21212220

說文經字考辨證四卷　清陳壽祺撰
　　清郭慶藩辨證
　　稿本　湖南
　　清光緒二十一年岵瞻堂郭氏維揚刻
　　　　本　國圖　北大

經 21212221

說文經字正誼五卷　清郭慶藩撰
　　稿本　湖南
　　清光緒二十年湘陰郭氏揚州刻本　北

　　　　大　上海

經21212222
說文經字攷疏證六卷　清錢人龍撰
　　清光緒間鉛印本　湖北
　　民國二十二年無錫丁氏石印說文鑰
　　　本　北大

經21212223
侯官陳恭甫輯說文經字攷不分卷　清
　　陳壽祺撰　宋文蔚疏證
　　民國二十三年上海商務印書館石印
　　　本　國圖　湖北

經21212224
說文解字重文二卷　清馮登府輯
　　稿本　上海

經21212225
說文拈字七卷補遺一卷　清王玉樹撰
　　清嘉慶八年芳椒堂刻本　北大　國圖
　　清光緒十九年石印本　復旦　南京

經21212226
說文字通十四卷說文經典異字釋一卷
　　清高翔麟撰
　　清道光十八年海昌查元偁刻本　國圖

經21212227
說文經典異字釋一卷　清高翔麟撰
　　清道光十五年吳青霞齋局刻本　上海
　　　湖北
　　清道光十八年海昌查元偁刻本　國圖
　　清光緒九年萬卷樓刻巾箱本　上海
　　　南京

經21212228

說文解字經攷三卷　清臧禮堂撰
　　清嘉慶間抄本　北大

經21212229
說文檢字二卷補遺一卷　清毛謨輯
　　(補遺)清姚覲元撰
　　清光緒九年歸安姚氏咫進齋刻本　國
　　　圖　湖北

經21212230
說文檢字補遺一卷　清姚覲元撰
　　清光緒九年歸安姚氏咫進齋刻本　國
　　　圖　湖北

經21212231
說文引經考證六卷　清張澍撰
　　稿本　陝西博

經21212232
說文引經考證九卷　清張澍撰
　　稿本　陝西博

經21212233
說文解字句讀未定稿不分卷　清王筠撰
　　稿本　青島博

經21212234
說文解字句讀十四卷　清王筠撰
　　稿本　北大　廈大

經21212235
說文解字句讀十五卷　清王筠撰
　　稿本　南京

經21212236
說文解字句讀三十卷　清王筠撰
　　稿本　上海

清抄本(存卷一至十六、卷二十一至二十
　　六)　湖南師大
清道光三十年王筠刻本

經 21212237
說文解字句讀十五卷　清王筠撰　清
　　張穆訂注
　稿本　國圖

經 21212238
說文解字句讀三十卷　清王筠撰
　清道光三十年王筠刻咸豐九年王彥
　　侗增刻本　復旦
　民國間上海涵芬樓影印清道光三十
　　年王筠刻咸豐九年王彥侗增刻
　　本　湖北
　王氏說文三種本(道光刻、同治彙印)
　清光緒八年四川尊經書院刻本　國圖
　　北師大

經 21212239
說文釋例八卷　清王筠撰
　稿本　國圖　北大　北師大(缺卷七)
　　湖南(清何紹基、張穆批校)

經 21212240
說文釋例二十卷　清王筠撰
　稿本　南京
　清道光十七年刻王氏進呈書兩種本
　　(首一卷)

經 21212241
說文釋例二十卷　清王筠撰
　王氏說文三種本(道光刻、同治彙印)
　清光緒九年成都御風樓重刻本　天津
　清光緒十二年上海積山書局石印本
　　國圖

清光緒十三年上海積山書局石印本
　　北大　南京
清光緒十八年上海五彩書局石印本
　　浙江
民國四年掃葉山房石印本　國圖　遼寧
民國十四年掃葉山房石印本　復旦

經 21212242
說文釋例補正二十卷　清王筠撰
　稿本　山東
　王氏說文三種本(道光刻、同治彙印)
　清光緒九年成都御風樓重刻本　天津
　清光緒十二年上海積山書局石印本
　　國圖
　清光緒十三年上海積山書局石印本
　　北大　南京
　清光緒十八年上海五彩書局石印本
　　浙江
　民國四年掃葉山房石印本　國圖
　　遼寧
　民國十四年掃葉山房石印本　復旦

經 21212243
說文釋例補遺四卷　清黎定祥撰
　清光緒二十年嘉應黎定祥稿本　國圖

經 21212244
檢說文難字一卷　清王筠撰　許德昌
　　校訂
　民國二十一年丹徒許德昌石印本　國
　　圖　湖北

經 21212245
說文鈔十五卷　清王筠撰
　稿本　社科院文學所　黑大

經 21212246

說文校記一卷　清王筠撰
　稿本　山東博

經21212247
說文彙字不分卷　清王筠撰
　稿本　國圖

經21212248
說文新附攷校正一卷　清王筠撰
　許學叢刻本(光緒刻)

經21212249
說文逸文攷不分卷　清壽昌撰
　稿本　南京

經21212250
說文詹詹一卷　清陳鍾英撰
　歸禮堂三種本(稿本)　福建師大

經21212251
說文雜註長編不分卷　清劉寶楠撰
　稿本　上海

經21212252
說文引經異字三卷　清吳雲蒸撰
　清道光六年山海棠軒刻本　上海
　　浙江
　清同治十一年刻本　南開
　許學四書本(影印道光本)

經21212253
說文辨異八卷　清翟云升撰
　五經歲徧齋許學三書本(稿本)　上海
　五經歲徧齋許學三書本(郭氏松南書廬
　　抄、光緒辨蟬居抄)　國圖

經21212254

說文解字小箋不分卷　清陸元綸撰
　清抄本　復旦

經21212255
說文引經考異十六卷　清柳榮宗撰
　清咸豐二年刻海州贛榆學署本　北大
　　遼寧
　清咸豐二年刻同治六年柳森霖印本
　　國圖
　清咸豐五年刻本　天津　上海
　抄本　天津

經21212256
說文義證二十八卷　清朱琦撰
　清光緒二十一年嘉樹山房刻本　江西

經21212257
說文新附攷三卷　清鄭珍撰
　稿本　貴州博

經21212258
說文新附攷六卷　清鄭珍撰
　清道光元年刻本　天津
　清咸豐八年刻本　北師大
　清同治間刻本　中科院
　咫進齋叢書本(光緒刻)
　清光緒七年刻本　國圖　上海
　清光緒十四年山陰許氏枕碧山館刻
　　本　國圖　南京
　玲瓏山館叢書本(光緒刻)
　鶴壽堂叢書本(光緒刻)
　巢經巢全集本(民國彙印)

經21212259
說文新附攷六卷說文逸字二卷附錄一
　　卷　清鄭珍撰　(附錄)清鄭知同撰
　清光緒四年刻本　上海　雲南

經 21212260

說文逸字二卷　清鄭珍撰
　　鄭子尹遺書本(咸豐刻)
　　巢經巢全集本(民國彙印)
　　天壤閣叢書本(同治光緒刻)
　　清光緒八年成都御風樓刻本　人大
　　　湖南
　　清光緒十四年山陰許氏枕碧山館刻
　　　本　國圖　南京
　　清末湖南經濟書室刻本　國圖　北大
　　清抄本　國圖

經 21212261

說文逸字辨證二卷　清鄭珍撰　清李
　　楨辨證
　　清光緒十一年善化李氏畹蘭室刻本
　　　國圖　遼寧
　　清宣統元年思賢書局刻本　湖北

經 21212262

說文舉例一卷　清陳瑑撰
　　許學叢刻本(光緒刻)

經 21212263

說文引經攷證七卷說文引經互異說一
　　卷　清陳瑑撰
　　清同治十三年湖北崇文書局重刻本
　　　國圖　南京
　　清光緒十年三益廬刻本　天津

經 21212264

說文引經互異說一卷　清陳瑑撰
　　清同治十三年湖北崇文書局刻本　國
　　　圖　南京
　　清光緒十年三益廬刻本　天津

經 21212265

說文外編十五卷補遺一卷　清雷浚撰
　　說文續字彙本(光緒石印)

經 21212266

說文外編十五卷補遺一卷附說文辨疑
　　一卷　清雷浚撰　(說文辨疑)清顧
　　廣圻撰
　　清光緒元年刻本　上海
　　清光緒九年刻本　北師大

經 21212267

說文外編十五卷補遺一卷附劉氏碎金
　　一卷　清雷浚撰　(劉氏碎金)清劉
　　禧延撰
　　清光緒十四年同文書局石印本　北大
　　　南京　浙江

經 21212268

說文外編十五卷補遺一卷附說文辨疑
　　一卷劉氏碎金一卷　清雷浚撰
　　(說文辨疑)清顧廣圻撰　(劉氏碎
　　金)清劉禧延撰
　　雷刻四種本(光緒刻)
　　雷刻八種本(光緒刻)
　　清光緒二年謝文翰齋刻本　國圖
　　　復旦

經 21212269

說文引經例辨三卷　清雷浚撰
　　雷刻四種本(光緒刻)
　　雷刻八種本(光緒刻)

經 21212270

說文檢字一卷附檢說文引異字一卷
　　清陳其幹撰
　　清道光二十五年五百卷閣刻本　湖北

經 21212271
檢說文引異字一卷　清陳其幹撰
　　清道光二十五年五百卷閣刻說文檢
　　　字本附　湖北

經 21212272
說文便檢十二卷附說文重文十二卷
　　清丁源撰
　　清道光七年刻本　湖北
　　清道光七年刻豹隱山房印本　國圖

經 21212273
說文重文十二卷　清丁源撰
　　清道光七年刻豹隱山房印本　國圖

經 21212274
說文注殘稿□□卷　清朱士端撰
　　稿本(存卷一、四、六、八、十四)　上海

經 21212275
說文校定本十五卷　清朱士端撰
　　稿本　上海
　　春雨樓叢書本(同治刻)
　　清同治四年刻本　上海

經 21212276
說文校定本二卷　清朱士端撰
　　咫進齋叢書本(光緒刻)

經 21212277
說文義例一卷　清王宗誠撰
　　昭代叢書本(道光刻)

經 21212278
說文類解四卷附六書辨正一卷辨韻簡
　　明二卷　清陸烱撰
　　清道光十六年聞諸室刻本　北大　湖北

經 21212279
說文解欄位注讀不分卷　清楊沂孫撰
　　清光緒五年紅格稿本　國圖

經 21212280
說文徵典十二卷考證不分卷許書重文
　　一卷說文外字一卷　清況澄撰
　　清咸豐間稿本　桂林

經 21212281
說文考證不分卷　清況澄撰
　　清咸豐間稿本　桂林

經 21212282
許書重文一卷　清況澄撰
　　清咸豐間稿本　桂林

經 21212283
說文外字一卷　清況澄撰
　　清咸豐間稿本　桂林

經 21212284
兒笘錄四卷　清俞樾撰
　　第一樓叢書本(光緒刻)
　　民國七年刻觀鑑廬叢書本　國圖

經 21212285
第一樓叢書附考一卷　清俞樾撰
　　金峨山館叢書本(光緒刻)

經 21212286
湖樓筆談說文經字不分卷　清俞樾輯
　　宋文蔚疏證
　　民國二十三年上海商務印書館石印
　　　本　國圖　復旦

經 21212287

說文徐氏未詳說一卷　清許溎祥輯
　　藍格稿本　國圖
　　清許氏古均閣綠格抄本　國圖
　　清光緒十六年海寧許氏古均閣刻本
　　　國圖　北大

經 21212288
說文補徐人釋不分卷　清許溎祥撰
　　藍格稿本　國圖

經 21212289
說文辨通刊俗不分卷　清丁壽昌撰
　　丁氏遺稿六種本(稿本)　上海

經 21212290
說文分韻易知錄五卷附說文重文標目
　　　五卷說文分畫易知一卷　清許巽
　　　行撰
　　清光緒五年華亭許嘉德刻松江葆素
　　　堂許氏印本　國圖　北大

經 21212291
說文重文標目五卷　清許巽行撰
　　清光緒五年華亭許嘉德刻松江葆素
　　　堂許氏印本　國圖　北大

經 21212292
說文分畫易知一卷　清許巽行撰
　　清光緒五年華亭許嘉德刻松江葆素
　　　堂許氏印本　國圖　北大

經 21212293
說文佚字攷不分卷　清張鳴珂撰
　　稿本(清胡欽、清李慈銘跋)　國圖
　　抄本　上海

經 21212294

說文佚字攷四卷　清張鳴珂撰
　　清光緒十三年豫章刻本　北大　湖北

經 21212295
說文證異五卷　清張式曾撰
　　稿本　南京

經 21212296
說文曻例四卷　清錢世鈙撰
　　清抄本　國圖

經 21212297
說文譌字不分卷　清鄭知同撰
　　清抄本　桂林

經 21212298
說文本經答問二卷　清鄭知同撰
　　清光緒十六年廣雅書局刻本　國圖
　　　北師大
　　廣雅書局叢書本(光緒刻)
　　巢經巢全集本(民國彙印)

經 21212299
說文淺說一卷　清鄭知同撰
　　宏達堂叢書本(光緒刻)
　　文選樓叢書本(光緒刻)
　　玲瓏山館叢書本(光緒刻)
　　民國六年重慶啓渝印刷公司鉛印本
　　　甘肅

經 21212300
說文古籀補十卷　清吳大澂撰
　　抄本　中科院

經 21212301
說文古籀補十四卷補遺一卷附錄一卷
　　清吳大澂撰

清光緒七年刻本　國圖　南開
清光緒二十四年刻本　國圖　人大
清光緒十年蘇州振新書社石印本　人
　　大　湖南
清光緒十二年上海點石齋石印本　國
　　圖　天津
民國二年上海掃葉山房石印本　國圖
　　南開
民國十二年蘇州振新書社石印本(三
　　版)　遼寧　江西

經21212302
增訂說文古籀補十四卷補遺一卷附錄
　　一卷　清吳大澂撰　田潛增訂
　　民國間江陵田潛稿本　國圖

經21212303
說文古籀補補十四卷補遺一卷附錄一
　　卷　丁佛言撰
　　清光緒十年刻本　天津
　　民國十三年石印本　國圖　遼寧
　　民國十九年北平富晉書社石印本　國
　　　　圖　復旦　遼寧

經21212304
說文古籀三補十四卷附錄一卷　強運
　　開輯
　　民國二十四年上海商務印書館石印
　　　　本　國圖　復旦　遼寧

經21212305
說文重文本部考一卷附錄一卷　清曾
　　紀澤撰
　　清同治八年吳坤修半畝園刻本　北大
　　　　中科院

經21212306

說文字辨十四卷　清林慶炳輯
　　清同治四年刻本　上海　南京

經21212307
說文解字補說十四卷　清吳善述撰
　　刻樣底稿本　上海

經21212308
說文義緯不分卷　清錢寶惠撰
　　稿本　中央黨校

經21212309
重文二卷補遺一卷　清丁午撰
　　田園雜著本(光緒刻)

經21212310
說文職墨三卷　清于鬯撰
　　南菁書院叢書本(光緒刻)

經21212311
說文集釋不分卷　清于鬯　清沈毓慶撰
　　清漢石經室抄本　南京

經21212312
說文易檢十四卷附識一卷末二卷　清
　　史恩綿編
　　民國十二年上海商務印書館影印稿
　　　　本　湖南
　　民國六年上海商務印書館影印清光
　　　　緒九年史氏刻本　國圖　遼寧

經21212313
說文佚字輯說四卷　清王廷鼎撰
　　紫薇花館集本(光緒刻,紫薇花館小學
　　　　編)

經21212314

說文考正二卷　清淩曙撰
　　清江都淩毓瑞抄本　國圖

經21212315
說文類編不分卷　清尹彭壽撰
　　稿本(存上冊)　山東
　　清諸城來北園抄本　國圖

經21212316
說文義例徵訂不分卷　清陳倬撰
　　稿本　南京

經21212317
說文通俗六卷　清顧之義輯
　　民國間石印本　湖北

經21212318
說文補遺一卷　清吳錦章撰
　　清崇雅精舍刻本　上海

經21212319
說文通例十卷　清程棫林撰
　　稿本　貴州博

經21212320
說文徵許補解四卷　清呂佩芬撰
　　清光緒間抄本　國圖

經21212321
說文重文管見一卷　清蕭道管撰
　　石遺室叢書本(清末民國刻)

經21212322
說文經斠十三卷補遺一卷　清楊廷瑞撰
　　澂園叢書本

經21212323

說文正俗一卷　清楊廷瑞撰
　　澂園叢書本

經21212324
說文解字補逸一卷　清周聲溢撰
　　稿本　北大

經21212325
說文經字錄三卷　清李宗蓮撰
　　稿本　浙江

經21212326
說文解字補逸一卷　清張祖同輯
　　民國間抄本　湖南

經21212327
說文解字索隱一卷附說文補例一卷
　　　清張度撰
　　靈鶼閣叢書本(光緒刻)
　　民國間吳興劉氏嘉業堂抄本　浙江

經21212328
說文補例一卷　清張度撰
　　靈鶼閣叢書本(光緒刻)
　　民國間吳興劉氏嘉業堂抄本　浙江

經21212329
說文引經異文集證一卷　清吳種撰
　　稿本　上海　南京

經21212330
說文引經異文集證五卷　清吳種撰
　　清循陔書室抄本　福建

經21212331
說文引經異文集證八卷　清吳種撰
　　清循陔書室抄本　北師大

經 21212332
說文便檢十二卷　清金保彝撰
　　藍格稿本　天津

經 21212333
說文解字引漢律考四卷　清王仁俊撰
　　清光緒二十二年稿本　上海

經 21212334
說文解字引漢律令考二卷　清王仁俊撰
　　稿本　上海

經 21212335
說文解字引漢律令考二卷附二卷　清
　　王仁俊撰
　　清光緒三十二年吳縣王氏籀鄦誃刻
　　本　國圖

經 21212336
徐君說文多采用淮南說一卷　清王仁
　　俊撰
　　民國間抄本　國圖

經 21212337
說文引經證例二十四卷　清承培元撰
　　清光緒二十一年廣雅書局刻本　國圖
　　　中科院
　　廣雅書局叢書本（光緒刻）

經 21212338
說文解字理董不分卷　清龔橙撰
　　稿本　南京

經 21212339
通考說文引經三十四卷　清魏本唐撰
　　清抄本　北大

經 21212340
說文引書考不分卷　□□撰
　　稿本　上海

經 21212341
說文引經撮要不分卷　□□撰
　　稿本　南京

經 21212342
說文引詩字輯一卷　□□撰
　　民國間影印稿本　國圖

經 21212343
說文附韻便檢□卷　清朱□撰
　　抄本（存二卷）　南京

經 21212344
說文引典一卷　□□撰
　　稿本　復旦
　　清江在田抄本　遼寧

經 21212345
說文引書異同攷不分卷　清□瑞伯撰
　　清許克勤訂正
　　稿本　復旦

經 21212346
說文摘句一卷　□□撰
　　稿本　復旦
　　清江在田抄本　遼寧

經 21212347
說文辨似不分卷續編不分卷　□□撰
　　清抄本　湖南

經 21212348
說文辨字正俗不分卷　□□撰

清抄本　南京

經 21212349
說文佹經證不分卷　清翟氏輯
　　清抄本　國圖

經 21212350
說文重字備查一卷　□□撰
　　抄本　南京

經 21212351
說文粹言疏證二卷　潘任撰
　　希鄭堂叢書本(光緒木活字印)

經 21212352
說文引羣說故二十七卷　鄭文焯撰
　　清光緒間刻本　湖北

經 21212353
說文辨義初稿□卷　馮世澂撰
　　稿本(存卷二至三)　上海

經 21212354
說文重文考不分卷　朱孔彰撰
　　民國間鉛印本　國圖

經 21212355
證信錄一卷　姚瑩俊撰
　　稿本　國圖

經 21212356
許書正文重文對證編二卷　姚瑩俊撰
　　稿本　國圖

經 21212357
說文籀文說解補不分卷　曾朝祐撰
　　清光緒三十四年鉛印知誠勤齋存稿

本　穀城

經 21212358
說文古文說解補不分卷　曾朝祐撰
　　清光緒三十四年鉛印知誠勤齋存稿
　　本　穀城

經 21212359
說文采通就正不分卷　吳廣霈撰
　　稿本　湖北

經 21212360
說文解字便箋一卷　舒立淇撰
　　民國四年刻本　湖南

經 21212361
說文解字重文提要一卷　周炳蔚輯
　　民國五年川明書屋石印本　復旦

經 21212362
說文新附通正四卷　邵灦祥撰
　　民國二十三年桐華館鉛印本　中科院

經 21212363
說文解字辨證十四卷　陳衍撰
　　石遺室叢書本(清末民國刻)

經 21212364
說文解字辨證不分卷　陳衍撰
　　民國間鉛印本　國圖

經 21212365
說文舉例七卷　陳衍撰
　　石遺室叢書本(清末民國刻)

經 21212366
說文新附明辨錄二卷　羅時憲撰

民國二年犍爲葉政學求是軒刻求是
　　軒叢書本　北大　中科院　甘肅

經 21212367
說文今釋一卷　董明銘撰
　　民國七年陝西教育圖書社鉛印本　國
　　　圖　湖北

經 21212368
說文釋文不分卷　□□撰
　　民國間抄本　北碚

經 21212369
說文解字商四卷　張洪義撰
　　民國間江蘇國學圖書館傳抄本　南京

經 21212370
說文考逸一卷　曹元忠輯
　　稿本　復旦

經 21212371
說文引方言考不分卷　曹元忠撰
　　稿本　復旦

經 21212372
說文古籀彙編不分卷　陳訓丹輯
　　稿本　上海

經 21212373
說文難檢字錄一卷　楊昭儁撰
　　淨樂宧叢著本(稿本)　國圖

經 21212374
說文籀文考證一卷說籀一卷附補遺一
　　卷　葉德輝撰　葉啓勳撰補遺
　　郋園小學四種本(民國彙印)
　　郋園先生全書本(民國彙印)

經 21212375
說文籀文考證補遺一卷　葉啓勳撰
　　郋園小學四種本(民國彙印)
　　郋園先生全書本(民國彙印)

經 21212376
許氏說文解字說例一卷　宋育仁撰
　　問琴閣叢書本(民國刻)

經 21212377
說文句讀識論不分卷　王軒撰
　　民國間鉛印本　國圖

經 21212378
說文解字古文疏證一卷　李呆撰
　　民國二十六年刻本　上海　復旦　湖北

經 21212379
說文所引通人輯署不分卷　壽昀輯
　　民國間鉛印本　國圖

經 21212380
原書六十卷　沈修撰
　　未園著藪本(稿本)　國圖

經 21212381
說文重文新附雜鈔二卷　□□撰
　　民國間抄本　湖南

經 21212382
說文或體字考□卷　□□撰
　　稿本(存卷四卷六)　南京

音　釋

經 21212383
說文解字韻譜五卷　南唐徐鍇撰
　　元延祐三年種善堂刻本　國圖　北大

函海本(乾隆刻、道光補刻、光緒刻)
清抄本　南京(清丁丙跋)　上海(清程
　瑤田校)
民國十五年南陵徐乃昌影印元種善
　堂刻本　國圖　湖北

經 21212384
說文解字韻譜十卷　南唐徐鍇撰
　明抄本　國圖

經 21212385
說文解字篆韻譜五卷　南唐徐鍇撰
　明刻本　臺北故博
　明李顯刻本　天津　上海　湖北
　清初抄本(羅振玉跋)　華南師大
　四庫全書本(乾隆寫)

經 21212386
說文解字篆韻譜五卷附錄一卷　南唐
　徐鍇撰
　清馮桂芬校刻底稿本(清馮桂芬校並
　　跋)　上海
　古經解彙函本(小學彙函,同治刻、光緒
　　石印、光緒刻)

經 21212387
說文解字韻譜十卷　宋徐鍇撰　清馮
　桂芬校訂
　清同治三年馮桂芬縮摹篆文刻日本
　　影宋抄本　北大　上海

經 21212388
說文韻譜校一卷　清王筠撰
　稿本　湖南

經 21212389
說文韻譜校五卷　清王筠撰

稿本　上海
清道光十三年刻本　上海
思進齋叢書本(光緒刻)
清光緒十三年許克勤抄本　上海
清光緒十六年濰縣劉氏素心琴室刻
　本　國圖　人大
清抄本　湖南

經 21212390
說文解字韻譜補正不分卷　清馮桂芬、
　清龔丙孫撰
　清馮桂芬、龔丙孫稿本　復旦

經 21212391
重刊說文解字五音韻譜十二卷　宋李
　燾撰
　宋刻元明遞修本　臺北故博
　明萬曆間刻本　上海
　明刻本　國圖

經 21212392
重刊許氏說文解字五音韻譜十二卷
　宋李燾撰
　明弘治十四年車玉刻本　北師大
　　上海
　明嘉靖七年郭雨山刻本　上海　南京
　明萬曆四十七年張經世刻本　山東
　　湖北
　明刻黑口本　北大
　明刻本　國圖　北大　北師大　上海
　　復旦
　明天啓七年世裕堂刻本　北大　上海
　明天啓七年世裕堂刻雲林五雲堂印
　　本　中科院
　明刻清印本　上海
　明刻本　上海(卷七有缺葉,佚名過錄前
　　人校)

明刻本　浙江(又一部,張慕騫校並跋)

經21212393
許氏說文解字五音韻譜十二卷　題漢
　　許慎撰　宋李燾撰
　　明嘉靖十一年孫甫刻本　國圖　吉林
　　明天啓七年世裕堂刻本　國圖　北大
　　　上海
　　明刻本　北大　上海(缺卷一至二)

經21212394
說文解字十二卷說文異同一卷　題漢
　　許慎撰　宋李燾重編
　　明萬曆二十六年陳大科刻本　北大
　　　清華　人大　復旦
　　明萬曆二十六年陳大科刻清岱雲樓
　　　印本　遼寧

經21212395
五音韻譜校本錄存一卷　清□□撰
　　清道光十四年許瀚抄本(清許瀚、清王
　　　筠校注並跋)　國圖

經21212396
說文解字舊音一卷　清畢沅撰
　　經訓堂叢書本(乾隆刻、光緒影印)
　　清宣統二年周魯齋紅格抄本　國圖

經21212397
說文舊音一卷　清畢沅輯
　　小學類編本(咸豐光緒刻)

經21212398
說文聲系十四卷末一卷　清姚文田撰
　　清嘉慶九年粵東督學使者署刻本　國
　　　圖　中科院
　　清嘉慶九年粵東督學使者署刻本清

光緒七年歸安姚覲元重修本
　國圖
　逐雅堂全書本(嘉慶刻)
　粵雅堂叢書本(咸豐刻)

經21212399
說文聲類一卷　清嚴可均撰
　　清嘉慶四年廣東書院刻本　南京

經21212400
說文聲類二卷說文聲類出入表一卷
　　清嚴可均撰
　　四錄堂類集本(嘉慶刻)
　　清嘉慶七年宛平嚴氏刻光緒間吳氏
　　　二百蘭亭齋印本　國圖　上海
　　民國十三年渭南嚴氏刻本　國圖
　　　人大

經21212401
說文聲類十六卷說文聲類出入表一卷
　　清嚴可均撰
　　皇清經解續編本(光緒刻、光緒石印)

經21212402
說文聲類二卷　清嚴可均撰
　　木犀軒叢書本(光緒刻)

經21212403
說文聲類出入表一卷　清嚴可均撰
　　四錄堂類集本(嘉慶刻)
　　清嘉慶七年宛平嚴氏刻光緒間吳氏
　　　二百蘭亭齋印本　國圖　上海
　　皇清經解續編本(光緒刻、光緒石印)
　　民國十三年渭南嚴氏刻本　國圖
　　　人大

經21212404

說文解字音均表二卷　清江沅撰
　　稿本(清江文煒跋)　上海

經 21212405
說文解字音均表十七卷首一卷　清江
　　沅撰
　　皇清經解續編本(光緒刻、光緒石印)

經 21212406
說文解字音均表十七卷目錄一卷弁言
　　一卷　清江沅撰
　　清抄本　北大

經 21212407
說文解字音均表不分卷　清江沅撰
　　抄本　南京

經 21212408
許氏說文解字雙聲疊韻譜一卷　清鄧
　　廷楨撰
　　清道光十八年刻本　國圖　北大　北
　　　　師大　中科院　上海　南京　湖北
　　後知不足齋叢書本(光緒刻)
　　清光緒九年上海同文書局石印本　國
　　　　圖　人大
　　雙硯齋叢書本(民國刻)

經 21212409
說文聲訂二十八卷　清苗夔撰
　　苗氏說文四種本(道光刻)

經 21212410
說文聲訂二卷附札記一卷　清苗夔撰
　　(札記)張炳翔撰
　　許學叢書本(光緒刻)

經 21212411

說文聲訂札記一卷　張炳翔撰
　　許學叢書本(光緒刻)

經 21212412
說文聲讀表七卷　清苗夔撰
　　苗氏說文四種本(道光刻)
　　天壤閣叢書本(同治光緒刻)
　　皇清經解續編本(光緒刻、光緒石印)

經 21212413
說文聲讀考六卷　清苗夔撰
　　清紅格抄說文聲讀表本　國圖

經 21212414
說文通訓定聲十八卷柬韻一卷　清朱
　　駿聲撰
　　稿本　安徽博

經 21212415
說文通訓定聲分部柬韻一卷　清朱駿
　　聲輯
　　清道光二十八年黟縣學舍刻本　北大
　　　　復旦
　　清道光二十九年刻咸豐元年孔彰臨
　　　　嘯閣補刻本　北大　復旦　遼寧
　　　　湖北
　　清光緒十二年上海積山書局石印本
　　　　北大　浙江
　　清光緒十四年上海鴻文書局石印本
　　　　北大
　　經策通纂(經學輯要)本(光緒石印)
　　民國十七年上海掃葉山房石印本
　　　　北大

經 21212416
說文通訓定聲十八卷分部柬韻一卷說
　　雅一卷古今韻準一卷　清朱駿聲

撰　清朱鏡蓉參訂

　清道光二十八年黟縣學舍刻本　　北大
　　　復旦

經 21212417

說文通訓定聲十八卷分部柬韻一卷說
　　雅一卷古今韻準一卷附行述一卷
　　清朱駿聲撰　清孔彰撰行述
　　清道光二十九年刻咸豐元年孔彰臨
　　　嘯閣補刻本　北大　復旦　遼寧
　　　湖北
　　清光緒十二年上海積山書局石印本
　　　北大　浙江
　　清光緒十四年上海鴻文書局石印本
　　　北大
　　民國十七年上海掃葉山房石印本
　　　北大

經 21212418

朱氏說文通訓定聲序注一卷　　清朱駿
　　聲撰　朱文蔚注釋
　　民國二十三年上海商務印書館石印
　　　本　北大　遼寧

經 21212419

說文通訓定聲補遺十八卷首一卷　　清
　　朱駿聲撰
　　朱氏羣書本(光緒刻)

經 21212420

說文分均再藁五卷　清劉家鎮撰
　　稿本　福建

經 21212421

說文讀若考一卷　清丁士涵撰
　　稿本　上海

經 21212422

說文聲類譜十七卷　清陳澧撰
　　稿本　廣東
　　抄本　廣東

經 21212423

說文聲表□□卷標目十七卷　清陳澧撰
　　稿本(說文聲表存卷五)　國圖

經 21212424

說文聲表目錄不分卷　清陳澧撰
　　稿本　廣東

經 21212425

說文聲統十七卷首一卷標目一卷　　清
　　陳澧撰
　　王氏學禮齋抄本　復旦

經 21212426

說文解字均隸十二卷　清丁棡五撰
　　稿本　山東博
　　民國二十三年端安陳氏襃殷堂石印
　　　本　國圖　復旦　湖北

經 21212427

說文雙聲二卷　清劉熙載、清陳宗彝撰
　　古桐書屋六種本(同治光緒刻)

經 21212428

說文疊韵二卷首一卷續編一卷　　清劉
　　熙載、清袁康撰
　　古桐書屋六種本(同治光緒刻)
　　端溪叢書本(光緒刻)

經 21212429

說文閩音通一卷附錄一卷　清謝章鋌撰
　　稿本　福建

清光緒二十八年刻本　復旦
賭棋山莊所著書本(光緒刻)

經 21212430
說文審音十六卷　清張行孚撰
漸西村舍彙刊本(光緒刻)

經 21212431
說文韻孴不分卷　清時庸勘撰
時氏音學叢稿本(稿本)　山東博

經 21212432
說文解字聲切正謬不分卷　清時庸勘撰
時氏音學叢稿本(稿本)　山東博

經 21212433
說文聲類分韻表十卷附今音古分十七
部表一卷　清韓耀光撰
民國十年石印本　國圖　中科院

經 21212434
說文聲母歌括四卷　清宣澍甘撰　湯
壽潛鑑定
清宣統元年上海會文學社石印本　北
大　人大　湖北

經 21212435
說文定聲四十一卷　張長撰
民國二十年石印本　國圖　湖北

經 21212436
釋說文讀若例一卷　□□撰
清末民國初刻朱印本　南京

經 21212437
說文讀若字考七卷附同聲假借字考二
卷　葉德輝撰

民國十二年長沙葉氏觀古堂刻本　中
科院

經 21212438
說文讀若字考七卷附說文讀同字考一
卷　葉德輝撰
郎園小學四種本(民國彙印)
郎園先生全書本(民國彙印)

經 21212439
說文讀同字考一卷　葉德輝撰
郎園小學四種本(民國彙印)
郎園先生全書本(民國彙印)

經 21212440
說文聲類譜十五卷　□□撰
抄本　湖南

六　書

經 21212441
六書畧五卷　宋鄭樵撰
民國二十四年國立北京大學影印元
至治刻本　國圖　人大　北師大

經 21212442
鈔鄭樵通志六書畧平議十卷　清宦懋
庸撰
稿本　國圖

經 21212443
六書通釋一卷　宋戴侗撰
六書故本附(萬曆清真館刻、明刻)　吉
林　廣東
四庫全書本(乾隆寫)
清乾隆三十九年李氏刻本　浙江
清乾隆四十九年綿州李鼎元刻師竹
齋印本　國圖　北大

清抄本　國圖

經21212444
六書正譌五卷　元周伯琦撰
　元至正十二年吳當序刻本　南開
　元至正十五年平江郡守高德基刻本
　　　北大　中科院　上海
　元至正十五年高德基刻明修本　上海
　元刻明修本　臺北故博
　明影元抄本　青島
　清虞獻廷影元抄本　天津
　明嘉靖元年于鏊刻本　國圖　中科院
　明嘉靖間刻本　國圖
　明崇禎七年胡正言十竹齋刻本　北大
　　　遼寧
　明刻本　國圖　中科院　湖南(存卷一
　　　至三)
　清乾隆間平湖陸氏古香閣覆明胡氏
　　　十竹齋刻本　浙江　湖北
　四庫全書本(乾隆寫)
　清咸豐五年惜古齋影刻元至正本
　　　天津
　清同治五年大興邵綏名重刻惜古齋
　　　本　湖北
　清光緒元年重刻惜古齋本　浙江
　清光緒十二年恭壽堂重刻惜古齋本
　　　浙江　湖北

經21212445
六書本義十二卷書義綱領一卷六書本
　　　義圖一卷　明趙撝謙撰
　明洪武十三年刻本　北大
　明正德十二年邵氏刻本　國圖
　明正德十五年胡東皋刻本　國圖
　　　北大
　明萬曆三十八年楊君覷刻本　國圖
　　　中科院

四庫全書本(乾隆寫)

經21212446
六書精蘊六卷音釋舉要一卷　明魏校
　　　撰　(音釋舉要)明徐官撰
　明嘉靖十九年魏希明刻本　國圖　北
　　　大　上海
　清抄本(無音釋舉要)　復旦

經21212447
六書索隱五卷　明楊慎撰
　明許天敍等刻本　中科院
　明刻本　河南　四川
　清抄本(葉德輝跋)　上海
　清抄本　國圖

經21212448
六書賦音義二十卷六書賦一卷　明張
　　　士佩撰
　明萬曆三十年刻本　北大　浙江
　明天啓三年馮嘉會刻本(無六書賦)
　　　國圖

經21212449
六書總要五卷附正小篆之訛一卷諧聲
　　　指南一卷　明吳元滿撰
　明萬曆十二年刻本　北大　上海　浙江

經21212450
諧聲指南一卷　明吳元滿撰
　明萬曆十二年刻本　北大　上海　浙江

經21212451
六書正義十二卷　明吳元滿撰
　明萬曆三十三年刻本　北大　上海
　　　復旦　湖北
　抄本　北師大

經 21212452

六書泝原直音二卷分部備考一卷　　明
　　吳元滿編
　　明萬曆十四年吳氏刻本　國圖　上海
　　　　復旦

經 21212453

六書長箋漢義七卷　明趙宦光撰
　　明崇禎四年趙均小宛堂刻本　北大
　　　　遼寧
　　明崇禎四年趙均小宛堂刻清康熙四
　　　　十三年新安程稺廣陵玉禾堂補
　　　　刻本　國圖　中科院
　　明崇禎六年長洲顧聽刻本　北大

經 21212454

六書準四卷　清馮鼎調撰
　　清康熙初馮昶刻本　上海　湖北
　　　　浙江
　　清康熙間杭州彙賢齋刻本　國圖
　　清初傳忠堂刻本　上海

經 21212455

六書通十卷　清閔齊伋撰　清畢弘述
　　篆訂
　　清康熙五十九年基聞堂刻本　國圖
　　　　中科院
　　清乾隆四十五年大文堂刻本　甘肅
　　清乾隆六十年刻本　上海
　　清光緒四年繡谷留耕堂刻本　國圖
　　　　北大
　　清光緒七年鉏經堂刻本　遼寧
　　清光緒十九年上海校經山房石印本
　　　　遼寧
　　清光緒十九年平遠書屋石印本　北
　　　　師大
　　清光緒十九年上海書局石印本　湖南

　　清光緒二十一年上海鴻寶齋石印本
　　　　國圖
　　清光緒間積山書局石印本　天津
　　清宣統元年上海掃葉山房石印本
　　　　遼寧
　　民國七年上海鴻文書局石印本　江西

經 21212456

六書通十卷附六書通摭遺十卷　清閔
　　齊伋撰　清畢弘述篆訂　（六書通
　　摭遺)清畢星海輯
　　清嘉慶六年畢星海刻本　北大
　　清光緒十四年上海大同書局石印本
　　　　湖北

經 21212457

六書通摭遺十卷　清畢星海輯
　　六書通本附　北大
　　六書通附印本　湖北

經 21212458

六書通十卷附百體福壽全圖不分卷
　　明閔齊伋撰
　　清光緒十九年平遠書屋石印本　國圖
　　清光緒二十一年上海鴻寶齋石印本
　　　　國圖
　　清宣統元年上海掃葉山房石印本
　　　　國圖

經 21212459

訂正六書通十卷　清閔齊伋撰　清畢
　　弘述篆訂
　　民國二十五年上海廣益書局石印本
　　　　湖北　湖南

經 21212460

六書通十二卷首一卷　明閔齊伋撰

清席佺校訂
   清道光三年春雨樓席氏抄本　　復旦

經 21212461
廣六書通十卷　　清程瀚輯
   稿本　　上海

經 21212462
許氏說文解字六書論正二十四卷首一
   卷　　清王育撰
   清宋賓王抄本　　上海
   清抄本　　西南師大

經 21212463
六書述部敍考六卷　　清吳玉搢撰
   清抄本　　國圖
   清抄本(存卷四至六)　　北師大

經 21212464
六書例解一卷　　清楊錫觀撰
   楊顒若小學二種本(雍正乾隆刻)
   篆學三書本(乾隆刻、清朐陽書院抄)
   大亭山館叢書本(光緒刻)

經 21212465
六書辨通五卷補一卷續補一卷　　清楊
   錫觀撰
   楊顒若小學二種本(雍正乾隆刻)

經 21212466
六書雜說一卷　　清楊錫觀撰
   楊顒若小學二種本(雍正乾隆刻)
   篆學三書本(乾隆刻)

經 21212467
六書說一卷　　清江聲撰
   清李賡芸抄本　　嘉定博

清咸豐元年李氏半畞園刻本　　國圖
琳琅祕室叢書本(咸豐木活字印、光緒
   木活字印)
小學類編本(咸豐光緒刻)
宏達堂叢書本(光緒刻)
文選樓叢書本(光緒刻)
清光緒十五年蔣氏求實齋刻本　　中
   科院
求實齋叢書本(光緒刻)
玲瓏山館叢書本(光緒刻,小學下編)

經 21212468
六書說校譌一卷　　清胡珽撰
   琳琅祕室叢書本(咸豐木活字印、光緒
   木活字印)

經 21212469
六書說續校一卷　　清董金鑑撰
   琳琅祕室叢書本(咸豐木活字印、光緒
   木活字印)

經 21212470
說文諧聲十卷　　清丁履恆撰
   清嘉慶間丁履恆手定稿本　　臺圖

經 21212471
轉注古義考一卷　　清曹仁虎撰
   藝海珠塵本(嘉慶刻道光增刻)
   清光緒四年宏達堂刻本　　復旦　天津
   許學叢書本(光緒刻)
   許學叢刻本(光緒刻)
   求實齋叢書本(光緒刻)

經 21212472
轉注古義考二卷　　清曹仁虎撰
   刻益雅堂叢書本(光緒刻)
   玲瓏山館叢書本(光緒刻)

經 21212473
象形字譜二卷　清蔣和撰
　　清嘉慶元年刻本　北師大

經 21212474
諧聲譜不分卷　清王念孫撰
　　高郵王石臞先生手稿四種本　北大

經 21212475
補高郵王氏說文諧聲譜一卷　王國維撰
　　民國十二年稿本　遼寧
　　海寧王忠愨公遺書本(民國鉛印石印)
　　海寧王靜安先生遺書本(民國石印)
　　民國三十二年油印本　復旦

經 21212476
六書轉注錄十卷　清洪亮吉撰
　　粵雅堂叢書本(咸豐刻)
　　洪北江全集本(光緒刻)
　　清抄本(存卷一至六)　北大
　　清抄本(存卷三至八上)　北師大

經 21212477
諧聲補逸十四卷　清宋保撰
　　稿本　南京
　　清嘉慶八年志學堂刻本　國圖　天津
　　　上海　湖北
　　清同治四年寄愚氏傳抄海寧查氏抄
　　　本　國圖
　　木犀軒叢書本(光緒刻)
　　清王敬之愛日堂抄本　北大

經 21212478
諧聲補逸十四卷附札記一卷　清宋保
　　撰　(札記)張炳翔撰
　　許學叢書本(光緒刻)

經 21212479
諧聲補逸札記一卷　張炳翔撰
　　許學叢書本(光緒刻)

經 21212480
六書辨譌輯要三卷　清王玉編
　　清乾隆五十二年槐陰書屋刻本　上海
　　　江西
　　三餘書屋叢書本(光緒刻)

經 21212481
武進張臯文先生說文諧聲譜稿本不分
　　卷　清張惠言撰
　　稿本　北大

經 21212482
諧聲譜五十二卷　清張惠言撰　清張
　　成孫補
　　稿本(缺卷四十四、四十七至五十)
　　　上海
　　稿本(五十卷)　國圖

經 21212483
諧聲譜五十卷附諧聲譜校記一卷　清
　　張惠言撰　清張成孫補　(諧聲譜
　　校記)戴姜福撰
　　民國二十三年武林葉氏石印本　國圖
　　　復旦

經 21212484
諧聲譜校記一卷　戴姜福撰
　　民國二十三年武林葉氏石印本　國圖
　　　復旦

經 21212485
說文諧聲譜九卷　清張成孫撰
　　皇清經解續編本(光緒刻、光緒石印)

經 21212486
說文假借義證二十八卷　清朱珔撰
　　清光緒二十一年涇縣朱氏嘉樹山房
　　　刻本　北大　中科院　上海
　　清光緒二十五年約古閣刻本　遼寧
　　　湖北
　　民國十五(十八年)年中國圖書刊傳會
　　　影印約古閣刻本　北大　北師大

經 21212487
六書管見二十卷　清況祥麟撰
　　清光緒二年臨桂況氏家刻況氏叢書
　　　本(登善堂藏板)　國圖　湖北　復
　　　旦　中科院

經 21212488
六書會原十卷首一卷　清潘肇豐撰
　　清嘉慶六年刻鳴鳳堂印本　國圖　北
　　　大　中科院

經 21212489
漢學諧聲二十四卷說文補考一卷說文
　　又考一卷　清戚學標撰
　　清嘉慶九年涉縣官署刻本　北大
　　　上海
　　戚鶴泉所著書本(嘉慶刻)

經 21212490
諧聲補證一卷補一卷　清戚學標撰
　　古語遺錄本(稿本)　國圖

經 21212491
六書偏旁通叚攷□卷　清馮世澂撰
　　稿本(存卷二)　上海

經 21212492
六書蒙拾一卷　清王筠撰

稿本　山東

經 21212493
六書叚借經徵四卷　清朱駿聲撰
　　大亭山館叢書本(光緒刻)
　　清光緒十八年金陵元和朱氏刻本　北
　　　大　中科院　上海

經 21212494
六書辨正一卷　清陸炯撰
　　清道光十六年聞諸室刻說文類解本
　　　附　北大

經 21212495
六書彙編二十四卷　清顧璜輯
　　稿本　上海

經 21212496
攷目形聲一卷　清況樹撰
　　清道光間抄本　桂林

經 21212497
說文諧聲後案二卷　清翟云升撰
　　稿本(清周樂清題詩)　山東

經 21212498
說文形聲後案四卷　清翟云升撰
　　五經歲徧齋許學三書本(稿本)　上海
　　清郭氏松南書廬抄許學三書本　國圖
　　清光緒十七年高氏辨蟫居傳抄許學
　　　三書本　國圖

經 21212499
鄭子尹轉注說一卷　清鄭珍撰
　　清宣統三年餉豫石印館石印本　國圖

經 21212500

象形文釋四卷　清徐灝撰
　　清道光二十六年稿本　廣東
　　穆香館叢書本(民國影印)
　　民國間徐信符抄本(不分卷)　廣東

經 21212501
象形文釋四卷韻目一卷　清徐灝撰
　　(韻目)清王紹塆撰
　　稿本　國圖

經 21212502
說文諧聲舉要十四卷　清朱士端撰
　　稿本　中科院
　　清抄本　南京

經 21212503
說文形聲疏證十四卷　清朱士端撰
　　稿本　南京　上海(缺卷五至九)
　　清道光十二年抄稿本　中科院
　　民國間抄本　國圖

經 21212504
六書轉注說二卷　清夏炘撰
　　清咸豐三年刻本　中科院
　　景紫堂全書本(咸豐刻同治印、民國刻)

經 21212505
六書原始不分卷　清賀松齡撰
　　稿本　北大

經 21212506
六書原始十五卷　清賀松齡撰
　　稿本　重慶
　　清同治三年劍州府署刻本　國圖　北
　　　大　上海

經 21212507

六書淺說一卷　清鄭知同撰
　　文選樓叢書本(光緒刻)
　　巢經巢全集本(民國鉛印)

經 21212508
六書辨罢一卷音義辨罢一卷　清王永
　　彬輯
　　清同治元年橋西館刻橋西館雜著八
　　　種本　湖北

經 21212509
許書轉注說一卷　清郭慶藩撰
　　清岵瞻堂刻本　湖北

經 21212510
六書綱目一卷切音導原第一篇一卷
　　　清吳式釗撰
　　清光緒十五年稿本　雲南
　　雲南叢書本(民國刻,無切音導原)

經 21212511
古今文字假借考上篇十四卷下篇七卷
　　　附錄三卷　清錢慶曾撰
　　稿本　上海

經 21212512
六書例說一卷　清謝崧梁撰
　　清光緒二十年湘鄉摯經榭謝氏刻本
　　　國圖　湖北

經 21212513
六書彙纂八卷　清吳錦章撰
　　清光緒二十年興山吳錦章刻本　國圖
　　　北大　湖北

經 21212514
六書類纂八卷附說篆臆存雜說一卷

清吳錦章撰
清光緒二十三年崇雅精舍刻本　北大
　上海　湖北

經 21212515
轉注本義考二卷　清王金城撰
　清光緒二十一年刻逸園叢書初稿本
　　國圖　中科院

經 21212516
說文諧聲孳生述一卷　清陳立撰
　稿本　山東博
　郵齋叢書本(光緒刻)

經 21212517
六書例說一卷　清饒炯撰
　文字存真本(光緒刻)　北大　復旦　湖北
　文字存真本(民國鉛印)　北大

經 21212518
六書例一卷　清饒炯撰
　清宣統三年餉豫石印館石印本　國圖

經 21212519
新訂說文部首六書例讀不分卷　清饒
　炯撰
　民國七年成都志古堂刻本　北大

經 21212520
六書約言二卷　清吳善述輯
　清刻本　中科院　湖北
　清衢城張文錦齋刻本　上海
　清末刻本　湖北

經 21212521
六書義不分卷　清張翊清撰
　稿本　復旦

經 21212522
六書通義一卷　清林義光撰
　民國九年石印文源本附　國圖　南開
　　甘肅

經 21212523
六書辨一卷　清徐紹楨撰
　清光緒間南海梁守文刻本　國圖
　清光緒三十三年石印本　北大
　民國十九年中原書局石印本　國圖
　　復旦

經 21212524
說文形聲指荄三十六卷　清章敦彝撰
　清抄本　國圖

經 21212525
說文諧聲表十七卷　清梁紀恩、清梁承
　恩撰
　清抄袖珍本　浙江

經 21212526
六書師說記□卷　清子中夫子輯
　清抄本(存卷一至二)　國圖

經 21212527
形聲音讀攷不分卷　清蒙求氏撰
　清宣統二年抄本　武漢

經 21212528
王氏六書存微八卷首一卷　清王闓運
　撰　陳兆奎輯　喻謙篆注
　民國五年東州刻本　國圖　北大

經 21212529
會意字一卷　清□□撰
　清刻本　湖北

經 21212530
六書述不分卷　清□□撰
　　清抄本　北大

經 21212531
六書舊義一卷　廖平撰
　　四益館經學叢書本（光緒刻）
　　新訂六譯館叢書本（民國彙印）
　　民國三十六年刻本　湖北

經 21212532
轉注續考一卷　程先甲撰
　　千一齋全書本（清末民國初刻）

經 21212533
六書古微十卷　葉德輝撰
　　觀古堂所著書本（民國刻）
　　郋園小學四種本（民國彙印）
　　郋園先生全書本（民國彙印）

經 21212534
同聲假借字考二卷　葉德輝撰
　　郋園小學四種本（民國彙印）
　　郋園先生全書本（民國彙印）

經 21212535
蒼石山房文字談不分卷　石廣權撰
　　民國十八年上海商務印書館石印本
　　　國圖　人大　遼寧

經 21212536
文字通詮八卷　楊譽龍撰
　　民國十二年上海中華書局石印本
　　　遼寧

經 21212537
六書釋義二卷　李天根撰

民國十四年雙流李氏念劬堂刻本　國
　圖　湖北

經 21212538
六書權輿十四卷　劉彤雲撰
　　民國二十一年石印本　湖北

經 21212539
六書新說不分卷　段家謙撰
　　稿本　湖南

經 21212540
轉假造字原九卷　段家謙撰
　　稿本　湖南
　　民國三十二年渣江集成書局石印本
　　　（不分卷）　國圖

經 21212541
假借答難不分卷　段家謙撰
　　民國三十二年渣江集成書局石印本
　　　國圖

經 21212542
補俞篇一卷　王元穉撰
　　無暇逸齋叢書本（民國鉛印,無暇逸齋
　　　說文學四種）

經 21212543
說文六書論集不分卷　□□撰
　　民國間抄本　湖北

經 21212544
六書提要不分卷　張啓煌編
　　李其光抄本　湖北

經 21212545
轉注正義一卷　李翹撰

民國間石印本　復旦

經21212546
造字正源四卷首一卷末一卷　劉景新撰
　稿本　南京

經21212547
形聲字說不分卷　□□撰
　民國間抄本　武漢

經21212548
六書集說不分卷　□□撰
　民國間油印本　甘肅

經21212549
六書畧講不分卷　□□撰
　民國間油印本　復旦

經21212550
六書釋例一卷　□□輯
　民國間油印本　國圖

部　目

經21212551
說文解字標目十五卷　□□輯
　清初毛氏汲古閣刻本　江西

經21212552
篆書目錄偏旁字源五百四十部一卷
　宋釋夢英書
　洪氏公善堂叢書本（光緒刻）

經21212553
說文解字部目一卷　清胡澍書
　清同治五年溧陽王晉玉刻本　國圖
　　上海
　洪氏公善堂叢書本（光緒刻）

經21212554
說文解字建首五百四十字一卷　清曾
　紀澤書
　洪氏公善堂叢書本（光緒刻）

經21212555
先儒漢太尉南閣祭酒汝南許君文字建
　首五百四十部一卷　清楊沂孫篆
　清光緒七年石印本　湖北

經21212556
常熟楊濠叟書文字建首五百四十部一
　卷　清楊沂孫書
　清光緒七年石印本　湖北

經21212557
說文部首大字本一卷　清楊沂孫書
　民國十二年上海古今書店石印本
　　湖南

經21212558
說文解字部首一卷　清□□輯
　清光緒八年蜀南黃氏刻本　南京

經21212559
李仲約手寫說文部目不分卷　清李文
　田書
　清光緒十三年石印本　國圖

經21212560
吳清卿書說文解字建首（說文解字建首）
　一卷　清吳大澂書
　民國五年上海商務印書館石印本
　　遼寧
　民國九年影印本　湖北
　民國十年上海商務印書館石印本　國
　　圖　中科院

民國二十二年上海商務印書館石印
　　本　國圖

經 21212561
許祭酒說文解字建首不分卷　清□
　　□輯
　　清抄本　國圖
　　民國間石印本　國圖　中科院

經 21212562
說文部首不分卷　清□□輯
　　清心白月齋刻本　復旦
　　民國間抄本　湖南

經 21212563
說文解字部目不分卷　清□□輯
　　清光緒三十年李氏栩園刻本　復旦

經 21212564
說文解字部目一卷　張謇書
　　民國五年上海商務印書館影印本　國
　　　圖　湖南

經 21212565
說文五百四十部首不分卷　□□輯
　　民國間抄本　國圖

經 21212566
說文解字部首錄不分卷　□□輯
　　抄本　南京

經 21212567
郵書部首不分卷附北京通行謎語　□
　　□輯
　　民國間抄本　遼寧

經 21212568

說文字原一卷　漢許慎撰　宋徐鉉切音
　　清乾隆四十四年福禮堂刻本　北大
　　　上海
　　清光緒元年心白日齋刻本　國圖

經 21212569
說文字原一卷　漢許慎撰　宋徐鉉切
　　音　清周思濂書
　　清光緒元年刻本　上海

經 21212570
說文部首大徐本切音不分卷　□□輯
　　清刻朱印本　湖北

經 21212571
說文解字部敍不分卷　南唐徐鍇撰
　　許學四種本(民國刻)

經 21212572
說文字原一卷　元周伯琦撰
　　元至正十五年高德基等刻本　國圖
　　　北大　上海
　　元至正十五年高德基等刻明重修本
　　　上海
　　明嘉靖元年于鏊刻本　國圖　江西
　　明崇禎四年司禮監刻本　臺北故博
　　明崇禎七年胡正言十竹齋刻本　國圖
　　　北大
　　四庫全書本(乾隆寫)
　　清乾隆間侯官鄭氏刻本　上海　湖北
　　清虞獻廷影元抄本　天津
　　清乾隆間抄本　遼寧
　　清抄本　國圖
　　抄本　江西
　　吉石盦叢書本(民國影印)

經 21212573

說文字原十卷　元周伯琦撰
　　清乾隆間善成堂刻本　國圖　湖北

經 21212574
說文字原十二卷　元周伯琦撰
　　清乾隆間抄本　遼寧
　　清抄本　國圖

經 21212575
說文字原集註十六卷附說文字原表一
　　卷說文字原表說一卷　清蔣和撰
　　清乾隆五十三年刻本　國圖　北大

經 21212576
說文字原表一卷　清蔣和撰
　　清乾隆五十三年刻本　國圖　北大
　　蔣氏游藝祕錄本（乾隆刻）
　　清乾隆間刻本　南京

經 21212577
說文字原表說一卷　清蔣和撰
　　清乾隆五十三年刻本　國圖　北大
　　清乾隆間刻本　南京
　　許學四種本（民國刻）

經 21212578
說文部首表不分卷　清蔣和撰　清王
　　筠校正
　　許學四種本（民國刻）

經 21212579
說文字原考畧六卷　清吳照輯
　　清乾隆五十七年南城吳照南昌刻本
　　　國圖　北大

經 21212580
說文偏旁考二卷　清吳照輯

　　清乾隆五十一年南城吳照聽雨樓刻
　　　本　國圖　北大
　　清同治九年李楨抄本　湖南
　　民國八年蘇州振新書社石印本　中科
　　　院　遼寧

經 21212581
說文部目分韻一卷　清陳煥編
　　清乾隆嘉慶間段氏經韻樓刻本　北大
　　清乾隆嘉慶間段氏經韻樓刻同治六
　　　至十一年蘇州保息局修補本
　　　國圖
　　清乾隆嘉慶間段氏經韻樓刻同治六
　　　至十一年蘇州保息局補刻民國
　　　十七年江蘇大學蘇州圖書館印
　　　本　北師大
　　皇清經解本（道光刻、咸豐補刻、鴻寶齋
　　　石印、點石齋石印）
　　清同治十一年湖北崇文書局刻本　國
　　　圖　北大
　　清光緒元年湖北崇文書局刻本　國圖
　　　上海
　　清光緒三年成都尊經書院刻本　國圖
　　　北師大
　　清光緒七年查燕緒木漸齋刻本　國圖
　　　北大
　　清光緒十二年上海點石齋石印本　國
　　　圖　北大
　　清光緒十六年石印本　國圖　復旦
　　清光緒三十四年上海文書書局石印本
　　清光緒三十四年上海江左書林石印
　　　本　北大　天津
　　清宣統二年上海蜚英館石印本　國圖
　　清宣統二年上海江左書林石印本　國
　　　圖　天津
　　清抄本（存卷一至六、八，清龔麗正、清王
　　　萱齡跋）　國圖

清末兩宜軒石印本　遼寧

民國元年鄂官書處刻本　國圖　復旦

民國三年上海蜚英館石印本　遼寧

民國十二年上海掃葉山房石印本
　　國圖

民國間上海文寶公司石印本　國圖

經 21212582
說文字原一卷　清周震榮輯　清陳以
　　綱篆
　　清光緒元年尹耕雲刻本　南開

經 21212583
說文字原表一卷　清唐贊袞編
　　清末刻本　湖北

經 21212584
說文部次便覽一卷　清顧元熙撰
　　稿本　湖南

經 21212585
說文部類敍例目次一卷　清孫葆璜輯
　　清道光二十六年已學齋刻本　中科院

經 21212586
說文建首字讀一卷　清苗夔撰
　　苗氏說文四種本(咸豐刻)
　　清抄本　北大
　　陶廬叢刻本(清末民國初刻)

經 21212587
說文部首歌一卷　清馮桂芬撰　清馮
　　世澂案
　　許學叢書本(光緒刻)
　　校邠廬逸箋本(光緒石印)
　　清宣統二年周魯齋紅格抄本　國圖

經 21212588

說文部首讀一卷　清王筠撰
　　清光緒十五年刻本　湖北

經 21212589
說文部首讀補注一卷　清王筠撰　清
　　尹祚霈篆　清尹彭壽補注
　　清光緒二十二年諸城尹氏刻斠經室
　　　集初刻本　國圖　中科院　清華
　　　北師大

經 21212590
說文部首韻語一卷釋一卷　清黃壽鳳撰
　　清道光間刻本　國圖
　　清抄本　復旦

經 21212591
說文部首韻語一卷　清黃壽鳳撰　清
　　顧恩來書
　　清同治十一年賴氏湖州刻本　湖北

經 21212592
說文部首均語一卷　清黃壽鳳撰　強
　　運開書
　　民國六年上海廣倉學宭石印本　國圖

經 21212593
說文部首均語注一卷　清黃壽鳳撰
　　陳柱注
　　民國間抄本　桂林

經 21212594
說文字原韻表二卷　清胡重撰
　　清嘉慶十六年金氏月香書屋刻本　北
　　　大　天津
　　許學叢書本(光緒刻)

經 21212595
說文解字標目不分卷　清朱善旂輯
　　清道光間朱氏手寫本　上海

經 21212596
說文解字部首訂十四卷　清饒炯撰
　　文字存真本(光緒刻)　北大　復旦
　　　湖北
　　文字存真本(民國鉛印)　北大

經 21212597
說文解字部訂三卷附六書例一卷鄭子
　　尹轉注說一卷　清饒炯撰　梅鎮
　　涵訂　(鄭子尹轉注說)清鄭珍撰
　　清宣統三年餉豫石印館石印本　國圖
　　　湖北

經 21212598
說文偏旁一卷　清張之洞撰
　　清光緒七年四川江津祕書堂刻本　國
　　　圖　上海

經 21212599
說文楬原二卷　清張行孚撰
　　稿本　浙江
　　清光緒十一年懷寧餘澍維揚識小居
　　　刻本　國圖　中科院
　　後知不足齋叢書本(光緒刻)

經 21212600
說文部首均言一卷　清王樹之編
　　清光緒十年棲雲山館刻本　國圖　湖北

經 21212601
說文部首字聯一卷　清王樹之編
　　清光緒十年棲雲山館刻本　國圖　湖北

經 21212602
說文字原引一卷　清何其傑撰
　　景袁齋叢書本(光緒刻)

經 21212603
說文提要一卷　清陳建侯撰
　　清同治十一年識古齋刻本　國圖
　　　上海
　　清同治十二年湖北崇文書局刻本　國
　　　圖　北大
　　清光緒七年淪雅齋重刻本　南京
　　清光緒十年湖南經濟書局刻本　國圖
　　清末兩宜軒石印說文解字注附　遼寧
　　民國元年湖北書局刻本　復旦
　　民國二年成都存古書局刻本　南開
　　民國四年上海掃葉山房石印本　江西
　　民國間上海文寶公司石印本　國圖

經 21212604
說文提要增注不分卷　清嚴良輔撰
　　清光緒三十四年京江粹存齋石印本
　　　國圖

經 21212605
說文提要箋五卷　高潤生撰
　　民國間固安高氏稿本　國圖

經 21212606
說文提要校訂二卷　金鉞撰
　　許學四種本(民國刻)

經 21212607
說文提要增附一卷　金鉞輯
　　許學四種本(民國刻)

經 21212608
說文部目二卷　清陳建侯撰

清光緒八年刻本　上海

經 21212609
說文部首歌括一卷　湯壽潛鑑定
　民國初石印中小學課本本　湖北

經 21212610
說文部目便讀一卷　清羅鎮嵩撰
　清光緒三十二年湘鄉羅氏家塾刻本
　　湖南
　民國間湖南學務處刻本　湖南

經 21212611
說文部首歌括一卷　清徐道政編
　清光緒三十四年上海會文書社石印
　　本　國圖　遼寧

經 21212612
說文解字部首啓蒙二編　清吳昭瞵撰
　民國三十四年石印本　湖南

經 21212613
說文建首字義四卷首一卷　王樹枏撰
　陶廬叢刻本(清末民國初刻)

經 21212614
說文部首讀本十四卷　清嘯雲主人撰
　清武昌嘯雲書室刻本　北大　湖北
　清末長沙古今書局刻本　國圖
　民國十年成都志古堂刻本　國圖

經 21212615
說文部首直音一卷　清嘯雲主人撰
　清咸豐十一年刻本　南開
　民國十年成都志古堂刻本　國圖

經 21212616

說文部首攷五卷　清徐紹楨撰
　稿本　復旦

經 21212617
說文部首述義二卷　清徐紹楨撰
　稿本　復旦

經 21212618
說文部首述義八卷附六書辨一卷　清
　　徐紹楨撰
　民國十九年中原書局石印本　國圖
　　復旦

經 21212619
說文敍目一卷　□□輯
　清抄本　南京

經 21212620
說文部首訂讀二卷　宋育仁撰
　稿本(存卷上)　國圖

經 21212621
說文解字部首箋正二卷　宋育仁撰
　清刻本　復旦

經 21212622
說文解字部首箋正十四卷　宋育仁撰
　問琴閣叢書本(民國刻)

經 21212623
說文部首均語一卷　章炳麟撰
　章氏叢書本(浙江圖書館刻、古書流通處
　　影印、右文社鉛印)
　民國間抄本　國圖
　民國二十三年武昌中道書局影印本
　　武漢

經 21212624
說文部首韻語音注一卷　章炳麟撰
　　龔翼星篆注
　　　民國十三年長沙藻華印書局石印本
　　　　湖南

經 21212625
說文部首均語注補誼一卷　章炳麟撰
　　章箴注　徐復補誼
　　　民國二十五年章氏國學講習會鉛印
　　　　本　國圖

經 21212626
說文解字部首訓纂十四卷　王秉恦撰
　　稿本　四川

經 21212627
說文部首集解一卷　龔秉樞撰
　　　民國六年重慶啓渝印刷公司石印本
　　　　甘肅　武漢

經 21212628
說文部目確詁錄四卷　羅時憲撰
　　民國二年犍爲葉政學求是軒刻求是
　　　　軒叢書本　北大　中科院　甘肅

經 21212629
說文解字部首二卷　趙舉河撰
　　　民國十年成都迪毅書莊石印本　甘肅

經 21212630
說文部首啓幪一卷　金式陶撰
　　　民國十五年上海燮記書局石印本
　　　　湖北

經 21212631
說文部首韻語一卷　李天根撰

　　　民國二十二年李氏念劬堂刻本　國圖

經 21212632
說文部首署注讀本二卷　李天根撰
　　　民國十九年李氏念劬堂刻本　國圖
　　　　湖北

經 21212633
說文部首話解五卷　李天根撰
　　　民國間成都大同印刷局鉛印本　武漢

經 21212634
說文部首一卷　周崧年輯撰
　　　民國間周崧年寄廬石印本　國圖

經 21212635
說文部首集箋不分卷　□□撰
　　稿本　北大

總　義

經 21212636
說文祛妄一卷　南唐徐鍇撰
　　　民國二十二年無錫丁氏石印說文鑰
　　　　本　北大

經 21212637
說文通論三卷　南唐徐鍇撰
　　　民國二十二年無錫丁氏石印說文鑰
　　　　本　北大

經 21212638
學福齋說文温知錄一卷　清沈大成撰
　　稿本　國圖

經 21212639
說文凝錦錄一卷　清萬光泰撰
　　　清嘉慶二年澤經堂刻本　國圖　湖北

昭代叢書本(道光刻)

清光緒四年崇川葛氏刻學古齋金石
　　叢書本　湖北

閏竹居叢書本(清刻)

清抄本　上海

許學四書本(影印嘉慶本)

經 21212640
說文解字述誼二卷附說文新附通誼二
　　卷　清毛際盛撰
　清道光二十四年王宗涑刻本　國圖
　　北大　上海
　聚學軒叢書本(光緒刻,無通誼)

經 21212641
王氏讀說文記一卷　清王念孫撰
　許學叢刻本(光緒刻)

經 21212642
說文五翼八卷　清王煦撰
　清嘉慶十三年上虞王氏芮鞠山莊刻
　　本　北大　浙江
　清嘉慶十三年上虞王氏芮鞠山莊刻
　　淮澤堂印本　國圖　湖北
　清光緒八年上虞觀海樓重刻本　天津
　　南京

經 21212643
說文類攷不分卷　清嚴可均撰
　稿本　國圖

經 21212644
說文管見三卷　清胡秉虔撰
　續溪胡氏叢書本(同治刻)
　潷喜齋叢書本(同治刻)
　清光緒七年鄞縣林植海望益山房書
　　局刻巾箱本　國圖　北大

聚學軒叢書本(光緒刻)

翠琅玕館叢書本(光緒刻)

受經堂叢書本(嘉慶刻)

芋園叢書本(民國彙印)

經 21212645
六書稜秕三卷　清沈道寬撰
　話山草堂遺集本(光緒刻)

經 21212646
讀說文證疑一卷　清陳詩庭撰
　清許氏古均閣藍格抄本　國圖
　許學叢刻本(光緒刻)

經 21212647
說文解字說一卷　清江沅撰
　抄本　南京

經 21212648
說文說一卷　清孫濟世撰
　許學叢刻本(光緒刻)

經 21212649
許學札記不分卷　清王筠撰
　稿本　國圖
　民國三十二年劭園抄本　中科院

經 21212650
古均閣讀說文記一卷　清許棫撰
　清光緒十四年許頌鼎刻古均閣遺著
　　本　中科院　湖北

經 21212651
讀說文記一卷遺著一卷　清許棫撰
　清許氏古均閣綠格抄本(譚獻批注)
　　國圖

經 21212652
肄許外篇二卷　清翟云升撰
　　五經歲徧齋許學三書本(稿本)　上海
　　五經歲徧齋許學三書本(郭氏松南書廬
　　　　抄、光緒辨蟬居抄)　國圖

經 21212653
肄許外篇二卷　清錢國祥撰
　　稿本　上海

經 21212654
述許八卷　清錢國祥撰
　　稿本　上海

經 21212655
說文胅語一卷　清丁晏撰
　　稿本　國圖

經 21212656
說文舉隅一卷　清丁晏撰
　　稿本　國圖
　　清同治二年丁賜福抄本　國圖

經 21212657
說文窺管一卷　清周沐潤撰
　　錢玄同篆文寫本　浙江
　　民國三十一年北京大學圖書館影印
　　　　錢玄同手寫本　國圖
　　民國三十一年新民印書館石印本　北大

經 21212658
說文測義七卷附二徐說文同異附考一
　　卷　清董詔撰
　　清道光四年謝玉珩羊城刻本　國圖
　　　　北大
　　清道光四年謝玉珩刻羊城竹香齋補
　　　　刻本　國圖　北大　人大

　　許學四書本(影印竹香齋本)

經 21212659
二徐說文同異附考一卷　清董詔撰
　　清道光二年羊城竹香齋刻本　國圖
　　　　人大
　　清道光四年謝玉珩羊城刻說文測義
　　　　本附　國圖　北大
　　許學四書本(影印竹香齋本)

經 21212660
印林手稿彙刻不分卷　清許瀚撰
　　清咸豐七年刻本　國圖

經 21212661
許印林遺著一卷　清許瀚撰
　　滂喜齋叢書本(光緒刻)

經 21212662
說文叢說一卷　清楊沂孫撰
　　吳縣王氏蛾術軒抄本　復旦

經 21212663
解字贅言一卷　清呂調陽撰
　　觀象廬叢書本(光緒刻)

經 21212664
說文粹三編一卷　清朱孔彰輯　朱師
　　鼎篆書
　　民國間影印本　中科院

經 21212665
讀說文雜識一卷　清許棫撰
　　清光緒七年刻本　中科院　上海
　　許學叢書本(光緒刻)

經 21212666

說文問疏證二卷　清姚凱元撰
　　望古遙集之齋所著書本(稿本)　中
　　科院

經 21212667
讀說文序表記一卷　清姚凱元撰
　　望古遙集之齋所著書本(稿本)　中
　　科院

經 21212668
說文解字注訂書目一卷　清姚凱元撰
　　望古遙集之齋所著書本(稿本)　中
　　科院

經 21212669
歷代注訂說文解字目一卷　清姚凱元撰
　　清光緒八年石天閣刻本　天津

經 21212670
說文解字學講義不分卷　清王仁俊撰
　　清末京師大學堂油印本　國圖

經 21212671
說文通論一卷　清雷琳、清錢樹棠、清
　　錢樹立輯
　　玲瓏山館叢書本(光緒刻)

經 21212672
說文瑣言一卷　清虞景璜撰
　　澹園雜著本(民國鉛印)

經 21212673
說文發疑四卷　清張行孚撰
　　稿本　高郵

經 21212674
說文發疑六卷　清張行孚撰

清光緒九年安吉張氏邠上寓廬刻本
　　北大　上海　浙江
清光緒十年澹雅書局刻本　湖北
後知不足齋叢書本(光緒刻)

經 21212675
說文發疑續一卷　清張行孚撰
　　清光緒十年安吉張氏邠上寓廬刻本
　　北大

經 21212676
說文外編補遺一卷　清張行孚撰
　　稿本　高郵

經 21212677
說文舉隅一卷　清張行孚撰
　　清抄本　北大

經 21212678
說文蒙求十卷　清沈鎮撰
　　清末至民國抄本　國圖

經 21212679
說文蒙求十卷　清劉庠撰
　　清刻本　復旦

經 21212680
說文蒙求六卷　清劉庠撰
　　豫章叢書本(民國刻,胡思敬輯)

經 21212681
說文便蒙一卷　清劉彝撰
　　清光緒二十三年渝北嘉陵書院刻本
　　中科院

經 21212682
說文染指二編　清吳楚撰

清光緒十四年寄硯山房刻本　國圖

經 21212683
讀說文述初稿十三卷　清馮世澂撰
　　稿本　上海

經 21212684
讀說文日記一卷　清胡常德撰
　　學古堂日記本(光緒刻)

經 21212685
許學羣書辨正四卷　清黎雙戀撰
　　清光緒二十年黎氏紅格抄本　國圖

經 21212686
說文廥篡一卷　清周繪藻著
　　清光緒三十一年百柱堂石印本　國圖
　　中科院

經 21212687
蘇甘室讀說文小識一卷　清何壽章撰
　　越中文獻輯存書本(宣統鉛印)

經 21212688
許書發凡類參一卷　清饒炯撰
　　民國十五年成都茹古書局刻本　遼寧

經 21212689
說文引申述不分卷　清潘鴻撰
　　紅格稿本　國圖

經 21212690
說文答問不分卷　清潘□□撰
　　稿本　復旦

經 21212691
說文彙粹十二卷　清許廷誥撰

稿本(存九卷)　南京

經 21212692
說文形同義異辨說不分卷　清鄒壽祺撰
　　稿本　國圖

經 21212693
說文考署四卷　清陳宗恕撰
　　稿本　上海

經 21212694
張疏讀說文札記不分卷　清張疏輯
　　民國間抄本　湖北

經 21212695
說文說餘稿不分卷　清吳琨編
　　民國二十八年石印本　復旦

經 21212696
說文類辨二卷　清□□撰
　　清抄本　北大

經 21212697
說文解字序一卷　章炳麟講述　王謇
　　等錄
　　民國二十四年鉛印本　湖北

經 21212698
說文約言一卷　金鉞撰
　　許學四種本(民國刻)

經 21212699
說文研究不分卷　陳晉編
　　民國間山西師範學院石印本　國圖

經 21212700
說文匡鄩不分卷　石廣權撰

民國二十年上海商務印書館石印本
　　　復旦　遼寧
民國二十二年上海商務印書館石印
　　本　國圖
民國三十四年石印本　湖北

經 21212701
小學發微補不分卷　劉師培撰
　　劉申叔先生遺書本(民國鉛印)

經 21212702
讀說文札記二卷　袁崇毅撰
　　稿本　國圖

經 21212703
說文札記稿不分卷　劉繼華撰
　　稿本　北碚

經 21212704
說文質疑錄十四卷　羅時憲撰
　　民國二年犍爲葉政學求是軒刻求是
　　　　軒叢書本　北大　中科院　甘肅

經 21212705
說文解字舉隅一卷　舒立淇撰
　　民國四年刻本　湖南

經 21212706
說文講義二卷　宋育仁撰
　　民國間油印本　國圖

經 21212707
說文聞載二卷　謝彥華撰
　　民國三年石印本　北大　中科院　復旦

經 21212708
說文雜識一卷　曾朝祐撰

清光緒三十四年鉛印知誠勤齋存稿
　　本　穀城

經 21212709
答尹鐵橋說文問一卷　曾朝祐撰
　　清光緒三十四年鉛印知誠勤齋存稿
　　　　本　穀城

經 21212710
鄦書微五卷　張拔撰
　　醰園著述本(清末鉛印石印)　國圖
　　　　中科院

經 21212711
許書微五卷　張拔撰
　　民國間鉛印本　南開　湖北

經 21212712
說文體例四卷　何容心撰
　　民國間石印本　中科院　湖北

經 21212713
許學考二十六卷　黎經誥輯
　　民國十二年鉛印本　南開　湖北

經 21212714
說文一得錄一卷　吳國傑撰
　　民國二十一年鉛印居易簃叢書本　南
　　　　大　川大

經 21212715
匡徐篇一卷　王元穉撰
　　無暇逸齋叢書本(民國鉛印,無暇逸齋
　　　　說文學四種)

經 21212716
小學講義不分卷　陳衍撰

民國間北京法政專門學校鉛印本
　　湖北

經21212717
許學四卷　　□□撰
　　民國二十年石印本　國圖

經21212718
說文蠡測一卷　　□□撰
　　民國間抄本　湖南

經21212719
讀說文隨筆一卷附漢碑別字考一卷
　　□□撰
　　抄本　南京

經21212720
說文學初步不分卷　　□□撰
　　民國間油印本　國圖

叢　刻

經21212721
顧氏說文學二種八卷　清顧廣圻撰
　　清劉履芬抄本　國圖
　　　說文考異五卷附錄一卷
　　　說文辨疑一卷條記一卷

經21212722
王氏進呈書二種五十二卷　清王筠撰
　　清道光間刻同治四年補刻彙印本
　　　國圖
　　　說文解字句讀三十卷補正一卷
　　　　清道光三十年刻
　　　說文釋例二十卷首一卷　清道光
　　　　十七年刻

經21212723

王氏說文三種一百三十卷　清王筠撰
　　清道光咸豐間刻同治四年彙印本　北
　　　大　北師大　連大
　　　說文釋例二十卷補正二十卷　清
　　　　道光十七年刻
　　　說文繫傳校錄三十卷　清咸豐七
　　　　年刻
　　　說文解字句讀三十卷補正三十卷
　　　　說文解字句讀三十卷　清道
　　　　光三十年刻　（補正）清咸豐九
　　　　年刻

經21212724
說文校勘集三種三卷　清葉名灃輯
　　清道光十二年葉名灃稿本　上海
　　　何義門校說文一卷　清何焯撰
　　　惠定宇校說文一卷　清惠棟撰
　　　王懷祖校說文一卷　清王念孫撰

經21212725
五經歲徧齋許學三書三種十四卷附一
　　種二十二卷　清翟云升撰
　　稿本　上海
　　清郭氏松南書廬抄本　國圖
　　清光緒十七年高氏辨蟫居抄本　國圖
　　　說文形聲後案四卷
　　　說文辨異八卷
　　　肄許外篇二卷
　　　附
　　　古韻證二十二卷

經21212726
許學叢刻九種九卷　清許頌鼎　許溎
　　祥輯
　　清光緒十三年海寧許氏古均閣刻本
　　　北大　復旦　川大　中山大學
　　　第一集

說文說一卷　清孫濟世撰
轉注古義考一卷　清曹仁虎撰
說文訂訂一卷　清嚴可均撰
說文辨疑一卷　清顧廣圻撰
說文舉例一卷　清陳瑑撰
第二集
說文蠡箋一卷　清潘奕雋撰
王氏讀說文記一卷　清王念孫撰
讀說文證疑一卷　清陳詩庭撰
說文新附攷校正一卷　清王筠撰

經 21212727
澂園叢書二種十五卷　清楊廷瑞撰
　清光緒十七年善化楊廷瑞澂園刻本
　　南京　湖北
　　說文經斠十三卷補遺一卷
　　說文正俗一卷

經 21212728
文字存真二種十五卷　清饒炯撰
　清光緒三十年資州饒氏達古軒刻本
　　北大　復旦　湖北
　民國四年長沙宏文圖書社鉛印本　北大
　　六書例說一卷
　　說文解字部首訂十四卷

經 21212729
望古遙集之齋所著書四種五卷　清姚
　凱元撰
　望古遙集之齋所著書本(稿本)　中
　　科院
　　說文問疏證二卷
　　鄭君事跡攷正一卷
　　讀說文序表記一卷
　　說文解字注訂書目一卷

經 21212730

許學叢書十四種六十三卷　張炳翔輯
　清光緒間長洲張炳翔儀鄭廬刻本　國
　　圖　北大
　第一集　清光緒九至十年刻
　　許君年表攷一卷許君年表一卷
　　　附錄一卷　清陶方琦撰
　　唐寫本說文解字木部箋異一卷
　　　清莫友芝撰
　　說文疑疑二卷附錄一卷　清孔
　　　廣居撰
　　諧聲補逸十四卷附札記一卷　清
　　　宋保撰　(札記)清張炳翔撰
　　轉注古義考一卷　清曹仁虎撰
　第二集　清光緒十一年刻
　　說文段注撰要九卷　清馬壽齡撰
　　說文辨疑一卷　清顧廣圻撰
　　讀說文雜識一卷　清許槤撰
　　說文字原韻表二卷　清胡重撰
　　說文部首歌一卷　清馮桂芬撰
　　　清馮世澂案
　第三集　清光緒十二年刻
　　說文答問疏證六卷　清薛傳均撰
　　說文新附攷六卷續攷一卷附札
　　　記一卷　清鈕樹玉撰　(札
　　　記)張炳翔撰
　　段氏說文注訂八卷附札記一卷
　　　清鈕樹玉撰　(札記)張炳翔撰
　　說文聲訂二卷附札記一卷　清
　　　苗夔撰　(札記)張炳翔撰

經 21212731
說文續字彙二種二十三卷　清靜觀齋
　主人輯
　清光緒十二年上海積山書局石印本
　　國圖　上海
　　說文新附攷六卷續一卷　清鈕樹
　　　玉撰

說文外編十六卷　清雷浚撰

經21212732

許學四種五卷　金鉞輯
　民國八年天津金鉞屏廬北平刻本
　　國圖
　　說文提要校訂二卷　清陳健侯撰
　　　金鉞校訂
　　說文提要增附一卷　金鉞輯
　　說文解字部敍　南唐徐鍇撰
　　說文字原表字原表說　清蔣和撰
　　說文部首表　清蔣和撰　清王筠
　　　校正
　　說文約言一卷　金鉞撰
　　許君疑年錄一卷　清諸可寶輯

經21212733

許學四書十三卷　蟫隱廬輯
　民國二十年上海蟫隱廬影印本　北大
　　遼寧
　　說文測義七卷　清董詔撰　影印
　　　清道光二年刻本
　　說文又考一卷補考一卷　清戚學
　　　標撰　影印清嘉慶九年刻本
　　說文引經異字三卷　清吳雲蒸撰
　　　影印清道光六年刻本
　　說文凝錦錄一卷　清萬光泰撰
　　　影印清嘉慶二年刻本

經21212734

說文段注校三種四卷　葉德輝輯
　清光緒二十八年長沙葉德輝刻本　國
　　圖　湖北
　　觀古堂所刊書本(光緒刻)
　　觀古堂彙刻書本(光緒刻)
　　郋園先生全書本(民國彙印)
　　　徐星伯說文段注劄記一卷　清徐

　　　松撰　清劉肇隅校錄
　　龔定菴說文段注劄記一卷　清龔
　　　自珍撰　清劉肇隅校錄
　　說文段注鈔一卷補鈔一卷　清段
　　　玉裁撰　清桂馥鈔　清劉肇
　　　隅校錄

經21212735

郋園小學四種二十三卷　葉德輝撰
　民國五至十九年長沙葉氏觀古堂刻
　　彙印本　國圖　北大　中科院
　　六書古微十卷　民國五年刻
　　說文讀若字考七卷附說文讀同字
　　　考一卷　民國十二年刻
　　同聲假借字考二卷　民國十二年刻
　　說文籀文考證一卷說籀一卷附補
　　　遺一卷　葉啓勳撰　民國十
　　　九年刻

經21212736

無暇逸齋說文學四種四卷　王元稺撰
　無暇逸齋叢書本(民國鉛印)
　　證墨篇一卷
　　訂鈕篇一卷
　　匡徐篇一卷
　　補俞篇一卷

文字之屬

字　典

經21212737

史籀篇一卷　周太史籀撰　清馬國翰輯
　玉函山房輯佚書本(同治皇華館刻、光
　　緒李氏印、光緒嫏嬛館刻、光緒楚南
　　書局刻)

經 21212738

史籀篇疏證一卷敘錄一卷　王國維撰
　廣倉學窘叢書甲類本（民國鉛印）
　海寧王忠慤公遺書本（民國鉛印石印）
　海寧王靜安先生遺書本（民國石印）

經 21212739

史籀篇疏證辨一卷　趙世忠撰
　民國間四川大學鉛印本　湖北

經 21212740

字書二卷　清任大椿輯　清王念孫校
　小學鉤沈本（嘉慶刻、光緒抄、光緒刻）
　小學類編本（咸豐光緒刻，小學鉤沈）
　翠琅玕館叢書本（光緒刻，小學鉤沈）
　芋園叢書本（民國彙印，小學鉤沈）

經 21212741

字書一卷　清陳鱣輯
　古小學鉤沈本（稿本）　國圖

經 21212742

字書一卷　清黃奭輯
　漢學堂叢書本（道光刻光緒印）
　黃氏逸書考本（道光刻王鑒修補、朱長圻
　　補刻）

經 21212743

字書三卷　顧震福輯
　小學鉤沈續編本（光緒刻）

經 21212744

字書不分卷　□□輯
　清退思堂抄本　天津

經 21212745

字書二卷　龍璋輯

　小學蒐佚本（民國鉛印）

經 21212746

字苑不分卷　晉葛洪撰　清任大椿輯
　　清王念孫校
　小學鉤沈本（嘉慶刻、光緒抄、光緒刻）
　小學類編本（咸豐光緒刻，小學鉤沈）
　翠琅玕館叢書本（光緒刻，小學鉤沈）
　芋園叢書本（民國彙印，小學鉤沈）

經 21212747

字苑一卷　晉葛洪撰　清陳鱣輯
　古小學鉤沈本（稿本）　國圖

經 21212748

要用字苑一卷　晉葛洪撰　清馬國翰輯
　玉函山房輯佚書本（同治皇華館刻、光
　　緒李氏印、光緒嫏嬛館刻、光緒楚南
　　書局刻）

經 21212749

字苑不分卷　晉葛洪撰　顧震福輯
　小學鉤沈續編本（光緒刻）

經 21212750

字苑一卷　晉葛洪撰　龍璋輯
　小學蒐佚本（民國鉛印）

經 21212751

字林一卷　晉呂忱撰
　說郛本（宛委山堂刻）
　青照堂叢書本（道光刻）
　字書四種本（清刻）

經 21212752

字林考逸八卷　晉呂忱撰　清任大椿輯
　燕禧堂五種本（乾隆刻）

式訓堂叢書本（光緒刻）
清抄本　杭州
清抄本　浙江

經 21212753
字林考逸八卷附錄一卷字林考逸補本
　　一卷補附錄一卷　晉呂忱撰　清
　　任大椿輯　清陶方琦撰　清諸可
　　寶注並補附錄
　　清光緒十六年江蘇書局刻本　國圖
　　　北大

經 21212754
字林考逸附錄一卷　清任大椿輯
　　清光緒十六年江蘇書局刻本　國圖
　　　北大
　　清光緒二十三年成都龔氏刻本　湖北
　　清光緒二十三年成都龔氏刻民國二
　　　十三年渭南嚴氏補刻本　國圖
　　　北大　北師大

經 21212755
字林考逸補本一卷　清陶方琦撰　清
　　諸可寶注
　　清光緒十年刻本　天津
　　清光緒十六年江蘇書局刻本　國圖
　　　北大
　　清光緒二十三年成都龔氏刻本　湖北
　　清光緒二十三年成都龔氏刻民國十
　　　四年渭南嚴氏補刻本　國圖　北
　　　師大

經 21212756
字林補逸一卷　清陶方琦撰
　　漢孳室遺著本（光緒抄）

經 21212757

字林考逸補附錄一卷　清諸可寶撰
　　清光緒十年刻本　天津
　　清光緒十六年江蘇書局刻本　國圖
　　　北大
　　清光緒二十三年成都龔氏刻本　湖北
　　清光緒二十三年成都龔氏刻民國十
　　　四年渭南嚴氏補刻本　國圖　北
　　　師大

經 21212758
字林考逸八卷附錄一卷字林考逸補本
　　一卷校誤一卷　晉呂忱撰　清任
　　大椿輯　（補本）清陶方琦輯　清龔
　　道耕校誤
　　清光緒二十三年成都龔氏刻本　湖北

經 21212759
字林考逸校誤一卷　清龔道耕撰
　　清光緒二十三年成都龔氏刻本　湖北
　　清光緒二十三年成都龔氏刻民國二
　　　十三年渭南嚴氏補刻本　國圖
　　　北大　北師大

經 21212760
字林考逸八卷附錄一卷字林考逸補本
　　一卷校誤一卷校誤補一卷附錄說
　　郛字林　晉呂忱撰　清任大椿輯
　　（補本）清陶方琦撰　（校誤、校誤補）
　　清龔道耕撰
　　清光緒二十三年成都龔氏刻民國二
　　　十三年渭南嚴氏補刻本　國圖
　　　北大　北師大

經 21212761
字林考逸校誤補一卷　清龔道耕撰
　　清光緒二十三年成都龔氏刻民國二
　　　十三年渭南嚴氏補刻本　國圖

北大　北師大

經21212762
字林七卷首一卷　晉呂忱撰　清任大
　　椿考逸　清任兆麟補　清曾釗
　　校增
　　面城樓叢刊本（嘉慶刻）

經21212763
字林考逸八卷　晉呂忱撰　清錢保塘輯
　　清風室叢書本（光緒刻）

經21212764
單行字一卷　晉李彤撰　龍璋輯
　　小學蒐佚本（民國鉛印）

經21212765
影舊鈔卷子原本玉篇零卷殘六卷　南
　　朝梁顧野王撰
　　古逸叢書本（光緒刻,存卷九*、又九*、
　　　十八*、十九*、二十二*、二十七*）

經21212766
原本玉篇殘卷　南朝梁顧野王撰　羅
　　振玉輯
　　民國五至六年上虞羅氏影印日本田
　　　中光顯藏本　遼寧　湖北

經21212767
大廣益會玉篇（玉篇）三十卷總目偏旁篆
　　書之法一卷　南朝梁顧野王撰
　　唐孫強增字　宋陳彭年等重修
　　宋刻本　國圖（存卷一、總目偏旁篆書之
　　　法一卷,清高均儒、清趙之廉、清曹
　　　籀、清陸心源跋）
　　清初影宋抄本（缺卷一至四,玉篇）
　　　國圖

經21212768
大廣益會玉篇三十卷玉篇廣韻指南一
　　卷　南朝梁顧野王撰　唐孫強增
　　字　宋陳彭年等重修
　　元延祐二年圓沙書院刻本　國圖
　　　上海
　　元詹氏進德書堂刻本　國圖
　　明永樂十四年朱氏刻本　臺北故博
　　明初刻本　國圖（又一部,卷十九至二十
　　　二配清抄本）　浙大
　　明弘治五年詹氏進德堂刻本　國圖
　　　南京博
　　明弘治十七年黃氏集義書堂刻本
　　　國圖
　　明劉氏明德書堂刻本　蕭山博　中山
　　　大學
　　明萬曆間刻本　南京
　　明刻本　國圖　清華　北師大
　　明刻本　西北大學
　　明刻本　復旦
　　明刻本　國圖　中科院
　　明刻本　北大　廈大
　　明刻本　重慶
　　明刻遞修本　國圖　北師大

經21212769
大廣益會玉篇三十卷新編正誤足註玉
　　篇廣韻指南一卷　南朝梁顧野王
　　撰　唐孫強增字　宋陳彭年等
　　重修
　　元蔡氏刻本　國圖
　　元鄭氏刻本　國圖（卷十一至二十三配
　　　明初刻本）

經21212770
新刊大廣益會玉篇三十卷玉篇廣韻指
　　南一卷　南朝梁顧野王撰　唐孫

強增字　宋陳彭年等重修

明萬曆元年益藩刻本　國圖　南京

經 21212771

大廣益會玉篇三十卷　南朝梁顧野王
　　撰　唐孫強增字　宋陳彭年等
　　重修
　　元至正十六年翠巖精舍刻本　臺北
　　　故博
　　元至正二十六年南山書院刻本　臺北
　　　故博
　　元刻本　上海
　　元刻本　福建師大(存卷九至十六)
　　明建安鄭氏宗文堂刻本　臺北故博
　　明初建刻黑口本　臺北故博
　　明初刻黑口本　臺北故博
　　明宣德六年清江書堂刻本　臺北故博
　　　(存卷一至六)
　　明司禮監刻本　臺北故博
　　明覆刻司禮監本　臺北故博
　　澤存堂五種本(康熙刻、光緒石印)
　　曹棟亭五種本(康熙刻)
　　清雍正十三年新安汪氏刻明善堂印
　　　本　國圖
　　清道光三十年新化鄧顯鶴東山精舍
　　　倣宋刻本　國圖
　　古經解彙函本(同治刻、光緒石印、光緒
　　　刻,小學彙函)
　　清廖廷相等刻本　湖北

經 21212772

大廣益會玉篇校勘札記(玉篇校勘札記)
　　一卷　清鄧顯鶴撰
　　清道光三十年新化鄧顯鶴東山精舍
　　　倣宋刻本　國圖
　　清末刻本(玉篇校勘札記)　湖北

經 21212773

玉篇三十卷總目一卷附錄一卷　南朝
　　梁顧野王撰　唐孫強增字　宋陳
　　彭年等重修
　　四庫全書薈要本(乾隆寫)
　　四庫全書本(乾隆寫)

經 21212774

新修絫音引證羣籍玉篇三十卷　金邢
　　準撰
　　金刻本　國圖(缺卷二十一)

經 21212775

玉篇直音二卷　南朝梁顧野王撰
　　鹽邑志林本(天啓刻、民國影印)

經 21212776

文字集畧一卷　南朝梁阮孝緒撰　清
　　任大椿輯　清王念孫校
　　小學鉤沈本(嘉慶刻、光緒抄、光緒刻)
　　小學類編本(咸豐光緒刻,小學鉤沈)
　　翠琅玕館叢書本(光緒刻,小學鉤沈)
　　芋園叢書本(民國彙印,小學鉤沈)

經 21212777

文字集畧一卷　南朝梁阮孝緒撰　清
　　馬國翰輯
　　玉函山房輯佚書本(同治皇華館刻、光
　　　緒李氏印、光緒嫏嬛館刻、光緒楚南
　　　書局刻)

經 21212778

文字集畧一卷　南朝梁阮孝緒撰　清
　　黃奭輯
　　漢學堂叢書本(道光刻光緒印)
　　黃氏逸書考本(道光刻王鑒修補、朱長圻
　　　補刻)

經 21212779
文字集畧一卷　南朝梁阮孝緒撰　顧
　　震福輯
　　小學鉤沈續編本（光緒刻）

經 21212780
文字集畧一卷　南朝梁阮孝緒撰　清
　　王仁俊輯
　　玉函山房輯佚書續編本（稿本）

經 21212781
文字集畧一卷　南朝梁阮孝緒撰　龍
　　璋輯
　　小學蒐佚本（民國鉛印）

經 21212782
字畧一卷　北魏宋世良撰　清任大椿
　　輯　清王念孫校
　　小學鉤沈本（嘉慶刻、光緒抄、光緒刻）
　　小學類編本（咸豐光緒刻，小學鉤沈）
　　翠琅玕館叢書本（光緒刻，小學鉤沈）
　　芋園叢書本（民國彙印，小學鉤沈）

經 21212783
字畧一卷　北魏宋世良撰　清黃奭輯
　　漢學堂叢書本（道光刻光緒印）
　　黃氏逸書考本（道光刻王鑒修補、朱長圻
　　　補刻）

經 21212784
字畧一卷　北魏宋世良撰　顧震福輯
　　小學鉤沈續編本（光緒刻）

經 21212785
字畧一卷　北魏宋世良撰　龍璋輯
　　小學蒐佚本（民國鉛印）

經 21212786
字畧正譌一卷　清王茂松撰
　　清道光五年刻本　中科院

經 21212787
字統一卷　北魏楊承慶撰　清任大椿
　　輯　清王念孫校
　　小學鉤沈本（嘉慶刻、光緒抄、光緒刻）
　　小學類編本（咸豐光緒刻，小學鉤沈）
　　翠琅玕館叢書本（光緒刻，小學鉤沈）
　　芋園叢書本（民國彙印，小學鉤沈）

經 21212788
字統一卷　北魏楊承慶撰　清馬國翰輯
　　玉函山房輯佚書本（同治皇華館刻、光
　　　緒李氏印、光緒嫏嬛館刻、光緒楚南
　　　書局刻）

經 21212789
字統一卷　北魏楊承慶撰　清黃奭輯
　　漢學堂叢書本（道光刻光緒印）
　　黃氏逸書考本（道光刻王鑒修補、朱長圻
　　　補刻）

經 21212790
字統一卷　北魏楊承慶撰　顧震福輯
　　小學鉤沈續編本（光緒刻）

經 21212791
字統一卷　北魏楊承慶撰　龍璋輯
　　小學蒐佚本（民國鉛印）

經 21212792
字統輯逸一卷　清張佩綸輯
　　張佩綸雜稿本（稿本）　上海

經 21212793

桂苑珠叢一卷　隋諸葛穎等撰　清馬
　國翰輯
　玉函山房輯佚書本(同治皇華館刻、光
　　緒李氏印、光緒娜嬛館刻、光緒楚南
　　書局刻)

經 21212794
桂苑珠叢一卷　隋諸葛穎等撰　清黃
　奭輯
　漢學堂叢書本(道光刻光緒印)
　黃氏逸書考本(道光刻王鑒修補、朱長圻
　　補刻)

經 21212795
桂苑珠叢一卷　隋諸葛穎撰　清鄒存
　淦輯
　清抄本　浙江

經 21212796
桂苑珠叢一卷　隋諸葛穎撰　龍璋輯
　小學蒐佚本(民國鉛印)

經 21212797
桂苑珠叢一卷補遺一卷　隋曹憲撰
　曹元忠輯
　南菁札記本(光緒刻)
　清光緒間抄本(無補遺)　復旦

經 21212798
桂苑珠叢補遺一卷　隋曹憲撰　曹元
　忠輯
　南菁札記本(光緒刻)

經 21212799
新字林一卷　唐陸善經撰　清黃奭輯
　漢學堂叢書本(道光刻光緒印)
　黃氏逸書考本(道光刻王鑒修補、朱長圻

補刻)

經 21212800
異字苑一卷　清任大椿輯　清王念孫校
　小學鉤沈本(嘉慶刻、光緒抄、光緒刻)
　小學類編本(咸豐光緒刻,小學鉤沈)
　翠琅玕館叢書本(光緒刻,小學鉤沈)
　芋園叢書本(民國彙印,小學鉤沈)

經 21212801
異字苑一卷　顧震福輯
　小學鉤沈續編本(光緒刻)

經 21212802
異字苑一卷　三國吳朱育撰　龍璋輯
　小學蒐佚本(民國鉛印)

經 21212803
字類一卷　清任大椿輯　清王念孫校
　小學鉤沈本(嘉慶刻、光緒抄、光緒刻)
　小學類編本(咸豐光緒刻,小學鉤沈)
　翠琅玕館叢書本(光緒刻,小學鉤沈)
　芋園叢書本(民國彙印,小學鉤沈)

經 21212804
字類一卷　顧震福輯
　小學鉤沈續編本(光緒刻)

經 21212805
字類一卷　題侯洪泊撰　龍璋輯
　小學蒐佚本(民國鉛印)

經 21212806
字典一卷　龍璋輯
　小學蒐佚本(民國鉛印)

經 21212807

開元文字音義一卷　唐玄宗李隆基撰
　　清黃奭輯
　　漢學堂叢書本(道光刻光緒印)
　　黃氏逸書考本(道光刻王鑒修補、朱長圻
　　　補刻)

經 21212808
開元音義一卷　唐玄宗李隆基撰　龍
　　璋輯
　　小學蒐佚本(民國鉛印)

經 21212809
開元文字音義一卷　唐玄宗李隆基撰
　　汪黎慶輯
　　廣倉學宭叢書甲類本(民國鉛印,小學
　　　叢殘四種)

經 21212810
南唐五百字訓纂一卷　五代韓熙載撰
　　集　張揉訓纂
　　民國六年石印醰園著述本　湖北

經 21212811
類篇十五卷　宋司馬光撰
　　清虞山毛氏汲古閣影宋抄本　上海
　　曹棟亭五種本(康熙刻)
　　姚氏叢刻本(光緒刻)

經 21212812
類篇四十五卷　宋司馬光撰
　　影宋抄本　臺北故博
　　四庫全書本(乾隆寫)

經 21212813
類篇索隱十四卷　清丁士涵輯
　　稿本　上海

經 21212814
龍龕手鑑四卷　遼釋行均撰
　　宋刻本　國圖(卷二配清初毛氏汲古閣
　　　影宋抄本)
　　宋刻本　國圖(存卷二)
　　宋嘉興府刻本　臺北故博
　　明影宋抄本　國圖
　　明刻清補修本　上海
　　清初抄本　上海
　　清乾隆三十一年經井齋影宋抄本　北
　　　師大
　　四庫全書本(乾隆寫)
　　函海本(乾隆刻、道光補刻、光緒刻,升庵
　　　韻學七種)
　　正誼齋叢書本(道光刻)
　　清袁氏貞節堂抄本(清管慶祺校)
　　　復旦
　　清張丹鳴虛竹齋刻本　北大　南京
　　　浙江
　　清抄本　遼寧
　　續古逸叢書本(民國影印)

經 21212815
六書故三十三卷六書通釋一卷　宋戴
　　侗撰
　　明萬曆三十六年清真館刻本　吉林
　　　廣東
　　明刻本　湖南
　　清乾隆三十九年李氏刻本　浙江
　　四庫全書本(乾隆寫)
　　清乾隆四十九年李鼎元師竹齋刻本
　　　國圖　北大
　　清刻本　國圖(卷十八、卷二十五至三十
　　　三配李鼎元刻本)
　　清抄本(存卷一至十六)　國圖

經 21212816

六書故檢字不分卷　清杏書氏撰

　　清光緒二十七年惠我琹書室稿本　北
　　　師大

經 21212817

六書統二十卷　元楊桓撰

　　元至大元年江浙行省儒學刻元統三
　　　年余謙修補本　復旦
　　元至大元年江浙行省儒學刻元明遞
　　　修本　國圖　上海
　　四庫全書本（乾隆寫）

經 21212818

六書統溯原十三卷　元楊桓撰

　　元至大元年江浙行省儒學刻元明遞
　　　修本　國圖　湖北
　　清抄本　復旦

經 21212819

篇海類編二十卷　題明宋濂撰

　　明刻本　上海　山西師大　華南農大

經 21212820

篇海類編二十卷附錄一卷　題明宋濂
　　撰　（附錄）明張嘉和輯

　　明刻本　北大　人大　北師大

經 21212821

直音篇七卷　明章黼撰

　　明成化十三年刻清康熙四年重修本
　　　南京
　　明成化十七年刻嘉靖二十四年張重
　　　補刻萬曆九年高薦重修本　國圖
　　　北大
　　明萬曆六年維揚資政左室刻本　北大
　　　中科院

經 21212822

重訂直音篇七卷　明章黼撰

　　明萬曆三十四年練川明德書院刻本
　　　國圖　北大
　　明萬曆三十四年練川明德書院刻清
　　　康熙四年乾隆十五年遞修本　北
　　　大　中科院

經 21212823

金石韻府五卷　明朱雲輯

　　明俞顯謨刻朱印本　北大　浙江　上海
　　明刻朱印本　北大　天津　上海
　　明抄本　浙江
　　清初抄本　浙江
　　清康熙六十年祝維垣抄本　浙江
　　清乾隆間抄本　北大
　　清抄本　國圖　上海　重慶　中山大學
　　抄本　上海

經 21212824

金石韻府四卷　明朱雲輯

　　清抄本　國圖

經 21212825

字學大全三十二卷　明王三聘編

　　明嘉靖四十三至四十五年王三聘刻
　　　本　北大　湖北

經 21212826

字考啓蒙十六卷　明周宇撰

　　明萬曆間周傳誦刻本　國圖　中科院
　　　山東

經 21212827

同文備攷八卷首三卷聲韻會通一卷韻
　　要粗釋四卷　明王應電撰

　　明嘉靖三十六年王宗沐刻本　北大

中科院　上海

明嘉靖三十六年王宗沐刻萬曆三十
　　年重修本　山東

明抄本(存卷首、一至七)　中科院

明抄本(缺卷一至二)　中山大學

經 21212828

合併字學集篇十卷拾遺一卷　明徐孝編

明萬曆三十四年張元善刻本　蘭州大
　　學　江西

經 21212829

重刊詳校篇海五卷　明趙年伯原輯
　　明李登訂

明萬曆三十六年趙新盤刻本　上海

明萬曆三十六年刻清康熙間重修本
　　北大

經 21212830

重刊訂正篇海十卷　明趙年伯原輯

明崇禎八年張忻刻本　上海

經 21212831

新校經史海篇直音十卷　明□□輯

明嘉靖二十三年金邑勉勤堂刻本
　　復旦

經 21212832

重刻經史海篇直音十卷　明□□輯

明隆慶三年吳氏刻本　陝西

經 21212833

重校經史海篇直音十卷　明□□輯

明刻本　北大　上海　復旦　浙江

經 21212834

新校經史海篇直音五卷　明□□輯

明萬曆三年司禮監刻本　北大　北師
　　大　故宮　上海

明萬曆六年黃祿刻本　杭州

明刻藍印本　國圖

明刻黑口本　北大　中科院

明刻本　北大　南開　浙江

清抄本　浙江

經 21212835

重校全補海篇直音十二卷首三卷附新
　　集背篇列部之字一卷　明蔡爔輯

明萬曆二十三年書林鄭世豪刻本　北
　　大　復旦　浙江

經 21212836

奇字韻五卷　明楊慎撰

明嘉靖間李元陽刻本　國圖　北大
　　山東　四川

楊升庵雜著本(明刻)

四庫全書本(乾隆寫)

函海本(乾隆刻、道光補刻、光緒刻,升庵
　　韻學七種)

總纂升菴合集本(光緒刻)

經 21212837

古音駢字二卷　明楊慎撰

四庫全書本(乾隆寫)

總纂升菴合集本(光緒刻)

清筠淥山房抄本　國圖

經 21212838

古音駢字五卷　明楊慎撰

函海本(乾隆刻、道光補刻、光緒刻,升庵
　　韻學七種)

清傳抄楊氏遺書本

經 21212839

駢字古音五卷　明楊慎撰　清莊忨等
　增補
　　紅格抄本　國圖

經21212840
古音駢字續編五卷　清莊履豐、清莊鼎
　鉉撰
　　四庫全書本(乾隆寫)
　　總纂升菴合集本(光緒刻)
　　清筠淥山房抄本　國圖

經21212841
字義總畧四卷　明顧充輯
　　明萬曆十七年古虞顧氏刻本　南開
　　明萬曆三十六年古虞顧氏重刻本
　　　上海
　　清康熙四十二年顧芳宗興麟堂刻本
　　　北大　上海

經21212842
大明同文集舉要五十卷　明田藝蘅輯
　　明萬曆十年汪以成刻本　北大

經21212843
新刊月峯孫先生增補音切玉鑑海篇二
　十卷　明孫鑛撰
　　明書林存仁堂陳含初刻本　北大

經21212844
翰林筆削字義韻律鼇頭海篇心鏡二十
　卷附翰林筆削字義韻律二十卷
　　明蕭良有撰　明余應奎訂
　　明萬曆間王廷極唐廷仁刻本　北大

經21212845
翰林重考字義韻律大板海篇心鏡二十
　卷附韻律十一卷　明劉孔當重訂

　明彭應起校
　　明萬曆間書林葉天熹刻本　國圖　北
　　　大　中科院　南京

經21212846
精刻海若湯先生校訂音釋五侯鯖字海
　二十卷四書五經難字一卷首一卷
　　明□□編
　　明刻本　湖北

經21212847
精刻海若湯先生校訂音釋五侯鯖字海
　二十卷首一卷　明□□編
　　明蕭騰鴻刻本　山東大學

經21212848
精鐫海若湯先生校訂音釋海篇統匯二
　十卷首一卷次一卷　明□□編
　　明金陵奎壁堂鄭思鳴刻本　河北大學
　　　東北師大

經21212849
四書五經難字一卷首一卷　明□□編
　　明刻精鐫海若湯先生校訂音釋五侯
　　　鯖字海本附　湖北

經21212850
鼎刻臺閣攷正遵古韻律海篇大成二十
　卷　明曾六德撰
　　明萬曆三十二年書林喬山堂劉龍田
　　　刻本　重慶

經21212851
刻太古遺踪海篇集韻大全三十一卷
　明鄒德溥撰　明夏從仁補遺
　　明潭城書林陳孫安刻本　南師大

經 21212852

重校古本五音類聚四聲切韻直音海篇
　　大全十四卷首一卷　明□□編
　　明建邑書林萃慶堂余彰德刻本　南大

經 21212853

字學指南十卷　明朱光家撰
　　明萬曆二十九年刻本　上海

經 21212854

字彙十二集首一卷末一卷韻法直圖一
　　卷韻法橫圖一卷　明梅膺祚撰
　　（韻法橫圖）明李世澤撰
　　明萬曆間刻本　北大　上海　湖北
　　明懷德堂刻本　國圖
　　明末青畏堂刻本　湖北
　　清康熙十八年雲棲寺刻本　國圖
　　　　北大
　　清康熙三十八年刻本　南京
　　清乾隆十六年武林王氏三餘堂刻本
　　　　天津
　　清嘉慶四年刻本　國圖
　　清光緒十年刻本　北大
　　清文秀堂刻藻思堂印本　北大
　　清刻京都文成堂印版　國圖　南大
　　清文英堂刻本　遼寧
　　清三讓堂刻本　南京
　　清刻文正堂印本　國圖
　　清刻友于堂印本　國圖
　　清刻本　國圖

經 21212855

字彙十二集首一卷末一卷　明梅膺祚撰
　　明古吳陳長卿刻本　北大
　　清康熙四年真寂院刻本　北大（存卷
　　　　首）　上海
　　清康熙二十七年靈隱寺刻本　復旦

湖北
　　清雍正九年經德堂刻本　國圖　上海
　　清乾隆七年京都文成堂刻本　北師大
　　清乾隆四十三年蘇州金閶書業堂增
　　　　補重刻本　雲南
　　清道光十二年寶仁堂刻本　北大
　　清同治七年刻本　復旦
　　清光緒十一年刻本　雲南
　　清丹山堂刻本　遼寧
　　清書林經國堂刻本　復旦
　　清大文堂刻本　上海　南京

經 21212856

字彙補十二集附拾遺一卷　清吳任臣輯
　　清康熙五年彙賢齋刻本　北大　上海

經 21212857

字彙補拾遺一卷　清吳任臣輯
　　清康熙五年彙賢齋刻本　北大　上海

經 21212858

續字彙補十二卷　清吳任臣輯
　　日本寬文九年山形屋刻本　北大

經 21212859

字彙數求聲十二卷　明梅膺祚撰　清
　　虞德升繫聲
　　清康熙十二年陸欣陸顥刻二十三年
　　　　增修本　北大　中科院
　　清康熙十六年錢塘虞氏寒香精舍刻
　　　　本　國圖　上海

經 21212860

新刻瑞樟軒訂正字韻合璧二十卷　明
　　朱孔陽輯
　　明崇禎間瑞雲館張少吾刻本　湖北
　　　　湖南

經 21212861
新刻辨疑正韻同文玉海二十卷　　明黃
　　道周彙編
　　明末鄭以祺刻本　北大

經 21212862
廣金石韻府五卷附玉篇字畧一卷　　明
　　朱時望撰　清林尚葵廣輯　清李
　　根校正
　　清康熙九年周亮工賴古堂刻大業堂
　　　朱墨套印本　北大　浙江
　　清抄本　中科院　重慶

經 21212863
廣金石韻府二卷　　明朱時望撰
　　清道光十四年方柄道抄本　復旦

經 21212864
廣金石韻府五卷附玉篇字畧一卷　　明
　　朱時望撰　清林尚葵廣輯　清張
　　鳳藻增注
　　清咸豐七年巴郡張氏理董軒刻本　北
　　　大　上海　浙江

經 21212865
正字通十二集三十六卷首一卷　　明張
　　自烈撰　清廖文英輯
　　清康熙九年刻本　故宮　甘肅
　　清康熙十年張氏弘文書院刻本　南京
　　　臺北故博
　　清康熙二十四年秀水吳源起清畏堂
　　　刻本　國圖　北大
　　清康熙二十九年刻本　北大
　　清康熙間三畏堂刻本　北大　中科院
　　清康熙間芥子園刻本　國圖
　　清康熙間潭陽成萬材刻本　國圖
　　清考文書院刻本　南京

清帶月樓刻本　遼寧

經 21212866
他山字學二卷　　明錢邦芑(釋大錯)撰
　　清乾隆三十四年金谷園刻本　哈爾濱
　　　師大

經 21212867
黃公說字十二卷　　清顧景星撰
　　稿本(缺寅卷)　蘄春縣

經 21212868
黃公說字四十五卷　　清顧景星撰
　　清抄本　東北師大
　　民國間臧棱庵抄本　湖北
　　清抄本(不分卷)　中科院

經 21212869
諧聲品字箋十集五十七卷　　清虞德升撰
　　清康熙十二年陸欣陸顯刻二十三年
　　　增修本　北大　中科院
　　清康熙十六年錢塘虞氏寒香精舍刻
　　　本　國圖　上海
　　清康熙二十六年刻本　浙江
　　清康熙間展園刻本　上海

經 21212870
畧彙集類十二卷　　□□輯
　　清初抄本　浙江

經 21212871
御定康熙字典十二集三十六卷總目一
　　卷檢字一卷辨似一卷等韻一卷補
　　遺一卷備考一卷　　清張玉書等
　　纂修
　　清康熙五十五年武英殿刻本　國圖
　　　北大　北師大　故宮

清康熙間内府朱墨抄本　故宮

四庫全書薈要本(乾隆寫)

四庫全書本(乾隆寫)

清道光七年武英殿刻本　國圖　人大

清道光七年善成堂刻本　上海

清同治間翻刻武英殿本　上海

清光緒元年湖北崇文書局刻本　人大
　　天津

清光緒三年茹古齋刻本　復旦

清光緒九年上海點石齋石印本　國圖

清光緒九年上海同文書局石印本　國
　　圖　浙江

清光緒十三年上海積山書局石印本
　　國圖　北大

清光緒十四年上海蜚英館石印本
　　北大

清光緒十五年上海點石齋石印本　國
　　圖　北大

清光緒十六年上海鴻文書局石印本
　　國圖　浙江

清光緒二十年上海鴻寶齋石印本
　　國圖

清光緒二十四年上海文盛堂書莊石
　　印本　遼寧

清光緒二十九年振新書局石印本
　　南京

清光緒三十年上海文星書局石印本
　　國圖

清光緒三十四年上海集成圖書公司
　　鉛印本　國圖

清宣統元年上海章福記書局石印本
　　國圖

清宣統二年上海天寶石印書局石印
　　本　湖北

清末上海商務印書館石印本　湖南

清抄本　北大

民國二年鄂官書處刻本　湖北

民國三年上海愛儷園廣倉學宭石印
　　本　國圖

民國八年上海廣益書局石印本　國圖

民國八年上海中華圖書館鉛印本　國
　　圖　甘肅

民國九年上海昌文書局石印本　國圖

民國十年上海古書流通處影印本　國
　　圖　湖北

經 21212872

御定康熙字典辨似一卷　清張玉書等
　　纂修

清康熙五十五年武英殿刻本　國圖
　　北大　北師大　故宮

清康熙間内府朱墨抄本　故宮

四庫全書薈要本(乾隆寫)

四庫全書本(乾隆寫)

清道光七年武英殿刻本　國圖　人大

清道光七年善成堂刻本　上海

清光緒元年湖北崇文書局刻本　人大
　　天津

清光緒三年茹古齋刻本　復旦

清光緒九年上海點石齋石印本　國圖

清光緒九年上海同文書局石印本　國
　　圖　浙江

清光緒十三年上海積山書局石印本
　　國圖　北大

清光緒十四年上海蜚英館石印本
　　北大

清光緒十五年上海點石齋石印本　國
　　圖　北大

清光緒十六年上海鴻文書局石印本
　　國圖　浙江

清光緒二十年上海鴻寶齋石印本
　　國圖

清光緒二十四年上海文盛堂書莊石
　　印本　遼寧

清光緒二十九年振新書局石印本
　　南京
清光緒三十年上海文星書局石印本
　　國圖
清光緒三十四年上海集成圖書公司
　　鉛印本　國圖
清宣統元年上海章福記書局石印本
　　國圖
清宣統二年上海天寶石印書局石印
　　本　湖北
清末上海商務印書館石印本　湖南
民國二年鄂官書處刻本　湖北
民國三年上海愛儷園廣倉學宭石印
　　本　國圖
民國八年上海廣益書局石印本　國圖
民國八年上海中華圖書館鉛印本　國
　　圖　甘肅
民國九年上海昌文書局石印本　國圖
民國十年上海古書流通處影印本　國
　　圖　湖北

經21212873

御定康熙字典等韻一卷　清張玉書等
　　纂修
　　清康熙五十五年武英殿刻本　國圖
　　　　北大　北師大　故宮
　　清康熙間內府朱墨抄本　故宮
　　四庫全書薈要本(乾隆寫)
　　四庫全書本(乾隆寫)
　　清道光七年武英殿刻本　國圖　人大
　　清道光七年善成堂刻本　上海
　　清光緒元年湖北崇文書局刻本　人大
　　　　天津
　　清光緒三年茹古齋刻本　復旦
　　清光緒九年上海點石齋石印本　國圖
　　清光緒九年上海同文書局石印本　國
　　　　圖　浙江

清光緒十三年上海積山書局石印本
　　國圖　北大
清光緒十四年上海蜚英館石印本
　　北大
清光緒十五年上海點石齋石印本　國
　　圖　北大
清光緒十六年上海鴻文書局石印本
　　國圖　浙江
清光緒二十年上海鴻寶齋石印本
　　國圖
清光緒二十四年上海文盛堂書莊石
　　印本　遼寧
清光緒二十九年振新書局石印本
　　南京
清光緒三十年上海文星書局石印本
　　國圖
清光緒三十四年上海集成圖書公司
　　鉛印本　國圖
清宣統元年上海章福記書局石印本
　　國圖
清宣統二年上海天寶石印書局石印
　　本　湖北
清末上海商務印書館石印本　湖南
民國二年鄂官書處刻本　湖北
民國三年上海愛儷園廣倉學宭石印
　　本　國圖
民國八年上海廣益書局石印本　國圖
民國八年上海中華圖書館鉛印本　國
　　圖　甘肅
民國九年上海昌文書局石印本　國圖
民國十年上海古書流通處影印本　國
　　圖　湖北

經21212874

御定康熙字典補遺一卷　清張玉書等
　　纂修
　　清康熙五十五年武英殿刻本　國圖

北大　北師大　故宮

清康熙間內府朱墨抄本　故宮

四庫全書薈要本（乾隆寫）

四庫全書本（乾隆寫）

清道光七年武英殿刻本　國圖　人大

清道光七年善成堂刻本　上海

清光緒元年湖北崇文書局刻本　人大
　　天津

清光緒三年茹古齋刻本　復旦

清光緒九年上海點石齋石印本　國圖

清光緒九年上海同文書局石印本　國
　　圖　浙江

清光緒十三年上海積山書局石印本
　　國圖　北大

清光緒十四年上海蜚英館石印本　北大

清光緒十五年上海點石齋石印本　國
　　圖　北大

清光緒十六年上海鴻文書局石印本
　　國圖　浙江

清光緒二十年上海鴻寶齋石印本
　　國圖

清光緒二十四年上海文盛堂書莊石
　　印本　遼寧

清光緒二十九年振新書局石印本
　　南京

清光緒三十年上海文星書局石印本
　　國圖

清光緒三十四年上海集成圖書公司
　　鉛印本　國圖

清宣統元年上海章福記書局石印本
　　國圖

清宣統二年上海天寶石印書局石印
　　本　湖北

清末上海商務印書館石印本　湖南

民國二年鄂官書處刻本　湖北

民國三年上海愛儷園廣倉學窘石印
　　本　國圖

民國八年上海廣益書局石印本　國圖

民國八年上海中華圖書館鉛印本　國
　　圖　甘肅

民國九年上海昌文書局石印本　國圖

民國十年上海古書流通處影印本　國
　　圖　湖北

經 21212875

御定康熙字典備考一卷　清張玉書等
　　纂修

清康熙五十五年武英殿刻本　國圖
　　北大　北師大　故宮

清康熙間內府朱墨抄本　故宮

四庫全書薈要本（乾隆寫）

四庫全書本（乾隆寫）

清道光七年武英殿刻本　國圖　人大

清道光七年善成堂刻本　上海

清光緒元年湖北崇文書局刻本　人大
　　天津

清光緒三年茹古齋刻本　復旦

清光緒九年上海點石齋石印本　國圖

清光緒九年上海同文書局石印本　國
　　圖　浙江

清光緒十三年上海積山書局石印本
　　國圖　北大

清光緒十四年上海蜚英館石印本
　　北大

清光緒十五年上海點石齋石印本　國
　　圖　北大

清光緒十六年上海鴻文書局石印本
　　國圖　浙江

清光緒二十年上海鴻寶齋石印本
　　國圖

清光緒二十四年上海文盛堂書莊石
　　印本　遼寧

清光緒二十九年振新書局石印本
　　南京

清光緒三十年上海文星書局石印本
　　國圖
清光緒三十四年上海集成圖書公司
　　鉛印本　國圖
清宣統元年上海章福記書局石印本
　　國圖
清宣統二年上海天寶石印書局石印
　　本　湖北
清末上海商務印書館石印本　湖南
民國二年鄂官書處刻本　湖北
民國三年上海愛儷園廣倉學宭石印
　　本　國圖
民國八年上海廣益書局石印本　國圖
民國八年上海中華圖書館鉛印本　國
　　圖　甘肅
民國九年上海昌文書局石印本　國圖
民國十年上海古書流通處影印本　國
　　圖　湖北

經 21212876
字典紀字一卷　清汪汲撰
　古愚老人消夏錄本(乾隆嘉慶刻)

經 21212877
字典考證不分卷　清王引之等撰
　稿本　北師大
　字典考證十二集本
　清道光十一年武英殿刻本　故宮
　　遼寧
　清道光十一年愛日堂刻高郵王氏著
　　書本　上海　南京
　清光緒二年湖北崇文書局刻本　國圖
　　中科院
　清光緒十四年上海同文書局石印本
　　國圖　南京
　清光緒二十一年上海鴻文書局石印
　　本　北大　天津

經 21212878
字典校錄一卷首一卷　清英浩撰
　清光緒十九年慕純氏刻朱印本　北大
　　湖北
　清光緒十九年紅格抄本　國圖

經 21212879
康熙字典撮要不分卷　英湛約翰撰
　　清王楊安譯
　清光緒四年刻廣東倫敦教會印本　國
　　圖　上海

經 21212880
字貫四十卷　清王錫侯編
　清乾隆四十年刻本　江西
　日本刻本　上海　遼寧

經 21212881
分韻字彙十二集　清鐔眠道人輯
　清乾隆四十年通修堂刻本　國圖

經 21212882
文種十二卷　清周培之撰
　稿本　中科院

經 21212883
壘字編不分卷　清汪汲撰
　古愚老人消夏錄本(乾隆嘉慶刻)

經 21212884
壘字考一卷　清汪汲撰　清管斯駿校
　清光緒十三年管可壽刻巾箱本　國圖
　　中科院

經 21212885
彬雅八卷　清墨莊氏撰
　菽林山房四種本(道光刻)

經21212886
字林經策萃華八卷　清墨莊氏撰
　文選樓叢書本（光緒刻）
　玲瓏山館叢書本（光緒刻）

經21212887
藝文備覽一百二十卷檢字一卷補詳字
　　義十四卷　清沙木輯
　清嘉慶十一年粵東官署刻本　北大

經21212888
藝文備覽字義十四卷　清沙木注
　清嘉慶十一年粵東官署刻本　北大

經21212889
四音釋義十二卷　清鄭長庚撰
　清嘉慶間刻本　國圖
　清道光四年鄭長庚刻本　北大　中
　　科院
　清道光十一年張鵬翮刻本　北大
　清道光十八年崇德堂重刻本　湖北
　清道光二十三年廬陵邱垂遠堂刻本
　　上海
　清道光二十九年學德堂刻本　遼寧

經21212890
四音字彙不分卷　清鄭長庚輯
　清道光四年鄭長庚刻本　北大

經21212891
古今文字通釋十四卷　清呂世宜述
　清同治二年同安呂氏菽莊刻本　上海
　清光緒五年龍溪林維源刻本　北大
　民國十一年龍溪林氏刻菽莊叢書本
　　遼寧

經21212892

經韻集字析解二卷附拾遺補注及附編
　　清熊守謙撰　清彭良敞集注
　清道光二年天津分司署刻本　北大
　　上海　浙江
　清道光十年刻濼源書院印本　國圖
　　復旦
　清道光十三年河南撫署刻本　北大
　　上海　湖北
　清道光十四年張鵬翮刻本　浙江
　清道光二十四年鐵嶺長臻晴巖氏刻
　　開封府署印本　國圖　北大
　清同治三年刻本　甘肅
　清同治十年程增賢程增均刻本　南京
　清同治十年敦澍堂刻本　南京
　清光緒三年來鹿堂刻本　北大　天津
　　南京
　清光緒三年柳陰書舍刻本　江西

經21212893
字林便覽二卷　清徐慶超輯
　清道光四年刻本　中科院　南京　湖北
　清道光十七年楊式穀抄本　北師大

經21212894
字林便覽一卷　清徐慶超輯
　清道光十八年徐大銘刻本　南京

經21212895
字孳補二卷　清易鏡清輯　清易本烺補
　清同治八年京山易氏刻字辨證篆本
　　附　北大　中科院

經21212896
類字罾不分卷　清董承珉撰
　清道光十六年刻本　國圖

經21212897

同音字辨四卷　清劉維坊撰
　　清道光二十九年刻本　中科院
　　清同治十二年京師善成堂刻本　北大

經21212898
經韻備字不分卷　清陳大醇編注
　　清道光二十八年碩果山房刻本　湖北
　　（佚名批校）

經21212899
書契原恉十四卷　清陳致焞撰
　　稿本　天一閣
　　清咸豐五年刻北涇草堂印本　北大
　　抄本　中科院

經21212900
書契原恉二集十八卷　清陳致焞撰
　　清咸豐十年刻北涇草堂印本　國圖

經21212901
惜道味齋劄記一卷　清張鳴珂撰
　　稿本（清王壽祺跋）　上海

經21212902
字學辨正集成四卷附敬避字樣抬頭式
　　一卷　清姚心舜輯
　　清咸豐六年求達書齋刻本　南京
　　湖北

經21212903
同音集釋要四卷　清朱一新撰
　　稿本　浙江

經21212904
攷正玉堂字彙不分卷　清知足子編
　　清光緒十二年鉛印本　天津

經21212905
畫母聯解不分卷　清張藜照撰
　　清光緒五年述古齋刻本　國圖

經21212906
萬字典不分卷　□□輯
　　清光緒十年天津紫竹林新海關書信
　　館刻本　北大

經21212907
同音集字便覽不分卷　清張小浦輯
　　清光緒十七年四川瀘州同春堂刻本
　　雲南

經21212908
儒林音字貫通五卷首一卷　清吳達邦撰
　　清光緒三十二年刻本　國圖

經21212909
經韻纂字四卷續釋不分卷白文便讀一
　　卷分部便查一卷讀本不分卷附刊
　　虛字註釋備考一卷　清警黐逸士
　　編輯　（虛字註釋備考）清張文炳
　　點定
　　清光緒間澄心書屋刻本　北大　湖北

經21212910
經韻纂字讀本不分卷　清警黐逸士編輯
　　清光緒間澄心書屋刻本　北大　湖北

經21212911
經韻纂字白文便讀一卷　清警黐逸士
　　編輯
　　清光緒間澄心書屋刻本　北大　湖北

經21212912
點石齋字彙四卷　□□輯

申報館叢書本(光緒鉛印)

經 21212913
異韻字考一卷　清秀文齋主人輯
　　清光緒十八年京都秀文齋刻本　　上海

經 21212914
同音字彙二卷　□□輯
　　清羊城拾芥園刻本　　天津

經 21212915
攷正同音字彙一卷　清江學海輯
　　清光緒三十年慎怡堂刻本　　人大

經 21212916
攷正同音字彙一卷附草書百韻歌一卷
　　　清江學海輯
　　民國間石印本　　武漢

經 21212917
攷正同音字彙不分卷字音會集不分卷
　　　清陳臥子輯
　　民國間上海文新書局石印本　　雲南

經 21212918
天籟字彙四卷　清楊唐撰
　　清宣統三年刻本　　湖南

經 21212919
字誼指歸二卷　舒立淇輯
　　清光緒二十五年刻本

經 21212920
字彙四集　清陳溟子撰
　　清三讓堂刻本　　上海

經 21212921

攷正字彙二卷　清陳溟子撰
　　清光緒二十五年上海掃葉山房石印
　　　本　　北師大
　　清光緒二十六年石印本　　北大
　　民國元年鴻寶齋石印本　　湖南
　　民國元年昌文書局石印本　　湖南
　　民國元年上海開智社石印本　　遼寧
　　民國間上海錦章圖書局石印本　　湖南

經 21212922
新輯中東字典不分卷　清東文學社編
　　清光緒三十三年東文學社石印本
　　　天津

經 21212923
古今字檢不分卷　□□輯
　　清光緒間抄本　　國圖

經 21212924
檢字一貫三十二卷末一卷　清三家村
　　　學究編
　　清末石印本　　北大

經 21212925
同文字典部首五卷　宋育仁撰
　　稿本　　復旦

經 21212926
同文解字五卷　宋育仁撰
　　民國四年周魯齋抄本　　國圖

經 21212927
同文解字釋例二卷　宋育仁撰
　　稿本　　復旦

經 21212928
字系十五卷附錄一卷　夏日瑑撰

稿本　中科院
　民國五年嘉定夏氏石印本　湖北

經21212929
天然字彙一卷　張國聲輯
　民國六年刻自得堂印本　湖南

經21212930
字觿不分卷　劉彧撰
　民國八年鉛印本　國圖

經21212931
字義要錄十集三十卷　□□輯
　抄本（存七集二十一卷）　南京

經21212932
字義錄要十二集不分卷　題西湖撰
　西湖稿本　南京（存子、寅、卯、辰）

經21212933
龍樹篇四部檢字譜一卷　□□輯
　抄本　南京

經21212934
簡編字典稿本不分卷　□□輯
　抄本　廣東

經21212935
字典翻音易知不分卷　蔡振堅撰
　民國間石印本　國圖

正　字

經21212936
古文官書一卷附古文奇字郭訓古文奇
　字　漢衛宏撰　清任大椿輯　清
　王念孫校
　續刻小學鉤沈本（嘉慶刻）

小學鉤沈本（嘉慶刻、光緒抄、光緒刻）
小學類編本（咸豐光緒刻，小學鉤沈）
翠琅玕館叢書本（光緒刻，小學鉤沈）
任氏三種本（清楊浚抄，小學鉤沈）
芋園叢書本（民國彙印，小學鉤沈）

經21212937
古文官書一卷　漢衛宏撰　清馬國翰輯
　玉函山房輯佚書本（同治皇華館刻、光
　　緒李氏印、光緒嫏嬛館刻、光緒楚南
　　書局刻）

經21212938
古文官書一卷　漢衛宏撰　顧震福輯
　小學鉤沈續編本（光緒刻）

經21212939
古文官書一卷　漢衛宏撰　費廷璜輯
　南菁札記本（光緒刻）

經21212940
古文官書一卷　漢衛宏撰　龍璋輯
　小學蒐佚本（民國鉛印）

經21212941
衛宏一卷　龍璋輯
　小學蒐佚本（民國鉛印）

經21212942
古文奇字一卷　漢郭顯卿撰　顧震福輯
　小學鉤沈續編本（光緒刻）

經21212943
古文奇字一卷　漢郭顯卿撰　龍璋輯
　小學蒐佚本（民國鉛印）

經21212944

古文一卷　龍璋輯
　　小學蒐佚本（民國鉛印）

經 21212945
古今文字表一卷　北魏江式撰　清馬
　　國翰輯
　　玉函山房輯佚書本（同治皇華館刻、光
　　　緒李氏印、光緒娜嬛館刻、光緒楚南
　　　書局刻）

經 21212946
演說文一卷　題庾儼默撰　清馬國翰輯
　　玉函山房輯佚書本（同治皇華館刻、光
　　　緒李氏印、光緒娜嬛館刻、光緒楚南
　　　書局刻）

經 21212947
文字指歸一卷　隋曹憲撰　清任大椿
　　輯　清王念孫校
　　續刻小學鉤沈本（嘉慶刻）
　　小學鉤沈本（嘉慶刻、光緒抄、光緒刻）
　　小學類編本（咸豐光緒刻,小學鉤沈）
　　翠琅玕館叢書本（光緒刻,小學鉤沈）
　　任氏三種本（清楊浚抄,小學鉤沈）
　　芋園叢書本（民國彙印,小學鉤沈）

經 21212948
文字指歸一卷　隋曹憲撰　清馬國翰輯
　　玉函山房輯佚書本（同治皇華館刻、光
　　　緒李氏印、光緒娜嬛館刻、光緒楚南
　　　書局刻）

經 21212949
文字指歸一卷　隋曹憲撰　清黄奭輯
　　黄氏逸書考本（道光刻王鑒修補、朱長圻
　　　補刻）

經 21212950
文字指歸一卷　隋曹憲撰　顧震福輯
　　小學鉤沈續編本（光緒刻）

經 21212951
文字指歸一卷　隋曹憲撰　龍璋輯
　　小學蒐佚本（民國鉛印）

經 21212952
字體一卷　清任大椿輯　清王念孫校
　　續刻小學鉤沈本（嘉慶刻）
　　小學鉤沈本（嘉慶刻、光緒抄、光緒刻）
　　小學類編本（咸豐光緒刻,小學鉤沈）
　　翠琅玕館叢書本（光緒刻,小學鉤沈）
　　任氏三種本（清楊浚抄,小學鉤沈）
　　芋園叢書本（民國彙印,小學鉤沈）

經 21212953
字體一卷　顧震福輯
　　小學鉤沈續編本（光緒刻）

經 21212954
字體一卷　龍璋輯
　　小學蒐佚本（民國鉛印）

經 21212955
字謁一卷　清任大椿輯　清王念孫校
　　續刻小學鉤沈本（嘉慶刻）
　　小學鉤沈本（嘉慶刻、光緒抄、光緒刻）
　　小學類編本（咸豐光緒刻,小學鉤沈）
　　翠琅玕館叢書本（光緒刻,小學鉤沈）
　　任氏三種本（清楊浚抄,小學鉤沈）
　　芋園叢書本（民國彙印,小學鉤沈）

經 21212956
字謁一卷　顧震福輯
　　小學鉤沈續編本（光緒刻）

經 21212957
字詸一卷　龍璋輯
　　小學蒐佚本（民國鉛印）

經 21212958
俗書證誤一卷　隋顔湣楚撰
　　居家必備本（明刻）
　　說郛本（宛委山堂刻）
　　同文考證四種本（嘉慶刻、道光刻）
　　書三味樓叢書本（嘉慶刻）
　　青照堂叢書本（道光刻）
　　字學三種本（同治刻）
　　字學三書本（光緒影印）
　　臨文便覽本（光緒鴻寶齋石印）
　　字書四種本（清刻）

經 21212959
俗書證誤訂一卷　隋顔湣楚撰　清章
　　震福訂
　　清光緒二十年鉛印本　國圖　湖北

經 21212960
文字志一卷　題王愔撰　龍璋輯
　　小學蒐佚本（民國鉛印）

經 21212961
字樣一卷　唐顔師古撰　汪黎慶輯
　　廣倉學宭叢書甲類本（民國鉛印，小學
　　叢殘四種）

經 21212962
字樣一卷　唐顔師古撰　龍璋輯
　　小學蒐佚本（民國鉛印）

經 21212963
分毫字樣一卷　唐□□撰　清馬國翰輯
　　玉函山房輯佚書本（同治皇華館刻、光

緒李氏印、光緒嫏嬛館刻、光緒楚南
書局刻）

經 21212964
說文字樣一卷　龍璋輯
　　小學蒐佚本（民國鉛印）

經 21212965
干祿字書一卷　唐顔元孫撰
　　明嘉靖六年孫沐萬玉堂刻本　國圖
　　　北大
　　夷門廣牘本（萬曆刻、民國影印）
　　明端始堂刻本　國圖
　　清初毛氏汲古閣影明抄本　國圖
　　清康熙間揚州馬氏叢書樓刻本　浙江
　　四庫全書本（乾隆寫）
　　同文考證四種本（嘉慶刻、道光刻）
　　書三味樓叢書本（嘉慶刻）
　　青照堂叢書本（道光刻）
　　古經解彙函本（小學彙函，同治刻、光緒
　　　石印、光緒刻）
　　字學三種本（同治刻）
　　後知不足齋叢書本（光緒刻）
　　字學三書本（光緒影印）
　　臨文便覽本（光緒鴻寶齋石印）
　　清江寧王氏書局刻本　中科院
　　清抄本　國圖　南京（清丁傳校）

經 21212966
新刻干祿字書一卷　唐顔元孫撰
　　格致叢書本（萬曆刻）

經 21212967
干祿字書二卷　唐顔元孫撰　清顧炎
　　武等正字
　　清康熙五年陳上年刻本　湖北
　　清乾隆六年朱振祖抄本（清朱希祖校並

跋）　南京

經21212968
干祿字書箋證一卷　羅振玉撰
貞松老人遺稿甲集本(民國石印)

經21212969
五經文字三卷　唐張參撰
清初席氏釀華草堂影宋抄本　國圖
清康熙五十四年項絪刻本　國圖　上海師大
清康熙間揚州馬氏叢書樓刻本　北師大
玲瓏山館叢刻本(康熙刻道光彙印)
後知不足齋叢書本(光緒補修)
清乾隆三十三年孔氏紅櫚書屋刻本　國圖　中科院　北大　上海　復旦　天津　遼寧　浙江　四川
四庫全書薈要本(乾隆寫)
四庫全書本(乾隆寫)
微波榭叢書本(乾隆刻)
青照堂叢書本(道光刻)
古經解彙函本(小學彙函,同治刻、光緒石印、光緒刻)

經21212970
重編五經文字三卷　唐張參撰　清孫侃編勘
清嘉慶八年天心閣刻本　南京　湖北
正誼齋叢書本(道光刻)

經21212971
五經文字一卷　唐張參撰　龍璋輯
小學蒐佚本(民國鉛印)

經21212972
五經文字疑一卷　清孔繼涵撰
清乾隆三十三年孔氏紅櫚書屋刻本　國圖　中科院　北大　上海　復旦　天津　遼寧　浙江　四川
微波榭叢書本(乾隆刻)
青照堂叢書本(道光刻)

經21212973
新加九經字樣一卷　唐唐玄度撰
清初席氏釀華草堂影宋抄本　國圖
清康熙五十四年項絪刻本　國圖　上海師大
清康熙間揚州馬氏叢書樓刻本　北師大
玲瓏山館叢刻本(康熙刻道光彙印)
後知不足齋叢書本(光緒補修)
清乾隆三十三年孔氏紅櫚書屋刻本　國圖　中科院　北大　上海　復旦　天津　遼寧　浙江　四川
微波榭叢書本(乾隆刻)
青照堂叢書本(道光刻)
古經解彙函本(小學彙函,同治刻、光緒石印、光緒刻)

經21212974
九經字樣一卷　唐唐玄度撰
四庫全書薈要本(乾隆寫)
四庫全書本(乾隆寫)

經21212975
新加九經字樣一卷　唐唐玄度撰　清趙執信校
清初趙氏刻本　中科院

經21212976
重編九經字樣一卷　唐張參撰　清孫侃編勘
清嘉慶八年天心閣刻本　南京　湖北

正誼齋叢書本(道光刻)

經 21212977

九經字樣疑一卷　清孔繼涵撰
　清乾隆三十三年孔氏紅榈書屋刻本
　　　　國圖　中科院　北大　上海　復
　　　旦　天津　遼寧　浙江　四川

經 21212978

佩觿三卷附辯證一卷　宋郭忠恕撰
　明嘉靖六年孫沐萬玉堂刻本　國圖
　　　北師大
　明萬曆十二年李齊芳刻本　國圖
　明萬曆十八年吳期炤刻本　雲南大學
　格致叢書本(萬曆刻)
　明端始堂刻本　國圖　上海
　唐宋叢書本(明刻)
　說郛本(宛委山堂刻)
　清初毛氏汲古閣影明抄本　國圖
　清初傅山抄本　山西博
　澤存堂五種本(康熙刻、光緒石印)
　硯北偶鈔本(乾隆刻)
　四庫全書本(乾隆寫)
　字學三書本(道光刻、光緒影印)
　鐵華館叢書本(光緒影刻,澤存堂五種)
　清光緒十四年刻本　江西
　清芬堂叢書本(光緒刻)
　續知不足齋叢書本(清末刻)
　清吳門徐元圃刻本　湖南
　清抄本(清丁傳校)　南京

經 21212979

復古編二卷　宋張有撰
　元至正六年吳志淳好古齋刻本　國圖
　明刻本　中科院
　明崇禎四年馮舒抄本　國圖
　四庫全書本(乾隆寫)

清乾隆四十五年京師琉璃廠刻本
　　武漢
清抄本　國圖　南京　復旦
四部叢刊三編本(民國影印)

經 21212980

復古編不分卷　宋張有撰　清潘詠之書
　清同治十二年抄本(清徐康校)　上海

經 21212981

復古編二卷校正一卷附錄一卷　宋張
　有撰　清葛鳴陽校正
　清乾隆四十六年安邑葛鳴陽刻本
　　復旦
　清嘉慶七年刻本　北大　天津
　清道光十五年獨山莫氏傳抄葛氏刻
　　本　上海
　清同治十三年桂中行抄本　南京
　清光緒八年淮南書局刻本　國圖　北
　　師大
　清光緒十三年上海積山書局石印本
　　國圖
　清光緒十八年香山劉氏小蘇齋刻本
　　國圖　湖南

經 21212982

復古編不分卷　宋張有撰
　清嘉慶二十年抄本　天津
　清同治十三年抄本　上海

經 21212983

復古編一卷附錄一卷　宋張有撰
　清刻本　南京

經 21212984

復古編校正一卷　清葛鳴陽撰
　清乾隆四十六年安邑葛鳴陽刻本

復旦

清嘉慶七年刻本　北大　天津

清道光十五年獨山莫氏傳抄葛氏刻
　　本　上海

清同治十三年桂中行抄本　南京

清光緒八年淮南書局刻本　國圖　北
　　師大

清光緒十三年上海積山書局石印本
　　國圖

清光緒十八年香山劉氏小蘇齋刻本
　　國圖　湖南

經 21212985
復古編校勘記一卷　清王振聲撰
　　稿本(王欣夫跋)　復旦

經 21212986
復古編二卷　宋張有撰　元吳均增補
　　明公文紙影抄明初刻本　上海

經 21212987
增修復古編四卷　宋張有撰　元吳均
　　增補
　　明初刻本　國圖

經 21212988
續復古編四卷　元曹本撰
　　明抄本　國圖
　　清初抄本　上海
　　宛委別藏本(抄本、影印本)
　　清抄本(清姚覲元校)　國圖
　　遯雅堂全書本(光緒刻)
　　清光緒十二年歸安姚氏刻民國十五
　　　年蘇州振新書社印本　遼寧

經 21212989
廣復古編三十卷　清孫星海撰

稿本　南京

經 21212990
復古編補遺不分卷　清沈清佐撰
　　清抄本　南京

經 21212991
班馬字類五卷　宋婁機撰
　　清席氏影宋抄本　臺北故博
　　明刻本　清華　河南　西北大學
　　明抄本　人大
　　清初抄本(缺卷一)　國圖
　　清抄本(清鈕樹玉、清顧廣圻跋)　國圖
　　清揚州馬氏小玲瓏山館重刻宋淳熙
　　　本　故宮　天津
　　清揚州馬氏小玲瓏山館刻吳興倪氏
　　　苕溪經鉏堂印本　人大　北師大
　　四庫全書本(乾隆寫)
　　清刻本　新疆大學(清張維屏跋)
　　涉聞梓舊本(咸豐刻、民國影印)
　　清光緒十七年思賢書局刻本　北大
　　　南京
　　調孚室抄本　南京

經 21212992
班馬字類五卷補遺五卷附校勘記一卷
　　　宋婁機撰　宋李曾伯補遺　張元
　　　濟校勘
　　四部叢刊三編本(民國影印)

經 21212993
班馬字類校勘記一卷　張元濟撰
　　四部叢刊三編本(民國影印)

經 21212994
班馬字類二卷　宋婁機撰
　　明抄本　國圖

清初張士俊澤存堂刻本　臺北故博
　　（缺入聲）
清曹炎抄本　國圖
清康熙間揚州馬氏叢書樓刻本　國圖
　　北大　上海　常熟文管
玲瓏山館叢刻本（康熙刻道光彙印）
後知不足齋叢書本（光緒補修）
清乾隆五十二年張氏西阪草堂刻本
　　湖北

經21212995
班馬字類訂一卷　□□訂
　　清光緒十七年思賢書局刻本　北大
　　　南京

經21212996
班馬字類補遺五卷　宋李曾伯撰
　　明抄本（清李盛鐸跋）　北大
　　明抄本　人大
　　清初毛氏汲古閣影宋抄本　國圖
　　清鐵如意齋抄本（清王振聲校並跋）
　　　國圖
　　清抄本　國圖
　　涉聞梓舊本（咸豐刻、民國影印）
　　四部叢刊三編本（民國影印）
　　調孚室抄本　南京

經21212997
字通一卷　宋李從周撰
　　清初抄本（清錢曾批注）　國圖
　　四庫全書本（乾隆寫）
　　知不足齋叢書本（乾隆道光刻、民國影
　　　印）
　　清黃戌影宋抄本　臺北故博
　　影抄本　故宮
　　清光緒八年抄本　國圖
　　清抄本（清丁丙跋）　南京

經21212998
六義圖解一卷　宋王應電撰
　　居家必備本（明刻）
　　說郛本（宛委山堂刻）

經21212999
字鑑五卷　元李文仲撰
　　清初毛氏汲古閣影元抄本（清何煌校）
　　　國圖
　　清初抄本（清朱彝尊跋）　故宮
　　澤存堂五種本（康熙刻、光緒石印）
　　四庫全書本（乾隆寫）
　　清道光五年許槤犖經書塾刻本　天津
　　　南京
　　字學三書本（道光刻、光緒影印）
　　鐵華館叢書本（光緒影刻，澤存堂五種）
　　清光緒十一年刻本　江西
　　清芬堂叢書本（光緒刻）
　　清抄本　國圖
　　民國二十一年影印里安陳氏手抄精
　　　校澤存堂五種本　國圖　復旦

經21213000
從古正文五卷　明黃諫撰
　　明嘉靖十五年李宗樞石疊山房刻本
　　　國圖　遼寧

經21213001
字原釋義一卷　明黃諫撰
　　明嘉靖十五年李宗樞石疊山房刻本
　　　國圖　遼寧

經21213002
篆瀞偏旁點畫辯一卷　明應在止撰
　　明嘉靖二十三年芸窗道人刻本　安徽
　　　大學
　　民國三十三年張氏約園抄本　國圖

經 21213003
篆瀷偏旁點畫辯一卷　明應在止撰
　　清陳紀較書　清鄭漢音釋
　　清刻本　上海

經 21213004
篆文辨訣一卷　明應在止撰　清莫可
　　易增次　清孫爾振篆正
　　清順治八年刻本　中科院
　　清抄本　湖南

經 21213005
義學正字三卷　明沈鯉輯　明郭一經
　　續輯
　　明萬曆間刻本　歙縣博

經 21213006
古俗字畧五卷　明陳士元撰
　　歸雲別集本(萬曆刻、道光刻)

經 21213007
漢碑用字一卷　明陳士元撰
　　歸雲別集本(萬曆刻、道光刻)

經 21213008
俗用雜字一卷　明陳士元撰
　　歸雲別集本(萬曆刻、道光刻)

經 21213009
俗書刊誤十二卷　明焦竑撰
　　明萬曆間見過齋刻本　福建　四川
　　四庫全書本(乾隆寫)
　　清抄本　浙江

經 21213010
諸書字考畧二卷　明林茂槐撰
　　明萬曆間刻本　福建

經 21213011
隸書正譌二卷　明吳元滿撰
　　明萬曆間刻本　中科院
　　清刻本　北大　復旦

經 21213012
字學三正四卷　明郭一經撰
　　明萬曆二十九年山東曹縣公署刻本
　　　中科院　上海
　　四庫全書本(乾隆寫)
　　清抄本　浙江

經 21213013
問奇集不分卷　明張位撰
　　寶顏堂祕笈本(萬曆刻、民國石印)
　　明末刻本　北大
　　清刻本　上海　南京

經 21213014
洪陽張先生問奇集二卷　明張位撰
　　清抄本　北大

經 21213015
問奇集不分卷　明張位撰　清丁序賢
　　重訂
　　清康熙五年祝良刻三十四年詠春堂
　　　印本　中科院

經 21213016
問奇集不分卷　明張位撰　清杜立德
　　增續
　　清嘉慶十六年重刻本　復旦

經 21213017
問奇典注六卷　明張位撰　清唐英典注
　　清乾隆十一年唐氏古柏堂刻本　北大
　　　復旦

清嘉慶二十三年張昞武昌雄楚樓刻
　　本　國圖　北大

經 21213018
字音正訛正編一卷次編一卷補編一卷
　　明張位撰　清丁序賢校補
　　清乾隆二十年丁氏刻本　南京　遼寧

經 21213019
問奇一覽二卷　清李書雲撰
　　稿本　中科院

經 21213020
新定重較問奇一覽二卷　清李書雲撰
　　清停雲室刻本　國圖

經 21213021
問奇一覽二卷音韻須知二卷　清李書
　　雲撰
　　清康熙二十九年李書雲刻乾隆三十
　　　一年汪燾重修本　北大
　　清乾隆三十一年孝經堂刻本　浙江
　　清乾隆間聞見齋刻本　國圖
　　清光緒十年聞見齋刻本　上海

經 21213022
篆澥偏旁正譌歌一卷　明李登訂　明
　　胡正言篆
　　清康熙間十竹齋刻本　北大
　　清照齋刻本　天津

經 21213023
古文奇字十二卷　明朱謀㙔撰
　　明萬曆間刻本　中科院
　　清抄本　國圖

經 21213024

古文奇字一卷　明龔黃撰
　　明執虛堂抄本　南京

經 21213025
字學二卷　明葉秉敬撰
　　清乾隆二十八年蕉雨軒刻本　中科院
　　　復旦
　　清乾隆二十八年蕉雨軒刻小石山房
　　　補刻本　國圖　上海
　　玲瓏山館叢刻本(乾隆刻道光彙印)
　　四庫全書本(乾隆寫)

經 21213026
字學四卷附篆體偏旁點畫辨訣一卷
　　明葉秉敬撰　（篆體偏旁點畫辨訣）
　　明潘之淙訂
　　明天啓七年武林潘之淙等刻本　國圖
　　　北大　中科院
　　清張氏花影軒抄本　南京

經 21213027
篆體偏旁點畫辨訣一卷　明潘之淙撰
　　明天啓七年武林潘之淙等刻本　國圖
　　　北大　中科院
　　清張氏花影軒抄本　南京

經 21213028
字學類辨四卷　明徐與稽撰
　　明天啓間刻本　北師大　海寧

經 21213029
字學辨似醒誤一卷　明梅膺祚撰　清
　　徐師臣輯
　　清康熙三十五年鄰嶽堂刻本　國圖

經 21213030
醒誤一卷　明梅膺祚撰　清徐師臣輯

清嘉慶四年刻本　國圖
清刻文正堂印本　國圖
清三讓堂刻本　南京
清刻友于堂印本　國圖
清藻思堂刻本　北大

經 21213031
五經正字五卷　明胡一愚撰
　　明刻本　上海

經 21213032
字辨不分卷　明□□輯
　　明慧業堂刻本　上海

經 21213033
字辨七卷　清熊文登撰
　　清順治六年刻本　上海

經 21213034
榕村字畫辨訛一卷　清李光地撰
　　李文貞公全集本(乾隆嘉慶刻)
　　清道光三至五年二酉堂刻本　國圖
　　　中科院
　　榕村全書本(道光刻)

經 21213035
字畫辨譌不分卷　清許炳亨撰
　　清道光二十四年紫藤花庵刻巾箱本
　　　湖北

經 21213036
正字要覽四卷　清張中發撰
　　清康熙五年純祉堂刻本　國圖

經 21213037
古今字正二卷　清蔣焜輯
　　清康熙十九年蔣氏刻本　遼寧

經 21213038
字辨五卷　清陳鶴齡輯
　　清雍正十年南通州陳氏刻本　上海

經 21213039
六經字便不分卷　清劉臣敬撰
　　清康熙五十三年大樹堂刻本　上海
　　　南京

經 21213040
漢隸偏旁點考題詞一卷　清楊錫觀撰
　　楊顗若小學二種本(乾隆八年刻)

經 21213041
十三經文字偏旁考署二卷　清吳熙撰
　　清道光二十五年得一齋刻本　湖南

經 21213042
經史子字準繩三卷　清江聲撰
　　抄本　南京

經 21213043
字形彙考一卷　清杜蕙撰
　　清乾隆十年省過堂刻本　國圖　湖北
　　清乾隆五十七年省過堂刻本　國圖
　　　遼寧
　　清嘉慶二十五年刻本　北大
　　清道光二十年敬義堂刻本　復旦

經 21213044
六書辨正通俗文一卷　清曹維城次韻
　　清乾隆五十七年稿本　臺圖

經 21213045
合字注一卷　清李調元輯
　　函海本(道光補刻)

經 21213046
字錄二卷　清李調元輯
　　函海本(道光補刻)

經 21213047
六書分毫三卷　清李調元撰
　　函海本(乾隆刻、道光補刻、光緒刻)

經 21213048
經典文字辨正不分卷　清錢大昕撰
　　清抄本　浙江

經 21213049
經典文字考異一卷　清錢大昕撰
　　清抄本(清丁丙跋)　南京

經 21213050
經典文字考異三卷　清錢大昕撰
　　古學彙刻本(民國鉛印)

經 21213051
經典文字攷異補正不分卷　清鄭知同撰
　　稿本　南京

經 21213052
經典文字辨證書五卷　清畢沅撰
　　經訓堂叢書本(乾隆刻、光緒影印)
　　清抄本　上海

經 21213053
字體辨正一卷　清陸費墀撰
　　同文考證四種本(嘉慶刻、道光刻)
　　書三味樓叢書本(嘉慶刻,同文考證)

經 21213054
四庫全書辨正通俗文字(國朝四庫全書辨
　　正通俗文字)一卷　清陸費墀撰

　　清王朝梧增訂
　　清乾隆間刻本　中科院
　　清嘉慶十九年揚州全唐文局刻本　中
　　　科院
　　拜梅山房几上書本(道光刻)
　　青照堂叢書本(道光刻,國朝四庫全書辨
　　　正通俗文字)

經 21213055
重刻四庫全書辨正通俗文字(重刊辨正
　　通俗文字、辨正通俗文字)一卷　清陸
　　費墀撰　清王朝梧增訂
　　清嘉慶二十一年經國堂書坊刻本　遼寧
　　清道光四年經國堂書坊刻本　國圖
　　清道光六年刻本　國圖
　　書三味樓叢書本(嘉慶刻,重刊辨正通
　　　俗文字)
　　清嘉慶六年湖北學院刻本(辨正通俗
　　　文字)　南京
　　清嘉慶二十年思無邪室刻本(辨正通
　　　俗文字)　雲南
　　清道光六年同文堂刻本(辨正通俗文
　　　字)　南京

經 21213056
辨字摘要一卷　清饒應召撰
　　清乾隆二十二年玉川弘農氏三讓堂
　　　刻吳恆隆印本　國圖　中科院
　　清咸豐十年刻本　南京

經 21213057
辨字摘要四卷　清饒應召撰
　　清光緒二十一年澹雅書局刻本　湖南
　　清同文堂刻本　湖南

經 21213058
萬字正宗十二卷首一卷附增補等韻音

切指南一卷　清張允憲校定
清乾隆間張氏寫本　北大

經 21213059
同文偶錄二卷附錄一卷　清錢大琴編
清乾隆三十六年舒嘯軒刻本　南京

經 21213060
文字辨譌一卷　清吳省蘭撰
清乾隆間刻本　國圖
書三味樓叢書本（嘉慶刻）

經 21213061
莊氏心法一卷　清莊述祖撰
清陳介祺抄本　山東博

經 21213062
字源攷畧六卷　清吳照撰
清乾隆五十七年南城吳氏刻本　江西

經 21213063
五經文字偏旁考二卷　清蔣騏昌撰
清乾隆五十九年列岫山房刻本　國圖
南京

經 21213064
經字辨體八卷首一卷附偏旁舉畧一卷
清邱家煒撰　（偏旁舉畧）清姚文
田輯
清嘉慶二十三年文在樓刻本　南京
清道光二十三年詒恩堂刻本（無附）
國圖
清光緒七年京都二酉齋刻本（無附）
北大
清光緒十一年蒲圻但氏重刻本（無附）
北大　南京

經 21213065
偏旁舉畧一卷　清姚文田輯
清嘉慶二十三年文在樓刻本　南京
清咸豐間刻本　國圖
清末杭州朱氏抱經堂刻本　中科院
浙江

經 21213066
辨字摘要不分卷　清盧紹麒輯
清乾隆四十九年刻本　雲南

經 21213067
字書三辨三卷　清趙敬襄輯
竹岡齋九種本（嘉慶道光刻）

經 21213068
四庫全書字體辨正四卷　清黃培芳撰
清道光六年芸香堂刻本　北師大
清咸豐元年刻本　中科院

經 21213069
字林古今正俗異同通考四卷附六書辨
異二卷補遺一卷　清湯容熠輯
清嘉慶二年四明滋德堂刻本　北大
遼寧
清嘉慶二年四明滋德堂刻道光五年
修補印本　湖北
清嘉慶三年刻本　中科院　復旦

經 21213070
六書辨異二卷補遺一卷　清湯容熠輯
清嘉慶二年四明滋德堂刻本　北大
遼寧
清嘉慶二年四明滋德堂刻道光五年
修補本　湖北
清嘉慶三年刻本　中科院　復旦

經 21213071

說文解字羣經正字二十八卷　清邵瑛撰
　　稿本（清邵啓賢跋）　浙江
　　稿本　上海
　　清嘉慶十七年桂隱書屋刻本　復旦
　　清嘉慶二十一年桂隱書屋刻本　國圖
　　　北大
　　　民國六年邵啓賢石印本　國圖　北大

經 21213072

正俗備用字解四卷附一卷　清王兆琛撰
　　天壤閣叢書本（咸豐刻）

經 21213073

正形一卷　清王贈芳撰
　　書學彙編本（道光刻）

經 21213074

書形辨似一卷　清王贈芳撰
　　書學彙編本（道光刻）

經 21213075

正字畧定本一卷　清王筠撰
　　稿本　國圖
　　稿本　山東
　　稿本　山東博
　　清道光十三年刻本　人大
　　清道光二十五年陳山嵋張寧刻本
　　　北大
　　清道光二十六年大盛堂刻本　北師大
　　清道光間史悠咸等抄本　重慶

經 21213076

正字畧一卷　清王筠撰
　　清道光十二年楊煦刻本　國圖
　　清道光十四年周氏仕學齋刻本　中
　　　科院

　　清道光十九年安岳周昺潢刻本　北大
　　　浙江
　　清道光間抄本　復旦
　　清光緒二年刻本　南京
　　清光緒五年刻本　南京
　　清光緒八年刻本　湖北

經 21213077

芸香館重刊正字畧一卷補編一卷　清
　　王筠撰　清鍾文校定
　　清道光二十九年鍾文粵東楊正文堂
　　　刻本　國圖　北大　復旦

經 21213078

增訂正字畧二卷　清王筠撰　清洪慶
　　華增訂
　　清刻本　湖北

經 21213079

正字畧揭要一卷　清徐宗幹撰
　　清咸豐元年刻本　中科院　浙江

經 21213080

小學辨正訓畧不分卷　清陳僅撰
　　稿本　中科院

經 21213081

榕園識字編一卷　清李彥章輯
　　清道光間刻榕園全集本　國圖

經 21213082

字學舉隅不分卷　清黄本驥、清龍啓
　　瑞撰
　　清道光二十年刻本　北師大　遼寧
　　清道光二十六年刻本　北大　上海
　　清道光二十八年京都崇文堂刻本
　　　南京

清道光三十年鏡水園刻本　上海

清道光三十年彭毓崧刻本　雲南

清咸豐二年刻本　北大

清咸豐十年衡山聶氏刻本　湖南

清同治三年江南濮陽官舍刻本　湖南

清同治四年書業德記刻本　國圖

清同治五年恭壽堂刻本　湖南

清同治七年刻本　湖南

清同治十年上海曙海樓刻本　國圖

清同治十年北京懿文齋刻本　上海

清同治十一年江寧刻本　國圖

清同治十三年湖北崇文書局刻本
　　北大

清同治十三年茶陵譚鍾麟刻本　中
　　科院

清同治十三年北京懿文齋刻本　武漢

清同治十三年西安藩署刻本　國圖

臨文便覽本(同治刻、光緒松竹齋刻、光
　　緒石印)

清光緒元年刻本　國圖　北大

翰苑分書臨文便覽本(光緒刻)

清光緒二年刻琉璃廠印本　湖南

清光緒二年北京懿文齋刻本　復旦

清光緒三年三元堂刻本　南京

清光緒四年京都同雅堂刻本　北大

清光緒五年刻本　國圖

清光緒五年抄本　上海

新刊臨文便覽全集本(光緒名德堂刻、
　　善成堂刻)

清光緒六年刻本　南京

清光緒七年刻本　國圖

清光緒八年藤花筱舫刻本　江西

清光緒九年刻本　國圖

清光緒十年文興堂刻本　北大

清光緒十年益元堂刻本　湖南

清光緒十一年北京懿文齋刻本　天津

清光緒十一年長沙府正街墨香簃刻

本　湖南

清光緒十二年貴州安順陳氏刻本
　　雲南

清光緒十二年京都打磨廠文成堂刻
　　本　國圖

清光緒十二年榆蔭書屋刻本　遼寧

翰苑初編字學彙海本(光緒秀文齋刻)
　　北大

清光緒十三年上海鴻文書局石印本
　　湖北

清光緒十五年北京懿文齋刻本　北大

清光緒十五年寶文齋刻本　雲南

清光緒十六年榆蔭書屋刻本　國圖

清光緒二十年榮寶齋刻本　天津

清光緒二十一年湖北官書處刻重校
　　臨文便覽本

清光緒二十一年怡雲仙館刻增訂臨
　　文便覽本　國圖　北大

清光緒二十二年廣雅書局刻本　上海

清光緒二十六年同雅堂刻本　南開

清光緒間北京含英閣刻本　甘肅

清龍山陳宗玖刻本　湖南

清南京李光明莊刻本　國圖

民國四年上海江東書局石印本　國圖

民國四年直隸書局石印本　國圖

經 21213083

字學舉隅辨音一卷　清龍啓瑞撰
　　清周文鏞抄本　南京

經 21213084

增訂字學便覽一卷　清黃本驥、清龍啓
　　瑞撰
　　清光緒二十七年刻本　上海

經 21213085

新增字學舉隅不分卷　清朱琦輯

清同治七年星沙羅博文刻本　湖北

經 21213086
增廣字學舉隅不分卷　清鐵珊輯
　　清同治十三年蘭州郡署刻本　國圖
　　甘肅

經 21213087
字學舉隅不分卷　清韻桐館主人輯
　　清光緒九年梅華書屋刻本　上海

經 21213088
字學舉隅補正不分卷　清徐文祥輯
　　清光緒二年省吾齋刻本　北師大

經 21213089
字學舉隅續編二卷　清王維珍輯
　　清光緒二年北京懿文齋刻本　湖北

經 21213090
字學舉隅續編二卷　清汪敍疇輯
　　清光緒二年刻本　北大　甘肅

經 21213091
翰苑字學舉隅續編二卷　□□輯
　　清宣統三年文淵閣刻本　天津

經 21213092
字學舉隅二卷　趙曾望輯
　　民國三年江蘇省第二工校石印本
　　遼寧

經 21213093
藤花筱舫字學不分卷　清龍啓瑞、清王
　　維珍輯
　　清光緒二年石印本　上海
　　清光緒二年京都懿文齋刻本　上海

清光緒六年刻本　復旦

經 21213094
藤花筱舫字學二卷　清龍啓瑞、清王維
　　珍輯
　　清光緒十一年長沙府正街墨香樏刻
　　本　湖南

經 21213095
敬避字樣一卷　□□輯
　　書三味樓叢書本（嘉慶刻）
　　臨文便覽本（光緒刻、光緒點石齋石印）

經 21213096
字體辨訛一卷補遺一卷附錄一卷　清
　　萬青銓輯
　　清道光十三年芋栗園刻本　天津
　　湖北

經 21213097
辨訛一得二十卷　清吳巨禮輯　清吳
　　占魁、清吳占春注
　　清道光七年刻本　國圖　湖北

經 21213098
字體疏源不分卷　□□輯
　　清道光間抄本　北大

經 21213099
文字辨正彙鈔四卷　清朱美鏐輯
　　清道光間陳瑛陳鏘刻本　南京

經 21213100
辨字通考四卷首一卷　清王在鎬撰
　　清道光二十二年刻本　中科院

經 21213101

正俗編二十四卷附錄一卷　清吳墀撰
　　清咸豐三年畊雲山館刻本　　國圖
　　　浙江

經 21213102
正體字辨一卷　□□輯
　　今韻三辨本　　北大

經 21213103
四書分聲正體一卷　清鄭逢源撰
　　清道光十二年刻本　　中科院

經 21213104
實錄館漢校對處字體畫一不分卷　清
　李象辰撰
　　清光緒三年抄本　　北師大

經 21213105
常用字辨不分卷　清曹金潘撰
　　清同治九年刻本　　南京

經 21213106
釋字百韻一卷　清陳勘撰
　　清光緒二年都門刻本　　國圖
　　清光緒二年張家驛刻本　　中科院
　　　浙江
　　清光緒三年松竹齋刻本　　國圖
　　清光緒十六年吳門重刻本　　復旦

經 21213107
訂正習用譌字二卷　清南士明撰
　　清咸豐間忠厚堂刻本　　中科院

經 21213108
同文一隅二卷　清承培元輯
　　清道光十四年暨陽書院刻本　　北大
　　　湖北

　　清光緒二十年暨陽書院刻本　　上海

經 21213109
六朝別字記不分卷　清趙之謙撰
　　稿本　　國圖

經 21213110
彙鈔三館字例四卷附二卷　清會典館纂
　　清光緒間刻本　　國圖　北大
　　清宣統間刻本　　國圖

經 21213111
辨字通俗編一卷　清宗廷輔輯
　　宗月鋤先生遺著本(光緒刻)

經 21213112
翰苑分書正字畧不分卷　□□輯
　　清光緒五年刻本　　人大

經 21213113
分毫字辨不分卷　清李祕園撰
　　字學七種本(道光刻、光緒刻、光緒石印、
　　　民國石印)

經 21213114
誤寫諸字不分卷　清李祕園撰
　　字學七種本(道光刻、光緒刻、光緒石印、
　　　民國石印)

經 21213115
通用諸字不分卷　清李祕園撰
　　字學七種本(道光刻、光緒刻、光緒石印、
　　　民國石印)

經 21213116
史館正字攷一卷　清國史館編
　　清光緒十三年刻本　　國圖　天津

經 21213117
正字攷一卷　□□輯
　　清宣統間内府刻本　遼寧

經 21213118
邊旁倒置異義不分卷　清恩麟輯
　　清紅格抄本　國圖

經 21213119
補正俗字編一卷　清余國光輯　黄紹
　　裳補正
　　民國十三年里安廣益石印本　中科院

經 21213120
辨字署一卷　清趙九琳校
　　清拜梅山房刻本　湖北

經 21213121
字形聲辨一卷　清沈棠臣撰
　　民國間劉氏嘉業堂抄本　浙江

經 21213122
臨文幻十集　□□輯
　　稿本　北大

經 21213123
選字正源四卷首一卷末一卷　劉景新撰
　　稿本　南京

字　體

經 21213124
篆文大觀六卷　宋徐鉉撰
　　民國間上海碧梧山莊石印本　遼寧

經 21213125
汗簡七卷　宋郭忠恕撰
　　明弘光元年馮舒抄本　國圖

　　清康熙四十二年汪立名一隅草堂刻
　　　本　國圖　南京
　　清康熙間刻本　復旦
　　清乾隆三十五年刻本　南開
　　清初抄本　國圖
　　清抄本　南京
　　清傳抄馮舒抄本　復旦
　　清光緒九年上海點石齋影印一隅草
　　　堂刻本　國圖　北師大

經 21213126
汗簡三卷目錄敍署一卷　宋郭忠恕撰
　　四庫全書本(乾隆寫)
　　清道光二十八年海虞俞氏蘊玉山房
　　　刻本　國圖
　　清光緒五年上海點石齋石印本　天津
　　清光緒十年縣朱記榮槐廬家塾刻本
　　　國圖　北大
　　民國七年上海文瑞樓石印本　國圖
　　　復旦

經 21213127
汗簡七卷目錄一卷　宋郭忠恕撰
　　清光緒十六年遵義黎氏日本影印本
　　　上海

經 21213128
汗簡箋正(汗簡)七卷目錄一卷　宋郭忠
　　恕撰　清鄭珍箋正
　　清光緒十五年廣雅書局刻本　國圖
　　　北師大
　　廣雅書局叢書本(光緒刻)
　　黔南叢書本(民國鉛印)
　　巢經巢全集本(民國彙印)

經 21213129
古篆考正不分卷　宋郭忠恕撰　清孫

星衍臨寫

民國間上海碧梧山莊石印本　南京
　遼寧

經 21213130
集古文韻五卷　宋夏竦撰
　宋紹興十五年齊安郡學刻公文紙印
　本　國圖(存卷三)

經 21213131
新集古文四聲韻五卷　宋夏竦撰
　宋刻本　國圖(卷一配清抄本)
　清光緒八年刻本　湖北
　碧琳琅館叢書本(光緒刻)
　清影宋抄本　南京　蘇州

經 21213132
新集古文四聲韻五卷附錄一卷　宋夏
　竦撰
　清乾隆四十四年汪啓淑刻本　北大
　　復旦
　民國十四年上虞羅氏影印汪啓淑刻
　本　遼寧

經 21213133
古文四聲韻五卷　宋夏竦撰
　四庫全書本(乾隆寫)
　芋園叢書本(民國彙印)

經 21213134
集篆古文韻海五卷　宋杜從古撰
　清嘉慶元年項世英抄本　國圖
　宛委別藏本(抄本、影印本)
　選印宛委別藏本(民國影印)

經 21213135
漢隸字源六卷　宋婁機撰

宋刻本　故宮(存一冊)
明末毛氏汲古閣覆宋刻本　國圖
　北大
清影抄毛氏汲古閣本　湖南
明刻黑口本　臺北故博(存去聲)
清初抄本　國圖　南京
四庫全書薈要本(乾隆寫)
四庫全書本(乾隆寫)
微波榭叢書本(乾隆刻)
清馬氏叢書樓刻本　國圖
清光緒三年歸安姚氏咫進齋刻本
　南京
民國間影印清末歸安姚氏咫進齋本
　復旦
後知不足齋叢書本(光緒刻)
清抄本　國圖　湖北(存綱目及上冊)
清末民國初上海鴻章書局石印本
　湖南
民國七年上海文瑞樓石印本　北師大
　遼寧

經 21213136
漢隸字源校本一卷　清張弨撰
　張丞齋遺集本(同治刻)

經 21213137
漢隸字源勘誤一卷　清崔鴻圖撰
　清光緒三十四年石印本　中科院

經 21213138
隸韻十卷碑目一卷　宋劉球撰
　宋拓本(清錢大昕、清盧焯、清錢維喬跋，
　　清吳雲等題款)　國圖(存卷一至
　　三、五至十)
　宋拓本(清秦恩復、清江藩、清阮元、清王
　　宗敏、清徐渭仁、清趙烈文跋，清吳同
　　甲題)　上海(存卷三至四、六、八至

九、碑目)
　宛委別藏本(抄本、影印本)

經 21213139
隸韻十卷碑目一卷附隸韻攷證二卷碑
　目攷證一卷　宋劉球撰　(隸韻攷
　證、碑目攷證)清翁方綱撰
　清嘉慶十四年秦恩復刻本　天津
　　上海
　清嘉慶十四年長白後巷刻本　甘肅
　清嘉慶十五年阿克當阿刻本　北大
　清嘉慶十五年上元柏氏重刻本　北大

經 21213140
石鼓文音訓攷正一卷　元潘迪音訓
　清馮承輝攷正
　清光緒十九年刻本　湖北

經 21213141
續古篆韻六卷　元吾邱衍撰
　宛委別藏本(抄本、影印本)
　獨抱廬叢刻本(道光刻)

經 21213142
漢隸分韻七卷　元□□撰
　元刻本　國圖　北大　上海
　明正德十一年刻本　中科院　上海博
　　南京　浙江
　明正德十一年刻公文紙印本　上海
　明嘉靖九年李宗樞刻本　北大　南京
　清乾隆九年刻本　復旦
　清乾隆三十七年九沙萬氏辦志堂刻
　　本　北師大　中科院
　四庫全書本(乾隆寫)
　清抄本(清吳騫校)　國圖
　清抄本　南京

經 21213143
新刻漢隸分韻七卷　元□□撰
　格致叢書本(萬曆刻)

經 21213144
漢隸分韻五卷附增輯一卷　元□□撰
　清鍾浩摹寫並增輯
　清乾隆四十六年鍾氏衍慶堂刻本　北
　　大　上海

經 21213145
漢隸分韻增輯一卷　清鍾浩輯
　清乾隆四十六年鍾氏衍慶堂刻本　北
　　大　上海

經 21213146
漢隸分韻不分卷　清重元宿注錄
　清抄本　遼寧

經 21213147
古字便覽一卷　元虞集撰
　格致叢書本(萬曆刻)

經 21213148
增廣鐘鼎篆韻七卷　元楊鉤撰
　宛委別藏本(抄本、影印本)
　選印宛委別藏本(民國影印)
　清抄本　國圖
　清抄本(清許瀚校並跋)　上海
　清抄本　上海
　清抄本　臺北故博

經 21213149
師古篆韻六卷　題元李塘輯　明陶漁
　校刪
　清抄本　國圖

經 21213150
漢隸韻要五卷　明文徵明撰
　　明潘振刻本　國圖

經 21213151
石鼓文攷一卷　明李中馥撰　清李昀
　　校訂
　　民國四年刻太原李鳳石先生遺著本
　　　湖北

經 21213152
摭古遺文四卷(上下去入)　明李登輯
　　明萬曆二十二年姚履旋等刻文蔚堂
　　　印本　北大　中科院
　　明萬曆三十一年海陵李思謙刻本　天
　　　津　浙江
　　清抄本　復旦
　　清抄本　浙江
　　民國二十一年北平燕京大學圖書館
　　　抄本　北大

經 21213153
類纂古文字攷五卷　明都俞輯
　　明萬曆二十四年刻本　華東師大

經 21213154
集鐘鼎古文韻選五卷　明釋道泰撰
　　明抄本　大連
　　清黑格抄本　國圖

經 21213155
篆訣辯釋一卷　明陳鍾鼇撰
　　明崇禎元年陳氏賜緋堂刻本　安徽

經 21213156
篆訣辯釋不分卷　明陳鍾鼇撰　清甘
　　受和訂定

清嘉慶十七年甘氏漱石山房刻本　上
　　海　南京
清光緒八年常熟抱芳閣刻本　國圖
　　湖北　浙江
玲瓏山館叢書本(光緒刻)

經 21213157
三鱸堂篆韻正義五卷　明楊昌文撰
　　明崇禎十三年楊昌文刻本　國圖
　　　南京

經 21213158
篆林肆考十五卷　明鄭大郁輯
　　明崇禎十四年劉肇麟刻本　國圖　徐
　　　州　安徽師大　河南
　　明崇禎間劉榮吾藜光堂刻本　國圖
　　　吉林
　　明末文萃堂刻本　國圖
　　清刻本　湖南(存卷一至三、卷八至九)

經 21213159
篆訣分韻一卷　清趙師尹撰
　　清道光間小小齋刻本　中科院

經 21213160
篆書正四卷　清戴明說撰
　　清順治十四年胡正言刻本　北大　中
　　　科院
　　清抄本　中科院

經 21213161
篆書正四卷　清戴明說撰　清馬鳴蕭輯
　　清光緒十八年通州文元齋刻本　南京

經 21213162
篆隸辯從二卷　清方中通撰
　　清初方氏刻本　北大

經 21213163
古字彙編不分卷　清李棠馥撰
　　清康熙四年刻本　中科院

經 21213164
篆文纂要全宗二卷提綱一卷附篆體須
　　知一卷　清陳策撰
　　清康熙十一年刻本　國圖
　　清抄本(存卷一至二)　浙江

經 21213165
篆文纂要四卷　清陳策撰
　　抄本　中科院

經 21213166
韻府古篆彙選五卷　清陳策撰
　　日本元祿十年西山源京兆柳枝軒刻
　　　本　北大　中科院
　　日本正德三年京兆書舖柳枝軒刻本
　　　北大
　　日本明治三十六年東京博文館刻本
　　　人大

經 21213167
許氏說篆三卷　清許容輯
　　清康熙十四年刻本　中科院

經 21213168
篆隸攷異八卷　清周靖撰
　　清抄本　南京　遼寧

經 21213169
篆隸攷異四卷　清周靖撰
　　四庫全書本(乾隆寫)

經 21213170
篆隸攷異不分卷　清周靖撰

　　清光緒間南海孔氏嶽雪樓影抄文瀾
　　　閣四庫全書本　廣東

經 21213171
備文書譜二十八卷附一卷　清南村逸
　　叟輯
　　清南村逸叟稿本(缺卷七至八、卷二十
　　　一至二十二)　吳江

經 21213172
六書分類十二卷首一卷　清傅世垚輯
　　稿本　浙江
　　清康熙三十八年聽松閣刻本　國圖
　　清乾隆五十四年傅應奎維隅堂刻本
　　　國圖
　　清乾隆五十四年維隅堂刻嘉慶元年
　　　修補印本　南京　復旦
　　清嘉慶間寶仁堂刻本　北大
　　民國十年上海錦文堂石印本　北大
　　民國十年上海鴻寶齋石印本　國圖
　　　南開

經 21213173
隸辨八卷　清顧藹吉撰
　　清康熙五十七年項氏玉淵堂刻本
　　　國圖
　　清乾隆八年黃晟刻本　國圖　中科院
　　四庫全書本(乾隆寫)
　　清乾隆間喻義堂刻本　上海　復旦
　　清同治十二年漁古山房翻刻黃晟本
　　　湖北
　　清同治十二年聚賢齋刻本　上海
　　清光緒十三年上海蜚英館石印本
　　　湖北
　　清江寧甘瑞祥家刻本　北大
　　民國二年掃葉山房石印本　復旦

經 21213174

隸辨節鈔六卷　清顧藹吉撰
　　清乾隆嘉慶間抄本　復旦

經 21213175

隸辨檢韻不分卷　陳炳華輯
　　民國間抄本　湖北

經 21213176

篆韻統編五十五卷　清程德洽撰
　　稿本　南京

經 21213177

篆字彙十二集　清佟世男編
　　清康熙三十年多山堂刻本　北大
　　　　浙江
　　清康熙間佐聖堂刻本　南京
　　清康熙間錫環堂刻本　國圖
　　清咸豐二年漁古山房刻本　北大
　　　　浙江

經 21213178

鐘鼎字源五卷附錄一卷　清汪立名撰
　　清康熙五十五年一隅草堂刻本　浙江
　　清光緒二年洞庭秦氏麟慶堂重刻本
　　　　北大
　　民國十四年上海掃葉山房石印本
　　　　遼寧

經 21213179

八分書辨一卷　清楊錫觀撰
　　楊顒若小學二種本(雍正乾隆刻)　湖
　　　　北　浙江
　　篆學三書本(乾隆刻、清朐陽書院抄)
　　大亭山館叢書本(光緒刻)

經 21213180

字總錄一卷　清項懷述撰
　　清乾隆四十五年小酉山房刻本　國圖
　　　　北大　江西
　　民國八年上海掃葉山房石印本　國圖
　　民國十四年上海掃葉山房石印本　國
　　　　圖　甘肅

經 21213181

碑版異文錄一卷　清梁同書撰
　　稿本(清翁同龢跋)　上海

經 21213182

選集漢印分韻二卷續二卷　清謝景卿輯
　　清嘉慶二年漱藝堂刻本　國圖　北大
　　　　北師大　中科院　天津　浙江
　　民國十三年上海掃葉山房石印本　北
　　　　師大
　　清光緒十年錢塘博雲室抄本(無續)
　　　　甘肅

經 21213183

漢碑隸體舉要一卷　清蔣和撰
　　蔣氏游藝祕錄本(乾隆刻)
　　民國十八年上海商務印書館石印本
　　　　甘肅　江西

經 21213184

古篆古義不分卷附古篆筆勢論　清蔣
　　和撰
　　清嘉慶二年冬寓齋刻本　北師大

經 21213185

隸楖不分卷　清董元宿輯
　　稿本　天一閣

經 21213186

篆楷考異一卷字式一卷楷書訂譌一卷

清徐朝俊輯
　　清嘉慶十三年刻三色套印本　　復旦

經 21213187
篆楷考異不分卷　　清徐朝俊輯
　　清抄本　　國圖

經 21213188
字辨證篆十四卷　　清易本烺纂
　　清道光十六年刻本　　中科院

經 21213189
字辨證篆十七卷　　清易本烺纂
　　清同治八年京山易本烺家刻本　　北大
　　　　中科院

經 21213190
字體蒙求一卷　　清易本烺撰
　　清五知軒刻本　　國圖　　湖北
　　三餘書屋叢書本(光緒刻)

經 21213191
注釋字體蒙求二卷　　清易本烺撰　　李
　　天根注
　　民國十七年雙流李天根念劬堂刻本
　　　　國圖　　中科院

經 21213192
隸篇不分卷　　清翟云升撰
　　稿本　　山東博

經 21213193
隸篇十五卷續十五卷再續十五卷　　清
　　翟云升撰
　　清道光十八年楊以增等刻本　　北大
　　　　北師大　　天津　　南京
　　民國十三年上海掃葉山房影印本　　北

師大　　遼寧　　湖南

經 21213194
隸篇十五卷續十五卷再續十五卷金石
　　目一卷部目一卷字目一卷　　清翟
　　云升撰
　　清道光十七至十八年五經歲徧齋刻
　　　　本　　北師大　　天津　　南京

經 21213195
隸樣八卷　　清翟云升撰
　　藍格稿本　　國圖

經 21213196
隸字通考不分卷　　清問梅居士輯
　　清問梅居士稿本　　東北師大

經 21213197
隸書糾謬一卷　　清江有誥撰
　　江氏音學十書本(抄本)　　國圖　　北大

經 21213198
隸書糾謬補遺一卷　　清江錫善撰
　　江氏音學十書本(抄本)　　國圖　　北大

經 21213199
古文原始一卷　　清曹金籀撰
　　清咸豐間曹氏刻石屋叢書本　　中科院
　　石屋書本(同治刻)

經 21213200
古籀答問二卷　　清鄭知同撰
　　稿本　　浙大

經 21213201
古文字彙六卷　　清洪啓宇撰
　　稿本　　上海

經 21213202
古文通考不分卷　清陳殿柱輯
　稿本　上海

經 21213203
隸通二卷　清錢慶曾撰
　鄅齋叢書本（光緒刻）

經 21213204
隸通二卷　清錢慶曾撰　清錢元培注
　稿本　南京

經 21213205
漢隸異同十二卷　清甘揚聲輯
　清道光十一年勤約堂刻本　國圖
　　湖北

經 21213206
篆墨集詁十二卷　清陸增祥撰
　稿本（存午集至亥集）　上海

經 21213207
小稞字林集字偶語四卷　清吳受福輯
　清光緒十一年石印本　上海

經 21213208
金文考一卷　清吳大澂撰
　稿本　國圖

經 21213209
楷法溯原十四卷帖目一卷古碑目一卷
　　清潘存孺輯　清楊守敬編
　清光緒三至四年宜都楊氏刻本　浙江

經 21213210
玉堂楷則一卷　清□□輯
　清同治十三年鄞西陳氏刻本　南京

經 21213211
漢隸辨體四卷　清尹彭壽撰
　清光緒十三年尚志堂刻本　上海

經 21213212
漢隸辨體四卷補正一卷　清尹彭壽撰
　清光緒二十一年諸城尹氏尚志堂刻
　　本　遼寧

經 21213213
隸有六卷拾遺一卷隸通一卷　清趙瞳編
　清光緒十五年影印原寫本　北大
　　上海

經 21213214
隸通一卷　清趙瞳編
　清光緒十五年影印原寫本　北大
　　上海

經 21213215
篆籀奇字表一卷　清沈梧撰
　稿本　南京

經 21213216
成周石鼓攷一卷　清沈梧撰
　稿本　國圖

經 21213217
石鼓文定本十卷石鼓文地名考一卷
　　清沈梧撰
　清光緒十六年古華山館刻本　北師大

經 21213218
石鼓文析埶一卷　清沈梧撰
　稿本　國圖

經 21213219

集字避複一卷　清曾廣鈞輯
　清光緒二十九年忠襄公祠刻本　天津
　　南京　復旦

經21213220
五聲篆隸合編十二卷　清錢崑秀輯
　清抄本(存卷一至八)　天津

經21213221
古籀拾遺三卷　清孫詒讓撰
　稿本　浙大

經21213222
古籀拾遺三卷附宋政和禮器文字考一
　　卷　清孫詒讓撰
　清光緒十四至十六年瑞安孫氏刻經
　　微室著書本　北大
　民國七年上海掃葉山房石印本　北師
　　大　南開

經21213223
古籀餘論一卷　清孫詒讓撰
　稿本　浙大

經21213224
古籀餘論二卷　清孫詒讓撰
　抄本　北大

經21213225
古籀餘論三卷　清孫詒讓撰
　清光緒二十九年籀經樓刻本　北大
　民國十八年北平燕京大學鉛印本
　　北大

經21213226
宋政和禮器文字考一卷　清孫詒讓撰
　清光緒十四至十六年瑞安孫氏刻經

　微室著書本　北大
　清末石印本　北大

經21213227
名原二卷　清孫詒讓撰
　清光緒三十一年瑞安孫氏刻本　北大
　民國間上海千頃堂書局影印本　南京

經21213228
古文審不分卷　清劉心源撰
　清光緒間劉心源紅格稿本(存四冊)
　　湖北

經21213229
古籀韻編一卷　清邵元瀚輯
　稿本　山東

經21213230
汗簡韻編一卷　清邵元瀚輯
　稿本　山東

經21213231
讀篆臆存雜說一卷　清吳錦章撰
　清光緒間興山吳氏崇雅精舍刻本
　　國圖

經21213232
古籀文字二卷　清曾明章輯
　稿本　復旦

經21213233
金石字樣八卷　清戴源集錄
　清抄本　遼寧

經21213234
古字彙誌一卷　清□□輯
　清抄本(八畫後補抄)　廣東

經 21213235
便字四種不分卷　趙融撰
　　清光緒三十一年石印本　　國圖

經 21213236
增訂合聲簡字譜一卷　勞乃宣撰
　　簡字譜錄本（光緒金陵書局刻）
　　簡字譜署本（勞氏抄）　國圖

經 21213237
重訂合聲簡字譜（增訂合聲簡字譜）一卷
　　勞乃宣撰
　　清光緒三十一年奉賢礪金公學刻本
　　　南京
　　簡字譜錄本（光緒金陵書局刻）
　　簡字譜署本（勞氏抄）　國圖

經 21213238
簡字叢錄一卷　勞乃宣撰
　　簡字譜錄本（光緒金陵書局刻）
　　簡字譜署本（勞氏抄）　國圖

經 21213239
簡字叢錄續編一卷　勞乃宣撰
　　民國間南陽印刷官廠鉛印本　國圖

經 21213240
簡字全譜一卷　勞乃宣撰
　　簡字譜錄本（光緒金陵書局刻）
　　簡字譜署本（勞氏抄）　國圖

經 21213241
京音簡字述署一卷　勞乃宣撰
　　簡字譜錄本（光緒金陵書局刻）
　　簡字譜署本（勞氏抄）　國圖

經 21213242

讀音簡字通譜一卷　勞乃宣撰
　　民國八年京師刻本　國圖　北師大
　　　中科院　復旦

經 21213243
中文古籀篆隸通六卷　羅時憲撰
　　民國八年葉政舉刻本　北大

經 21213244
石鼓文攷證一卷　吳廣霈撰
　　抄本　南京
　　湫漻齋叢書本（民國刻）

經 21213245
石鼓全文箋一卷　黃芝函撰
　　民國五年貴陽陳氏靈峯草堂石印本
　　　湖北

經 21213246
重編石鼓文一卷　強運開撰
　　民國六年上海廣倉學宭石印本　湖北

經 21213247
草隸存六卷　鄒安輯
　　民國十七年廣倉學羣影印本　復旦

經 21213248
說文篆法皕韻歌二卷　周鍾麟編
　　民國二十年上海碧梧山莊石印本
　　　北大

經 21213249
篆法偏旁點畫辨一卷　周崧年輯撰
　　民國間福祿周崧年寄廬石印本　國圖

經 21213250
今古文對照表不分卷　□□輯

抄本　南京

訓　蒙

經 21213251

蒼頡篇二卷　清任兆麟輯

　有竹居集本(嘉慶刻)　北大

經 21213252

倉頡篇二卷附倉頡訓詁倉頡解詁　清
　　任大椿輯　清王念孫校

　小學鉤沈本(嘉慶刻、光緒抄、光緒刻)

　小學類編本(咸豐光緒刻,小學鉤沈)

　翠琅玕館叢書本(光緒刻,小學鉤沈)

　任氏三種本(清楊浚抄,小學鉤沈)

　芋園叢書本(民國彙印,小學鉤沈)

經 21213253

倉頡篇三卷　清孫星衍輯

　岱南閣叢書本(乾隆嘉慶刻、民國影印)

　清乾隆間刻本　湖北(清阮元批校)

　清道光十年畢裕曾抄本　國圖

　抄本　四川

　清抄本(李盛鐸校)　北大

　清光緒間貴筑楊氏刻訓纂堂叢書寫
　　樣底本

經 21213254

倉頡篇三卷倉頡篇續本一卷倉頡篇補
　　本二卷　清孫星衍輯　(續本)清任
　　大椿輯　(補本)清陶方琦輯

　清光緒十六年江蘇書局刻本　國圖
　　北大　北師大

經 21213255

倉頡篇續本一卷　清任大椿輯

　清光緒十六年江蘇書局刻本　國圖

　清光緒二十三年成都龔氏刻本　湖北

清光緒二十三年成都龔氏刻民國二
　十三年渭南嚴氏補刻本　國圖
　北大　北師大

　清末褒馨精舍刻本　湖北

經 21213256

倉頡篇補本二卷　清陶方琦輯

　清光緒十二年朱可寶瞿廷韶刻本　北
　　大　天津

　清光緒十六年江蘇書局刻本　國圖
　　北師大

　清光緒二十三年成都龔氏刻本　湖北

　清光緒二十三年成都龔氏刻民國二
　　十三年渭南嚴氏補刻本　國圖
　　北大　北師大

　清末褒馨精舍刻本　湖北

經 21213257

倉頡篇三卷倉頡篇續本一卷倉頡篇補
　　本二卷倉頡篇補本續一卷　清孫
　　星衍輯　(續本)清任大椿輯　(補
　　本)清陶方琦輯　(補本續)清龔道
　　耕輯

　清光緒二十三年成都龔氏刻本　湖北

　清光緒二十三年成都龔氏刻民國二
　　十三年渭南嚴氏補刻本　國圖
　　北大　北師大

經 21213258

倉頡篇補本續一卷　清龔道耕輯

　清光緒二十三年成都龔氏刻民國二
　　十三年渭南嚴氏補刻本　國圖
　　北大　北師大

經 21213259

倉頡篇三卷　清陳其榮輯

　稿本　北大

觀自得齋叢書本（光緒刻）

經 21213260
倉頡篇一卷　清黃奭輯
　　知足齋叢書本（道光刻）
　　漢學堂叢書本（道光刻光緒印）
　　黃氏逸書考本（道光刻王鑒修補、朱長圻
　　　補刻）

經 21213261
蒼頡篇不分卷　顧震福輯
　　小學鉤沈續編本（光緒刻）

經 21213262
倉頡篇二卷　龍璋輯
　　小學蒐佚本（民國鉛印）

經 21213263
重輯倉頡篇二卷　秦李斯等撰　姬佛
　　陀重輯
　　民國七年藍格抄本　國圖
　　民國九年上海廣倉學宭鉛印本　北師
　　　大　湖北

經 21213264
重輯蒼頡篇二卷　王國維輯
　　海寧王靜安先生遺書本（民國石印）

經 21213265
倉頡篇補本續一卷　曹元忠輯
　　南菁札記本（光緒刻）

經 21213266
蒼頡訓詁一卷　漢杜林撰　清馬國翰輯
　　玉函山房輯佚書本（同治皇華館刻、光
　　　緒李氏印、光緒娜嬛館刻、光緒楚南
　　　書局刻）

經 21213267
蒼頡篇一卷　三國魏張揖訓詁　晉郭
　　璞解詁　清馬國翰輯
　　玉函山房輯佚書本（同治皇華館刻、光緒
　　　李氏印、光緒娜嬛館刻、光緒楚南書局
　　　刻）

經 21213268
倉頡解詁一卷　晉郭璞撰　清黃奭輯
　　黃氏逸書考本（道光刻王鑒修補、朱長圻
　　　補刻）

經 21213269
倉頡解詁一卷　晉郭璞撰　顧震福輯
　　小學鉤沈續編本（光緒刻）

經 21213270
倉頡篇校證三卷補遺一卷　清梁章鉅撰
　　稿本　天一閣
　　清光緒五年梁恭辰寫刻本　國圖
　　　天津
　　清光緒五年梁氏刻蘇州文學山房印
　　　本　北大
　　清光緒五年梁氏刻民國十年蘇州寶
　　　華山房印本　南京　遼寧
　　清光緒六年刻本　國圖

經 21213271
倉頡篇義證三卷校義二卷箋釋一卷
　　清葉大莊撰
　　稿本　福建師大

經 21213272
倉頡篇校義二卷　清葉大莊撰
　　稿本　福建師大

經 21213273

倉頡篇箋釋一卷　清葉大莊撰
　　稿本　福建師大

經21213274
倉頡篇輯補斠證三卷　清王仁俊撰
　　清光緒三十二年王氏籒鄦誃刻本　國
　　　圖　天津

經21213275
倉頡篇殘簡考釋一卷　羅振玉撰
　　廣倉學宭叢書甲類本(民國鉛印)

經21213276
倉頡篇證三卷　劉景新撰
　　稿本　南京

經21213277
三蒼二卷　清任兆麟輯
　　有竹居集本(嘉慶刻)　北大

經21213278
三倉二卷附三倉訓詁三倉解詁　清任
　　大椿輯　清王念孫校
　　小學鉤沈本(嘉慶刻、光緒抄、光緒刻)
　　小學類編本(咸豐光緒刻,小學鉤沈)
　　翠琅玕館叢書本(光緒刻,小學鉤沈)
　　任氏三種本(清楊浚抄,小學鉤沈)
　　芋園叢書本(民國彙印,小學鉤沈)

經21213279
三倉一卷　顧震福輯
　　小學鉤沈續編本(光緒刻)

經21213280
三倉輯本不分卷　清沈欽韓撰
　　稿本　湖北

經21213281
三倉一卷　龍璋輯
　　小學蒐佚本(民國鉛印)

經21213282
三蒼一卷　三國魏張揖訓詁　晉郭璞
　　解詁　清馬國翰輯
　　玉函山房輯佚書本(同治皇華館刻、光
　　　緒李氏印、光緒嫏嬛館刻、光緒楚南
　　　書局刻)

經21213283
三倉解詁一卷　晉郭璞撰　清黃奭輯
　　黃氏逸書考本(道光刻王鑒修補、朱長圻
　　　補刻)
　　小學鉤沈續編本(光緒刻)

經21213284
三倉解詁一卷　晉郭璞撰　顧震福輯
　　小學鉤沈續編本(光緒刻)

經21213285
三蒼考逸補正一卷　清任兆麟撰
　　小學鉤沈本(嘉慶刻、光緒抄、光緒刻)
　　小學類編本(咸豐光緒刻,小學鉤沈)
　　翠琅玕館叢書本(光緒刻,小學鉤沈)
　　任氏三種本(清楊浚抄,小學鉤沈)

經21213286
蒼書集詁六卷埤蒼廣蒼集詁四卷　清
　　馬景濤撰
　　稿本　復旦

經21213287
凡將篇一卷　漢司馬相如撰　清任大
　　椿輯　清王念孫校
　　小學鉤沈本(嘉慶刻、光緒抄、光緒刻)

小學類編本(咸豐光緒刻,小學鉤沈)
翠琅玕館叢書本(光緒刻,小學鉤沈)
任氏三種本(清楊浚抄,小學鉤沈)
芋園叢書本(民國彙印,小學鉤沈)

經 21213288
凡將篇一卷　漢司馬相如撰　清馬國
　　翰輯
　　玉函山房輯佚書本(同治皇華館刻、光
　　緒李氏印、光緒嫏嬛館刻、光緒楚南
　　書局刻)

經 21213289
凡將篇一卷　漢司馬相如撰　清黃奭輯
　　漢學堂叢書本(道光刻光緒印)
　　黃氏逸書考本(道光刻王鑒修補、朱長圻
　　補刻)

經 21213290
凡將篇一卷　漢司馬相如撰　顧震
　　福輯
　　小學鉤沈續編本(光緒刻)

經 21213291
凡將一卷　漢司馬相如撰　龍璋輯
　　小學蒐佚本(民國鉛印)

經 21213292
凡將篇逸文注一卷　清王紹蘭輯
　　蕭山王氏十萬卷樓輯佚七種本(清抄)

經 21213293
葉石林模急就章一卷　漢史游撰　三
　　國吳皇象書　宋葉夢得臨
　　吉石盦叢書本(民國影印)

經 21213294

皇象本急就章一卷音畧一卷　漢史游
　　撰　清鈕樹玉校
　　靈鶼閣叢書本(光緒刻)

經 21213295
急就章一卷　漢史游撰　清鈕樹玉校
　　功順堂叢書本(光緒刻)

經 21213296
急就篇校正一卷　王國維撰
　　民國九年廣倉學宭鉛印本　北大
　　復旦

經 21213297
校松江本急就篇一卷　漢史游撰　王
　　國維校
　　海寧王忠愨公遺書本(民國鉛印石印)

經 21213298
急就一卷　漢史游撰
　　獨抱廬叢刻本(道光刻)

經 21213299
急就篇一卷　漢史游撰
　　古逸叢書本(光緒刻)

經 21213300
宋仲温急就章墨蹟一卷　漢史游撰
　　明宋克書
　　民國十七年京華印書局影印本　北大

經 21213301
急就章一卷　漢史游撰　清張穆摹
　　清太原賈氏刻本　上海

經 21213302
急就章一卷　漢史游撰

民國間抄本　國圖

經 21213303
急就篇四卷　漢史游撰　唐顏師古注
　　明抄本　國圖
　　四庫全書本(乾隆寫)
　　反約篇本(同治抄)　福建師大

經 21213304
急就篇一卷　漢史游撰　唐顏師古注
　　明抄本　國圖
　　清光緒十四年華彥鈺抄本　南京
　　清監泉書室抄本　上海
　　四部叢刊續編本(民國影印)

經 21213305
急就篇二卷　漢史游撰　唐顏師古注
　　清初抄本　國圖

經 21213306
急就篇四卷　漢史游撰　唐顏師古注
　　宋王應麟音釋
　　玉海本(元刻元明清遞修)
　　明萬曆十五年刻清遞修本　國圖
　　明刻本　國圖　中科院
　　津逮祕書本(崇禎刻、民國影印)
　　清嘉慶十一年合河康基田刻本　國圖
　　清嘉慶十一年合河康基田刻道光二
　　　十三年長白崇恩補修本　國圖
　　清道光二十三年金陵藩署刻本　甘肅
　　古經解彙函本(同治刻、光緒石印、光緒
　　　刻)
　　清光緒五年福山王氏家塾刻本　甘肅
　　清光緒九年浙江書局刻本　國圖
　　清光緒十年成都志古堂刻本　國圖
　　清石泉老人抄本　湖北
　　清抄本　國圖

民國二年四川存古書局刻本　國圖
抄本　南京

經 21213307
急就篇四卷正文一卷　漢史游撰
　　學津討源本(嘉慶刻、民國影印)
　　天壤閣叢書本(光緒刻)

經 21213308
新刻急就篇四卷　漢史游撰　唐顏師
　　古注　宋王應麟音釋
　　格致叢書本(萬曆刻)
　　清慎復堂抄本　遼寧

經 21213309
王氏音畧一卷　宋王應麟音釋
　　功順堂叢書本(光緒刻)

經 21213310
王氏音畧攷證一卷　宋王應麟音釋
　　清鈕樹玉校
　　功順堂叢書本(光緒刻)

經 21213311
急就篇四卷　漢史游撰　清陳本禮箋訂
　　清嘉慶十七年裛露軒刻本　中科院
　　清同治十二年粵東書局刻本　遼寧

經 21213312
急就探奇一卷　清陳本禮撰
　　陳氏裛露軒叢書本(嘉慶刻)
　　江都陳氏叢書本(嘉慶刻,漢詩統箋)

經 21213313
急就章考異一卷　清孫星衍撰
　　岱南閣叢書本(嘉慶刻)
　　清聊城楊氏刻本　中科院

經 21213314
急就章考異一卷　清莊世驥撰
　　稿本　北大
　　廣雅書局叢書本(光緒刻)

經 21213315
急就章草一卷　清汪宗沂撰
　　清光緒間刻本　復旦

經 21213316
急就章跋一卷　清王振聲撰
　　王文村遺著本(稿本)

經 21213317
急就篇直音一卷　清王祖源撰　清錢
　　保塘補音
　　天壤閣叢書本(光緒刻)

經 21213318
急就章姓氏補注一卷　清吳省蘭撰
　　清乾隆嘉慶間刻聽彝堂全集本　北大

經 21213319
急就章斠正一卷　□□輯
　　稿本　上海

經 21213320
急就篇一卷　漢史游撰　宋育仁句讀
　　問琴閣叢書本(民國刻)

經 21213321
急就章說解不分卷續急就一卷　劉景
　　新撰
　　稿本　南京

經 21213322
玉煙堂帖本急就章偏旁表二卷　李濱撰

民國三年石印本　國圖

經 21213323
玉煙堂帖本急就章草法考九卷　李濱撰
　　民國三年石印本　國圖

經 21213324
訓纂篇一卷　漢揚雄撰　清馬國翰輯
　　玉函山房輯佚書本(同治皇華館刻、光
　　　緒李氏印、光緒嫏嬛館刻、光緒楚南
　　　書局刻)

經 21213325
蒼頡訓纂一卷　漢揚雄撰　清黃奭輯
　　漢學堂叢書本(道光刻光緒印)
　　黃氏逸書考本(道光刻王鑒修補、朱長圻
　　　補刻)

經 21213326
揚雄訓纂篇考一卷　鄭文焯撰
　　大鶴山房全書本(民國交通圖書館彙
　　　印)

經 21213327
揚雄訓纂篇攷一卷附詞源斠律一卷
　　鄭文焯撰
　　清抄本　桂林

經 21213328
勸學篇一卷　漢蔡邕撰　清任大椿輯
　　清王念孫校
　　小學鉤沈本(嘉慶刻、光緒抄、光緒刻)
　　小學類編本(咸豐光緒刻,小學鉤沈)
　　翠琅玕館叢書本(光緒刻,小學鉤沈)
　　任氏三種本(清楊凌抄,小學鉤沈)
　　芋園叢書本(民國彙印,小學鉤沈)

經 21213329

勸學篇一卷　漢蔡邕撰　清馬國翰輯
　　玉函山房輯佚書本(同治皇華館刻、光
　　緒李氏印、光緒嫏嬛館刻、光緒楚南
　　書局刻)

經 21213330

勸學篇一卷　漢蔡邕撰　清黃奭輯
　　漢學堂叢書本(道光刻光緒印)
　　黃氏逸書考本(道光刻王鑒修補、朱長圻
　　補刻)

經 21213331

勸學篇一卷　漢蔡邕撰　清王仁俊輯
　　玉函山房輯佚書續編本(稿本)

經 21213332

勸學篇一卷　漢蔡邕撰　顧震福輯
　　小學鉤沈續編本(光緒刻)

經 21213333

勸學篇一卷　漢蔡邕撰　龍璋輯
　　小學蒐佚本(民國鉛印)

經 21213334

聖皇篇一卷　漢蔡邕撰　清任大椿輯
　　清王念孫校
　　小學鉤沈本(嘉慶刻、光緒抄、光緒刻)
　　小學類編本(咸豐光緒刻,小學鉤沈)
　　翠琅玕館叢書本(光緒刻,小學鉤沈)
　　任氏三種本(清楊浚抄,小學鉤沈)
　　芋園叢書本(民國彙印,小學鉤沈)

經 21213335

聖皇篇一卷　漢蔡邕、題魏曹植撰　顧
　　震福輯
　　小學鉤沈續編本(光緒刻)

經 21213336

聖皇篇一卷　漢蔡邕撰　龍璋輯
　　小學蒐佚本(民國鉛印)

經 21213337

埤倉二卷　三國魏張揖撰　清任大椿
　　輯　清王念孫校
　　小學鉤沈本(嘉慶刻、光緒抄、光緒刻)
　　小學類編本(咸豐光緒刻,小學鉤沈)
　　翠琅玕館叢書本(光緒刻,小學鉤沈)
　　任氏三種本(清楊浚抄,小學鉤沈)
　　芋園叢書本(民國彙印,小學鉤沈)

經 21213338

埤倉一卷　三國魏張揖撰　清陳鱣輯
　　稿本　國圖

經 21213339

埤倉一卷　三國魏張揖撰　清章宗源輯
　　清抄本　南京
　　吳縣王氏學禮齋傳抄稿本　復旦

經 21213340

埤蒼一卷　三國魏張揖撰　清馬國翰輯
　　玉函山房輯佚書本(同治皇華館刻、光
　　緒李氏印、光緒嫏嬛館刻、光緒楚南
　　書局刻)

經 21213341

埤倉一卷　三國魏張揖撰　清黃奭輯
　　漢學堂叢書本(道光刻光緒印)
　　黃氏逸書考本(道光刻王鑒修補、朱長圻
　　補刻)

經 21213342

埤倉輯本二卷輯本考異一卷附廣倉輯
　　文一卷輯本考異一卷　三國魏張

揖撰　清陶方琦輯　（廣倉輯文）梁
樊恭撰　清姚振宗輯編
　清會稽徐氏孟晉齋抄本　上海
　清光緒間抄本　浙江
　民國二十九年北平燕京大學圖書館
　　抄本　北大

經 21213343
埤倉輯本考異一卷　清陶方琦輯　清
　姚振宗輯編
　清光緒間抄本　浙江
　民國二十九年北平燕京大學圖書館
　　抄本　北大

經 21213344
埤倉一卷　三國魏張揖撰　顧震福輯
　小學鉤沈續編本（光緒刻）

經 21213345
埤倉一卷　三國魏張揖撰　龍璋輯
　小學蒐佚本（民國鉛印）

經 21213346
埤蒼一卷　三國魏張揖撰　陶棟輯
　輯佚叢刊本（民國鉛印）

經 21213347
廣蒼一卷　三國魏樊恭撰　清任大椿
　輯　清王念孫校
　小學鉤沈本（嘉慶刻、光緒抄、光緒刻）
　小學類編本（咸豐光緒刻,小學鉤沈）
　翠琅玕館叢書本（光緒刻,小學鉤沈）
　任氏三種本（清楊浚抄,小學鉤沈）
　芋園叢書本（民國彙印,小學鉤沈）

經 21213348
廣蒼一卷　三國魏樊恭撰　清馬國翰輯

玉函山房輯佚書本（同治皇華館刻、光
　緒李氏印、光緒郎嬛館刻、光緒楚南
　書局刻）

經 21213349
廣倉一卷　三國魏樊恭撰　清黃奭輯
　漢學堂叢書本（道光刻光緒印）
　黃氏逸書考本（道光刻王鑒修補、朱長圻
　　補刻）

經 21213350
廣倉輯本考異一卷　清陶方琦輯　清
　姚振宗輯編
　清會稽徐氏孟晉齋抄本　上海
　清光緒間抄本　浙江
　民國二十九年北平燕京大學圖書館
　　抄本　北大

經 21213351
廣倉一卷　三國魏樊恭撰　顧震福輯
　小學鉤沈續編本（光緒刻）

經 21213352
廣倉一卷　三國魏樊恭撰　龍璋輯
　小學蒐佚本（民國鉛印）

經 21213353
埤蒼廣蒼集詁四卷　清馬景濤撰
　稿本　復旦

經 21213354
始學篇一卷　三國吳項峻撰　清馬國
　翰輯
　玉函山房輯佚書本（同治皇華館刻、光
　緒李氏印、光緒郎嬛館刻、光緒楚南
　書局刻）

經 21213355

始學篇一卷 三國吳項峻撰 清王仁
俊輯
玉函山房輯佚書續編本(稿本)

經 21213356

始學篇一卷 三國吳項峻撰 龍璋輯
小學蒐佚本(民國鉛印)

經 21213357

發蒙記一卷 晉束皙撰
說郛本(宛委山堂刻)

經 21213358

發蒙記一卷 晉束皙撰 清馬國翰輯
玉函山房輯佚書本(同治皇華館刻、光
緒李氏印、光緒娜嬛館刻、光緒楚南
書局刻)

經 21213359

晉束皙發蒙記一卷 晉束皙撰 清黄
奭輯
漢學堂知足齋叢書本(道光刻)

經 21213360

發蒙記一卷 晉束皙撰 龍璋輯
小學蒐佚本(民國鉛印)

經 21213361

啓蒙記一卷 晉顧愷之撰 清馬國翰輯
玉函山房輯佚書本(同治皇華館刻、光
緒李氏印、光緒娜嬛館刻、光緒楚南
書局刻)

經 21213362

庭誥一卷 南朝宋顏延之撰 清馬國
翰輯

玉函山房輯佚書本(同治皇華館刻、光
緒李氏印、光緒娜嬛館刻、光緒楚南
書局刻)

經 21213363

庭誥一卷 南朝宋顏延之撰 龍璋輯
小學蒐佚本(民國鉛印)

經 21213364

詁幼一卷 南朝宋顏延之撰 清馬國
翰輯
玉函山房輯佚書本(同治皇華館刻、光
緒李氏印、光緒娜嬛館刻、光緒楚南
書局刻)

經 21213365

詁幼一卷 南朝宋顏延之撰 龍璋輯
小學蒐佚本(民國鉛印)

經 21213366

千字文一卷 南朝梁周興嗣撰
明内府刻本 臺北故博
明抄本 上海
清光緒七年京都聚珍堂刻本 北大
清光緒二十六年金陵刻宏道堂印本
國圖
清光緒三十三年北京振北石印館石
印本 北大
清宣統二年恆慶堂刻本 國圖
清宣統三年北京修緶堂刻本 國圖
清抄本 北大
清末固學齋木活字藍印本 北大
清末李光明莊刻本(狀元閣千字文)
遼寧
清文池堂刻本 國圖
民國八年矩齋所學京師刻本 人大

經 21213367
千字文彙體二卷　明倪錦輯
　　明天啓間刻本　國圖

經 21213368
十體千字文一卷　明孫丕顯輯
　　日本寬永二十年刻本　首都
　　日本嘉永二年水玉堂刻本　北大

經 21213369
千字文二卷　清胡正言輯篆
　　清初十竹齋刻本　中科院

經 21213370
四體千字文一卷　清張楷等書
　　清咸豐七年刻本　南京

經 21213371
行書千文一卷　清費念慈書
　　清費念慈臨元趙孟頫寫本　上海

經 21213372
繪圖千字文一卷　南朝梁周興嗣撰
　　民國間石印本　國圖

經 21213373
纂圖附音集註千字文一卷　南朝梁周
　　興嗣次韻　梁李邏注
　　日本舊抄本　臺北故博

經 21213374
纂圖附音增廣古註千字文三卷　南朝
　　梁周興嗣次韻　南朝梁李邏注
　　日本江戶初期刻本　北大
　　日本文化元年刻本　國圖

經 21213375

彙音釋義千文一卷　明曹邦瑾撰
　　明歙邑黃志雲刻本　上海

經 21213376
千字文釋義一卷　明婁芳撰
　　明婁國安刻本　國圖

經 21213377
新刻照千字文集音辨義不分卷　　明□
　　□撰
　　明天啓三年休邑屯溪高昇舖刻本
　　安徽

經 21213378
正穀堂千字文二卷　明洪朱祉釋篆
　　清雍正間抄本　浙江

經 21213379
千字文釋義一卷　南朝梁周興嗣編
　　　清汪嘯尹輯
　　重刻徐氏三種本(同治刻、光緒刻)
　　清光緒二十二年桂垣書局刻本　天津
　　清末南京李光明莊刻本　湖北
　　民國間石印本　國圖

經 21213380
增補千字文釋義一卷　南朝梁周興嗣
　　編　清汪嘯尹輯
　　民國間石印本　國圖

經 21213381
千字文釋義一卷　南朝梁周興嗣編
　　清汪嘯尹輯　清孫謙益注
　　清道光間觀生閣刻本　南京
　　清歙西徐士業校刻本　復旦
　　清大文堂刻本　北大
　　清抄本　重慶

民國二十五年成都薛氏崇禮堂刻本
　　國圖

經21213382
千字文註一卷　清汪嘯尹輯　清孫呂
　　吉參注
　　日本正德五年刻本　中科院

經21213383
千字文註一卷清書千字文一卷　清汪
　　嘯尹輯　清孫呂吉參注　（清書千
　　字文）清尤珍書
　　日本元祿十一年書林高谷平右衛門
　　　　刻本　北大

經21213384
千字文注一卷歷朝千字文彙攷一卷附
　　三字經心解　清王開漢撰　（三字
　　經心解）宋王應麟撰　清孫聯捷解
　　清乾隆五十九年趙希璜刻本　北大

經21213385
歷朝千字文彙攷一卷　清王開漢撰
　　清刻本　南京

經21213386
千字文辨韻類解一卷　清汪家焜輯
　　清咸豐六年汪氏崇正堂刻汪氏四種本

經21213387
千字文說文解字一卷　清林荃輯
　　清光緒十三年粵東西湖衍藝華軒刻
　　　　本　中科院

經21213388
千字文同音彙編注解二卷　清何家端撰
　　清同治十三年刻本　南京

經21213389
千字文彙纂音義四卷　清魏瑞斗、魏傳
　　徵輯
　　清光緒五年松旭堂刻本　中科院
　　　　復旦

經21213390
千字文彙聲便俗一卷　清張榘經輯
　　清光緒三十二年江夏劉氏刻本　武漢

經21213391
千字文同音草字注解合編四卷　清□
　　□編
　　清五桂堂刻本　天津

經21213392
增補重訂音義千字文一卷
　　清末李光明莊刻百千音義二種本　湖
　　　　北　遼寧

經21213393
千字文衍義不分卷　清□□編
　　清抄本　北大

經21213394
千字文訓纂一卷　唐詠裳撰
　　清末鉛印本　湖北

經21213395
繪圖增註千字文一卷
　　民國間上海文華書局石印本　武漢

經21213396
滿漢合璧千字文一卷　南朝梁周興嗣撰
　　清敬修堂刻本　北大

經21213397

滿漢對照千字文一卷　南朝梁周興嗣
　　編次　清裕彰譯
　　清光緒七年聚珍堂刻本　復旦

經 21213398
滿漢合璧千字文一卷　清裕彰譯
　　清光緒十四年三槐堂刻本　復旦

經 21213399
新譯蒙漢千字文一卷　南朝梁周興嗣
　　編次　清□□蒙譯
　　清光緒二十三年北京振北石印館石
　　印本　復旦

經 21213400
翻譯附注千字文一卷　清□□編
　　清抄本　北大

經 21213401
敘古千文一卷　宋胡寅撰
　　清抄本(清丁丙跋)　南京

經 21213402
敘古千文一卷　宋胡寅撰　宋黃灝注
　　粵雅堂叢書本(咸豐刻)
　　東聽雨堂刊書本(光緒刻)

經 21213403
致堂先生敘古千文一卷　宋胡寅撰
　　明姚福集解
　　清抄本　國圖

經 21213404
續千文一卷　宋侍其良器撰
　　芝園祕錄初刻本(崇禎刻)
　　雲自在龕叢書本(光緒刻)
　　清抄本　國圖

清抄本(清丁丙跋)　南京

經 21213405
續千文一卷　宋侍其良器撰　清吳文
　　瑩注
　　清抄本　國圖

經 21213406
重續千字文二卷　宋葛剛正撰
　　清初影宋抄本　湖南
　　清影宋抄本　國圖　北大
　　清抄本(清丁丙跋)　南京

經 21213407
三續千字文注一卷　宋葛剛正撰
　　海源閣叢書本(咸豐刻)
　　常州先哲遺書本(光緒刻)

經 21213408
稽古千文一卷　元許衡撰
　　許文正公遺書本(乾隆刻、光緒刻)
　　洪氏唐石經館叢書本(光緒印,許文正
　　公遺書)
　　西京清麓叢書本(光緒刻,許文正公遺
　　書)

經 21213409
別本續千字文一卷　明陳鎏撰
　　借月山房彙鈔本(嘉慶刻、博古齋影印)
　　澤古齋重鈔本(道光重編)

經 21213410
同文千字文二卷　明汪以成輯
　　明萬曆十年汪以成經義齋刻本　北大
　　遼寧
　　清道光三十年琴川俞氏刻本　上海
　　清抄本　上海

經 21213411
五言千字文一卷　南朝梁周興嗣撰
　　　明徐士俊重編
　　明唐宇肩手寫本　上海

經 21213412
廣易千文一卷　明周履靖撰
　　夷門廣牘本(萬曆刻、民國影印)

經 21213413
增廣千字文一卷附增廣千字文釋注一
　　卷　清沈筠編
　　清光緒十二年乍浦沈守經堂刻本
　　　上海

經 21213414
增廣千字文釋注一卷　清沈筠編
　　清光緒十二年乍浦沈守經堂刻本
　　　上海

經 21213415
同聲千字文十卷　清朱紫撰
　　清康熙四十年刻本　南京

經 21213416
同聲千字文十卷續六卷　清朱紫撰
　　清康熙四十六年永慕堂刻本　中科院

經 21213417
別本千字文續千字文再續千字文一卷
　　清黃祖頤撰
　　借月山房彙鈔本(嘉慶刻、博古齋影印)
　　澤古齋重鈔本(道光重編)

經 21213418
重編千字文一卷　清黃祖頤撰
　　清刻本　復旦

經 21213419
訓蒙千字文一卷　清何桂珍撰
　　清咸豐二年松竹齋刻本　上海
　　清咸豐三年令貽堂刻本　國圖
　　清光緒九年四明章氏刻本　上海
　　何文貞公遺書本

經 21213420
訓蒙千文一卷　清何桂珍撰
　　西京清麓叢書本(光緒刻)

經 21213421
千字文一卷　清何桂珍撰
　　清桂林唐九如堂刻本　復旦

經 21213422
何文貞公千字文一卷　清何桂珍撰
　　雲南叢書本(民國刻)

經 21213423
訓蒙千文註一卷　清何桂珍撰
　　西京清麓叢書本(光緒刻)

經 21213424
續千字文一卷　清龔璁撰
　　藜照廬叢書本(民国木活字印)

經 21213425
千字文一卷附四聲成語不分卷　清況
　　澄撰
　　稿本　桂林

經 21213426
千字試律不分卷　清況澄撰
　　稿本　桂林

經 21213427

廣千字文一卷　清況澄撰
　　藜照廬叢書本(民國木活字印)

經 21213428
注釋增廣千字文類不分卷　清朱炳南撰
　　清同治八年浙省聚賢堂刻本　復旦

經 21213429
同治聖德千字文一卷　清程壽撰
　　清光緒二十九年湖南瀘溪重刻本
　　天津

經 21213430
千字文一卷　清何丹溪撰
　　清刻本　天津

經 21213431
四聲千字文一卷附音釋　清張世光撰
　　清咸豐間刻本　中科院

經 21213432
千字文義一卷　明周邦撰
　　明抄本　湖南

經 21213433
朱楓林先生小學名數十五卷　明朱升撰
　　明崇禎十二年刻本　湖北

經 21213434
麗事館字學辨嚳不分卷　明余懋學撰
　　清刻本　中科院

經 21213435
新鐫眉公先生四言便讀羣珠雜字二卷
　　明陳繼儒編
　　清光緒間南京李光明莊刻本　國圖

經 21213436
新刻易見雜字農業不分卷　清□□編
　　清婺邑王青雲閣刻本　國圖

經 21213437
免疑雜字一卷　明□□輯
　　明抄本　山東博

經 21213438
小學書十卷　明□□編
　　明末刻本　湖南(存卷六至七、卷九至
　　十)

經 21213439
識字引一卷　清王引編
　　清抄本　重慶

經 21213440
千文六書統要二卷篆法偏旁正訛歌一
　　卷千字文二卷　清胡正言撰
　　清初十竹齋刻本　中科院

經 21213441
慎貽堂訓蒙日纂二卷　清顏光敏撰
　　清康熙十八年慎貽堂刻後印本　上海

經 21213442
新刻增訂釋義經書便用通考雜字二卷
　　外卷一卷　清徐三省輯　清黃惟
　　質增訂
　　清康熙間黃惟質刻本　國圖

經 21213443
維揚集文堂新刻增訂釋義經書便用通
　　考雜字二卷　清徐三省輯　清戴
　　啓達增訂
　　清同治五年集文堂重刻本　南京

經 21213444
增訂釋義經書便用通考雜字三卷　清
　　徐三省輯　清戴啓達增訂
　　清光緒間揚州文富堂刻本　上海
　　清李光明莊刻本　國圖　上海

經 21213445
啓蒙對話便讀三字錦二卷　清趙暄編
　　清彭寅臣訂
　　清嘉慶間文定堂刻本　國圖
　　清嘉慶間玉尺堂刻本　東北師大　哈
　　爾濱　哈爾濱師大

經 21213446
詞林分類次韻便讀三字錦九卷末一卷
　　清趙暄輯
　　清咸豐元年經元堂刻本　南京

經 21213447
養蒙針度五卷　清潘子聲撰
　　清雍正間刻道榮堂印本　國圖
　　清雍正間刻敦仁堂印本　國圖
　　清道光十八年刻本　國圖
　　清道光二十一年養吾軒刻本　北師大
　　清同治六年掃葉山房刻本　北師大
　　清光緒元年寶文堂刻本　國圖
　　清光緒六年刻本　國圖
　　清光緒六年重刻本　國圖
　　清光緒十一年上海百忍堂刻上海掃
　　葉山房印本　遼寧
　　清末上海掃葉山房石印本　遼寧

經 21213448
丹桂初階不分卷　清□蘭田著
　　清乾隆間刻本　國圖

經 21213449

小學集畧七卷補一卷　清孔繼涵撰
　　稿本　復旦

經 21213450
識字畧十卷　清宋宗元撰
　　清乾隆三十三年網師園刻本　北大

經 21213451
唐氏蒙求三卷　清唐仲冕撰
　　清嘉慶九年邗上官刻本　復旦
　　清同治二年陳氏書塾刻本　南京

經 21213452
唐氏蒙求三卷　清唐仲冕撰　清許桂
　　林注
　　清嘉慶九年刻本　吉大
　　清同治五年善化楊岳斌問竹軒家塾
　　刻本　國圖

經 21213453
蒙求增輯三卷　清唐仲冕撰　清劉冕
　　增輯　清徐朝俊注
　　清同治二年善化劉氏刻本　國圖
　　遼寧

經 21213454
萬言肄雅一卷　清屈曾發撰
　　清乾隆三十七年刻豫簪堂印本　國圖
　　清同治九年河南會文堂刻本　上海
　　清光緒二十五年抄本　國圖
　　清抄本　國圖

經 21213455
宜畧識字二卷　清林春溥撰
　　竹柏山房十五種附刻四種本（嘉慶咸
　　豐刻）

經 21213456
識字續編一卷　清林春溥撰
　　竹柏山房十五種附刻四種本（嘉慶咸
　　　豐刻）

經 21213457
文字蒙求不分卷　清王筠撰
　　稿本　北大

經 21213458
文字蒙求四卷　清王筠撰
　　稿本　山東博　山東　福建
　　清道光十八年王氏刻本　天津
　　清道光二十六年刻本　北大
　　後知不足齋叢書本（光緒刻）
　　清光緒五年會稽章氏刻本　國圖
　　　復旦
　　清光緒七年雷氏重刻本　上海
　　清光緒十三年梁溪浦氏刻本　北大
　　　上海
　　清光緒十三年闔南彭懋謙刻本　北大
　　清光緒二十三年璧經堂刻本　北大
　　清光緒三十年江州會文書局刻本
　　　雲南
　　清光緒三十年湖北高等小學堂學務
　　　處刻本　湖北
　　清宣統二年上海文瑞樓石印本　北大
　　清刻鄂垣傳集文印本　武漢
　　清末石印本　北大
　　民國十九年廣濟陳文哲刻本　湖南
　　民國間上海文瑞樓石印本　北師大

經 21213459
文字蒙求廣義四卷　清王筠撰　清蒯
　　光典補注
　　清光緒二十七年江楚書局刻本　天津
　　　南京

清光緒間抄本（茅謙校）　上海

經 21213460
蒙雅一卷　清魏源撰
　　稿本　國圖
　　清抄本　國圖
　　清末石印本　湖北
　　廣倉學宭叢書甲類本（民國鉛印）
　　民國二十年成都志古堂刻本　遼寧

經 21213461
蒙雅校勘記一卷　清劉行道撰
　　稿本　上海

經 21213462
蒙雅八卷　清陳立達撰
　　清光緒二十五年刻本　上海

經 21213463
元龍雜字不分卷　清鮑繼培補
　　清道光十三年鮑氏抄本　人大

經 21213464
識字璅言四卷附辨字雜說一卷　清易
　　本烺撰
　　稿本　湖北

經 21213465
辨字雜說一卷　清易本烺撰
　　稿本　湖北

經 21213466
初學辨字一卷　清王德瑛撰
　　清道光間刻本　中科院

經 21213467
困學蒙語六卷　清宋令君撰

清道光十年刻本　南京

經 21213468
誤讀諸字一卷　清李祕園撰
　　字學七種本（道光刻、光緒刻、民國石印）

經 21213469
同音異字一卷　清李祕園撰
　　字學七種本（道光刻、光緒刻、民國石印）

經 21213470
異音駢字一卷　清李祕園撰
　　字學七種本（道光刻、光緒刻、民國石印）

經 21213471
一音數字一卷　清李祕園撰
　　字學七種本（道光刻、光緒刻、民國石印）

經 21213472
建新雜字不分卷　□□輯
　　清道光二十八年聚文刻本　北師大

經 21213473
字學便覽八卷　清關坤陽撰
　　清咸豐九年刻本　南京

經 21213474
識字一隅十卷首一卷　清胡鳳丹輯
　　金華叢書本（同治光緒刻、民國補刻）

經 21213475
增訂日用雜字一卷附品級一卷服制一
　　卷　清□□編
　　清同治五年墨海堂刻本　上海
　　清同治六年刻本　上海

經 21213476

三字鑑不分卷　清余懋熏撰　清陳超
　　元注
　　清同治九年刻本　國圖

經 21213477
增訂三字鑑註釋一卷　清萬藕舲撰
　　清光緒二十七年粵東明道堂刻本
　　復旦

經 21213478
發蒙彝訓二卷首一卷　清羅澤南輯
　　清王懷忠增輯
　　清光緒二年刻本　國圖

經 21213479
識字書一卷　清左鎮纂輯
　　清光緒元年左元鼎刻本　北大
　　清末映雪山房重刻本　天津

經 21213480
毗陵左氏識字書一卷　清左鎮撰
　　清光緒十年嘉興刻本　國圖

經 21213481
類字蒙求不分卷　清師竹齋主人重訂
　　清末刻本　上海

經 21213482
類字蒙求一卷　□□輯
　　清光緒元年刻本　復旦
　　清抄本　南京

經 21213483
三千字文一卷　清補拙居士編
　　清光緒六年桂林俞氏刻本　復旦

經 21213484

增注三千字文一卷　清補拙居士編
　　清光緒二十一年石印本　武漢
　　清光緒二十三年寧郡奎元堂刻本
　　　上海

經 21213485
三千字文音釋一卷　清補拙居士撰
　　清潘純甫注
　　清光緒二十七年鎮江善化堂刻本
　　　復旦

經 21213486
繪圖三千字文不分卷　清補拙居士撰
　　清姜嶽注
　　清末文元書局石印本　國圖

經 21213487
彙選三千字文音義二卷　清熊廷傑撰注
　　民國十年貴州聚善書局刻本　國圖

經 21213488
字弗十卷　清李次山撰
　　清抄本　大連

經 21213489
識字最易法一卷　清章震福撰
　　清光緒二十年鉛印本　湖北

經 21213490
經字正蒙八卷　清李文沂纂
　　清光緒十一年博文軒刻本　南京

經 21213491
幼學字表五卷附集要一卷　清孔令偉編
　　清光緒十七年上海慎記書莊石印本
　　　湖北
　　清光緒二十九年石印本　南京

經 21213492
便蒙後覺篇四卷　清嵩岫等撰
　　清光緒十七年長白嵩昆皖江刻本
　　　國圖

經 21213493
幼雅八卷　清陳榮袞撰
　　清光緒二十三年羊城崇蘭仙館刻本
　　　國圖

經 21213494
冡緪四十八卷　清杜大恆撰
　　清光緒二十二年儷峯書屋刻本　北大

經 21213495
讀我有用用書齋啓蒙二千字一卷　清
　　陳之澍編
　　清光緒二十四年洞青陳氏刻本　復旦

經 21213496
澄衷蒙學堂字課圖說四卷檢字一卷類
　　字一卷　清劉樹屏撰　清吳子城
　　繪圖
　　清光緒二十七年澄衷蒙學堂印書處
　　　二次石印本　國圖　天津
　　清光緒二十七年澄衷蒙學堂印書處
　　　三次石印本　湖北
　　清光緒二十七年上海順成書局石印
　　　本　國圖
　　清光緒二十七年上海鴻寶書局二版
　　　石印本　國圖
　　清光緒二十八年澄衷蒙學堂印書處
　　　石印本　國圖
　　清光緒二十八年養正書塾石印本
　　　湖南
　　清光緒二十九年澄衷蒙學堂印書處
　　　石印本　湖北　遼寧

清光緒三十年澄衷蒙學堂印書處石
　　印本　湖南
清光緒三十一年澄衷蒙學堂印書處
　　石印本　國圖　湖北
清光緒三十二年石印本　北師大
清光緒三十三年澄衷蒙學堂印書處
　　石印本　國圖

經 21213497
重校蒙學堂字課圖說四卷　清劉樹屏
　　撰　清吳子城繪圖
　　清光緒末石印本　國圖
　　清末石印本　國圖

經 21213498
繪圖蒙學課本首集不分卷貳集不分卷
　　清王亨統撰
　　清光緒二十八年上海美華書館上海
　　　　鉛印本　國圖

經 21213499
蒙學讀本全書七編　清江蘇無錫三等
　　公學堂編
　　清光緒間江蘇無錫三等公學堂石印
　　　　本　國圖

經 21213500
速成文訣一卷　清鄒弢撰
　　清光緒間啓明女塾鉛印本　國圖

經 21213501
千字同音認解不分卷　清□□輯
　　清末廣州守經堂刻本　國圖

經 21213502
課子二千字一卷　清碩果山房主人撰
　　清星沙醉經書坊刻本　上海

經 21213503
正蒙字義二卷　清重慶正蒙公塾輯
　　清光緒二十七年重慶正蒙公塾刻本
　　　　國圖　南京

經 21213504
繪圖識字實在易二十卷　清施崇思編
　　清光緒二十九至三十年杭州石印本
　　　　國圖

經 21213505
繪圖四千字文不分卷　清□□編
　　清光緒三十一年浙江紹興奎照樓石
　　　　印本　國圖

經 21213506
校正張補五千字文圖注一卷　清張騫撰
　　清光緒三十二年石印本　天津

經 21213507
注釋繪圖六千字文不分卷　清宋鶴齡
　　增補
　　清光緒三十二年上海順成書局石印
　　　　本　國圖

經 21213508
三千文足用四卷　清王宜型編
　　好古堂正音淺說本附　湖北

經 21213509
幼學津梁八卷首一卷末一卷　清章鵬
　　飛輯
　　稿本　浙江

經 21213510
便蒙彙選六卷　清蔭錫撰
　　稿本　北大

經 21213511
字課新編三卷　清陳義撰
　　稿本　南京

經 21213512
字學易知四卷　清姚立卓撰
　　清抄本　國圖

經 21213513
新刻啓蒙同聲字音注釋捷徑一卷　清
　　施十洲編集
　　清寶賢堂刻本　上海　遼寧
　　函三堂刻本　南京

經 21213514
雜字類考二卷　清丁公恕著
　　清經元堂刻本　北大

經 21213515
四書字識法四卷　清介若戚撰
　　清上洋文正堂刻本　復旦

經 21213516
繪圖白話字彙不分卷　清人文書室編
　　清光緒三十三年彪蒙書室石印本
　　雲南

經 21213517
繪圖正音注解八千字文不分卷　清□
　　□編
　　清末石印本　國圖

經 21213518
繪圖萬字文不分卷　清奎照樓編
　　清光緒間刻本　天津

經 21213519

新編精圖壹萬字文二卷　清□□編
　　清光緒三十四年上海章福記石印本
　　遼寧

經 21213520
簡易識字課本不分卷　學部編譯圖書
　　局編
　　清宣統元年京都□□圖書局鉛印本
　　遼寧

經 21213521
識字教授書不分卷　學部編譯圖書局編
　　清宣統元年鉛印本　臺北故博

經 21213522
改良繪圖注釋一萬字文二卷　清
　　□□編
　　清宣統二年上海詠記書莊石印本
　　國圖

經 21213523
新增禮儀雜字不分卷　清□□編
　　清宣統間刻本　北大

經 21213524
雜字不分卷　清□□編
　　清抄本　國圖

經 21213525
新鐫翰林釐正平仄四書六經小學鑑史
　　難字真鏡不分卷　清□□編
　　清抄本　中科院

經 21213526
一望而知不分卷　清□□編
　　清抄本　國圖

經 21213527

發蒙圖說不分卷　□□輯
　　清末石印本　北大　天津

經 21213528

時行課幼大全雜字不分卷　清尊安子撰
　　清刻本　國圖

經 21213529

雜字連珠不分卷　清□□編
　　清刻安順同文堂印本　國圖

經 21213530

新刻四言雜字一卷　清□□編
　　清桂林全文堂刻本　復旦

經 21213531

新鐫幼學雜字一卷選集啓蒙幼學三字
　　考對一卷　題開來閣主人輯
　　清金陵天錄閣書坊刻本　南京

經 21213532

捷徑雜字不分卷　□□編
　　長沙守誠書局石印本　湖南

經 21213533

最新繪圖幼學雜字一卷　□□編
　　民國六年上海錦章書局石印本　武漢

經 21213534

對相雜字一卷對類指掌一卷益幼雜字
　　一卷羣珠雜字一卷　清□□編
　　清末李光明莊刻本　復旦

經 21213535

益幼雜字一卷　清□□編
　　清末李光明莊刻本　復旦

經 21213536

羣珠雜字一卷　清□□編
　　清末李光明莊刻本　復旦

經 21213537

雜字便覽一卷　清□□編
　　三餘堂叢刻本（光緒刻）

經 21213538

字串不分卷　劉心源撰
　　清劉氏奇觚室課本初稿本　湖北

經 21213539

字串二卷　劉心源撰
　　清宣統二年劉氏奇觚室課本二稿本
　　湖北

經 21213540

凡誨書十卷末一卷　劉心源撰
　　民國三年稿本　湖北

經 21213541

習字要訣六卷　題瞿上農人撰
　　念劬堂叢書本（光緒刻）

經 21213542

繪圖訂正六字雜言一卷　清□□編
　　民國五年上海鑄記書局石印本　武漢

經 21213543

小學字課講義不分卷　廣倉學宭編
　　民國五年上海倉聖明智大學石印本
　　湖南

經 21213544

漢字母音釋二卷　楊敦頤撰　楊錫驥
　　編　李培鍔釋

清光緒三十年石印本　天津　南大

經 21213545
蒙學讀本漢字母音釋二卷　楊敦頤撰
　　楊錫驥編　李培鍔釋
　　民國九年上海中華書局石印本　湖北

經 21213546
認字叢鈔不分卷　唐成之輯
　　民國二十二年抄本　湖南

經 21213547
千字課不分卷　□□編
　　民國間石印本　遼寧

經 21213548
繪圖訂正六言雜字一卷　□□編
　　民國間上海鍊石書局石印本　武漢

經 21213549
新輯繪圖洋務日用雜字一卷　□□編
　　民國間石印本　武漢

經 21213550
繪圖七言雜字蒙學教科書一卷改良繪
　　圖六言雜字一卷　□□編
　　民國間石印本　武漢

經 21213551
改良繪圖六言雜字一卷　□□編
　　民國間石印本　武漢

字　　學

經 21213552
新刻字學源流一卷　明呂道燧撰
　　格致叢書本(萬曆刻)
　　百家名書本(萬曆刻尚論齋彙印)

經 21213553
字學源流策一卷　明何敢復撰
　　清抄本　桂林

經 21213554
新刻字學備考四卷　明胡文煥撰
　　格致叢書本(萬曆刻)

經 21213555
字學一覽五卷　清徐錦撰
　　清嘉慶五年文林堂刻本　國圖

經 21213556
檀園字說一卷外篇一卷　清徐養原撰
　　稿本(清譚獻校並跋)　鎮江

經 21213557
小學字解一卷　清王紹蘭撰
　　昭代叢書本(道光刻)

經 21213558
釋書名一卷　清莊綬甲撰
　　拾遺補藝齋遺書本(道光刻)
　　清光緒十五年木活字印拾遺補藝齋
　　　遺書本　國圖　北大　天津
　　丁丑叢編本(民國鉛印)

經 21213559
文字說解問譌四卷　清楊沂孫撰
　　稿本　南京
　　稿本(清趙烈文批並跋)　上海

經 21213560
文字說解疑辯不分卷　清楊沂孫撰
　　稿本　復旦

經 21213561

文字索隱不分卷　清楊沂孫撰
　　王欣夫抄本　復旦

經21213562
字學彙海不分卷　清潘祖蔭編
　　清光緒十五年京都琉璃廠秀文齋刻
　　　本　復旦　浙江

經21213563
字學彙海二卷　清潘祖蔭編
　　清光緒十二年京都琉璃廠秀文齋刻
　　　本　中科院

經21213564
文字述聞六卷首一卷　清趙怡撰
　　民國間趙愷節傳抄稿本　貴州

經21213565
字學繹賈一卷　清王廷鼎撰
　　清光緒十五年抄本　中科院

經21213566
文字旁通□卷末一卷　清雷廷珍撰
　　抄本　貴州

經21213567
玫定文字議疏證不分卷　清馮世澂撰
　　稿本　南京

經21213568
字學尋原三卷　清吳錦章撰
　　清光緒二十三年守愚齋刻本　北大
　　　浙江

經21213569
字學彙考□□卷　□□編
　　清末稿本 (存匡俗八卷、訂訛一卷)

天津

經21213570
華字原一卷　戴姜福撰
　　清光緒三十三年油印本　中科院

經21213571
文字源流參考書一卷　張之純編
　　民國十四年上海商務印書館鉛印本
　　　湖南

經21213572
文字源流考一卷附六變記一卷　廖平
　　撰　 (六變記)梅毓東撰
　　民國十年成都昌福公司鉛印本　北大
　　　中科院

經21213573
漢代古文考一卷　王國維撰
　　稿本　北大
　　廣倉學窘叢書甲類本 (民國鉛印)

經21213574
書帶草堂字話不分卷　鄭若恂撰
　　稿本　南開

經21213575
倉頡論三卷　劉立夫撰
　　民國八年北京偕寓書記處鉛印本　北大
　　民國八年北京文益印刷局鉛印本
　　　國圖

經21213576
字學源流講義一卷　吳傳綺撰
　　民國二年刻本　江西

經21213577

文字原流課程不分卷　鍾圖南撰
　　民國間石印本　湖北

經 21213578
文字溯源不分卷　鍾圖南撰
　　民國間武昌彭錦榮石印字說約抄本

經 21213579
文字淺識不分卷　徐運錦撰
　　民國十三年石印本　國圖　人大

經 21213580
文字鎔二卷　李天根撰
　　念劬廬叢刊初編本(民國刻)

經 21213581
文字學初步一卷　李天根撰
　　念劬廬叢刊初編本(民國刻)

經 21213582
中國文字來源及變遷一卷　李天根撰
　　民國十四年雙流李氏念劬堂刻本　國圖

經 21213583
文字學要義話解二卷　李天根撰
　　民國十六年雙流李氏念劬堂刻本
　　甘肅

經 21213584
中國文字學貫解不分卷　李天根撰
　　民國初鉛印國民公報叢書本

經 21213585
中國文字學貫解十二卷　李天根撰
　　民國二十六年西川大學研究社刻本
　　北大

叢　刻

經 21213586
楊顯若小學二種　清楊錫觀撰
　　清雍正乾隆間遞刻彙印本　湖北
　　浙江
　　篆學三書三種三卷
　　六書例解一卷六書雜說一卷八分
　　　書辨一卷
　　六書辨通五卷辨通補一卷辨通續
　　　補一卷

經 21213587
楊顯若小學二種　清楊錫觀撰
　　清乾隆間嘉禾瑞石軒刻本　國圖
　　上海
　　篆學四書四種四卷
　　六書例解一卷六書雜說一卷漢隸
　　　偏旁點考題詞一卷八分書辨
　　　一卷
　　六書辨通五卷辨通補一卷辨通續
　　　補一卷

經 21213588
篆學三書三種三卷　清楊錫觀撰
　　楊顯若小學二種本(雍正乾隆刻)
　　清乾隆間刻蘭祕齋印本　國圖
　　清朐陽書院抄本　湖北
　　六書例解一卷
　　六書雜說一卷
　　八分書辨一卷

經 21213589
篆學四書四種四卷　清楊錫觀撰
　　楊顯若小學二種本(乾隆八年刻)
　　六書例解一卷
　　六書雜說一卷

漢隸偏旁點考題詞一卷
八分書辨一卷

經 21213590
石鼓讀七種七卷　清吳東發撰
　清乾隆間刻本　上海
　清嘉慶間刻本　國圖
　民國十五年海寧陳氏慎初堂影印清
　　乾隆間刻本　北大　北師大
　　上海
　　石鼓譯文考異一卷
　　石鼓文章句一卷
　　石鼓辨一卷
　　石鼓鑑一卷
　　石鼓譯文考異或問一卷
　　石鼓爾雅一卷
　　叕鼓一卷

經 21213591
字學七種二卷　清李祕園撰　清張邦
　泰校訂
　清道光十三年泰和張氏悔不讀書齋
　　刻本　北大　上海
　清光緒十三年京師松竹齋刻本　國圖
　　北大
　清光緒十三年上海大成書局石印本
　　國圖
　　卷上
　　　分毫字辨
　　　同音異字
　　　誤讀諸字
　　　異音駢字
　　　誤寫諸字
　　　通用諸字
　　卷下
　　　一字數音

經 21213592
簡字譜錄五種五卷　勞乃宣撰
　清光緒三十二年金陵書局刻本　北大
　　南京
　清光緒三十四年勞氏進呈紅格抄本
　　國圖
　　增訂合聲簡字譜一卷
　　重定合聲簡字譜一卷
　　簡字叢錄一卷
　　簡字全譜一卷
　　京音簡字述畧一卷

音韻之屬

韻　書

經 21213593
聲類一卷　三國魏李登撰　清任大椿
　輯　清王念孫校
　小學鉤沈本(嘉慶刻、光緒抄、光緒刻)
　小學類編本(咸豐光緒刻,小學鉤沈)
　翠琅玕館叢書本(光緒刻,小學鉤沈)
　任氏三種本(清楊浚抄,小學鉤沈)
　芋園叢書本(民國彙印,小學鉤沈)

經 21213594
聲類一卷　三國魏李登撰　清陳鱣輯
　稿本　國圖

經 21213595
聲類一卷　三國魏李登撰　清章宗源輯
　清抄本(清趙之謙、清章綬銜跋)　南京

經 21213596
聲類一卷　三國魏李登撰　清馬國翰輯
　玉函山房輯佚書本(同治皇華館刻、光
　　緒李氏印、光緒嫏嬛館刻、光緒楚南

書局刻）

補刻）

經 21213597
聲類一卷　三國魏李登撰　清黃奭輯
　　知足齋叢書本（道光刻）
　　漢學堂叢書本（道光刻光緒印）
　　黃氏逸書考本（道光刻王鑒修補、朱長圻
　　　補刻）

經 21213598
聲類一卷　三國魏李登撰　顧震福輯
　　小學鉤沈續編本（光緒刻）

經 21213599
聲類一卷　三國魏李登撰　龍璋輯
　　小學蒐佚本（民國鉛印）

經 21213600
韻集一卷　晉呂靜撰　清任大椿輯
　　清王念孫校
　　小學鉤沈本（嘉慶刻、光緒抄、光緒刻）
　　小學類編本（咸豐光緒刻，小學鉤沈）
　　翠琅玕館叢書本（光緒刻，小學鉤沈）
　　任氏三種本（清楊浚抄，小學鉤沈）
　　芋園叢書本（民國彙印，小學鉤沈）

經 21213601
韻集一卷　晉呂靜撰　清馬國翰輯
　　玉函山房輯佚書本（同治皇華館刻、光
　　　緒李氏印、光緒嫏嬛館刻、光緒楚南
　　　書局刻）

經 21213602
韻集一卷　晉呂靜撰　清黃奭輯
　　知足齋叢書本（道光刻）
　　漢學堂叢書本（道光刻光緒印）
　　黃氏逸書考本（道光刻王鑒修補、朱長圻

經 21213603
韻集一卷　晉呂靜撰　顧震福輯
　　小學鉤沈續編本（光緒刻）

經 21213604
韻集一卷　晉呂靜撰　龍璋輯
　　小學蒐佚本（民國鉛印）

經 21213605
文字音義一卷　晉王延撰　龍璋輯
　　小學蒐佚本（民國鉛印）

經 21213606
韻會一卷　晉孟昶撰　龍璋輯
　　小學蒐佚本（民國鉛印）

經 21213607
纂韻一卷　隋潘徽撰　龍璋輯
　　小學蒐佚本（民國鉛印）

經 21213608
音譜一卷　南朝宋李槩撰　清任大椿
　　輯　清王念孫校
　　小學鉤沈本（嘉慶刻、光緒抄、光緒刻）
　　小學類編本（咸豐光緒刻，小學鉤沈）
　　翠琅玕館叢書本（光緒刻，小學鉤沈）
　　任氏三種本（清楊浚抄，小學鉤沈）
　　芋園叢書本（民國彙印，小學鉤沈）

經 21213609
音譜一卷　南朝宋李槩撰　清黃奭輯
　　知足齋叢書本（道光刻）
　　漢學堂叢書本（道光刻光緒印）
　　黃氏逸書考本（道光刻王鑒修補、朱長圻
　　　補刻）

經 21213610
音譜一卷　南朝宋李槩撰　顧震福輯
　小學鉤沈續編本(光緒刻)

經 21213611
音譜一卷　南朝宋李槩撰　龍璋輯
　小學蒐佚本(民國鉛印)

經 21213612
聲譜一卷　清任大椿輯　清王念孫校
　小學鉤沈本(嘉慶刻、光緒抄、光緒刻)
　小學類編本(咸豐光緒刻,小學鉤沈)
　翠琅玕館叢書本(光緒刻,小學鉤沈)
　任氏三種本(清楊浚抄,小學鉤沈)
　芋園叢書本(民國彙印,小學鉤沈)

經 21213613
聲譜一卷　清黃奭輯
　知足齋叢書本(道光刻)
　漢學堂叢書本(道光刻光緒印)
　黃氏逸書考本(道光刻王鑒修補、朱長圻
　　補刻)

經 21213614
聲譜一卷　顧震福輯
　小學鉤沈續編本(光緒刻)

經 21213615
聲譜一卷　龍璋輯
　小學蒐佚本(民國鉛印)

經 21213616
古今字音一卷　清任大椿輯　清王念
　孫校
　小學鉤沈本(嘉慶刻、光緒抄、光緒刻)
　小學類編本(咸豐光緒刻,小學鉤沈)
　翠琅玕館叢書本(光緒刻,小學鉤沈)

任氏三種本(清楊浚抄,小學鉤沈)
芋園叢書本(民國彙印,小學鉤沈)

經 21213617
古今字音一卷　龍璋輯
　小學蒐佚本(民國鉛印)

經 21213618
韻畧一卷　北齊陽休之撰　清任大椿
　輯　清王念孫校
　小學鉤沈本(嘉慶刻、光緒抄、光緒刻)
　小學類編本(咸豐光緒刻,小學鉤沈)
　翠琅玕館叢書本(光緒刻,小學鉤沈)
　任氏三種本(清楊浚抄,小學鉤沈)
　芋園叢書本(民國彙印,小學鉤沈)

經 21213619
韻畧一卷　北齊陽休之撰　清馬國翰輯
　玉函山房輯佚書本(同治皇華館刻、光
　　緒李氏印、光緒嫏嬛館刻、光緒楚南
　　書局刻)

經 21213620
韻畧一卷　北齊陽休之撰　清黃奭輯
　知足齋叢書本(道光刻)
　漢學堂叢書本(道光刻光緒印)
　黃氏逸書考本(道光刻王鑒修補、朱長圻
　　補刻)

經 21213621
韻畧一卷　北齊陽休之撰　清王仁俊輯
　玉函山房輯佚書續編本(稿本)

經 21213622
韻畧一卷　北齊陽休之撰　顧震福輯
　小學鉤沈續編本(光緒刻)

經 21213623
韻畧一卷　北齊陽休之撰　龍璋輯
　　小學蒐佚本(民國鉛印)

經 21213624
集類一卷　龍璋輯
　　小學蒐佚本(民國鉛印)

經 21213625
韻英一卷　隋釋靜洪撰　龍璋輯
　　小學蒐佚本(民國鉛印)

經 21213626
唐寫本切韻殘卷三卷　隋陸法言撰
　　民國十年石印王國維寫本　北大
　　　　遼寧
　　抄本　重慶

經 21213627
切韻一卷　隋陸法言撰　清任大椿輯
　　清王念孫校
　　小學鉤沈本(嘉慶刻、光緒抄、光緒刻)
　　小學類編本(咸豐光緒刻,小學鉤沈)
　　翠琅玕館叢書本(光緒刻,小學鉤沈)
　　任氏三種本(清楊浚抄,小學鉤沈)
　　芋園叢書本(民國彙印,小學鉤沈)

經 21213628
陸詞切韻　隋陸法言撰　顧震福輯
　　小學鉤沈續編本(光緒刻)

經 21213629
切韻一卷　題陸慈撰　龍璋輯
　　小學蒐佚本(民國鉛印)

經 21213630
切韻一卷　唐李舟撰　清黃奭輯

知足齋叢書本(道光刻)
漢學堂叢書本(道光刻光緒印)
黃氏逸書考本(道光刻王鑒修補、朱長圻
　　補刻)

經 21213631
郭知元切韻一卷　唐郭知玄撰　顧震
　　福輯
　　小學鉤沈續編本(光緒刻)

經 21213632
王仁煦切韻一卷　唐王仁煦撰　顧震
　　福輯
　　小學鉤沈續編本(光緒刻)

經 21213633
刊繆補缺切韻五卷　唐王仁煦撰　唐
　　長孫訥言注　唐裴務齊正字
　　唐寫本(龍鱗裝,明宋濂跋)　故宮

經 21213634
內府藏唐寫本刊繆補缺切韻五卷　唐
　　王仁煦撰　唐長孫訥言注　唐裴
　　務齊正字
　　民國十四年石印唐蘭仿寫本　北大
　　　　湖北

經 21213635
唐寫本王仁昫刊繆補缺切韻五卷　唐
　　王仁煦撰　唐長孫訥言注　唐裴
　　務齊正字
　　民國三十六年故宮博物院影印本
　　　　北大

經 21213636
祝尚邱切韻一卷　唐祝尚邱撰　顧震
　　福輯

小學鉤沈續編本（光緒刻）

經 21213637
東宮切韻一卷　日本菅原是善撰　顧
　　震福輯
　　小學鉤沈續編本（光緒刻）

經 21213638
釋氏切韻一卷　唐□□撰　顧震福輯
　　小學鉤沈續編本（光緒刻）

經 21213639
裴務齊切韻一卷　唐裴務齊撰　顧震
　　福輯
　　小學鉤沈續編本（光緒刻）

經 21213640
麻果切韻一卷　唐麻果撰　顧震福輯
　　小學鉤沈續編本（光緒刻）

經 21213641
李審言切韻一卷　唐李審言撰　顧震
　　福輯
　　小學鉤沈續編本（光緒刻）

經 21213642
蔣魴切韻一卷　唐蔣魴撰　顧震福輯
　　小學鉤沈續編本（光緒刻）

經 21213643
孫愐切韻一卷　唐孫愐撰　顧震福輯
　　小學鉤沈續編本（光緒刻）

經 21213644
切韻一卷　顧震福輯
　　小學鉤沈續編本（光緒刻）

經 21213645
唐寫本唐韻殘卷二卷　唐孫愐撰
　　清光緒三十四年上海國粹學報館影
　　　印本　上海

經 21213646
唐寫本唐韻殘卷校勘記二卷　王國維撰
　　海寧王忠慤公遺書本（民國鉛印石印）
　　海寧王靜安先生遺書本（民國石印）

經 21213647
唐韻二卷　唐孫愐撰　清黃奭輯
　　知足齋叢書本（道光刻）
　　漢學堂叢書本（道光刻光緒印）
　　黃氏逸書考本（道光刻王鑒修補、朱長圻
　　　補刻）

經 21213648
唐韻一卷　唐孫愐撰　龍璋輯
　　小學蒐佚本（民國鉛印）

經 21213649
唐韻輯署五卷備考一卷　清龐大堃撰
　　龐氏音學遺書本（稿本、影印稿本）

經 21213650
唐韻輯署不分卷　清龐大堃撰
　　清宣統三年紅格抄本　國圖

經 21213651
唐韻輯署一卷形聲轉輅一卷切音輯署
　　一卷　清龐大堃撰
　　抄本　南京

經 21213652
唐韻佚文一卷　唐孫愐撰　王國維輯
　　海寧王忠慤公遺書本（民國鉛印石印）

海寧王靜安先生遺書本(民國石印)

經 21213653
唐韻疏二卷　明陳藎謨撰
　　清康熙間慎思堂刻本　天津　上海

經 21213654
唐韻正二十卷　清顧炎武撰
　　音學五書本(康熙刻、光緒刻、民國石印)
　　四庫全書本(乾隆寫)

經 21213655
唐韻正摘抄不分卷　清時庸勱撰
　　時氏音學叢稿本(稿本)　山東博

經 21213656
孫氏唐韻考五卷補遺一卷　清紀容舒撰
　　稿本　上海

經 21213657
孫氏唐韻考五卷　清紀容舒撰
　　四庫全書本(乾隆寫)
　　守山閣叢書本(道光刻、光緒影印、民國
　　　影印)
　　清黑格抄本　國圖
　　清抄本　國圖　福建
　　抄本　南開　湖南

經 21213658
重斠唐韻考五卷　清紀容舒撰　清錢
　　熙祚斠　錢恂重斠
　　畿輔叢書本(光緒刻)

經 21213659
唐韻餘論四卷　清周天益撰
　　六書本(清抄、民國鉛印)

經 21213660
唐韻綜一卷　清周天益撰
　　六書本(清抄、民國鉛印)

經 21213661
唐韵四聲正一卷　清江有誥撰
　　江氏音學十書本(嘉慶道光刻、咸豐刻、
　　　中國書店影印)
　　廣倉學宭叢書甲類本(民國鉛印)

經 21213662
唐韻校稿不分卷　清丁士涵撰
　　稿本　上海

經 21213663
唐韻校正不分卷　清丁士涵撰
　　稿本　上海

經 21213664
唐韻別考一卷　王國維撰
　　廣倉學宭叢書甲類本(民國鉛印)

經 21213665
韻海鏡源一卷　唐顏真卿撰　清黃奭輯
　　知足齋叢書本(道光刻)
　　漢學堂叢書本(道光刻光緒印)
　　黃氏逸書考本(道光刻王鑒修補、朱長圻
　　　補刻)

經 21213666
韻銓一卷　唐武玄之撰　汪黎慶輯
　　廣倉學宭叢書甲類本(民國鉛印,小學
　　　叢殘四種)

經 21213667
韻詮一卷　唐武玄之撰　龍璋輯
　　小學蒐佚本(民國鉛印)

經 21213668
韻英一卷　唐陳廷堅撰　汪黎慶輯
　　廣倉學宭叢書甲類本（民國鉛印，小學
　　　　叢殘四種）

經 21213669
考聲五卷　唐張戩撰　龍璋輯
　　小學蒐佚本（民國鉛印）

經 21213670
廣韻五卷　宋陳彭年等重修
　　元泰定二年圓沙書院刻本　北大（清
　　　楊守敬跋）
　　元至順元年敏德堂刻本　臺北故博
　　元元統三年日新書堂刻本　國圖（勞
　　　健題款）
　　元至正十六年翠巖精舍刻本　國圖
　　元至正二十六年南山書院刻本　國圖
　　元余氏勤德堂刻本　臺北故博
　　元建安余氏雙桂書堂刻本　國圖
　　元刻本　北大
　　元刻本　國圖（清楊守敬跋）
　　元刻本　國圖
　　明初刻本　國圖
　　明宣德六年清江書堂刻本　北大
　　明弘治十四年劉氏文明書堂刻本　臺
　　　北故博
　　明內府刻本　上海
　　民國間影印明內府刻本　國圖
　　明劉氏明德書堂刻本　國圖　北大
　　明萬曆四十七年開封府刻本　南京
　　　（清丁丙跋）
　　明刻本　復旦
　　明刻本　重慶
　　明刻本　北碚
　　明刻本　四川師大
　　明刻本　西北大學　湖南

明刻本　國圖　浙江
明刻本　山東
明刻本　遼寧
明刻本　北大
陳上年輯刻三種本　國圖　北大
古經解彙函本（小學彙函，同治刻、光緒
　　石印、光緒刻）
古逸叢書本（光緒刻、民國影印）

經 21213671
原本廣韻五卷　宋陳彭年等重修
　　四庫全書本（乾隆寫）

經 21213672
廣韻五卷　宋陳彭年等重修
　　宋紹興間刻本　國圖（存卷一至二、四）
　　宋刻本　上海（清楊守敬跋）
　　宋刻明修補本　上海（清翁同龢題識並
　　　校）
　　清初影宋抄本　國圖
　　清影抄宋本（缺卷三至四）　山西文
　　　物局
　　澤存堂五種本（康熙刻、光緒石印）
　　民國二十三年北平來薰閣影印澤存
　　　堂本　北師大
　　清初崑山顧氏刻本　北大
　　清嘉慶間刻本　北大
　　清刻本　北大（清陳倬校）
　　古逸叢書本（光緒刻、民國影印）

經 21213673
鉅宋廣韻五卷　宋陳彭年等重修
　　宋乾道五年建寧府黃三八郎刻本　上
　　　海（卷四配元刻本）

經 21213674
宋本廣韻訂不分卷　鄭文焯撰

清書帶草堂刻本　國圖

經 21213675
大宋重修廣韻五卷　宋陳彭年等重修
　　曹楝亭五種本(康熙刻)
　　古經解彙函本(小學彙函,同治刻、光緒
　　　石印、光緒刻)
　　民國二十九年北平燕京大學圖書館
　　　抄本　北大

經 21213676
廣韻校刊劄記一卷　清鄧顯鶴撰
　　清道光三十年新化鄧氏邵州東山精
　　　舍刻本　遼寧

經 21213677
宋本廣韻五卷　宋陳彭年等重修
　　清雍正十三年新安汪氏刻明善堂印
　　　本　國圖

經 21213678
重修廣韻五卷　宋陳彭年等重修
　　四庫全書薈要本(乾隆寫)
　　四庫全書本(乾隆寫)

經 21213679
廣韻五卷　趙世忠校
　　抄本(存一卷)　湖北

經 21213680
重編廣韻五卷　宋陳彭年等重修　明
　　朱祐檳重編
　　明嘉靖二十八年益藩刻本　國圖
　　　北大

經 21213681
廣韻雋五卷　明袁鳴泰彙輯

日本刻本　北大

經 21213682
廣韻新編五卷　清勉學堂主人撰
　　清康熙間勉學堂刻本　南京

經 21213683
廣韻錄異二卷　清朱琰撰
　　清海鹽朱氏稿本　臺圖

經 21213684
廣韻母位轉切五卷　清汪灼撰
　　清抄本　國圖

經 21213685
廣韻雙聲疊韻法一卷　清丁顯撰
　　韻學叢書本(稿本)　北大　復旦
　　丁酉圃叢書本(光緒刻,韻學叢書)

經 21213686
廣韻說一卷　清吳夌雲撰
　　廣雅書局叢書本(光緒刻)

經 21213687
廣韻姓氏刊誤　清孫詒讓撰
　　稿本(不分卷)　浙大
　　稿本(二卷)　浙大

經 21213688
廣韻定韻表二卷　馮超撰
　　稿本　南京

經 21213689
集韻十卷　宋丁度等撰
　　宋明州刻本　上海
　　宋刻本　國圖
　　清初毛氏汲古閣影宋抄本　天一閣

清虞山錢氏述古堂影宋抄本　上海

清影宋抄本　國圖

曹棟亭五種本（康熙刻）

清康熙四十五年揚州使院刻嘉慶十
　　九年重修本　北大

四庫全書薈要本（乾隆寫）

四庫全書本（乾隆寫）

清同治初影抄毛氏汲古閣影宋抄本
　　（清佚名錄清段玉裁等人校）　復旦

姚氏叢刻本（光緒刻）

經 21213690

集韻校四卷　清陸心源撰

　潛園總集本（同治光緒刻，羣書校補）

經 21213691

集韻考正十卷　清方成珪撰

　稿本　溫州

　清孫鏘鳴抄本　溫州

　清道光二十七年刻本　人大　南京

　永嘉叢書本（同治光緒刻）

經 21213692

集韻校正會編四卷　清姚覲元撰

　稿本　國圖

經 21213693

集韻校勘記十卷　清馬釗撰

　稿本　復旦

　清同治十二年孫氏玉海樓抄本　浙大

　清丁士涵抄本　南京

　清抄本　臺北故博

　清末抄本　北大

　吳縣王氏學禮齋傳抄清丁士涵寫本
　　　（王欣夫跋）　復旦

經 21213694

集韻校勘記不分卷　清吳芳鎮撰

　清綠格抄本（與說文校勘記合抄）　國圖

經 21213695

集韻劄記不分卷　清丁士涵撰

　手稿本　上海

經 21213696

集韻編雅十卷　清董文渙輯注

　清同治十二年洪洞董氏刻本　北大
　　上海

經 21213697

韻補五卷　宋吳棫撰

　宋刻本　遼寧

　元刻本　國圖（沈曾植跋）　南京　湖南

　明嘉靖元年何天衢刻本　復旦

　明嘉靖間許宗魯刻本　天津　上海
　　湖北

　明刻本　上海

　明刻本　國圖　北大

　四庫全書本（乾隆寫）

　清乾隆五十年嘉定毛際盛抄本　上海

　清嘉慶二十年沈炳垣家影明抄本
　　　復旦

　邵武徐氏叢書本（光緒刻）

　清影元抄本　國圖　上海

　清影抄明本　國圖

　清抄本（王振聲校並跋）　國圖

　清抄本　國圖

　清抄本（清張穆校並跋）　浙大

　清抄本（清丁士涵校）　上海

　民國二十三年渭南嚴氏成都刻本
　　湖北

　民國間抄本　國圖

經 21213698

韻補五卷韻補正一卷附錄一卷　宋吳
　　棫撰　（韻補正）清顧炎武撰
　　連筠簃叢書本（道光刻）

經 21213699
韻補正一卷　清顧炎武撰
　　亭林遺書本（潘氏遂初堂刻）
　　四庫全書本（乾隆寫）
　　借月山房彙鈔本（嘉慶刻、博古齋影印）
　　花薰閣詩述本
　　澤古齋重鈔本（道光重編）
　　連筠簃叢書本（道光刻）
　　指海本（道光刻、影印）
　　明辨齋叢書本（同治刻）
　　邵武徐氏叢書本（光緒刻）
　　韻學叢書本（稿本）　北大　復旦
　　丁西圃叢書本（光緒刻,韻學叢書）
　　顧亭林先生遺書本（光緒增刻彙印）
　　民國二十三年渭南嚴氏成都刻本
　　　湖北

經 21213700
吳才老韻補正二卷　清顧炎武撰
　　清抄本　浙江

經 21213701
小學韻補攷一卷　清謝啓昆撰
　　連筠簃叢書本（道光刻）

經 21213702
續韻補五卷　清淩萬才撰
　　稿本（存卷一、四,清王振聲跋）　上海
　　清乾隆三十年正音閣刻本　國圖

經 21213703
續韻補遺珠不分卷　清硯北老人撰
　　清抄本　北大

經 21213704
附釋文互註禮部韻署五卷　宋□□編
　　宋刻本　國圖
　　宋嘉定六年雲間洞天刻本　上海（卷
　　　三有抄配葉）
　　姚氏叢刻本（光緒刻）

經 21213705
附釋文互註禮部韻署五卷韻署條式一
　　卷　宋□□編
　　宋紹定三年藏書閣刻本　國圖
　　清初影宋抄本　國圖

經 21213706
韻署條氏一卷　□□輯
　　宋紹定三年藏書閣刻本　國圖
　　清初影宋抄本　國圖

經 21213707
附釋文互註禮部韻署五卷淳熙重修文
　　書式一卷　宋□□編
　　曹棟亭五種本（康熙刻）

經 21213708
附釋文互註禮部韻署五卷貢舉條式一
　　卷　宋□□編
　　四庫全書本（乾隆寫）
　　續古逸叢書本（民國影印）

經 21213709
貢舉條氏一卷　□□輯
　　四庫全書本（乾隆寫）
　　續古逸叢書本（民國影印）

經 21213710
增修互註禮部韻署五卷　宋毛晃增注
　　宋毛居正重修

宋嘉定十六年國子監刻本　臺北故博

宋刻元公文紙印本　上海

元至正四年余氏勤德堂刻本　臺北故
　　博(存卷一、三至四)

元至正十五年日新書堂刻本　國圖
　　(存卷一至四)

元至正十五年日新書堂刻明修本
　　上海

元至正二十一年妃僎興慶書堂刻本
　　上海

元羅溪書堂刻本　北大

元刻本　北大(卷三殘)

元刻本　國圖(清王振聲跋)

元刻本　國圖(缺卷一)

元刻本　北大(存卷二至五)

元刻本　故宮

元刻本　復旦(存卷一至二)

元刻本　上海博(存卷四)

元刻本　南京(存卷四,清丁丙跋)

明刻本　國圖　天一閣

明刻本　國圖(存卷三)

四庫全書本(乾隆寫)

清乾隆間桂馥家抄本　上海

經 21213711
文場備用排字禮部韻注五卷　宋毛晃
　　增注
　　元刻本　國圖

經 21213712
魁本排字通併禮部韻注五卷　宋毛晃
　　增注
　　元刻本　國圖
　　元刻本　臺北故博

經 21213713
草書禮部韻寶五卷　宋高宗趙構書

日本延享四年東都書林刻本　北大
　　天津　上海

經 21213714
韻譜一卷　宋李燾撰　龍璋輯
　　小學蒐佚本(民國鉛印)

經 21213715
押韻釋疑五卷拾遺一卷　宋歐陽德
　　隆撰
　　宋嘉熙三年禾興郡齋刻本　國圖(存
　　　上平、下平、上入、拾遺)
　　清影宋抄本(存卷一至三、五)　中山大學

經 21213716
押韻釋疑拾遺一卷　宋歐陽德隆撰
　　宋嘉熙三年禾興郡齋刻本　國圖

經 21213717
紫雲先生增修校正押韻釋疑五卷　宋
　　歐陽德隆撰　宋郭守正增修
　　宋建陽刻本　上海
　　清抄本(清桂馥、葉昌熾、錢恂跋)　國圖

經 21213718
增修校正押韻釋疑五卷條例一卷　宋
　　歐陽德隆撰　宋郭守正增修
　　四庫全書本(乾隆寫)
　　清抄本　福建
　　清抄本　北師大

經 21213719
新編分類增註正誤決疑韻式五卷　宋
　　□□編
　　宋刻本　國圖

經 21213720

魁本足註釋疑韻寶五卷　宋□□撰
　　元刻本　上海

經 21213721
韻林不分卷　題張諒撰　清朱絲玉壺
　　齋輯
　　清抄本　國圖（與韻林數珍合抄）

經 21213722
韻林一卷　題張諒撰　龍璋輯
　　小學蒐佚本（民國鉛印）

經 21213723
韻林數珍不分卷　清朱絲玉壺齋輯
　　清抄本　國圖（與韻林合抄）

經 21213724
韻圖一卷　龍璋輯
　　小學蒐佚本（民國鉛印）

經 21213725
崇慶新雕改併五音集韻十五卷　金韓
　　道昭撰
　　金崇慶元年荊珍刻本　國圖（存卷一至
　　十二）
　　金崇慶元年刻元修本　臺北故博

經 21213726
新彫改併五音集韻十五卷　金韓道昭撰
　　元至元二十六年琴臺張仁刻本　臺北
　　故博
　　元刻明補版補抄本　上海

經 21213727
改併五音集韻十五卷　金韓道昭撰
　　明成化間金臺大隆福寺募刻本　南開
　　明刻本　北京文物局　湖北

經 21213728
大明成化庚寅重刊改併五音集韻十五
　　卷　金韓道昭撰
　　明成化六至七年刻本　國圖　北大
　　明刻本　天津　雲南

經 21213729
大明弘治甲子重刊改併五音集韻十五
　　卷　金韓道昭撰
　　明刻本　四川

經 21213730
重刊改併五音集韻十五卷　金韓道昭撰
　　明正德十至十一年刻本　國圖

經 21213731
萬曆丙申重刊改併五音集韻十五卷
　　金韓道昭撰
　　明萬曆二十四年刻本　四川（卷十至十
　　二配清抄本）

經 21213732
五音集韻十五卷　金韓道昭撰
　　四庫全書本（乾隆寫）

經 21213733
泰和五音新改併類聚四聲篇十五卷
　　金韓道昭撰
　　金崇慶刻元修本　臺北故博
　　金刻元修本　國圖（存卷一至十二，又一
　　部，存四卷一至四）

經 21213734
改併五音類聚四聲篇十五卷　金韓道
　　昭撰
　　元至元二十六年琴臺張仁刻本　臺北
　　故博

明成化十年内府刻本　貴州大學
明刻本　臺北故博
明刻本　湖北

經21213735
大明成化丁亥重刊改併五音類聚四聲
　　篇十五卷　金韓道昭撰
明成化七年金臺大隆福寺釋文儒募
　　刻本　北大
明成化七年金臺大隆福寺釋文儒募
　　刻正德重修本　北大
明刻本　天津

經21213736
大明正德乙亥重刊改併五音類聚四聲
　　篇十五卷附五音集韻十五卷　金
　　韓道昭撰
明正德十一年金臺衍法寺釋覺恆募
　　刻本　國圖　北大　北師大　上海
　　保定
明正德十一年金臺衍法寺釋覺恆募
　　刻嘉靖三十八年釋本贊重修本
　　北大　中科院　民族大學　故宮
明正德十一年金臺衍法寺釋覺恆募
　　刻嘉靖三十八年萬曆四年遞修
　　本　山西
　　新編經史正音切韻指南一卷　元
　　　　劉鑑撰
　　新編篇韻貫珠集八卷　明釋真空撰
　　直指玉鑰匙門法　明釋真空撰

經21213737
大明萬曆乙亥重刊改併五音類聚四聲
　　篇十五卷　金韓道昭撰
明萬曆三至十七年崇德圓通菴釋如
　　彩刻本　北大　上海　復旦
明萬曆三至十七年崇德圓通菴釋如

彩刻重修本　中科院　上海
復旦
新編經史正音切韻指南一卷　元
　　劉鑑撰
新編篇韻貫珠集一卷　明釋真空撰

經21213738
大明萬曆己丑重刊改併五音類聚四聲
　　篇十五卷　金韓道昭撰　（新編篇
　　韻貫珠集）明釋真空撰
明萬曆十七至二十三年晉安芝山開
　　元寺刻本　北師大　中科院　故宮
明崇禎二至十年金陵圓覺菴釋新仁
　　刻本　首都師大　陝西師大　浙江
經史正音切韻指南一卷　元劉鑑撰
新編篇韻貫珠集一卷　明釋真空撰

經21213739
新刊韻畧五卷　金王文郁撰
　　清影抄金本　國圖(存卷一至二)　上海
　　清抄本　國圖

經21213740
新刊韻畧五卷附聖朝頒隆貢舉三試程
　　式一卷新增分毫點畫正誤字一卷
　　金王文郁撰
　　清抄本　國圖

經21213741
書學正韻三十六卷　元楊桓撰
　　元刻本　天一閣(存卷九至二十一,卷一
　　　至三配明抄本)
　　元刻明修本　南京　北師大　福建師大
　　　(存目錄卷一至四、十八、十九、二十
　　　一,其中有缺葉)
　　明抄本(存卷二十二至二十五)　天一閣

經 21213742

禮部韻畧七音三十六母通攷一卷　元
　　黃公紹撰
　元陳寀刻本　上海
　元刻明重修本　北大　浙江　天一閣
　明初刻本　國圖
　明刻本　臺北故博
　明嘉靖六年鄭氏宗文堂刻本　北大
　明嘉靖十五年秦鉞、李舜臣刻本　上
　　海(卷九卷十配元刻本、卷八抄配)
　明嘉靖十五年秦鉞、李舜臣刻十七年
　　劉儲秀補刻本　國圖　北大　上
　　海　南京
　明萬曆二十八年溫陵許國誠潤州公
　　署刻本　國圖
　明刻本　國圖　上海　山東
　明刻本　安徽大學
　明刻本　南大
　明刻遞修本　人大　北京文物局　廣東
　韻學叢書本(稿本)　復旦

經 21213743

古今韻會舉要三十卷禮部韻畧七音三
　　十六母通考一卷　元黃公紹撰
　　元熊忠舉要
　元刻本　國圖　北大
　元陳寀刻本　上海(清錢大昕跋,袁克文
　　跋)　首都　天一閣　山東大學
　元刻明重修本　北大　浙江　天一閣
　明初刻本　國圖
　明刻本　臺北故博
　明嘉靖六年鄭氏宗文堂刻本　北大
　明嘉靖十五年秦鉞、李舜臣刻本　上
　　海(卷九卷十配元刻本、卷八抄配)
　明嘉靖十五年秦鉞、李舜臣刻十七年
　　劉儲秀補刻本　國圖　北大　上
　　海　南京

　明萬曆二十八年溫陵許國誠潤州公
　　署刻本　國圖
　明刻本　國圖　上海　山東
　明刻本　安徽大學
　明刻本　南大
　明刻遞修本　人大　北京文物局　廣東

經 21213744

古今韻會舉要三十卷　元黃公紹撰
　　元熊忠舉要
　明嘉靖十七年刻本　北師大
　明刻本　國圖　羣衆出版社
　明刻本　湖南(存卷十四至三十)
　四庫全書薈要本(乾隆寫)
　四庫全書本(乾隆寫)
　清光緒二年抄本　國圖
　清光緒九年、十二年淮南書局刻本
　　國圖　中科院　南京　浙江　復旦

經 21213745

古今韻會舉要小補三十卷　明方日升
　　編輯
　明萬曆三十四年周士顯建陽刻本　國
　　圖　北大　遼寧
　明萬曆三十四年周士顯刻重修本　北
　　師大　上海　浙江
　明萬曆間余象斗刻本　浙江
　清抄本(存卷一至六)　南京

經 21213746

韻會舉要引不分卷說文繫傳抄不分卷
　　附說文字句異同錄不分卷　清嚴
　　可均輯　(說文字句異同錄)清姚文
　　田撰
　清嚴可均、姚文田稿本合冊　國圖

經 21213747

洪武正韻十六卷　明樂韶鳳、明宋濂
　　等撰

　明初刻本　上海　復旦　安徽師大

　明初刻本　國圖（存卷一至三，又一部，
　　卷四至六配明抄本）

　明正德三年梁裕刻本　北大

　明正德六年商颺刻本　國圖

　明正德十年張淮刻本　國圖　北大
　　中科院

　明嘉靖二十七年衡藩厚德堂刻藍印
　　本　北大　北師大　上海

　明嘉靖三十八年蜀府刻本　上海

　明隆慶元年衡藩厚德堂刻本　北大
　　上海　南京

　明直隸監察御史劉以節刻本　北大
　　社科院民族所　南京

　明萬曆三年司禮監刻本　北大　人大
　　上海

　明萬曆十一年衡藩刻本　首都　寧夏
　　河南

　明肅府刻本　國圖　清華　四川

　明刻本　新疆大學

　明刻本　清華　上海　浙江

　明刻本　上海　湖北

　明刻本　上海　南京　山東

　明刻本　河北大學　湖南

　明刻本　山西　南京博

　明刻本　青海師大　山東大學

　明刻本　上海　遼寧　雲南

　明刻本　陝西師大

　明刻本　天津

　明刻本　天津　天津師大

　明刻本　國圖　北師大　山西

　明刻本　浙江

　明刻本　人大

　明刻本　福建師大

　明崇禎十三年陸鳳台刻陸孝標重修

　　本　社科院歷史所　上海　復旦
　　山東

　四庫全書本（乾隆寫）

經21213748

洪武正韻十六卷附洪武正韻玉鍵一卷
　　明樂韶鳳、明宋濂等撰　（洪武正韻
　　玉鍵）明張士佩撰

　明萬曆二年刻本　北京市委　上海
　　復旦

　明萬曆十年心一堂刻本　河南

　明萬曆間刻本　北京市委　南開　合
　　肥師範

　明萬曆間書林陳奇泉刻本　惠安文
　　化館

　明天啓元年司禮監刻本　蘭州大學
　　雲南

　明刻本　蘇州文管

經21213749

正韻十六卷　明樂韶鳳、明宋濂等撰
　　明崇禎三年廣益堂刻本　北大

經21213750

洪武正韻不分卷　明樂韶鳳、明宋濂
　　等撰

　五車韻瑞本附（明刻）　國圖　北大

經21213751

洪武正韻高唐王篆書五卷　明樂韶鳳、
　　明宋濂等撰　明朱厚烷篆書

　明萬曆十二年沈大忠刻本　國圖
　　上海

經21213752

洪武正韻不分卷　明樂韶鳳、明宋濂等
　　撰　明楊時偉補箋

明崇禎四年申用懋刻本　國圖　上海

經 21213753
洪武正韻十卷　明樂韶鳳、明宋濂等撰
　明崇禎間刻本　國圖

經 21213754
正韻箋四卷　明楊時偉撰
　明崇禎四年刻本　浙江

經 21213755
洪武正韻玉鍵一卷　明張士佩撰
　明萬曆二年刻本　北京市委　上海
　　復旦
　明萬曆十年心一堂刻本　河南
　明萬曆間刻本　北京市委　南開　合
　　肥師範
　明萬曆間書林陳奇泉刻本　惠安文
　　化館
　明天啓元年司禮監刻本　蘭州大學
　　雲南
　明刻本　蘇州文管

經 21213756
洪武正韻玉鍵二卷　明張士佩撰
　明萬曆十年南京刻本　北大

經 21213757
洪武正韻彙編四卷　明周家棟輯
　明萬曆三十年刻本　北大　浙江

經 21213758
洪武正韻傍音釋義二卷　□□輯
　明刻本　國圖

經 21213759
正韻翼九卷　明吳士琳撰

明天啓六年刻本　安徽
明刻本　國圖(存卷一至三、七至九)

經 21213760
正韻篆二卷　明沈延銓撰
　明天啓二年沈氏刻本　國圖　復旦

經 21213761
正韻篆字校六卷　明沈廷銓撰　清張
　　元輅校訂
　清張元輅家抄本(清張世卿跋)　天津

經 21213762
正韻字體辨微一卷　清吳任臣撰
　清康熙五年彙賢齋刻本　上海

經 21213763
六書系韻二十四卷首一卷檢字二卷
　　明李貞編
　清光緒十四年長沙李氏刻本　中科院
　　南京　湖北
　清光緒十六年湘陰李貞刻本　北大
　　天津　上海

經 21213764
切韻一卷　明潘之淙撰
　天壤閣叢書本(同治光緒刻)

經 21213765
皇極聲音文字通三十二卷　明趙撝謙撰
　明抄本(四庫全書底本,缺卷九至十二)
　　北大
　清抄本(缺卷一至二,清曾釗跋)　中山
　　大學

經 21213766
新編併音連聲韻學集成十三卷直音篇

七卷　明章黼撰
　　明成化十七年刻本　國圖　北大
　　　上海
　　明成化十七年刻嘉靖二十四年張重
　　　補刻萬曆九年高薦遞修本　北大

經 21213767
重訂併音連聲韻學集成十三卷　明章
　黼撰
　　清康熙四年補刻明成化本　中科院
　　　湖北

經 21213768
重刊併音連聲韻學集成十三卷重訂直
　音篇七卷　明章黼撰
　　明萬曆六年維揚資政左室刻本　首都
　　　中科院　故宮
　　明萬曆三十四年練川明德書院刻本
　　　國圖　北大

經 21213769
韻畧易通二卷　明蘭茂撰
　　明嘉靖三十二年高岐刻本　華東師大
　　明萬曆三十七年吳允中刻本　雲南
　　明萬曆間集義堂刻本　國圖
　　明寶旭齋刻本　中科院
　　明刻本　雲南

經 21213770
韻畧易通一卷　明蘭茂撰
　　雲南叢書本(民國刻)

經 21213771
韻畧易通二卷　明蘭茂撰　清李棠馥
　校正
　　清康熙四年刻本　中科院

經 21213772
蘭止庵韻畧易通跋不分卷　袁嘉穀撰
　　稿本　雲南

經 21213773
韻畧匯通二卷　明蘭茂撰　明畢拱辰
　刪補
　　明崇禎十五年畢拱辰刻本　山東　青
　　　島博
　　清光緒十四年成文堂刻本　復旦
　　掖海叢書本(稿本)

經 21213774
韻畧易通不分卷　明釋本悟撰
　　清康熙八年嵩明瑤玲山何有庵釋書
　　　見募刻本　雲南
　　清康熙間釋徹潤刻本　雲南
　　清抄本　中科院

經 21213775
聲韻會通一卷韻要粗釋四卷　明王應
　電撰
　　明嘉靖三十六年王宗沐刻本　北大
　　　中科院　上海
　　明嘉靖三十六年王宗沐刻萬曆三十
　　　年重修本　山東
　　明抄本(存卷首、一至七)　中科院

經 21213776
聲韻會通一卷韻要粗釋二卷　明王應
　電撰
　　明抄本(缺卷一至二)　中山大學

經 21213777
韻要粗釋四卷　明王應電撰
　　明嘉靖三十六年王宗沐刻本　北大
　　　中科院　上海

明嘉靖三十六年王宗沐刻萬曆三十
　年重修本　山東
明抄本(存卷首、一至七)　中科院
明抄本(缺卷一至二)　中山大學

經 21213778
詩韻釋義不分卷　題關西修髯子撰
　明正德十五年郭勛刻本　國圖

經 21213779
詩韻捷徑五卷　□□輯
　明刻本　國圖

經 21213780
韻經五卷　題南朝梁沈約撰　宋夏竦
　集古　明楊慎轉注
　明萬曆二十七年郭正棫刻本　中科院
　　復旦　上海

經 21213781
沈氏韻經五卷　題南朝梁沈約撰　題
　宋夏竦集古　題宋吳棫補叶　明
　楊慎轉注
　清初張純修刻本　北大

經 21213782
韻林原訓五卷　明楊慎撰
　明萬曆二十八年陳邦泰刻本　南開

經 21213783
雜字韻寶五卷　明楊慎編
　明萬曆間楊宗吾刻本　上海
　明刻本　復旦

經 21213784
五音拾遺五卷　明楊慎撰
　清抄楊氏遺書本

經 21213785
詩韻輯畧五卷　明潘恩撰
　明隆慶間刻本　國圖　北大　中科院
　　復旦
　明天啓二年刻本　華東師大　東北
　　師大
　明末陳繼儒刻本　北大
　明刻本　中科院　故宮　吉大
　明刻本　清華
　清順治九年寧壽堂刻本　人大　湖南
　清刻本　南京

經 21213786
韻經五卷　明張之象輯
　明嘉靖十八年長水書院刻本　北大
　明萬曆六年李良柱淮陰刻本　上海
　　辭書出版社

經 21213787
篆韻五卷　明□□編
　明嘉靖八年刻本　山東

經 21213788
類聚音韻三十卷　明□□編
　明嘉靖十三年宗文堂刻本　東北師大
　　(缺卷一至六)

經 21213789
元聲韻學大成四卷　明濮陽淶撰
　明萬曆八年刻本　上海
　明萬曆二十六年書林鄭雲竹刻本　上
　　海　浙江

經 21213790
詩韻輯要五卷　明李攀龍撰
　明末刻本　湖南師大
　明金陵書坊李洪宇刻詩壇合璧本

清刻本　國圖

經 21213791
劭庵訂正詩韻輯要五卷　明李攀龍撰
　　明陳繼儒校釋
　　明末黃家鼎刻本　中科院

經 21213792
服古堂較定詩韻輯要五卷　明李攀龍
　　輯　明徐震注釋
　　清刻本　上海

經 21213793
新刊增補古今名家韻學淵海大成十二
　　卷　明李攀龍撰
　　明刻本　中科院　山東　重慶　安徽博

經 21213794
韻譜五卷　明朱睦㮮撰
　　明嘉靖二十四年白濬刻本　廣東

經 21213795
併音連聲字學集要四卷　明陶承學撰
　　明萬曆二年周恪刻本　國圖　浙江
　　明天啓五年刻本　上海

經 21213796
古今詩韻釋義五卷　明陳世寶訂正
　　明龔大器參補
　　明萬曆七年維揚求益堂刻本　上海
　　明萬曆九年金陵書肆周前山刻本
　　　國圖

經 21213797
韻畧類繹四卷　明李齊芳撰
　　明隆慶二年刻本　北大

經 21213798
詩韻輯要五卷　明王稺登撰
　　明刻本　南陽師院

經 21213799
詩韻釋義五卷　明錢蕭輯
　　明隆慶三年海鹽錢氏玉蘭堂刻本
　　　上海

經 21213800
韻釋便覽五卷　明孫維城輯
　　明萬曆十八年孫維城刻本　北大

經 21213801
韻書通用字考五卷　明顧起淹撰
　　明萬曆三十四年刻本　南京

經 21213802
書文音義便考私編五卷難字直音一卷
　　明李登撰
　　明萬曆十五年陳邦泰刻本　故宮

經 21213803
交泰韻一卷　明呂坤撰
　　明萬曆間刻本　北師大　上海　浙江
　　　福建
　　明萬曆間刻清補修本　國圖　湖北
　　呂新吾全集本(萬曆刻清遞修)

經 21213804
交泰韻二卷　明呂坤撰
　　明末胡正言十竹齋刻本(二卷)　南京

經 21213805
鐫玉堂釐正龍頭字林備攷韻海全書十
　　六卷首一卷　明李廷機輯
　　明萬曆二十三年書林安正堂劉雙松

刻本　華東師大
明萬曆間書林周曰校刻本　重慶

經 21213806
古篆韻譜正傳二卷　明呂胤基撰
　明萬曆十六年江籬館刻本　復旦　山
　　東師大　中山大學

經 21213807
吟囊一覽五卷　□□輯
　明萬曆間刻本　南京

經 21213808
蘇氏韻輯四卷　明蘇茂相輯
　明天啓二年廣益堂刻本　清華　北
　　師大
　明刻本　上海

經 21213809
三台館仰止子考古詳訂遵韻海篇正宗
　二十卷　明余象斗纂
　明萬曆二十六年書林雙峯堂余文台
　　刻本　北大　北師大
　明萬曆三十年葉近山刻　武威博

經 21213810
新鐫中書科刪訂字義辨疑韻海篇十八
　卷首二卷末一卷　明李喬嶽訂義
　明劉曰寧校閱
　明萬曆二十六年書林鄭雲齋刻本　華
　　東師大

經 21213811
韻譜本義十卷　明茅溁輯
　明萬曆三十二年茅溁刻范料修訂本
　　北大　天津　復旦　浙江
　明萬曆三十二年刻清印本　南京

經 21213812
詩韻釋要五卷附古韻釋要一卷　明潘
　雲傑、明陸金龍撰
　明萬曆間刻敬業堂華代印本　中科院
　　上海

經 21213813
古韻釋要五卷　明潘雲傑撰
　明萬曆間刻本　中科院　上海　天津
　　師大

經 21213814
古韻釋要一卷　明潘雲傑
　明萬曆間刻敬業堂華氏印詩韻釋要
　　附　中科院　上海

經 21213815
合併字學集韻十卷　明徐孝編
　合併字學篇韻便覽本　蘭州大學　江西

經 21213816
陳明卿太史考古詳訂遵韻海篇朝宗十
　二卷　明陳仁錫撰
　明萬曆間刻本　上海
　明末奇字齋刻本　中科院

經 21213817
律古詞曲賦叶韻統十二卷　明程元初撰
　明崇禎五年刻本　清華

經 21213818
古今字韻全書集韻十五卷　明□□編
　明刻本　北大　中科院

經 21213819
詩韻釋義二卷　明□□編
　明刻本　故宮

明天啓四年華陽王府刻本　襄陽

經 21213820
律諧不分卷　明熊人霖撰
　明崇禎間刻本　國圖

經 21213821
音韻類編二卷　□□輯
　明萬曆四十六年榮藩朱由枵刻本　中
　　科院

經 21213822
音韻集成十六卷　明莫詮撰
　清抄本　吉大

經 21213823
韻署四卷韻鑰一卷　明許爾寧撰
　稿本　上海

經 21213824
詩韻釋署五卷　明梁應圻撰
　清順治十年刻本　湖南
　清康熙十七年李希禹刻本　清華　東
　　北師大

經 21213825
元韻譜不分卷附元韻譜釋目不分卷
　　明喬中和撰
　明萬曆三十九年刻本　北師大

經 21213826
元韻譜一卷　明喬中和撰
　躋新堂集本(崇禎刻)
　西郭草堂合刊本(光緒刻)

經 21213827
元韻譜五十四卷首一卷　明喬中和撰

清康熙三十年梅墅石渠閣刻本　國圖
　北大　湖南

經 21213828
韻書一卷　明□□輯
　明抄本　山東博

經 21213829
韻通一卷　清蕭雲從撰
　清藍格抄本　國圖
　民國二十二年周氏家抄本　天津

經 21213830
古今韻署五卷　清邵長蘅撰
　清康熙二十五年刻本　江西
　清康熙三十三年刻本　復旦
　清康熙三十五年宋犖刻本　國圖
　　上海
　清乾隆十八年新城陳守誠恕堂刻本
　　國圖

經 21213831
古今韻署二卷　清邵長蘅撰
　清刻本　南京(復廬居士批校)

經 21213832
聲律啓蒙撮要三卷　清車萬育撰
　清光緒十六年石經堂書局刻本　天津
　清光緒十九年文運書局刻本　復旦

經 21213833
聲律啓蒙撮要二卷　清車萬育撰
　清文益堂刻本　南京
　大興堂刻本　南京

經 21213834
欽定音韻闡微(音韻闡微)十八卷韻譜一

　　卷　清李光地等撰
　清雍正六年武英殿刻本　國圖　北大
　　　天津
　四庫全書薈要本(乾隆寫)
　四庫全書本(乾隆寫)
　清揚州詩局刻本(音韻闡微)　湖南
　清光緒七年淮南書局刻本(音韻闡微)
　　　浙江　南京
　清末四川刻本(音韻闡微)　復旦

經 21213835
新纂五方元音二卷凡例一卷　清樊騰
　　鳳撰
　民國三十六年北平燕京大學圖書館
　　　傳抄清寶旭齋刻本　北大

經 21213836
五方元音二卷　清樊騰鳳撰　清年希
　　堯增補
　清康熙四十九年同文堂刻本　上海
　清雍正五年善成堂刻本　天津　上海
　清道光二十年德義堂刻本　人大　天
　　　津　遼寧
　清道光二十三年聚錦堂刻本　遼寧
　清道光二十三年宏道堂刻本　遼寧
　清道光二十七年銅活字印本　湖南
　清同治五年五雲樓刻本　復旦
　清同治八年修文堂刻本　北大
　清同治十二年同文堂刻本　湖南
　清光緒四年刻本　北大
　清光緒七年寶文堂北京刻本　國圖
　清光緒八年上海掃葉山房刻本　遼寧
　清光緒九年校經山房刻本　復旦
　清光緒十年文興堂刻本　遼寧
　清光緒十三年兩儀堂刻本　國圖
　清光緒十六年京都寶書堂刻本　北
　　　師大

　清光緒十七年天津煮字山房刻本
　　　國圖
　清光緒二十五年三義堂刻本　南開
　清光緒三十二年北京文成堂刻本
　　　國圖
　清宣統二年天津文賢書局石印本
　　　國圖
　清末書坊刻本　國圖
　民國六年上海石竹山房石印本　湖南
　民國間上海自強書局石印本　國圖
　民國間北京石印發行所石印本　國圖

經 21213837
五方元音四卷　清樊騰鳳撰　清年希
　　堯增補
　民國二年北京文成堂刻本　北大

經 21213838
五方元音十二卷　清樊騰鳳撰　清年
　　希堯增補
　清光緒十九年石印本　天津
　清光緒三十四年石印本　遼寧
　清光緒間石印本　天津
　清宣統三年上海鑄記書局石印本
　　　北大

經 21213839
增補五方元音二卷　清樊騰鳳撰　清
　　年希堯增補
　清道光二十九年刻本　南京

經 21213840
增補五方元音不分卷　清樊騰鳳撰
　　清年希堯增補
　清光緒間上海章福記書局石印本
　　　國圖
　民國四年上海鑄記書局石印本　國圖

湖南

經 21213841
增篆五方元音大全二卷　清樊騰鳳撰
　　清年希堯增補
　　民國間上海自強書局石印本　北大

經 21213842
剔弊廣增分韻五方元音二卷韻法析說
　　一卷　清樊騰鳳撰　清趙培梓
　　重編
　　清嘉慶間刻本　中科院
　　清同治三年文業堂刻本　北大
　　清光緒四年三盛堂刻本　國圖　人大
　　清光緒間文成堂北京刻本　國圖
　　清善成堂刻本　國圖
　　清光緒間刻本　國圖
　　清末石印本　遼寧

經 21213843
剔弊廣增分韻五方元音三卷首一卷
　　清樊騰鳳撰　清趙培梓重編
　　民國間上海錦章圖書書局石印本　國
　　　圖　北大　北師大　湖南
　　民國間會文堂新記書局石印本　國圖
　　民國間上海廣益書局石印本　國圖
　　民國間上海大成書局石印本　遼寧
　　民國六年上海章福記書局石印本
　　　遼寧

經 21213844
詩詞通韻五卷首一卷反切定譜一卷
　　清樸隱子撰
　　清康熙二十四年刻本　國圖　浙江
　　清道光十四年潘道根抄本　南京

經 21213845

韻雅五卷雜論一卷識餘一卷　清施何
　　牧撰
　　清康熙間刻本　北大　上海
　　清嘉慶道光間刻本　南京

經 21213846
韻雅雜論一卷　清施何牧撰
　　清康熙間刻本　北大　上海
　　清嘉慶道光間刻本　南京

經 21213847
韻雅識餘一卷　清施何牧撰
　　清康熙間刻本　北大　上海
　　清嘉慶道光間刻本　南京

經 21213848
詩經叶音辨譌八卷首一卷　清劉維謙撰
　　清乾隆三年壽峯書屋刻本　民族大學

經 21213849
佩文韻篆六卷　清張家慶輯
　　清乾隆二十七年閑存齋刻本　天津
　　　湖北
　　清嘉慶二年澤經堂刻本　北大　復旦

經 21213850
韻玉函書不分卷　清胡煦撰
　　稿本(存三冊)　國圖
　　清抄本(存六冊)　中山大學
　　清抄本(存十八冊)　中山大學

經 21213851
今韻箋畧五卷附古韻通轉不分卷　清
　　汪立名撰
　　清康熙三十九年刻本　國圖　廣西
　　民族

經 21213852
字學正本五卷　清李京撰
　　清康熙間刻本　中科院

經 21213853
新定考正音韻大全一卷新定重較問奇
　　一覽二卷　□□輯
　　清康熙間停雲室刻本　國圖　首都
　　　　北大　南京

經 21213854
字類標韻六卷古詩通韻叶韻一卷　清
　　華綱輯
　　清同治十一年錫山周隆興刻本　南京
　　清光緒元年肄江王氏刻本（無古詩通
　　　　韻叶韻）　北大　浙江

經 21213855
古詩通韻叶韻一卷　清華綱輯
　　清同治十一年錫山周隆興刻本　南京

經 21213856
字類標韻六卷　清華綱輯　清何承錕
　　重訂
　　清乾隆五十八年刻本　上海

經 21213857
增注字數標韻六卷　清華綱撰　清范
　　多珏重訂
　　清光緒二年義和堂刻本　天津
　　清光緒二年掃葉山房鉛印本　北大
　　清光緒四年雲陽馬氏刻本　復旦
　　清光緒十六年香山徐潤廣百宋齋刻
　　　　本　國圖
　　清名德堂刻本　北師大
　　清光緒十六年上海鴻寶齋石印本
　　　　國圖

清光緒十九年寶善書局石印本　國圖
清光緒十九年煥文書局鉛印本　復旦
民國六年蔣春記書局石印本　遼寧

經 21213858
字類標韻六卷　清華綱輯　清王庭楨
　　重訂
　　清光緒八年湖北施南府署刻本　南京
　　　　浙江　遼寧

經 21213859
本韻一得二十卷　清龍爲霖撰
　　清乾隆十六年刻本　國圖　中科院
　　清刻蔭松堂印本　甘肅

經 21213860
增訂韻瑞不分卷　清周士彬輯
　　稿本　上海

經 21213861
讀詩韻新訣二卷　清徐鍾郎撰
　　清雍正間酌雅堂刻本　中科院

經 21213862
韻學經緯五卷　清温定瀾輯
　　清雍正間刻本　北大

經 21213863
韻律四卷　清陳本撰
　　清乾隆間英雨書屋刻本　浙江

經 21213864
欽定同文韻統六卷　清允祿等輯
　　清乾隆十五年武英殿朱墨套印本　上
　　　　海　湖北　遼寧
　　四庫全書薈要本（乾隆寫）
　　四庫全書本（乾隆寫）

清宣統二年理藩部倣殿版刻朱墨套
　　印本　上海　南京
清宣統二年理藩部倣殿版刻民國十
　　四年蒙藏院譯本　武漢
民國二十年上海商務印書館影印清
　　乾隆内府刻朱墨套印本　湖北
民國二十二年大東書局石印本　復旦

經21213865
欽定叶韻彙輯十卷　清梁詩正等輯
　　清乾隆十五年武英殿刻本　上海
　　　遼寧

經21213866
欽定叶韻彙輯五十八卷　清梁詩正等輯
　　四庫全書薈要本（乾隆寫）
　　四庫全書本（乾隆寫）

經21213867
峋嶁韻箋五卷論例一卷　清曠敏本撰
　　峋嶁叢書本（乾隆刻）

經21213868
韻府便考不分卷　清丁有曾撰
　　清抄本　天津

經21213869
韻歧五卷　清江昱撰
　　清乾隆二十五年湘東署齋刻本　國圖
　　　浙江
　　清光緒七年重刻本　國圖　北大
　　抄本　中科院

經21213870
歧疑韻辨五卷口音辯訛一卷韻字旁通
　　一卷轉音撮要一卷字形彙考一卷
　　清杜蕙撰

清乾隆十年省過堂刻巾箱本　國圖
　　湖北
清乾隆五十七年省過堂刻袖珍本　國
　　圖　遼寧
清嘉慶二十五年刻本　北大
清道光二十年敬義堂刻本　復旦

經21213871
口音辯訛一卷　清杜蕙撰
　　歧疑韻辨本附（乾隆刻、嘉慶刻、道光
　　刻）

經21213872
韻字旁通一卷　清杜蕙撰
　　歧疑韻辨本附（乾隆刻、嘉慶刻、道光
　　刻）

經21213873
韻字辨同五卷　清彭元瑞撰　清翁方
　　綱參校補正
　　清乾隆二十九年彭元瑞刻本　湖北
　　清乾隆三十年羊城試署刻本　北大
　　　中科院
　　清乾隆五十九年崇雅堂刻本　南京
　　清乾隆五十九年玉峯翠碧山房刻本
　　　國圖
　　清嘉慶六年刻本　上海　遼寧
　　清道光六年福申刻本　北大
　　清抄本　南京
　　清抄本　江西

經21213874
韻字辨同摘要五卷　清葉爾安選輯
　　稿本　上海

經21213875
韻徵十五卷　清安吉撰

清天全堂抄本(清安念祖校補並跋)
　　北師大

經 21213876
韻徵十六卷　清安吉撰
　清安念祖抄本　南京
　清道光十七年親仁堂蘇州刻本　國圖

經 21213877
韻徵十六卷附古韻溯源八卷　清安吉
　　撰　清安念祖　(古韻溯源)清華湛
　　恩輯
　清道光十九年親仁堂刻本　北大　天津

經 21213878
欽定音韻述微三十卷　清梁國治等撰
　四庫全書本(乾隆寫)
　清抄本　北大
　清内府抄本(不分卷)　遼寧

經 21213879
音韻述微不分卷　清翁方綱撰
　清翁方綱藍格稿本　國圖

經 21213880
韻辨不分卷　清徐郇撰
　臨文便覽本(同治刻、光緒松竹齋刻、光
　　緒點石齋石印)
　清光緒二年刻怡雲仙館印本　國圖
　　北大
　新刊臨文便覽全集本(光緒名德堂刻、
　　善成堂刻)
　清光緒二十一年湖北官書處刻重校
　　臨文便覽本

經 21213881
增訂韻辨摘要一卷　清徐郇撰

清光緒六年蝶胎山館刻本　南京
翰苑分書臨文便覽本(光緒刻)
臨文便覽本(光緒鴻寶齋石印)
翰苑初編字學彙海本(光緒秀文齋刻)
　北大

經 21213882
韻譜彙編五卷　清王佶撰
　清乾隆二十三年補拙齋刻本　中科院

經 21213883
詩韻歌訣初步五卷　清倪璐撰
　清乾隆二十五年克復堂刻本　天津
　　東北師大

經 21213884
合注詩詞歌賦韻選類通十五卷　清潘
　　之藻輯
　清乾隆二十七年刻本　上海

經 21213885
佩韻示斯二卷　清吳清藻輯
　清乾隆二十七年敬修堂刻本　浙江
　清抄本　福建

經 21213886
新刊韻學會海十六卷　清盧宏啓、清徐
　　作林輯
　清乾隆二十六年刻本　國圖　中科院

經 21213887
朱飲山三韻易知十卷　清朱燮撰　清
　　楊廷茲訂
　清乾隆三十七年刻本　北大
　清乾隆三十七年刻五十五年修補印
　　本　北大

經 21213888
詩學正音類輯八卷　清鄭廷獻撰
　　清乾隆間刻本　中科院

經 21213889
聲韻譜十卷　清李元撰
　　清嘉慶七年刻本　湖北

經 21213890
于氏捷韻　清于長撰
　　清乾隆三十六年寫刻本　國圖　湖北

經 21213891
詩韻指歧五卷首一卷　清劉光南撰
　　清乾隆三十九年刻聽松園印本　湖南

經 21213892
詩韻辨聲不分卷　清徐昆撰
　　清乾隆三十六年刻本　南開　湖北

經 21213893
詩韻題解合璧十卷　清甘蘭友輯
　　清乾隆三十九年刻本　上海

經 21213894
詩韻含英題解十卷　清甘蘭友撰
　　清乾隆四十年刻本　上海

經 21213895
詩韻辨字畧五卷　清秦端厓輯
　　清乾隆四十一年刻本　南京
　　清道光十四年刻本　湖南
　　清光緒四年浙江督學使者黃倬刻本
　　　　北大　浙江

經 21213896
四聲辨義詩韻三十六卷　清郭步清撰

清乾隆四十一年刻本　南京

經 21213897
韻典不分卷　題清洪亮吉輯
　　題清洪亮吉稿本　上海

經 21213898
韻典雜字四卷　清劉傑撰
　　清嘉慶十三年刻本　江西

經 21213899
別俗正音彙編大全二卷　清張玉成撰
　　清乾隆五十年東官華翰堂書林刻巾
　　箱本　國圖

經 21213900
古篆韻譜五卷　清邵燿撰
　　稿本　北師大

經 21213901
歧音備覽五卷　清吳翌鳳綴輯
　　清抄本　北大

經 21213902
詩韻瑤林八卷　清程伊園撰
　　清乾隆五十二年錄樂齋刻本　復旦
　　南京

經 21213903
太極韻初集不分卷　清張成□撰
　　清乾隆五十二年片玉齋刻本　北師大

經 21213904
韻學驪珠二卷　清沈乘麟輯
　　清乾隆五十七年刻本　南京
　　清嘉慶元年枕流居刻本　川大
　　清光緒十八年華亭顧文善齋刻本　國

圖　北大　上海　復旦

民國十年刻上海朝記書莊印本　人大

經 21213905

韻字畧十二集　清毛謨撰

　　清嘉慶二十一年毛氏刻本　國圖　中

　　　科院　湖南

　　清光緒元年湖北崇文書局刻本　國圖

　　　北大　湖北　甘肅

　　清桐華書屋薛氏刻本　上海

經 21213906

韻書音義考五卷　清李光瓊纂

　　清嘉慶四年廬江李氏慎詒堂刻本　上

　　　海　南京

　　清咸豐五年刻本　北大

經 21213907

初學檢韻袖珍十二卷附檢字一卷佩文

　　詩韻一卷　清姚文登撰

　　清嘉慶四年蘇州掃葉山房刻本　天津

　　　上海

　　清嘉慶七年遜齋刻本　復旦　遼寧

　　清道光二十七年玉檢山房刻本　國圖

　　清同治十二年刻延禧堂印本　湖南

　　清光緒間上海掃葉山房刻本　國圖

　　清光緒間上海掃葉山房刻本　國圖

　　清光緒二十一年上海鴻寶齋石印本

　　　湖南

　　民國十三年上海掃葉山房石印本

　　　武漢

　　民國十七年上海公益書局石印本

　　　湖南

　　民國間上海錦章書局石印本　湖南

經 21213908

重校增訂初學檢韻十二卷附佩文詩韻

一卷　清姚文登輯

　　清光緒九年棣蕚山房校刻本　天津

經 21213909

新鐫彙音妙悟(新鐫彙音妙悟全集)一卷

　　清黃謙撰

　　清嘉慶五年薰園刻本　泉州

　　清光緒三十一年石印薰園本(新鐫彙

　　　音妙悟全集)　國圖

經 21213910

彙集雅俗通一十五音八卷　清謝秀嵐

　　編輯

　　清嘉慶二十三年文林堂刻朱墨套印

　　　本　北大

經 21213911

詩韻璣珠五卷附錄一卷　清余照輯

　　清嘉慶五年五瑞堂刻本　中科院　上

　　　海　湖北　南京

　　清刻一枝山房印本(無附錄)　人大

經 21213912

詩韻集成十卷附詞林典腋一卷　清余

　　照輯

　　清道光十二年刻本　江西

　　清道光十七年刻本　天津

　　清道光十八年刻本　國圖

　　清同治三年連元閣刻本　國圖　上海

　　清同治三年京都善成堂刻本　遼寧

　　清光緒元年刻本　南京

　　清光緒元年掃葉山房刻本　北大

　　清光緒四年刻本　國圖　北大

　　清光緒五年兩儀堂刻本　江西

　　清光緒八年瀛洲書屋刻本　上海

　　清光緒七年成文信刻本　遼寧

　　清光緒八年京都文成書坊刻本　國圖

天津
　清光緒八年刻本　　北大
　清光緒十年上海三元堂刻本　　天津
　清光緒二十五年成和堂刻本　　北大
　清末江南狀元閣刻本　　天津
　清南京李光明莊刻本　　國圖　北大
　　上海
　清光緒二十一年宏文閣石印本　　北大
　清光緒二十九年石印本　　南開
　清末石印本　　國圖
　民國三年育文書局石印本　　北大
　民國二十五年上海春明書店刻本
　　北大
　民國間上海文華山房石印本　　北大

經 21213913
詩韻集成五卷附詞林典腋一卷　　清余
　照輯
　清光緒二十九年上海文瑞樓石印本
　　天津
　清末上海廣益書局石印本　　遼寧
　民國間錦章書局石印本　　復旦

經 21213914
增廣詩韻集成五卷　　清余照輯
　民國三十五年上海春明書店鉛印本
　　雲南

經 21213915
詩韻集成題考合刻十卷　　清余照、清王
　文淵等輯
　清末蜀刻本　　雲南

經 21213916
袖珍詩韻五卷　　清余照輯
　上海掃葉山房刻本　　江西

經 21213917
詩韻合璧五卷　　清余照輯
　清咸豐七年三益齋刻本　　人大　天津
　清同治十二年京都文成堂銅版印本
　　遼大
　清光緒十三年廣百宋齋鉛印本　　遼大
　民國十八年上海百新書局鉛印本
　　遼大

經 21213918
詩韻五卷　　清余照輯　清朱德蕃增訂
　清道光十七年漁古軒刻本　　湖南

經 21213919
頭字韻五卷　　清余照輯
　日本天保三年稽古精舍刻本　　國圖

經 21213920
韻彙五卷　　清朱彝尊輯　清沈道寬編
　清道光二十六年謝錫蕃刻本　　北大
　清同治十三年盛德堂刻本　　上海

經 21213921
韻府一隅十六卷　　清顏懋功輯
　清嘉慶八年雲留堂刻本　　南京

經 21213922
典韻易簡十二卷首一卷　　清屈景範輯
　清嘉慶十年竹屏山房刻本　　中科院
　　天津

經 21213923
韻綜不分卷韻綜集字一卷檢字一卷
　清陳貽厚撰
　清嘉慶十七年刻琴心書屋印本　　國圖
　　北大　南京
　清道光二十一年蘇州書業堂刻本　　國

圖　南京

經 21213924
聲韻易知四卷首一卷　清莊瑤撰
　　清道光二十三年留有餘齋刻本　天津
　　清光緒十五年重刻本　中科院

經 21213925
韻府萃音十二卷　清龍柏纂
　　清嘉慶十五年心簡齋廣州刻朱墨套
　　　印本　國圖　北大　中科院
　　清道光二年蘇州醒愚閣刻朱墨套印
　　　本　浙江

經 21213926
韻彙校一卷　清王筠撰
　　稿本　山東

經 21213927
新增詳注韻對屑玉三卷　清歐達徹輯
　　清梅村鍾等注
　　清石經堂刻本　天津

經 21213928
韻字鑑四卷　清翟云升輯
　　清道光二十二年五經歲徧齋刻袖珍
　　　本　國圖　天津　南京
　　清光緒四年上海淞隱閣石印本　南京
　　　湖北

經 21213929
千金裘一集二十七卷二集二十六卷
　　清蔣義彬撰　（二集）清蔣義彬、清
　　徐元麟撰
　　清嘉慶二十三年刻本　天津

經 21213930

千金裘二集二十六卷　清蔣義彬、清徐
　　元麟撰
　　清嘉慶二十三年刻本　天津

經 21213931
經字韻補不分卷　清李錫彤輯
　　清紅格抄本　國圖

經 21213932
歧韻詳辨六卷　清馬名駒輯
　　清嘉慶二十四年木葛堂刻本　中科院

經 21213933
韻字探驪五卷　清徐錫齡輯
　　清嘉慶二十三年刻本　國圖
　　清嘉慶二十五年刻巾箱本　中科院
　　清道光十六年三味堂刻本　上海

經 21213934
三音均部署四卷　清黃以愚撰
　　稿本　國圖

經 21213935
韻篇合校不分卷　清丁士涵撰
　　稿本　上海

經 21213936
韻字彙錦五卷　清顧掄輯
　　清道光二年玉峯蔡厚田刻玉山草堂
　　　印本　國圖　人大

經 21213937
荊音韻彙二卷　清周仁輯
　　清道光二年周泳斯美堂刻本　北大

經 21213938
韻辨五卷　清劉贊輯

清道光五年秀骨堂刻巾箱本　湖北

經 21213939
韻辨三卷　清寶長泰定例　清寶燦彙輯
　　清道光間刻本　中科院

經 21213940
養默山房詩韻六卷　清謝元淮撰
　　清道光五年刻本　湖北
　　清道光二十九年刻本　北大　上海
　　　南京
　　清光緒二年衡陽魏氏刻本　北大　上
　　　海　南京　湖北

經 21213941
佩文韻遡原五卷　清劉家鎮輯
　　清道光間五年皷均居刻本　浙江
　　　湖北
　　清道光十九年石芝山館刻本　北大
　　　中科院

經 21213942
詩韻檢字一卷　清黄本驥撰
　　清道光二十八年刻本　國圖
　　三長物齋叢書本（道光刻光緒印）

經 21213943
韻字辨似一卷　清黄本驥撰
　　清道光二十八年刻本　國圖
　　三長物齋叢書本（道光刻光緒印）

經 21213944
分韻指南二卷　清史佩瑄輯
　　清道光二十九年永平府署刻本　中科
　　　院　華東師大

經 21213945

佩文廣韻彙編五卷　清李元祺輯
　　清道光十年半塿草堂刻本　中科院
　　　南京　浙江
　　清同治十一年金陵書局刻本　北大
　　　天津　湖北

經 21213946
韻辨附文五卷　清沈兆霖輯
　　清道光二十三年刻宏道書院印本
　　　國圖
　　清同治十二年東川書院刻本　復旦
　　　南京　湖北
　　清同治十三年黎培敬黔陽官署刻本
　　　北大　南京
　　清同治十三年竹素書局刻本　人大
　　　南京
　　清光緒三年寫刻本　北大　上海

經 21213947
韻辯附文五卷　清沈兆霖撰　清徐昌
　　緒增補
　　清刻本　遼寧

經 21213948
韻辨一隅八卷補遺一卷　清諸玉衡撰
　　清道光二十二至二十四年金氏味經
　　　瘦閣刻本　北大　上海
　　清咸豐五年宜稼堂刻本　上海　浙江

經 21213949
韻辨一隅續補一卷　清諸玉衡撰
　　清咸豐五年宜稼堂刻本　上海　浙江

經 21213950
兼韻音義四卷　清殷秉鏞著
　　清道光二十三年繆景宣四川刻和樂
　　　堂主人印本　北大　上海　復旦

經 21213951

韻字同異一卷　清殷秉鏞輯
　　清道光二十三年繆景宣四川刻和樂
　　　堂主人印本　南京
　　清光緒十一年富順考雋堂刻本　中
　　　科院

經 21213952

韻字同異辨二卷　清胡文炳輯
　　清光緒二年刻本　中科院

經 21213953

韻字異同辨要四卷　清李德儀輯
　　清末抄本　北大

經 21213954

虛字韻藪五卷　清潘維城輯
　　清道光二十八年棗陽縣署刻本　湖北
　　清光緒二年京都尚友堂書坊刻本　北
　　　大　雲南

經 21213955

虛字韻藪一卷　清潘維城輯
　　清光緒十三年廣百宋齋石印詩韻合
　　　璧附印本　天津
　　清光緒十七年上海錦章書局石印本
　　　國圖
　　清光緒十一年善成堂刻校補詩韻合
　　　璧本附　天津
　　新編詩韻全璧本附（光緒同文書局石
　　　印）　天津　江西
　　攷正增廣詩韻全璧本（光緒鴻寶齋石
　　　印）　天津
　　清末四明暢懷書屋石印本　國圖
　　民國九年上海鴻寶齋石印詩韻全璧
　　　附印本　復旦
　　民國十六年上海鴻寶齋石印本　吉大

經 21213956

音韻集要二十一卷　清王履青撰
　　清咸豐六年刻本　人大

經 21213957

詩韻合璧五卷　清湯祥瑟輯
　　清咸豐九年湯氏大文堂刻本　南京
　　清同治五年刻立本堂印本　湖南
　　清光緒元年懷善堂刻本　北師大
　　清光緒元年繡谷海陵書屋刻本　南京
　　清光緒四年上海淞隱閣鉛印本　天津
　　　江西　湖南
　　清光緒七年鉛印本　北師大
　　清光緒十二年寶文齋石印本　北師大
　　清旌德湯湘浦刻本　南京
　　民國間公興書局石印本　北師大

經 21213958

詩韻合璧五卷附論古韻通轉一卷　清
　　　湯祥瑟輯　（論古韻通轉）清汪立
　　　名撰
　　清光緒十一年文英堂書坊刻本　天津
　　　遼寧

經 21213959

校補詩韻合璧五卷附虛字韻藪一卷
　　　清湯祥瑟輯　（虛字韻藪）清潘維
　　　城輯
　　清光緒十一年善成堂刻本　天津
　　清光緒十三年廣百宋齋石印本　天津
　　　遼大

經 21213960

增補詩韻合璧五卷　清湯祥瑟輯
　　清同治間福文堂刻本　天津
　　清光緒十年暢懷書屋銅版印本　南京
　　民國十六年上海鴻寶齋石印本　吉大

經 21213961

增廣詩韻合璧五卷　清湯祥瑟輯

　　清光緒十三年點石齋石印本　浙江

　　清光緒十四年刻本　國圖

　　清光緒十九年上海著易堂鉛印本（考
　　　正增廣詩經合璧）　吉林

　　清光緒十九年上海點石齋石印本
　　　瀋陽

　　清光緒二十一年石印本　國圖

　　民國九年上海章福記書局石印本　鞍
　　　山　吉大　齊齊哈爾

經 21213962

詩韻合璧大全五卷　清湯祥瑟輯

　　民國十一年上海廣益書局石印本　人
　　　大　復旦　南京

經 21213963

詩韻合璧五卷　清湯祥瑟輯　清許時
　　庚重編

　　民國十二年上海錦章圖書局石印本
　　　湖南

　　民國十三年上海錦章圖書局石印本
　　　北師大　湖南

經 21213964

增廣詩韻合璧五卷　清湯祥瑟輯　清
　　許時庚重編

　　民國十六年上海錦章圖書局石印本
　　　復旦

　　民國二十七年上海鴻文書局銅版印
　　　本　雲南

經 21213965

新編詩韻全璧五卷檢韻一卷附虛字韻
　　藪一卷　清湯祥瑟輯　華鋸重編
　　（虛字韻藪）清潘維城輯

　　清光緒十四年同文書局石印本　天津
　　　江西

經 21213966

攷正增廣詩韻全璧五卷檢韻一卷附虛
　　字韻藪一卷　清湯祥瑟輯　華鋸
　　重編　（虛字韻藪）清潘維城輯

　　清光緒十五年上海鴻寶齋石印巾箱
　　　本　天津

經 21213967

詩韻全璧五卷　清湯祥瑟輯

　　清同治十二年京都文成堂銅版印本
　　　遼大

　　民國三年煥文書局石印本　復旦

　　民國九年上海章福記書局石印本
　　　甘肅

　　民國十八年上海百新書局鉛印本
　　　遼大

經 21213968

增廣詩韻全璧五卷　清奕詢增編

　　清光緒十七年上海錦章圖書局石印
　　　本　天津

　　清光緒十七年上海鴻寶齋石印本
　　　國圖

　　清光緒十九年暢懷書屋石印本　國圖

　　清光緒二十一年上海鴻寶齋石印本
　　　北師大　湖南

　　民國十五年上海鴻寶齋石印本　江西
　　　湖南

　　民國十七年上海公益書局石印本
　　　湖南

經 21213969

韻學辨中備五卷　清張亨釬撰

　　清咸豐二年粵東尊所聞齋刻三色套

印本　南京

經 21213970
詩韻萃珍十卷　清黃昌瑞輯
　　清同治五年刻文光敏印本　湖南

經 21213971
增訂詩韻便覽五卷　清王星奎輯
　　清同治十三年劉守琪等伍城刻本
　　北大

經 21213972
韻字同異考辨五卷　清郭鑑庚撰
　　清道光二十四年刻本　國圖　北大
　　中科院

經 21213973
韻府翼五卷　清郭鑑庚輯
　　清光緒元年太倉錢氏刻　國圖　北
　　大　上海　南京　湖北
　　清光緒元年貴州傅氏刻本　甘肅

經 21213974
音紐不分卷　清陶良駿撰
　　清同治間陶良駿手稿本　臺圖

經 21213975
同文韻綴五卷　清馬魁輯
　　清光緒元年保陽文富堂刻本　北大

經 21213976
初學審音二卷　清葉庭彎輯
　　清光緒三年武林刻本　國圖　天津
　　上海　復旦　南京　浙江

經 21213977
韻字急就篇十卷　清连鶴壽、清沈懋

熹輯
　　清咸豐元年刻本　國圖　北大　中科
　　院　上海　湖北

經 21213978
詩韻辨字增註五卷　清張澐卿輯
　　清光緒六年張澐卿刻本　上海　復旦
　　南京　浙江

經 21213979
韻譜一卷　清王蘭生輯
　　清光緒七年淮南書局刻本　湖北

經 21213980
韻譜一卷　□□編
　　清抄本　天津

經 21213981
韻目表不分卷　錢恂撰
　　清光緒七年歸安錢氏刻本　國圖
　　北大
　　民國元年歸安錢氏杭州刻本　湖北
　　遼寧

經 21213982
韻鈔不分卷　題說劍山堂主人信天翁輯
　　清光緒十年抄本　甘肅

經 21213983
天籟新韻一卷　清蕭承煊評輯
　　清光緒十三年寫刻本　國圖　中科院
　　上海　南京

經 21213984
詩韻釋音五卷首一卷　清陳錦撰
　　橘蔭軒全集本(光緒刻)

經 21213985

異同韻辨五卷補遺續補遺一卷　　清王
　　籌撰　清王彥侗續補
　　清光緒十三年刻槐音堂印本　　國圖

經 21213986

異同韻辨補遺續補遺一卷　清王彥侗
　　續補
　　清光緒十三年刻槐音堂印本　　國圖

經 21213987

詩韻海不分卷　　題文彙館主人編
　　清光緒十四年上海點石齋石印本　　江西

經 21213988

增補彙音六卷　　清壺麓主人校訂補正
　　清宣統三年廈門會文堂書局石印本
　　　復旦

經 21213989

集字韻釋通便不分卷　　清李翼撰
　　清光緒三十年刻本　　國圖

經 21213990

新刻五音標韻不分卷　　清張永春輯
　　清光緒三十三年京都育英書屋刻本
　　　上海

經 21213991

五音集字一卷　　清王朝恩撰
　　清道光十三年刻光緒印本　　中科院

經 21213992

集字繫聲一卷　　清王朝恩撰
　　清道光十三年刻光緒間印本　　中科院

經 21213993

集字繫聲二卷　清王朝思撰
　　清刻本　　國圖

經 21213994

古今字畧集韻二十二卷末一卷　　清錢
　　星齋輯
　　稿本　　北大

經 21213995

韻畧易通不分卷　清彭應瑞撰
　　稿本　　上海

經 21213996

音韻校正不分卷　清來景風撰
　　稿本　　浙江

經 21213997

黃鍾通韻不分卷　清都四德撰
　　韻學叢書本(稿本)　　北大　復旦
　　丁西圃叢書本(光緒刻,韻學叢書)

經 21213998

詩韻擬稿不分卷　　□□輯
　　清抄本　　遼寧

經 21213999

詩韻分編五卷　清盛世儒輯
　　清懷德堂刻本　　湖南

經 21214000

詩韻探奇五卷　清金維寧輯
　　抄本　　中科院

經 21214001

聲韻雜鈔不分卷　清吳塘熙輯
　　清抄本　　國圖

經 21214002
常字雙千編韻一卷　□□輯
　　清刻本　復旦

經 21214003
同音集摘要不分卷　□□輯
　　抄本　南京

經 21214004
五音類聚十卷　清嚴章福輯
　　抄本　南京

經 21214005
韻署條式不分卷　□□輯
　　清抄本　北大

經 21214006
韻書一卷　□□輯
　　抄本　南京

經 21214007
四聲括韻不分卷　□□輯
　　清抄本　北大

經 21214008
清統元音不分卷　□□輯
　　抄本　人大

經 21214009
幼學平仄易記署不分卷　□□輯
　　清刻本　國圖

經 21214010
四聲通協譜不分卷　□□輯
　　清抄本　湖北

經 21214011

四聲韻母二卷　□□輯
　　民國六年種吉山人抄本　武漢

經 21214012
一日通韻一卷　楊恭垣撰
　　民國十四年楊氏家刻本　國圖

經 21214013
韻譜一卷　許銘彝撰
　　清光緒三十一年抄本　湖南
　　民國十六年刻本　湖南

經 21214014
寀音初編三十七卷　魯道人輯
　　魯道人稿本　天津

經 21214015
字音彙集五卷　江學海輯
　　民國間石印本　武漢

經 21214016
詩韻歌訣不分卷　□□輯
　　抄本　湖北

音　說

經 21214017
證俗音　北齊顏之推撰　清任大椿輯
　　　清王念孫校
　　小學鉤沈本(嘉慶刻、光緒抄、光緒刻)
　　小學類編本(咸豐光緒刻,小學鉤沈)
　　翠琅玕館叢書本(光緒刻,小學鉤沈)
　　任氏三種本(清楊浚抄,小學鉤沈)
　　芋園叢書本(民國彙印,小學鉤沈)

經 21214018
證俗音　北齊顏之推撰　顧震福輯
　　小學鉤沈續編本(光緒刻)

經 21214019
證俗音一卷　北齊顏之推(題南朝宋顏延
　　之撰)　龍璋輯
　　小學蒐佚本(民國鉛印)

經 21214020
考聲一卷　清王仁俊輯
　　玉函山房輯佚書續編本(稿本)

經 21214021
經世四象體用之數圖一卷　宋邵雍撰
　　韻學叢書本(稿本)　復旦

經 21214022
皇極經世書不分卷　宋邵雍撰　清丁
　　顯編
　　韻學叢書本(稿本)　北大
　　丁西圃叢書本(光緒刻,韻學叢書)

經 21214023
皇極經世解聲音韻譜一卷　宋宋泌撰
　　皇極經世解觀物篇附抄本(明抄)　臺
　　北故博

經 21214024
皇極聲音數一卷　宋祝泌撰
　　嘯餘譜本(康熙刻)

經 21214025
字書誤讀一卷　宋王雱撰
　　居家必備本(明刻)
　　說郛本(宛委山堂刻)
　　同文考證本(嘉慶刻)
　　書三味樓叢書本(嘉慶刻,同文考證)
　　青照堂叢書本(道光刻)
　　清道光二十二年陽湖莊氏刻本　北大
　　字學三種本(同治刻、光緒印、民國鐵盒

　　抄)
　　字書四種本(清刻)
　　抄本　南京

經 21214026
古音叢目五卷　明楊慎撰
　　明嘉靖間李元陽刻本　國圖　北大
　　　山東　四川
　　四庫全書本(乾隆寫)
　　函海本(乾隆刻、道光補刻、光緒刻,升庵
　　　韻學七種)
　　總纂升菴合集本(光緒刻)

經 21214027
古音獵要五卷　明楊慎撰
　　明嘉靖間李元陽刻本　國圖　北大
　　　山東　四川
　　四庫全書本(乾隆寫)
　　函海本(乾隆刻、道光補刻、光緒刻,升庵
　　　韻學七種)
　　總纂升菴合集本(光緒刻)

經 21214028
古音餘五卷　明楊慎撰
　　明嘉靖間李元陽刻本　國圖　北大
　　　山東　四川
　　升菴雜著本(明刻)
　　四庫全書本(乾隆寫)
　　函海本(乾隆刻、道光補刻、光緒刻,升庵
　　　韻學七種)
　　總纂升菴合集本(光緒刻)

經 21214029
古音附錄一卷　明楊慎撰
　　明嘉靖間李元陽刻本　國圖　北大
　　　山東　四川
　　四庫全書本(乾隆寫)

函海本(乾隆刻、道光補刻、光緒刻,升庵
　　韻學七種)
　總纂升菴合集本(光緒刻)

經21214030
古音畧例一卷　明楊慎撰
　明嘉靖間李元陽刻本　國圖　北大
　　　山東　四川
　升菴雜著本(明刻)
　四庫全書本(乾隆寫)
　函海本(乾隆刻、道光補刻、光緒刻,升庵
　　韻學七種)
　總纂升菴合集本(光緒刻)

經21214031
轉注古音畧五卷　明楊慎撰
　明嘉靖間李元陽刻本　國圖　北大
　　　山東　四川
　四庫全書本(乾隆寫)
　函海本(乾隆刻、道光補刻、光緒刻,升庵
　　韻學七種)
　總纂升菴合集本(光緒刻)

經21214032
古音後語一卷　明楊慎撰
　函海本(乾隆刻、道光補刻、光緒刻,升庵
　　韻學七種)
　總纂升菴合集本(光緒刻)

經21214033
古音複字五卷　明楊慎撰
　函海本(乾隆刻、道光補刻、光緒刻,升庵
　　韻學七種)
　總纂升菴合集本(光緒刻)
　清抄楊氏遺書本

經21214034

發音錄一卷　明張位撰
　明刻本　南京
　說郛本(宛委山堂刻)
　青照堂叢書本(道光刻)

經21214035
古今韻撮九卷　明高舉撰
　明萬曆四十一年刻本　北京文物局

經21214036
屈宋古音義三卷　明陳第撰
　一齋集本(萬曆刻、康熙刻、道光刻)
　清乾隆三十二年徐時作崇本山堂刻
　　彙印本　北大
　四庫全書本(乾隆寫)
　清嘉慶間抄本　復旦
　學津討原本(嘉慶刻、民國影印)
　清光緒六年武昌張裕釗刻本　北大
　清抄本　南京
　民國二十二年渭南嚴氏成都刻本
　　國圖
　民國二十三年雙流黃氏濟忠堂重刻
　　武昌張氏本　南京

經21214037
屈宋古音考一卷附錄一卷　明陳第撰
　明辨齋叢書本(同治刻)

經21214038
屈宋古音考三卷　明陳第撰
　清光緒六年武昌張裕釗刻本　國圖

經21214039
韻叶攷五卷　明余信撰
　明潘侃刻本　重慶

經21214040

古今韻分注撮要五卷　明甘雨撰　明
　　陳士元注
　　明萬曆二十二年鎮粵堂刻本　北大
　　　臺北故博
　　明萬曆三十九年刻本　故宮

經 21214041
韻苑考遺五卷　明陳士元撰
　　明嘉靖二十六年楊椿等刻本　南京

經 21214042
讀書通二十卷　明郝敬撰
　　山草堂集本(萬曆崇禎刻)

經 21214043
韻叶考五卷　明潘緯撰
　　明嘉靖四十二年刻本　國圖

經 21214044
彙韻辨義五卷　明林茂槐輯
　　明萬曆四十四年刻本　上海

經 21214045
詩韻攷裁五卷　明徐爾鉉輯
　　明崇禎十四年刻本　中科院　上海

經 21214046
古隸韻宗五卷　明魏師段撰
　　明魏嶠刻本　首都

經 21214047
辨音纂要二卷　□□輯
　　明天啓間抄本　東北師大

經 21214048
古韻疏二卷　明陳藎謨撰
　　清康熙間慎思堂刻本　天津

經 21214049
音韻正訛四卷　明孫耀輯
　　明崇禎十七年刻本　清華　人大
　　清乾隆五十四年金閶書業堂刻本　上
　　　海　復旦
　　清嘉慶二年刻本　中科院
　　清光緒十九年大道堂刻本　北大
　　清光緒二十六年刻文奎堂印本　國圖

經 21214050
詩音辨畧二卷　明楊貞一著
　　明萬曆四十七年淩一心刻本　國圖

經 21214051
古韻一卷今韻一卷　明□□編
　　明刻本　上海(莫棠跋)

經 21214052
音論三卷　清顧炎武撰
　　音學五書本(康熙刻、道光銅活字印、光
　　　緒刻、民國石印)
　　四庫全書本(乾隆寫)

經 21214053
音論一卷　清顧炎武撰
　　陳上年輯刻三種本(康熙刻)
　　皇清經解本(道光刻、咸豐補刻、鴻寶齋
　　　石印、點石齋石印)

經 21214054
伸顧氏分配入聲之說一卷　清易本烺撰
　　清同治八年刻本　中科院　南京　湖北

經 21214055
伸顧一卷　清易本烺撰
　　湖北叢書本(光緒刻)

經 21214056

伸顧刮記一卷　清王家鳳撰
　　湖北叢書本（光緒刻）

經 21214057

古音表二卷　清顧炎武撰
　　音學五書本（康熙刻、光緒刻、民國石印）
　　四庫全書本（乾隆寫）
　　清嘉慶二十二年刻花熏閣詩述本

經 21214058

柴氏古韻通（古韻通）八卷首一卷末附正
　　音切韻復古編一卷　清柴紹炳撰
　　清康熙間刻本　中科院
　　清乾隆四十一年姚江朱氏刻本　北大
　　　中科院
　　清抄本　福建

經 21214059

古韻通一卷　清柴紹炳撰
　　韻學叢書本（稿本）　北大　復旦
　　丁西圃叢書本（光緒刻，韻學叢書）

經 21214060

古韻通畧一卷　清柴紹炳撰　清毛先
　　舒括畧並註
　　詞學全書本（康熙刻、乾隆刻、民國石印）

經 21214061

正音切韻復古編一卷　清柴紹炳撰
　　韻學叢書本（稿本）　北大　復旦
　　丁西圃叢書本（光緒刻，韻學叢書）

經 21214062

韻學指南二卷　清王繡撰
　　清道光九年謄清稿本　國圖

經 21214063

韻學通指一卷　清毛先舒撰
　　思古堂十四種書本（康熙刻）
　　韻學叢書本（稿本）　北大　復旦
　　丁西圃叢書本（光緒刻，韻學叢書）

經 21214064

韻白一卷　清毛先舒撰
　　思古堂十四種書本（康熙刻）
　　韻學叢書本（稿本）　北大　復旦
　　丁西圃叢書本（光緒刻，韻學叢書）

經 21214065

聲韻叢說一卷　清毛先舒撰
　　昭代叢書本（康熙刻、道光刻）
　　學海類編本（道光木活字印、民國影印）
　　韻學叢書本（稿本）　北大　復旦
　　丁西圃叢書本（光緒刻，韻學叢書）

經 21214066

韻問一卷　清毛先舒撰
　　昭代叢書本（康熙刻、道光刻）
　　韻學叢書本（稿本）　北大　復旦
　　丁西圃叢書本（光緒刻，韻學叢書）

經 21214067

四聲纂句一卷　清王鑒撰
　　青照堂叢書本（道光刻）

經 21214068

古今通韻（康熙甲子史館新刊古今通韻）十
　　二卷首一卷　清毛奇齡撰
　　清康熙二十三年史館刻學者堂印本
　　　北大　復旦　南京　湖北
　　清康熙二十四年學聚堂刻本　人大
　　　南開　遼寧
　　清康熙五十三年學者堂刻本　上海

四庫全書本(乾隆寫)

經 21214069

韻學要指十一卷　清毛奇齡撰
　　西河合集本(康熙刻、乾隆印、嘉慶印)

經 21214070

韻學指要一卷　清□□編
　　龍威祕書本(乾隆刻)
　　韻學叢書本(稿本)　北大　復旦
　　丁西圃叢書本(光緒刻,韻學叢書)

經 21214071

古今韻考四卷　清李因篤撰
　　清剡籐居抄本　四川
　　韻學叢書本(稿本)　北大
　　丁西圃叢書本(光緒刻,韻學叢書)

經 21214072

古今韻考四卷附校刻古今韻考附記一
　　卷　清李因篤撰　(附記)清楊傳
　　第撰
　　清咸豐九年葉名澧刻本　中科院
　　天壤閣叢書本(光緒刻)
　　咫進齋叢書本(光緒刻)
　　韻學叢書本(稿本)　復旦
　　民國二十年渭南嚴氏刻本　遼寧
　　關中叢書本(民國鉛印)

經 21214073

校刻古今韻考附記一卷　清楊傳第撰
　　清咸豐九年葉名澧刻本　中科院
　　天壤閣叢書本(光緒刻)
　　咫進齋叢書本(光緒刻)
　　韻學叢書本(稿本)　復旦
　　民國二十年渭南嚴氏刻本　遼寧
　　關中叢書本(民國鉛印)

經 21214074

讀書正音四卷　清吳震方撰
　　清康熙四十四年刻本　浙江

經 21214075

音韻須知二卷　清李書雲撰
　　清康熙二十九年李氏孝經堂刻本　上
　　　海　南京　遼寧
　　清康熙間香芸閣刻本　北大

經 21214076

聲韻辨八卷　清譚宗撰
　　清抄本　遼寧

經 21214077

古韻通轉不分卷　清汪立名撰
　　今韻箋畧本附　國圖　廣西民族

經 21214078

唐律詩韻二卷首一卷末一卷　清蔣國
　　祥、清蔣國祚撰
　　清康熙三十四年刻本　湖北

經 21214079

詩經古韻六卷首一卷　清陳祖范撰
　　清康熙五十年刻本　社科院文學所

經 21214080

古韻標準一卷　清江永撰　清戴震參定
　　稿本　歙縣博

經 21214081

古韻標準四卷詩韻舉例一卷　清江永
　　撰　清戴震參定
　　清乾隆三十六年瑞金羅有高刻潮陽
　　　縣衙印本　國圖　北師大
　　四庫全書本(乾隆寫)

清乾隆間抄本　中科院

貸園叢書初集本(乾隆刻)

清乾隆六十年安陽縣衙刻本　中科院
　　上海　湖南

清嘉慶十九年刻本　湖南

墨海金壺本(嘉慶刻、博古齋影印)

守山閣叢書本(道光刻、光緒影印、民國
　　影印)

江氏韻書三種本(咸豐刻)

粵雅堂叢書本(咸豐刻)

清抄本　湖南

民國十五年渭南嚴氏成都刻本　北大
　　人大　復旦　湖北　湖南

安徽叢書本(民國影印)

經 21214082

詩韻舉例一卷　清江永撰

清乾隆三十六年瑞金羅有高刻潮陽
　　縣衙印本　國圖　北師大

四庫全書本(乾隆寫)

清乾隆間抄本　中科院

貸園叢書初集本(乾隆刻)

清乾隆六十年安陽縣衙刻本　中科院
　　上海　湖南

清嘉慶十九年刻本　湖南

墨海金壺本(嘉慶刻、博古齋影印)

守山閣叢書本(道光刻、光緒影印、民國
　　影印)

江氏韻書三種本(咸豐刻)

粵雅堂叢書本(咸豐刻)

清抄本　湖南

民國十五年渭南嚴氏成都刻本　北大
　　人大　復旦　湖北　湖南

安徽叢書本(民國影印)

經 21214083

韻學原委三卷　清王植撰

清雍正間刻本　中科院

經 21214084

韻學五卷韻學臆說一卷　清王植撰

清雍正八年刻本　國圖

清雍正間刻乾隆七年崇德堂增修本
　　中科院

經 21214085

韻學臆說一卷　清王植撰

清雍正八年刻韻學本附　國圖

經 21214086

字學音韻辨一卷　清胡宗緒撰

清乾隆間刻本　國圖

經 21214087

柳堂訂譌畧二卷　清董儒龍撰

清雍正四年刻本　福建

經 21214088

古音駢字不分卷附鄉音俗字通考不分
　　卷　清董儒龍輯

清抄本　國圖

經 21214089

惠定宇先生更定四聲稿不分卷　清惠
　　棟撰

清朱邦衡抄本(存平聲十三部、上聲二十
　　三部)　復旦

經 21214090

音韻討論六卷　清吳穎芳撰

清抄本　天一閣

經 21214091

詩韻析五卷首一卷末一卷　清汪紱撰

清光緒九年婺源紫陽書院刻本　人大
　　復旦　湖北
汪雙池先生叢書本(光緒彙印)

經 21214092
韻法本俗一卷　清丁愷曾撰
　　民國二十六年青島趙永厚堂鉛印望
　　奎樓遺稿本

經 21214093
聲韻訂訛一卷　清曠敏本撰
　　峋嶁叢書本(乾隆刻)

經 21214094
字音正謬二卷　清伍澤梁撰
　　清乾隆六十年成相堂刻本　南京

經 21214095
字音正謬一卷首一卷附發恭執筆寫字
　　管見圖式　清伍澤梁撰　(圖式)清
　　何太和撰
　　清咸豐四年刻本　國圖

經 21214096
古今韻表新編一卷後編一卷　清仇廷
　　模撰
　　清雍正間刻本　中科院
　　清乾隆三年拾餘廬刻本　浙江
　　清光緒間刻本　國圖

經 21214097
音學全書二卷今韻十六卷古韻十六卷
　　清王起鵬輯
　　清道光七年善餘堂刻本　北大　上海

經 21214098
學韻紀要二卷　清劉紹攽撰

清乾隆五年劉傳經堂刻本　湖北　中
　　科院
清光緒間刻本　上海

經 21214099
圓音正考一卷　清存之堂輯
　　清道光十年京都三槐堂書坊刻本　國
　　　圖　北大　上海
　　民國十八年石印本　國圖

經 21214100
古音表考正一卷　清萬光泰撰
　　清抄本　天津

經 21214101
古韻原本一卷　清萬光泰撰
　　清抄本　天津

經 21214102
經韻諧聲一卷　清萬光泰撰
　　清抄本　天津

經 21214103
韻學考元二卷　清范家相撰
　　稿本　天一閣

經 21214104
聲韻考四卷　清戴震撰
　　稿本　上海
　　經韻樓叢書本(乾隆刻)
　　清乾隆間益都李文藻刻本　復旦
　　貸園叢書初集本(乾隆刻)
　　清道光十六年西湖樓刻本　中科院
　　清光緒間松筠閣鉛印本　南京
　　清潮陽縣署刻本　福建　甘肅
　　清丁顯抄本(清丁顯跋)　復旦
　　韻學叢書本(稿本)　復旦

民國十二年渭南嚴氏成都刻本
　安徽叢書本（民國影印）
　聲韻要刊本（民國鉛印）

經 21214105
聲韻攷不分卷　清戴震撰
　昭代叢書本（道光刻）
　韻學叢書本（稿本）　北大
　丁西圃叢書本（光緒刻，韻學叢書）

經 21214106
聲韻攷四卷聲類表九卷首一卷　清戴
　　震撰
　微波榭叢書本（乾隆刻）

經 21214107
書聲韻考後一卷　清朱錫庚撰
　清乾隆五十九年刻本　國圖
　清抄本　國圖

經 21214108
沈氏四聲考不分卷　清紀昀撰
　清乾隆二十四年刻本　復旦

經 21214109
沈氏四聲考二卷　清紀昀撰
　鏡烟堂十種本（乾隆刻）
　畿輔叢書本（光緒刻）

經 21214110
字音正譌不分卷　清□□編
　清乾隆二十年丁氏刻本　南京

經 21214111
風雅蒙求一卷　清阮葵生輯
　清光緒十五年羅氏刻本　中科院　復
　　旦　湖北

民國二十二年墨緣堂石印本　北大

經 21214112
音韻問答一卷　清錢大昕撰
　昭代叢書本（道光刻）

經 21214113
官韻考異一卷　清吳省欽撰
　清乾隆四十二年刻本　上海
　藝海珠塵本（嘉慶刻道光增刻）
　清劉氏皷均居抄本　福建

經 21214114
官韻考異二卷　清吳省欽撰
　清咸豐六年況氏抄本　桂林

經 21214115
古音合二卷　清李調元撰
　函海本（乾隆刻、道光補刻、光緒刻）

經 21214116
杜詩雙聲疊韻譜括畧八卷　清周春撰
　　清丁顯輯要
　周松靄先生遺書本（乾隆嘉慶刻）
　藝海珠塵本（嘉慶刻道光增刻）

經 21214117
杜詩雙聲疊韻譜括畧六卷　清周春撰
　　清丁顯輯要
　韻學叢書本（稿本）　復旦

經 21214118
杜詩雙聲疊韻譜括畧不分卷　清周春
　　撰　清丁顯輯要
　韻學叢書本（稿本）　北大
　丁西圃叢書本（光緒刻，韻學叢書）

經 21214119

小學餘論二卷　清周春撰
　　周松靄先生遺書本（乾隆嘉慶刻）

經 21214120

六書音均表五卷　清段玉裁撰
　　清乾隆四十一年富順官廨刻本　上海
　　　南京　浙江
　　清乾隆四十一年富順官廨刻嘉慶段
　　　氏經韻樓彙印本　國圖　北大
　　　上海　南京　浙江
　　清乾隆四十一年富順官廨刻同治六
　　　至十一年蘇州保息局補刻本　國
　　　圖　北師大　上海　南京
　　清乾隆四十一年富順官廨刻同治六
　　　至十一年蘇州保息局補刻民國
　　　十七年江蘇大學蘇州圖書館印
　　　本　北師大
　　皇清經解本（道光刻、咸豐補刻、鴻寶齋
　　　石印、點石齋石印）
　　清同治十一年湖北崇文書局刻本　中
　　　科院　南京
　　清同治十一年錢塘吳氏翻刻本　南京
　　清光緒元年湖北崇文書局刻本　國圖
　　　上海
　　清光緒三年四川尊經書院刻本　國圖
　　　北師大　復旦
　　清光緒七年查燕緒木漸齋刻本　國圖
　　　北大
　　清光緒十一年刻本　北師大　南開
　　清光緒十二年上海點石齋石印本　國
　　　圖　北大
　　清光緒十四年上海蜚英館石印本　國
　　　圖　北大
　　清光緒十九年上海同文書局石印本
　　　天津
　　清光緒三十四年上海江左書林石印

　　本　北大　天津
　　清光緒三十四年上海文書書局石印本
　　清末兩宜軒石印本　遼寧
　　民國元年鄂官書處刻本　國圖　復旦
　　民國三年上海蜚英館石印本　遼寧
　　民國三年上海文盛書局石印本　北師
　　　大　復旦
　　民國間上海文寶公司石印本　國圖
　　民國間上海錦章書局石印本　湖南
　　民國九年上海掃葉山房石印本　復旦
　　　湖南
　　民國十三年長沙古書流通處刻本
　　　湖南
　　韻學叢書本（稿本）　復旦

經 21214121

六書音均表一卷　清段玉裁撰
　　韻學叢書本（稿本）　北大
　　丁西圃叢書本（光緒刻，韻學叢書）

經 21214122

今韻古分十七部表一卷　清段玉裁撰
　　昭代叢書本（道光刻）

經 21214123

韻譜六卷廣韻錄異二卷　清朱琰撰
　　清海鹽朱氏稿本　臺圖

經 21214124

古今指南五卷　清王見龍輯
　　清抄本　湖北

經 21214125

形聲指誤一隅編二卷　清宋綿初撰
　　清嘉慶十四年書種堂刻本　上海
　　　南京
　　清刻本　南京

經 21214126
方音一卷　清戚學標撰
　　古語遺錄本(稿本)　國圖

經 21214127
經韻不分卷　清王念孫撰
　　清嚴厚民手抄本　上海

經 21214128
古韻譜二卷　清王念孫撰
　　高郵王氏遺書七種本(羅振玉鉛印)
　　民國二十二年渭南嚴氏成都刻本
　　　遼寧

經 21214129
古韻異同摘要一卷　清程際盛(程琰)撰
　　程氏經學六種本(乾隆活字印)　中
　　　科院
　　稻香樓雜著本(清木活字印)
　　清抄本　北大　遼寧

經 21214130
漢魏音四卷　清洪亮吉撰
　　北江全集本(乾隆刻)
　　洪北江全集本(光緒刻)
　　宏達堂叢書本(光緒刻)
　　韻學叢書本(稿本)　復旦

經 21214131
漢魏音一卷　清洪亮吉撰
　　韻學叢書本(稿本)　北大

經 21214132
古韻溯源八卷　清安念祖、清華湛恩輯
　　清道光十九年親仁堂刻本(與六書韻
　　　徵合刻)　北大　天津

經 21214133
方音正誤五卷　清左伯溪撰
　　清乾隆五十七年刻本　浙江

經 21214134
聲系三卷　清陳鱣撰
　　稿本　國圖

經 21214135
鄉音正誤二十四卷賸稿一卷　清范照
　　藜撰
　　稿本　河南

經 21214136
古音諧八卷首一卷　清姚文田撰
　　邃雅堂全書本(道光刻)

經 21214137
四聲易知錄四卷附文字偏旁舉畧一卷
　　清姚文田輯
　　清嘉慶十七年歸安姚氏刻本　北大
　　清嘉慶十七年刻光緒八年廣州修補
　　　本　南京　湖北
　　清道光十年粵東芸香堂刻本　北大
　　清咸豐同治間刻本　上海

經 21214138
古韻論三卷　清胡秉虔撰
　　滂喜齋叢書本(同治刻)
　　績溪胡氏叢書本(光緒刻)
　　清光緒二十二年企虛堂抄本　復旦
　　清抄本(清孫詒讓批校)　浙大

經 21214139
聲音表一卷　清任兆麟撰
　　有竹居集本(嘉慶刻)　北大

經 21214140
古今韻通四卷　清馬俊良撰
　清嘉慶二年刻本　南京

經 21214141
形聲部分篇一卷通合篇一卷餘論一卷
　　附形聲類篇校勘一卷　清丁履恆
　　撰　清龐大堃撰校勘
　清抄本　國圖

經 21214142
䚻聲部分篇一卷通合篇一卷餘論一卷
　　清丁履恆撰
　清玉采齋抄本　湖北

經 21214143
形聲通合篇一卷　清丁履恆撰
　清抄本　國圖

經 21214144
䚻聲通合篇一卷　清丁履恆撰
　清玉采齋抄本　湖北

經 21214145
形聲餘論一卷　清丁履恆撰
　清抄本　國圖

經 21214146
䚻聲餘論一卷　清丁履恆撰
　清玉采齋抄本　湖北

經 21214147
諧聲類篇四卷　清丁履恆撰
　稿本(清王念孫、清劉逢祿簽校)　上海
　清同治間抄本(清趙之謙題識)　上海

經 21214148

形聲類篇五卷　清丁履恆撰
　大亨山館叢書本(光緒刻)
　民國間影印大亨山館叢書本　中科院
　　天津　復旦

經 21214149
形聲類篇一卷　清丁履恆撰
　抄本　中科院

經 21214150
形聲類篇二卷餘論一卷附校勘一卷
　　清丁履恆撰　清龐大堃撰校勘
　佞漢齋叢書本(光緒刻)
　民國二十五年北京大學影印佞漢齋
　　刻本　國圖　北師大

經 21214151
形聲類篇餘論一卷　清丁履恆撰
　清龐大堃家抄本　上海

經 21214152
形聲類篇校勘一卷　清龐大堃撰
　稿本　國圖　上海

經 21214153
雙聲錄四卷續錄四卷疊韻錄四卷續錄
　　五卷附錄一卷　清浦鏜撰
　稿本　國圖

經 21214154
雙聲續錄四卷　清浦鏜撰
　稿本　國圖

經 21214155
疊韻錄四卷　清浦鏜撰
　稿本　國圖

經 21214156
疊韻續錄五卷　清浦鏜撰
　　稿本　國圖

經 21214157
疊韻附錄一卷　清浦鏜撰
　　稿本　國圖

經 21214158
通叶集覽二卷　清王鳴玉輯
　　清嘉慶六年槐陰書屋刻本　上海
　　日本文化十三年刻本　國圖

經 21214159
五聲述古五卷　清聶鎬敏撰
　　清道光六年思誠堂刻本　北大

經 21214160
韻學古聲五卷　清聶鎬敏撰
　　清道光元年思誠堂刻聶氏叢書本

經 21214161
音韻纂組不分卷　清□慧書輯
　　清抄本　北師大

經 21214162
音韻同異辨八卷　清單可琪撰
　　清嘉慶八年師古堂刻本　國圖　北大
　　　復旦　浙江

經 21214163
叶韻考正十六卷　清朱履中輯
　　清嘉慶九年小酉山房刻本　上海
　　　南京

經 21214164
詩韻音義注二十卷　清朱奎撰

　　清嘉慶八年雨香書屋刻本　北大　中
　　　科院　上海

經 21214165
許氏說音四卷　清許桂林撰
　　清抄本　國圖
　　聲韻要刊本（民國鉛印）
　　民國間北京人文科學研究所抄本　中
　　　科院

經 21214166
審聲一卷　清王贈芳撰
　　書學彙編本（道光刻）

經 21214167
書聲辨異一卷　清王贈芳撰
　　書學彙編本（道光刻）

經 21214168
音韻辨歧六卷補遺一卷　清陳祖綿輯
　　清嘉慶十七年刻本　浙江

經 21214169
經韻鉤沈一卷　清苗夔撰
　　清末願讀書室抄本　南京

經 21214170
古韻證二十二卷　清翟云升撰
　　五經歲徧齋許學三書本（稿本）　上海
　　五經歲徧齋許學三書本（郭氏松南書廬
　　　抄、光緒辨蟬居抄）　國圖

經 21214171
音均部署四卷詩音普署一卷　清黃式
　　三撰
　　稿本　天一閣
　　儆居遺書本（同治光緒刻,無詩音普署）

經 21214172

述均十卷　清夏燮撰

　　清道光二十年番陽官廨刻本　　人大

　　清咸豐五年番陽官廨刻本　　國圖　北

　　　　大　上海　南京

　　民國十九年北平富晉書社影印清咸豐

　　　　五年刻本　中科院　湖北　遼寧

　　民國四年鉛印本　中科院

經 21214173

先秦韻讀二卷　清江有誥撰

　　清嘉慶五年刻本　臺北故博

經 21214174

先秦韻讀一卷　清江有誥撰

　　江氏音學十書本(嘉慶道光刻、咸豐刻、

　　　　中國書店影印、抄本)

　　音韻學叢書本(民國刻)

經 21214175

楚辭韵讀一卷　清江有誥撰

　　江氏音學十書本(嘉慶道光刻、咸豐刻、

　　　　中國書店影印、抄本)

　　音韻學叢書本(民國刻)

經 21214176

宋賦韵讀一卷　清江有誥撰

　　江氏音學十書本(嘉慶道光刻、咸豐刻、

　　　　中國書店影印、抄本)

　　音韻學叢書本(民國刻,楚辭韵讀附)

經 21214177

廿一部諧聲表一卷　清江有誥撰

　　江氏音學十書本(嘉慶道光刻、咸豐刻、

　　　　中國書店影印、抄本)

　　廣倉學宭叢書甲類本(民國鉛印)

　　音韻學叢書本(民國刻)

經 21214178

入聲表一卷　清江有誥撰

　　江氏音學十書本(嘉慶道光刻、咸豐刻、

　　　　中國書店影印、抄本)

　　清丁顯抄本　復旦

　　韻學叢書本(稿本)　北大　復旦

　　丁西圃叢書本(光緒刻,韻學叢書)

　　廣倉學宭叢書甲類本(民國鉛印)

　　音韻學叢書本(民國刻)

經 21214179

江氏音學敍錄一卷　清江有誥撰

　　廣倉學宭叢書甲類本(民國鉛印)

經 21214180

古韻總論一卷　清江有誥撰

　　廣倉學宭叢書甲類本(民國鉛印)

經 21214181

隨鄉讀韻三卷　清倪玉華撰

　　清道光七年刻朱印本　國圖

經 21214182

毓堂韻同五卷補遺一卷　清趙校輯

　　清道光元年趙校刻遵一堂印本　國圖

　　　　北大

經 21214183

古韻發明不分卷附切字肆考不分卷

　　清張畊撰

　　清道光六年芸心堂刻本　國圖　上海

　　　　南京

經 21214184

形聲輯畧一卷備考一卷　清龐大堃撰

　　龐氏音學遺書本(稿本、影印稿本)

經 21214185
形聲輯畧備考一卷　清龐大堃撰
　　龐氏音學遺書本(稿本、影印稿本)

經 21214186
古音輯畧二卷備考一卷　清龐大堃撰
　　龐氏音學遺書本(稿本、影印稿本)

經 21214187
古音輯畧備考一卷　清龐大堃撰
　　龐氏音學遺書本(稿本、影印稿本)

經 21214188
攀古小廬經韻不分卷　清時庸勱撰
　　時氏音學叢稿本(稿本)　山東博

經 21214189
韻譜一卷　清牟應震撰
　　毛詩質疑本(嘉慶刻、道光修、咸豐修)

經 21214190
律詁三卷　清戴長庚撰
　　清道光十三年刻本　南京

經 21214191
正音撮要四卷　清高靜亭撰
　　清咸豐二年刻本　上海

經 21214192
音分古義二卷附錄一卷　清戴煦撰
　　新陽趙氏叢刊本(光緒刻)
　　抄本　南京

經 21214193
辨韻簡明二卷　清陸炯撰
　　清道光十六年聞諸室刻說文類解本
　　　　附　北大

經 21214194
律音彙攷八卷　清邱元穟撰
　　清道光十八年刻本　南京

經 21214195
古韻溯原八卷　清安念祖、清華湛恩輯
　　清道光十九年親仁堂刻本　北大
　　　　浙江
　　清道光二十四年刻本　天津

經 21214196
切韻考六卷　清陳澧撰
　　稿本(不分卷)　廣東
　　清道光間刻本　南京

經 21214197
切韻考六卷外篇三卷　清陳澧撰
　　清光緒五年刻本　南開
　　番禺陳氏東塾叢書本(同治刻)
　　清光緒十年刻本　湖南
　　清光緒十五年刻本　浙江
　　清光緒間刻鍾山別業叢書本　國圖
　　清抄本　武漢
　　民國十九年成都書局刻本　湖北
　　民國十九年渭南嚴氏刻本　甘肅
　　民國間瀋陽高等師範鉛印本　遼寧

經 21214198
切韻考外篇三卷　清陳澧撰
　　稿本　廣東
　　清光緒五年刻本　南開
　　番禺陳氏東塾叢書本(同治刻)
　　清光緒十年刻本　湖南
　　清光緒十五年刻本　浙江
　　清光緒間刻鍾山別業叢書本　國圖
　　清抄本　武漢
　　民國十九年成都書局刻本　湖北

民國十九年渭南嚴氏刻本　甘肅
民國間瀋陽高等師範鉛印本　遼寧

經 21214199
古韻通說二十卷附通說一卷署例一卷
　　清龍啓瑞撰
　稿本　上海
　清同治六年粵東省城富文齋刻本
　　湖北
　清光緒九年尊經書局成都刻本　北大
　　中科院　復旦　天津　南京　遼寧
　　湖北　浙江

經 21214200
韻府鉤沈五卷　清雷浚撰
　雷刻八種本(光緒刻)

經 21214201
劉氏碎金一卷　清劉禧延撰
　清同治十三年刻本　國圖
　雷刻四種本(光緒刻)
　清光緒間蘇州謝文翰刻本　國圖
　清光緒十四年同文書局石印本　北大

經 21214202
韻詁不分卷補遺不分卷　清方濬頤輯
　清光緒四年淮南書局刻本　北大

經 21214203
韻詁補遺不分卷　清方濬頤輯
　清光緒四年淮南書局刻韻詁本附
　　北大

經 21214204
切韻表不分卷　清成容鏡撰
　稿本　上海
　成氏遺書本(光緒刻)

經 21214205
詩聲類表一卷　清成蓉鏡撰
　成氏遺書本(光緒刻)

經 21214206
四聲綜辨不分卷　清魏崧著
　清道光二十六年刻本　北大

經 21214207
入聲便記一卷　清王家督撰
　清道光二十七年文筠堂刻本　中科院
　清光緒九年刻二酉齋印本　中科院

經 21214208
六書十二聲傳十二卷解字贅言一卷
　　清呂調陽撰
　觀象廬叢書本(光緒刻)
　清刻本(無解字贅言)　復旦

經 21214209
今韻訓辨不分卷　清呂裕安輯
　清道光二十九年澧州學署刻本　上海

經 21214210
歌麻古韻考四卷　清吳樹聲撰
　清同治八年刻本　國圖　北大　中科
　　院　上海　湖北

經 21214211
歌麻古韻考四卷　清吳樹聲撰　清苗
　　夔補注
　畿輔叢書本(光緒刻)
　雲南叢書本(民國刻)
　民國二十四年渭南嚴氏刻本　復旦

經 21214212
古音類表九卷首一卷　清傅壽彤撰

清同治三年宛南郡署刻本　中科院
　　上海
澹勤室著述本（同治刻、光緒刻）
黔南叢書本（民國鉛印）

經 21214213
二十一部古韻二卷　清曾釗撰
　稿本（存卷上）　廣東

經 21214214
音韻注署不分卷附音韻約編不分卷
　　清張彭緒輯
　清咸豐元年刻葆真堂印本　國圖

經 21214215
音韻約編不分卷　清張彭緒輯
　清咸豐元年刻葆真堂印本　國圖

經 21214216
正音咀華三卷附正音咀華續編一卷
　　清沙彝尊撰
　清咸豐三年塵談軒刻套印本　北大
　清同治六年塵談軒刻朱墨套印本
　　國圖

經 21214217
正音咀華續編一卷　清沙彝尊撰
　清咸豐三年塵談軒刻套印本　北大
　清同治六年塵談軒刻朱墨套印本
　　國圖

經 21214218
諧聲述署四卷後編二卷　清關耀南撰
　清光緒二十一年信州學舍靜妙軒刻
　　本　上海

經 21214219

諧聲述署後編二卷　清關耀南撰
　清光緒二十一年信州學舍靜妙軒刻
　　本　上海

經 21214220
古今中外音韻通例不分卷　清胡垣撰
　清光緒十四年刻本　南京

經 21214221
虞山方音辨訛一卷　清薛福謙撰
　稿本　浙江

經 21214222
今韻正義十卷　清陳倬撰
　稿本　南京
　稿本（存九卷一至三、五至十）　上海
　清抄本　復旦

經 21214223
十七部分字表一卷附許書漢制一卷
　　清陳倬撰
　稿本　上海

經 21214224
音學偶存二卷　清郭師古撰
　清同治十二年刻本　上海

經 21214225
音學偶存二卷續編一卷　清郭師古撰
　清光緒十二年清芬堂刻本　浙江

經 21214226
音學前編一卷後編一卷補編一卷　清
　　郭師古撰
　清同治十二年木活字印本　中科院

經 21214227

音學後編一卷　清郭師古撰
　　清同治十二年木活字印本　中科院

經 21214228
音學補編一卷　清郭師古撰
　　清同治十二年木活字印本　中科院

經 21214229
音學質疑六卷　清彭焯南撰
　　清光緒二十三年上海二玉山館刻本
　　　湖北　湖南

經 21214230
韻學易知一卷　清張鑑瀛撰
　　清光緒五年奎映堂刻本　天津

經 21214231
音學雜述一卷　清鄭福照撰
　　潔園遺著本(民國石印)

經 21214232
韻考署五卷　清謝庭蘭撰
　　清光緒九年刻本　國圖

經 21214233
韻義便考六卷　清徐紹楨、清龔嘉相撰
　　清光緒十年刻龔氏印本　中科院

經 21214234
切韻表一卷　清鄒美中撰
　　清光緒十年二分竹屋刻本　中科院

經 21214235
蕭選韻系二卷　清李麟閣輯
　　清光緒十年上海同文書局石印本
　　　南京

經 21214236
選韻一卷　清陸潤庠撰
　　清光緒十二年刻本　國圖

經 21214237
選韻二卷　□□撰
　　清督學使者王氏刻本　復旦

經 21214238
選韻一卷　□□撰
　　清王重刻本　南京

經 21214239
漢音鈎沈一卷敍例一卷附記一卷鄭許
　　字義同評二卷　清胡元玉撰
　　清光緒十三年長沙刻本　上海
　　鏡珠齋彙刻本(光緒刻,無鄭許字義同評)

經 21214240
四音辨要四卷　清駱成驤撰
　　清光緒三十四年銅邑文華堂刻本　中
　　科院

經 21214241
聲譜二卷　清時庸勱撰
　　時氏音學叢稿本(稿本,不分卷)　山
　　東博
　　聽古廬聲學十書本(光緒刻)　國圖
　　北大

經 21214242
聲說二卷　清時庸勱撰
　　時氏音學叢稿本(稿本,不分卷)　山
　　東博
　　聽古廬聲學十書本(光緒刻)　國圖
　　北大

經 21214243
雙聲詩選一卷　清丁顯撰
　　丁酉圃叢書本(光緒刻,韻學蠡言舉要)

經 21214244
古韻分部諧聲二十一卷　清□□編
　　清楊氏海源閣抄本(存卷一至十四)
　　　山東

經 21214245
音學緒餘一卷　清夏曾傳撰
　　寶彝室集刻本(民國鉛印)

經 21214246
音學會解不分卷　清賴秉鈞輯
　　清光緒三十二年學海堂刻本　國圖

經 21214247
正音新纂二卷　清馬鳴鶴撰
　　清光緒二十八年宜春閣活字印本
　　　復旦

經 21214248
字音考異一卷　清□□撰
　　清光緒八年京都琉璃石刻本　湖北

經 21214249
韻說一卷　清張敬止撰
　　韻學叢書本(稿本)　北大　復旦
　　丁酉圃叢書本(光緒刻,韻學叢書)

經 21214250
韻府字學音韻考正一百六卷　清胡祖
　　望撰
　　稿本　復旦

經 21214251

古今音韻通轉彙考不分卷　清陳鍾慶撰
　　稿本　北大

經 21214252
南北方音五卷　清夏鸞翔纂
　　稿本　北大

經 21214253
諧聲韻學十六卷　清阿摩利諦撰
　　清阿摩利諦稿本(存十三卷,缺卷三、
　　　十、十五)　上海

經 21214254
兩得新知四卷　清胡爲治輯
　　清道光二十八年刻本　上海

經 21214255
方韻相轉譜一卷　□□撰
　　清抄本　南京

經 21214256
笙韻閣古韻不分卷　清胡廷松撰
　　清綠格抄本　國圖

經 21214257
虛韻典箋不分卷　清蔡瀛撰
　　清紅格抄本　國圖

經 21214258
音韻古今考不分卷　□□撰
　　民國間古竹山房綠格抄本　國圖

經 21214259
擊掌知音不分卷　□□撰
　　抄本　南開

經 21214260

古唐音韻五卷　清李峯輯
　　清刻本　湖北

經 21214261
四聲精辨四集附四聲辨異不分卷　□
　　□撰
　　清刻巾箱本　國圖

經 21214262
四聲辨異不分卷　□□撰
　　清刻巾箱本　國圖

經 21214263
類韻箋異三卷　清陳寅撰
　　清陳氏忘尤館刻本　中科院

經 21214264
詩韻考裁五卷　清張陳鼎撰
　　清刻本　南京

經 21214265
韻府註罛四卷　清岳軌數撰
　　民國十九年石印本　遼寧

經 21214266
俗音彙辨一卷　清□□撰
　　清□承源抄本　南京

經 21214267
榕音指掌二卷　清袖海齋生撰
　　清袖海齋生稿本　中科院

經 21214268
鄉音正訛不分卷　清張汝南撰
　　清光緒十二年刻本　國圖

經 21214269

今音古分十七部表一卷　清韓耀光撰
　　民國十年石印本　國圖　中科院

經 21214270
音韻析義二卷末一卷　李天根撰
　　民國間大同印刷局鉛印本　湖南

經 21214271
土音類輯不分卷　吳亦霖撰
　　民國七年廣東編譯公司石印本　國圖

經 21214272
字音辨譌不分卷　華嶸輯
　　抄本　雲南

經 21214273
經籍舊音序錄一卷　吳承仕撰
　　民國十年刻本　湖北

經 21214274
經籍舊音辨證七卷　吳承仕撰
　　民國十二年鉛印本　湖北

經 21214275
贛南方音考不分卷　鄔榮治撰
　　民國十五年鉛印本　江西

經 21214276
古今韻罛注訂二卷　楊昭儁撰
　　淨樂宧叢著本

經 21214277
聲類溯源八種　陳善華撰輯
　　稿本　遼寧

經 21214278
韻母標準一卷附一卷　□□撰

民國六年種吉山人抄本　武漢

經 21214279
聲系叢說不分卷　□□撰
　　新抄本　天津

經 21214280
元明清三代雅音攷不分卷　徐瑤楨撰
　　民國間印本　湖北

等　韻

經 21214281
四聲五音九弄反紐圖一卷　唐釋神珙撰
　　韻學叢書本(稿本)　北大
　　丁西圃叢書本(光緒刻,韻學叢書)

經 21214282
四聲五音九弄反紐圖一卷　唐釋神珙
　　撰　清馬國翰輯
　　玉函山房輯佚書本(同治皇華館刻、光
　　　緒李氏印、光緒嫏嬛館刻、光緒楚南
　　　書局刻)

經 21214283
切韻指掌圖一卷　宋司馬光撰
　　宋紹定三年越州讀書堂刻本　國圖
　　清影宋抄本　南京
　　清抄本　國圖
　　清抄本　大連
　　清抄本(清丁丙跋)　南京
　　韻學叢書本(稿本)　北大
　　丁西圃叢書本(光緒刻,韻學叢書)
　　清刻本　國圖　湖北
　　清宣統二年豐城熊氏舊補史堂刻本
　　　北師大　遼寧

經 21214284

司馬溫公切韻指掌圖一卷　宋司馬光撰
　　清抄本　國圖

經 21214285
司馬溫公切韻一卷　宋司馬光撰
　　嘯餘譜本(康熙刻)
　　清末石印本　北大
　　民國間石印本　復旦

經 21214286
司馬溫公切韻指掌圖要括不分卷　宋
　　司馬光撰
　　抄本　復旦

經 21214287
切韻指掌圖三卷檢圖之例一卷　宋司
　　馬光撰　明邵光祖重編並撰檢例
　　四庫全書本(乾隆寫)
　　墨海金壺本(嘉慶刻、博古齋影印)
　　十萬卷樓叢書本(光緒刻)
　　清抄本　南京
　　清綠格抄本　國圖
　　清紅格抄本　國圖
　　民國五年豐城熊氏刻熊氏四種本　中
　　　科院　復旦　湖北
　　民國八年自強書局石印本　復旦
　　　湖北
　　民國十九年渭南嚴氏成都刻本　中科
　　　院　甘肅

經 21214288
切韻指掌圖檢例一卷　明邵光祖撰
　　明毛氏汲古閣抄本　上海
　　墨海金壺本(嘉慶刻、博古齋影印)
　　十萬卷樓叢書本(光緒刻)
　　清抄本　南京
　　清綠格抄本　國圖

清紅格抄本　國圖
民國五年豐城熊氏刻熊氏四種本　中
　　科院　復旦　湖北
民國八年自強書局石印本　復旦
　　湖北
民國十九年渭南嚴氏成都刻本　中科
　　院　甘肅

經 21214289
切韻指掌圖檢圖之例一卷　明邵光祖撰
　　四庫全書本(乾隆寫)
　　墨海金壺本(嘉慶刻、博古齋影印)
　　十萬卷樓叢書本(光緒刻)
　　清抄本　南京
　　清綠格抄本　國圖
　　清紅格抄本　國圖
　　清刻切韻指掌圖本附　國圖　湖北
　　清宣統二年豐城熊氏舊補史堂刻本
　　　　北師大　遼寧
　　民國五年豐城熊氏刻熊氏四種本　中
　　　　科院　復旦　湖北
　　民國八年自強書局石印本　復旦
　　　　湖北
　　民國十九年渭南嚴氏成都刻本　中科
　　　　院　甘肅

經 21214290
切韻指掌圖校記一卷　清王振聲撰
　　文村遺著本(稿本)
　　清傳抄稿本　復旦

經 21214291
重訂司馬溫公等韻圖經一卷　明徐孝編
　　合併字學篇韻便覽本　蘭州大學　江西

經 21214292
韻鏡一卷　宋張麟之編

古逸叢書本(光緒刻)

經 21214293
通志七音略一卷　宋鄭樵撰
　　韻學叢書本(稿本)　北大　復旦
　　丁西圃叢書本(光緒刻,韻學叢書)

經 21214294
七音略二卷　宋鄭樵撰
　　清王振聲抄本　上海
　　民國二十四年國立北京大學影印元
　　　　至治刻本　國圖

經 21214295
四聲全形等子一卷　□□撰
　　四庫全書本(乾隆寫)

經 21214296
四聲等子一卷　□□撰
　　清咸豐九年番禺趙齊嬰抄本　廣東
　　粵雅堂叢書本(咸豐刻)
　　咫進齋叢書本(光緒刻)
　　清朱墨抄本　國圖
　　清抄本(清龐鐘璐校)　南京

經 21214297
古四聲等子韻一卷　題元劉鑑撰
　　清歸安姚氏咫進齋抄本　浙江

經 21214298
新編經史正音切韻指南一卷　元劉鑑撰
　　明弘治九年釋思宜刻本　國圖
　　明正德十一年釋承恆募刻本　國圖
　　　　天津　湖北
　　明正德十一年金臺衍法寺釋覺恆募
　　　　刻本　國圖　北大　北師大　上海
　　　　保定

明正德十一年金臺衍法寺釋覺恆募
　　刻嘉靖三十八年釋本贊重修本
　　北大　民族大學　中科院　故宮
明正德十一年金臺衍法寺釋覺恆募
　　刻嘉靖三十八年萬曆四年遞修
　　本　復旦　山西
明嘉靖四十三年金臺衍法寺釋本贊
　　刻本　國圖　湖南
明萬曆三至十七年崇德圓通菴釋如
　　彩刻本　北大　上海
明萬曆三至十七年崇德圓通菴釋如
　　彩刻重修本　中科院　上海
碧琳琅館叢書本(光緒刻)
清抄本　天津

經 21214299

切韻指南一卷　元劉鑑撰
　　明弘治十年金臺大隆福寺募刻本　臺
　　　北故博
　　韻學叢書本(稿本)　北大　復旦
　　丁西圖叢書本(光緒刻,韻學叢書)
　　芋園叢書本(民國彙印)

經 21214300

經史正音切韻指南一卷　元劉鑑撰
　　明嘉靖三十一年洪都上藍禪寺重刻
　　　本　上海
　　明萬曆二十三年晉安芝山開元寺刻
　　　本　北師大　中科院　故宮
　　明萬曆二十六年衍法寺刻本　陝西
　　　師大
　　明崇禎二年金陵圓覺庵釋新仁刻本
　　　北師大　中科院　故宮
　　明刻本　南京　廣東博
　　明刻本　廣東博
　　清康熙二十一年山東東陽居士刻本
　　　中科院

清康熙二十五年釋恆遠刻朱墨套印
　　本　國圖
清康熙間京都隆安禪寺刻本　北大
清康熙間刻朱墨套印本　南京
四庫全書本(乾隆寫)
清道光十五年恆善抄本　北師大
清咸豐間趙同鈞抄本　南京
清抄本　北大　上海

經 21214301

篇韻貫珠集一卷　明釋真空撰
　　明弘治十年金臺大隆福寺募刻本　臺
　　　北故博

經 21214302

新編篇韻貫珠集八卷　明釋真空撰
　　明弘治十一年刻本　國圖　北大
　　明正德十一年金臺衍法寺釋覺恆募
　　　刻本　國圖　北大　北師大　上海
　　　保定
　　明正德十一年金臺衍法寺釋覺恆募
　　　刻嘉靖三十八年釋本贊重修本
　　　北大　民族大學　中科院　故宮
　　明正德十一年金臺衍法寺釋覺恆募
　　　刻嘉靖三十八年萬曆四年遞修
　　　本　復旦　山西
　　明萬曆三至十七年崇德圓通菴釋如
　　　彩刻本　北大　上海
　　明萬曆三至十七年崇德圓通菴釋如
　　　彩刻重修本　中科院　上海
　　明萬曆二十三年晉安芝山開元寺刻
　　　本　北師大　中科院　故宮
　　明崇禎二至十年金陵圓覺庵釋新仁
　　　刻本　北師大　中科院　故宮

經 21214303

貫珠集八卷附玉鑰匙門法一卷　明釋

　　真空撰

　　　明萬曆間刻本　上海

經 21214304

直指玉鑰匙門法一卷　明釋真空輯

　　明正德十一年金臺衍法寺釋覺恆募

　　　　刻本　國圖　北大　北師大　上海

　　　　保定

　　明正德十一年金臺衍法寺釋覺恆募

　　　　刻嘉靖三十八年釋本贊重修本

　　　　北大　民族大學　中科院　故宮

　　清康熙二十五年釋恆遠刻朱墨套印

　　　　本　國圖

經 21214305

玉鑰匙門法一卷　明釋真空輯

　　明萬曆間刻貫珠集本附　上海

經 21214306

若愚直指捷徑門法一卷　明釋若愚輯

　　明隆慶六年刻本　國圖

經 21214307

重覓五音借部免疑隱形一百八十字一卷

　　　　明□□輯

　　明萬曆十一年刻本　湖北

經 21214308

五先堂字學元元十卷　明袁子讓撰

　　明萬曆二十九年　辭書出版社

　　明萬曆三十一年刻本　故宮　上海

　　　　甘肅

　　清抄本　內蒙古大學

　　劉彬抄本 (張鴻來題記)　中科院

經 21214309

新增切韻指南一卷　明潘巒撰

　　明萬曆八年益藩刻本　廣西師大

經 21214310

青郊雜著一卷附文韻考衷六聲會編十

　　　　二卷　明桑紹良輯

　　明萬曆間桑學夔刻本　北大　上海

　　　　吉林

經 21214311

文韻考衷六聲會編十二卷　明桑紹良輯

　　青郊雜著本　北大　上海　吉林

經 21214312

韻表三十卷聲表三十卷　明葉秉敬著

　　明萬曆三十三年刻本　北大　故宮

　　明末刻本　北大

經 21214313

聲表三十卷　明葉秉敬著

　　明萬曆三十三年刻本　北大　故宮

　　明末刻本　北大

經 21214314

音聲紀元六卷　明吳繼仕撰

　　明萬曆間刻本　國圖

經 21214315

四聲類率譜一卷　明徐孝編

　　合併字學篇韻便覽本　蘭州大學　江西

經 21214316

韻母五卷　明呂維祺撰

　　明崇禎六年志清堂刻本　北大　浙江

經 21214317

同文鐸三十卷首四卷　明呂維祺撰

　　明崇禎六年志清堂刻音韻日月燈本

北大　浙江

經21214318
韻鑰二十五卷　明呂維祺撰
　明崇禎六年志清堂刻音韻日月燈本
　　北大　浙江
　韻學叢書本(稿本)　復旦

經21214319
字學正韻通不分卷　明呂維祺、明呂維
　祜詮
　明崇禎六年楊文驄刻明崇禎重修本
　　北大

經21214320
切法指正二卷　明呂維祺、明呂維祜撰
　清抄本　浙江

經21214321
韻法直圖一卷　明李世澤撰
　明萬曆間古吳陳長卿刻本　北大
　明萬曆間鹿角山房刻本　北大
　明懷德堂刻本　國圖
　明末青畏堂刻本　湖北
　清康熙四年真寂院刻本　北大(存卷
　　首)　上海
　清康熙十八年雲棲寺刻本　國圖
　　北大
　清雍正九年經德堂刻本　國圖　上海
　清康熙三十八年刻本　南京
　清乾隆七年京都文成堂刻本　北師大
　清乾隆十六年武林王氏三餘堂刻本
　　天津
　清乾隆四十三年蘇州金閶書業堂增
　　補重刻本　雲南
　清嘉慶間文秀堂刻藻思堂印本　北大
　清嘉慶四年刻本　國圖

清道光十二年寶仁堂刻本　北大
清同治七年刻本　復旦
清光緒十年刻本　北大
清文英堂刻本　遼寧
清丹山堂刻本　遼寧
清三讓堂刻本　南京
清書林經國堂刻本　復旦
清刻文正堂印本　國圖
清刻友于堂印本　國圖

經21214322
韻法橫圖一卷　明李世澤撰
　明萬曆間古吳陳長卿刻本　北大
　明萬曆間鹿角山房刻本　北大
　明懷德堂刻本　國圖
　明末青畏堂刻本　湖北
　清康熙四年真寂院刻本　北大(存卷
　　首)　上海
　清康熙十八年雲棲寺刻本　國圖
　　北大
　清雍正九年經德堂刻本　國圖　上海
　清康熙三十八年刻本　南京
　清乾隆七年京都文成堂刻本　北師大
　清乾隆十六年武林王氏三餘堂刻本
　　天津
　清乾隆四十三年蘇州金閶書業堂增
　　補重刻本　雲南
　清嘉慶間文秀堂刻藻思堂印本　北大
　清嘉慶四年刻本　國圖
　清道光十二年寶仁堂刻本　北大
　清同治七年刻本　復旦
　清光緒十年刻本　北大
　清文英堂刻本　遼寧
　清丹山堂刻本　遼寧
　清三讓堂刻本　南京
　清書林經國堂刻本　復旦
　清刻文正堂印本　國圖

清刻友于堂印本　國圖

經 21214323
切韻射標一卷　明李世澤撰
　居家必備本(明刻)
　說郛本(宛委山堂刻)

經 21214324
皇極圖韻一卷　明陳藎謨撰
　明崇禎五年石經草堂刻本　河南

經 21214325
韻切指歸二卷附五音初學讀念法一卷
　　清吳遐齡撰
　清康熙四十九年吳之玠刻本　國圖
　　浙江
　清道光七年集古堂刻本　北大　南京

經 21214326
增補等韻音切指南一卷　清張允憲校定
　清乾隆間張氏寫本　北大

經 21214327
轉音撮要一卷　清杜蕙撰
　清乾隆十年省過堂刻本　國圖　湖北
　清乾隆五十七年省過堂刻本　國圖
　　遼寧
　清嘉慶二十五年刻本　北大
　清道光二十年敬義堂刻本　復旦

經 21214328
戚林八音合訂八卷　清晉安編
　清乾隆十四年刻集新堂印本　國圖
　清乾隆間萬有樓刻本　中科院
　清聚星堂刻本　復旦

經 21214329

戚參軍八音字義便覽四卷　清蔡士泮輯
　清乾隆十四年刻戚林八音合訂本
　　國圖
　清乾隆間萬有樓刻戚林八音合訂本
　　中科院
　清聚星堂刻戚林八音合訂本　復旦

經 21214330
太史林碧山先生珠玉同聲四卷　清陳
　他輯
　清乾隆十四年刻戚林八音合訂本
　　國圖
　清乾隆間萬有樓刻戚林八音合訂本
　　中科院
　清聚星堂刻戚林八音合訂本　復旦

經 21214331
建州八音字義便覽不分卷　清林端材
　彙輯
　清乾隆六十年刻本　國圖　復旦

經 21214332
等音一卷　清馬槃什撰
　花薰閣詩述本

經 21214333
馬氏等音一卷　清馬自援撰
　抄本　中科院

經 21214334
重訂馬氏等音內集一卷外集一卷　清
　馬自援撰　清梅建較正
　清康熙四十七年思補堂重刻本　北大
　　上海
　清嘉慶間思補堂刻本　中科院
　韻學叢書本(稿本)　復旦

經 21214335
等音聲位合彙二卷　清高奣映合彙
　　清刻本　中科院
　　雲南叢書本（民國刻）

經 21214336
切韻捷徑一卷　清張應泰輯
　　清道光二十七年刻本　中科院

經 21214337
徐氏等韻捷法不分卷附字學辨似醒誤
　　　清徐師臣輯　（字學辨似醒誤）明梅
　　膺祚撰
　　清康熙三十五年鄰嶽堂刻本　國圖

經 21214338
音通二卷　清陳宗彝撰
　　清宣統二年石印本　湖北

經 21214339
切法辨疑一卷附切法指南一卷　清張
　　吳曼撰
　　清青照堂刻本　上海
　　清光緒間張汝翼刻集梅花詩本　上海

經 21214340
切法指南一卷　清張吳曼撰
　　清青照堂刻本　上海
　　清光緒間張汝翼刻集梅花詩本　上海

經 21214341
無言祕訣一卷　清張吳曼撰
　　集梅花詩本（光緒刻）

經 21214342
按聲指數法一卷　清張吳曼撰
　　清光緒間張汝翼刻集梅花詩本　上海

經 21214343
榕村訂韻五卷　清李光地撰
　　清乾隆十年肆叢書院刻本　上海

經 21214344
榕村韻書五卷　清李光地撰
　　李文貞公全集本（乾隆嘉慶刻）

經 21214345
榕村韻書五卷榕村字畫辨訛一卷　清
　　李光地撰
　　清道光三至五年刻二酉堂印本　國圖
　　榕村全書本（道光刻）

經 21214346
榕村等韻辨擬正誤一卷　清□□撰
　　清抄本　中科院

經 21214347
太古元音四卷　清是奎撰
　　清抄本（清丁丙跋）　南京

經 21214348
反切定譜一卷　清樸隱子撰
　　清康熙二十四年刻本　國圖　浙江
　　清道光十四年潘道根抄本　南京

經 21214349
切字釋疑一卷　清方中履撰
　　昭代叢書本（道光刻）

經 21214350
新增指明門法歌訣互含字義一卷　清
　　釋恆遠撰
　　清康熙二十五年釋恆遠刻套印本
　　國圖

經 21214351

切韻正音經緯圖一卷　清釋宗常纂述
　　雲南叢書本(民國刻)

經 21214352

善樂堂音韻清濁鑑三卷玉鑰匙門法一
　　卷等韻圖一卷　清王祚禎撰
　　清康熙六十年善樂堂刻本　中科院
　　　　人大

經 21214353

等切元聲十卷　清熊士伯撰
　　清康熙四十二年刻本　江西
　　清康熙四十五年慶善堂刻本　北師大
　　　　湖北
　　清康熙四十八年尚友堂刻本　浙江
　　清康熙間刻本　清華　湖北

經 21214354

八矢注字說一卷　清顧陳垿撰
　　婁東雜著本(道光刻)

經 21214355

八矢注字圖一卷　清顧陳垿撰
　　婁東雜著本(道光刻)

經 21214356

八矢注字圖說一卷　清顧陳垿撰
　　顧賓易先生文集本(道光刻)
　　清光緒十八年刻本　南開
　　清味菜廬木活字印本　中科院　南京
　　清抄本　中科院

經 21214357

音學辨微一卷　清江永撰
　　清乾隆二十四年刻本　國圖
　　清乾隆間刻本　湖北(清張船山題識,

　　　　佚名批校)
　　指海本(道光刻、民國影印)
　　式古居彙鈔本(道光重編)
　　清光緒三十四年漢陽通廩生抄指海
　　　　本(劉傳瑩題識)　湖北
　　清宣統元年上海國學保存會影印江
　　　　氏自寫本　復旦
　　西京清麓叢書本(光緒刻)
　　清成都敦畦堂刻本　天津
　　民國五年豐城熊氏刻熊氏四種本　中
　　　　科院　復旦　湖北
　　民國間石印本　湖南
　　抄本　南京

經 21214358

音學辨微一卷附三十六字母辨一卷
　　　　清江永撰　(三十六字母辨)清黃廷
　　　　鑑撰
　　借月山房彙鈔本(嘉慶刻、博古齋影印)
　　澤古齋重鈔本(道光重編)
　　清抄本(清汪日楨校並跋)　上海
　　民國十二年渭南嚴氏成都敦睦堂刻
　　　　本　遼寧

經 21214359

音學辨微一卷附校正一卷　清江永撰
　　　　(校正)清夏燮撰
　　江氏韻書三種本(咸豐刻)

經 21214360

音學辨微校正一卷　清夏燮撰
　　江氏韻書三種本(咸豐刻)
　　安徽叢書本(民國影印)

經 21214361

音學辨微一卷附校正一卷校刊記一卷
　　　　清江永撰　清夏燮校正　胡樸安

校刊
　安徽叢書本（民國影印）

經 21214362
音學辨微校刊記一卷　胡樸安撰
　安徽叢書本（民國影印）

經 21214363
四聲切韻表一卷凡例一卷　清江永編
　清乾隆三十六年恩平縣衙刻本　浙江
　清乾隆五十三年應雲堂刻本　國圖
　　人大
　貸園叢書初集本（乾隆刻）
　粵雅堂叢書本（咸豐刻）
　清光緒二年李明墀漢皋榷署刻本
　　北大
　丁酉圃叢書本（光緒刻,韻學叢書）
　西京清麓叢書本（光緒刻）
　韻學叢書本（稿本）　北大　復旦
　清抄本　北大
　民國十九年北平富晉書社影印應雲
　　堂刻本　北大　遼寧

經 21214364
四聲切韻表一卷凡例一卷附校正一卷
　　清江永編　（校正）清夏燮撰
　江氏韻書三種本（咸豐刻）
　清光緒二年刻本　武漢
　民國二十一年渭南嚴氏成都刻本　北
　　師大　南師大　吉大
　安徽叢書本（民國影印）

經 21214365
四聲切韻表校正一卷　清夏燮撰
　江氏韻書三種本（咸豐刻）
　清光緒二年刻本　武漢
　民國二十一年渭南嚴氏成都刻本　北

　　師大　南師大　吉大
　安徽叢書本（民國影印）

經 21214366
四聲切韻表一卷凡例一卷附校刊記一
　　卷　清江永編　趙世忠校刊
　民國七年休寧趙氏刻本　人大　甘肅

經 21214367
四聲切韻表校刊記一卷　趙世忠撰
　民國七年休寧趙氏刻本　人大　甘肅

經 21214368
四聲切韻表三卷首一卷末一卷　清江
　　永撰　清汪曰楨補正
　清同治七年陳鏞抄本　國圖
　清光緒元年成都志古堂刻本　南開
　荔牆叢刻本（同治光緒刻）
　清光緒三年會稽學舍刻本　浙江
　　雲南
　清光緒十五年刻本　湖南
　清抄本（存卷首、卷一）　北師大
　民國二十二年上海大東書局影印會
　　稽學舍刻本　復旦　遼寧
　民國二十四年成都志古堂刻本　人大
　　遼寧

經 21214369
四聲切韻類表一卷　清江永撰　清孫
　　文昱重編
　清同治十一年孫氏刻本　南開
　民國二十一年湘潭孫氏家塾刻本
　　湖北
　民國間國立湖南大學鉛印本　湖南

經 21214370
八囀聲鈔一卷　□□撰

日本享保十四年刻本　湖北

經21214371
拙庵韻悟不分卷　清趙紹箕撰
　清康熙五十五年古黝楊作棟抄本
　　國圖

經21214372
韻法圖說不分卷　清朱樹棠撰
　清抄本　國圖

經21214373
聲類表九卷首一卷　清戴震撰
　微波榭叢書本(乾隆刻)
　清宣統三年成都刻本　天津
　民國十二年渭南嚴氏成都刻本　湖北
　安徽叢書本(民國影印,戴東原先生全集)

經21214374
大藏字母九音等韻十二卷　清釋阿摩
　利諦釋
　清康熙四十二年滄江愚叟抄本　北大

經21214375
大藏字母切韻要法一卷　清□□撰
　清雍正間刻本　復旦
　清嘉慶間刻本　中科院

經21214376
切韻考四卷　清李鄴撰
　清雍正間刻本　浙江
　清沈灝刻本　上海
　民國間江西玉隱刊書處石印本　國圖

經21214377
五聲反切正均不分卷　清吳烺撰
　清乾隆刻杉亭集本

安徽叢書本(民國影印)

經21214378
音別四卷　清朱仕玠撰
　筠園全集本

經21214379
等音新集前編一卷後編一卷　清璩萬
　鑑撰
　清乾隆二十五年刻本　清華

經21214380
音緯二卷　清羅士琳撰
　稿本(清王念孫校)　國圖

經21214381
新編佩文詩韻四聲譜廣注二卷　清倪
　璐撰
　清乾隆三十六年克復堂刻本　中科院

經21214382
四聲均和表五卷　清洪榜撰
　二洪遺稿本(道光刻、民國影印,初堂選
　　稿)
　韻學叢書本(稿本)　復旦

經21214383
四聲均和表不分卷　清洪榜撰
　韻學叢書本(稿本)　北大
　丁西圃叢書本(光緒刻,韻學叢書)

經21214384
示兒切語不分卷　清洪榜撰
　二洪遺稿本(道光刻、民國影印,初堂選
　　稿)　北大　中科院
　韻學叢書本(稿本)　北大
　丁西圃叢書本(光緒刻,韻學叢書)

經 21214385
示兒切語三卷　清洪榜撰
　韻學叢書本(稿本)　復旦

經 21214386
音切譜二十卷　清李元撰
　清嘉慶二年刻本　上海　浙江
　清道光二十八年刻巾箱本　湖北

經 21214387
音切譜十卷　清李元撰
　清嘉慶七年刻本　湖北

經 21214388
四聲譜考畧二卷　清萬光泰撰
　清抄本　天津

經 21214389
等韻精要一卷　清賈存仁撰
　清乾隆四十年賈氏家塾刻本　國圖
　中科院

經 21214390
今擬四聲表一卷　□□撰
　清抄本　國圖

經 21214391
通轉韻考一卷　清李憲喬撰
　拗法譜本附　上海

經 21214392
三十六字母辨一卷　清黄廷鑑撰
　借月山房彙鈔本(嘉慶刻、博古齋影印)
　澤古齋重鈔本(道光重編)
　清抄本(清汪曰楨校並跋)　上海
　民國十二年渭南嚴氏成都敦睦堂刻
　　本　遼寧

經 21214393
李氏音鑑六卷首一卷　清李汝珍撰
　清嘉慶十五年寶善堂刻巾箱本　中
　　科院
　清嘉慶十五年寶善堂刻同治七年木
　　樨山房重修本　復旦
　清光緒十四年寶善堂刻本　上海
　清光緒十四年掃葉山房刻本　北大
　韻學叢書本(稿本)　復旦

經 21214394
音鑑一卷　清李汝珍撰
　韻學叢書本(稿本)　北大
　丁酉圜叢書本(光緒刻,韻學叢書)

經 21214395
韻學入門二卷　清劉鼎梅輯
　清嘉慶八年刻澹寧齋印本　國圖
　　湖北
　韻學叢書本(稿本)　復旦

經 21214396
韻學入門一卷　清劉鼎梅輯
　韻學叢書本(稿本)　北大
　丁酉圜叢書本(光緒刻,韻學叢書)

經 21214397
等子述一卷　清方本恭撰
　春水船易學本(嘉慶刻)　上海

經 21214398
切字圖訣不分卷　清羅愚輯注
　清嘉慶四年養拙軒刻本　中科院

經 21214399
重訂空谷傳聲一卷　清汪鋆訂
　清光緒八年南京李光明莊刻本　復旦

南京

經 21214400
五音韻譜一卷　清朱照廉撰
清嘉慶十六年刻小雲谷類集本　國圖

經 21214401
五音韻譜正字二卷　清曾紀澤撰
清刻本　國圖

經 21214402
增訂切字捷法一卷　清唐祖澤撰
清嘉慶二十二年會稽陶釴刻韻對屑玉箋注本附　國圖

經 21214403
傳聲譜一卷　清許桂林撰
韻學叢書本(稿本)　北大　復旦
丁西圃叢書本(光緒刻,韻學叢書)

經 21214404
等韻簡明指掌圖一卷論一卷　清張象津撰
清嘉慶二十年刻本　江西
白雲山房集本(道光刻)

經 21214405
音泭一卷　清徐鑒撰
清嘉慶二十二年刻本　中科院

經 21214406
等韻叢說一卷　清江有誥撰
江氏音學十書本(嘉慶道光刻、咸豐刻、中國書店影印)
韻學叢書本(稿本)　北大　復旦
丁西圃叢書本(光緒刻,韻學叢書)
民國二十年渭南嚴氏刻本　復旦
清丁顯寄緑軒抄本(清丁顯跋)　復旦

經 21214407
切字肆考不分卷　清張耕撰
古韻發明本附　國圖　南京　上海
韻學叢書本(稿本)　北大　復旦
丁西圃叢書本(光緒刻,韻學叢書)

經 21214408
等韻輯畧三卷　清龐大堃撰
龐氏音學遺書本(稿本、影印稿本)
抄本　南京

經 21214409
音學祕書四卷　清涂謙撰
清道光九年六吉居刻本　中科院
清道光十九年刻光緒四年補刻本　中科院

經 21214410
音韻逢源四卷　清裕恩撰
清道光間京都聚珍堂刻本　北大

經 21214411
芸香齋韻法新譜一卷　清田萬選撰
清道光十四年刻本　中科院

經 21214412
五韵論(五均論)二卷　清鄒漢勛撰
新化鄒氏斆蓺齋遺書本(道光刻)
鄒叔子遺書本(光緒刻,五均論)
清末刻本　國圖
清黑格抄本　國圖

經 21214413
等韻易簡一卷　清張恩成撰
清光緒二十六年刻本　天津

經 21214414
翻切入門簡易篇二卷首一卷末一卷
　　清張燮臣編
　　清道光十七年刻本　國圖
　　抄本(一卷)　北師大

經 21214415
翻切簡可篇二卷　清張燮承述
　　張師筠著述本(同治刻)

經 21214416
翻切簡可篇一卷　清葛筠撰
　　韻學叢書本(稿本)　北大　復旦
　　丁西圃叢書本(光緒刻,韻學叢書)

經 21214417
韻法傳真五美圖十二卷　清馬攀龍撰
　　清道光二十五年賞綠軒刻本　國圖

經 21214418
四音定切四卷首一卷　清劉熙載撰
　　古桐書屋六種本(同治光緒刻)

經 21214419
橫切五聲圖不分卷　清崇鳳威撰
　　清紅格抄本　國圖

經 21214420
正音切韻指掌一卷　清莎彝尊撰
　　清咸豐十年塵談軒刻本　國圖

經 21214421
切韻標射圖不分卷　清天放閒人撰
　　清道光二十七年天放閒人稿本　北大

經 21214422
正音通俗表不分卷　清潘逢禧撰

清同治九年逸香齋刻本　國圖　中科
　　院　復旦

經 21214423
射聲小譜一卷　清程定漠輯
　　清道光十九年詒陶閣刻本　國圖
　　清道光十九年詒陶閣刻光緒四年補
　　　刻本　上海　復旦　南京
　　抄本　南京

經 21214424
切音捷訣一卷附幼學切音便讀一卷
　　清麗玧輯
　　清光緒六年諸暨摭古堂刻本　上海

經 21214425
幼學切音便讀一卷　清麗玧輯
　　清光緒六年諸暨摭古堂刻本　上海

經 21214426
等韻學不分卷　清許惠撰
　　清光緒八年刻擇雅堂初集本　國圖

經 21214427
切音蒙引二卷　清陳錦撰
　　會稽徐氏鑄學齋叢書本(光緒刻)

經 21214428
等韻真傳一卷　清江廷璋撰
　　清光緒九年結習未忘齋刻本　湖北

經 21214429
切音韻畧一卷　清朱倣白撰
　　清光緒九年蘭居閣刻本　上海

經 21214430
韻法全圖不分卷　清楊得春撰

韻法全圖三種本(光緒刻)　雲南

經 21214431
韻法易知不分卷　清楊得春撰
　韻法全圖三種本(光緒刻)　雲南

經 21214432
韻法答問不分卷　清楊得春撰
　韻法全圖三種本(光緒刻)　雲南

經 21214433
切韻述言六卷　清魯昆棠輯
　清光緒十一年遠安書屋刻本　湖北

經 21214434
韻籟四卷　清華長忠撰
　清光緒十五年天津華氏松竹齋刻本
　　上海
　清光緒十五年文豐齋刻字鋪刻本
　　湖北

經 21214435
四聲韻譜十六卷首一卷　清梁僧寶撰
　清光緒十六年梁氏家塾刻本　北大

經 21214436
切韻求蒙不分卷　清梁僧寶撰
　清光緒十六年梁氏家塾刻本　國圖
　　北大

經 21214437
字母不分卷　清時庸勸撰
　時氏音學叢稿本(稿本)　山東博

經 21214438
丁氏聲鑑一卷　清丁顯撰
　丁西圃叢書本(光緒刻,韻學蟲言舉要)

經 21214439
諧聲譜不分卷　清丁顯撰
　稿本　北大

經 21214440
諧聲譜二卷　清丁顯撰
　丁西圃叢書本(光緒刻,韻學蟲言舉要)

經 21214441
音韻指迷一卷　清丁顯撰
　丁西圃叢書本(光緒刻,韻學蟲言舉要)

經 21214442
等韻詳解不分卷　清張子敬撰
　清光緒十九年刻三餘堂印本　國圖

經 21214443
標射韻學不分卷　清喻□□撰　清喻
　大琢重訂
　清光緒間抄本　北碚

經 21214444
聲韻轉迻畧一卷　清顧淳撰
　顧枕漁韻學兩種本(光緒刻)

經 21214445
二十三母土音表讀法不分卷　清吳善
　述輯
　清光緒四年四明黃祥繡補不足齋刻
　　本　國圖　北師大

經 21214446
二十三母土表不分卷　清吳善述輯
　清末抄本　國圖

經 21214447
切韻啓蒙不分卷　清李邦黻撰

吳縣王氏學禮齋刻本　復旦

經 21214448
切韻入門之法不分卷　清□□撰
　清抄本　國圖

經 21214449
等韻切音便讀一卷　清劉皓芝撰
　民國間抄本　湖南

經 21214450
切韻要法全集一卷　清釋法輪會輯
　清刻本　湖南

經 21214451
四韻譜不分卷　清□□撰
　清刻本　國圖

經 21214452
切韻導原一卷　清吳式釗撰
　雲南叢書本 (民國刻)

經 21214453
切音啓蒙一卷　清胡夤撰
　四明叢書本 (民國刻)

經 21214454
新訂韻署翻切易知錄一卷附韻法直圖
　　清林正風輯　(韻法直圖) 明梅膺
　　祚撰
　民國十七年北京天華館鉛印本　國圖

經 21214455
潮聲十五音四卷　清張世珍撰
　民國八年進步圖書局石印本　復旦

經 21214456

等韻切音指南一卷　清張翼廷撰
　寄寄山房全集本 (民國鉛印)

經 21214457
等韻一得內篇一卷外篇一卷補篇一卷
　　勞乃宣撰
　清光緒二十四年吳橋官廨刻本　國圖
　清光緒二十四年吳橋官廨刻民國二
　　年增刻本　北大　上海

經 21214458
等韻一得補篇一卷　勞乃宣撰
　稿本　上海
　民國二年淶水寓齋刻本　北大　北師大
　民國間慎獨齋抄本　武漢

經 21214459
合聲易字一卷　盧靖撰
　清光緒二十三年刻朱墨套印本　中
　　科院

經 21214460
切韻下字正音四卷　□□撰
　抄本　湖北

經 21214461
韻法正宗一卷　□□撰
　抄本　北碚

經 21214462
合音例證　尹桐陽撰
　民國十六年鉛印本　中科院

經 21214463
七音譜三卷　張祥晉撰
　民國十七至二十五年刻松石堂印本
　　國圖

經 21214464
等切南針二卷　曾廣源撰
　　民國二十年鉛印本　中科院　遼寧

經 21214465
反切釋例一卷　曾廣源撰
　　民國間石印本　中科院

經 21214466
劉氏切韻指掌二卷首一卷　劉廷遴撰
　　民國二十四年石印本　中科院

經 21214467
等韻兩種不分卷　□□編
　　民國間抄本　南京

拼　音

經 21214468
西儒耳目資三卷附釋疑一卷　法國金
　　尼閣撰　明王徵釋疑
　　明天啓六年了一道人刻本　國圖
　　　北大
　　民國二十二年北平圖書館暨北京大
　　　學影印明天啓刻本　中科院
　　　復旦

經 21214469
西儒耳目資釋疑一卷　明王徵撰
　　明天啓六年了一道人刻本　國圖
　　　北大

經 21214470
明季之歐化美術及羅馬字注音不分卷
　　意大利利瑪竇撰
　　民國十六年輔仁大學影印王氏鳴晦
　　　廬藏本　人大　甘肅

經 21214471
形聲通不分卷　清楊瓊、清李文治撰
　　清光緒三十一年雲南留學生編輯社
　　　鉛印本　北師大　雲南

經 21214472
傳音快字一卷　清蔡錫勇撰
　　清光緒二十二年武昌刻本　天津
　　　上海
　　清光緒三十一年湖北官書局刻本　北
　　　大　上海

經 21214473
傳音快字不分卷　清張文齡撰
　　清光緒三十四年石印本　國圖

經 21214474
傳音快字簡易編二卷續編一卷　清郭
　　師古撰
　　清光緒三十一年清芬堂刻本　湖南

經 21214475
傳音字譜一卷　清郭師古撰
　　清光緒三十三年刻本　湖南

經 21214476
拼音字譜一卷　清王炳耀撰
　　清光緒二十二年刻本　北大　中科院

經 21214477
拼音分韻一卷　清王炳耀撰
　　清光緒二十五年刻朱印本　北大

經 21214478
大同天籟一卷　清王恩榮等撰
　　清光緒二十三年刻本　上海

經 21214479
亦愛吾廬正音二卷　清顧鳴盛纂
　　清光緒二十六年稿本　上海

經 21214480
代字訣一卷　清田廷俊撰
　　清光緒二十九年刻本　中科院

經 21214481
拼音代字訣一卷　清田廷俊輯
　　清光緒三十二年刻本　國圖

經 21214482
官音咀華不分卷　□□撰
　　清光緒二年抄本　北大

經 21214483
字母拼音官話書不分卷　清京城官話
　　字母義塾編
　　清光緒二十九年北京拼音官話書報
　　　所印本　北大

經 21214484
拼音識字表一卷　清孔繁祉編
　　清光緒三十年文陸齋刻本　中科院

經 21214485
拼音官話不分卷　清拼音官話書報社輯
　　清光緒三十至三十一年保定拼音官
　　　話書報社石印本　國圖

經 21214486
北京切音教科書首集不分卷二集不分
　　卷　盧贛章輯
　　清光緒三十二年上海點石齋石印本
　　　國圖

經 21214487
中國切音字母不分卷　盧戇章撰
　　清光緒間石印本　南開

經 21214488
京話切音書不分卷　盧戇章撰
　　清末民國初石印本　南開

經 21214489
閩腔快字不分卷　盧戇章撰
　　清刻本　天津

經 21214490
閩腔快字不分卷　力捷三撰
　　清光緒二十二年武昌刻本　國圖

經 21214491
官話合聲字母不分卷　王照撰
　　清光緒二十六年重刻本　南京

經 21214492
重刊官話合聲字母序例及關係論說一
　　卷　王照撰
　　清光緒二十九年裱背胡同義塾刻本
　　　上海
　　清光緒三十二年刻本　天津

經 21214493
對兵說話不分卷　王照撰
　　清光緒三十年石印本　國圖

經 21214494
中華拼音等韻易簡一卷　張一麐撰
　　清光緒二十八年刻本　天津

經 21214495
漢文音穌簡易識字法不分卷　黃虛白撰

清宣統元年抄本　國圖

經21214496
新製中華反切字不分卷　楊麴撰
　　民國元年鉛印本　國圖

經21214497
快字全書不分卷　張玉階撰
　　民國五年嶺南石印局石印本（張永善
　　堂藏版）　國圖

經21214498
五母字音錄不分卷　張秋森　張海畫輯
　　民國間石印本　國圖

經21214499
國音分韻檢字不分卷　張蔚瑜輯
　　民國十一年教育部國語統一籌備會
　　石印本　國圖

經21214500
國語字音標準表不分卷　□□編
　　民國間石印本　國圖

總　義

經21214501
元音統韻二十八卷　明陳藎謨撰
　　清康熙五十三年范廷瑚刻本　山東
　　福建

經21214502
皇極統韻通釋一卷類音檢字一卷　明
　　陳藎謨撰
　　清順治間刻本　河南

經21214503
類音八卷　清潘未撰

清康熙五十一年吳江潘氏遂初堂刻
　　本　中科院　南京
清雍正三年吳江潘氏遂初堂刻本　天
　　津　上海
清嘉慶二十一年吳江孫上珍補刻本
　　上海

經21214504
類音一卷　清潘未撰
　　韻學叢書本（稿本）　北大
　　丁西圃叢書本（光緒刻，韻學叢書）

經21214505
類音備用八卷　清郭文煒撰
　　稿本　南師大

經21214506
音韻原流三卷首一卷　清潘咸撰
　　清抄本　上海

經21214507
高郵王氏父子論均書劄不分卷　清王
　　念孫、清王引之撰
　　日本昭和十一年倉石士桓油印本
　　國圖

經21214508
音韻集注不分卷　清高明直撰
　　清嘉慶四年竹園刻本　國圖　中科院

經21214509
音學臆說六卷　清李汝珍撰
　　稿本　國圖

經21214510
東塾初學編一卷　清陳澧撰
　　稿本　廣東

清光緒十八年番禺陳慶鰫潔花書屋
　抄本　國圖

經 21214511
東塾初學編音學一卷　清陳澧撰
　清抄本　廣東

經 21214512
韻書雜識一卷　清陳澧撰
　稿本　廣東

經 21214513
音韻什文不分卷　□□撰
　禮記學思稿本　廣東

經 21214514
韻學源流一卷　清莫友芝撰
　清藍格抄本　國圖
　民國七年北京中華新報鉛印本　國圖
　民國十二年貴陽文通書局鉛印本　北
　　師大
　民國十八年廣州天成印務局鉛印本
　　人大
　民國二十二年北平震亞書局鉛印本
　　人大
　邵亭四種本(民國抄)

經 21214515
韻史不分卷　清何萱撰
　民國二十五年上海商務印書館影印
　　清抄本　湖北

經 21214516
韻學一得二卷　清殷秉鏞輯
　清道光二十三年繆景宣四川刻和樂
　　堂主人印本　南京

經 21214517
韻學指南五卷　清王溱輯
　清道光二十八年足雨窟刻本　北大
　　浙江

經 21214518
音韻學稽古錄一卷　清劉傳瑩撰
　稿本　湖北

經 21214519
華氏音學一卷　清華韞璋撰
　清咸豐間稿本　雲南

經 21214520
韻學發原不分卷　清張書田撰
　清同治三年明誠堂刻本　北師大
　　湖北

經 21214521
韻學說隅不分卷　清鄭昌時撰
　清光緒間稿本　國圖

經 21214522
同聲韻學四卷附錄二卷　清蒯光燮撰
　清光緒三十四年刻本　北大　遼寧

經 21214523
韻學二卷　題邋庵山人撰
　清刻本　南京

經 21214524
好古堂正音淺說四卷全圖一卷三千文
　足用四卷　清王宜型編
　清宣統二年好古堂刻本　湖北

經 21214525
韻學餘說一卷　王國維撰

廣倉學宭叢書甲類本（民國鉛印）

經 21214526

韻學管見二卷　張俊民撰
　　民國間抄本　遼寧

經 21214527

音韻述不分卷　朱尚撰
　　民國二十五年劉宏抄本　南京

叢　刻

經 21214528

音韻日月燈三種六十卷首四卷　明呂
　　維祺撰　明呂維祜詮
　　明崇禎六年楊文驄刻志清堂印本　北
　　　大　浙江
　　　韻母五卷
　　　同文鐸三十卷首四卷
　　　韻鑰二十五卷

經 21214529

音學五書五種三十八卷　清顧炎武撰
　　清康熙六年山陽張氏符山堂刻本　首
　　　都　北大　清華
　　清光緒十一年四明觀稼樓刻本　北大
　　清光緒十一年湘陰郭氏岵瞻堂刻本
　　　北大
　　清光緒十六年思賢講舍刻本　北大
　　民國間上海文瑞樓石印本　遼寧
　　民國間上海鴻章書局石印本
　　　音論三卷
　　　詩本音十卷
　　　易音三卷
　　　唐韻正二十卷
　　　古音表二卷

經 21214530

音學五書二種十三卷　清顧炎武撰
　　清道光二十八年林春祺福田書海銅
　　　活字印本　國圖　天津　上海
　　　音論三卷
　　　詩本音十卷

經 21214531

江氏韻書三種六卷　清江永撰
　　清咸豐元年陸建瀛木樨香館刻本　國
　　　圖　南京
　　　古韻標準四卷詩韻舉例一卷　清
　　　　江永撰　清戴震參定
　　　四聲切韻表一卷校正一卷　清江
　　　　永撰　（校正）清夏燮撰
　　　音學辨微一卷校正一卷　清江永
　　　　撰　（校正）清夏燮撰

經 21214532

江氏音學十書七種附一種十二卷　清
　　江有誥撰
　　清嘉慶道光間刻本　國圖　北大　中
　　　科院
　　民國十四年國立北京大學抄本　北大
　　民國十七年中國書店影印清嘉慶道
　　　光間刻本　國圖　北大　湖北
　　民國二十三年渭南嚴氏刻本　北大
　　　遼寧
　　　詩經韻讀四卷　清嘉慶十九年刻
　　　羣經韻讀一卷　清嘉慶二十二年刻
　　　楚辭韻讀一卷宋賦韻讀一卷　清
　　　　嘉慶二十四年刻
　　　先秦韻讀一卷　清嘉慶二十五年刻
　　　唐韻四聲正一卷　清道光七年刻
　　　廿一部諧聲表一卷　清道光十一
　　　　年刻
　　　入聲表一卷　清道光十一年刻
　　　附

等韻叢說一卷　清道光十一年刻

經 21214533
江氏音學十書七種附三種十四卷　清
　　江有誥撰
　清咸豐二年刻本　上海　南京
　抄本　國圖
　　詩經韻讀四卷
　　羣經韻讀一卷
　　楚辭韻讀一卷宋賦韻讀一卷
　　先秦韻讀一卷
　　唐韻四聲正一卷
　　廿一部諧聲表一卷
　　入聲表一卷
　　附
　　等韻叢說一卷
　　隸書糾謬一卷
　　隸書糾謬補遺一卷　清江錫善撰

經 21214534
今韻三辨三種八卷附一卷　清孫同元
　　撰輯
　清道光十九至二十三年遞刻彙印本
　　北大
　清道光二十七年寧鄉周含萬刻本
　　湖南
　　訓辨二卷　清道光十九年刻
　　字辨三卷附正體字辨一卷　清道
　　　光二十二年刻
　　詩辨三卷　清道光二十三年刻

經 21214535
龐氏音學遺書四種十五卷　清龐大堃撰
　稿本　上海
　民國二十四年常熟龐樹階影印稿本
　　　國圖　遼寧
　　形聲輯畧一卷備考一卷

　　等韻輯畧三卷
　　唐韻輯畧五卷備考一卷
　　古韻輯畧三卷備考一卷

經 21214536
時氏音學叢稿三十二種不分卷　清時
　　庸勱撰
　稿本　山東博
　　聲譜四冊
　　陽類聲說二冊
　　諧聲譜二冊
　　陰類聲說二冊
　　聲說四冊
　　毛詩韻串三冊
　　毛詩古韻貫三冊
　　聲疑一冊
　　同聲相應一冊
　　古韻一冊
　　經韻一冊
　　丙丁鈔一冊
　　古今韻析一冊
　　己丑鈔一冊
　　聲表枚數一冊
　　丁亥鈔一冊
　　字母一冊
　　雜鈔七種一冊
　　聲讀□式一冊
　　韓詩毛詩韻訂一冊
　　說文解字聲切正謬一冊
　　唐韻正摘抄一冊
　　說文韻挈一冊
　　戴氏韻學一冊
　　段王合鈔一冊
　　毛詩聲類、詩聲分例(合一冊)
　　苗氏聲讀表一冊
　　攀古小廬經韻一冊　清許瀚撰
　　積古齋釋文正誤、攀古小廬校刊記

（合一册）

各省碑目一册

經21214537

聽古廬聲學十書二種四卷　清時庸勘撰
　清光緒十八年河南星使行台刻本
　　國圖
　　聲譜二卷
　　聲說二卷

經21214538

丁西圃叢書三種十九卷　清丁顯撰
　清光緒間刻本　國圖　北大　遼寧
　　十三經諸家引書異字同聲考十三卷
　　韻學蠡言舉要五卷　清光緒二十
　　　六年刻
　　　卷一　丁氏聲鑑
　　　卷二　諧聲譜
　　　卷三　切字捷徑說
　　　卷四　音韻指迷
　　　卷五　雙聲詩選
　　韻學叢書三十四種題跋一卷　清
　　　光緒二十六年刻

經21214539

韻學叢書三十四種四十二卷　清丁顯撰
　稿本　北大

經21214540

韻學叢書四十一種一百二卷　清丁顯撰
　稿本　復旦
　　四聲五音九弄反紐圖一卷　唐釋
　　　神珙撰
　　廣韻雙聲疊韻法一卷　清丁顯撰
　　切韻指掌圖一卷　宋司馬光撰
　　經世四象體用之數圖一卷　宋邵
　　　雍撰

通志七音畧一卷　宋鄭樵撰
禮部韻畧七音三十六母通攷一卷
　宋黃公紹撰
通雅一卷　明方以智撰　清丁顯輯
十駕齋養新錄一卷　清錢大昕撰
　清丁顯輯
韻補正一卷　清顧炎武撰
杜詩雙聲疊韻譜括畧六卷　清周
　春撰　清丁顯輯要
切韻指南一卷　元劉鑑撰
韻法直圖一卷　明梅膺祚撰
韻法橫圖一卷　明李世澤撰
類音一卷　清潘耒撰　清丁顯輯要
翻切簡可篇一卷　清葛筠撰
聲韻考四卷　清戴震撰
等韻叢說一卷　清江有誥撰
入聲表一卷　清江有誥撰
欽定同文韻統一卷　清允祿等撰
　清丁顯輯
四聲切韻表一卷　清江永撰
韻學指要一卷　清毛奇齡撰
切字肆考一卷　清張畊撰
柴氏古韻通一卷　清柴紹炳撰
　清丁顯輯要
正音切韻復古篇一卷　清柴紹炳撰
示兒切語三卷四聲均和表五卷
　清洪榜撰
韻說一卷　清張敬止撰
韻學通指一卷　清毛先舒撰
韻白一卷　清毛先舒撰
聲韻叢說一卷　清毛先舒撰
韻問一卷　清毛先舒撰
南曲入聲客問一卷　清毛先舒撰
傳聲譜一卷　清許桂林撰
六書音均表五卷　清段玉裁撰
李氏音鑑六卷　清李汝珍撰
漢魏音四卷　清洪亮吉撰

古今韻攷四卷附記一卷　清李因
　　篤撰

黃鍾通韻二卷　清都四德撰

韻學入門二卷　清劉鼎梅撰

重訂馬氏等音内外集二卷　明馬
　　自援撰　清梅建校訂

日月燈不分卷　明呂維祺撰

聲類四卷　清錢大昕撰

韻籥二十五卷　明呂維祺撰

經 21214541

顧枕漁韻學兩種二卷　清顧淳撰
　　清光緒二十五年木活字印本　國圖
　　　　上海
　　毛詩古音述一卷
　　聲音轉迻畧一卷

經 21214542

聲韻要刊二種八卷　□□編
　　民國間北平松筠閣鉛印本　人大
　　　　吉大
　　聲韻攷四卷　清戴震撰
　　許氏說音四卷　清許桂林撰

訓詁之屬

羣　雅

經 21214543

小爾雅一卷　漢孔鮒撰
　　續百川學海本（明刻）
　　金聲玉振集本（嘉靖刻、民國影印）
　　五雅本（明刻）　北大　北師大
　　廣漢魏叢書本（萬曆刻、嘉慶刻）
　　說郛本（宛委山堂刻）
　　增訂漢魏叢書本（乾隆刻、光緒刻、宣統
　　　　石印、民國石印）

龍威祕書本（乾隆刻）

祕書二十八種本（道光刻）

藝苑捃華本（同治刻）

漢魏小說採珍本（民國鉛印）

經 21214544

小爾雅一卷　漢孔鮒撰　清任兆麟輯
　　述記本（乾隆刻、嘉慶刻）

經 21214545

小爾雅佚文一卷　漢孔鮒撰　清王仁
　　俊輯
　　經籍佚文本（稿本）

經 21214546

小爾雅一卷　漢孔鮒撰　宋宋咸注
　　顧氏文房小說本（嘉靖刻、民國影印）
　　古今逸史本（明刻）
　　五雅本（天啓刻）
　　五雅全書本（嘉慶刻）
　　景印元明善本叢書十種本（古今逸史）

經 21214547

新刻小爾雅一卷　漢孔鮒撰　宋宋咸注
　　格致叢書本（萬曆刻）

經 21214548

小爾雅廣注不分卷　漢孔鮒纂輯　宋
　　宋咸注　清莫栻廣注
　　清抄本　北大
　　清抄本　國圖
　　張宗祥抄本　浙江
　　清高氏辨蟫居抄本（四卷）　國圖

經 21214549

小爾雅疏八卷　漢孔鮒撰　清王煦疏
　　清嘉慶五年鑿翠山莊刻本　北大　上

海　湖北　浙江
邵武徐氏叢書本(光緒刻)

經 21214550

小爾雅義證十三卷補遺一卷　清胡承
　珙撰
　求是堂全集本(道光刻)
　聚學軒叢書本(光緒刻)

經 21214551

小爾雅義證十三卷　清胡世琦撰
　清道光間稿本(清段玉裁手批)　臺圖
　稿本(清段玉裁校,胡樸安跋)　上海

經 21214552

小爾雅訓纂六卷　清宋翔鳳撰
　浮谿精舍叢書本(嘉慶刻)
　皇清經解續編本(光緒刻、光緒石印)
　清光緒十六年廣雅書局刻本　天津
　　南京
　廣雅書局叢書本(光緒刻)
　龍谿精舍叢書本(民國刻)

經 21214553

小爾雅疏證五卷　清葛其仁撰
　清道光十九年葛氏刻本　國圖　南京
　咫進齋叢書本(光緒刻)
　民國三年四川存古書局刻本　復旦
　　甘肅

經 21214554

小爾雅約注一卷　清朱駿聲撰
　朱氏羣書本(光緒刻)

經 21214555

補小爾雅釋度量衡一卷　清鄒伯奇撰
　鄒徵君遺書本(同治刻)

經 21214556

小爾雅衍義八卷首一卷　清胡聯桂撰
　書癭樓考補
　稿本　臺圖

經 21214557

小爾雅補義一卷附正誤　清王貞補
　清同治十二年百本書齋印本　國圖
　百本書齋藏書本(光緒刻)

經 21214558

釋名八卷　漢劉熙撰
　明嘉靖三年儲良材程鴻刻本　國圖
　明嘉靖四十二年范惟一玉雪堂刻本
　　國圖
　明嘉靖間刻本　國圖
　五雅本(嘉靖隆慶刻、萬曆刻、天啓刻、明
　　刻)
　古今逸史本(明刻)
　明刻藍印本　天一閣
　明刻本　國圖　北大
　四庫全書薈要本(乾隆寫)
　四庫全書本(乾隆寫)
　清道光間吳氏璜川書塾刻本　北大
　　中科院
　古經解彙函本(小學彙函,同治刻、光緒
　　石印、光緒刻)
　龍谿精舍叢書本(民國刻)
　四部叢刊本(民國影印)
　景印元明善本叢書十種本(古今逸史)

經 21214559

新刻釋名八卷　漢劉熙撰
　五雅本(萬曆刻)
　格致叢書本(萬曆刻)　上海(清邵晉涵
　　校,清丁錦鴻校並跋)

經 21214560
釋名四卷　漢劉熙撰
　廣漢魏叢書本(萬曆刻、嘉慶刻)
　明施惟誠刻本　湖北
　清初刻本　上海
　增訂漢魏叢書本(乾隆刻、光緒刻、宣統
　　石印)
　清乾隆嘉慶間刻本　北大
　清練江汪述古山莊刻本　國圖

經 21214561
釋名一卷　漢劉熙撰
　夷門廣牘本(萬曆刻、民國影印)

經 21214562
逸雅八卷　漢劉熙撰
　五雅本(天啓刻)　上海(清汪道謙據鍾
　　伯敬本校)
　五雅全書本(嘉慶刻)

經 21214563
釋名一卷　漢劉熙撰　清任兆麟輯
　述記本(乾隆刻、嘉慶刻)

經 21214564
辨釋名　三國吳韋昭撰　清任大椿輯
　　清王念孫校
　小學鉤沈本(嘉慶刻、光緒抄、光緒刻)
　小學類編本(咸豐光緒刻,小學鉤沈)
　翠琅玕館叢書本(光緒刻,小學鉤沈)
　任氏三種本(清楊浚抄,小學鉤沈)
　芋園叢書本(民國彙印,小學鉤沈)

經 21214565
辨釋名一卷　三國吳韋昭撰　清馬國
　　翰輯
　玉函山房輯佚書本(同治皇華館刻、光

緒李氏印、光緒娜嬛館刻、光緒楚南
書局刻)

經 21214566
辨釋名一卷　三國吳韋昭撰　清黃奭輯
　知足齋叢書本(道光刻)
　漢學堂叢書本(道光刻光緒印)
　黃氏逸書考本(道光刻王鑒修補、朱長圻
　　補刻)

經 21214567
辨釋名　三國吳韋昭撰　顧震福輯
　小學鉤沈續編本(光緒刻)

經 21214568
辨釋名一卷　三國吳韋昭撰　龍璋輯
　小學蒐佚本(民國鉛印)

經 21214569
釋名疏證八卷　清畢沅撰
　經訓堂叢書本(乾隆刻、光緒影印)
　融經館叢書本(光緒刻)
　清光緒二十二年思賢書局刻本　北大
　　南京　浙江

經 21214570
續釋名一卷　清畢沅撰
　經訓堂叢書本(乾隆刻、光緒影印)
　清光緒九年撫松館刻本　復旦(胡玉
　　縉校並錄清許克勤、清王仁俊校)
　清光緒二十二年思賢書局刻本　北大
　　南京　浙江
　廣雅書局叢書本(光緒刻)
　清末影印本　遼寧

經 21214571
釋名補遺一卷　清畢沅撰

經訓堂叢書本(乾隆刻、光緒影印)

清光緒九年撫松館刻本　復旦(胡玉縉校並錄清許克勤、清王仁俊校)

融經館叢書本(光緒刻)

廣雅書局叢書本(光緒刻)

清末影印本　遼寧

經 21214572
釋名疏證校議一卷　清吳翊寅撰
　廣雅書局叢書本(光緒刻)

經 21214573
釋名補證一卷　清成蓉鏡撰
　南菁書院叢書本(光緒刻)
　成氏遺書本(光緒刻)

經 21214574
廣釋名二卷首一卷　清張金吾撰
　清嘉慶二十一年張氏愛日精廬刻本
　　國圖　上海　南京
　知不足齋叢書本(乾隆道光刻、民國影印)
　粵雅堂叢書本(咸豐刻)
　文選樓叢書本(光緒刻)
　玲瓏山館叢書本(光緒刻)

經 21214575
釋名集校二卷　清王仁俊撰
　籀鄦誃雜著(稿本)　國圖

經 21214576
通俗文二卷　漢服虔撰　清任大椿輯
　清王念孫校
　小學鉤沈本(嘉慶刻、光緒抄、光緒刻)
　小學類編本(咸豐光緒刻,小學鉤沈)
　翠琅玕館叢書本(光緒刻,小學鉤沈)
　任氏三種本(清楊浚抄,小學鉤沈)

芋園叢書本(民國彙印,小學鉤沈)

經 21214577
通俗文一卷附敘錄　漢服虔撰　清臧庸輯
　清嘉慶四年甘泉林慰曾校刻本　天津
　遂雅齋叢書本(民國影印)
　清傳抄嘉慶間甘泉林氏刻本　上海(清胡鏐跋)
　清抄本　北大

經 21214578
通俗文一卷　漢服虔撰　清馬國翰輯
　玉函山房輯佚書本(同治皇華館刻、光緒李氏印、光緒嫏嬛館刻、光緒楚南書局刻)

經 21214579
通俗文一卷　漢服虔撰　清黃奭輯
　漢學堂叢書本(道光刻光緒印)
　黃氏逸書考本(道光刻王鑒修補、朱長圻補刻)

經 21214580
通俗文一卷補音一卷　漢服虔撰　清顧櫰三輯並補音
　小方壺齋叢書本(光緒鉛印)

經 21214581
通俗文補音一卷　清顧櫰三撰
　小方壺齋叢書本(光緒鉛印)

經 21214582
通俗文一卷　漢服虔撰　顧震福輯
　小學鉤沈續編本(光緒刻)

經 21214583

通俗文一卷　漢服虔撰　龍璋輯
　　小學蒐佚本(民國鉛印)

經 21214584
通俗文一卷　晉李虔撰　清陳鱣輯
　　稿本　國圖

經 21214585
證俗文　清任大椿輯　清王念孫校
　　小學鉤沈本(嘉慶刻、光緒抄、光緒刻)
　　小學類編本(咸豐光緒刻,小學鉤沈)
　　翠琅玕館叢書本(光緒刻,小學鉤沈)
　　任氏三種本(清楊浚抄,小學鉤沈)
　　芋園叢書本(民國彙印,小學鉤沈)

經 21214586
證俗文一卷　龍璋輯
　　小學蒐佚本(民國鉛印)

經 21214587
廣雅佚文一卷　三國魏張揖撰　清王
　　仁俊輯
　　經籍佚文本(稿本)

經 21214588
博雅一卷　三國魏張揖撰　龍璋輯
　　小學蒐佚本(民國鉛印)

經 21214589
博雅十卷　三國魏張揖撰　隋曹憲音解
　　明正德十五年皇甫錄世業堂刻本　國
　　　圖(黃丕烈校並跋)
　　五雅本(明刻)　北大　北師大
　　明刻本　國圖(清黃丕烈跋,清黃廷鑑校
　　　並跋)
　　廣漢魏叢書本(萬曆刻、嘉慶刻)
　　增訂漢魏叢書本(乾隆刻、光緒刻、宣統

　　　石印)
　　清抱經堂刻本　上海

經 21214590
廣雅十卷　三國魏張揖撰　隋曹憲音釋
　　明刻二雅本　國圖
　　五雅本(嘉靖隆慶刻、萬曆刻、天啓刻、明
　　　刻)
　　古今逸史本(明刻)
　　明刻本　北大
　　四庫全書薈要本(乾隆寫)
　　四庫全書本(乾隆寫)
　　五雅全書本(嘉慶刻)
　　清道光刻藝林山房四種本
　　古經解彙函本(小學彙函,同治刻、光緒
　　　石印、光緒刻)
　　文選樓叢書本(光緒刻)
　　玲瓏山館叢書本(光緒刻)
　　增訂漢魏叢書本(民國育文書局石印)
　　景印元明善本叢書十種本(古今逸史)

經 21214591
新刻廣雅十卷　三國魏張揖撰　隋曹
　　憲音釋
　　格致叢書本(萬曆刻)

經 21214592
博雅音十卷　隋曹憲撰
　　清抄本　國圖

經 21214593
博雅音十卷　隋曹憲撰　清王念孫校
　　清嘉慶間高郵王氏刻本　北大　上海
　　畿輔叢書本(光緒刻)
　　清光緒五年淮南書局刻本　北大　復
　　　旦　南京　湖北　浙江
　　清光緒十三年刻本　南開

清光緒十四年上海鴻文書局石印本
　國圖
清光緒十九年石印本　南開
清末上海文瑞樓石印本　國圖

經 21214594
廣雅疏義二十卷　清錢大昭撰
　清愛古堂抄本　上海
　傳抄日本靜嘉堂藏本　中科院
　清抄本(缺卷一至十一)　國圖

經 21214595
廣雅疏證十卷附博雅音十卷　清王念
　孫撰
　清嘉慶間高郵王氏刻本　北大　上海
　畿輔叢書本(光緒刻)
　清光緒五年淮南書局刻本　北大　復
　　旦　南京　湖北　浙江
　清光緒十四年上海鴻文書局石印本
　　國圖
　清光緒十九年石印本　南開
　清末上海文瑞樓石印本　國圖

經 21214596
廣雅疏證十卷　清王念孫撰
　皇清經解本(道光刻、咸豐補刻、鴻寶齋
　　石印、點石齋石印)
　清抄本(存卷五)　國圖
　上海文瑞樓石印本　北師大　人大

經 21214597
廣雅疏證補正一卷　清王念孫撰
　清光緒二十六年黃氏借竹宧校刻本
　　南京　湖北　復旦
　廣倉學宭叢書甲類本(民國鉛印)
　殷禮在斯堂叢書本(民國鉛印)

經 21214598
廣雅疏證補正一卷　清王念孫、清王引
　之撰
　清王念孫、王引之稿本(黃海長題識)
　　遼寧

經 21214599
廣雅疏證拾遺二卷　清王士濂撰
　鶴壽堂叢書本(光緒刻)

經 21214600
廣雅釋詁疏證拾遺一卷　清俞樾撰
　春在堂全書本(同治至光緒刻,俞樓雜
　　纂)

經 21214601
廣雅補疏四卷　王樹枏撰
　陶廬叢刻本(清末民國初刻)

經 21214602
廣雅疏證補釋一卷　陳邦福撰
　民國間鉛印本　北師大

經 21214603
廣雅疏證類編不分卷　□□輯
　民國間稿本　國圖

經 21214604
廣雅疏證目六卷　□□輯
　民國間武昌徐氏抄本　湖北

經 21214605
廣雅箋疏十卷　□□輯
　清抄本(存卷九至十)　國圖

經 21214606
續廣雅三卷　清劉燦輯

清嘉慶二十四年刻本　中科院　上海
清道光六年鄞邑陸鑑刻本　南京
清道光二十五年鄞邑陸鑑重刻本　上
　　海　遼寧

經 21214607
釋親廣義二十五卷　清吳卓信撰
　　清抄本　中科院
　　民國間抄本　國圖

經 21214608
廣釋親一卷　清邵緯輯
　　清乾隆五十四年刻本　上海

經 21214609
廣釋親一卷附錄一卷　清梁□撰　清
　　張慎儀補輯　（附錄）清張驤撰
　　念劬堂叢書本(光緒刻)

經 21214610
纂文一卷　南朝宋何承天撰　清任大
　　椿輯　清王念孫校
　　小學鉤沈本(嘉慶刻、光緒抄、光緒刻)
　　小學類編本(咸豐光緒刻,小學鉤沈)
　　翠琅玕館叢書本(光緒刻,小學鉤沈)
　　任氏三種本(清楊浚抄,小學鉤沈)
　　芋園叢書本(民國彙印,小學鉤沈)

經 21214611
纂文一卷　南朝宋何承天撰　清陳鱣輯
　　古小學鉤沈本(稿本)　國圖

經 21214612
纂文一卷　南朝宋何承天撰　清馬國
　　翰輯
　　玉函山房輯佚書本(同治皇華館刻、光
　　　緒李氏印、光緒嫏嬛館刻、光緒楚南

書局刻)

經 21214613
纂文一卷　南朝宋何承天撰　清黃奭輯
　　漢學堂叢書本(道光刻光緒印)
　　黃氏逸書考本(道光刻王鑒修補、朱長圻
　　　補刻)

經 21214614
纂文一卷　南朝宋何承天撰　清王仁
　　俊輯
　　玉函山房輯佚書續編本(稿本)

經 21214615
纂文一卷　南朝宋何承天撰　顧震福輯
　　小學鉤沈續編本(光緒刻)

經 21214616
纂文一卷　南朝宋何承天撰　龍璋輯
　　小學蒐佚本(民國鉛印)

經 21214617
何承天纂要文徵集一卷　南朝宋何承
　　天撰　清茆泮林輯
　　鶴壽堂叢書本(光緒刻)

經 21214618
纂要一卷　南朝宋顏延之撰　龍璋輯
　　小學蒐佚本(民國鉛印)

經 21214619
纂要解一卷　南朝宋顏延之撰　曹元
　　忠輯
　　南菁札記本(光緒刻)

經 21214620
纂要一卷　南朝梁元帝蕭繹撰　清任

大椿輯　清王念孫校
　小學鉤沈本（嘉慶刻、光緒抄、光緒刻）
　小學類編本（咸豐光緒刻,小學鉤沈）
　翠琅玕館叢書本（光緒刻,小學鉤沈）
　任氏三種本（清楊浚抄,小學鉤沈）
　芋園叢書本（民國彙印,小學鉤沈）

經 21214621
纂要一卷　南朝梁元帝蕭繹撰　清馬
　國翰輯
　玉函山房輯佚書本（同治皇華館刻、光
　　緒李氏印、光緒嫏嬛館刻、光緒楚南
　　書局刻）

經 21214622
纂要一卷　南朝梁元帝蕭繹撰　清黃
　奭輯
　漢學堂叢書本（道光刻光緒印）
　黃氏逸書考本（道光刻王鑒修補、朱長圻
　　補刻）

經 21214623
纂要一卷　南朝梁元帝蕭繹撰　顧震
　福輯
　小學鉤沈續編本（光緒刻）

經 21214624
纂要一卷　南朝梁元帝蕭繹撰　龍璋輯
　小學蒐佚本（民國鉛印）

經 21214625
纂要一卷　南朝梁元帝蕭繹撰　曹元
　忠輯
　南菁札記本（光緒刻）

經 21214626
埤雅二十卷　宋陸佃撰

明建文二年林瑜陳大本刻本　國圖
　（缺卷六、卷十二）　北大
明成化十五年劉廷吉刻本　東北師大
　陝西
明成化十五年劉廷吉刻嘉靖二年王
　俸重修本　國圖　上海
明嘉靖元年贛州府清獻堂刻本　國圖
　江西
五雅本（天啓刻）
明內府刻本　臺北故博
明刻本　北大
明刻本　國圖　上海
明刻本　南京博
明刻本　湖南
明末葉自本郎奎金參訂刻本　雲南
清初刻本　海寧
清康熙間顧棫校刻本　天津　上海
四庫全書薈要本（乾隆寫）
四庫全書本（乾隆寫）
五雅全書本（嘉慶刻）
清嘉慶九年刻本　遼寧
玲瓏山館叢書本（光緒刻）

經 21214627
重刊埤雅二十卷　宋陸佃撰
　明初刻本　國圖　上海
　明初刻遞修本　南京
　五雅本（嘉靖隆慶刻）

經 21214628
新刊埤雅二十卷　宋陸佃撰
　五雅本（萬曆刻）
　明刻本　國圖　上海
　明刻本　北大

經 21214629
新刻埤雅二十卷　宋陸佃撰

格致叢書本(萬曆刻)

經 21214630
增修埤雅廣要四十二卷　宋陸佃撰
　　明牛衷增修
　　明天順元年蜀府刻本　中央黨校
　　　吉大
　　明萬曆三十八年孫弘範刻本　中科院
　　　復旦　浙江

經 21214631
埤雅物異記言八卷　清董桂新撰
　　清抄本　上海

經 21214632
爾雅翼三十二卷　宋羅願撰
　　明正德十四年羅文殊刻本　國圖　北
　　　大　上海　復旦　黑龍江　山東
　　　天一閣　河南大學　湖北　廣東
　　　重慶　貴州博
　　五雅本(嘉靖隆慶刻)
　　明刻本　上海
　　明刻清補修本　南京
　　四庫全書薈要本(乾隆寫)
　　四庫全書本(乾隆寫)
　　清光緒十五年刻本　南京
　　清抄本　浙江

經 21214633
新刊爾雅翼三十二卷　宋羅願撰
　　五雅本(萬曆刻)

經 21214634
新刻爾雅翼三十二卷　宋羅願撰
　　格致叢書本(萬曆刻)
　　清刻本　北大

經 21214635
爾雅翼三十二卷　宋羅願撰　元洪焱
　　祖音釋
　　明萬曆三十三年羅文瑞刻本　國圖
　　　北大　中科院　上海　南京(清丁
　　　丙跋)　杭州
　　明天啓六年羅朗刻本　國圖　北大
　　明天啓間刻崇禎六年羅氏重修本　國
　　　圖　北大　天津　上海　東北師大
　　　蘇州　天一閣　安徽　安徽博(清
　　　陳鱣批校)　武漢　重慶　雲南
　　　大學
　　學津討原本(嘉慶刻、民國影印)

經 21214636
爾雅翼三十二卷附校記一卷　宋羅願
　　撰　元洪焱祖音釋　(校記)清洪汝
　　奎撰
　　洪氏晦木齋叢書本(同治宣統刻)

經 21214637
晦木齋洪氏重刊爾雅翼校記一卷　清
　　洪汝奎撰
　　洪氏晦木齋叢書本(同治宣統刻)

經 21214638
重校爾雅翼三十二卷　宋羅願撰　明
　　姚大受校補
　　明萬曆間刻本　國圖

經 21214639
玉名詁一卷　明楊愼撰
　　說郛本(宛委山堂刻)
　　函海本(乾隆刻、道光補刻、光緒刻)
　　清刻本　北大

經 21214640

駢雅七卷　明朱謀㙔撰
　明萬曆十七年朱統鎠玄湛堂刻本
　　國圖
　清抄本(魏笛生校並跋)　國圖
　四庫全書本(乾隆寫)
　借月山房彙鈔本(嘉慶刻、博古齋影印)
　澤古齋重鈔本(道光重編)
　豫章叢書本(民國刻,胡思敬輯)
　抄本(不分卷)　人大

經 21214641
駢雅七卷音釋一卷　明朱謀㙔撰
　明萬曆間刻本　泰州　浙江

經 21214642
駢雅十六卷(或題七卷)首一卷　明朱謀
　㙔撰　清魏茂林訓纂
　清道光十五年有不爲齋刻本　北師大
　　上海
　清道光十五年有不爲齋刻咸豐元年
　　增修本　北大　南京
　清道光二十九年刻本　上海
　清同治四年羣玉閣書室刻本　南京
　　遼寧
　清同治十一年經綸書室刻本　北大
　　上海
　清光緒七年成都淪雅齋刻本　北大
　　北師大
　清光緒七年成都淪雅齋刻民國四年
　　成都存古書局補刻本　湖南
　　雲南
　後知不足齋叢書本(光緒刻)
　清光緒二十年上海積山書局石印本
　　北大　天津
　清光緒二十年上海萬選書局石印本
　　北大　上海
　清末刻本　國圖(書名頁題光緒辛巳春

　　成都淪雅齋鋟板)
　民國十五年上海中原書局石印本　遼
　　寧　雲南

經 21214643
駢雅檢字二卷　清楊□編
　稿本　復旦

經 21214644
彙雅前集二十卷後編二十八卷　明張
　萱輯
　明萬曆三十四年張萱刻本　國圖

經 21214645
通雅一卷　清方以智撰
　韻學叢書本(稿本)　復旦

經 21214646
通雅切韻一卷　清方以智撰
　韻學叢書本(稿本)　北大
　丁西圃叢書本(光緒刻,韻學叢書)

經 21214647
別雅五卷　清吳玉搢撰
　清乾隆七年新安程氏督經堂刻本　北
　　大　北師大
　四庫全書本(乾隆寫)
　清盧文弨抄本　南京
　清道光二十九年小蓬萊山館刻巾箱
　　本　南開　甘肅
　菽林山房四種本(道光刻)
　文選樓叢書本(光緒刻)
　玲瓏山館叢書本(光緒刻)
　清光緒間雪滄抄本(存卷一至四)
　　湖南
　清抄本　復旦

經 21214648

別雅訂五卷　清許瀚撰
　　清抄本(清翁綬琪校)　復旦
　　滂喜齋叢書本(光緒刻)

經 21214649

別雅類五卷　清吳玉搢撰
　　景袁齋叢書本(光緒刻)

經 21214650

九穀考四卷　清程瑤田撰
　　通藝錄本(嘉慶刻)
　　皇清經解本(道光刻、咸豐補刻、鴻寶齋
　　　石印、點石齋石印)
　　安徽叢書本(民國影印,通藝錄)

經 21214651

釋蟲小記一卷　清程瑤田撰
　　通藝錄本(嘉慶刻)
　　皇清經解本(道光刻、咸豐補刻、鴻寶齋
　　　石印、點石齋石印)
　　安徽叢書本(民國影印,通藝錄)

經 21214652

釋草小記二卷　清程瑤田撰
　　通藝錄本(嘉慶刻)
　　安徽叢書本(民國影印,通藝錄)

經 21214653

釋草小記一卷　清程瑤田撰
　　皇清經解本(道光刻、咸豐補刻、鴻寶齋
　　　石印、點石齋石印)

經 21214654

果臝轉語記一卷附校記一卷　清程瑤
　　田撰　(校記)洪汝闓撰
　　安徽叢書本(民國影印)

經 21214655

果臝轉語記校記一卷　洪汝闓撰
　　安徽叢書本(民國影印)

經 21214656

釋繒一卷　清任大椿撰
　　燕禧堂五種本(乾隆刻)
　　皇清經解本(道光刻、咸豐補刻、鴻寶齋
　　　石印、點石齋石印)

經 21214657

課業餘談三卷　清陶煒撰
　　學海類編本(道光木活字印、民國影印)

經 21214658

通詁二卷　清李調元撰
　　函海本(乾隆刻、道光補刻、光緒刻)

經 21214659

奇字名十二卷　清李調元撰
　　函海本(乾隆刻、道光補刻、光緒刻)

經 21214660

經雅不分卷　清戴震撰
　　稿本　湖北

經 21214661

新爾雅二卷　清李文藻撰
　　稿本　湖南
　　民國間漢口聖教書局鉛印本　湖北
　　　武漢

經 21214662

駢字分箋二卷　清程際盛(程琰)撰
　　清藍格抄本(存卷上)　國圖
　　藝海珠塵本(嘉慶刻道光增刻)

經 21214663
駢字分箋一卷　清程際盛(程琰)撰
　　昭代叢書本(道光刻)

經 21214664
肄雅釋詞二卷　清楊瓊撰
　　清光緒二十三年聲龢堂刻本　國圖
　　　上海

經 21214665
演雅四十二卷　清王初桐撰
　　稿本　國圖

經 21214666
比雅十九卷　清洪亮吉撰
　　菽林山房四種本(道光刻)
　　粵雅堂叢書本(咸豐刻)
　　文選樓叢書本(光緒刻)
　　玲瓏山館叢書本(光緒刻)

經 21214667
比雅十卷　清洪亮吉撰
　　洪北江全集本(光緒刻)

經 21214668
拾雅六卷　清夏味堂撰
　　清嘉慶二十四年高郵夏味堂刻高郵
　　　夏氏遂園印本　北大　南京

經 21214669
拾雅二十卷　清夏味堂撰　清夏紀堂注
　　清嘉慶二十五年刻本　中科院　天津
　　清道光二年刻高郵夏氏遂園印本
　　　北大

經 21214670
支雅二卷　清劉燦撰

　　清道光六年劉燦刻本　天津　南京
　　清抄本　北大

經 21214671
釋罏二卷　清張金吾撰
　　清抄本　南京
　　吳縣王氏學禮齋傳抄稿本　復旦

經 21214672
說雅一卷　清朱駿聲撰
　　清道光二十八年黟縣學舍刻本　北大
　　　復旦
　　清道光二十九年刻咸豐元年孔彰臨
　　　嘯閣補刻本　復旦　湖北
　　清道光二十九年刻同治九年孔彰臨
　　　嘯閣補刻本　國圖　遼寧
　　清光緒十二年上海積山書局石印本
　　　北大　浙江　遼寧
　　清光緒十四年上海鴻文書局石印本
　　　北大
　　民國十七年上海掃葉山房石印本
　　　北大

經 21214673
說雅二卷　清朱駿聲撰
　　花雨樓叢鈔本(光緒刻)

經 21214674
釋穀四卷　清劉寶楠撰
　　清咸豐五年刻本　天津　南京
　　皇清經解續編本(光緒刻、光緒石印)
　　清光緒十四年廣雅書局刻本　復旦
　　　南京　中科院
　　廣雅書局叢書本(光緒刻)

經 21214675
小學駢支八卷校勘記一卷　清田寶臣撰

海陵叢刻本(民國鉛印)

抄本(無校勘記)　中科院

經 21214676

韻雅六卷古跡詩鈔一卷　清吳采撰

　清嘉慶二十三年居業廬刻本　中科院
　　天津

經 21214677

羃雅四卷　清陳肇波撰

　清光緒十六年福建刻本　天津

經 21214678

疊雅十三卷雙名錄一卷　清史夢蘭撰

　止園叢書本(同治刻)

經 21214679

韻雅一卷　清俞樾撰

　春在堂全書本(同治至光緒刻,曲園雜
　纂)

經 21214680

小演雅一卷續錄一卷別錄一卷附錄一
　卷　清楊浚編

　清光緒四年冠海堂刻本　中科院　復
　　旦　吉大　東北師大
　清光緒五年誦芬堂木活字印本　國圖
　　天津

經 21214681

小演雅一卷　清觀頮道人編

　抄本　國圖

經 21214682

小演雅別錄一卷　清楊浚編

　清光緒四年冠海堂刻本　中科院
　　復旦

清光緒五年誦芬堂木活字印本　天津

經 21214683

小演雅續錄一卷　清楊浚編

　清光緒四年冠海堂刻本　中科院　復旦
　清光緒五年誦芬堂木活字印本　天津

經 21214684

小演雅附錄一卷　清楊浚編

　清光緒四年冠海堂刻本　中科院
　　復旦
　清光緒五年誦芬堂木活字印本　天津

經 21214685

字雅十二卷　清英浩撰

　稿本　中科院
　清英浩第七次稿本(存卷五至六)
　　湖北

經 21214686

新爾雅三卷　清汪榮寶撰　葉瀾纂

　清光緒三十年刻本　甘肅　南京
　清宣統三年石印本　南京
　清光緒三十一年日本東京鉛印本
　　湖北
　民國間鉛印本　國圖

經 21214687

羣雅劄記二卷　程先甲撰

　千一齋全書本(清末民國初刻)

經 21214688

釋幣二卷　王國維撰

　雪堂叢刻本(民國鉛印)
　海寧王忠愨公遺書本(民國鉛印石印)
　海寧王靜安先生遺書本(民國石印)

經 21214689

釋馬一卷　張重威撰

　民國間石印本　　南開

字　詁

經 21214690

漢詁纂十九卷　明陳禹謨輯

　明萬曆二十四年刻本　　上海

經 21214691

雜字指一卷　漢郭訓撰　清馬國翰輯

　玉函山房輯佚書本（同治皇華館刻、光
　　緒李氏印、光緒郎嬛館刻、光緒楚南
　　書局刻）

經 21214692

古今字詁一卷　三國魏張揖撰　清任
　大椿輯　清王念孫校

　小學鉤沈本（嘉慶刻、光緒抄、光緒刻）

　小學類編本（咸豐光緒刻，小學鉤沈）

　翠琅玕館叢書本（光緒刻，小學鉤沈）

　任氏三種本（清楊浚抄，小學鉤沈）

　芋園叢書本（民國彙印，小學鉤沈）

經 21214693

字詁一卷　三國魏張揖撰　清陳鱣輯

　古小學鉤沈本（稿本）　　國圖

經 21214694

古今字詁一卷　三國魏張揖撰　清馬國
　翰輯

　玉函山房輯佚書本（同治皇華館刻、光緒
　　李氏印、光緒郎嬛館刻、光緒楚南書局
　　刻）

經 21214695

古今字詁一卷　三國魏張揖撰　清黃

奭輯

　知足齋叢書本（道光刻）

　漢學堂叢書本（道光刻光緒印）

　黃氏逸書考本（道光刻王鑒修補、朱長圻
　　補刻）

經 21214696

古今字詁一卷　三國魏張揖撰　顧震
　福輯

　小學鉤沈續編本（光緒刻）

經 21214697

古今字詁一卷　三國魏張揖撰　龍璋輯

　小學蒐佚本（民國鉛印）

經 21214698

古今字詁疏證一卷　清許瀚撰　山東
　省立圖書館輯

　民國二十三年瑞安陳氏袌殷堂鉛印
　　本　　國圖　湖北

　民國二十六年濟南聚文齋鉛印本　　中
　　科院

經 21214699

雜字一卷　三國魏張揖撰　清任大椿
　輯　清王念孫校

　小學鉤沈本（嘉慶刻、光緒抄、光緒刻）

　小學類編本（咸豐光緒刻，小學鉤沈）

　翠琅玕館叢書本（光緒刻，小學鉤沈）

　任氏三種本（清楊浚抄，小學鉤沈）

　芋園叢書本（民國彙印，小學鉤沈）

經 21214700

雜字一卷　三國魏張揖撰　清馬國翰輯

　玉函山房輯佚書本（同治皇華館刻、光
　　緒李氏印、光緒郎嬛館刻、光緒楚南
　　書局刻）

經 21214701
雜字一卷　三國魏張揖撰　龍璋輯
　小學蒐佚本(民國鉛印)

經 21214702
周成難字一卷　三國魏周成撰　清任
　大椿輯　清王念孫校
　小學鉤沈本(嘉慶刻、光緒抄、光緒刻)
　小學類編本(咸豐光緒刻,小學鉤沈)
　翠琅玕館叢書本(光緒刻,小學鉤沈)
　任氏三種本(清楊浚抄,小學鉤沈)
　芋園叢書本(民國彙印,小學鉤沈)

經 21214703
周成難字一卷　三國魏周成撰　顧震
　福輯
　小學鉤沈續編本(光緒刻)

經 21214704
周成難字一卷　三國魏周成撰　龍璋輯
　小學蒐佚本(民國鉛印)

經 21214705
雜字解詁一卷　三國魏周成撰　清任
　大椿輯　清王念孫校
　小學鉤沈本(嘉慶刻、光緒抄、光緒刻)
　小學類編本(咸豐光緒刻,小學鉤沈)
　翠琅玕館叢書本(光緒刻,小學鉤沈)
　任氏三種本(清楊浚抄,小學鉤沈)
　芋園叢書本(民國彙印,小學鉤沈)

經 21214706
雜字解詁一卷　三國魏周成撰　清馬
　國翰輯
　玉函山房輯佚書本(同治皇華館刻、光
　　緒李氏印、光緒嫏嬛館刻、光緒楚南
　　書局刻)

經 21214707
雜字解詁一卷　三國魏周成撰　顧震
　福輯
　小學鉤沈續編本(光緒刻)

經 21214708
雜字解詁一卷　三國魏周成撰　龍璋輯
　小學蒐佚本(民國鉛印)

經 21214709
異字一卷　三國吳朱育撰　清馬國翰輯
　玉函山房輯佚書本(同治皇華館刻、光
　　緒李氏印、光緒嫏嬛館刻、光緒楚南
　　書局刻)

經 21214710
異字一卷　三國吳朱育撰　龍璋輯
　小學蒐佚本(民國鉛印)

經 21214711
字指一卷　晉李彤撰　清任大椿輯
　　清王念孫校
　小學鉤沈本(嘉慶刻、光緒抄、光緒刻)
　小學類編本(咸豐光緒刻,小學鉤沈)
　翠琅玕館叢書本(光緒刻,小學鉤沈)
　任氏三種本(清楊浚抄,小學鉤沈)
　芋園叢書本(民國彙印,小學鉤沈)

經 21214712
字指一卷　晉李彤撰　清馬國翰輯
　玉函山房輯佚書本(同治皇華館刻、光
　　緒李氏印、光緒嫏嬛館刻、光緒楚南
　　書局刻)

經 21214713
字指一卷　晉李彤撰　清黃奭輯
　知足齋叢書本(道光刻)

漢學堂叢書本(道光刻光緒印)
黃氏逸書考本(道光刻王鑒修補、朱長圻
　　補刻)

經 21214714
字指一卷　晉李彤撰　顧震福輯
　小學鉤沈續編本(光緒刻)

經 21214715
字指一卷　晉李彤撰　龍璋輯
　小學蒐佚本(民國鉛印)

經 21214716
字訓一卷　晉殷仲堪撰　龍璋輯
　小學蒐佚本(民國鉛印)

經 21214717
小學篇一卷　晉王義撰　清任大椿輯
　清王念孫校
　小學鉤沈本(嘉慶刻、光緒抄、光緒刻)
　小學類編本(咸豐光緒刻,小學鉤沈)
　翠琅玕館叢書本(光緒刻,小學鉤沈)
　任氏三種本(清楊浚抄,小學鉤沈)
　芋園叢書本(民國彙印,小學鉤沈)

經 21214718
小學篇一卷　晉王義撰　顧震福輯
　小學鉤沈續編本(光緒刻)

經 21214719
小學篇一卷　晉王義撰　龍璋輯
　小學蒐佚本(民國鉛印)

經 21214720
異字音一卷　清任大椿輯　清王念孫校
　小學鉤沈本(嘉慶刻、光緒抄、光緒刻)
　小學類編本(咸豐光緒刻,小學鉤沈)

翠琅玕館叢書本(光緒刻,小學鉤沈)
任氏三種本(清楊浚抄,小學鉤沈)
芋園叢書本(民國彙印,小學鉤沈)

經 21214721
異字音一卷　龍璋輯
　小學蒐佚本(民國鉛印)

經 21214722
文字釋訓一卷　南朝梁釋寶誌撰　龍
　璋輯
　小學蒐佚本(民國鉛印)

經 21214723
刊謬正俗八卷　唐顏師古撰
　明刻本　國圖
　清乾隆間抄本　國圖
　清抄本　國圖(佚名錄清何焯校跋)
　　南京
　崇文書局彙刻書本(光緒刻)
　民國元年鄂官書處刻本　湖南　武漢

經 21214724
匡謬正俗八卷　唐顏師古撰
　雅雨堂藏書本(乾隆刻)
　四庫全書本(乾隆寫)
　藝海珠塵本(嘉慶刻道光增刻)
　清咸豐四年鄭知同抄本　四川
　反約篇本(同治抄)　福建師大
　古經解彙函本(小學彙函,同治刻、光緒
　　石印、光緒刻)
　清抄本　國圖
　關中叢書本(民國鉛印)

經 21214725
匡謬正俗八卷附匡謬正俗續述三卷
　唐顏師古撰　清章嗣韓注並輯

續述
　清抄本　湖北

經 21214726
匡謬正俗續述三卷　清章嗣韓輯
　清抄本　湖北

經 21214727
古今正字二卷　唐張戩撰　龍璋輯
　小學蒐佚本(民國鉛印)

經 21214728
集訓一卷　唐張戩撰　龍璋輯
　小學蒐佚本(民國鉛印)

經 21214729
文字典說一卷　唐張戩撰　龍璋輯
　小學蒐佚本(民國鉛印)

經 21214730
文字釋要一卷　唐張戩撰　龍璋輯
　小學蒐佚本(民國鉛印)

經 21214731
音隱一卷　唐□□撰　龍璋輯
　小學蒐佚本(民國鉛印)

經 21214732
訓文一卷　龍璋輯
　小學蒐佚本(民國鉛印)

經 21214733
異苑一卷　龍璋輯
　小學蒐佚本(民國鉛印)

經 21214734
羣書字要一卷　龍璋輯

　小學蒐佚本(民國鉛印)

經 21214735
字詁一卷　龍璋輯
　小學蒐佚本(民國鉛印)

經 21214736
字譜一卷　龍璋輯
　小學蒐佚本(民國鉛印)

經 21214737
字鏡一卷　龍璋輯
　小學蒐佚本(民國鉛印)

經 21214738
新字解訓一卷　龍璋輯
　小學蒐佚本(民國鉛印)

經 21214739
正字辨惑一卷　龍璋輯
　小學蒐佚本(民國鉛印)

經 21214740
字書音義一卷　龍璋輯
　小學蒐佚本(民國鉛印)

經 21214741
音訓一卷　龍璋輯
　小學蒐佚本(民國鉛印)

經 21214742
小學一卷　清黃奭輯
　漢學堂叢書本(道光刻光緒印)
　黃氏逸書考本(道光刻王鑒修補、朱長圻
　　補刻)

經 21214743

金壺字考一卷　宋釋適之撰
　　說郛本（宛委山堂刻）
　　同文考證四種本（嘉慶刻、道光刻）
　　書三味樓叢書本（嘉慶刻,同文考證）
　　青照堂叢書本（道光刻）

經 21214744
增訂金壺字考十九卷二集二十一卷補
　　錄一卷補注一卷　宋釋適之編
　　清田朝恆增訂並續編二集等
　　清乾隆二十四至二十七年貽安堂刻
　　　本　北大　中科院　復旦　浙江
　　　湖北

經 21214745
金壺字考二集二十一卷　清田朝恆撰
　　清乾隆二十七年貽安堂刻本　北大
　　　中科院　湖北

經 21214746
金壺字考補錄一卷　清田朝恆撰
　　增訂金壺字考附（乾隆刻）　北大　中
　　　科院　湖北

經 21214747
金壺字考補注一卷　清田朝恆撰
　　增訂金壺字考附（乾隆刻）　北大　中
　　　科院　湖北

經 21214748
增訂金壺字考四卷附古體假借字一卷
　　清郝在田輯
　　清同治十二年刻本　浙江

經 21214749
增訂金壺字考一卷附古體假借字一卷
　　清郝在田輯

　　清同治十三年京都琉璃廠東龍雲齋
　　　刻本　上海　南京
　　清光緒元年刻本　國圖
　　清光緒四年嘯園刻本　南京

經 21214750
校增金壺字考一卷　清郝普霖增訂
　　清光緒九年懿文齋刻本　湖北

經 21214751
古體假借字一卷　清郝在田輯
　　清同治十二年刻本　浙江
　　清同治十三年京都琉璃廠東龍雲齋
　　　刻本　上海　南京
　　清光緒元年刻本　國圖
　　清光緒四年嘯園刻本　南京

經 21214752
金壺精萃四卷附疊文一卷　宋釋適之
　　撰　清郝在田編　清張仰山輯
　　錄注
　　清光緒二年京師松竹齋寫刻本　北大
　　　天津　浙江

經 21214753
經子難字二卷　明楊慎撰
　　楊升庵雜著本（明刻）

經 21214754
讀史字難一卷附五經正字五卷　明胡
　　一愚撰
　　明刻本　上海

經 21214755
疑砭錄二卷　明張登雲撰
　　清乾隆四十八年吳翌鳳抄本　國圖

經 21214756

古今字考六卷　明呂一奏撰
　　明崇禎元年刻本　清華　北師大　中
　　　科院

經 21214757

字詁一卷　清黃生撰
　　四庫全書本(乾隆寫)
　　清乾隆五十三年歙浦黃氏重刻本
　　　復旦
　　清劉氏嘉蔭簃抄本　上海
　　清孫傳鳳手抄本(清吳大澂題籤)　上海
　　指海本(道光刻、民國影印)

經 21214758

欽定四庫全書字詁一卷　清黃生撰
　　抄本　南京

經 21214759

字詁一卷　清黃生撰　清黃承吉按
　　清道光二十二年刻字詁義府合按本
　　　中科院　上海　湖北
　　夢陔堂全集本(道光刻)
　　清光緒三年歙西黃氏刻增注字詁義
　　　府合按本　國圖　上海
　　清歙浦黃氏家刻江州聚氏重修本
　　　上海
　　安徽叢書本(民國影印)

經 21214760

承吉兄字說一卷　清黃承吉撰
　　夢陔堂全集本(道光刻)
　　清光緒三年歙西黃氏刻增注字詁義
　　　府合按本　國圖　上海
　　安徽叢書本(民國影印)

經 21214761

連文釋義一卷　清王言撰
　　昭代叢書本(康熙刻、道光刻)

經 21214762

戴東原轉語釋補四卷首一卷　曾廣源撰
　　民國十八年海事編譯局鉛印本　中科
　　　院　復旦　遼寧

經 21214763

解字小記一卷　清程瑤田撰
　　通藝錄本(嘉慶刻)
　　皇清經解本(道光刻、咸豐補刻、鴻寶齋
　　　石印、點石齋石印)
　　安徽叢書本(民國影印)

經 21214764

聲類不分卷　清錢大昕撰
　　清嘉慶元年錢繹抄本(錢繹跋)　遼寧
　　清抄本　國圖
　　韻學叢書本(稿本)　北大
　　丁酉圃叢書本(光緒刻,韻學叢書)

經 21214765

聲類四卷　清錢大昕撰
　　清道光五年汪恩刻本　上海　浙江
　　　湖北
　　粵雅堂叢書本(咸豐刻)
　　清道光二十九年陳安士刻本　北大
　　嘉定錢氏潛研堂全書本(光緒刻)
　　文學山房叢書本(民國木活字印)
　　抄本　南開

經 21214766

音同義異辨一卷　清畢沅撰
　　經訓堂叢書本(乾隆刻、光緒影印)
　　金峨山館叢書本(光緒刻)
　　清宣統二年周魯齋紅格抄本　國圖

經 21214767
疊韻轉語一卷　清王念孫撰
　稿本　北大
　民國間北大研究所油印王氏手稿抄
　　本　中科院

經 21214768
釋大八卷　清王念孫撰
　清末鉛印本　北師大　天津
　民國二十七年渭南嚴氏成都賁園刻
　　本　中科院　湖北

經 21214769
釋大一卷　清王念孫撰
　高郵王氏遺書七種本(羅振玉鉛印,一卷)

經 21214770
釋人注一卷　清孫馮翼撰
　問經堂叢書本(嘉慶刻)

經 21214771
釋歲不分卷　清洪亮吉撰
　稿本　上海

經 21214772
俗字雅義一卷　清徐慶曾撰
　稿本　上海

經 21214773
小學說一卷　清吳夌雲撰
　廣雅書局叢書本(光緒刻)

經 21214774
疊字韻編五卷　清周文鼎撰
　稿本　國圖

經 21214775

周秦名字解故二卷　清王引之撰
　清嘉慶間刻本　國圖　中科院

經 21214776
周秦名字解故附錄一卷　清王萱齡撰
　清道光間刻本　國圖
　畿輔叢書本(光緒刻)

經 21214777
周秦名字解故補一卷　清王萱齡撰
　聚學軒叢書本(光緒刻)

經 21214778
分韻字考不分卷　□□撰
　清嘉慶十六年刻本　湖北

經 21214779
經字異同二十八卷　清張維屏輯
　清道光二十年刻本　南京

經 21214780
經字異同四十八卷　清張維屏輯
　清光緒五年清泉精舍刻本　南京　湖北

經 21214781
祁大夫字說一卷　清祁寯藻輯
　清道光二十七年刻本　國圖　遼寧

經 21214782
古人文注不分卷　清張澍撰
　稿本　陝西博

經 21214783
經史通字不分卷　清張澍撰
　稿本　陝西博

經 21214784

字說二十五卷　清□□撰
　　清抄本(清何紹基跋)　湖南

經 21214785
聲訓緯纂不分卷重訂諧聲表不分卷
　　　清黃以愚撰
　　稿本　國圖

經 21214786
聲訓緯纂十五卷　清黃以愚撰
　　民國間張氏約園抄本　國圖

經 21214787
釋言語不分卷　清吳大中撰
　　稿本　上海

經 21214788
字義擬一卷　清尹尚廉撰
　　清道光間刻本　雲南

經 21214789
親屬記二卷　清鄭珍撰　清陳榘補
　　清光緒十二年貴州陳氏悟蘭吟館刻
　　　　本　中科院　上海
　　廣雅書局叢書本(光緒刻)
　　巢經巢全集本(民國鉛印)

經 21214790
說俞一卷　清俞樾撰
　　春在堂全書本(同治至光緒刻,俞樓雜
　　　纂)

經 21214791
正字簡四卷　清馮繼照述
　　清道光二十八年柳波館刻本　湖北

經 21214792

訓詁珠塵二卷　清江含春撰
　　楞園仙書本

經 21214793
字義補十二卷　清周天益撰
　　六書本(清抄、民國鉛印)

經 21214794
字義鏡新一卷　清王廷鼎撰
　　紫薇花館集本(光緒刻,紫薇花館小學
　　　編)

經 21214795
釋字一卷　清王煥奎撰
　　景紫堂全書本(咸豐刻同治印、民國刻)

經 21214796
讀詩考字二卷附補一卷　清程大鏞撰
　　清道光二十五年刻光緒十三年補刻
　　　叢桂軒本　南京

經 21214797
字義辨同一卷　清張之洞輯
　　清光緒三十二年培新堂刻本　中科院

經 21214798
字說一卷　清吳大澂撰
　　清光緒十九年長沙思賢講舍刻本　北
　　　大　中科院　南京　浙江　遼寧
　　清光緒二十六年思賢講舍重刻本
　　　湖北
　　民國四年汪克塤抄本　南京
　　民國十二年振新書社影印本　復旦

經 21214799
通俗字林辨證五卷　清唐壎輯
　　清咸豐六年錫山丁氏刻本　北大

湖北
民國五年保陽大同石印局石印本　國
　　圖　湖北

經 21214800
說迪一卷　清畢以田撰
　　清道光二十七年刻本　國圖

經 21214801
訓詁諧音四卷　清槐蔭主人編
　　清光緒八年唫梅書室刻本　北師大
　　　湖南
　　清宣統元年寶慶詳隆書局刻本　湖南

經 21214802
娛萊軒字釋一卷附錄一卷　清章震福
　　撰並訂
　　清光緒二十年鉛印本　湖北
　　清光緒三十四年鉛印本　國圖

經 21214803
經名故一卷　清許莊述撰
　　清光緒十四年刻本　南開

經 21214804
聖門名字纂詁二卷補遺一卷　清洪恩
　　波撰
　　清光緒二十三年刻本(無補遺)　南京
　　清光緒二十三年刻二十五年金陵官
　　　書局重校補正本　中科院　南京

經 21214805
字義聲韻辨異五卷首一卷　清楊維增撰
　　清光緒二十一年刻本　中科院　復旦

經 21214806
說篆臆存雜說一卷　清吳錦章撰

清光緒二十三年崇雅精舍刻本　北大
　上海　湖北

經 21214807
古語訓畧一卷　清□□撰
　　清抄本　國圖

經 21214808
同音辨義一卷　清于遠撰
　　稿本　上海

經 21214809
字訓四卷附字畫考　清李士鉁纂輯
　　清末石印本　北大
　　民國間石印本　天津

經 21214810
文字通釋畧四卷　清鍾祖綬撰
　　清光緒三十四年刻本　國圖　上海

經 21214811
釋音辨義不分卷　清潘榮撰
　　清末抄本　天津

經 21214812
釋人疏證二卷　葉德輝撰
　　觀古堂彙刻書本(光緒刻)
　　郋園先生全書本(民國彙印)

經 21214813
文始九卷　章炳麟撰
　　民國二年浙江圖書館影印稿本　復旦
　　　遼寧
　　章氏叢書本(浙江圖書館刻、古書流通處
　　　影印、右文社鉛印)

經 21214814

文始箋一卷補遺一卷　章炳麟撰
　　民國間國立湖南大學石印本　湖南

經 21214815
釋史一卷　王國維撰
　　廣倉學宭叢書甲類本（民國鉛印）

經 21214816
聯綿字譜三卷　王國維撰
　　海寧王忠慤公遺書本（民國鉛印石印）
　　海寧王靜安先生遺書本（民國石印）

經 21214817
釋人一卷　余董耀撰
　　遯廬叢著本（稿本）　浙江

經 21214818
說林一卷　邵瑞彭撰
　　邵次公遺著本（稿本）　浙江

經 21214819
小學達詁錄十一卷　羅時憲撰
　　民國二年刻本　中科院

經 21214820
潮汐二字考一卷附朝宗於海論一卷
　　綏和逸士撰
　　民國二十年鉛印本　復旦

經 21214821
訓字例彙一卷　□□輯
　　民國間抄本　湖北

經 21214822
江氏達詁二卷　江衍撰
　　民國間海上經學院鉛印本　遼寧

方　言

經 21214823
輶軒絕代語一卷　漢揚雄撰
　　說郛本（宛委山堂刻）
　　五朝小說本（清彙印）
　　五朝小說大觀本（民國掃葉山房石印）
　　龍威祕書本（乾隆刻）
　　增訂漢魏叢書本（乾隆刻、光緒刻、宣統
　　　石印）
　　古今說部叢書本（宣統至民國鉛印）

經 21214824
方言佚文一卷　漢揚雄撰　清王仁俊輯
　　經籍佚文本（稿本）

經 21214825
輶軒使者絕代語釋別國方言解（輶軒使
　　者絕代語釋別國方言）十三卷　漢揚
　　雄撰　晉郭璞注
　　宋慶元六年尋陽郡齋刻本　國圖
　　清光緒間福山王氏天壤閣影宋刻本
　　　　國圖　中科院
　　民國三年江安傅氏影宋刻本　國圖
　　　南開　遼寧
　　明正德四年李珏刻本　國圖
　　漢魏叢書本（萬曆刻、民國影印）
　　明天啓七年郎氏堂策檻刻本　湖北
　　古今逸史本（明刻）
　　景印元明善本叢書十種本（古今逸史）
　　明刻本　國圖
　　明抄本（卷七至十三配清抄本）　南京
　　武英殿聚珍版書本（木活字印、福建重
　　　刻、廣東重刻）
　　四庫全書本（乾隆寫）
　　清嘉慶六年會稽樊廷緒刻本　北大
　　　上海　南開

清道光九年朱士端抄本　南京
清刻本　湖北
清抄本　北大　南京

經21214826
新刻輶軒使者絕代語釋別國方言不分
　　卷　漢揚雄撰
　格致叢書本(萬曆刻)

經21214827
方言十三卷　漢揚雄撰
　明刻本　國圖
　明末刻本　湖南
　廣漢魏叢書本(萬曆刻、嘉慶刻)
　增訂漢魏叢書本(乾隆刻、光緒刻、宣統
　　石印、民國石印)
　子書百家本(光緒刻、民國石印)
　二十五子彙函本(光緒石印)
　民國四年龍文閣鉛印本　復旦

經21214828
輶軒使者絕代語釋別國方言十三卷校
　　正補遺一卷　漢揚雄撰　晉郭璞
　　注　清盧文弨校正並補遺
　抱經堂叢書本(乾隆嘉慶刻、民國影印)
　古經解彙函本(小學彙函,同治刻、光緒
　　石印、光緒刻)

經21214829
輶軒使者絕代語釋別國方言校正補遺
　　一卷　清盧文弨撰
　抱經堂叢書本(乾隆嘉慶刻、民國影印,
　　方言附)
　古經解彙函本(小學彙函,同治刻、光緒
　　石印、光緒刻)

經21214830

輶軒使者絕代語釋別國方言十三卷附
　　宋本方言校勘記一卷　漢揚雄撰
　　晉郭璞注　王秉恩校勘
　民國二年華陽王秉恩影宋刻本　國圖
　　湖北

經21214831
宋本方言校勘記一卷　王秉恩撰
　民國二年華陽王秉恩刻本　國圖
　　湖北

經21214832
輶軒使者絕代語釋別國方言類聚四卷
　　漢揚雄撰　晉郭璞解　明陳與郊
　　類聚
　明萬曆間刻本　上海

經21214833
輶軒使者絕代語釋別國方言十三卷
　　漢揚雄撰　清戴震疏證
　微波榭叢書本(乾隆刻)
　清光緒八年汗青簃重校刻微波榭本
　　北大　浙江　南京　湖北
　安徽叢書本(民國影印,戴東原先生全
　　集)

經21214834
戴東原方言校本簽注一卷　清丁杰撰
　清乾隆四十五年大興金紹縆抄本
　　上海

經21214835
輶軒使者絕代語釋別國方言疏證補一
　　卷　清王念孫證補
　高郵王氏遺書七種本(羅振玉鉛印)
　民國二十七年渭南嚴氏成都貴園刻
　　本(嚴式誨校)　湖北

經 21214836
方言補校一卷　清劉台拱撰
　　劉端臨先生遺書本（嘉慶刻、道光刻）
　　廣雅書局叢書本（光緒刻）

經 21214837
方言校補十三卷　顧震福撰
　　清抄本　湖南

經 21214838
方言釋義十三卷　清王維言撰
　　稿本　山東

經 21214839
輶軒使者絕代語釋別國方言箋疏十三
　　卷　漢揚雄撰　清錢繹箋疏
　　清光緒十六年紅蝠山房刻本　中科院
　　　故宮　上海
　　清光緒十六年紅蝠山房刻民國十八
　　　年補刻本　湖北
　　積學齋叢書本（光緒刻）

經 21214840
輶軒使者絕代語釋別國方言箋疏十三
　　卷附方言箋疏校勘記一卷　漢揚
　　雄撰　清錢繹箋疏　清何翰章
　　校勘
　　廣雅書局叢書本（光緒刻）

經 21214841
方言箋疏校勘記一卷　清何翰章撰
　　廣雅書局叢書本（光緒刻）

經 21214842
方言釋字十三卷　清汪汲輯
　　稿本　山東

經 21214843
方言釋字一卷　清汪汲輯
　　清嘉慶七年古愚山房刻本　北師大
　　　南京

經 21214844
方言釋字一卷部首一卷連用字一卷
　　清汪汲輯
　　清同治二年金雅堂刻本　南京

經 21214845
方言韻語一卷　清夢雨老人撰
　　清光緒二十五年刻本　上海

經 21214846
揚雄方言存沒考一卷　葉瀚撰
　　晚學廬叢稿本（稿本）

經 21214847
輶軒使者絕代語釋別國方言十三卷首
　　一卷續方言二卷續方言補一卷
　　漢揚雄撰　晉郭璞注　（續方言）清
　　杭世駿撰　（續方言補）清程際盛
　　（程瑤）撰
　　清光緒十七年思賢講舍刻本　北大
　　　人大　北師大

經 21214848
續方言二卷　清杭世駿撰
　　清雍正間刻本　湖南（四庫全書底本）
　　四庫全書本（乾隆寫）
　　清乾隆間刻本　國圖
　　杭大宗七種叢書本（乾隆刻、咸豐刻）
　　藝海珠塵本（嘉慶刻道光增刻）
　　明辨齋叢書本（咸豐同治刻）
　　清光緒十七年思賢講舍刻本　北大
　　　人大　北師大

道古堂外集本(乾隆刻、光緒刻)
道古堂外集本(乾隆刻)　南京(清吳翊
　鳳校並跋)
清湘陰郭氏刻本　故宮
食舊堂叢書本(民國刻)

經 21214849
續方言一卷　清杭世駿撰
　昭代叢書本(道光刻)
　清光緒八年錢塘諸可寶黑格抄本
　　國圖

經 21214850
續方言補(續方言補正)二卷　清程際盛
　(程琰)撰
　清雍正間刻本　湖南(四庫全書底本)
　程氏經學六種本(乾隆活字印)　中
　　科院
　稻香樓雜著本(清木活字印)
　清抄本　北大
　清抄本　遼寧
　藝海珠塵本(嘉慶刻道光增刻)

經 21214851
續方言補(續方言補正)一卷　清程際盛
　(程琰)撰
　清光緒八年錢塘諸可寶黑格抄本
　　國圖
　清光緒十七年思賢講舍刻本　北大
　　人大　北師大
　清湘陰郭氏刻本　故宮

經 21214852
續方言(戴東原續方言手稿二卷)　清戴
　震記
　稿本　清華
　民國二十一年中央研究院歷史語言

研究所影印稿本　遼寧　湖北
安徽叢書本(民國影印)

經 21214853
續方言疏證二卷　清沈齡撰
　木犀軒叢書本(光緒刻)

經 21214854
讀江都沈與九齡續方言疏證劄記二卷
　清□□撰
　清抄本　北大

經 21214855
續方言拾遺二卷　張慎儀撰
　清光緒十六年刻本　北師大

經 21214856
續方言新校補二卷　張慎儀撰
　清光緒間刻簑園叢書本　遼寧
　念劬堂叢書本(光緒刻,簑園叢書七種)
　清光緒間鉛印本　中科院

經 21214857
方言別錄四卷　張慎儀撰
　清宣統二年刻簑園叢書本　遼寧
　念劬堂叢書本(宣統刻,簑園叢書七種)

經 21214858
續方言又補二卷　徐乃昌撰
　清光緒二十一年刻本　國圖
　鄎齋叢書本(光緒刻)
　隨盦所著書本(民國彙印)

經 21214859
廣續方言四卷拾遺一卷　程先甲輯
　清光緒二十三年木活字印本(黃侃點
　　讀)　國圖　北大　復旦　湖北

清光緒二十八年刻本 中科院
千一齋全書本(清末民國初刻)

經 21214860
廣續方言拾遺一卷 程先甲輯
千一齋全書本(清末民國初刻)

經 21214861
讀方言小記一卷 程先甲輯
千一齋全書本(清末民國初刻)

經 21214862
蜀語一卷 明李實撰
函海本(乾隆刻、道光補刻、光緒刻)
民國四年成都存古書局刻本 國圖
南京 遼寧

經 21214863
俗言一卷 明楊慎撰
函海本(乾隆刻、道光補刻、光緒刻)

經 21214864
吳音奇字不分卷 明孫樓編輯校正
清佛蘭草堂抄本 復旦

經 21214865
吳音奇字一卷 明孫樓撰 明陸鎰補遺
清抄本 國圖
清抄本(王睿校) 上海
吳中文獻小叢書本(民國鉛印)

經 21214866
吳音奇字跋一卷 清王振聲撰
王文村遺著本(稿本)

經 21214867
方言據二卷續錄一卷 明岳元聲撰

學海類編本(道光木活字印、民國影印)

經 21214868
越語肯綮錄一卷 清毛奇齡撰
西河合集本(康熙刻、乾隆印、嘉慶印)

經 21214869
越言釋二卷 清茹敦和撰
清道光二十九年仁和葛氏嘯園刻本
湖南
清光緒四年仁和葛元煦嘯園刻本 北
大 復旦 南京
抄本 中科院
勵德人抄本 浙江

經 21214870
吳下方言考十二卷 清胡文英輯
清乾隆四十八年留芝堂刻本 國圖
北大 上海 浙江
清佛蘭草堂抄本 桂林
清藍格抄本 國圖
傳抄清乾隆間刻本 南京
抄本 南京

經 21214871
方言藻四卷 清李調元撰
清刻本 復旦

經 21214872
方言藻二卷 清李調元撰
函海本(乾隆刻、道光補刻、光緒刻)

經 21214873
異語十九卷 清錢坫撰
清金粟堂抄本 大連
玉簡齋叢書本(宣統刻)

經 21214874
合河方言二卷　清康基用撰
　　合河紀聞本附　國圖

經 21214875
鄉諺證古四卷　清陳康祺撰　張壽鏞編
　　民國三十三年鉛印本　國圖

經 21214876
方言摘誤不分卷　清李東苑輯
　　清咸豐元年徐溝李東苑抄本　　國圖

經 21214877
里語徵實三卷　清唐訓方撰
　　清同治十二年唐訓方觀稼書樓刻本
　　　　北大　上海
　　唐中丞遺集本(光緒刻,歸吾廬印)　國
　　　　圖　上海　南京

經 21214878
燕說四卷　清史夢蘭撰
　　止園叢書本(同治刻)

經 21214879
湖雅九卷　清汪曰楨撰
　　清光緒六年刻本　北大　上海　南京
　　　　浙江

經 21214880
越諺三卷附越諺賸語二卷　清范寅輯
　　清光緒間谷應山房刻本　天津　南京
　　　　遼寧　復旦
　　清光緒八年谷應山房刻民國二十一
　　　　年北平來薰閣印本　國圖　遼寧
　　清末抄本　國圖

經 21214881

漳州官話引不分卷　清陳鴻翊撰
　　清光緒五年潮郡紳董刻本　北大

經 21214882
祁闐俗語考不分卷　清倪望重輯
　　清紅格抄本　國圖

經 21214883
蜀方言二卷　張慎儀撰
　　清光緒間刻本　遼寧
　　清刻本　國圖
　　民國八年刻籑園叢書本　復旦

經 21214884
新方言眉語一卷　清于鬯撰
　　于香草遺著叢輯本(稿本)　上海

經 21214885
重編摘注鄉音字彙一卷　清詹均元撰
　　清光緒十三年抄本　湖南

經 21214886
海陽鄉土音同字異音義二卷　清程學
　　驥纂
　　抄本　中科院

經 21214887
鄉音俗字通考不分卷　清董儒龍輯
　　清抄本　國圖

經 21214888
方言二卷　清傅雲龍纂　繆荃孫輯
　　清光緒間刻本　中科院

經 21214889
新安鄉音字義考證一卷　清詹逢光輯
　　清光緒二十三年石印本　天津

清光緒二十五年石印袖珍本　國圖

經 21214890
點綴方言揚州話一卷　清嚴鏡撰
　抄本　遼寧　南開

經 21214891
鄉音字類不分卷　清陸懋修撰
　稿本　南京

經 21214892
神京方言小識二卷　清英浩撰
　稿本　南京

經 21214893
操風瑣錄四卷　清劉家謀撰
　稿本　湖北
　清陳氏鐵石軒抄本　福建
　清林氏棣華山館抄本　福建
　廣倉學宭叢書甲類本（民國鉛印）

經 21214894
客話本字一卷附錄一卷　清楊恭桓撰
　清光緒三十三年刻本　國圖　北大

經 21214895
擘紅樓方言訂不分卷　清杜大恆撰
　清抄本　國圖

經 21214896
今方言溯源十卷　程先甲撰
　千一齋全書本（清末民國初刻）

經 21214897
畿輔方言五卷　王樹枏輯
　稿本　北大

經 21214898
新方言十一卷附嶺外三州語一卷　章炳麟撰
　清光緒三十四年日本鉛印本　國圖
　　北大　北師大
　清宣統三年文學會社石印本　國圖
　　北師大　復旦
　章氏叢書本（浙江圖書館刻、古書流通處影印、右文社鉛印）

經 21214899
新方言不分卷補一卷　章炳麟撰
　民國四年龍文閣鉛印本　復旦
　民國四年上海東方書局鉛印本　國圖

經 21214900
嶺外三州語一卷　章炳麟撰
　清光緒三十四年日本鉛印本　國圖
　　北大　北師大
　清宣統三年文學會社石印本　國圖
　　北師大　復旦
　章氏叢書本（浙江圖書館刻、古書流通處影印、右文社鉛印）

經 21214901
續新方言不分卷　陳啓彤撰
　民國初抄本　國圖

經 21214902
廣新方言二卷　陳啓彤撰
　民國十七年北平鉛印本　國圖　北大
　　復旦　遼寧

經 21214903
南通方言疏證四卷首一卷　孫錦標編
　民國二年中國圖書公司石印本　復旦
　　湖北

經 21214904

通俗常言疏證不分卷　孫錦標編

　　民國十三年南通孫氏石印本　復旦
　　　遼寧

經 21214905

粵語不分卷　悟民氏撰

　　民國五年上海印務局石印本　國圖

經 21214906

粵語全書不分卷　李一民輯

　　民國二十二年上海印務局石印本　國
　　　圖　復旦

經 21214907

福建方言志一卷　陳衍撰

　　民國十一年刻本　復旦

經 21214908

番禺隱語解一卷　鄔慶時撰

　　民國十一年刻半帆樓叢書本　北大

經 21214909

屈宋方言攷一卷　鄔慶時撰

　　民國十四年芬熏館刻本　復旦　南京

經 21214910

今方言義證不分卷　劉壽仁撰

　　抄本　湖北

經 21214911

荊楚方言二卷附茶鏡二卷曲牌分韻一
　　卷　周受禧輯

　　稿本　湖南

經 21214912

廣州音本字考一卷　李樹容撰

　　稿本　中科院

經 21214913

土俗話一卷　□□輯

　　抄本　廣東

經 21214914

松江方言問答不分卷　□□輯

　　稿本　復旦
　　稿本　上海

總　義

經 21214915

方言廣雅小爾雅分韻一卷　清王念孫撰

　　高郵王石臞先生手稿四種本　北大

經 21214916

經韻纂字說文釋義四十卷　清李警溪撰

　　清光緒五年澄心書屋刻本　南開

經 21214917

引申義舉例二卷　程先甲撰

　　千一齋全書本(清末民國初刻)

經 21214918

訓詁微一卷　陳啓彤撰

　　抄本　國圖

文法之屬

經 21214919

語助一卷　元盧以緯撰

　　奚囊廣要本(明刻)

經 21214920

重訂冠解助語辭一卷　元盧以緯撰

　　明胡文煥校　日本毛利貞齋輯

日本享保二年神洛書林梅村玉池堂
　　刻本　復旦

經21214921
經史動靜字音一卷附風雅蒙求一卷
　　元劉鑑撰　（風雅蒙求）阮葵生輯
　　民國二十二年墨緣堂石印本　北大
　　民國二十三年墨緣堂石印本　北大

經21214922
經史動靜字音箋證一卷　元劉鑑撰
　　商苣若箋證
　　民國二十三年上虞羅氏墨緣堂石印
　　本　北大　遼寧

經21214923
經史動靜字音一卷　明席珍撰
　　經史百家序錄本（萬曆刻）

經21214924
虛字考一卷　清張文炳撰
　　如不及齋叢書本（同治光緒刻）

經21214925
虛字注釋一卷附小雅釋一卷孟子釋一
　　卷左傳釋一卷　清張文炳撰　（小
　　雅釋、孟子釋、左傳釋）清課虛齋主人
　　增刪並撰
　　清嘉慶間刻小方壺齋印本　國圖

經21214926
虛字注釋備考六卷　清張文炳撰
　　清抄本　廣東

經21214927
增訂釋文虛字解六卷　清張文炳撰
　　王士駿釋文

清光緒二十三年黃嚴抱冬心館活字
　　印學仕叢鈔附編本　天津

經21214928
助字辨畧五卷　清劉淇撰
　　清康熙五十年海城盧承琰刻本　北大
　　中科院　上海
　　清乾隆四十四年國秦刻本（福源堂藏
　　板）　北大　中科院　天津
　　清咸豐五年聊城海源閣刻初印校樣
　　本　國圖（清高均儒校）
　　海源閣叢書本（咸豐刻）
　　清同治三年長沙楊氏校刻本　國圖
　　清同治三年長沙楊氏刻民國十三年
　　印本　復旦　遼寧
　　民國間上海古書流通處影印海源閣
　　刻本　國圖
　　民國間金粟齋鉛印文學叢書本
　　抄本　中科院

經21214929
虛字說一卷　清源袁仁林撰
　　清乾隆十一年刻本　人大　江西
　　惜陰軒叢書本（道光刻、光緒刻）
　　清咸豐間刻本　中科院
　　清宣統間豐城熊羅宿刻本　國圖

經21214930
虛字折中四卷　吳熙撰
　　民國十四年古今圖書店鉛印本　復旦

經21214931
虛字方言一卷　清勞敦樟撰
　　清光緒六年長白赫舍里氏刻本　中
　　科院

經21214932

經傳釋詞十卷　清王引之撰

　　清嘉慶二十四年刻本　北師大　湖北
　　　甘肅
　　皇清經解本（道光刻、咸豐補刻、鴻寶齋
　　　石印、點石齋石印）
　　守山閣叢書本（道光刻、光緒影印、民國
　　　影印）
　　清道光二十七年錢熙祚刻本　南京
　　清光緒三十三年刻本　南京
　　民國十二年北京華盛書社鉛印本　北
　　　師大　甘肅
　　文學山房叢書本（民國木活字印）
　　民國十三年上海中華圖書館石印本
　　　北師大
　　民國十七年四川官印局鉛印本　甘肅
　　民國二十五年上海世界書局鉛印古
　　　書字義用法叢刊本
　　民國間上海文瑞樓石印本　甘肅

經21214933
經傳釋詞補一卷　清孫經世撰
　　心矩齋叢書本（光緒刻）
　　私立北泉圖書館叢書本（民國刻）

經21214934
經傳釋詞補一卷再補一卷　清孫經世
　　撰　（再補）孫安世撰
　　清刻本　湖北

經21214935
經傳釋詞再補一卷　孫安世撰
　　清光緒十一年長洲蔣氏刻本　南京
　　清刻經傳釋詞補本附　湖北

經21214936
經詞衍釋十卷補遺一卷　清吳昌瑩撰
　　清同治十二年成都書局刻本　北大

　　　南京　甘肅
　　清光緒三年吳氏得一齋刻本　南京
　　民國間上海古書流通處影印得一齋
　　　刻本　南京　湖北
　　民國二十五年上海世界書局鉛印古
　　　書字義用法叢刊本

經21214937
文法一揆四卷　清魏茂林輯
　　清刻本　國圖（存卷三至四）

經21214938
虛字注釋備考一卷　清俞樾撰
　　清光緒十二年申江本宅刻本　上海
　　　浙江

經21214939
虛字闡義三卷讀書說約三卷末一卷
　　清謝鼎卿撰
　　清光緒元年京都琉璃廠善成堂刻本
　　　國圖　北大　中科院　天津　浙江

經21214940
虛字直解便蒙一卷　清朱麟書編訂
　　清光緒十二年刻本　國圖

經21214941
虛字註釋備考一卷　清張文炳點定
　　清光緒間澄心書屋刻本　北大　湖北

經21214942
增補虛字賦一卷　清□□撰
　　清光緒十年刻本　中科院

經21214943
虛字解一卷　清□□撰
　　清光緒三年松竹齋刻本　南京

經 21214944

增補虛字注釋一卷　清馮泰松編
　　清光緒間上海鴻寶齋書局石印本
　　國圖

經 21214945

馬氏文通十卷　清馬建忠撰
　　清光緒二十四年上海商務印書館鉛
　　　印本　北大　南京　湖北

經 21214946

文通十卷　清馬建忠撰
　　紹興府學堂教科書本(光緒刻)　國圖
　　清光緒三十年成都官報局鉛印巾箱
　　　本　國圖

經 21214947

校正馬氏文通十卷　清馬建忠撰
　　清光緒二十八年上海文林石印本
　　　天津

經 21214948

中國話規一卷　□□撰
　　清末稿本(有朱筆點校)　國圖

經 21214949

虛字會通法正編不分卷　清徐超撰
　　清光緒三十二年著易堂書局鉛印本
　　　天津

經 21214950

虛字會通法三卷　清炎炎生撰
　　鉛印本　雲南

經 21214951

最新小學虛字教科書二卷　彪蒙書室編
　　清光緒三十一年彪蒙書室鉛印本

國圖

經 21214952

虛文彙解四卷　□□輯
　　抄本　人大

經 21214953

國文典問答不分卷　劉師培撰
　　清光緒二十九年開明書店鉛印本
　　　南京
　　清光緒三十一年上海開明書店鉛印
　　　本　國圖

譯文之屬

經 21214954

番漢合時掌中珠殘一卷附西夏國書畧
　　說一卷　西夏骨勒茂才撰　(西夏
　　國書畧說)羅福萇撰
　　民國三年上虞羅氏東山學社石印本
　　　人大　北師大
　　嘉草軒叢書本(民國影印西夏乾祐本)
　　民國十三年羅氏貽安堂石印本　國圖
　　　中科院

經 21214955

西夏國書字典音同一卷　羅福成輯
　　民國二十四年遼寧庫籍整理處傳抄
　　　蘇聯亞洲博物館石印宋刻西夏
　　　文本　國圖　中科院　遼寧

經 21214956

西夏國書畧說一卷　羅福萇撰
　　民國三年上虞羅氏東山學社石印本
　　　人大　北師大
　　民國二十六年上虞羅氏東山學社石
　　　印待時軒叢刊本

經 21214957
至元譯語一卷　元陳元靚撰
　清光緒六年吳士鑑抄本（張宗祥跋）
　　浙江

經 21214958
蒙古譯語不分卷　□□輯
　清道光間抄本　北大

經 21214959
華夷譯語不分卷　明火源潔撰
　明洪武間内府刻本　臺北故博
　涵芬樓祕笈本（民國鉛印）
　明刻本　上海
　明藍格抄本　國圖
　國朝典故本（明刻、明抄）
　民國間欣安抄本　武漢

經 21214960
華夷譯語□□卷　明火源潔撰
　明刻本　天一閣（存九卷）

經 21214961
華夷譯語十卷　明火源潔撰
　清立雪舊廬抄本（十卷）　南京

經 21214962
華夷譯語不分卷高昌館來文一卷譯文
　　備覽一卷　明火源潔撰
　明抄本　復旦

經 21214963
增定華夷譯語□□卷　明火源潔撰
　明刻本　國圖（存二卷）

經 21214964
華夷譯語新增不分卷　明火源潔撰

清抄本　北大

經 21214965
女真譯語一卷　明□□輯
　民國間影印德國希路登氏藏明鈔華
　　夷譯語本　北大
　民國間欣安抄本　武漢

經 21214966
女真譯語二編不分卷　羅福成輯
　民國二十一年石印本　國圖　湖北
　民國二十二年遼寧大庫舊檔整理處
　　石印本　國圖　武漢

經 21214967
女真館來文不分卷　明□□輯
　影印本　雲南

經 21214968
女真館雜字不分卷　明□□輯
　影印本　雲南

經 21214969
高昌館課不分卷　明□□輯
　明藍格抄本　國圖

經 21214970
高昌館譯書一卷　明□□輯
　清初刻本　國圖

經 21214971
高昌館畏兀兒譯書一卷　明□□輯
　抄本　北大

經 21214972
高昌館雜字一卷　明□□輯
　清初同文堂抄本　國圖

經 21214973
回回館譯語一卷　明□□輯
　　清初刻本　國圖

經 21214974
回回館雜字一卷　明□□輯
　　清初同文堂抄本　國圖

經 21214975
西番譯語一卷　明□□輯
　　清初刻本　國圖
　　龍威祕書本(乾隆刻)
　　四夷館譯語六種本(影抄故宮藏本)
　　　北大

經 21214976
猓玀文不分卷　□□輯
　　抄本　南京

經 21214977
猓玀譯語一卷　□□輯
　　民國間抄本　武漢
　　四夷館譯語六種本(影抄故宮藏本)
　　　北大

經 21214978
僰夷譯語一卷　□□輯
　　四夷館譯語六種本(影抄故宮藏本)
　　　北大

經 21214979
太平府屬土州縣司譯語一卷　□□輯
　　四夷館譯語六種本(影抄故宮藏本)
　　　北大

經 21214980
慶遠府屬土州縣司譯語一卷　□□輯

四夷館譯語六種本(影抄故宮藏本)
　北大

經 21214981
鎮安府屬土州縣司譯語一卷　□□輯
　　四夷館譯語六種本(影抄故宮藏本)
　　　北大

經 21214982
西天館譯語一卷　明□□輯
　　清初刻本　國圖

經 21214983
百譯館譯語一卷　明□□輯
　　清初同文堂抄本　國圖
　　清抄本　國圖

經 21214984
譯語不分卷　□□輯
　　清袁氏貞節堂抄本(清周星詒跋)　國圖

經 21214985
暹羅館譯語一卷　□□輯
　　清抄本　國圖

經 21214986
四夷館譯語六種六卷　□□輯
　　影抄故宮藏本　北大
　　　猓玀譯語一卷
　　　太平府屬土州縣司譯語一卷
　　　慶遠府屬土州縣司譯語一卷
　　　鎮安府屬土州縣司譯語一卷
　　　西番譯語一卷
　　　僰夷譯語一卷

經 21214987
漢書音字四譯館譯語不分卷　清□

□輯
　　清抄本　北大（殘一冊）

經 21214988
滿漢事類集要不分卷附切要雜言一卷
　　　十二字頭一卷清書對音一卷　清
　　　陳可臣輯
　　清康熙間刻本　國圖

經 21214989
清書對音二卷　清□□輯
　　清初刻本　北大

經 21214990
清書對音一卷　清□□輯
　　清康熙間刻本　國圖

經 21214991
十二字頭不分卷　清□□輯
　　清康熙間刻本　國圖
　　清乾隆五十七年刻本　中科院

經 21214992
蒙漢合璧五方元音不分卷　清樊騰鳳
　　　撰　清海山譯
　　民國六年北京石印本　國圖　復旦

經 21214993
滿漢同文全書八卷　清□□輯
　　清康熙二十九年刻本　北大

經 21214994
滿漢類書三十二卷　清桑額著
　　清康熙三十九年桑額刻本　北大　中
　　　科院

經 21214995

廣彙全書滿漢分類四卷　清阿敦、清劉
　　　順、清桑格同編
　　清康熙四十一年聽松樓刻本　北大
　　　中科院　復旦

經 21214996
御製清文鑑二十卷序目一卷總綱四卷
　　　後序一卷　清聖祖玄燁敕撰　清
　　　傅達禮、清馬齊等同編
　　清康熙四十七年內府刻滿文本　中科
　　　院　臺北故博

經 21214997
御製清文鑑二十四卷附清文鑑補編二
　　　卷　清聖祖玄燁敕撰　清傅達禮、
　　　清馬齊等同編
　　清抄本　北大

經 21214998
欽定清文鑑二十六卷　清聖祖玄燁敕
　　　撰　清傅達禮、清馬齊等同編
　　清刻滿文本　上海

經 21214999
御製清文鑑總綱四卷　清□□輯
　　清康熙四十七年內府刻本　中科院
　　　臺北故宮

經 21215000
御製清文鑑補編二卷　清聖祖玄燁敕
　　　撰　清傅達禮、清馬齊等同編
　　清抄本　北大

經 21215001
欽定清文鑑二十六卷　清聖祖玄燁敕
　　　撰　清傅達禮、清馬齊等同編
　　清刻滿文本　上海

經 21215002
一學三貫清文鑑四卷　清宗室肫圖撰
　清乾隆十一年紫竹齋刻本　北大　中
　　科院

經 21215003
音漢清文鑑二十卷　清董佳明譯注
　清雍正十三年北京英華堂刻本　北大
　　上海
　清乾隆二十二年刻本　國圖　中科院

經 21215004
御製增訂清文鑑三十二卷補編四卷總
　　綱八卷補編總綱一卷　清傅恆
　　等撰
　清乾隆三十六年武英殿刻本　北大
　　故宮　中科院　復旦
　四庫全書薈要本(乾隆寫)
　四庫全書本(乾隆寫)
　清抄本(無總綱、補編總綱)　北大

經 21215005
御製增訂清文鑑十卷　清□□輯
　清抄本　北大

經 21215006
增訂清文鑑四卷補編一卷　清□□輯
　清刻本　國圖　雲南

經 21215007
御製清文鑑補遺彙抄十二卷　清□
　　□輯
　清抄本　北大

經 21215008
御製清文鑑補遺彙抄滿漢分類不分卷
　　清□□輯

　抄本　中科院

經 21215009
欽定西域同文志二十四卷　清傅恆等纂
　清乾隆間内府抄本　故宮
　清乾隆二十八年内府刻本　故宮　上
　　海　遼寧
　四庫全書薈要本(乾隆寫)
　四庫全書本(乾隆寫)

經 21215010
滿漢字清文啓蒙四卷　清舞格撰
　清雍正八年宏文閣刻本　國圖　上海
　清三槐堂刻本　國圖　中科院　北大
　　復旦
　清老二西堂刻本　北大
　清承西樓刻本　北大
　清永魁齋刻本　北大

經 21215011
清文彙書十二卷　清李延基撰
　清雍正間刻師禮堂印本　北大　湖北
　清雍正間京都三槐堂書坊刻本　上海
　　湖北
　清乾隆十六年京都英華堂刻本　上海
　清乾隆十六年京都藜照閣刻本　上海
　　南京
　清嘉慶十一年京都文成堂刻本　湖南
　　(缺卷七)
　清四合堂刻本　北師大

經 21215012
清文補彙八卷　清宜興撰
　清乾隆五十一年刻本　中科院　上海
　清嘉慶七年法克精額刻本　北大　中
　　科院　浙江
　清光緒十六年京都書業堂刻本　北大

北師大

經 21215013
清文總彙十二卷　　清李延基、清宜興輯
　　清光緒二十三年荆州駐防翻譯總學
　　　刻本　北大

經 21215014
典要大全二十四卷　　□□輯
　　清乾隆間抄本　北大

經 21215015
清文典要大全十二集　　□□輯
　　清抄本(十二集)　北大
　　清抄本(存卷丑、巳、戌)　北大
　　清抄本(存卷寅、卯)　北大
　　清抄本(存卷巳)　北大
　　清抄本(不分卷)　北大

經 21215016
繙譯類編四卷　　清冠景編
　　清乾隆十四年文淵堂刻本　北大　上
　　　海　南京
　　清乾隆十四年抄本　北大　遼寧
　　清抄本　北大

經 21215017
滿漢經文成語不分卷　　清董佳明鐸撰
　　清乾隆二年刻本　中科院

經 21215018
御製滿珠蒙古漢字三合切音清文鑑三
　　十二卷　　清阿桂等編
　　清乾隆間武英殿刻本　故宮　復旦
　　　遼寧
　　四庫全書本(乾隆寫,三十一卷)

經 21215019
御製四體清文鑑三十二卷補編四卷
　　清阿桂編
　　清武英殿刻本　中科院

經 21215020
四體合璧文鑑三十二卷總綱八卷目錄
　　一卷　　清阿桂編
　　清刻本　中科院

經 21215021
欽定清漢對音字式(清漢對音字式)一卷
　　清福隆安等撰
　　清乾隆三十七年武英殿刻本　北大
　　　上海　復旦
　　清道光十六年武英殿刻本　北大　臺
　　　北故博
　　清抄本　北大
　　清光緒十六年京都聚珍堂刻本(清漢
　　　對音字式)　國圖　北大　南京
　　　浙江
　　清宣統元年京都鏡古堂刻本(清漢
　　　對音字式)　國圖

經 21215022
欽定清語二卷　　□□輯
　　清乾隆間刻本　北大
　　清抄本　北大

經 21215023
西域爾雅一卷　　清王初桐撰
　　民國八年國學圖書館石印清抄本
　　　國圖
　　民國十八年國學圖書館影印舊抄本
　　　中科院　復旦　湖北　遼寧
　　抄本　南京

經 21215024
三合便覽不分卷　題敬齋公編
　　清乾隆四十五年刻本　江西(存十冊)

經 21215025
三合便覽不分卷附十二字頭一卷清文
　　指要一卷蒙文指要一卷　清明福
　　輯　清富俊增輯
　　清乾隆五十七年京都名貴堂刻本　北
　　大　中科院

經 21215026
便覽正訛四卷　清賽尚阿撰
　　蒙文指要四種本(道光賽尚阿刻)

經 21215027
便覽遺字一卷　清賽尚阿撰
　　蒙文指要四種本(道光賽尚阿刻)

經 21215028
更定便覽訛字一卷　清賽尚阿撰
　　清道光二十八年賽尚阿刻本　國圖

經 21215029
三合吏治輯要不分卷　清高鶚撰　清
　　通瑞、清孟保譯
　　清咸豐七年孟保刻本　北大

經 21215030
三合鑑字不分卷　清傅以漸撰
　　清抄本　南京

經 21215031
清文指要一卷　□□輯
　　清乾隆五十七年刻本　中科院
　　清乾隆間刻本　南京

經 21215032
清文指要三卷附續編兼漢清文指要二
　　卷　□□輯
　　清嘉慶十四年大酉堂刻本　北大

經 21215033
清文指要二卷　□□輯
　　清嘉慶二十三年西安將軍署刻本
　　北大

經 21215034
清文指要一卷　清順德錄
　　清咸豐三年抄本　上海

經 21215035
清文指要二十六章　清□□輯
　　清抄本　國圖

經 21215036
續編兼漢清文指要二卷　□□輯
　　清嘉慶十四年大酉堂刻本　北大

經 21215037
蒙文指要不分卷　□□輯
　　清乾隆五十七年刻本　中科院

經 21215038
新刻校正買賣蒙古同文雜字不分卷
　　□□輯
　　清嘉慶六年中和堂刻成錦堂印本
　　北大

經 21215039
清漢文海四十卷　清巴尼琿編
　　清道光元年江南駐防衙門刻本　北大
　　中科院　遼寧
　　清光緒間抄本(二十卷)　南京

經 21215040
蒙文指要四種八卷附一種一卷　清賽
　　尚阿纂輯
　　清道光二十八年賽尚阿刻本　　國圖
　　　　北大　上海　臺北故博
　　　　蒙文晰義二卷　□□輯
　　　　蒙文法程一卷
　　　　便覽正訛四卷
　　　　便覽補遺一卷附更定便覽訛字一卷

經 21215041
蒙文晰義二卷　清賽尚阿纂輯
　　蒙文指要四種本(道光賽尚阿刻)

經 21215042
蒙文法程二卷　清賽尚阿纂輯
　　蒙文指要四種本(道光賽尚阿刻)

經 21215043
德字初桄二卷　清蔣煦撰　德施彌德
　　校音
　　清光緒十三年鉛印本　北大

經 21215044
三合清語一百條四卷　清智信原編
　　清刻本　北大
　　清抄本　北大

經 21215045
華番貿易言語通曉不分卷　清□□編
　　清咸豐八年廣州刻本　國圖

經 21215046
英語集全六卷　清唐廷樞撰
　　清同治元年廣州緯經堂刻本　國圖
　　　　北大　南京　中山大學
　　清同治元年鉛印本　南京

清末石印本　北大

經 21215047
清文接字不分卷　清嵩洛峯訂
　　清同治三年長白崇實刻本　北大
　　清光緒十四年京都三槐堂書坊刻本
　　　　北大　中科院

經 21215048
天方字母解義一卷　清劉智撰
　　清光緒十九年刻本　天津
　　清刻鎮江西關外印本　北大

經 21215049
清文典要四卷　清秋芳堂主人輯
　　清光緒四年文淵堂刻本　中科院
　　　　北大
　　清秋芳堂刻本　北大　湖北

經 21215050
漢回合璧一卷　清孫壽昶編
　　清光緒六年刻本　國圖　北大

經 21215051
清回合璧一卷　清史文光、清張成基編
　　清末石印本　國圖

經 21215052
單清語八卷　清志寬等輯
　　清光緒十七年刻本　北大

經 21215053
單清語□□卷　清志寬等輯
　　清抄本(存卷一至六)　南京

經 21215054
對音輯字二卷　清志寬、清培寬編

清光緒十六年翻譯總學刻本　北大
　　上海　浙江

經 21215055
法字入門一卷　清龔渭琳撰
　　清光緒十二年鉛印本　中科院

經 21215056
法字入門一卷　清顧琳撰
　　清光緒十三年上海美華書館鉛印本
　　　國圖

經 21215057
清文字法舉一歌一卷　清徐隆泰撰
　　清光緒間壽榮承蔭刻本　北大

經 21215058
清文虛字指南編一卷　清萬福撰
　　清光緒十一年刻本　北大　中科院

經 21215059
重刻清文虛字指南編二卷　清萬福撰
　　　清鳳山訂
　　清光緒二十年京都隆福寺聚珍堂刻
　　　本　北大　中科院

經 21215060
蒙文總彙不分卷　清李鉉等校
　　清光緒十七年刻本　中科院

經 21215061
新譯成語摘鈔詞林不分卷附折奏成語
　　附公文成語附衙署名目附官銜名
　　目不分卷　清伯彥畢勒格圖編譯
　　清光緒十五年京都隆福寺東口内路
　　　南聚珍堂刻本　國圖
　　清光緒三十四年北京斌記石印局石

印本　國圖

經 21215062
清語摘要四種四卷　清□□輯
　　清光緒十五年京都三槐堂書坊刻本
　　　天津
　　　官銜名目一卷
　　　衙署名目一卷
　　　公文成語一卷
　　　摺奏成語一卷

經 21215063
滿漢六部成語六卷　□□輯
　　清官刻本　復旦

經 21215064
清漢諭部成語合編不分卷　□□輯
　　清抄本　北大

經 21215065
成語輯要二卷　□□輯
　　清光緒十七年荆州駐防翻譯總學刻
　　　本　北大

經 21215066
滿漢成語對待四卷　□□輯
　　清刻本　北大　中科院

經 21215067
清文備考十二卷　清戴穀撰
　　清刻本　北大

經 21215068
東語入門二卷　清陳天麒輯譯
　　清光緒二十一年海鹽陳天麒石印本
　　　北大　上海

經 21215069
改訂增廣五車韻府不分卷　金約瑟撰
　　清光緒間中英文鉛印本　湖北

經 21215070
清真啓蒙字母一卷　清汪克撰
　　清光緒二十三年刻本　復旦

經 21215071
譯雅一卷附泰西君臣名號歸一圖一卷
　　清唐詠裳撰
　　清光緒二十五年刻特健藥齋外編本
　　　　中科院　北大　上海　南京

經 21215072
清文類腋二十四卷　□□輯
　　清抄本　北大

經 21215073
蒙古文法超悟一卷　□□輯
　　清光緒間喀喇沁崇學正堂刻本　中科院

經 21215074
初學必讀滿漢對照　□□輯
　　清光緒十六年京都聚珍堂刻本　國圖

經 21215075
夷雅一卷　清曹樹翹輯
　　稿本　上海

經 21215076
滿蒙漢三文合璧教科書不分卷　清榮
　　德等編
　　清宣統元年石印本　北大

經 21215077
無師自通英語錄不分卷　清綠竹山房編

　　民國初上洋美華書館石印本　國圖

經 21215078
譯文須知四卷　清王肇鋐撰
　　清抄本　國圖

經 21215079
譯語彙解十六卷　清唐允恭撰
　　稿本(存十二卷)　北大

經 21215080
占城國譯語一卷　□□輯
　　民國三十年向達抄本　北大

經 21215081
番話大全不分卷　□□輯
　　清抄本　國圖

經 21215082
三合類編四卷　□□輯
　　民國元年石印本　中科院

經 21215083
清話問答四十條　□□輯
　　清刻本　北大

經 21215084
滿漢合璧音義明指全書二卷　□□輯
　　清抄本　北大

經 21215085
兼漢滿洲套話一卷　□□輯
　　清抄本　中科院

經 21215086
清文漢譯不分卷　□□輯
　　清刻本　國圖

經 21215087
翻譯九十八法講義四卷　□□輯
　　清末抄本　北大

經 21215088
和文文法一卷　□□輯
　　清抄本　南京

經 21215089
和文習本一卷　□□輯
　　清抄本　南京

經 21215090
英文話規不分卷　張德彝編
　　清光緒間抄本　國圖

經 21215091
和文漢讀法一卷附東遊節錄一卷　丁
　　福保撰
　　清光緒二十七年無錫丁福保疇隱廬
　　　石印本　國圖

經 21215092
對音字式漢蒙對照一卷　吐默特烏濟
　　圖編
　　民國間石印本　中科院

經 21215093
藏文文法新編不分卷　釋法尊編
　　民國二十九年刻本　復旦

總義之屬

經 21215094
玉篇廣韻指南一卷　元□□輯
　　元延祐二年圓沙書院刻本　國圖
　　　上海

元詹氏進德書堂刻本　國圖
元刻本　北大
明初刻本　國圖　浙大
明弘治五年詹氏進德堂刻本　國圖
　　南京博
明弘治十七年黃氏集義書堂刻本
　　國圖
明劉氏明德書堂刻本　蕭山博　中山
　　大學
明萬曆元年益藩刻本　國圖　南京
明萬曆間刻本　南京
明刻本　國圖　清華　北師大
明刻本　西北大學
明刻本　復旦
明刻本　國圖　中科院
明刻本　北大　廈大
明刻本　重慶
明刻遞修本　國圖　北師大

經 21215095
新編正誤足註玉篇廣韻指南一卷　元
　　□□輯
　　元蔡氏刻大廣益會玉篇本附　國圖
　　元鄭氏刻大廣益會玉篇本附　國圖

經 21215096
說文玉篇校錄一卷　清鈕樹玉撰
　　清光緒十一年江蘇書局刻說文解字
　　　校錄本附　國圖　北大

經 21215097
客槎先生小學遺說二卷　清吳夌雲撰
　　清吳興宗抄本(清楊恆福跋)　上海

經 21215098
小學識餘五卷　清朱駿聲撰
　　稷香館叢書本(民國影印)

經 21215099
小學初告六卷　清孫文昱撰
　　清同治六年湘潭孫氏家塾刻本　北大
　　民國十五年湘潭孫氏刻本　南京

經 21215100
字學韻學一卷　清張楚鍾撰
　　務實勝窩彙稿本(光緒刻)

經 21215101
文字發凡四卷　清龍志澤編輯
　　清光緒三十一年廣智書局鉛印本　國
　　　　圖　北大　復旦
　　清光緒三十二年上海廣智書局鉛印
　　　　本　國圖　天津

經 21215102
語言問答不分卷　□□輯
　　清末刻本　國圖　復旦

經 21215103
小學必覽不分卷　□□輯
　　清末抄本　國圖

經 21215104
語言自邇集不分卷　清□□輯
　　清末鉛印本　國圖

經 21215105
文源十二卷六書通義一卷古音畧說一
　　卷附錄二卷　清林義光撰
　　民國九年石印本　國圖　南開　甘肅

經 21215106
讀說文玉篇日記一卷　費廷璜撰
　　學古堂日記本(光緒刻)

經 21215107
小斅答問一卷　章炳麟撰
　　稿本　川大
　　清宣統元年刻本　國圖　復旦
　　清宣統元年石印本　北大　北師大
　　　　甘肅
　　清屠維氏刻本　雲南
　　章氏叢書本(浙江圖書館刻、古書流通處
　　　　影印、右文社鉛印)

經 21215108
學文溯源不分卷　吳桂華撰
　　民國十一年濟南滋文石印書局石印
　　　　本　國圖

經 21215109
小學定律二卷　尹桐陽撰
　　民國十三年湖北官紙印刷局鉛印本
　　　　國圖　甘肅　湖北

叢編之屬

經 21215110
升菴韻學七種附一種二十八卷　明楊
　　慎撰
　　函海本(乾隆刻、道光補刻、光緒刻)
　　　　古音獵要五卷
　　　　古音叢目五卷
　　　　轉註古音畧五卷古音後語一卷
　　　　古音畧例一卷
　　　　古音附錄一卷
　　　　古音餘五卷
　　　　奇字韻五卷

經 21215111
經史音義字考九種九卷　明席珍撰
　　明萬曆十九年刻本　中科院

經史動靜字音一卷

四書音義字考一卷

易經音義字考一卷

書經音義字考一卷

詩經音義字考一卷

春秋音義字考一卷

禮記音義字考一卷

通鑑音義字考一卷

性理音義字考一卷

經 21215112

合併字學篇韻便覽四種二十三卷　明
　徐孝編

　明萬曆三十四年張元善刻本　蘭州大
　　學　江西

　　合併字學集韻十卷

　　合併字學集篇十卷拾遺一卷

　　重訂司馬溫公等韻圖經一卷

　　四聲類率譜一卷

經 21215113

陳上年輯刻三種八卷　清陳上年輯

　清康熙五至六年陳上年、張弨刻本
　　國圖　北大　湖北

　　廣韻五卷

　　音論一卷　清顧炎武撰

　　干祿字書二卷　唐顏元孫撰

經 21215114

曹棟亭五種六十五卷　清曹寅輯

　清康熙四十五年揚州使院刻本　國圖
　　中科院　浙江

　　大廣益會玉篇三十卷　南朝梁顧
　　　野王撰　唐孫強增字　宋陳
　　　彭年等重修

　　大宋重修廣韻五卷　宋陳彭年等
　　　重修

集韻十卷　宋丁度等撰

類篇十五卷　宋司馬光等撰

附釋文互註禮部韻畧五卷

經 21215115

澤存堂五種五十卷　清張士俊輯

　清康熙間張士俊澤存堂刻本　國圖

　清光緒十四年上海蜚英館影印清雍
　　正間刻本　國圖　湖北

　　大廣益會玉篇三十卷

　　廣韻五卷

　　佩觿三卷

　　羣經音辨七卷

　　字鑑五卷

經 21215116

小學鉤沈三十九種附六種合十九卷
　清任大椿輯　清王念孫校

　清嘉慶二十二年山陽汪廷珍續刻高
　　郵王氏刻本　國圖　中科院
　　遼寧

　清光緒十年龍氏刻本　南京　浙江
　　遼寧

　小學類編本(咸豐光緒刻)

　清光緒間湖北崇文書局刻本　國圖

　翠琅玕館叢書本(光緒刻)

　芋園叢書本(民國彙印)

　　卷一至卷二

　　　倉頡篇二卷附倉頡訓詁

　　　倉頡解詁

　　卷三至四

　　　三倉二卷附三倉訓詁

　　　三倉解詁

　　卷五

　　　凡將篇　漢司馬相如撰

　　　古文官書附古文奇字　漢衛宏撰

　　　郭訓古文奇字

勸學篇　漢蔡邕撰
聖皇篇　漢蔡邕撰
卷六至卷七
　通俗文二卷　漢服虔撰
卷八至卷九
　埤倉二卷　三國魏張揖撰
卷十
　古今字詁　三國魏張揖撰
　雜字　三國魏張揖撰
卷十一
　聲類一卷　三國魏李登撰
卷十二
　辨釋名　三國吳韋昭撰
　韻集　晉呂靜撰
卷十三
　雜字解詁　三國魏周成撰
　周成雜字　三國魏周成撰
　小學篇　晉王義撰
　字苑　晉葛洪撰
　字指　晉李彤撰
　音譜　南朝宋李槩撰
卷十四
　纂文一卷　南朝宋何承天撰
卷十五
　纂要　南朝梁元帝蕭繹撰
　文字集畧　南朝梁阮孝緒撰
　字畧　北魏宋世良撰
　廣蒼　南朝梁樊恭撰
卷十六
　字統　北魏楊承慶撰
　韻畧　北齊陽休之撰
　證俗音　北齊顏之推撰
　文字指歸　隋曹憲撰
　切韻　隋陸法言撰
卷十七至十八
　字書二卷
卷十九

字體
異字苑
字類
字諟
古今字音
聲譜
證俗文
異字音

經21215117
小學鉤沈三十九種附六種附字林攷逸
　　八卷新字林一卷　清任大椿輯
　清光緒三年雪滄抄本　湖南

經21215118
任氏三種　清任大椿編
　清楊浚抄本　湖南
　　小學鉤沈　清任大椿編　清王念孫校
　　汲古閣說文訂一卷
　　字林考逸八卷　清任大椿撰

經21215119
古小學書鉤沈十一種十一卷　清陳鱣輯
　稿本(清徐光濟跋)　國圖
　　字書一卷
　　字詁一卷　三國魏張輯撰
　　廣倉一卷　三國魏樊恭撰
　　韻集一卷　晉呂靜撰
　　小學篇一卷　晉王羲之撰
　　字苑一卷　晉葛洪撰
　　難字一卷　三國魏周成撰
　　字指一卷　晉李彤撰
　　字畧一卷　晉阮孝胥撰
　　字統一卷　晉楊承慶撰
　　纂文一卷　南朝梁和成天撰

經21215120

同文考證四種附一種合五卷　清管受
　　之輯
　　清嘉慶十九年刻本　北大
　　清道光二十二年陽湖莊景賢刻本
　　　　北大
　　　　干祿字書一卷　唐顏元孫撰
　　　　金壺字考一卷　宋釋適之撰
　　　　俗書證誤一卷　隋顏愍楚撰
　　　　字書誤讀一卷　宋王雱撰
　　　　附
　　　　字體辨正一卷　清陸費墀撰

經 21215121
同文考證六種六卷　清管受之編
　　書三味樓叢書本(嘉慶刻)
　　　　干祿字書一卷　唐顏元孫撰
　　　　金壺字考一卷　宋釋適之撰
　　　　俗書證誤一卷　隋顏愍楚撰
　　　　字書誤讀一卷　宋王雱撰
　　　　字體辨正一卷　清陸費墀撰
　　　　敬避字樣一卷

經 21215122
書學彙編四種四卷　清王贈芳撰
　　清道光十五年刻本　國圖　中科院
　　　　正形一卷
　　　　書形辨似一卷
　　　　審聲一卷
　　　　書聲辨異一卷

經 21215123
苗氏說文四種四十六卷　清苗夔撰
　　清道光咸豐間壽陽祁氏漢專亭刻本
　　　　復旦　北大　北師大　清華　華東
　　　　師大　遼大　南大　厦大　中大
　　清道光咸豐間壽陽祁氏漢專亭刻民
　　　　國修補本　國圖

說文聲訂二十八卷　清道光二十
　　一年刻
說文聲讀表七卷　清道光二十二
　　年刻
說文建首字讀一卷　清咸豐元年刻
毛氏韵訂十卷　清咸豐元年刻

經 21215124
姚刻三韻(姚氏叢刻)三種三十卷　清姚
　　覲元輯
　　清光緒二年歸安姚覲元川東官舍刻
　　　　本　國圖
　　　　集韻十卷　宋丁度等撰
　　　　類篇十五卷　宋司馬光等撰
　　　　附釋文互註禮部韻署五卷　宋□□撰

經 21215125
萪林山房四種四十四卷　清萪林山房輯
　　清道光間刻本　中科院　北大　鄭州
　　　　大學
　　　　廣雅十卷　三國魏張揖撰　隋曹
　　　　　憲音釋
　　　　彬雅八卷　清墨莊氏撰
　　　　別雅五卷　清吳玉搢撰
　　　　比雅十九卷　清洪亮吉撰

經 21215126
小學類編六種附三種合五十九卷　清
　　李祖望編
　　清咸豐光緒間江都李氏半畝園刻本
　　　　北大　清華　北師大　南大　復旦
　　　　鄭州大學
　　　　惠氏讀說文記十五卷　清惠棟撰
　　　　　清咸豐二年刻
　　　　說文校議十五卷　清姚文田、嚴可
　　　　　均撰　清孫星衍商訂　清咸
　　　　　豐二年刻

說文答問一卷　清錢大昕撰　清
　　咸豐二年刻

說文經字考一卷　清陳壽祺撰
　　清咸豐二年刻

六書說一卷　清江聲撰　清咸豐
　　元年刻

說文釋例二卷　清江沅撰　清咸
　　豐元年刻

附編

小學鉤沈十九卷　清任大椿輯
　　清王念孫校　清光緒十年刻

說文舊音一卷　清畢沅輯　清咸
　　豐元年刻

爾雅古注斠三卷蘭如詩鈔一卷
　　清葉蕙心撰　清光緒二年刻

經 21215127

小學彙函十四種一百五十三卷　清鍾
　　謙鈞輯

古經解彙函本(同治刻、光緒石印、光緒
　　刻)

輶軒使者絕代語釋別國方言十三
　　卷校正補遺一卷　漢揚雄撰
　　晉郭璞注　(校正補遺)清盧文
　　弨校

釋名八卷　漢劉熙撰　清吳志忠校

廣雅十卷　三國魏張揖撰　隋曹
　　憲音

匡謬正俗八卷　唐顏師古撰

急就篇四卷　漢史游撰　唐顏師
　　古注　宋王應麟補注

說文解字十五卷　漢許慎撰　宋
　　徐鉉等校訂

說文解字篆韻譜五卷附錄一卷
　　南唐徐鍇撰

說文解字繫傳四十卷附校勘記三
　　卷　南唐徐鍇撰　清祁寯藻

校勘

大廣益會玉篇三十卷　宋陳彭年
　　等重修

干祿字書一卷　唐顏元孫撰

五經文字三卷　唐張參撰

新加九經字樣一卷　唐唐玄度撰

大宋重修廣韻五卷　宋陳彭年等
　　重修

廣韻五卷　宋陳彭年等重修

經 21215128

字學三書十五卷　清張士俊原輯
　　清道光二十年楊霈四川刻十芝堂印
　　本　國圖　北大
　　清光緒十年鑑古書局影印道光二十
　　年楊霈刻本　國圖

佩觿三卷　宋郭忠恕撰

羣經音辨七卷　宋賈昌朝撰

字鑑五卷　元李文仲撰

經 21215129

字學三種三卷　清傅雲龍輯
　　清同治十三年德清傅雲龍味腴山館
　　刻本　國圖
　　清光緒十年鑑古書局影印同治十三年
　　德清傅雲龍味腴山館刻本　國圖

干祿字書一卷　唐顏元孫撰

俗書證誤一卷　隨顏愍楚撰

字書誤讀一卷　宋王雱撰

經 21215130

臨文便覽二種　清張啓泰輯
　　清同治十三年刻本　復旦
　　清光緒二年京都松竹齋刻本　國圖
　　　北師大　中大　香港中大
　　清光緒八年上海點石齋石印本　國圖

韻辨不分卷　清徐郋撰

字學舉隅不分卷　清龍啓瑞撰

經21215131
新刊臨文便覽全集不分卷　清張啓泰輯
　　清光緒五年京都琉璃廠名德堂刻本
　　　北大
　　清光緒間京都善成堂刻本　北師大

經21215132
增訂臨文便覽　清張啓泰輯　清怡雲
　　仙館主人重訂
　　清光緒二十一年刻怡雲仙館印本　國
　　　圖　北大
　　字學舉隅
　　敬避字樣
　　辨似（附摘誤）
　　正訛（附韻辨）
　　擡頭字樣
　　磨勘條例摘要

經21215133
翰苑分書臨文便覽五種　清龍光甸輯
　　清光緒元年刻本　北大
　　敬避字樣
　　擡頭字樣
　　磨勘條例摘要
　　增訂韻辨摘要
　　重校字學舉隅
　　敬避字樣
　　辨似
　　增訂辨似
　　正訛（附摘誤）

經21215134
臨文便覽十一集　清楊紹和輯
　　清光緒十六年上海鴻寶齋石印本
　　　湖北

第一集　增訂韻辨摘要
第二集　辨似
第三集　增訂金壺字考附古體假
　　借字
第四集　干祿字書　唐顏元孫撰
第五集　俗書證誤　隋顏愍楚撰
第六集　字學舉隅續編
第七集　方石書話
第八集　摘錄書法通文便解
第九集　筆法精解、點畫全圖、配
　　合法、全字結構舉例
第十集　經書難字
第十一集　對策條例款式、科名捷訣

經21215135
翰苑初編字學彙海三種三卷　清龍啓瑞
　　等輯
　　清光緒十二年京都秀文齋刻本　北大
　　增訂韻辨摘要一卷
　　字學舉隅一卷
　　字學舉隅續編一卷

經21215136
雷刻四種二十一卷　清雷浚輯
　　清光緒間吳縣雷氏刻本　國圖　北大
　　說文引經例辨三卷　清雷浚撰
　　　清光緒八年刻
　　說文外編十五卷補遺一卷　清雷
　　　浚撰　清光緒二年刻
　　說文辨疑一卷　清顧廣圻撰　清
　　　光緒十年刻
　　劉氏碎金一卷　清劉禧延撰　清
　　　光緒十年刻

經21215137
小學鉤沈續編四十八種八卷附補遺一
　　卷　顧震福撰輯

清光緒十八年山陽顧氏刻本　國圖
　北大
　卷一
　　倉頡篇　秦李斯撰
　　倉頡解詁
　　三倉　秦李斯、漢揚雄、漢賈魴撰
　　三倉解詁　晉郭璞撰
　　凡將篇　漢司馬相如撰
　　古文官書　漢衛宏撰
　　古文奇字
　　勸學篇　漢蔡邕撰
　　聖皇篇　三國魏曹植撰
　　通俗文　漢服虔撰
　卷二
　　埤倉　三國魏張揖撰
　卷三
　　古今字詁　三國魏張揖撰
　　聲類　三國魏李登撰
　　辨釋名　三國吳韋昭撰
　　韻集　晉呂靜撰
　　雜字解詁　三國魏周成撰
　　周成難字　三國魏周成撰
　　小學篇　晉王義撰
　卷四
　　字苑　晉葛洪撰
　　字指　晉李彤撰
　　音譜　南朝宋李槩撰
　　纂文　南朝宋何承天撰
　　纂要　南朝梁元帝蕭繹等撰
　　文字集畧　南朝梁阮孝緒撰
　　字畧　北魏宋世良撰
　卷五
　　廣倉　南朝梁樊恭撰
　　字統　北魏楊承慶撰
　　韻畧　北魏陽休之撰
　　證俗音　北齊顏之推撰
　　文字指歸　隋曹憲撰

陸詞切韻　唐陸法言撰
孫愐切韻　唐孫愐撰
郭知元切韻　唐郭知玄撰
王仁煦切韻　唐王仁煦撰
祝尚邱切韻　唐祝尚邱撰
東宮切韻　日本菅原是善撰
釋氏切韻　唐□□撰
裴務齊切韻　唐裴務齊撰
麻果切韻　唐麻果撰
李審言切韻　唐李審言撰
蔣魴切韻　唐蔣魴撰
切韻
卷六至八
　字書三卷
　字體
　異字苑
　字類
　字諟
　聲譜

經21215138
白柱堂叢臧二種二卷　清周繪藻撰
　清光緒三十一年白柱堂石印本　北大
　　說文賡篡一卷
　　爾雅訓篡一卷

經21215139
六書(存三種)十七卷　清周天益撰
　清抄本　國圖
　民國十三年鉛印本　北大
　　字義補十二卷
　　唐韻餘論四卷
　　唐韻綜一卷

經21215140
字書四種不分卷　清程得齡輯
　清刻本　國圖

金壺字考不分卷　宋釋適之撰
俗書證誤不分卷　隋顏愍楚撰
字書誤讀不分卷　宋王雱撰
字林不分卷　晉呂忱撰

經 21215141

小學叢殘四種四卷　汪黎慶輯
　廣倉學宭叢書甲類本(民國鉛印)
　　字樣一卷　唐顏師古撰
　　開元文字音義一卷　唐玄宗李隆
　　　基撰
　　韻詮一卷　唐武元之撰
　　韻英一卷　唐陳廷堅撰

經 21215142

小學蒐逸一百卷九十八種一百四卷
　龍璋輯
　民國二十年攸縣龍氏鉛印本　北大
　　湖北
　　上編
　　　蒼頡篇二卷
　　　三倉一卷
　　　凡將一卷　漢司馬相如撰
　　　古文官書一卷　漢衛宏撰
　　　勸學篇一卷　漢蔡邕撰
　　　聖皇篇一卷　漢蔡邕撰
　　　通俗文一卷　漢服虔撰
　　　古文奇字一卷　漢郭顯卿撰
　　　古今字詁一卷　三國魏張揖撰
　　　雜字一卷　三國魏張揖撰
　　　埤倉一卷　三國魏張揖撰
　　　雜字解詁一卷　三國魏周成撰
　　　周成雜字一卷　三國魏周成撰
　　　異字一卷　三國吳朱育撰
　　　始學篇一卷　三國吳項峻撰
　　　小學篇一卷　晉王義撰
　　　發蒙記一卷　晉束晢撰

字指一卷　晉李彤撰
單行字一卷　晉李彤撰
字訓一卷　晉殷仲堪撰
字畧一卷　北魏宋世良撰
字統一卷　北魏楊承慶撰
纂文一卷　南朝宋何承天撰
詁幼一卷　南朝宋顏延之撰
纂要一卷　南朝宋顏延之撰
纂要一卷　南朝梁元帝蕭繹撰
廣蒼一卷　南朝梁樊恭撰
文字集畧一卷　南朝梁阮孝緒撰
字苑一卷　晉葛洪撰
證俗文一卷　北齊顏之推撰
文字釋訓一卷　南朝梁釋寶誌撰
字書二卷
桂苑珠叢一卷　隋諸葛潁等撰
文字指歸一卷　隋曹憲撰
文字志一卷　題王愔撰
古今正字二卷　唐張戩撰
集訓一卷　唐張戩撰
文字典說一卷　唐張戩撰
文字釋要一卷　唐張戩撰
五經文字一卷　唐張參撰
字樣一卷　唐顏師古撰
說文字樣一卷
正字辨惑一卷
異字苑一卷　三國吳朱育撰
集類一卷
新字解訓一卷
字體一卷
字諟一卷　題王柏撰
字類一卷　題侯洪泊撰
字鏡一卷
字典一卷
字譜一卷
字詁一卷
羣書字要一卷

上編補

　白虎通義一卷　漢班固撰

　說文一卷

　衛宏一卷

　古文一卷

　訓文一卷

　異苑一卷

　字訓一卷

　博雅一卷

　庭誥一卷　南朝宋顏延之撰

下編

　聲類一卷　三國魏李登撰

　文字音義一卷　晉王延撰

　韻集一卷　晉呂靜撰

　韻畧一卷　北齊陽休之撰

　音譜一卷　南朝宋李槩撰

　證俗音一卷　南朝宋顏延之撰

　韻英一卷　隋釋靜洪撰

　切韻一卷　題陸慈撰

　音隱一卷

　纂韻一卷　題潘徽撰

　開元音義一卷　唐玄宗李隆基撰

　唐韻一卷　唐孫愐撰

　考聲五卷　唐張戩撰

　異字音一卷　宋吉文甫撰

　韻詮一卷　唐武玄之撰

　韻譜一卷　宋李燾撰

　韻林一卷　題張諒撰

　韻圃一卷

　字書音義一卷

　古今字音一卷

　音訓一卷

　聲譜一卷

　五經音義一卷

　韻會一卷　晉孟昶撰

下編補

　韓詩一卷　漢韓嬰撰

劉兆注公羊一卷　晉劉兆撰

劉兆注穀梁一卷　晉劉兆撰

鄭玄注公羊一卷　漢鄭玄撰

孔注論語一卷

鄭注論語一卷

馬融注論語一卷　漢馬融撰

包咸注論語一卷　漢包咸撰

王肅注論語一卷　三國魏王肅撰

何注論語一卷　三國魏何晏撰

辨釋名一卷　三國吳韋昭撰

經21215143

稡香館叢書八種三十六卷　吳甌輯

　民國二十四年北平癸酉編譯會影印

　　手稿本　國圖　北大

　　說文疑十二卷附漢書古字一卷音

　　　義異同一卷　清□□撰　（漢

　　　書古字、音義異同)清王念孫撰

　　說文段注簽記一卷　清王念孫撰

　　說文注鈔二卷補鈔二卷　清桂馥

　　　鈔(存注鈔卷下、補鈔卷下)

　　說文答問疏證六卷　清薛傳均撰

　　小學識餘五卷　清朱駿聲撰

　　說文段注拈誤一卷　清朱駿聲撰

　　象形文釋四卷　清徐灝撰

　　說文大小徐本錄異一卷　清謝章

　　　鋌撰

經21215144

小學部首韻表啓蒙三種　□□輯

　稿本　北大

　　五音韻譜十二卷

　　說文解字十四卷

　　七部韻目不分卷

《中國古籍總目》
藏書單位簡稱表

藏書單位	簡稱	藏書單位	簡稱
A		**B**	
阿英（錢杏村）	阿英	蚌埠市圖書館	蚌埠
安徽大學圖書館	安徽大學	保定市圖書館	保定
安徽省博物館	安徽博	保山市圖書館	保山
安徽省檔案館	安徽檔	寶雞市圖書館	寶雞
安徽省九華山管理處	九華山	寶應縣圖書館	寶應
安徽省社會科學院圖書館	安徽社科院	北京大學圖書館	北大
安徽省圖書館	安徽	北京教育學院圖書館	北京教育學院
安徽省文史館	安徽文史館	北京琉璃廠中國書店	中國書店
安徽師範大學圖書館	安徽師大	北京師範大學圖書館	北師大
安徽醫科大學圖書館	安徽醫大	北京市東城區圖書館	北京東城區
安徽中醫學院圖書館	安徽中醫	北京市法源寺	北京法源寺
安吉縣博物館	安吉博	北京市廣化寺	北京廣化寺
安康縣圖書館	安康	北京市廣濟寺	北京廣濟寺
安陸縣圖書館	安陸	北京市妙應寺	北京妙應寺
安慶師範學院圖書館	安慶師院	北京市文物局	北京文物局
安慶市圖書館	安慶	北京市西城區圖書館	北京西城區
安丘市圖書館	安丘	北京市宣武區圖書館	北京宣武區
安順縣圖書館	安順	北京天文館	北京天文館
安陽市圖書館	安陽	北京延慶縣圖書館	延慶
安遠縣檔案館	安遠檔	北京醫科大學圖書館	北京醫大
安遠縣文化館	安遠文化館	北京芷蘭齋	芷蘭齋
鞍山科技大學圖書館	鞍山科技大	北京中醫藥大學圖書館	北京中醫大
鞍山師範學院圖書館	鞍山師院	北京中醫醫院圖書館	北京中醫院
鞍山市圖書館	鞍山	北流市圖書館	北流
奧地利維也納國家圖書館	奧地利維也納國家圖書館	北平圖書館（藏臺圖）	北平
		避暑山莊博物館	避暑山莊博
澳門中央圖書館	澳門	賓陽縣檔案館	賓陽檔

博愛縣檔案館	博愛檔	崇義縣檔案館	崇義檔
博爾濟錦	博爾濟錦	重慶師範大學圖書館	重慶師大
		重慶市北碚區圖書館	北碚
C		重慶市博物館	重慶博
		重慶市慈雲寺	重慶慈雲寺
財政部圖書館	財政部	重慶市圖書館	重慶
滄州市圖書館	滄州	重慶市萬州師範學校	萬州師範
蒼南縣圖書館	蒼南	慈溪市博物館(文管會)	慈溪博
曹縣圖書館	曹縣	慈溪市檔案館	慈溪檔
册亨縣檔案館	册亨檔		
岑鞏縣檔案館	岑鞏檔	**D**	
昌樂縣圖書館	昌樂		
長安縣興教寺	長安興教寺	大理市圖書館	大理
長春市圖書館	長春	大荔縣朝邑文化館	大荔朝邑文化館
長春中醫藥大學圖書館	長春中醫大	大連市博物館	大連博
長江大學圖書館	長江大學	大連市圖書館	大連
長汀縣圖書館	長汀	大慶市圖書館	大慶
長興縣博物館	長興博	大同市檔案館	大同檔
長興縣檔案館	長興檔	大同市吉祥寺	大同吉祥寺
長陽縣檔案館	長陽檔	代縣圖書館	代縣
長治市圖書館	長治	丹東師範學院圖書館	丹東師院
常山縣圖書館(文化館)	常山	丹東市圖書館	丹東
常山縣文化館	常山文化館	丹麥哥本哈根皇家	丹麥哥本哈根皇家
常熟市博物館	常熟博	圖書館	圖書館
常熟市圖書館	常熟	丹徒縣圖書館	丹徒
常熟市文管會	常熟文管	當陽縣檔案館	當陽檔
常熟市中學圖書館	常熟中學	道縣檔案館	道縣檔
常州市圖書館	常州	德清縣博物館	德清博
巢湖市圖書館	巢湖	德州市圖書館	德州
潮安縣博物館	潮安博	鄧縣檔案館	鄧縣檔
潮安縣圖書館	潮安	電白縣檔案館	電白檔
潮陽市博物館	潮陽博	定西縣文化館	定西文化館
潮州市開元寺	潮州開元寺	定襄縣文化館	定襄文化館
成都市杜甫草堂	成都杜甫草堂	東北大學圖書館	東北大學
成都市圖書館	成都	東北林業大學圖書館	東北林大
成都中醫藥大學圖書館	成都中醫大	東北農業大學圖書館	東北農大
成縣檔案館	成縣檔	東北師範大學圖書館	東北師大
承德市圖書館	承德	東莞市檔案館	東莞檔
澄江縣圖書館	澄江	東海縣檔案館	東海檔
茌平縣檔案館	茌平檔	東臺市志辦公室	東臺市志辦
茌平縣圖書館	茌平	東陽市檔案館	東陽檔
崇陽縣圖書館	崇陽	東陽市圖書館	東陽

東陽市文管會	東陽文管	福州市鼓山湧泉寺	福州鼓山湧泉寺
獨山縣檔案館	獨山檔	福州市瑞峰林陽寺	福州瑞峰林陽寺

<table>
<tr><td colspan="2" align="center">E</td><td>福州市文物局</td><td>福州文物局</td></tr>
</table>

		福州市雪峰崇聖寺	福州雪峰崇聖寺
俄羅斯東方文化研究所	俄羅斯東方研究所	福州市怡山西禪寺	福州怡山西禪寺
俄羅斯國家圖書館	俄羅斯國家圖書館	撫順市博物館	撫順博
鄂州市博物館	鄂州博	撫順市圖書館	撫順
恩平市檔案館	恩平檔	富順縣圖書館	富順
恩施市圖書館	恩施	富陽市檔案館	富陽檔

<table>
<tr><td colspan="2" align="center">F</td><td>富陽市圖書館</td><td>富陽</td></tr>
</table>

		復旦大學圖書館	復旦
法國伯希和	法國伯希和	復旦大學圖書館醫科分館	復旦醫科館
法國國家圖書館	法國國家圖書館		

<table>
<tr><td>梵蒂岡教廷圖書館</td><td>梵蒂岡</td><td colspan="2" align="center">G</td></tr>
</table>

汾陽市方志辦公室	汾陽方志辦		
豐都縣檔案館	豐都檔	甘谷縣圖書館	甘谷
豐寧縣檔案館	豐寧檔	甘肅大學圖書館	甘肅大學
豐縣博物館	豐縣博	甘肅農業大學圖書館	甘肅農大
豐縣檔案館	豐縣檔	甘肅省博物館	甘肅博
奉化市文管會	奉化文管	甘肅省圖書館	甘肅
奉節縣圖書館	奉節	甘肅師範大學圖書館	甘肅師大
鳳城縣檔案館	鳳城檔	甘肅中醫學院圖書館	甘肅中醫
鳳城縣圖書館	鳳城	贛榆縣檔案館	贛榆檔
鳳凰縣檔案館	鳳凰檔	贛州市圖書館	贛州
鳳凰縣圖書館	鳳凰	高陵縣圖書館	高陵
鳳翔縣圖書館	鳳翔	高平縣博物館	高平博
鳳翔縣文化館	鳳翔文化館	高平縣文化館	高平文化館
佛山市博物館	佛山博	高郵市檔案館	高郵檔
佛山市圖書館	佛山	高郵市圖書館	高郵
扶風縣文化館	扶風文化館	個舊市圖書館	個舊
福安縣圖書館	福安	公安部羣衆出版社	
福建大學圖書館	福建大學	圖書館	羣衆出版社
福建省博物館	福建博	公安部圖書館	公安部
福建省檔案館	福建檔	古田縣圖書館	古田
福建省圖書館	福建	縠城縣圖書館	縠城
福建省文化局	福建文化局	固始縣檔案館	固始檔
福建省政協圖書室	福建政協	故宮博物院圖書館	故宮
福建師範大學圖書館	福建師大	廣東省博物館	廣東博
福建醫科大學圖書館	福建醫大	廣東省檔案館	廣東檔
福建中醫學院圖書館	福建中醫	廣東省社會科學院	
福平縣圖書館	福平	圖書館	廣東社科院
		廣東省文史研究館	廣東文史館

廣東省醫科情報研究所	廣東醫科所	哈爾濱市極樂寺	哈爾濱極樂寺
廣東省中山圖書館	廣東	哈爾濱市社會科學院	
廣東醫學科學院圖書館	廣東醫科院	圖書館	哈爾濱社科院
廣西民族大學圖書館	廣西民族	哈爾濱市圖書館	哈爾濱
廣西師範大學圖書館	廣西師大	哈爾濱醫科大學圖書館	哈爾濱醫大
廣西藝術學院圖書館	廣西藝術學院	海口市圖書館	海口
廣西中醫學院圖書館	廣西中醫	海南省檔案館	海南檔
廣西壯族自治區博物館	廣西博	海寧市圖書館	海寧
廣西壯族自治區檔案館	廣西檔	海鹽縣博物館	海鹽博
廣西壯族自治區桂林		韓城縣圖書館	韓城
圖書館	桂林	韓城縣文化館	韓城文化館
廣西壯族自治區統計局	廣西統計局	韓國藏書閣	韓國藏書閣
廣西壯族自治區圖書館	廣西	韓國慶北大學圖書館	韓國慶北大學
廣元市檔案館	廣元檔	韓國首爾大學校奎章閣	韓國奎章閣
廣州美術學院圖書館	廣州美院	漢中師範學院圖書館	漢中師範
廣州市檔案館	廣州檔	杭州高級中學圖書館	杭州高中
廣州市社會科學院		杭州市文管會	杭州文管
圖書館	廣州社科院	杭州市蕭山區博物館	
廣州市圖書館	廣州	（圖書館）	蕭山博
廣州市文物管理處	廣州文管	杭州市蕭山區檔案館	蕭山檔
廣州中山醫科大學		合肥師範學院圖書館	合肥師範
圖書館	中山醫大	河北大學圖書館	河北大學
廣州中醫藥大學圖書館	廣州中醫大	河北省博物館	河北博
桂陽縣圖書館	桂陽	河北省檔案館	河北檔
貴陽師範學院圖書館	貴陽師院	河北省圖書館	河北
貴陽中醫學院圖書館	貴陽中醫	河北師範大學圖書館	河北師大
貴州大學圖書館	貴州大學	河北戲曲學校圖書館	河北戲校
貴州民族學院圖書館	貴州民族	河北醫科大學圖書館	河北醫大
貴州省博物館	貴州博	河池縣檔案館	河池檔
貴州省檔案館	貴州檔	河津縣圖書館	河津
貴州省圖書館	貴州	河南大學圖書館	河南大學
貴州師範大學圖書館	貴州師大	河南省博物館	河南博
國防大學圖書館	國防大學	河南省檔案館	河南檔
國家博物館	國博	河南省社會科學院	
國家圖書館	國圖	圖書館	河南社科院
國家圖書館分館	國圖分	河南省圖書館	河南
國家文物局	國家文物局	河南省文史館	河南文史館
		河南省文物局	河南文物
H		河南師範大學圖書館	河南師大
		河南中醫學院圖書館	河南中醫
哈爾濱大學圖書館	哈爾濱大學	郃陽縣圖書館	郃陽
哈爾濱師範大學圖書館	哈爾濱師大		

邰陽縣文化館	邰陽文化館	華僑大學圖書館	華僑大學
荷蘭萊頓大學漢學院	荷蘭萊頓大學漢學院	華容縣檔案館	華容檔
鶴慶縣圖書館	鶴慶	華西醫科大學圖書館	華西醫大
鶴山縣檔案館	鶴山檔	華中師範大學圖書館	華中師大
黑龍江大學圖書館	黑大	淮安市檔案館	淮安檔
黑龍江省黨校圖書館	黑龍江黨校	淮安市淮陰中學圖書館	淮陰中學
黑龍江省檔案館	黑龍江檔	淮安市圖書館	淮安
黑龍江省社會科學院		黃岡市檔案館	黃岡檔
圖書館	黑龍江社科院	黃岡市圖書館	黃岡
黑龍江省圖書館	黑龍江	黃河水利委員會	黃河水利委員會
黑龍江省中醫研究院	黑龍江中醫院	黃平縣檔案館	黃平檔
黑龍江中醫藥大學		黃山市博物館	黃山博
圖書館	黑龍江中醫大	黃山市圖書館	黃山
衡陽師範學院圖書館	衡陽師範	黃縣檔案館	黃縣檔
衡陽市檔案館	衡陽檔	徽州文化博物館	徽州博
衡陽市圖書館	衡陽	惠安縣圖書館	惠安
洪洞縣廣勝寺	洪洞廣勝寺	惠安縣文化館	惠安文化館
胡士瑩	胡士瑩	惠民縣圖書館	惠民
湖北財經學院圖書館	湖北財經		
湖北大學師範學院			J
圖書館	湖北大學	績溪縣檔案館	績溪檔
湖北大學醫學部圖書館	湖北大學醫學部	鷄西市圖書館	鷄西
湖北省博物館	湖北博	吉安市檔案館	吉安檔
湖北省圖書館	湖北	吉安市圖書館	吉安
湖北師範學院圖書館	湖北師院	吉林大學圖書館	吉大
湖北藝術學院圖書館	湖北藝術學院	吉林大學醫學部圖書館	吉大醫學部
湖北中醫學院圖書館	湖北中醫	吉林省檔案館	吉林檔
湖南大學圖書館	湖南大學	吉林省社會科學院	
湖南省博物館	湖南博	圖書館	吉林社科院
湖南省社會科學院		吉林省圖書館	吉林
圖書館	湖南社科院	吉林師範大學圖書館	吉林師大
湖南省圖書館	湖南	吉林市師範學院圖書館	吉林師院
湖南師範大學圖書館	湖南師大	吉林市圖書館	吉林市
湖南中醫學院圖書館	湖南中醫	即墨市博物館	即墨博
湖州市博物館	湖州博	即墨市圖書館	即墨
湖州市檔案館	湖州檔	濟南大學圖書館	濟南大學
湖州市圖書館	湖州	濟南市博物館	濟南博
戶縣檔案館	戶縣檔	濟南市圖書館	濟南
華東師範大學圖書館	華東師大	濟寧市圖書館	濟寧
華南農業大學圖書館	華南農大	暨南大學圖書館	暨南大學
華南師範大學圖書館	華南師大	稷山縣圖書館	稷山

加拿大哥倫比亞大學		金陵刻經處	金陵刻經處
東亞館	加拿大哥倫比亞大學	錦州師範學院圖書館	錦州師院
佳木斯市圖書館	佳木斯	錦州市圖書館	錦州
嘉山縣檔案館	嘉山檔	晉江市圖書館	晉江
嘉善縣圖書館	嘉善	晉江市文化宮	晉江文化宮
嘉興市博物館	嘉興博	晉寧縣圖書館	晉寧
嘉興市圖書館	嘉興	晉寧縣文化館	晉寧文化館
建甌縣圖書館	建甌	縉雲縣檔案館	縉雲檔
建陽縣圖書館	建陽	荊門縣圖書館	荊門
劍閣縣方志辦公室	劍閣方志辦	荆州市博物館	荆州博
江川縣檔案館	江川檔	荆州市檔案館	荆州檔
江都縣圖書館	江都	荆州市圖書館	荆州
江華縣檔案館	江華檔	涇縣檔案館	涇縣檔
江陵縣檔案館	江陵檔	景德鎮市檔案館	景德鎮檔
江山市博物館	江山博	景德鎮市圖書館	景德鎮
江山市檔案館	江山檔	靖安縣檔案館	靖安檔
江蘇省博物館	江蘇博	句容縣檔案館	句容檔
江蘇省出版總社	江蘇出版總社	軍事科學院圖書館	軍科院
江蘇省檔案館	江蘇檔	軍事醫學科學院圖書館	軍事醫科院
江西農業大學圖書館	江西農大		
江西省博物館	江西博	**K**	
江西省檔案館	江西檔		
江西省歷史博物館	江西歷博	開封市圖書館	開封
江西省圖書館	江西	墾利縣檔案館	墾利檔
江西師範大學井岡山		昆明師範學院圖書館	昆明師院
分院圖書館	江西師大井岡山分院	崑山市檔案館	崑山檔
江西師範大學圖書館	江西師大	崑山市圖書館	崑山
江西中醫學院圖書館	江西中醫		
江陰市文化館	江陰文化館	**L**	
江永縣檔案館	江永檔		
將樂縣檔案館	將樂檔	來鳳縣檔案館	來鳳檔
胶州市博物館	胶州博	蘭溪市博物館	蘭溪博
焦作市圖書館	焦作	蘭溪市文管會	蘭溪文管
膠南縣檔案館	膠南檔	蘭州大學圖書館	蘭州大學
教育科學研究院	教科院	蘭州醫學院圖書館	蘭州醫學院
揭陽縣博物館	揭陽博	樂昌縣檔案館	樂昌檔
揭陽縣圖書館	揭陽	樂平縣圖書館	樂平
介休市博物館	介休博	樂清縣圖書館	樂清
介休市圖書館	介休	黎城縣檔案館	黎城檔
金華市太平天國侍王府		黎城縣圖書館	黎城
紀念館	金華侍王府	離石縣賀昌中學	離石賀昌中學
		利津縣文化館	利津文化館
		麗江市圖書館	麗江

麗水市博物館	麗水博
連江縣檔案館	連江檔
連平縣圖書館	連平
連雲港市博物館	連雲港博
連雲港市圖書館	連雲港
連州縣檔案館	連州檔
蓮花縣方志辦公室	蓮花方志辦
梁平縣圖書館	梁平
聊城市檔案館	聊城檔
遼寧大學圖書館	遼大
遼寧省博物館	遼寧博
遼寧省檔案館	遼寧檔
遼寧省圖書館	遼寧
遼寧師範大學圖書館	遼寧師大
遼寧中醫藥大學圖書館	遼寧中醫大
遼陽市圖書館	遼陽
臨安市檔案館	臨安檔
臨安市圖書館	臨安
臨川縣圖書館	臨川
臨海市博物館	臨海博
臨海市圖書館	臨海
臨澧縣檔案館	臨澧檔
臨清縣圖書館	臨清
臨朐縣方志辦公室	臨朐方志辦
臨夏縣圖書館	臨夏
臨猗縣圖書館	臨猗
瀏陽禮樂局	瀏陽禮樂局
柳州市圖書館	柳州
龍勝縣文物館	龍勝文物館
隴西縣圖書館	隴西
隴西縣文化館	隴西文化館
隴縣圖書館	隴縣
盧龍縣檔案館	盧龍檔
盧氏縣檔案館	盧氏檔
廬山圖書館	廬山
瀘州市圖書館	瀘州
六安市檔案館	六安檔
六安市圖書館	六安
旅順博物館	旅順博
灤南縣檔案館	灤南檔
羅定縣檔案館	羅定檔

羅山縣檔案館	羅山檔
洛陽市白馬寺	洛陽白馬寺
洛陽市博物館	洛陽博
洛陽市檔案館	洛陽檔
洛陽市圖書館	洛陽

M

馬來西亞極樂寺	馬來西亞極樂寺
馬來西亞馬來亞大學	馬來西亞馬來亞大學
馬隅卿	馬隅卿
眉山市三蘇祠	眉山三蘇祠
眉山市圖書館	眉山
梅蘭芳紀念館	梅蘭芳紀念館
梅州市劍英圖書館	梅州劍英圖
梅州市圖書館	梅州
鄞縣檔案館	鄞縣檔
鄞縣文化館	鄞縣文化館
美國哥倫比亞大學東亞館	美國哥倫比亞大學
美國國會圖書館	美國國會
美國哈佛大學燕京圖書館	美國哈佛燕京
美國加州大學伯克萊分校東亞館	美國柏克萊加州大學
美國加州大學洛杉磯分校東亞館	美國洛杉磯加州大學
美國普林斯頓大學葛思德東方圖書館	美國普林斯頓大學
美國斯坦福大學東亞館	美國斯坦福大學
美國夏威夷大學東亞館	美國夏威夷大學
美國芝加哥大學東亞館	美國芝加哥大學
孟津縣檔案館	孟津檔
密山縣圖書館	密山
密雲縣檔案館	密雲檔
勉縣圖書館	勉縣
澠池縣檔案館	澠池檔
民族文化宮	民族文化宮
牡丹江師範學院圖書館	牡丹江師院
牡丹江市圖書館	牡丹江

N

南安縣檔案館	南安檔

南昌大學圖書館	南昌大學	內蒙古自治區中蒙醫	
南昌大學醫學院圖書館	南昌大學醫學院	研究所	中蒙醫研究所
南充師範學校圖書館	西華師大	寧波大學圖書館	寧波大學
南充市圖書館	南充	寧波市北侖區博物館	寧波北侖博
南華縣方志辦公室	南華方志辦	寧波市北侖區圖書館	寧波北侖
南京博物院圖書館	南京博	寧波市檔案館	寧波檔
南京大學歷史系	南大歷史系	寧波市圖書館	寧波
南京大學圖書館	南大	寧德市萬壽禪寺	寧德萬壽禪寺
南京農業大學中國農業		寧都縣博物館	寧都博
遺產研究室	南京農大農遺室	寧都縣圖書館	寧都
南京師範大學圖書館	南師大	寧海縣圖書館	寧海
南京市博物館	南京博	寧海縣文化館	寧海文化館
南京市金陵圖書館	金陵	寧海縣文物辦公室	寧海文物辦
南京太平天國歷史		寧武縣文物館	寧武文物館
博物館	南京太平天國博	寧夏大學圖書館	寧夏大學
南京圖書館	南京	寧夏回族自治區博物館	寧夏博
南京醫科大學圖書館	南京醫大	寧夏回族自治區圖書館	寧夏
南京中醫藥大學圖書館	南京中醫大	寧夏壽佛寺	寧夏壽佛寺
南靖縣圖書館	南靖		
南開大學圖書館	南開	**O**	
南康縣圖書館	南康		
南陵縣檔案館	南陵檔	甌縣圖書館	甌縣
南通大學圖書館	南通大學		
南通大學醫學院圖書館	南通大學醫學院	**P**	
南通市博物館	南通博		
南通市圖書館	南通	磐安縣圖書館	磐安
南閩縣圖書館	南閩	平頂山市圖書館	平頂山
南縣檔案館	南縣檔	平度縣圖書館	平度
南雄縣博物館	南雄博	平和縣檔案館	平和檔
南陽師範學院圖書館	南陽師院	平湖縣圖書館	平湖
南陽市檔案館	南陽檔	平利縣檔案館	平利檔
南陽市水帘寺	南陽水帘寺	平順縣檔案館	平順檔
南陽市圖書館	南陽	平陰縣檔案館	平陰檔
內蒙古巴林右旗博物館	巴林右旗博	平陰縣圖書館	平陰
內蒙古大學圖書館	內蒙古大學	平遠縣檔案館	平遠檔
內蒙古師範大學圖書館	內蒙古師大	屏南縣圖書館	屏南
內蒙古自治區巴彥淖爾		萍鄉市圖書館	萍鄉
盟圖書館	內蒙古巴盟	鄱陽縣方志辦公室	鄱陽方志辦
內蒙古自治區社會科		鄱陽縣圖書館	鄱陽
學院圖書館	內蒙古社科院	莆田市圖書館	莆田
內蒙古自治區圖書館	內蒙古	蒲城縣圖書館	蒲城
		蒲城縣文化館	蒲城文化館
		蒲城縣堯山中學圖書館	蒲城堯山中學

蒲松齡紀念館	蒲松齡紀念館	日本愛知大學	日本愛知大學
浦城縣圖書館	浦城	日本愛知岩屋寺	日本愛知岩屋寺
浦江縣檔案館	浦江檔	日本八戶市立圖書館	日本八戶市
		日本昌平學	日本昌平學
Q		日本椙山女學園大學	日本椙山女學園大學
		日本長澤規矩也	日本長澤規矩也
棲霞縣圖書館	棲霞	日本成簀堂	日本成簀堂
祁縣圖書館	祁縣	日本崇蘭館	日本崇蘭館
齊齊哈爾師範學院		日本茨城大學	日本茨城大學
圖書館	齊齊哈爾師院	日本大阪府立圖書館	日本大阪
齊齊哈爾市圖書館	齊齊哈爾	日本大阪天滿宮御文庫	日本大阪天滿宮
齊如山	齊如山	日本大阪杏雨書屋	日本大阪杏雨書屋
蘄春縣圖書館	蘄春	日本大倉文化財團	日本大倉
啓東市圖書館	啓東	日本大東急紀念文庫	日本大東急
鉛山縣圖書館	鉛山	日本大谷大學	日本大谷大學
鉛山縣文化館	鉛山文化館	日本大和長谷寺	日本大和長谷寺
潛江縣圖書館	潛江	日本大淵忍爾	日本大淵忍爾
沁陽縣檔案館	沁陽檔	日本島根縣圖書館	日本島根縣
青島大學醫學院圖書館	青島大學醫學院	日本德山毛利氏	日本德山毛利氏
青島市博物館	青島博	日本東北大學	日本東北大學
青島市圖書館	青島	日本東方文庫	日本東方
青島市湛山寺	青島湛山寺	日本東京大學東洋文化	
青海大學醫學院圖書館	青海大學醫學院	研究所	日本東京大學
青海民族大學圖書館	青海民族	日本東京都立日比谷	
青海省圖書館	青海	圖書館	日本東京日比谷
青海師範大學圖書館	青海師大	日本東京都立圖書館	日本東京
清華大學圖書館	清華	日本東京國立博物館	日本國立博
清江市圖書館	清江	日本東京淺草寺	日本東京淺草寺
晴隆縣檔案館	晴隆檔	日本東京增上寺	日本東京增上寺
曲阜師範大學圖書館	曲阜師大	日本東文院	日本東文院
曲阜市文管會	曲阜文管	日本東洋大學	日本東洋大學
曲靖縣圖書館	曲靖	日本東洋文庫	日本東洋
曲沃縣圖書館	曲沃	日本二松學舍大學	日本二松學舍大學
衢州市博物館（文管會）	衢州博	日本高知大學	日本高知大學
衢州市圖書館	衢州	日本宮城縣立圖書館	日本宮城縣
泉州市開元寺	泉州開元寺	日本宮內省圖書寮	日本宮內省
泉州市圖書館	泉州	日本宮崎市定	日本宮崎市定
泉州市文管會	泉州文管	日本關西大學	日本關西大學
		日本廣島大學	日本廣島大學
R		日本廣島市立淺野	
		圖書館	日本廣島淺野
人民日報社圖書館	人民日報社		
仁化縣檔案館	仁化檔		

日本國會圖書館	日本國會	日本藤井齊成會有鄰館	日本有鄰館
日本國立民族博物館	日本國立民族博	日本天理大學	日本天理大學
日本國士舘大學	日本國士舘大學	日本天理圖書館	日本天理
日本金澤文庫	日本金澤	日本無窮會	日本無窮會
日本京都本源寺	日本京都本源寺	日本西尾市	日本西尾市
日本京都博物館	日本京都博	日本小如舟書屋	日本小如舟書屋
日本京都大學人文科學		日本新發田市立圖書館	日本新發田市
研究所	日本京都大學	日本新潟大學	日本新潟大學
日本京都東福寺	日本京都東福寺	日本熊谷大學	日本熊谷大學
日本京都東寺	日本京都東寺	日本陽明文庫	日本陽明
日本京都府立綜合		日本一橋大學	日本一橋大學
資料館	日本京都	日本御茶之水圖書館	日本御茶之水
日本京都南禪寺	日本京都南禪寺	日本早稻田大學圖書館	日本早稻田大學
日本京都知恩院	日本京都知恩院	日本澤田瑞穗	日本澤田瑞穗
日本靜嘉堂文庫	日本靜嘉堂	日本知恩院	日本知恩院
日本九州大學	日本九州大學	日本中央大學	日本中央大學
日本酒田市立圖書館	日本酒田市	日本滋賀大學	日本滋賀大學
日本龍谷大學	日本龍谷大學	日本足利學校遺跡圖書館	日本足利學校
日本龍野歷史文化資料館	日本龍野	日本尊經閣文庫	日本尊經閣
日本鹿兒島大學	日本鹿兒島大學	日本佐伯文庫	日本佐伯
日本米澤市立圖書館	日本米澤市	日照縣圖書館	日照
日本名古屋大學	日本名古屋大學	榮成縣方志辦公室	榮成方志辦
日本奈良唐大招提寺	日本奈良唐大招提寺	榮縣文化館	榮縣文化館
日本奈良西大寺	日本奈良西大寺	如皋市圖書館	如皋
日本奈良興福寺	日本奈良興福寺	芮城縣圖書館	芮城
日本内閣文庫(國立公		瑞安市圖書館	瑞安
文書館)	日本内閣	瑞安市文物館(玉海樓)	瑞安玉海樓
日本蓬左文庫	日本蓬左	瑞金市瑞金中學圖書館	瑞金中學
日本岐阜安國寺	日本岐阜安國寺		
日本岐阜長瀧寺	日本岐阜長瀧寺	**S**	
日本崎玉喜多院	日本崎玉喜多院		
日本千葉縣立圖書館	日本千葉縣	三江縣檔案館	三江檔
日本清見寺	日本清見寺	三峽大學圖書館	三峽大學
日本慶應大學	日本慶應大學	三原縣圖書館	三原
日本山梨縣圖書館	日本山梨縣	沙市市圖書館	沙市
日本上野圖書館	日本上野	沙市市章華寺	沙市章華寺
日本身延山久遠寺	日本身延山久遠寺	山東大學圖書館	山東大學
日本神戶市立圖書館	日本神戶市	山東農業大學圖書館	山東農大
日本神田喜一郎	日本神田喜一郎	山東省博物館	山東博
日本石井積翠軒文庫	日本石井積翠軒	山東省檔案館	山東檔
日本狩野文庫	日本狩野	山東省圖書館	山東
		山東師範大學圖書館	山東師大

山東醫科大學圖書館	山東醫大	上海市奉賢區檔案館	奉賢檔
山東中醫藥大學圖書館	山東中醫大	上海市嘉定區博物館	嘉定博
山西大學圖書館	山西大學	上海市嘉定區檔案館	嘉定檔
山西省博物館	山西博	上海市金山區圖書館	金山
山西省圖書館	山西	上海市龍華寺	上海龍華寺
山西省文史研究館	山西文史館	上海市青浦區檔案館	青浦檔
山西省文物局	山西文物局	上海市社會科學院	
山西省應縣木塔文物		圖書館	上海社科院
保管所	應縣木塔所	上海市松江區博物館	松江博
山西省中醫研究院	山西中醫院	上海市松江區圖書館	松江
山西師範大學圖書館	山西師大	上海市文管會	上海文管
山西醫科大學圖書館	山西醫大	上海市玉佛寺	上海玉佛寺
山西中醫學院圖書館	山西中醫	上海市中醫文獻館	上海中醫文獻館
陝西省博物館	陝西博	上海圖書館	上海
陝西省檔案館	陝西檔	上海圖書公司	上海圖書公司
陝西省考古研究所	陝西考古所	上海戲劇學院圖書館	上戲
陝西省圖書館	陝西	上海音樂學院圖書館	上音
陝西省委黨校圖書館	陝西黨校	上海中醫藥大學圖書館	上海中醫大
陝西省委宣傳部	陝西宣傳部	上杭縣博物館	上杭博
陝西省文史館	陝西文史館	上饒市圖書館	上饒
陝西省文史研究館	陝西文史館	上虞市檔案館	上虞檔
陝西省文物所	陝西文物所	上虞市圖書館	上虞
陝西省藝術學院圖書館	陝西藝術學院	上虞市文管所	上虞文管所
陝西師範大學圖書館	陝西師大	韶關師範學院圖書館	韶關師範
陝西中醫學院圖書館	陝西中醫	韶關市南華寺	韶關南華寺
陝西中醫藥研究院	陝西中醫藥院	邵武市圖書館	邵武
汕頭市檔案館	汕頭檔	邵武市文化館	邵武文化館
汕頭市圖書館	汕頭	邵陽師範學院圖書館	邵陽師範
商城縣檔案館	商城檔	邵陽市圖書館	邵陽
商南縣檔案館	商南檔	紹興魯迅紀念館	魯迅紀念館
上高縣博物館	上高博	紹興市檔案館	紹興檔
上高縣圖書館	上高	紹興市圖書館	紹興
上海博物館	上海博	紹興市文物考古所	
上海辭書出版社圖書館	辭書出版社	（文管會）	紹興文管
上海大學圖書館	上海大學	紹興文理學院圖書館	紹興文理學院
上海交通大學醫學院		歙縣博物館	歙縣博
圖書館	上海交大醫學院	歙縣檔案館	歙縣檔
上海師範大學圖書館	上海師大	歙縣圖書館	歙縣
上海市寶山區方志		歙縣文化館	歙縣文化館
辦公室	寶山方志辦	深圳市南山區檔案館	深圳南山區檔
上海市崇明縣圖書館	崇明	瀋陽故宮博物館	瀋陽故宮

瀋陽魯迅美術學院	
圖書館	瀋陽魯迅美院
瀋陽農業大學圖書館	瀋陽農大
瀋陽師範大學圖書館	瀋陽師大
瀋陽市圖書館	瀋陽
瀋陽音樂學院圖書館	瀋陽音樂學院
嵊泗縣圖書館	嵊泗
嵊州市檔案館	嵊州檔
嵊州市圖書館	嵊州
嵊州市文管會	嵊州文管
施秉縣檔案館	施秉檔
師宗縣文管所	師宗文管所
石河子大學醫學院	
圖書館	石河子大學醫學院
石家莊市圖書館	石家莊
石阡縣檔案館	石阡檔
首都師範大學圖書館	首都師大
首都圖書館	首都
雙峯縣圖書館	雙峯
水利部圖書館	水利部
順德縣檔案館	順德檔
四川大學圖書館	川大
四川民族大學圖書館	四川民族
四川省博物館	四川博
四川省社會科學院	
圖書館	四川社科院
四川省圖書館	四川
四川省委黨校圖書館	四川黨校
四川省文史館	四川文史館
四川師範大學圖書館	四川師大
四川音樂學院圖書館	四川音樂學院
四會縣檔案館	四會檔
泗陽縣檔案館	泗陽檔
松陽縣博物館	松陽博
松陽縣檔案館	松陽檔
嵩縣檔案館	嵩縣檔
蘇州大學圖書館	蘇州大學
蘇州大學醫學院圖書館	蘇州大學醫學院
蘇州師範學院圖書館	蘇州師範
蘇州市博物館	蘇州博
蘇州市檔案館	蘇州檔
蘇州市寒山寺	蘇州寒山寺

蘇州市圖書館	蘇州
蘇州市文管會	蘇州文管
蘇州市西園寺	蘇州西園寺
蘇州中醫醫院	蘇州中醫院
宿遷市文獻委員會	宿遷文獻會
睢寧縣檔案館	睢寧檔
綏中縣檔案館	綏中檔
遂昌縣文化館	遂昌文化館

T

台山市檔案館	台山檔
台山市圖書館	台山
台州市博物館	台州博
台州市黃巖區博物館	黃巖博
台州市黃巖區檔案館	黃巖檔
台州市黃巖區圖書館	黃巖
臺北"故宮博物院"	臺北故博
臺北"中研院"傅斯年	
圖書館	傅斯年圖
臺北"中研院"語言所	語言所
臺灣大學圖書館	臺灣大學
臺灣東吳大學圖書館	東吳大學
臺灣"內政"圖書館	臺內圖
臺灣師範大學圖書館	臺灣師大
臺灣"史政局"	史政圖
臺灣世界宗教博物館	宗教博
臺灣孫逸仙紀念圖書館	孫逸仙圖
臺灣圖書館	臺圖
臺灣嚴靈峰無求備齋	無求備齋
臺灣自得齋	自得齋
臺中圖書館	臺中
太倉市圖書館	太倉
太谷縣圖書館	太谷
太康縣檔案館	太康檔
太原市崇善寺	太原崇善寺
太原市圖書館	太原
泰安市博物館	泰安博
泰安市圖書館	泰安
泰和縣檔案館	泰和檔
泰順縣博物館	泰順博
泰順縣圖書館	泰順
泰縣圖書館	泰縣

泰州市碧雲寺	泰州碧雲寺	屯留縣圖書館	屯留
泰州市博物館	泰州博	屯留縣中學圖書館	屯留中學
泰州市圖書館	泰州	屯溪市博物館	屯溪博
唐河縣圖書館	唐河	屯溪市圖書館	屯溪
唐山市豐潤區文物			
管理所	豐潤文管所	**W**	
唐山市圖書館	唐山	萬榮縣圖書館	萬榮
桃源縣檔案館	桃源檔	萬縣圖書館	萬州
騰沖縣圖書館	騰沖	萬載縣文化館	萬載文化館
天津大學圖書館	天津大學	望奎縣圖書館	望奎
天津師範大學圖書館	天津師大	威海市檔案館	威海檔
天津市歷史博物館	天津博	濰坊市檔案館	濰坊檔
天津市社會科學院		溫州市博物館	溫州博
圖書館	天津社科院	溫州市圖書館	溫州
天津市衛生職工醫學院	天津衛生職工醫學院	文成縣檔案館	文成檔
天津市醫學科學技術		文登縣圖書館	文登
信息研究所	天津醫科所	文化部文學藝術研究院	文藝研究院
天津圖書館	天津	文化部戲曲研究院	戲曲研究院
天津戲曲學校圖書館	天津戲校	文水縣圖書館	文水
天津醫科大學圖書館	天津醫大	文物出版社	文物出版社
天津中醫藥大學第一		聞喜縣檔案館	聞喜檔
附屬醫院圖書館	天津中醫大	汶上縣檔案館	汶上檔
天門縣圖書館	天門	烏海市圖書館	烏海
天水市圖書館	天水	吳江市圖書館	吳江
天台山國清寺	天台山國清寺	吳梅	吳梅
天台市博物館(文管會)	天台博	吳縣檔案館	吳縣檔
天台市圖書館	天台	吳縣光福司徒廟	光福司徒廟
天台市文管會	天台文管	吳縣圖書館	吳縣
天台張氏	天台張氏	吳興周氏言言齋	言言齋
天一閣文物保管所	天一閣	梧州市博物館	梧州博
天主教香港教區	天主教香港教區	無棣縣文化館	無棣
田陽縣檔案館	田陽檔	無爲縣圖書館	無爲
通海縣圖書館	通海	無錫市圖書館	無錫
通河縣檔案館	通河檔	蕪湖市檔案館	蕪湖檔
同安縣圖書館	同安	蕪湖市圖書館	蕪湖
同安縣文化館	同安文化館	五臺縣檔案館	五臺檔
同濟醫科大學圖書館	同濟醫大	武安縣圖書館	武安
桐柏縣檔案館	桐柏檔	武岡縣圖書館	武岡
桐城市圖書館	桐城	武漢大學圖書館	武大
桐廬縣檔案館	桐廬檔	武漢市歸元寺	武漢歸元寺
桐廬縣圖書館	桐廬	武漢市圖書館	武漢
桐廬縣文化館	桐廬文化館	武漢市文物商店	武漢文物商店

武漢醫學院圖書館	武漢醫學院	香港嶺南大學圖書館	香港嶺南
武平縣博物館	武平博	香港中山圖書館	香港中山
武平縣文化館	武平	香港中文大學圖書館	香港中大
武威市博物館	武威博	香港中央圖書館	香港中央
武威市圖書館	武威	湘南縣檔案館	湘南檔
武義縣檔案館	武義檔	湘潭市檔案館	湘潭檔
武義縣圖書館	武義	湘潭市第二檔案館	湘潭二檔
武陟縣文化館	武陟	湘潭市圖書館	湘潭
		襄陽市圖書館	襄陽

X

		象山縣文管會	象山文管
西安市法門寺	西安法門寺	孝感市圖書館	孝感
西安市蓮湖區文化館	西安蓮湖文化館	忻州市圖書館	忻州
西安市文管會	西安文管	新昌縣文管會	新昌文管
西安市文物局	西安文物局	新都縣寶光寺	新都寶光寺
西安醫學院圖書館	西安醫學院	新都縣圖書館	新都
西班牙聖勞倫佐皇家	西班牙聖勞倫佐皇家	新化縣圖書館	新化
圖書館	圖書館	新晃縣檔案館	新晃檔
西北大學圖書館	西北大學	新會景堂圖書館	景堂
西北民族大學圖書館	西北民族	新會縣檔案館	新會檔
西北農林科技大學		新疆大學圖書館	新疆大學
圖書館	西北農林大	新疆民族研究所圖書館	新疆民族所
西北師範大學圖書館	西北師大	新疆維吾爾自治區	
西泠印社	西泠印社	博物館	新疆博
西南財經大學圖書館	西南財大	新疆維吾爾自治區	
西南師範大學圖書館	西南師大	圖書館	新疆
息烽縣檔案館	息烽檔	新疆醫科大學圖書館	新疆醫大
浠水縣博物館	浠水博	新疆醫學研究所	新疆醫研所
浠水縣圖書館	浠水	新絳縣圖書館	新絳
隰縣圖書館	隰縣	新絳縣文化館	新絳文化館
峽江縣檔案館	峽江檔	新鄉市博物館	新鄉博
廈門大學圖書館	廈大	新鄉市圖書館	新鄉
廈門市圖書館	廈門	信陽市檔案館	信陽檔
廈門鄭成功紀念館	鄭成功紀念館	興安縣圖書館	興安
仙居縣圖書館	仙居	興國縣圖書館	興國
仙游縣檔案館	仙游檔	興化市圖書館	興化
咸豐縣檔案館	咸豐檔	興寧市第一中學圖書館	興寧一中
咸豐縣圖書館	咸豐	興平縣博物館	興平博
香港大學圖書館	香港大學	興平縣圖書館	興平
香港東林念佛堂	香港東林念佛堂	興仁縣檔案館	興仁檔
香港浸會大學圖書館	香港浸會	興縣圖書館	興縣
香港科技大學圖書館	香港科技	滎陽市檔案館	滎陽檔
香港理工大學圖書館	香港理工	休寧縣博物館	休寧博

修水縣圖書館	修水	鄞州市檔案館	鄞州檔
修武縣圖書館	修武	鄞州市圖書館	鄞州
徐州師範大學圖書館	徐州師大	英國國家博物院	英國博物院
徐州市博物館	徐州博	英國國家圖書館	英國國家圖書館
徐州市圖書館	徐州	英國皇家亞洲學會	英國皇家亞洲學會
許昌市檔案館	許昌檔	英國劍橋大學圖書館	英國劍橋大學
許昌市圖書館	許昌	英國牛津大學圖書館	英國牛津大學
漵浦縣圖書館	漵浦	應縣檔案館	應縣檔
漵浦縣檔案館	漵浦檔	邕寧縣圖書館	邕寧
宣漢縣檔案館	宣漢檔	永濟縣圖書館	永濟
		榆中縣博物館	榆中博

Y

		餘干縣檔案館	餘干檔
煙臺市博物館	煙臺博	餘杭縣圖書館	餘杭
煙臺市圖書館	煙臺	餘姚市圖書館	餘姚
煙臺市文物管理小組	煙臺文管	餘姚市文管會(梨州	
鄢陵縣圖書館	鄢陵	文獻館)	餘姚文保所
延邊大學圖書館	延邊大學	原武縣檔案館	原武檔
炎陵縣檔案館	炎陵檔	岳陽市檔案館	岳陽檔
鹽城市圖書館	鹽城	岳陽市圖書館	岳陽
兗州市圖書館	兗州	雲和縣檔案館	雲和檔
陽城縣檔案館	陽城檔	雲和縣圖書館	雲和
陽城縣圖書館	陽城	雲和縣文管會	雲和文管
陽泉市圖書館	陽泉	雲南大學圖書館	雲南大學
揚州大學圖書館	揚州大學	雲南民族大學圖書館	雲南民族
揚州市博物館	揚州博	雲南省博物館	雲南博
揚州市圖書館	揚州	雲南省歷史研究所	雲南歷史所
姚安縣圖書館	姚安	雲南省社會科學院	
葉縣檔案館	葉縣檔	圖書館	雲南社科院
伊川縣檔案館	伊川檔	雲南省圖書館	雲南
伊春市圖書館	伊春	雲南省文史館	雲南文史館
伊寧市圖書館	伊寧	雲南師範大學圖書館	雲南師大
宜昌市檔案館	宜昌檔	雲南中醫學院圖書館	雲南中醫
宜昌市第一中學圖書館	宜昌一中	雲霄縣圖書館	雲霄
宜昌市圖書館	宜昌	運城市檔案館	運城檔
宜春市圖書館	宜春	運城市圖書館	運城
宜豐縣圖書館	宜豐		
宜黃縣檔案館	宜黃檔	**Z**	
儀隴縣檔案館	儀隴檔		
益都縣博物館	益都博	湛江市圖書館	湛江
益都縣圖書館	益都	張家口市圖書館	張家口
益陽市檔案館	益陽檔	張掖市甘州區博物館	張掖甘州博
義烏市圖書館	義烏	張掖市圖書館	張掖
		章丘市博物館	章丘博

漳浦縣圖書館	漳浦	研究所	社科院民族所
漳州市南山寺藏經室	漳州南山寺	中國社會科學院世界宗教	
漳州市圖書館	漳州	研究所	社科院世界宗教所
招遠縣圖書館	招遠	中國社會科學院圖書館	社科院
韶安縣圖書館	韶安	中國社會科學院文學	
浙江大學圖書館	浙大	研究所	社科院文學所
浙江省博物館	浙江博	中國社會科學院語言	
浙江省檔案館	浙江檔	研究所	社科院語言所
浙江省中醫藥研究院	浙江中醫藥院	中國社會科學院宗教	
浙江圖書館	浙江	研究所	社科院宗教所
浙江醫科大學圖書館	浙江醫大	中國戲曲學院圖書館	中國戲曲學院
浙江中醫藥大學圖書館	浙江中醫大	中國醫科大學圖書館	中國醫大
鎮海檔案館	鎮海檔	中國醫學科學院	中國醫科院
鎮江市博物館	鎮江博	中國藝術研究院音樂	
鎮江市圖書館	鎮江	研究所	音樂研究所
鎮平縣圖書館	鎮平	中國中醫科學院圖書館	中醫科學院
鄭州大學圖書館	鄭州大學	中華書局圖書館	中華書局
鄭州市圖書館	鄭州	中華醫學會上海分會	
中共北京市委圖書館	北京市委	圖書館	中華醫學會上海分會
中共中央黨校圖書館	中央黨校	中科院南京地理所	
中國第一歷史檔案館	一檔館	圖書館	中科院南京地理所
中國佛教圖書文物	中國佛教圖書文物館	中南大學湘雅醫學院	
中國佛教協會圖書館	佛教協會	圖書館	中南大學醫學院
中國科學院華南植物		中山大學圖書館	中山大學
研究所	中科院華南植物所	中央美術大學圖書館	中央美術大學
中國科學院上海分院	中科院上海分院	中央民族大學圖書館	民族大學
中國科學院圖書館	中科院	中央戲劇學院圖書館	中戲
中國科學院新疆分院	中科院新疆分院	鍾祥縣圖書館	鍾祥
中國科學院自然科學史		舟山市檔案館	舟山檔
研究所	中科院自科史所	諸城縣圖書館	諸城
中國美術大學圖書館	中國美術大學	諸暨市圖書館	諸暨
中國農業大學圖書館	中國農大	淄博市圖書館	淄博
中國人民大學圖書館	人大	秭歸縣圖書館	秭歸
中國社會科學院近代史		自貢市圖書館	自貢
研究所	社科院近代史所	鄒平縣圖書館	鄒平
中國社會科學院經濟		鄒縣文物管理所	鄒縣文管所
研究所	社科院經濟所	遵義市圖書館	遵義
中國社會科學院考古			
研究所	社科院考古所		
中國社會科學院歷史			
研究所	社科院歷史所		
中國社會科學院民族			